Kindermann / Sonnenberg / Weis
Photoshop CS3

Klaus Kindermann
Guido Sonnenberg
Stefan Weis

Photoshop CS3

Das Photoshop-Handbuch für Digital-Fotografen

FRANZIS

Bibliografische Information der Deutschen Bibliothek
Die Deutsche Bibliothek verzeichnet diese Publikation in der Deutschen Nationalbibliografie; detaillierte Daten sind im Internet über **http://dnb.ddb.de** abrufbar.

Hinweis

Alle Angaben in diesem Buch wurden vom Autor mit größter Sorgfalt erarbeitet bzw. zusammengestellt und unter Einschaltung wirksamer Kontrollmaßnahmen reproduziert. Trotzdem sind Fehler nicht ganz auszuschließen. Der Verlag und der Autor sehen sich deshalb gezwungen, darauf hinzuweisen, dass sie weder eine Garantie noch die juristische Verantwortung oder irgendeine Haftung für Folgen, die auf fehlerhafte Angaben zurückgehen, übernehmen können. Für die Mitteilung etwaiger Fehler sind Verlag und Autor jederzeit dankbar.

Internetadressen oder Versionsnummern stellen den bei Redaktionsschluss verfügbaren Informationsstand dar. Verlag und Autor übernehmen keinerlei Verantwortung oder Haftung für Veränderungen, die sich aus nicht von ihnen zu vertretenden Umständen ergeben. Evtl. beigefügte oder zum Download angebotene Dateien und Informationen dienen ausschließlich der nicht gewerblichen Nutzung. Eine gewerbliche Nutzung ist nur mit Zustimmung des Lizenzinhabers möglich.

© 2007 Franzis Verlag GmbH, 85586 Poing

Alle Rechte vorbehalten, auch die der fotomechanischen Wiedergabe und der Speicherung in elektronischen Medien. Das Erstellen und Verbreiten von Kopien auf Papier, auf Datenträgern oder im Internet, insbesondere als PDF, ist nur mit ausdrücklicher Genehmigung des Verlags gestattet und wird widrigenfalls strafrechtlich verfolgt.

Die meisten Produktbezeichnungen von Hard- und Software sowie Firmennamen und Firmenlogos, die in diesem Werk genannt werden, sind in der Regel gleichzeitig auch eingetragene Warenzeichen und sollten als solche betrachtet werden. Der Verlag folgt bei den Produktbezeichnungen im Wesentlichen den Schreibweisen der Hersteller.

Herausgeber: Ulrich Dorn
Satz: Phoenix Publishing
Coverdesign: www.ideehoch2.de
Druck: Neografia, a.s.,
Printed in Slovakia

VORWORT

Adobe Photoshop CS3

...ist wie seine Vorgänger-Versionen das ultimative Bildbearbeitungs-Programm schlechthin, egal ob unter Windows oder auf dem Mac. Kein anderes Programm bietet diese Menge an Funktionen, Filtern und Plug-Ins. Für die erfolgreiche Arbeit mit Photoshop sind zwei Dinge entscheidend: erstens ein Überblick über die Möglichkeiten und Funktionen von Photoshop und zweitens das Know-how zur Lösung der wichtigsten Bildbearbeitungsaufgaben. Und genau dafür ist dieses Buch gedacht: Im ersten Teil erlernen Sie das nötige Photoshop-Handwerkszeug und im zweiten Teil setzen Sie es in der Praxis ein.

Teil 1: Kapitel 1–11
Hier dreht sich alles um grundlegende Arbeitstechniken mit Photoshop CS3. Hier lernen Sie die Grundfunktionen von Photoshop anhand kleiner Praxis-Workshops in allen Facetten kennen. Dazu erhalten Sie auch das nötige Hintergrundwissen, um Fehler zu vermeiden und Ihre Arbeit zu perfektionieren.
Die wichtigsten Themen:
Überblick der Photoshop-Grundeinstellungen, die Kalibrierung Ihres Bildschirms, die Arbeit mit den Photoshop-Werkzeugen, Infos über Auflösung und Bildgröße, richtige Anwendung von Tonwertkorrekturen, Anpassung von Farbe und Schärfe. Dazu finden Sie weitere Beispiele und Tipps zu Bildretusche, Freistellungsmethoden, Erstellung von Bildmontagen oder zum Umgang mit hochsensiblen RAW-Daten.

Teil 2: Kapitel 12–21
Eine Vielzahl unterschiedlichster »Vorher-Nachher-Workshops« demonstriert die häufigsten Einsatzgebiete von Photoshop in der Praxis. Dabei stehen nicht die Photoshop-Funktionen im Vordergrund, sondern das Ziel der Bildbearbeitung – egal, ob Retusche, Montage oder Kunst.
Die wichtigsten Themen:
Farbkorrekturen und -wechsel, Kontraste anpassen, Wasserzeichen einbauen, Farbrauschen reduzieren, Bildflecken entfernen, Haut- und Gesichtsretusche, Bild-in-Bild-Montage, Augenfarbe ändern, Sepia-Tonung, Objektivfehler ausgleichen, stürzende Linien korrigieren, Panoramen montieren, HDR-Bilder erstellen u. v. m.

Zugegeben, die Arbeit mit Photoshop CS3 ist kein Selbstgänger, aber Sie macht jede Menge Spaß! Wir wünschen Ihnen viel Erfolg und viele erstklassige Bilder.

Der Herausgeber und die Autoren,
Oktober 2007

INHALTSVERZEICHNIS

Teil 1: Arbeitstechniken

Adobe Bridge CS3 12
- Voreinstellungen festlegen 17
- Camera Raw-Voreinstellungen 18
- Bridge-Arbeitsbereich 19

Photoshop-Basics 22
- Photoshop-Arbeitsbereich 26
- Voreinstellungen festlegen 27
- Werkzeuge und ihre Funktion 29
- Formen, Verläufe, Pinselspitzen 33
- Arbeiten mit Paletten 36
- Wichtige Dateiformate 38

Auflösung, Bildgröße und Farbe 40
- Über Pixel und Vektoren 44
- Bildschirm- und Druckauflösung 44
- Bildgrößen neu berechnen 46
- Arbeitsfarbräume 47
- Farbmanagement-Richtlinien 48
- Bildschirmkalibrierung 49

Ebenen, Masken und Freisteller 54
- Arbeiten mit Einstellungsebenen 58
- Ebenen anlegen und benennen 60
- Ebenen anordnen und gruppieren 62
- Masken praktisch einsetzen 63
- Bildmontage mit Ebenenmaske 65
- Objekte freistellen 70
- Freigestellte Objekte montieren 72
- Auswahl über einen Farbbereich 74
- Präzise Freisteller erzeugen 75
- Aufwendige Freisteller 79
- Freistellungen via Extrahieren 84

Bildanpassungen 86
- Bildqualität mit dem Histogramm prüfen 90
- Tonwertkorrekturen vornehmen 91
- Gradationskurven anpassen 93
- Farben anpassen 94
- Bildanpassung mit Variationen 95
- Farbbalance, Farbton und Sättigung 96
- Selektive Farbkorrektur 97
- Helligkeit und Kontrast 98
- Partielle Farbanpassung 100

Scharfzeichnen 106
- Unscharf maskieren 110
- Selektives Scharfzeichnen 111
- Scharfzeichnen mit Kantenmasken 111
- Scharfzeichen mit dem Hochpass-Filter 112
- Scharfzeichnen im Lab-Modus 112
- Vergleich der einzelnen Bearbeitungen 114

Schwarzweiß-Fotos 116
- Im Graustufen-Modus 120
- Mittels Kanalbearbeitung 120
- Mit dem Kanalmixer 122
- Sättigung verringern 125

Restaurieren und Transformieren 126
- Kontrast und Farbe anpassen 130
- Beschneiden und retuschieren 131
- Bild unscharf maskieren 132
- Bildanpassung in Perfektion 132
- Anpassen und Ausrichten 135
- Entzerren einer Gebäudeaufnahme 137
- Die „totale" Entzerrung 139
- Direkt verzerren 140
- Schatten manuell erzeugen 140
- Perspektive korrigieren 142
- Perspektivische Montagen 146

HDR-, Filter- und Texteffekte 150
- Aufnahmen für HDR-Bilder 154
- Erzeugen einer HDR-Datei 154
- HDR-Anzeige anpassen 155
- Bildanpassung zur Ausgabe 155
- HDR-Konvertierung 156
- Vom Foto zum Gemälde 157
- Patina und Strukturen 160
- Vom Foto zur Grafik 161
- Effekte der Filtergalerie 166
- Schatten und Beleuchtung 167
- Schwarzweiß-Fotos kolorieren 169
- Kolorieren für Nostalgiker 174
- Text auf Pfaden und Formen 176
- Ebenenstil auf Text anwenden 177

Panoramabilder 180
- Manuelle Montage 184
- Arbeiten mit Photomerge 186

INHALTSVERZEICHNIS

Camera Raw 190
- Das Digital Negative-Format 194
- RAW-Daten in Camera Raw laden 195
- Bilder beurteilen und bearbeiten 196
- Bilder an Photoshop übergeben 198
- Original-RAW-Daten als DNG weitergeben 198
- Helligkeitsausgleich per Luminanzmaske 198

Teil 2: Workshops

Schnelle Bildkorrekturen 204
- Bilddateien umbenennen 208
- Farbstich neutralisieren 212
- Horizont begradigen 214
- Rote Augen umfärben per Werkzeug 216
- Tiefen und Lichter anpassen 218
- Tonwerte angleichen 220
- Tonwerte korrigieren 222
- Bilddaten und -dimensionen 226
- Bilder zuschneiden 230

Schärfer und Weicher 234
- Tiefendetails bei High-Key-Fotos verstärken 238
- Ecken und Kanten schärfen 242
- Knackige Kantenkontraste erzeugen 246
- Schärfen mit Unscharfmaskierung 250
- Helle und dunkle Tonwerte schärfen 254
- Silberkornrauschen simulieren 258
- Detailbetonung durch Unscharfmaskierung 262

Farben 268
- Farbchaos 272
- Crosstechnik simulieren 276
- Farben optimieren 280
- Farben verändern 286
- High-Key-Optimierung 290
- Manuelle Tonwertkorrektur 296
- Mehr Farbnuancen mit dem Lab-Farbraum 302
- Flaue Farben auffrischen 306

Licht und Belichtung 312
- Bildlichter abdunkeln 316
- RAW-Daten bearbeiten 320
- Luminanz in bestimmten Bildbereichen anpassen 328
- Kontraste anheben 334
- Malen mit Licht und Schatten 342

Foto-Werkstatt 344
- Copyright und Wasserzeichen einbauen 348
- Farbrauschen reduzieren 354
- Farbschemata erstellen 358
- Kleine Bildfehler retuschieren 360
- Pop-Art-Hommage 364
- Web-Optimierung 372

Porträtretusche 378
- Bild im Bild 382
- Covergirl 388
- Einfache Retusche 392
- Hautreinigung 398
- Kinder-Klon 402
- Ein neues Gesicht 406
- Operation Haut 410
- Ortswechsel-Montage 414
- Rote Augen 418
- Weiße Zähne 422

Schwarz und Weiß 424
- Duplexbilder 428
- Schwarzweiß-Filmkorn simulieren 434
- Partielles Tonen 444
- Sepia-Tonung 448
- Schwarzweiß-Konvertierung 456

Perspektive 460
- Objektivfehler korrigieren 464
- Stürzende Linien ausgleichen 468

Bildmontage 470
- Auto-Masking 474
- Bildebenen überblenden 482
- Komplexe Freisteller 486
- Werbung im iPod-Stil 492
- Komplexe Objektretusche 500
- Panoramamontage 506

HDR und Tone Mapping 510
- Pseudo-HDR mit Camera Raw 514
- Tonwertumfang extrem 522

Bildnachweis 531

Index 533

TEIL I: ARBEITSTECHNIKEN

[1]	Adobe Bridge CS3	12
[2]	Photoshop-Basics	22
[3]	Auflösung, Bildgröße und Farbe	40
[4]	Ebenen, Masken und Freisteller	54
[5]	Bildanpassungen	86
[6]	Scharfzeichnen	106

PHOTOSHOP CS3
TEIL 1: ARBEITSTECHNIKEN

[7]	Schwarzweiß-Fotos	116
[8]	Restaurieren und Transformieren	126
[9]	HDR-, Filter- und Texteffekte	150
[10]	Panoramabilder	180
[11]	Camera Raw	190

ADOBE BRIDGE CS3

KAPITEL 1
ADOBE BRIDGE CS3

Adobe Bridge CS3

Voreinstellungen festlegen	**17**
Adobe Bridge-Voreinstellungen	17
Camera Raw-Voreinstellungen	**18**
Bridge-Arbeitsbereich	**19**
Ansichten	19
Werkzeuge	20

*Die Bridge mit einem geöffneten Bilderordner. Über den Favoriteneintrag **Bridge Home** erhalten Sie Tipps und Informationen rund um alle aktuellen Adobe-Produkte.*

 # Adobe Bridge CS3

Zusammen mit Adobe Photoshop CS3 erhalten Sie Adobe Bridge CS3 als zentrales Verwaltungsinstrument für Ihre digitalen Bilder. In der Bridge können Sie Bilder betrachten, verwalten, suchen, mit Metadaten belegen sowie Ordner und Dateien bearbeiten. Die Bridge ist vergleichbar mit einem Leuchtkasten aus Zeiten der analogen Fotobearbeitung. Sie arbeitet unabhängig oder in Verbindung mit Photoshop und anderen Adobe-Anwendungen und ist als zentraler Ort für den Workflow nahezu unverzichtbar. Besondere Dienste leistet die Bridge im Umgang mit RAW-Daten. Diese können, ohne dass Photoshop dazu geöffnet werden muss, mit dem Camera Raw-Plug-in sofort betrachtet, bearbeitet und konvertiert werden.

Was kann ich damit alles machen? Wie kann ich das Programm für meine Zwecke einsetzen?

Im folgenden Kapitel erfahren Sie alles, was in Adobe Bridge möglich ist und wie Sie es für Ihre Anwendungen einrichten können. Nach einer kurzen Einarbeitung werden Sie dieses kleine Programm gerne zur Voransicht Ihrer Bilddateien, zum Sortieren oder zur Ansicht in einer Präsentation nutzen.

Falls Sie über die gesamte Adobe Creative Suite verfügen, erweitert sich Adobe Bridge zu einem zentralen Speicher- und Verwaltungsort für Ihre Anwendungen, ohne dass Sie die einzelnen Programme starten müssen. Dabei ist auch ein einheitliches Farbmanagement durch eine Synchronisierung für mehrere Anwendungen möglich. Speziell bei der Nutzung durch mehrere Anwender in einem Netzwerk und bei der Arbeit mit *Version Cue* zeigen sich die Stärken des Programms. Für Nutzer von Bilddatenbanken ist zudem der

Zugriff auf Adobe Stock Photos interessant. Hier können entsprechende Bibliotheken nach Bildern durchsucht und diese direkt heruntergeladen und gekauft werden.

Besondere Dienste leistet das Programm auch bei der Arbeit mit Camera Raw-Dateien. Diese können sofort betrachtet, ausgewählt, bearbeitet und in einem anderen Format gespeichert werden, ohne dass Photoshop dazu geöffnet werden muss. Beim Öffnen dieser Dateien legt Adobe Bridge zusätzliche Informationen in einem speziellen Cache ab, um anschließend schneller darauf zugreifen zu können.

Voreinstellungen festlegen

Bevor Sie sich mit den Möglichkeiten und Funktionen der Bridge auseinandersetzen, passen Sie zunächst die Voreinstellungen Ihren individuellen Erfordernissen entsprechend an. Nicht immer ist die Grundeinstellung für die jeweilige Anwendung passend. Nach dem Start von Adobe Bridge erhalten Sie eine Ansicht entsprechend den Grundeinstellungen des Programms. Einige Optionen erklären sich dabei von selbst und werden deshalb in dieser Beschreibung nicht berücksichtigt.

Adobe Bridge-Voreinstellungen

Zu jedem Bild werden von Adobe Bridge Cache-Dateien angelegt. Deshalb sollten Sie unbedingt ein geeignetes Laufwerk mit einem dafür vorgesehenen Ordner als Speicherort wählen, da die Cache-Dateien im Laufe der Nutzung des Programms sehr umfangreich werden können.

Allgemein

Mit den Schiebereglern regeln Sie die *Helligkeit der Benutzeroberfläche* und den *Bildhintergrund* zwischen *Schwarz* und *Weiß*. Die *Akzentfarbe* bewirkt eine farbliche Anpassung der Bildinformationen. Durch das Setzen des Häkchens bei *Camera Raw-Einstellungen in Bridge per Doppelklick bearbeiten* können RAW-Dateien direkt in der Bridge angepasst werden. Ohne diese Markierung wird zur Bearbeitung der Auswahl Photoshop geöffnet. Unter *Favoriten* werden die im linken Fensterbereich angezeigten Zugriffsmöglichkeiten festgelegt.

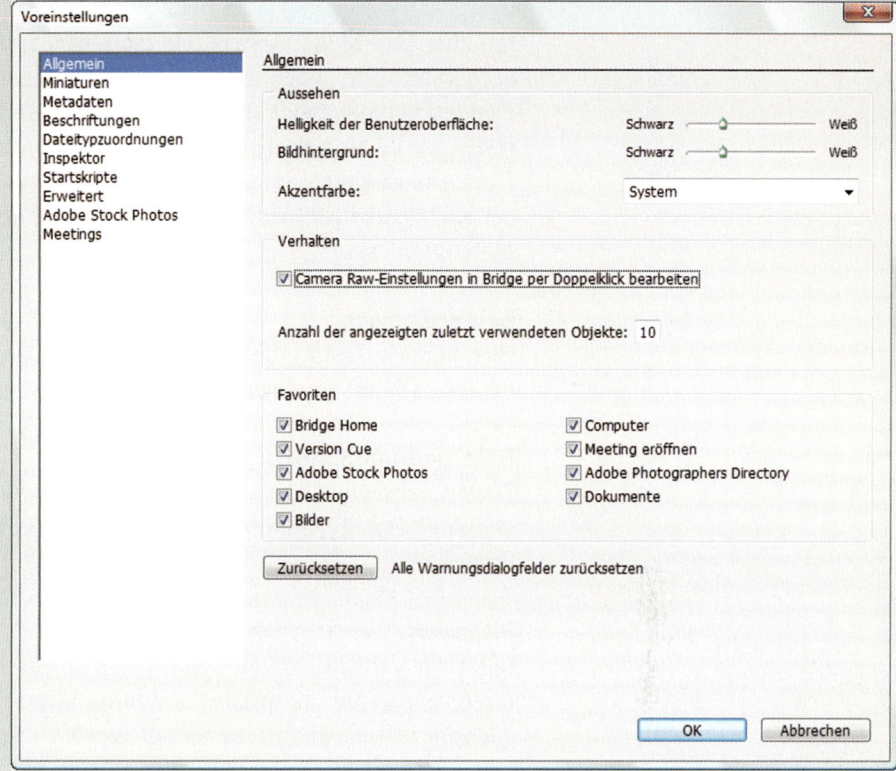

Im Dialogfeld **Voreinstellungen** *konfigurieren Sie die grundlegende Arbeitsweise der Bridge.*

Miniaturen

Vorzugsweise Adobe-Camera-Raw für JPEG- und Tiff-Dateien verwenden ermöglicht die Umwandlung dieser Formate in das Adobe-DNG-Format. Beim Erstellen von Miniaturen kann hier eine Anpassung aktiviert werden. Diese wird nach dem Leeren des Cache wirksam. Empfohlene Einstellung ist hier *Bei Vorschau zu hoher Qualität konvertieren*. Um die Leistung Ihres Rechners nicht übermäßig zu beanspruchen, lässt sich die Größe der zu verarbeitenden Dateien begrenzen. Bei *Weitere Zeilen für Miniatur-Metadaten* können Sie festlegen, welche zusätzlichen Infos zu einem Bild angezeigt werden sollen. *Quickinfos anzeigen* bewirkt, dass bei Mausplatzierung auf ein Bild für kurze Zeit dessen Grundinformationen wie Dateiname, Art, Größe, Erstellungsdatum etc. in einem gelben Infofeld eingeblendet werden.

Metadaten

Durch Aktivieren der Kontrollfelder können die bevorzugten Metadatenfelder im Metadatenfenster über das Menü *Ansicht/Metadaten-Fenster* aufgelistet oder auch entfernt werden. *Leere Felder verbergen* bewirkt, dass nur Metadatenfelder mit Inhalt aufgelistet werden. *Metadaten-Placard anzeigen* zeigt eine Zusammenfassung der wichtigsten Metadaten am oberen Rand des Metadatenfensters.

Beschriftungen
Hier können Tastaturbefehle zur Wertung mit Farben aktiviert werden.

Dateitypzuordnungen
Zuweisungsmöglichkeit zur Verarbeitung bestimmter Dateitypen mit dem entsprechenden Programm.

Inspektor
Dient der Verwaltung von *Version Cue Objekten*, diese können hier aufgelistet und Informationen zur Verarbeitung können angezeigt werden.

Startskripte
Auswahl von Skripten, die beim Programmstart ausgeführt werden sollen. Nicht benötigte Skripte sollten zur Verbesserung der Leistung deaktiviert werden. Mittels *Einblenden* können vorhandene Skripte im Explorer angezeigt werden.

Erweitert
Farbmanagement in Bridge aktivieren ermöglicht die Verwendung des Farbmanagements. Bilddaten aus den Adobe-Creative Suite-Anwendungen können dadurch synchronisiert werden. Dies gewährleistet, dass die Bilder in allen Anwendungen gleich dargestellt werden. *Cache* steht für die Zuteilung und Bestimmung des Speicherortes der verwendeten Cache-Dateien. *Cache leeren* löscht die Miniaturbilder aus dem zentralen Cache.

Camera Raw-Voreinstellungen

Die Camera Raw-Voreinstellungen ermöglichen es, die Grundeinstellungen zur Verarbeitung und für den Umgang mit RAW-Dateien vorzunehmen. Besonders wichtig hierbei ist ebenfalls die Zuweisung und Größenbegrenzung des Camera Raw-Cache, da besonders hier sehr schnell größere Dateimengen entstehen, die bei Nichtbeachtung mit der Zeit auch die größte Festplatte füllen können.

Bildeinstellungen speichern in
Speichert die vorgenommenen Einstellungen in den Metadaten des jeweiligen Bildes als XMP-Datei oder als Information in der Camera Raw-Datenbank.

Scharfzeichen anwenden auf
Zeichnet entweder alle Bilder oder nur die im Vorschaufenster dargestellten scharf.

Standard-Bildeinstellungen
Passt die Ansicht der Bilder den gewählten Optionen entsprechend an.

Camera Raw-Cache
Maximale Größe des Camera Raw-Cache, einstellbar in GByte.

Cache entleeren
Entleeren Sie den Cache von Zeit zu Zeit, da sich hier enorme Datenmengen ansammeln können. Unter *Speicherort auswählen* können Sie bestimmen, wo der Cache angelegt wird.

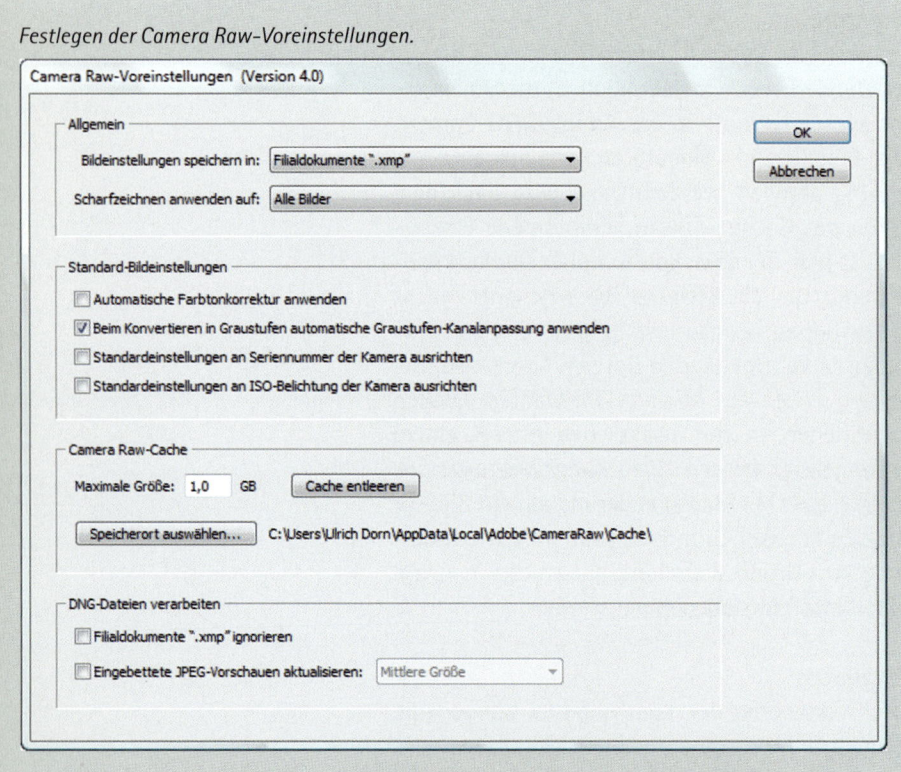
Festlegen der Camera Raw-Voreinstellungen.

KAPITEL 1
ADOBE BRIDGE CS3

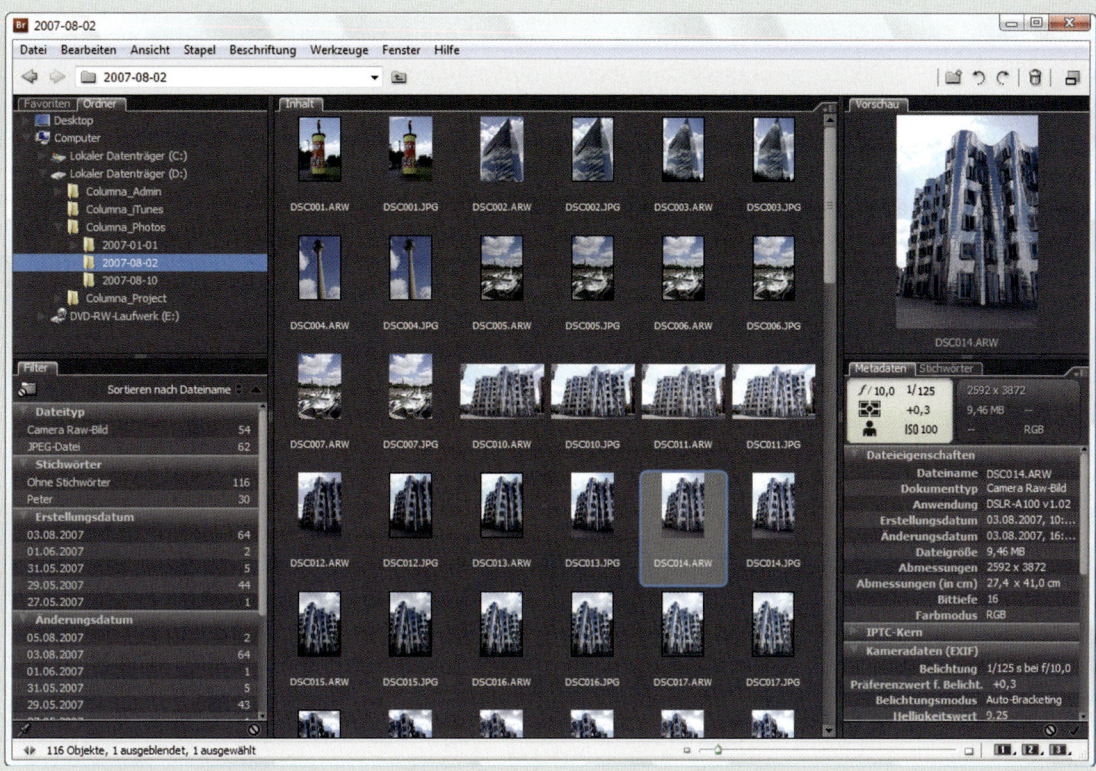

Der Arbeitsbereich mit einem geöffneten Bilderordner.

DNG-Dateien verarbeiten

Einstellungsmöglichkeit zur Darstellungsanpassung von DNG-Dateien. Diese Einstellungen dienen nur der Voransicht von RAW-Dateien auf Ihrem Bildschirm. An der Datei selbst wird dadurch nichts verändert.

Bridge-Arbeitsbereich

Nachdem Sie nun die grundlegenden Einstellungen zu Adobe Bridge vorgenommen haben, wenden wir uns dem Arbeitsbereich des Programms zu. Dabei spielen insbesondere die verschiedenen Ansichten eine wesentliche Rolle.

Ansichten

Nach dem Start erhalten Sie zunächst eine Standardansicht ähnlich der obigen Abbildung. Das Programmfenster der Bridge erscheint in dieser Ansicht dreigeteilt: Links sehen Sie den Informationsbereich, in der Mitte die Bilder und Ordner, rechts befindet sich der Bildbereich. Sollen einige der genannten Fenster nicht angezeigt werden, deaktivieren Sie diese im Menü *Fenster*.

Im Fenster *Ordner* navigieren Sie zu dem Laufwerk und dem Ordner, in dem sich die anzuzeigenden Objekte befinden. Die darin enthaltenen Objekte werden in der Mitte des Bildschirms auf dem von Ihnen in den Voreinstellungen gewählten Hintergrund angezeigt. Im Fenster *Filter* können Sie die Dateien nach bestimmten Vorgaben sortieren und anzeigen lassen.

Die *Vorschau* zeigt eine verkleinerte Version des im Hauptfenster markierten Fotos. Um mehrere Bilder gleichzeitig auszuwählen, halten Sie beim Klicken die [Strg]- oder [Umschalt]-Taste gedrückt. Im Fenster *Metadaten* können Metadaten markierter Objekte angezeigt und bearbeitet werden. Welche Metadaten gelistet werden, legen Sie in den Voreinstellungen fest. Je nach verwendeter Anwendung können unterschiedliche Eigenschaften eingeblendet werden. Objekteigene Stichwörter oder ganze Stichwortsets legen Sie im Fenster *Stichwörter* fest. Stichwörter können auch als Kriterien zur Bildsuche verwendet werden.

Die Anzahl der angezeigten, ausgeblendeten und markierten Objekte wird in der Leiste am unte-

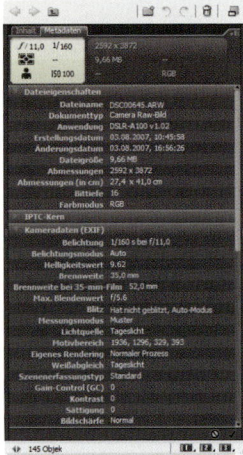

Anzeige der Dateieigenschaften und der Kameradaten im Metadatenfenster.

ren Bildrand links angezeigt. Wollen Sie auf die ausgeblendeten Objekte ebenfalls einen Blick werfen, lassen sich diese über das Menü *Ansicht/Verborgene Dateien anzeigen* aktivieren und auch wieder deaktivieren. Mit Klick auf den Doppelpfeil links der Informationen auf dieser unteren Leiste lassen sich die Dateien ohne den Informationsbereich anzeigen.

Der Schieberegler regelt die Abbildungsgröße der angezeigten Bilder. Über die rechts davon befindlichen Symbole lassen sich weitere Ansichtseinstellungen vornehmen: *Standard, Horizontaler Filmstreifen, Metadaten-Fokus*. Mit Klick auf das kleine schwarze Dreieck am jeweiligen Schalter lassen sich die Optionen noch erweitern.

Alternativ können Sie die Einstellungen zur Darstellung auch im Menü *Fenster/Arbeitsbereich* vornehmen.

Kompaktmodus

Die Ansicht *Kompaktmodus* ermöglicht es, ein verkleinertes Fenster mit reduzierten Optionen bei der Verwendung mit anderen Programmen, wie z. B. Photoshop, immer im Vordergrund zu halten. In der Leiste am oberen Fensterrand rechts befindet sich neben dem Papierkorb sowie dem Symbol für einen neuen Ordner und den Drehoptionen auch ein Symbol für den Kompaktmodus. Mittels Drag and Drop (Ziehen und Fallenlassen) lassen

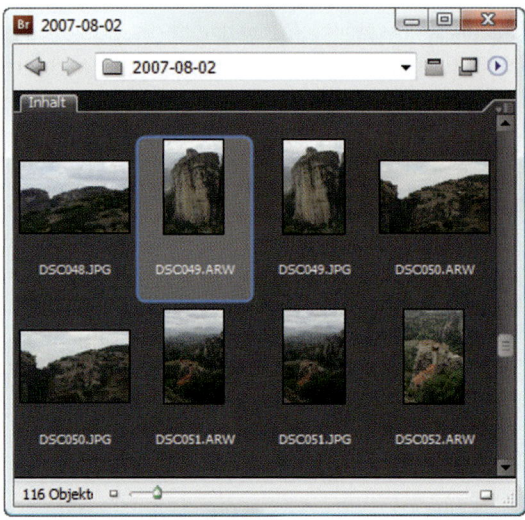

Adobe Bridge im Kompaktmodus.

sich Bilder aus Adobe Bridge im Kompaktmodus direkt in andere Anwendungen ziehen.

Präsentation

Mit dem ersten Aufruf einer Präsentation startet Adobe Bridge diese mit den jeweiligen Voreinstellungen. Zur Anpassung des Ablaufs und der Anzeige öffnen Sie das Menü *Ansicht/Präsentationsoptionen*. Um die für eine Präsentation zur Verfügung stehenden Befehle aufzurufen, drücken Sie die Taste [H] nach dem Präsentationsstart.

Bildbewertungen

Mittels Tastaturbefehl oder direkt im Menü *Beschriftung* können jedem Bild Bewertungen in Form von bis zu fünf Sternen sowie Beschriftungen in fünf möglichen Farben zugewiesen werden. Nach diesen Kriterien kann die Bildauswahl auch über das Menü *Ansicht/Sortieren* sortiert werden.

Werkzeuge

Im Menü *Werkzeuge* finden sich wesentliche Möglichkeiten zur Verarbeitung einzelner ausgewählter Bilder oder ganzer Bildstapel.

Stapel-Umbenennung

Durch Aufruf der Funktion *Stapel-Umbenennung* können die Bilder eines gesamten Ordners oder auch ausgewählte Bilder automatisch umbenannt und in einen anderen Ordner verschoben oder kopiert werden. Dabei stehen verschiedene Benennungs- oder Nummerierungsmöglichkeiten zur Verfügung.

Adobe Device Central

Dies ist ein neues, interessantes Werkzeug zur Anpassung von Bildmaterial für den Einsatz in Mobiltelefonen. Aus einer Gerätebibliothek lassen sich unterschiedliche Vorlagen (Skins) auswählen. Unterstützt werden die wichtigsten Medienformate, wie z. B. Flash, Bitmap, Video- und Webformate. Um eine Vorlage auf deren Eignung und Darstellung zu testen, öffnen Sie im Menü *Datei* die Funktion *In Device Central testen*. So sehen Sie das zuvor markierte Bild im Emulator und können mögliche Änderungen am Bild vornehmen.

KAPITEL 1
ADOBE BRIDGE CS3

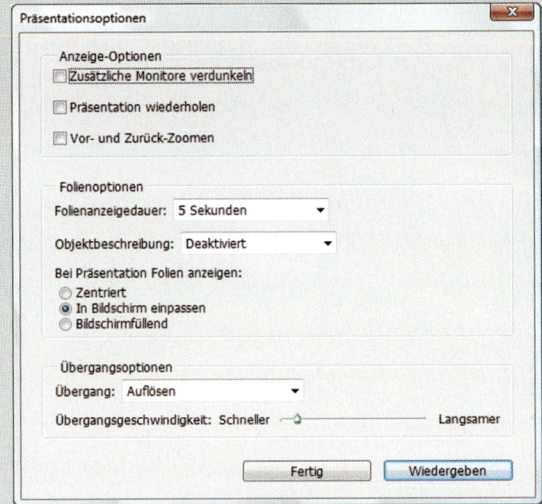

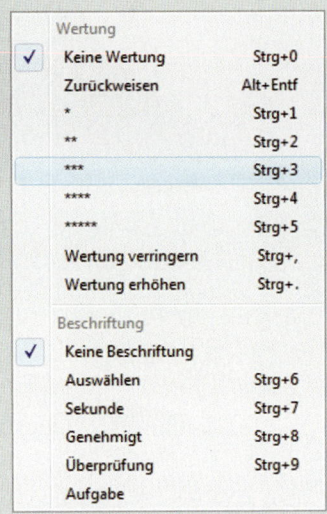

Einstellungsmöglichkeiten im Dialogfeld **Stapel-Umbenennung**.

Festlegen der **Präsentationsoptionen**.

Festlegen einer Bildbewertung.

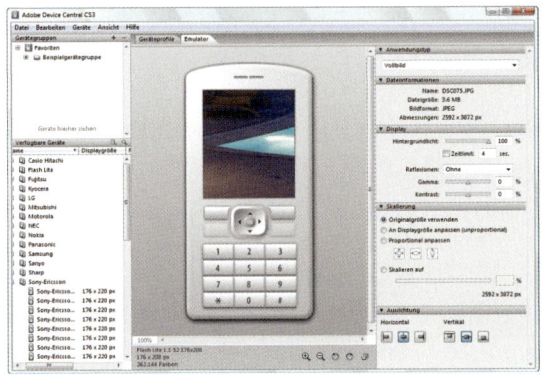

Simulation in **Adobe Device Central CS3**.

Metadaten erstellen
Metadaten beinhalten wesentliche Informationen zu Bildaufnahme und -verarbeitung und können durch zusätzliche Informationen zum Bildinhalt und dessen Urheber ergänzt werden. Markieren Sie das oder die Bilder in Ihrem Ansichtsbereich und rufen Sie die Dateiinformationen auf – auch möglich durch Klick mit der rechten Maustaste auf das oder die markierten Bilder. In der linken Spalte können die einzelnen Bereiche ausgewählt werden. Wollen Sie die einmal erstellten Informationen speichern oder löschen, finden Sie in dem kleinen Pfeil am Fenster oben rechts diese Optionen.

Cache
Ein wesentliches Steuerelement zum Anlegen von Unterordnern und Löschen des Cache ist *Cache*. Mit dem Anlegen eines *Cache für Unterordner* kann das Suchen nach Bildmaterial bei umfangreichen Bildersammlungen beschleunigt werden. *Cache für Ordner „xx" leeren* löscht diesen aus dem ausgewählten Ordner.

Photoshop
Durch den direkten Zugriff auf einige Photoshop-Funktionen wie z. B. *Bildpaket* oder *Kontaktabzug* kann der markierte Inhalt des Fensters in Photoshop direkt ausgeführt werden. Die Voraussetzungen für die jeweilige Funktion müssen jedoch erfüllt sein, ansonsten erhalten Sie lediglich eine Fehlermeldung.

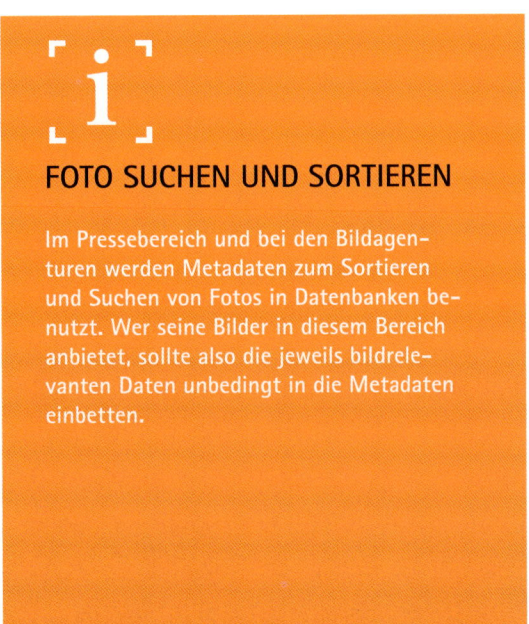

FOTO SUCHEN UND SORTIEREN

Im Pressebereich und bei den Bildagenturen werden Metadaten zum Sortieren und Suchen von Fotos in Datenbanken benutzt. Wer seine Bilder in diesem Bereich anbietet, sollte also die jeweils bildrelevanten Daten unbedingt in die Metadaten einbetten.

2
PHOTOSHOP-BASICS

2

Photoshop-Basics

Photoshop-Arbeitsbereich	26
Voreinstellungen festlegen	27
Photoshop CS3-Voreinstellungen	27
Photoshop-Hilfe	28
Werkzeuge und ihre Funktion	29
Formen, Verläufe, Pinselspitzen	33
Eigene Formen erstellen	34
Farbverläufe festlegen	34
Pinselspitzen bearbeiten	35
Lineale, Hilfslinien, Raster	35
Objekte präzise bemaßen	36
Arbeiten mit Paletten	36
Protokoll-Palette	37
Aktionen-Palette	37
Ebenen-Palette	37
Kanäle-Palette	38
Wichtige Dateiformate	38
PSD	39
JPEG	39
TIFF	39
RAW	39

[2] Photoshop-Basics

Wie kann ich Adobe Photoshop CS3 für meine Anwendungen effektiv einrichten? Welche Möglichkeiten habe ich? Worauf sollte ich besonders achten? Lassen Sie sich von den vielen Optionen nicht abschrecken. In diesem Kapitel finden Sie alle erforderlichen Informationen, um die Grundeinstellungen des Programms an Ihre Bedürfnisse anzupassen. Mit dem ersten Start von Adobe Photoshop CS3 erhalten Sie eine Ansicht des Standardarbeitsbereichs. Wenn Sie bereits mit früheren Versionen von Photoshop gearbeitet haben, wird Ihnen einiges bereits bekannt sein und Sie werden sich schnell zurechtfinden. In der folgenden Beschreibung finden Sie die wichtigsten Informationen über die wesentlichen Einstellungen, Menüs und Werkzeuge. Auch der noch unerfahrene Benutzer sollte sich damit leicht in das Programm einarbeiten können.

Photoshop-Arbeitsbereich

1	Photoshop-Menüleiste	6	Maskierungsmodus	11	Bildfenster	16	Ebenen-Palette
2	Lineale (horizontal/vertikal)	7	Bildmodus ändern	12	Andockbereich erweitern	17	Ebenen-Funktionen
3	Leiste der Werkzeugoptionen	8	Zoom (Größe in %)	13	Adobe Bridge öffnen	18	Kanäle-Palette
4	Werkzeugleiste	9	Datei geöffnet	14	Paletten öffnen		
5	Farbwähler	10	Dokumentgröße	15	Farbe-Palette		

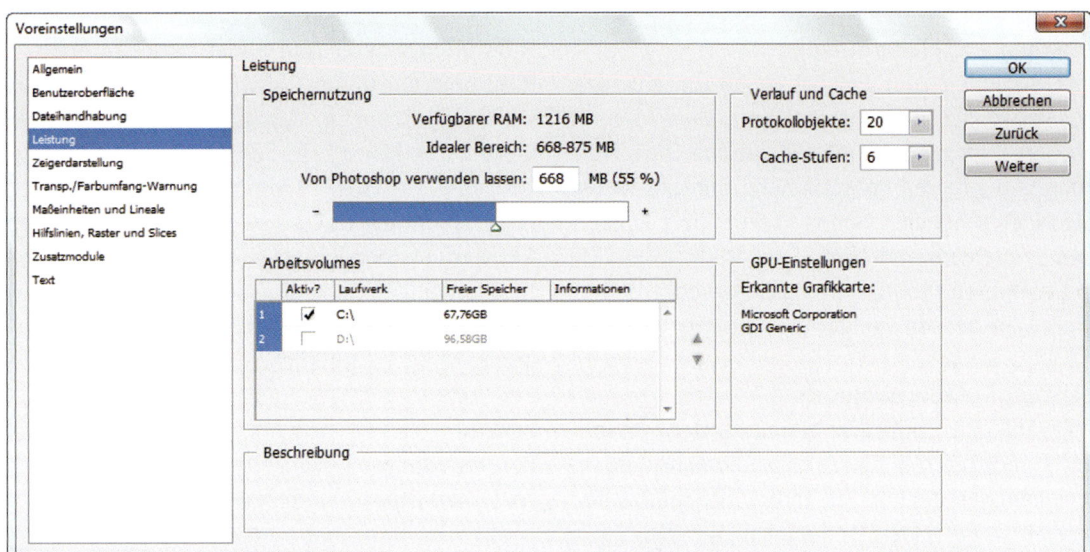

Einstellungen im Dialogfeld Voreinstellungen.

Voreinstellungen festlegen

Bevor Sie mit der Benutzung des Programms beginnen, passen Sie zunächst die Voreinstellungen an, um Ihre Arbeit effektiv zu gestalten und um vor unliebsamen Überraschungen sicher zu sein. Welche die von Ihnen bevorzugten Einstellungen sein sollten, wird in erster Linie durch die weitere Verwendung Ihrer Bilder bestimmt. Beachten Sie, dass die geänderten Voreinstellungen erst nach einem Neustart des Programms zur Verfügung stehen.

Photoshop CS3-Voreinstellungen
Allgemein – Farbwähler
Beabsichtigen Sie, aus Ihren Fotos hochwertige Drucke oder Fotoabzüge zu erstellen, sollten Sie *Adobe* den Vorzug geben. Werden Ihre Arbeiten speziell im Internet verwendet, passt auch *Windows*.

Allgemein – Bildinterpolation
Hier empfiehlt sich die Voreinstellung *Bikubisch*, da diese Methode der Größenberechnung im Allgemeinen die besten Ergebnisse bringt. *Bikubisch glatter* ist bei einer Vergrößerung empfehlenswert. *Bikubisch schärfer* kann bei Verkleinerungen des Bildes die besseren Ergebnisse bringen. *Pixelwiederholung* erzeugt harte Kanten und ist von minderer Qualität. *Bilinear* erzeugt neue Pixel aus benachbarten Farbwerten und liegt qualitativ im mittleren Bereich.

Allgemein – Optionen
Eine Auswahl anwenderspezifischer Einstellungen, je nach Wunsch.

Allgemein – Verlaufsprotokoll
Speichert alle Arbeitsschritte, die Sie an Ihrem Bild vorgenommen haben. Mit *Detailliert* können Sie Ihre Bearbeitung präzise nachvollziehen.

Benutzeroberfläche – Allgemein
Grundlegende Ansichts- und Paletteneinstellungen.

Benutzeroberfläche – Paletten
Farbauszüge in Farbe bewirkt die farbige Darstellung in der *Kanäle*-Palette. Für eine bessere Beurteilung der Abstufungen sollte dies deaktiviert sein.

Dateihandhabung – Dateikompatibilität
EXIF – Profilkennung ignorieren verhindert die Verwendung von eingebetteten Farbprofilen wie z. B. durch die Kamera in das Bild eingefügten Farbmanagementdaten. *Kompatibilität von PSD und PSB Dateien maximieren* ist nur erforderlich, wenn Sie diese Dateien auch in anderen Programmen als Photoshop verwenden.

Dateihandhabung – Version Cue
Version Cue aktivieren ist nur sinnvoll, wenn Sie mit der Creative Suite und mit anderen Anwendern an denselben Projekten arbeiten.

Leistung – Speichernutzung
Informationen und Einstellungen zur Nutzung des verwendeten Arbeitsspeichers. Wenn Sie mit großen Bilddateien ohne die gleichzeitige Nutzung von anderen Programmen arbeiten, sollten Sie einen möglichst hohen Prozentwert einstellen. Empfehlenswert sind 85 bis 90 %, wenn Sie mit mehreren Programmen gleichzeitig arbeiten, stellen Sie besser weniger Prozent ein.

Leistung – Arbeitsvolumes
Auswahl und Zugriffsbestimmung der verwendeten Festplatten als Arbeitsvolumen. Als erstes Laufwerk sollten Sie immer Ihre größte und schnellste Festplatte verwenden, um ein Maximum an Performance zu erzielen.

Leistung – Verlauf und Cache
Protokollobjekte bestimmt die Anzahl der im Protokoll aufgezeichneten Arbeitsschritte. *Cache-Stufen* sind von 1 bis 8 einstellbar. Der höhere Wert verbessert die Geschwindigkeit Ihrer Bildschirmdarstellung, benötigt aber mehr Speicher.

Zeigerdarstellung – Malwerkzeuge, andere Werkzeuge
Einstellung zur Darstellung von Werkzeugen während der Arbeit im Programm. Für ein präziseres Arbeiten empfiehlt es sich, die Darstellung in der Größe der Spitze sowie das Fadenkreuz bei *Andere Werkzeuge* zu verwenden.

Transparenz und Farbumfangswarnung
Anpassungsmöglichkeit der verwendeten Muster und Farben. Die Grundeinstellungen sind im Normalfall beizubehalten.

Maßeinheiten und Lineale – Maßeinheiten
Einstellungen der verwendeten Maßeinheiten. In Deutschland üblich sind: Lineale in cm, Text in Punkt, Spaltenmaße in mm, Druck- und Bildschirmauflösung in Pixel/Zoll. Im Allgemeinen wird auch die PostScript-Einstellung mit 72 Punkt/Zoll verwendet.

Auflösung für neue Dokumentvoreinstellungen
Üblich sind eine *Druckauflösung* von 300 Pixel/Zoll und eine *Bildschirmauflösung* von 72 Pixel/Zoll.

Hilfslinien, Raster und Slices
Positionierungshilfen sowie Farb- und Abstandsanpassungen. Anpassungen sind nur in besonderen Fällen erforderlich.

Zusatzmodule
Aktivierungsmöglichkeit bei der Verwendung von Zusatzmodulen. Eingabemöglichkeit für eine Seriennummer der Vorgängerversion bei einem Upgrade. Nicht erforderlich.

Text
Voreinstellungsmöglichkeit zur Verwendung des *Text*-Werkzeugs.

Photoshop-Hilfe
Falls Sie weitere Hilfe benötigen, können Sie diese über das Menü *Hilfe/Photoshop Hilfe* aufrufen. Das *Hilfe*-Menü lässt sich jederzeit auch während Ihrer Arbeit in Photoshop mit der Taste [F1] aufrufen. Hier finden Sie alle gespeicherten Informationen sowie den Zugang zu aktuellen Informationen aus dem Internet.

Die Funktion *Systeminformationen* ermöglicht Ihnen einen Überblick über Ihr verwendetes System, über das Programm mit der Seriennummer und die installierten Zusatzmodule. Diese Daten können auch kopiert werden.

Mittels der Funktion *Registrierung* übertragen Sie Ihre Anmeldeinformationen an Adobe. Über *Aktivieren* übermitteln Sie Adobe Ihren Aktivierungscode.

Mit *Deaktivieren* wird das Programm auf dem aktuellen Computer deaktiviert und ist nicht mehr nutzbar. Diese Funktion benötigen Sie, wenn Sie Photoshop auf einen anderen Computer übertragen möchten.

Möchten Sie verfügbare Programmaktualisierungen installieren, können Sie diese bei einer bestehenden Internetverbindung über *Aktualisierungen* von der Adobe-Website herunterladen.

KAPITEL 2
PHOTOSHOP-BASICS

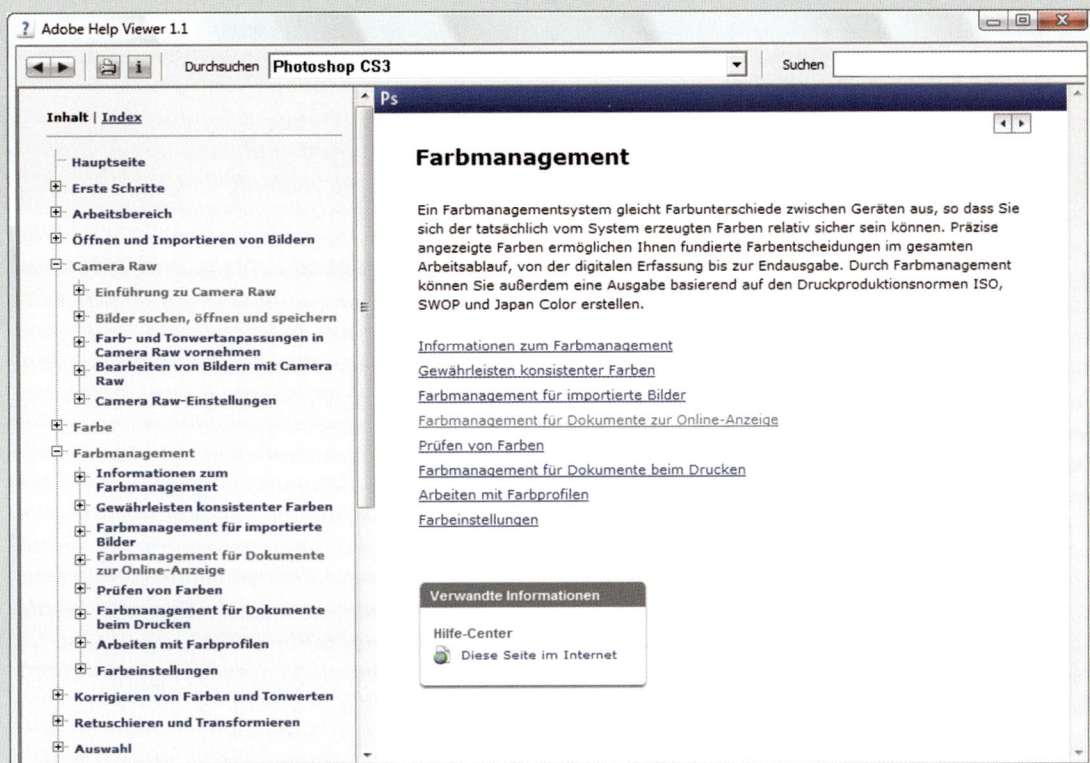

Der Adobe Help Viewer mit einem geöffneten Hilfethema.

Werkzeuge und ihre Funktion

Welches Werkzeug für welche Anwendung? Wie gehe ich damit um? Was für Möglichkeiten bieten die Paletten? Klicken Sie sich parallel zu diesen Informationen durch die Werkzeuge und Paletten des Programms! Sie werden die Funktionen und Möglichkeiten schnell verstehen und einer optimalen Anwendung steht nichts mehr im Wege.

Die Photoshop-Werkzeugpalette enthält außer den direkt sichtbaren noch weitere Werkzeuge, die durch Anklicken des kleinen schwarzen Dreiecks aufgerufen werden können. Zum jeweils aktiven Werkzeug gehört noch die am oberen Bildschirmrand sichtbar werdende Optionenleiste, in der sich weitere werkzeugspezifische Einstellungen vornehmen lassen. Zugriff auf ein bestimmtes Werkzeug erhält man durch Anklicken desselben mit der linken Maustaste. Je nach Werkzeug ändert sich dann das Aussehen des Mauszeigers im Bild. Mittels Klicken und eventuell Ziehen im Bild wird das jeweilige Werkzeug angewendet. Alternativ kann bei vielen Anwendungen auch die rechte Maustaste eingesetzt werden. Diese öffnet in der Regel ein Kontextmenü, in dem dann die Auswahl getroffen wird. Im rechten Bereich der Arbeitsoberfläche befinden sich die Paletten, oft auch als Bedienfelder bezeichnet. Der Aufruf einer Palette erfolgt über das Menü *Fenster*.

Im Folgenden werden nun die wichtigsten Photoshop-Werkzeuge vorgestellt. Auswahlen und Maskierungen spielen bei der Bildbearbeitung eine sehr wichtige Rolle, deshalb findet sich in Photoshop eine große Anzahl unterschiedlichster Möglichkeiten, solche Auswahlen zu erstellen und anzupassen.

Verschieben-Werkzeug

Mit diesem Werkzeug können Sie ausgewählte Bereiche im Bildfenster verschieben und mit Drag and Drop in ein anderes Bildfenster ziehen.

Auswahlrechteck- und Auswahlellipse-Werkzeug, Auswahl-Werkzeug: Einzelne Zeile, Einzelne Spalte

Ein *Auswahlrechteck* kann auch ein Quadrat sein, wenn Sie beim Klicken und Ziehen mit der Maus die [Umschalt]-Taste gedrückt halten. Genauso wird aus einer beliebigen *Auswahlellipse* ein Kreis. *Einzelne Zeile* und *Einzelne Spalte* erzeugen beim Klick in das Bild nur eine gerade Linie. Solange Sie das Werkzeug nicht wechseln, lässt sich die Auswahl im Bild noch verschieben.

Lasso- und Polygon-Lasso-Werkzeug, Magnetisches-Lasso-Werkzeug

Das Auswahlobjekt wird mit gedrückter linker Maustaste umfahren. Ist der Anfangspunkt wieder erreicht, lassen Sie die Taste los. Dies ermöglicht eine Umfahrung mit geraden Abschnitten. Benutzen Sie das *magnetische Lasso*, passt sich die Auswahl wie magnetisch an kontrastreiche Kanten im Bild an.

Schnellauswahl-, Zauberstab-Werkzeug

Hiermit erweitert sich der ausgewählte Bereich beim Ziehen mit der Maus und passt sich an die im Bild vorhandenen Kanten an. Die Größe der Pinselspitze kann eingestellt werden. Mit dem *Zauberstab* werden mittels Mausklick farblich abgegrenzte Bereiche ausgewählt. Der Toleranzwert bestimmt hierbei die Empfindlichkeit des Werkzeugs.

Freistellungs-Werkzeug

Dieses Werkzeug ermöglicht rechteckige Bildbeschneidungen. Ein Doppelklick führt den Vorgang aus, die Taste [Esc] bricht den Vorgang ab.

Slice-Werkzeug, Slice-Auswahlwerkzeug

Dieses Werkzeug ermöglicht es, Bilder und Bildbereiche für die Verwendung im Internet auszuwählen und in einzelne Bilder zu unterteilen bzw. zu zerschneiden.

Bereichsreparatur-Pinsel- und Reparatur-Pinsel-Werkzeug, Ausbessern- und Rote-Augen-Werkzeug

Der *Bereichsreparatur-Pinsel* nimmt Pixel aus seiner Umgebung auf und platziert diese in seinem Zentrum – bestens geeignet für kleinere Fehlstellen im Bild. Der *Reparatur-Pinsel* malt mit Pixeln, die an einer anderen Stelle im Bild mittels Mausklick bei gedrückter [Alt]-Taste aufgenommen werden. Dabei werden vorhandene Struktur, Beleuchtung, Transparenz und Schattierung an die Gegebenheiten der Einfügestelle angepasst. Mit *Ausbessern* erstellen Sie eine Auswahl des Quell- oder Zielbereichs, den Sie bearbeiten wollen. Das *Rote-Augen-Werkzeug* dient dem Ausbessern der durch Blitzlicht erzeugten roten Augen.

Pinsel- und Buntstift-Werkzeug, Farbe-ersetzen-Werkzeug

Der *Pinsel* ist ein in Größe, Form und Randbereich anpassbares Malwerkzeug. Der Modus bestimmt die Art der Anwendung. Der *Buntstift* ist wie der *Pinsel* anzuwenden. Als Farbe wird jeweils die gewählte Vordergrundfarbe verwendet. Weitere Einstellungsmöglichkeiten bietet die *Pinsel*-Palette. Mit dem *Farbe-ersetzen-Werkzeug* lässt sich ein bestimmter Farbbereich mit einer anderen, zuvor gewählten Farbe (Vordergrundfarbe) übermalen.

Kopierstempel- und Musterstempel-Werkzeug

Transportiert bzw. dupliziert Bildinhalte mit Farbe und Struktur an eine beliebige andere Stelle im Bild. Mittels gedrückter [Alt]-Taste und Mausklick legen Sie den Aufnahmebereich fest und lassen die [Alt]-Taste anschließend wieder los. Der nächste Mausklick bestimmt die Stelle, an der die Kopie eingefügt wird. *Musterstempel* enthält die gleichen Optionen, verwendet jedoch ein zuvor auswählbares Muster.

Protokollpinsel- und Kunstprotokoll-Pinsel-Werkzeug

Der *Protokollpinsel* malt mit dem aktuellen Protokoll-Objekt aus der *Protokoll*-Palette. Dies bedeutet, dass vorhergehende Arbeiten im Pinselbereich rückgängig gemacht werden können. Der *Kunstprotokoll-Pinsel* verwendet einen festgelegten Stil und erzeugt dadurch Muster.

Radiergummi-, Hintergrundradiergummi- und Magischer-Radiergummi-Werkzeug

Radiert mit den gewählten Optionen. Darunter kommt die jeweilige Hintergrundfarbe zum Vorschein. Der *Hintergrund-Radiergummi* entfernt die jeweilige Hintergrundfarbe und erzeugt somit einen transparenten Hintergrund. Dabei kann die Vordergrundfarbe geschützt werden. Mit dem *Magischen Radiergummi* lassen sich ganze Bildbereiche an Kanten auswählen.

Verlaufs-Werkzeug, Füll-Werkzeug

Das *Verlaufs*-Werkzeug dient dem Erstellen von Farbverläufen. Mit dem *Füll*-Werkzeug füllen Sie ausgewählte Bereiche mit der Vordergrundfarbe oder mit einem gewählten Muster. Die Anwendung lässt sich mittels *Toleranz* anpassen. Die zuvor gewählte Deckkraft bestimmt den Farbauftrag.

Weichzeichner-, Scharfzeichner- und Wischfinger-Werkzeug

Das *Weichzeichner*-Werkzeug kann, mit der ausgewählten *Pinselgröße* sowie *Modus* und *Stärke* bestimmte Bereiche, insbesondere bei Kanten, durch Darüberwischen mit gedrückter Maustaste weich erscheinen lassen bzw. eine Unschärfe erzeugen. *Scharfzeichner* schärft die bearbeiteten Stellen im Bild. Dabei findet eine Kontrasterhöhung statt. Mit dem *Wischfinger* lassen sich Übergänge verwischen.

Abwedler-, Nachbelichter- und Schwamm-Werkzeug

Mit dem *Abwedler* lassen sich Tiefen, Mitteltöne und Lichter in der gewählten prozentualen Belichtung aufhellen. Der *Nachbelichter* funktioniert identisch, dunkelt diese jedoch ab. Der *Schwamm* bearbeitet die Farbsättigung im Bild. Der Modus ist frei wählbar.

Zeichenstift-, Freiform-Zeichenstift-, Ankerpunkt- und Punkt-umwandeln-Werkzeug

Der *Zeichenstift* dient dem Erstellen eines Pfades, einer Form oder von Linien im Bild. Pfade können zum Erstellen eines Umrisses oder zur Erstellung von pixelgenauen Auswahlen benutzt werden. Nach Auswahl des Werkzeugs klicken Sie sich Punkt für Punkt um das gewünschte Bildelement. Wollen Sie dabei auch Kurven erzeugen, ziehen Sie mit Klick und gedrückter Maustaste in die Richtung, in die es weitergehen soll. Diese Ausleger bestimmen die Form einer Kurve und deren Richtung. Um den Pfad zu schließen, müssen Sie zum Ausgangspunkt zurückkehren und diesen anklicken. Je nach voreingestellter

Option können Sie dabei Formebenen oder Pfade erstellen.

Der *Freiform-Zeichenstift* arbeitet ähnlich wie das *Lasso* und ist nur für grobe Umrisse geeignet. *Ankerpunkt hinzufügen* und *Ankerpunkt löschen* werden durch Anklicken der jeweiligen Stelle aktiv. Das *Punkt-umwandeln*-Werkzeug wandelt damit angeklickte Punkte in Kurven oder Geraden um. Der jeweils erzeugte Pfad wird als *Arbeitspfad* in der *Pfade*-Palette angezeigt und kann hier nach dem Aktivieren mittels Klick auf das Symbol in der Palette oben rechts weiterverarbeitet werden.

Horizontales- und Vertikales-Text-Werkzeug, Horizontales- und Vertikales-Textmaskierungs-Werkzeug

Text-Werkzeuge erzeugen durch Klick in das Bild eine neue Textebene, die als Bezeichnung den erstellten Text verwendet. Der auf dieser Ebene befindliche Text kann nach dem Beenden der Eingabe mittels des *Verschieben*-Werkzeugs platziert werden. Zur Anwendung bestimmter Vorgänge und Effekte kann es erforderlich sein, dass die Textebene gerastert werden muss. Dabei wird der vektorbasierte Text in ein pixelbasiertes Bild umgewandelt und ist dadurch auch so zu behandeln. Eine Rückwandlung ist nicht möglich.

Pfadauswahl- und Direktauswahl-Werkzeug

Bezieht sich auf einen auszuwählenden Pfad, der mittels der Option *Begrenzungsrahmen einblenden* auch in der Größe angepasst werden kann. Mit diesem Werkzeug wird der gesamte Pfad verschoben. Mehrere Pfade können mit gedrückter [Umschalt]-Taste ausgewählt und angeordnet werden. Die *Direktauswahl* ermöglicht das Verschieben und genaue Positionieren von einzelnen Ankerpunkten im Pfad.

Rechteck-, Abgerundetes-Rechteck-, Ellipse-, Polygon-, Linienzeichner- und Eigene-Form-Werkzeug

Mit den *Formen*-Werkzeugen wie *Rechteck*, *Ellipse* und *Linien* werden ebenfalls Pfade erzeugt. Sollen die jeweiligen Ankerpunkte bearbeitet werden, müssen Sie in das *Pfade*- bzw. *Zeichenstift*-Werkzeugmenü wechseln. Wie bei der Erstellung von Pfaden mit dem Zeichenstift sind mehrere Optionen auswählbar.

Anmerkungen- und Audio-Anmerkung-Werkzeug

Dieses Werkzeug ermöglicht es, Notizen im Bild einzufügen. Diese werden nach dem Schließen als kleines Symbol dargestellt. Wenn Sie mit der Maus darauf klicken, wird der Text angezeigt. Mithilfe des *Audio-Anmerkung*-Werkzeugs können Sie mit einem Mikrofon sprachliche Anmerkungen anfügen, sofern Ihr Computer über die erforderlichen Voraussetzungen (Soundkarte und Lautsprecher) verfügt.

Pipette- und Farbaufnahme-Werkzeug, Lineal-Werkzeug

Der durchschnittliche Aufnahmebereich der *Pipette* kann optional ab 1 Pixel oder auf 3 x 3 Pixel, 5 x 5 Pixel etc. eingestellt werden. Die empfohlene Einstellung für normale Anwendungen sind 3 x 3 Pixel. Klickt man mit der *Pipette* in einen Bildbereich, wird die entsprechende Farbe als Vordergrundfarbe übernommen. Bei gedrückter [Alt]-Taste wird die Hintergrundfarbe übernommen. Das *Farbaufnahme*-Werkzeug ermöglicht es, bis zu vier Farbinformationen in die *Info*-Palette zu übernehmen. Mit dem *Lineal*-Werkzeug erzeugen Sie durch Ziehen im Bild eine Messlinie. Die Position, die Abmessungen und der Winkel können in der dazugehörigen Informationsleiste abgelesen und wieder gelöscht werden.

KAPITEL 2
PHOTOSHOP-BASICS

Hand-Werkzeug

Mit dem *Hand*-Werkzeug navigieren Sie innerhalb des Arbeitsfensters zu einem anderen Bildausschnitt.

Zoom-Werkzeug

Vergrößert oder verkleinert die Ansicht durch Anklicken des entsprechenden Symboles.

Vorder- und Hintergrundfarbe

Mit den beiden Farbflächen im unteren Bereich der Werkzeugleiste stellen Sie die Vordergrund- und die Hintergrundfarbe ein. Der kleine schwarze Doppelpfeil ermöglicht das Umschalten zwischen der jeweiligen Vorder- und Hintergrundfarbe. Ein Klick auf das Schwarzweiß-Symbol stellt die Standardfarben wieder her.

Ein Doppelklick auf eine der Farbflächen öffnet das Dialogfeld *Farbwähler*. Die gewünschte Farbe lässt sich durch Klicken in das Farbfeld oder durch Eingabe der Farbnummer des gewünschten Farbmodells bzw. der Prozentangabe auswählen. Mit dem Schieben des Reglers am Farbspektrum lässt sich auch ein Farbbereich als Farbfeld anzeigen.

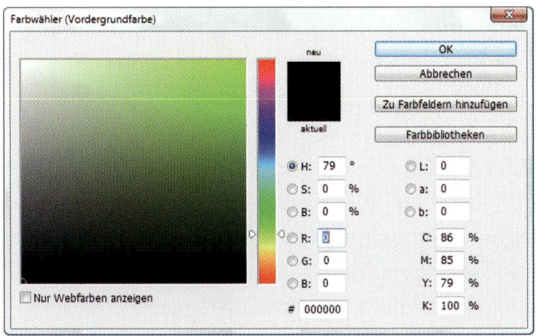

Einstellen einer neuen Vordergrundfarbe.

Formen, Verläufe, Pinselspitzen

Photoshop verfügt über eine Reihe vorgefertigter Elemente wie Pinselspitzen, Verläufe, Konturen, Formen und Werkzeugvorgaben, die zur Anwendung in der jeweiligen Optionenleiste, Palette und den Dialogfeldern aufgerufen werden können.

Im Menü *Bearbeiten/Vorgaben-Manager* können diese ausgewählt, gespeichert und geladen werden. Dabei kann unter den Optionen *Eigene Formen zurücksetzen* und *Eigene Formen ersetzen* ausgewählt werden. Wird das Werkzeug aufgerufen, haben Sie in der jeweiligen Optionenleiste bzw. Palette den Zugriff auf diese Vorlagen. Alternativ können diese Bibliotheken auch im jeweiligen Werkzeugmenü aufgerufen und angepasst werden. Wird eine solche Vorlage aufgerufen und für eigene Zwecke abgewandelt, kann diese auch der Bibliothek für künftige Verwendungen angefügt werden.

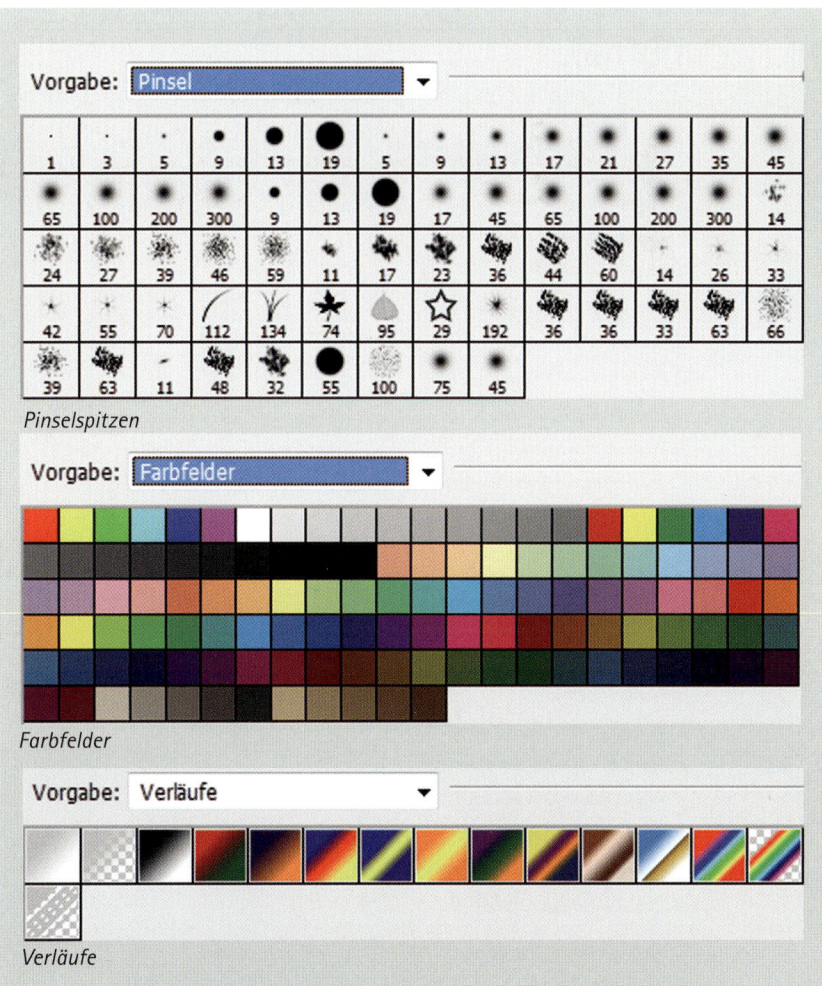

Pinselspitzen

Farbfelder

Verläufe

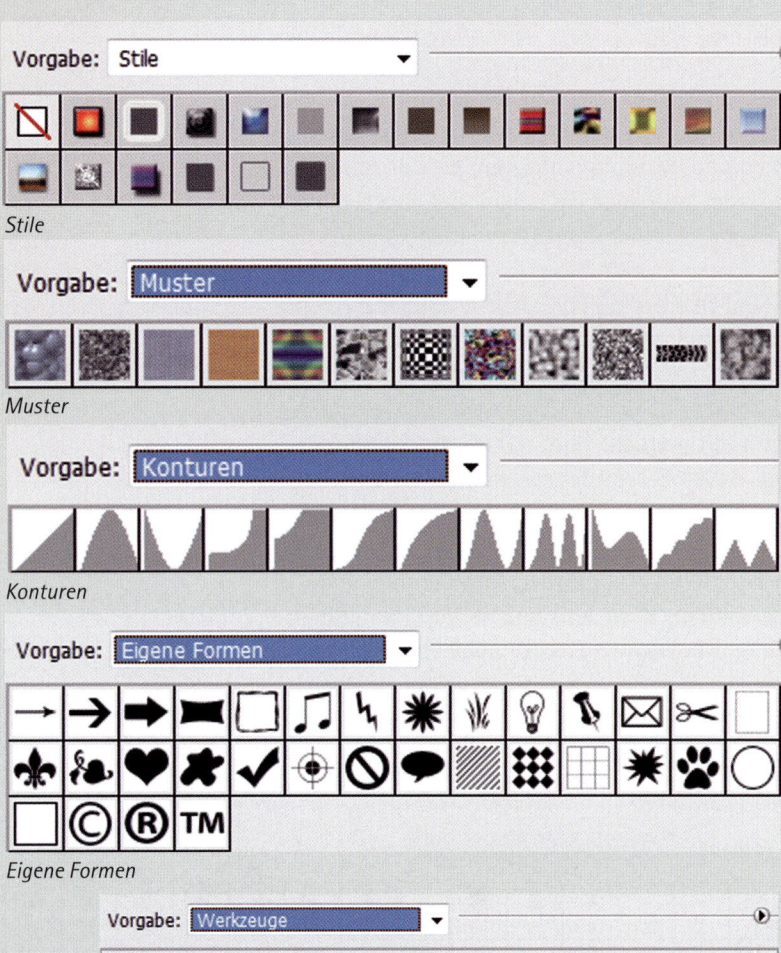

Stile

Muster

Konturen

Eigene Formen

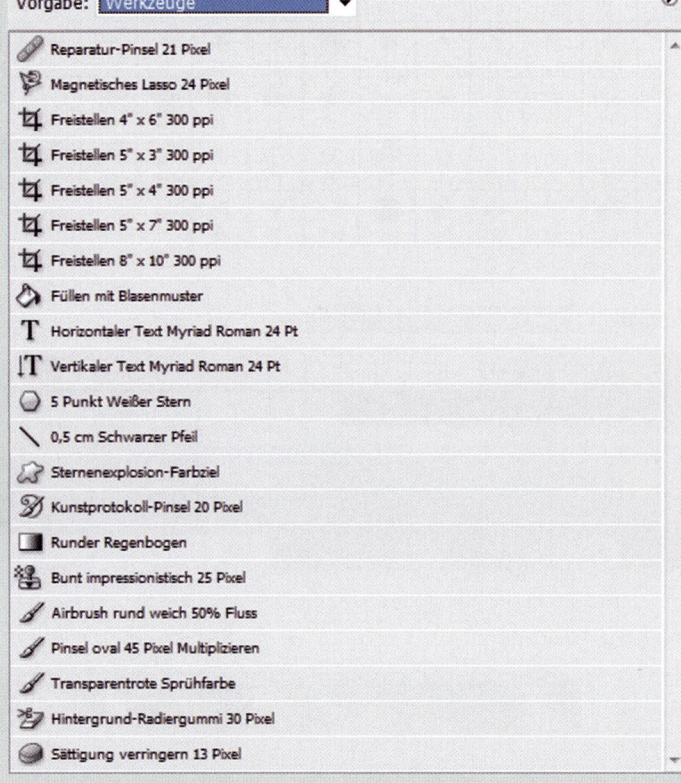

Liste der Werkzeugvorgaben

Eigene Formen erstellen

Wird eine eigene Form benötigt, kann diese zunächst als Pfad erstellt werden. Im Menü *Bearbeiten/Eigene Form festlegen* kann diese dann für weitere Anwendungen gespeichert werden. Bereits vorgefertigte Formen aus der Bibliothek können durch Anpassen des Pfades auch abgewandelt und danach unter einem neuen Namen gespeichert werden.

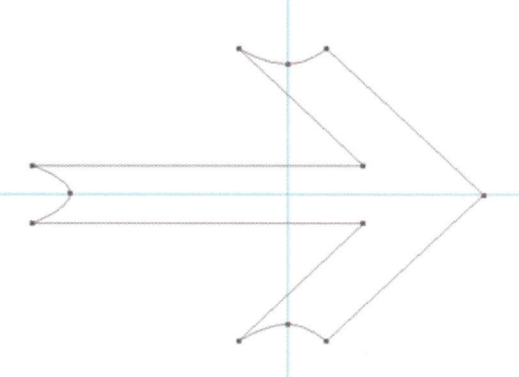

Neue Werkzeugvorgabe in Form eines Pfades.

[1] Wollen Sie eine eigene Vorlagenbibliothek anlegen, markieren Sie die entsprechende Auswahl und klicken im Vorgaben-Manager auf die Option *Speichern*. Der Vorlagenordner öffnet sich und Sie können einen eigenen Ordner anlegen.

[2] Zur Anwendung der selbst erstellten Form öffnen Sie eine Datei bzw. ein Bild und klicken auf das *Eigene-Form*-Werkzeug. Im zugehörigen Optionenmenü am oberen Fensterrand wählen Sie Ihre Form aus und zeichnen diese mit gedrückter linker Maustaste in Ihr Bild ein.

Ähnlich wie bei den Formen können Sie auch eigene Pinsel, Verläufe oder Farbfelder bearbeiten und der jeweiligen Bibliothek zuordnen bzw. in einem neuen Verzeichnis speichern.

Farbverläufe festlegen

[1] Aktivieren Sie das *Verlaufs*-Werkzeug. In der Optionenleiste bzw. Auswahlliste wird, bestehend aus den derzeitigen Vorder- und Hintergrundfarben, eine Verlaufsmöglichkeit angezeigt.

[2] Wollen Sie diese auf einfache Weise anpassen, ändern Sie die jeweiligen Vorder- und Hintergrundfarben. Weitere bereits bestehende

KAPITEL 2
PHOTOSHOP-BASICS

Farbverläufe finden Sie nach dem Öffnen in der Auswahlliste.

[3] Zum Speichern Ihrer Vorgabe klicken Sie im Optionenmenü auf *Neuer Verlauf*, im sich öffnenden Fenster werden Sie nun aufgefordert, einen passenden Namen einzugeben. Als weitere Möglichkeit können Sie auch mit der rechten Maustaste den angezeigten Verlauf anklicken und unter den Optionen *Neuer Verlauf, Verlauf umbenennen* oder *Verlauf löschen* wählen.

[4] Um einen Verlauf zu bearbeiten, klicken Sie in das Verlaufssymbol in der Optionenleiste. Ein Bearbeitungsfenster öffnet sich, in dem sich der gewählte Verlauf nach Wunsch anpassen lässt.

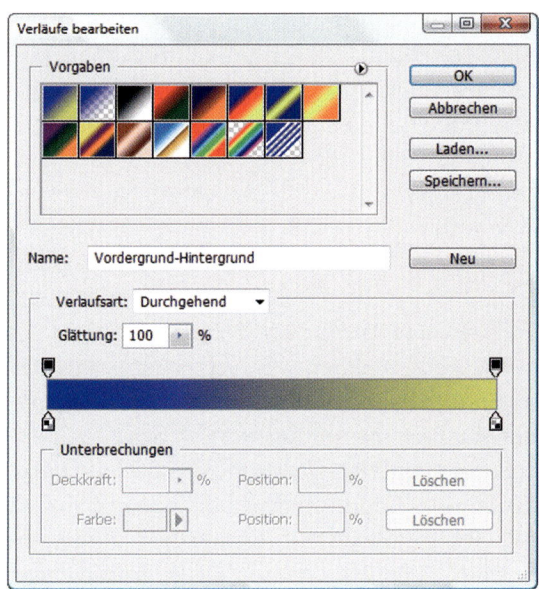

Verläufe bearbeiten.

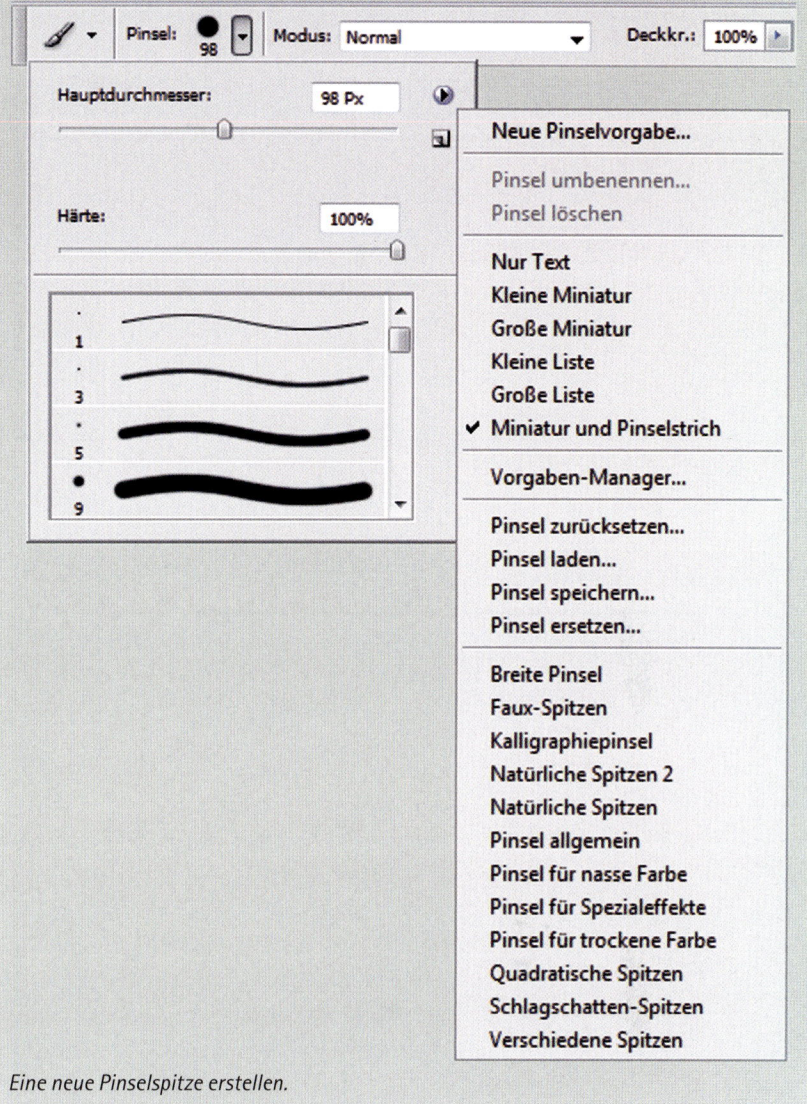

Eine neue Pinselspitze erstellen.

Pinselspitzen bearbeiten

Zur Bearbeitung und Anpassung von Pinselspitzen gibt es gleich mehrere Möglichkeiten. Zum einen das Optionenmenü zum *Pinsel*-Werkzeug, in dem die geladene Auswahl angezeigt wird. Zugleich findet sich hier eine vereinfachte Anpassungsmöglichkeit für den Hauptdurchmesser und die Kantenschärfe des jeweils gewählten Pinsels.

Im Menü *Fenster/Pinsel* öffnen Sie die *Pinsel*-Palette. Hier finden sich noch spezifischere Anpassungsmöglichkeiten. Eine weitere Auswahl bietet die Palette *Werkzeugvorgaben*. Wenn Sie eine neue Kollektion von Pinselspitzen anlegen, wird der Bibliotheksname beim nächsten Start des Programms im Menü des Pinsel-Managers angezeigt und kann dort ausgewählt werden.

Lineale, Hilfslinien, Raster

Dienen der Orientierung und Ausrichtung und unterstützen Sie bei der präzisen Anpassung von Bildern und Objekten. Hilfslinien und Raster sind nicht druckbare Elemente, die jederzeit ein- oder ausgeblendet werden können. Das Lineal rufen Sie im Menü *Ansicht/Lineal* auf.

Die Voreinstellungen für die Maßangabe und die Optionen für Hilfslinien und Raster finden Sie im

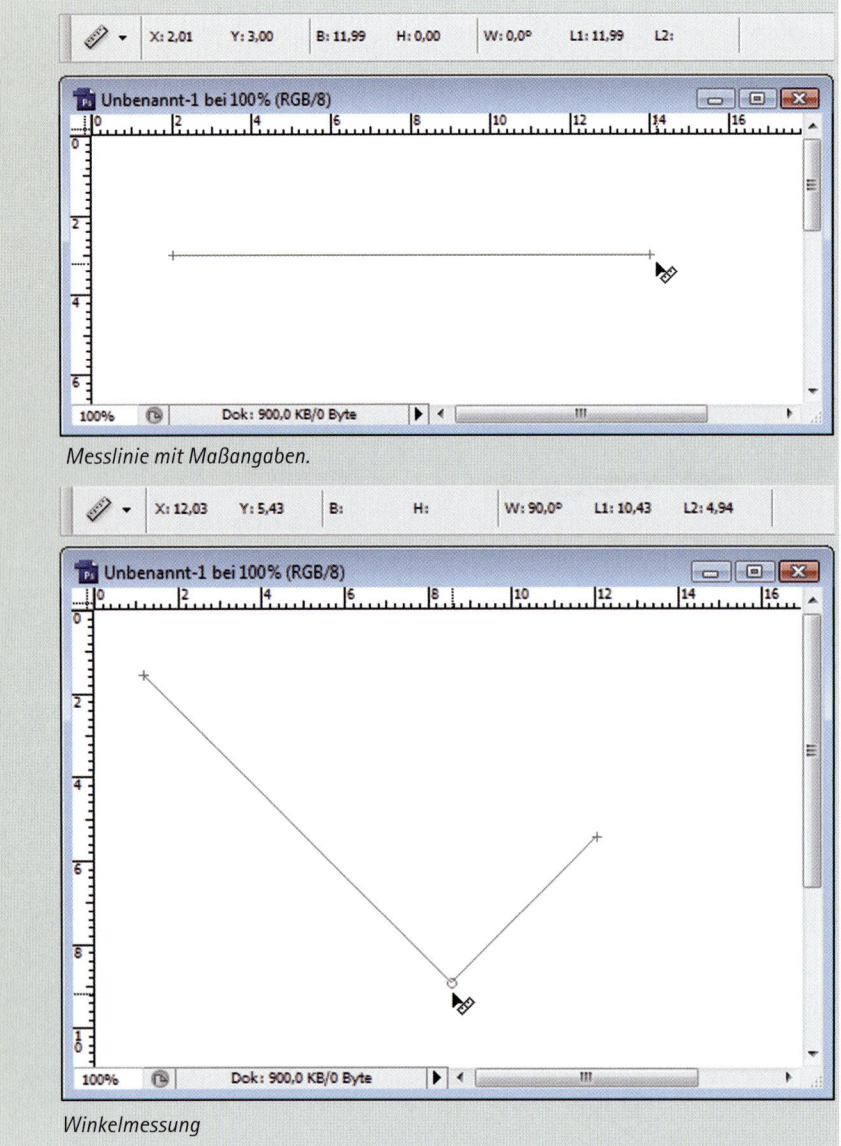

Messlinie mit Maßangaben.

Winkelmessung

Eine Doppelklick auf das Lineal öffnet die Voreinstellungen ohne Umweg über das Menü.

Objekte präzise bemaßen

[1] Nach der Wahl des *Lineal*-Werkzeugs aus dem Werkzeugmenü ziehen Sie eine Positionslinie mit gedrückter Maustaste vom Anfangspunkt (*X*) zum Endpunkt (*Y*). In der dazugehörigen Werkzeug-Optionenleiste werden die Position (*X + Y*), der horizontale (*B*) sowie der vertikale (*H*) Abstand angezeigt, außerdem der relativ zur Achse gemessene Winkel (*W*) und der gesamte Abstand (*L1*).

[2] Um den Winkelmesser zu verwenden, halten Sie die [Alt]-Taste gedrückt und ziehen Sie vom Anfangs- oder Endpunkt Ihrer Messlinie eine weitere Linie (Länge: *D2*) in die gewünschte Richtung. Unter (*W*) wird jetzt der Winkel angezeigt. Um den Winkel in 45-Grad-Schritten zu verändern, halten Sie beim Ziehen des Endpunktes in die gewünschte Richtung die [Umschalt]-Taste gedrückt.

Arbeiten mit Paletten

Paletten und Werkzeuge blenden Sie über das Menü *Fenster* durch das Setzen bzw. Löschen von Häkchen ein oder aus. Standardmäßig werden die Paletten auf der rechten Seite des Bildschirms angezeigt. Dort können diese durch Anklicken des Doppelpfeilsymbols oben rechts als Miniaturen dargestellt und wieder vergrößert werden. Paletten können auf dem Bildschirm beliebig angeordnet werden. Die Inhalte in Form von Registerkarten können auch individuell durch Drag and Drop in andere Palettenfenster eingesetzt und dann durch Anklicken ausgewählt werden.

Das gestrichelte Symbol oben rechts in der Palette ermöglicht das Einblenden weiterer Optionen. Einmal gefundene Palettenanordnungen können auch über das Menü *Fenster/Arbeitsbereich* als neuer Arbeitsbereich gespeichert werden. Dort können Sie jederzeit zum Standardarbeitsbereich zurückkehren.

Menü *Bearbeiten/Voreinstellungen*. Im Normalfall sind die dort vorgegebenen Standards für die Verwendung ohne weitere Änderung zu übernehmen.

Hilfslinien und Raster wirken magnetisch. Dies bedeutet: Wenn Sie ein Objekt bis auf 8 Bildschirmpixel an eine Linie heranziehen, wird dieses daran ausgerichtet. Ein weiteres Hilfsmittel, das in erster Linie zum Vermessen von Distanzen und Winkeln im Bild benutzt wird, kann auch bei der Anpassung Ihrer Bilder nützlich sein: das *Mess*-Werkzeug.

KAPITEL 2
PHOTOSHOP-BASICS

Protokoll-Palette

Über die *Protokoll*-Palette können Sie zu einem beliebigen Arbeitsschritt innerhalb Ihrer aktuellen Arbeitssitzung zurückkehren. Jede Änderung an Ihrem Bild wird als Arbeitsschritt in der *Protokoll*-Palette eingefügt. Das Strichsymbol oben rechts blendet das Zusatzmenü ein. Das Dialogfeld *Protokolloptionen* kann hier geöffnet werden.

Im Menü *Bearbeiten/Entleeren/Protokolle* kann das Protokoll gelöscht werden, ohne eine Änderung am Bild vorzunehmen. Dadurch wird zugleich auch verwendeter Arbeitsspeicher freigegeben. Mit Schließen des bearbeiteten Bildes wird stets das jeweilige Protokoll gelöscht.

Die *Protokoll*-Palette in Verbindung mit dem *Protokollpinsel* eignet sich hervorragend dazu, vorgenommene Arbeitsschritte an einzelnen Bildteilen wieder rückgängig zu machen. Wählen Sie dazu die entsprechende Pinselspitze im *Protokollpinsel*-Werkzeug sowie den zu bearbeitenden Status oder Schnappschuss aus und übermalen Sie diese Bereiche des Bildes damit.

Protokoll-*Palette*

Aktionen-Palette

Aktionen sind zuvor aufgezeichnete Arbeitsschritte, die auf ein oder mehrere Bilder angewendet werden können. Photoshop stellt bereits eine Auswahl solcher Aktionen zur Verfügung, die Sie zur Anwendung lediglich aufrufen und abspielen müssen.

Sie können aber auch eigene Aktionen erstellen, indem Sie die Arbeiten, die Sie an einem Bild vornehmen, aufzeichnen und später auf ein anderes Bild wieder anwenden (*Neue Aktion* im Optionenmenü von *Aktionen* auswählen). Besonders interessant ist diese Möglichkeit für sich immer wiederholende Arbeiten an einer größeren Anzahl von Bildern. Damit kann der Computer einen Großteil dieser Arbeiten für Sie übernehmen.

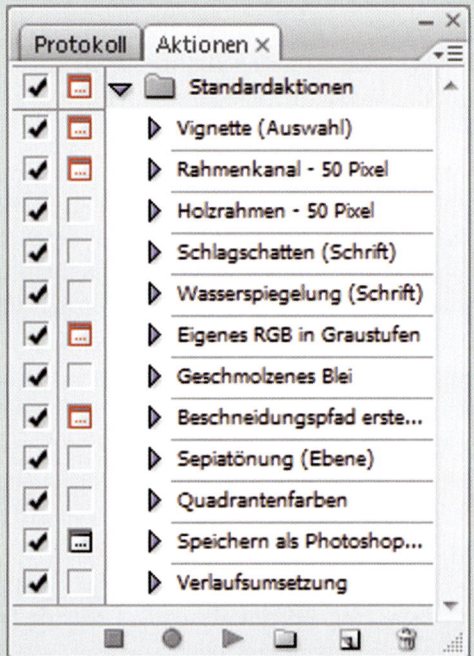

Eine Vielzahl fertiger Arbeitsabläufe in der **Aktionen**-*Palette.*

Ebenen-Palette

Jedes neue Bild besteht zunächst aus nur einer Ebene, der *Hintergrundebene*. Neue Ebenen, die Sie erzeugen, sind transparent und liegen wie eine Folie über der jeweils darunter liegenden

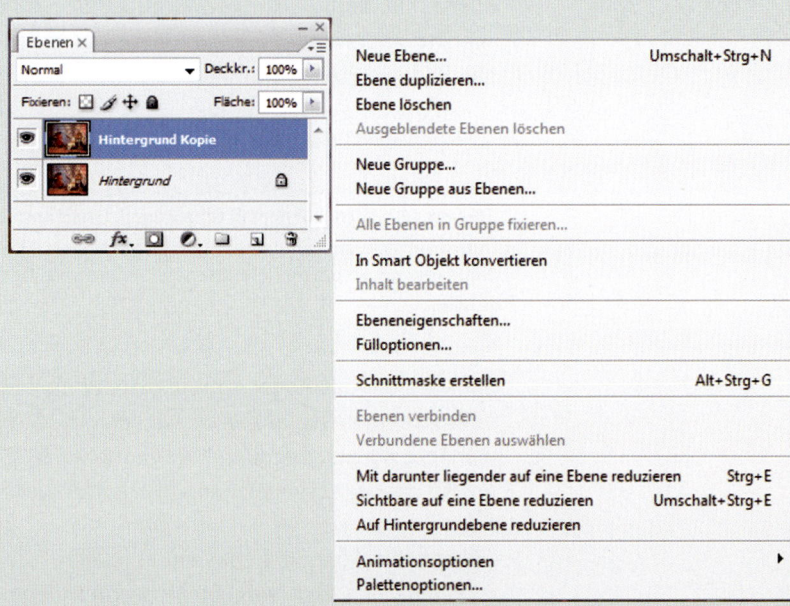

Ebenen-*Palette mit aufgeklapptem Optionenmenü.*

Ebene. Diese Ebenen lassen sich bearbeiten, duplizieren, im Bild verschieben sowie gruppieren und neu anordnen, wieder löschen oder auf die Hintergrundebene reduzieren. Die Anzahl der Ebenen ist nur durch die Leistung Ihres Rechners eingeschränkt. Ebenengruppen können auch gemeinsam bearbeitet werden.

Im Menü *Ebene* haben Sie Zugriff auf alle Funktionen. Das Optionenmenü (Strichsymbol oben rechts) oder ein Klick mit der rechten Maustaste ermöglicht den schnellen Zugriff auf die wichtigsten Optionen. In der Palette werden die Ebenen übereinander angezeigt und können durch Anklicken ausgewählt werden.

Mehrere Ebenen (untereinander) markieren Sie mit gedrückter [Umschalt]-Taste bzw. mit gedrückter [Strg]-Taste (freie Wahl). Ausgewählte Ebenen können in der Deckkraft individuell angepasst und mittels der Füllmethoden für unterschiedliche Aufgaben und Effekte verwendet werden.

Jede Ebene kann in den *Ebeneneigenschaften* mit einer Benennung versehen werden. Am unteren Rand der Palette kann direkt auf einige Funktionen zugegriffen werden. Besonders wichtig sind die *Neue Füllebene* und die *Neue Einstellungsebene*, hier können Farb- und Bildbearbeitungsschritte angewendet werden, ohne das eigentliche Bild zu verändern.

Die Funktionen der Ebenen*-Palette von links nach rechts:* Ebenen verbinden, Ebenenstil hinzufügen, Ebenenmaske hinzufügen, Neue Füll- oder Einstellungsebene erstellen, Neue Gruppe erstellen, Neue Ebene erstellen *und* Ebene löschen.

Ein Klick auf das Augensymbol blendet eine Ebene vorübergehend aus bzw. wieder ein. Ausgeblendete Ebenen werden nicht gedruckt! Nur die jeweils markierte Ebene kann bearbeitet werden.

Ebenenstile können Schatten erzeugen, die in Richtung und Art eingestellt werden können, und viele weitere Effekte mehr. Bilder, die Sie als Kopie in ein anderes Bild einfügen (z. B. bei einer Fotomontage), werden automatisch als neue Ebene eingesetzt und sind mit dem *Verschieben*-Werkzeug oder mittels der Pfeiltasten frei positionierbar.

Die Hintergrundebene ist für einige Aktionen gesperrt, kann aber durch Doppelklick in die *Ebene 0* umgewandelt werden und ist dann wie jede andere Ebene zu bearbeiten.

Kanäle-Palette

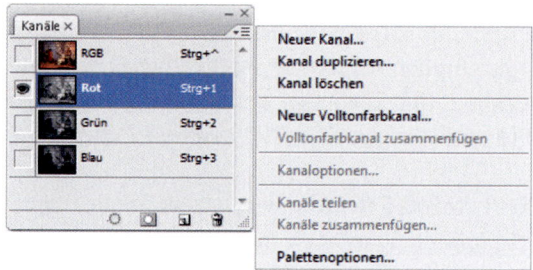

Kanäle*-Palette, Rotkanal ausgewählt, mit Optionen.*

In der *Kanäle*-Palette sind je nach verwendetem Bildmodus die einzelnen Farbkanäle aufgelistet und können getrennt angezeigt und auch bearbeitet werden. Auswahlen können als Alphakanäle gespeichert und nach Bedarf über das Menü *Auswahl* und die Funktion *Auswahl speichern und laden* angepasst und wieder geladen werden.

Kanäle aus Auswahl speichern
Vorhandene Farbkanäle können auch als Auswahl geladen werden, um beispielsweise teiltransparente Masken zu erstellen. Ziehen Sie dazu den gewählten Farbkanal auf *Kanal als Auswahl laden* an der Palette unten und wechseln Sie zur weiteren Bearbeitung zurück in den Ebenenbereich.

Es lassen sich bis zu 56 Kanäle für ein Bild anlegen, die Dateigröße eines Bildes wird jedoch durch zusätzliche Kanäle stark erhöht. Alphakanäle bleiben genauso wie Ebenen nicht in allen Dateiformaten beim Speichern erhalten.

Wichtige Dateiformate

Je nach Kamera und Hersteller werden die digital erzeugten Aufnahmen in unterschiedlichen Formaten gespeichert. Die Qualität und die Weiterverarbeitungsmöglichkeiten digitaler Bilder in Photoshop sind nicht nur von deren Auflösung (Anzahl der zur Aufnahme verwendeten Bildpixel), sondern auch sehr stark von den verwendeten Formaten abhängig. Im Folgenden sehen Sie eine Auflistung der üblichen Formate bei der Arbeit mit Photoshop.

PSD

Das PSD-Format ist das Standardformat für Photoshop-Arbeitsdateien. Beim Speichern einer PSD-Datei können Sie eine Voreinstellung für optimale Kompatibilität wählen. Dadurch wird eine unseparierte Version eines aus Ebenen bestehenden Bildes in der Datei gespeichert, sodass das Bild auch für andere Anwendungen, u. a. frühere Versionen von Photoshop, lesbar ist. Bilder mit 16 Bit pro Kanal und Bilder mit 32 Bit pro Kanal mit HDR (**H**igh **D**ynamic **R**ange) können als PSD-Dateien gespeichert werden.

JPEG

Am meisten verbreitet und auf nahezu allen Kameras zu finden ist das JPEG-Format, das meist in verschiedenen Kompressionsstufen eingestellt werden kann. Niedrig bedeutet eine geringe Auflösung mit erheblichen Qualitätsverlusten. Dabei werden ähnliche Pixel zu einer Bildinformation zusammengefasst, um dadurch die Dateigröße zu verringern. Je höher die Einstellung, desto mehr Informationen bleiben erhalten. Besonders negativ wirkt sich dieses Format bei wiederholter Speicherung, z. B. nach einer Bildbearbeitung oder Größenanpassung, aus, da dabei die bildrelevanten Informationen jedes Mal wieder neu zusammengefasst (komprimiert) werden. Bildmodus: 8 bis 16 Bit.

TIFF

Das TIFF-Format ist mit einer geringen oder ohne Kompressionsstufe einstellbar. Alle Bildinformationen bleiben in der Beschreibung erhalten. Die eigentliche Aufnahme wird jedoch bereits durch die Berechnung in der Kamera beschnitten. Das Format ist verlustfrei auch wiederholt speicherbar. Im grafischen Bereich und in der Druckvorstufe wird das TIFF-Format sehr häufig verwendet. Bildmodus: 8 bis 16 Bit.

RAW

Hochwertige Digitalkameras können digitale Daten im RAW-Format speichern. Dabei werden die Rohdaten des CCD- oder CMOS-Bildwandlers aufgezeichnet. Dieses „digitale Negativ" enthält alle aufnahmerelevanten Informationen, ohne diese bereits rechnerisch anzuwenden, wie dies bei den anderen Speicherformaten wie z. B. TIFF oder JPEG geschieht. Das bedeutet, der Fotograf ist in der Lage, noch nach der Aufnahme am PC die Bildparameter für Belichtung, Weißabgleich, Schärfe etc. zu justieren.

Da die RAW-Formate der verschiedenen Kamerahersteller nicht einheitlich sind, benötigen Sie zur weiteren Verarbeitung ein entsprechendes Softwaremodul des Herstellers oder die Möglichkeit, die Dateien mittels eines Plug-in in Ihrer jeweiligen Bildbearbeitungssoftware zu bearbeiten. Adobe Photoshop ab der Version CS z. B. bietet für die gängigen Formate inzwischen ein eigenes Tool, das beim Öffnen einer RAW-Datei automatisch gestartet wird.

Um maximale Qualität zu erreichen, ist diese Möglichkeit der nachträglichen Bearbeitung von großer Bedeutung. Die Aufnahme sollte dennoch bereits mit der optimalen Einstellung erfolgen, da völlig falsche Einstellungen in Bezug auf Belichtung und Schärfe auch im Nachhinein kaum mehr korrigiert werden können.

Falls Ihr Chip in der Lage ist, eine Farbtiefe von 12 oder 16 Bit anstelle von nur 8 Bit zu liefern, bedeutet dies in der Regel eine enorme Qualitätsreserve für die Weiterverarbeitung. Besonders bei feinen Tonabstufungen (Verläufen) ist dies von unschätzbarem Vorteil. Falls möglich, sollte die gesamte digitale Weiterverarbeitung deshalb auch im 16-Bit-Modus erfolgen und eine Umwandlung in das 8-Bit-Format erst zum Schluss, beispielsweise vor dem Einbinden in ein Layoutprogramm, als Extradatei ausgeführt werden.

[3]
AUFLÖSUNG, BILD-GRÖSSE UND FARBE

KAPITEL 3
AUFLÖSUNG, BILDGRÖSSE UND FARBE

3

KAPITEL 3
AUFLÖSUNG, BILDGRÖSSE UND FARBE

Auflösung, Bildgröße und Farbe

Über Pixel und Vektoren	44
Bildschirm- und Druckauflösung	44
Faktor Dateiformat	44
Bildschirmauflösung	45
Druckauflösung	45
Zoom-Ansichten	45
Bildgrößen neu berechnen	46
Arbeitsfarbräume	47
Farbmanagement-Richtlinien	48
Profilfehlerwarnungen	48
Bildschirmkalibrierung	49
CRT, LCD und TFT	49
Vereinfachte Anpassung	50
Digital Quality Tool	50
Checkliste Bildschirmkalibrierung	50
Kalibrierung mit Eye-One Match	50
ICC-Profil einbetten	52

[3] Auflösung und Größe

Was sollte ich unbedingt darüber wissen? Wodurch unterscheiden sich die jeweiligen Angaben? Wie kann ich eine Bild- oder Ausgabegröße optimal einstellen? Welchen Farbraum sollte ich verwenden? Was tun bei einer Profilfehlerwarnung? Wichtige Fragen mit eindeutigen und verständlichen Erklärungen: Für Sie kurz und klar beantwortet.

Über Pixel und Vektoren

Zunächst ein kleiner Exkurs in die Welt der Pixel und Vektoren. Computergrafiken oder digitale Bilder werden in zwei Kategorien unterteilt. Bitmaps und Vektorgrafiken. Eine Photoshop-Datei kann beide Kategorien enthalten. Bitmap-Bilder sind Bilder auf Rasterbasis, diese verwenden Bildpunkte zur Darstellung.

Die Anzahl dieser Bildpunkte (ppi), auch als Auflösung bezeichnet, wird bereits bei der digitalen Aufnahme oder beim Scannen eines Bildes (Bitmap) festgelegt. Beim Anpassen der Größe eines solchen Bildes (skalieren) werden diese Bildpunkte vergrößert oder verkleinert, dadurch kann die Detailgenauigkeit des Bildes leiden. Es können Unschärfen, bzw. Treppeneffekte entstehen, die auf diese Anpassung der Bildpunkte zurückzuführen ist.

Bei einer Neuberechnung zur Vergrößerung der Bilder werden weitere, ähnliche Pixel hinzugefügt. Es wird interpoliert. Bei einer Neuberechnung zur Verkleinerung wird die Anzahl der Pixel dagegen reduziert. Da diese Pixel jedoch rein rechnerisch erzeugt werden, können sie sich dem Original auch nur annähern, sind also nicht gleichwertig der tatsächlich bei der Aufnahme erzeugten Pixel.

Vektorgrafiken bestehen aus mathematisch definierten Linien und Kurven, den Vektoren. Bei einer Verschiebung, Skalierung oder Farbänderung werden diese ohne Qualitätsverlust angepasst. Die Buchstaben eines Textes bestehen in der Regel aus Vektorgrafiken und erscheinen dadurch in jeder Größe scharf. Ein weiterer Vorteil besteht in der geringen Dateigröße, die für eine solche Grafik verwendet werden muss. Auf einem Bildschirm werden jedoch beide Grafikarten als Bildpunkte dargestellt.

Die Detailgenauigkeit der Darstellung eines Bildes im Druck und auf dem Bildschirm ist abhängig von den Pixelmaßen. Die Anzahl der Pixel pro Zoll oder auch Inch (ppi) bestimmt die Bildauflösung. Durch Änderung der Bildgröße in cm ohne Änderung der Bildmaße in Pixel – ohne Neuberechnung – wird nur die Ausgabegröße des Bildes für den Druck verändert. Das Bild selbst und damit auch seine Dateigröße bleiben gleich.

Pixelmaß = Dokumentgröße x Auflösung

Bildschirm- und Druckauflösung

Bilder mit hoher Auflösung werden mit mehr und kleineren Pixeln als Bilder mit geringer Auflösung gedruckt. Die Darstellung hochaufgelöster Bilder ist daher feiner und genauer. Die Dateigröße eines Bildes in Kilobyte (KByte) oder Megabyte (MByte) ist proportional abhängig von den Pixelmaßen. Hochaufgelöste Bilder benötigen mehr Speicherplatz und gegebenenfalls längere Berechnungszeiten als niedriger aufgelöste. Der Verwendungszweck bestimmt die erforderliche Auflösung. Bilder für den Druck müssen je nach Ausgabegerät, Papierart und erwünschter Qualität feiner aufgelöst werden als Bilder, die lediglich auf dem Bildschirm dargestellt werden.

Faktor Dateiformat

Ein weiterer Faktor, der sich auf die Qualität eines Bildes auswirken kann, ist das verwendete Dateiformat. Durch unterschiedliche Komprimierungsverfahren können die Dateigrößen bei identischen Pixelmaßen sehr stark variieren. Auch die Farbtiefe sowie die verwendete Anzahl von Ebenen und Kanälen wirken sich auf die Dateigröße aus. Dateiformate mit Endungen wie TIF

KAPITEL 3
AUFLÖSUNG, BILDGRÖSSE UND FARBE

oder PSD (das Photoshop-eigene Format) verwenden nur geringe Dateikomprimierungen und erhalten somit auch die vorhandene Bildqualität. Dateiformate wie JPG, bei denen der Komprimierungsfaktor einstellbar ist, erzielen zwar einen geringeren Speicherplatz, jedoch je nach eingestellter Komprimierungsstufe auf Kosten der ursprünglich im Bild vorhandenen Qualität. Besonders bei wiederholter Anwendung bzw. erneuten Speicherungen treten hier massive Qualitätsverluste auf.

Bildschirmauflösung

Die Darstellung eines Bildes auf dem Monitor liegt in der Regel bei 72 ppi, unabhängig von der eigentlichen Auflösung des Bildes. Ein hochaufgelöstes Bild wird daher bei einer Zoom-Einstellung von 100 % größer dargestellt als ein Bild mit geringerer Auflösung. Bilder, die nur auf dem Bildschirm angezeigt werden sollen, benötigen also nur eine geringe Auflösung.

Die Darstellung auf dem Monitor ist wiederum abhängig von dessen eingestellter Auflösung. Größere Bildschirme verwenden in der Regel auch eine größere Auflösungseinstellung. So weist z. B. ein 19-Zoll-Bildschirm üblicherweise eine Größe von 1.024 x 768 Pixeln auf, kleinere dagegen weniger (z. B. bei 15 Zoll: 800 x 600 Pixel). Ein Bild von der Größe 800 x 600 Pixel würde also den 15-Zoll-Bildschirm komplett ausfüllen, auf dem 19-Zoll-Bildschirm aber deutlich kleiner dargestellt.

Druckauflösung

Im Druck wird die Anzahl der verwendeten Bildpunkte in dpi (**D**ots **p**er **I**nch) angegeben. Die Art der Darstellung der einzelnen Druckpunkte im professionellen Druck (z. B. Offsetdruck) weicht dabei stark von der Druckdarstellung eines üblichen Tintenstrahldruckers ab. Auch die Verwendung des Farbraums ist unterschiedlich. Im professionellen Druck wird mit CMYK-Daten gedruckt, der Bildschirm und auch die üblichen Drucker verwenden hingegen den RGB-Farbraum. Im professionellen Druck spricht man auch von der Rasterweite (lpi = **L**inien **p**ro **I**nch/Zoll), diese entspricht der Anzahl von Druckpunkten oder Rasterzeilen pro Zoll, die zur Ausgabe verwendet werden.

Das Verhältnis zwischen der Bildauflösung (in ppi) und der verwendeten Rasterweite bestimmt die Druckqualität. Für eine optimale Ausgabequalität wird in der Regel eine Bildauflösung verwendet, die 1,5- bis 2-mal so groß ist wie die verwendete Rasterweite. Je nach Druckverfahren und verwendetem Material kann dies jedoch stark variieren. Sollen Ihre Bilder auf einer professionellen Druckmaschine ausgegeben werden, sollten Sie die erforderlichen Einstellungen zuvor mit dem weiterverarbeitenden Betrieb absprechen.

Beim Bild spricht man von ppi (**P**ixel **p**er **I**nch), im Druck spricht man von dpi (**D**ots **p**er **I**nch). Diese Maßeinheiten sind nicht identisch. Im professionellen Druckbereich verwendet man die Rastermaße lpi (**L**ines **p**er **I**nch) oder lpcm (**L**inien **p**ro **cm**). Eine hochwertige Ausgabe im Rastermaß lpi setzt etwa das Doppelte an Bildpixeln voraus.

Als Faustregel könnte gelten: Für ein Raster mit 150 lpi bzw. 60 lpcm (umgangssprachlich ein 60er-Raster) ist also eine Bildauflösung mit ca. 300 ppi erforderlich.

Zoom-Ansichten

Die bei der Aktivierung des *Zoom*-Werkzeugs erscheinende Optionenleiste beinhaltet folgende Bildschirmdarstellungen: *Tatsächliche Pixel* (An-

Tatsächliche Pixel, Bildschirmgröße oder Druckformat.

Umrechnung im Dialogfeld **Bildgröße** mit dem Untermenü **Auto-Auflösung**.

sicht bei 100 %), dabei wird das Bild in seiner Pixelgröße entsprechend der eingestellten Bildschirmauflösung dargestellt, *Bildschirmgröße* zeigt das Bild in der maximal darstellbaren Vollbildgröße auf dem Bildschirm an und *Druckformat* entspricht der tatsächlichen Bildgröße im Druck. Dies bedeutet, 1 cm auf dem Bildschirm entspricht auch der Ausgabegröße von 1 cm im Druck.

Bildgrößen neu berechnen

Im Menü *Bild* können über die Funktion *Bildgröße* unterschiedliche Größenanpassungen vorgenommen werden. Die Funktion *Auto* öffnet ein weiteres Fenster, das die präzise Umrechnung der vorliegenden Bildgröße in das Rastermaß lpi oder lpcm ermöglicht. Es stehen dabei drei Qualitätsstufen zur Verfügung. *Entwurf*, *Gut* und *Sehr gut*, wobei *Sehr gut* der maximalen Qualität entspricht. Die verwendete Rasterweite wird zuvor darüber eingestellt.

Bikubisch, *Bikubisch glatter*, *Bikubisch schärfer*, *Pixelwiederholung*, *Bilinear*: Welche dieser Interpolationsmethoden Sie verwenden sollten, ist abhängig von der geplanten Weiterverwendung des Bildes. Im Allgemeinen dürfte die Methode *Bikubisch* die besten Ergebnisse erzielen. Bei einer Vergrößerung kann *Bikubisch glatter* von Vorteil sein, bei einer Verkleinerung hingegen die Methode *Bikubisch schärfer*.

Deaktivieren Sie die Option *Neu berechnen mit*, werden die Bildmaße nur in der Ausgabegröße angepasst, die Pixelmaße und damit auch die Dateigröße bleiben gleich. Somit findet auch kein Qualitätsverlust statt.

Farbeinstellungen

Die Farbmanagementzentrale für Ihre Bildbearbeitung finden Sie im Fenster *Farbeinstellungen*. Diese Einstellungen sind enorm wichtig für die Farbwiedergabe Ihrer Fotos. Durch die Verwendung unterschiedlicher Farbsysteme oder Farbräume muss bei systemübergreifenden Arbeiten ebenfalls eine Verrechnung der unterschiedlichen Farbinformationen stattfinden. Da diese Systeme jedoch nicht identisch sind, müssen hier viele Kompromisse geschlossen werden, um eine Annäherung zu erreichen.

Monitore arbeiten im RGB-Farbraum. Bei einer Einstellung auf 32 Millionen Farben werden die einzelnen Farbnuancen aus diesen drei Grundfarben erzeugt. Die Größe des Farbraums bzw. dessen Umfang ist von Gerät zu Gerät unterschiedlich und wird deshalb auf bestimmte Farbumfänge begrenzt.

Arbeitsfarbräume

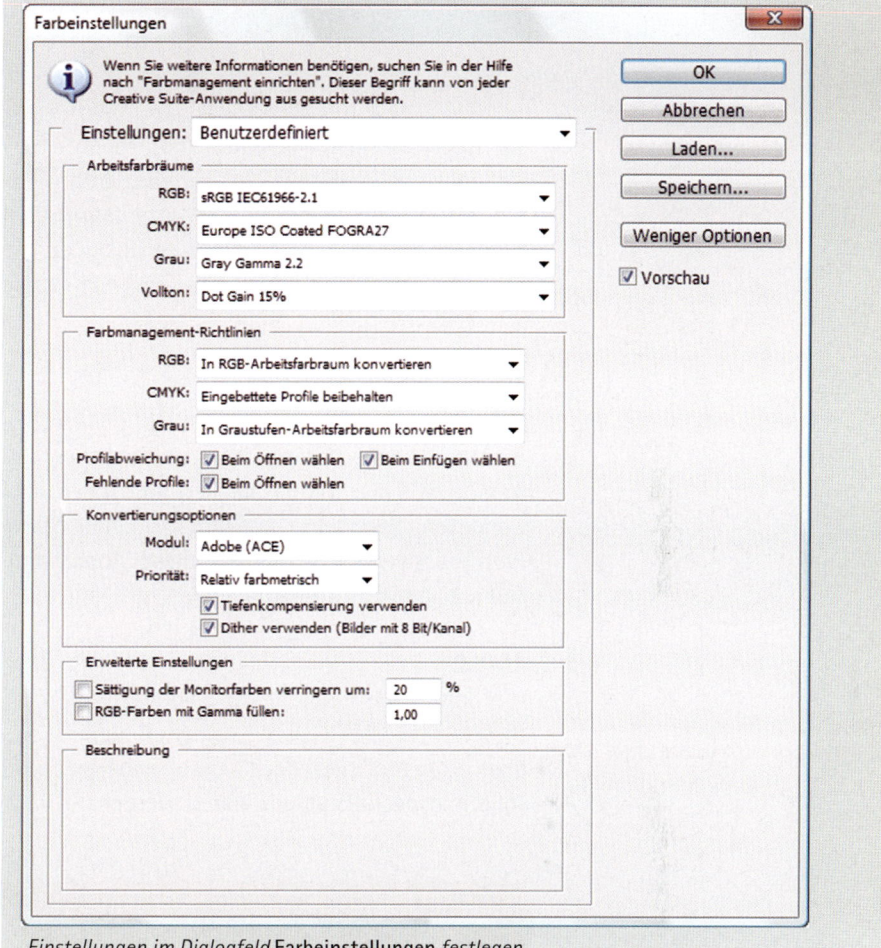

Einstellungen im Dialogfeld **Farbeinstellungen** *festlegen.*

Je nach Verwendungszweck können Sie aus der Liste *Einstellungen* die für Sie beste auswählen oder selbst definierte Einstellungen laden. Wenn Sie Veränderungen an den Einstellungen vornehmen, ändert sich die Einstellung zu *Benutzerdefiniert*. Um wiederkehrende Einstellungen zu verwenden, sollten Sie die Anpassungen speichern. Farbräume unterscheiden sich durch ihren jeweiligen Umfang und die Sättigung der Farben. Diese Farbräume werden in den jeweiligen Darstellungsmedien (Monitor, Druck, Foto) unterschiedlich dargestellt.

RGB

Legt den verwendeten Farbraum in diesem Modus fest. *Adobe RGB (1998)* ist ein sehr umfangreicher Farbraum, der bestens für die spätere Wiedergabe im Druck geeignet ist. *sRGB* ist der Standard für die Wiedergabe auf einem Bildschirm (Web) oder auch als Foto.

CMYK

Farbraumeinstellung für den professionellen Druckprozess. Nur wichtig, wenn Sie Ihre Bilder im CMYK-Modus anlegen, um sie auf einer Druckmaschine ausgeben zu lassen. (Nicht auf einem Tintenstrahl- oder Laserdrucker, diese verwenden den RGB-Farbraum!) Dieser Farbraum ist ausgabespezifisch und seine Verwendung sollte bereits im Vorfeld mit dem Drucker abgestimmt werden. Empfohlene Einstellung ist *Coated FOGRA27* für hochwertige, glatte Papiere.

Grau

Legt den Tonwertzuwachs im Druck fest. Falls Sie nicht für die Druckvorstufe arbeiten, sollten Sie *Gray Gamma 2,2* wählen. Dadurch erzeugen Sie die feinsten Abstufungen in den Verläufen.

Vollton

Vollton ist nur wichtig für spezielle Farben zusätzlich zum CMYK-Druckprozess. Standardeinstellung ist *Dot Gain 15 %*.

Farbmanagement-Richtlinien

Für den jeweiligen Farbraum gibt es drei Einstellungsmöglichkeiten: *Aus, Eingebettete Profile beibehalten* sowie *In RGB-Arbeitsfarbraum konvertieren.* Dies sind die gleichen Optionen, die auch für *Profilabweichung* und *Fehlende Profile* verwendet werden.

RGB

In der Regel sollten Sie hier die Option *In RGB-Farbraum konvertieren* wählen. Dadurch werden fremde RGB-Farbräume an den von Ihnen verwendeten Farbraum angepasst. *Eingebettete Profile verwenden* verhindert diese Anpassung. *Aus* schaltet Ihr Farbmanagement ab.

CMYK

Hier lautet die Empfehlung *Eingebettete Profile beibehalten*. CMYK-Daten stammen zumeist aus dem professionellen Druckvorstufenbereich und sollten keinesfalls umgewandelt werden.

FARBMANAGEMENT NUTZEN

Verwenden Sie in jedem Fall das Farbmanagement und fügen Sie fehlende Profile in Ihre Bilddaten entsprechend der Herstellung und Verwendung ein. Dadurch ist bei einer Weiterverarbeitung Ihrer Bilder durch Dritte eine bessere Darstellung entsprechend Ihren Einstellungen möglich. Für eine optimale Kommunikation mit anderen Rechnern oder Ausgabegeräten ist eine Kalibrierung Ihres Monitors erforderlich. Dazu gibt es im Fachhandel entsprechende Messgeräte und Hilfsmittel.

Grau

Hier wird wieder die Konvertierung empfohlen – außer bei Arbeiten mit professionellen Scans aus der Druckvorstufe.

Aktivieren Sie alle darunter liegenden Kontrollkästchen, so können Sie auch noch später beim Öffnen einer Datei entscheiden, ob Sie diese Anpassungen vornehmen wollen oder nicht. Durch Anklicken von *Mehr Optionen* erhalten Sie weitere Anpassungsmöglichkeiten Ihrer Farbeinstellungen.

Profilfehlerwarnungen

Die folgenden Meldungen erscheinen, wenn Sie die in den *Farbeinstellungen* im Bereich der *Farbmanagement-Richtlinien* aufgeführten Kontrollkästchen aktiviert haben. Dies ist auf jeden Fall empfehlenswert.

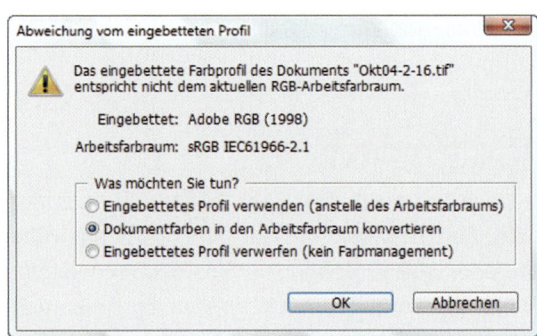

Photoshop meldet eine **Abweichung vom eingebetteten Profil**.

Eingebettetes Profil verwenden

Dabei wird der dem Bild beigefügte Farbraum beibehalten. Photoshop wird dadurch vorübergehend an diesen Farbraum angepasst. Wollen Sie das ursprüngliche Profil nicht verändern, ist dies die richtige Option.

Dokumentfarben in den Arbeitsfarbraum konvertieren

Der im Bild befindliche Arbeitsfarbraum wird in den derzeit aktuellen Farbraum von Photoshop umgewandelt. Angenommen, Sie arbeiten im Farbraum Adobe RGB, um dessen größeren Farbumfang zu nutzen, das Bild liegt aber im Profil sRGB vor, dann sollten Sie diese Option wählen.

Eingebettetes Profil verwerfen
Dabei wird das eingebettete Profil entfernt. Diese Option sollten Sie nur verwenden, wenn Sie absolut sicher sind, dass das eingebettete Profil falsch ist. Nach dem Entfernen können Sie der Datei ein neues Profil zuweisen. Öffnen Sie beispielsweise das Bild einer Digitalkamera, die keine Profile einbettet, erscheint diese Meldung. Photoshop hat also keine Anhaltspunkte, wie die Farben im Bild interpretiert werden sollen.

Beibehalten (kein Farbmanagement)
Wählen Sie diese Option, wird dieser Zustand beibehalten. Die Farben können jedoch auf einem anderen Gerät völlig anders erscheinen. Photoshop öffnet anschließend diese Datei im aktuellen Arbeitsfarbraum und stellt die Farben diesem gemäß dar, egal, ob sie stimmen oder nicht.

RGB-Arbeitsfarbraum zuweisen
Hier wird dem Bild der aktuelle Arbeitsfarbraum einfach übergestülpt. Diese Option ist nur zu empfehlen, wenn Sie genau wissen, dass dieses Bild ursprünglich in diesem Arbeitsfarbraum erstellt wurde.

Profil zuweisen
Mit dieser Option können Sie selbst ein bestimmtes Profil auswählen, dem Bild zuweisen und dieses anschließend in den Arbeitsfarbraum konvertieren. Wenn Sie vermuten, dass Ihr Bild z. B. mit dem Farbraum sRGB gute Ergebnisse liefert, sollten Sie diesen zuweisen. Außerdem können Sie hier auch mit den diversen Farbräumen experimentieren, um herauszufinden, welcher Farbraum den von dieser Kamera erzeugten Bildern am nächsten kommt. Mit dem Unterpunkt *und Dokument anschließend in RGB-Arbeitsfarbraum konvertieren* weisen Sie der jetzt neu profilierten Datei den derzeitig benutzten Arbeitsfarbraum zu.

Bildschirmkalibrierung

Um Bildfarbe, Kontrast und Helligkeit am Monitor verbindlich darstellen und Anpassungen in Photoshop vornehmen zu können, ist eine Bildschirmkalibrierung unbedingt erforderlich. Durch die Kalibrierung wird Ihr Bildschirm an einen vordefinierten Standard angepasst, wie er beispielsweise in der Druckvorstufe verwendet wird. Dadurch ist es möglich, dass bei der Datenweitergabe und Datenausgabe eine zumindest ähnliche Darstellung erreicht werden kann.

Damit Ihr Bildschirm in seiner Darstellung charakterisiert werden kann, wird ein Profil des von Ihnen verwendeten Geräts erstellt, in dem beschrieben wird, wie dieses die Farben darstellt.

Dazu benötigen Sie eine entsprechende Analysesoftware und ein Messgerät. Bei der Anwendung werden die Grundeinstellungen von Helligkeit und Kontrast sowie Gamma, das die Helligkeit der mittleren Tonwerte in Form einer Kurve bestimmt, überprüft und eingestellt. Bei CRT-Bildschirmen (Röhren) wird zudem der Phosphor (die Substanzen, die in den verschiedenen Bildschirmen verwendet werden, haben unterschiedliche Farbeigenschaften) überprüft und Korrekturen werden vorgegeben. Dazu muss der Weißpunkt in einer bestimmten Farbtemperatur (z. B. 5.000° Kelvin) festgelegt werden. Ziel dieser Anpassungen ist eine optimierte Farb- und Grauwertdarstellung auf Ihrem Bildschirm.

In den weiteren Messungen nach diesen Anpassungen werden das Verhalten und die Darstellungsoptionen des Bildschirms in einer Tabelle als Profil festgelegt. Das erstellte Profil wird dann auf dem Rechner gespeichert und zur Bilddarstellung verwendet. Damit diese Daten mit den Daten eines weiteren Ausgabegerätes (z. B. eines anderen Bildschirms, Druckers oder einer Belichtungseinheit) verglichen und verrechnet werden können, müssen diese Informationen in das jeweilige bearbeitete Bild eingebettet werden. Diese ganzen Operationen laufen unter dem Begriff Farbmanagement. Die Profile der einzelnen Geräte werden dabei nach einem bestimmten Standard (ICC-Profile) gespeichert und verarbeitet.

CRT, LCD und TFT

Ein guter Bildschirm ist die Voraussetzung für eine zuverlässige Farbbeurteilung. CRT-Bildschirme liefern hierbei durch ein besseres Kontrastverhalten meist zuverlässigere Ergebnisse als geringwertige LCD- oder TFT-Bildschirme. Je größer der Kontrastumfang eines Bildschirms ist, desto mehr Tonwerte können auf diesem dargestellt werden.

Vereinfachte Anpassung

Installieren Sie auf Ihrem Rechner ein Programm zur Kalibrierung des Bildschirms. Dieses erhalten Sie normalerweise in Verbindung mit dem Kauf eines Messgeräts. Im Handel erhältlich sind Geräte und Software z. B. von Firmen wie Gretag-Macbeth oder Colorvision.

Sollte Ihnen diese Ausgabe als nicht erforderlich erscheinen, gibt es noch die Möglichkeit, eine allein hardwareseitige Anpassung Ihres Bildschirms vorzunehmen. Dies ist jedoch für den professionellen Bereich nicht ausreichend.

Bei dieser vereinfachten Anpassung werden Kontrast und Helligkeit eingestellt und es wird, sofern möglich, auch eine Farbanpassung vorgenommen. Mittels Musterbildern, Farb- und Graustufenkeilen wird ein Vergleich zwischen den Vorlagen und der Darstellung auf Ihrem Bildschirm angestellt. Einige Beispielanwendungen und Tipps zur Anpassung dazu finden Sie auch im Internet.

Digital Quality Tool

Im Internet erhalten Sie z. B. ein „Digital Quality Tool" des Photoindustrie-Verbandes e.V. (www.photoindustrie-verband.de) zum kostenlosen Download. Dieses enthält Referenzdateien zur Anpassung von Kontrast und Helligkeit Ihres Bildschirms sowie ein Referenzbild im Format 13 x 18 zur Ausgabe bei Ihrem Fotohändler. Dadurch können Sie im direkten Vergleich Ihren Bildschirm zur besseren Bildausgabe optimieren.

Checkliste Bildschirmkalibrierung

Bildschirm - Der Bildschirm sollte sauber und mindestens eine halbe Stunde eingeschaltet sein. Dadurch stabilisiert sich die Farbwiedergabe.

Grafikkarte - Die Farbeinstellung Ihrer Grafikkarte sollte mindestens 24 Bit betragen, beziehungsweise sie sollte Millionen von Farben darstellen.

Desktopanzeige - Die Desktopanzeige sollte auf ein neutrales Grau und ohne Muster eingestellt werden. Muster und Farben im Hintergrund beeinflussen die Farbwahrnehmung und erschweren eine korrekte Beurteilung.

Umgebungslicht - Das Umgebungslicht und die unmittelbare Umgebung an Ihrem Arbeitsplatz können in Farbe und Helligkeit Ihre Wahrnehmung stark beeinflussen. Deshalb sind diese möglichst gleichmäßig und neutral zu halten.

Arbeitsplatzbeleuchtung - Um eine gedruckte Vorlage oder ein Foto richtig beurteilen zu können, ist die Arbeitsplatzbeleuchtung ausschlaggebend. In Druckereien und Fachbetrieben wird deshalb ein genormtes Licht (z. B. Normlicht 5.000) verwendet.

Farbtemperatur - Die Farbtemperatur von ca. 5.400° Kelvin entspricht in etwa der mittleren Tageslichtfarbe. Der Weißpunkt Ihres Bildschirms sollte entsprechend eingestellt werden. In der Praxis hat sich ein Weißpunkt von 6.000° oder 6.500° Kelvin besser bewährt, da eine Farbtemperatur von 5.000° Kelvin allgemein als etwas zu dunkel und zu gelblich empfunden wird.

Kalibrierung mit Eye-One Match

Beim Röhrenbildschirm wird das Messgerät mittels Saugnäpfen zur Messung am Bildschirm befestigt. Bei LCD- und TFT-Bildschirmen darf dieses nur leicht aufgelegt werden, da ein Andruck die Farben verfälschen könnte. Seitlich einfallendes Licht ist jedoch unbedingt zu vermeiden. Die zugehörige Software ermittelt dann durch Darstellung und Vergleichsmessungen von Farbfeldern die zur Bildverrechnung erforderlichen Werte und speichert diese in der Regel als neues Standardprofil im Betriebssystem Ihres Rechners.

Da die farbliche Darstellung eines Bildschirms sich mit zunehmendem Gebrauch verändern kann, sind wiederholte Messungen und Anpassungen unbedingt erforderlich. Hardwareseitig vorgenommene Anpassungen sind ohne weitere Veränderungen bis zur nächsten Messung

KAPITEL 3
AUFLÖSUNG, BILDGRÖSSE
UND FARBE

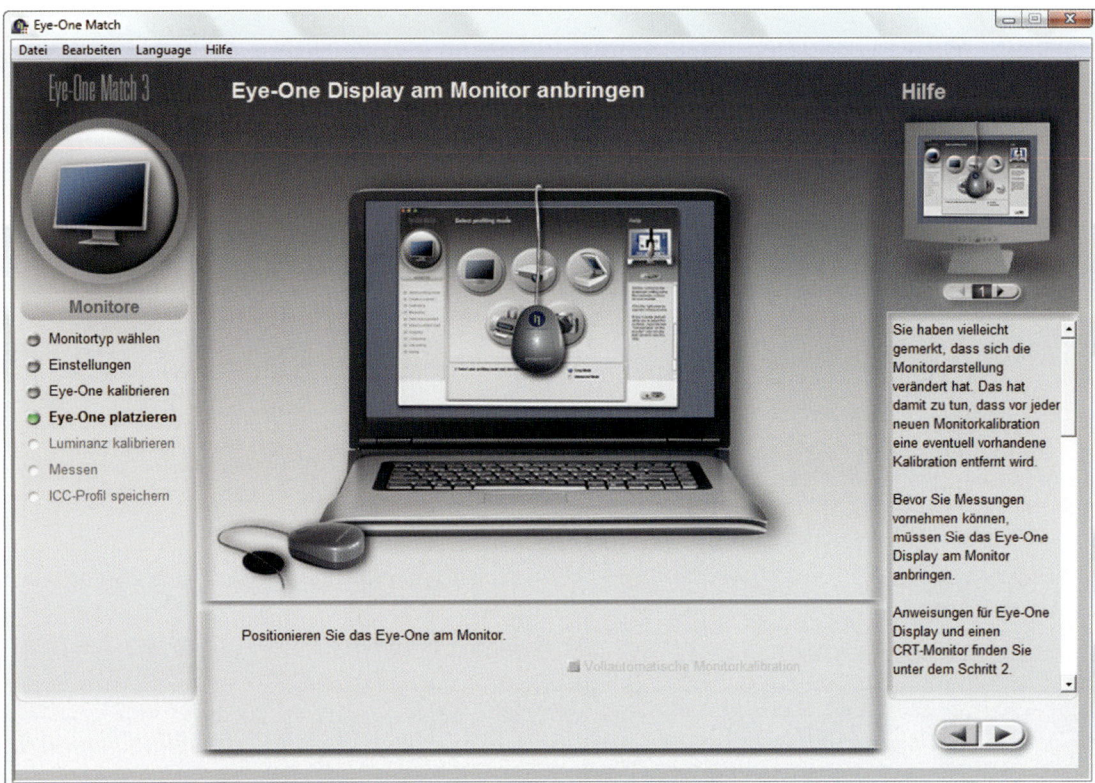

Anbringung des Messgerätes am Bildschirm.

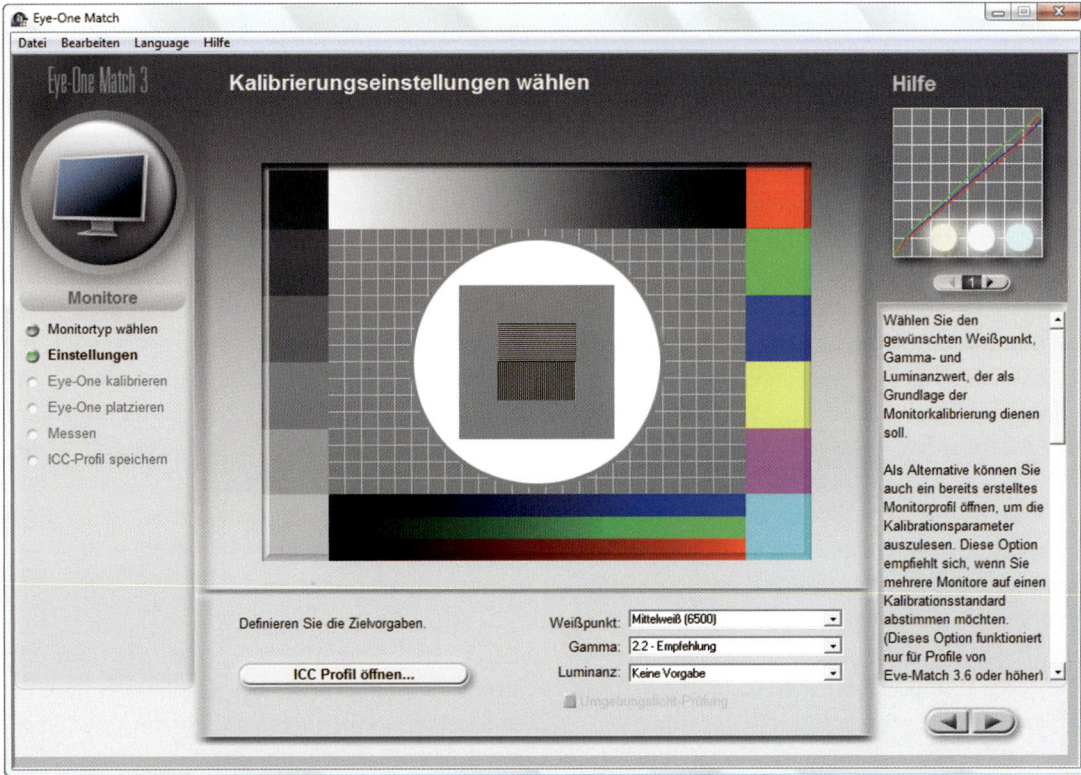

Kalibrierung des Messgerätes und Auswahl der gewünschten Einstellungen.

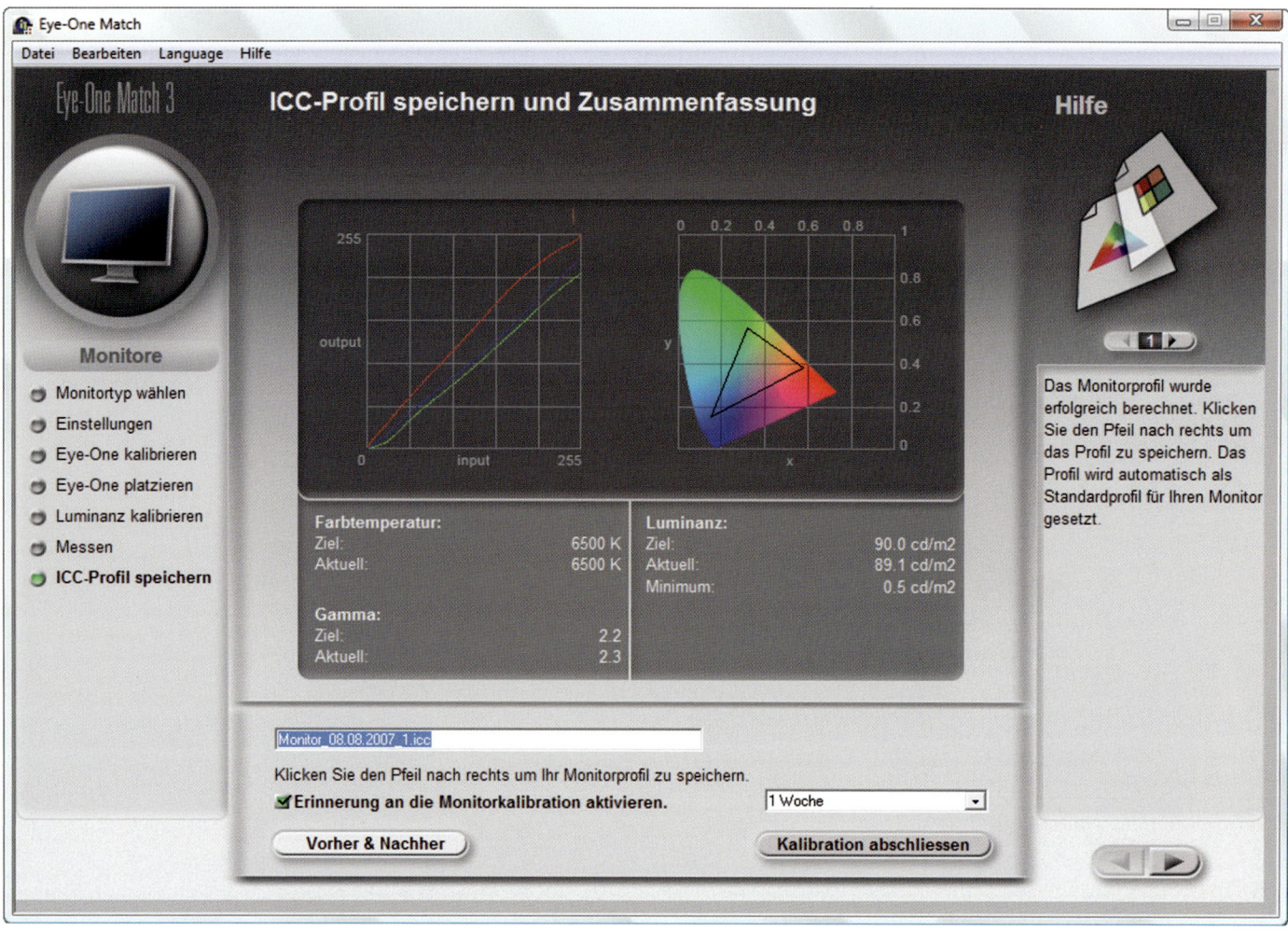

Abschluss der Messungen und Speicherung der ermittelten Einstellungen.

beizubehalten. Bei LCD- und TFT-Bildschirmen ist zudem der Blickwinkel zu beachten. Das folgende Beispiel zeigt die Anwendung mit Eye-One Match der Firma GretagMacbeth.

[1] Nach der Installation der mitgelieferten Software schließen Sie das Messgerät am USB-Anschluss Ihres Rechners an und starten das Programm. Dieses führt Sie Schritt für Schritt durch die Anwendung.

[2] Wählen Sie jetzt Ihren Bildschirmtyp und die gewünschten Einstellungen aus: *Weißpunkt*, *Gamma* und *Luminanz*. Danach werden Sie aufgefordert, das Messgerät zunächst zu kalibrieren. Dazu legen Sie dieses auf eine glatte, dunkle Fläche. Nach erfolgreicher Einstellung des Messgeräts beginnt die Messung des Bildschirms.

[3] Passen Sie jetzt Kontrast und Helligkeit Ihres Bildschirms hardwareseitig an. Dabei werden Ihre Werte zwischendurch vom Programm mit den Soll-Werten verglichen. Ist die Anpassung erreicht, gehen Sie weiter zum nächsten Schritt.

[4] Unter dem Messgerät werden nun verschiedene Farben und Helligkeiten eingeblendet und gemessen. Je nach zuvor gewählter Option *Basiseinstellung* oder *Erweiterte Einstellung* kann der Durchlauf der unter dem Messgerät eingeblendeten Farben längere Zeit andauern. Nach Abschluss der Messungen wird das neue Bildschirmprofil in Ihrem Betriebssystem in der Farbverwaltung gespeichert.

ICC-Profil einbetten

Sofern Ihr zu bearbeitendes Bild bereits über ein eingebettetes Profil verfügt, wird dieses entsprechend Ihren Voreinstellungen beim Öffnen übernommen oder es wird die Meldung für ein fehlendes Profil bzw. ein anderes Profil angezeigt.

KAPITEL 3
AUFLÖSUNG, BILDGRÖSSE UND FARBE

Sie müssen dann über das weitere Vorgehen entscheiden.

Nach der digitalen Bearbeitung Ihres Bildes sollten Sie das erstellte oder geänderte Profil in Ihr Bild einbetten. Im Dialogfeld *Speichern unter* setzen Sie dazu das Häkchen im Bereich *Farbe* bei der Option *ICC-Profil: Adobe RGB (1998)*. Damit ist Ihr Farbmanagement zur Bildweitergabe oder weiteren Verarbeitung abgeschlossen.

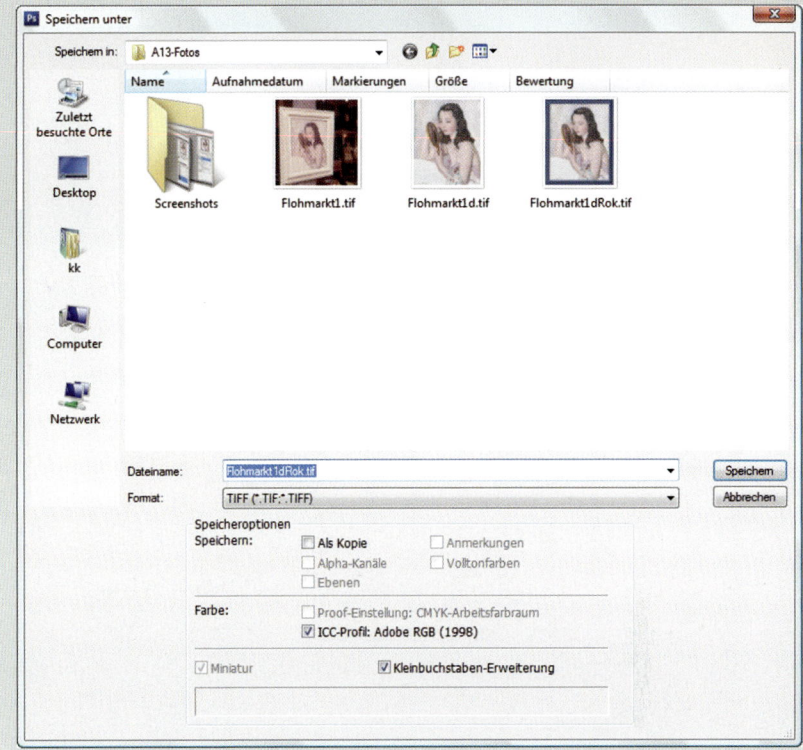

ICC-Profil *in das Bild einbetten.*

[4]

EBENEN, MASKEN UND FREISTELLER

KAPITEL 4
EBENEN, MASKEN UND
FREISTELLER

4

KAPITEL 4
EBENEN, MASKEN UND
FREISTELLER

Ebenen, Masken und Freisteller

Arbeiten mit Einstellungsebenen	58
Ebenen anlegen und benennen	60
Ebenen anordnen und gruppieren	62
Masken praktisch einsetzen	63
Bildmontage mit Ebenenmaske	65
Objekte freistellen	70
Freigestellte Objekte montieren	72
Auswahl über einen Farbbereich	74
Präzise Freisteller erzeugen	75
Aufwendige Freisteller	79
Freistellungen via Extrahieren	84

[5] Ebenen und Masken

Die Ebenentechnik ist ein unverzichtbares Werkzeug in der Bildbearbeitung. Ebenen gleichen übereinander gestapelten Containern. Jeder dieser Container beinhaltet einen ganz bestimmten Arbeitsablauf an der Bilddatei. Die Zusammenfassung aller Arbeitsabläufe zeigt das Ergebnis. Eine Ebene kann in sich abgeschlossen oder bis zu einem bestimmten Grad transparent sein, sodass Bereiche der darunter liegenden Ebene sichtbar werden.

Das Dialogfenster *Ebenenstil* ermöglicht das Erzeugen von besonderen Effekten in Verbindung mit der jeweils verwendeten oder der darunter liegenden Ebene. Jeder Effekt kann einzeln ausgewählt und individuell angepasst werden. Durch Kombinationen verschiedener Stile, zusammen mit zuvor erstellten Maskierungen, ermöglichen diese eine Vielzahl an kreativen Möglichkeiten. Ebenenstile können zudem jederzeit modifiziert werden, ohne das Originalbild zu verändern.

Masken gehören zu den wesentlichsten Hilfsmitteln in der Bildbearbeitung. Durch diese lassen sich Bildteile gezielt bearbeiten, Objekte freistellen, Schatten und Konturen erzeugen und vieles mehr. In Verbindung mit Ebenen und Fülleffekten sind diese unverzichtbare Helfer, um eindrucksvolle Montagen zu erstellen.

Arbeiten mit Einstellungsebenen

[1] Möchten Sie zum Beispiel die Tonwerte eines Fotos korrigieren, ohne dabei das Original zu verändern, arbeiten Sie mit einer Einstellungsebene. Laden Sie ein zu bearbeitendes Bild. Es wird in der *Ebenen*-Palette als Hintergrundebene eingefügt. Klicken Sie in die Funktionsleiste der *Ebenen*-Palette auf das Symbol *Neue Füll- oder Einstellungsebene erstellen*.

[2] In einem Kontexmenü stehen nun unterschiedlichste Bildbearbeitungsfunktionen zur

KAPITEL 4
EBENEN, MASKEN UND
FREISTELLER

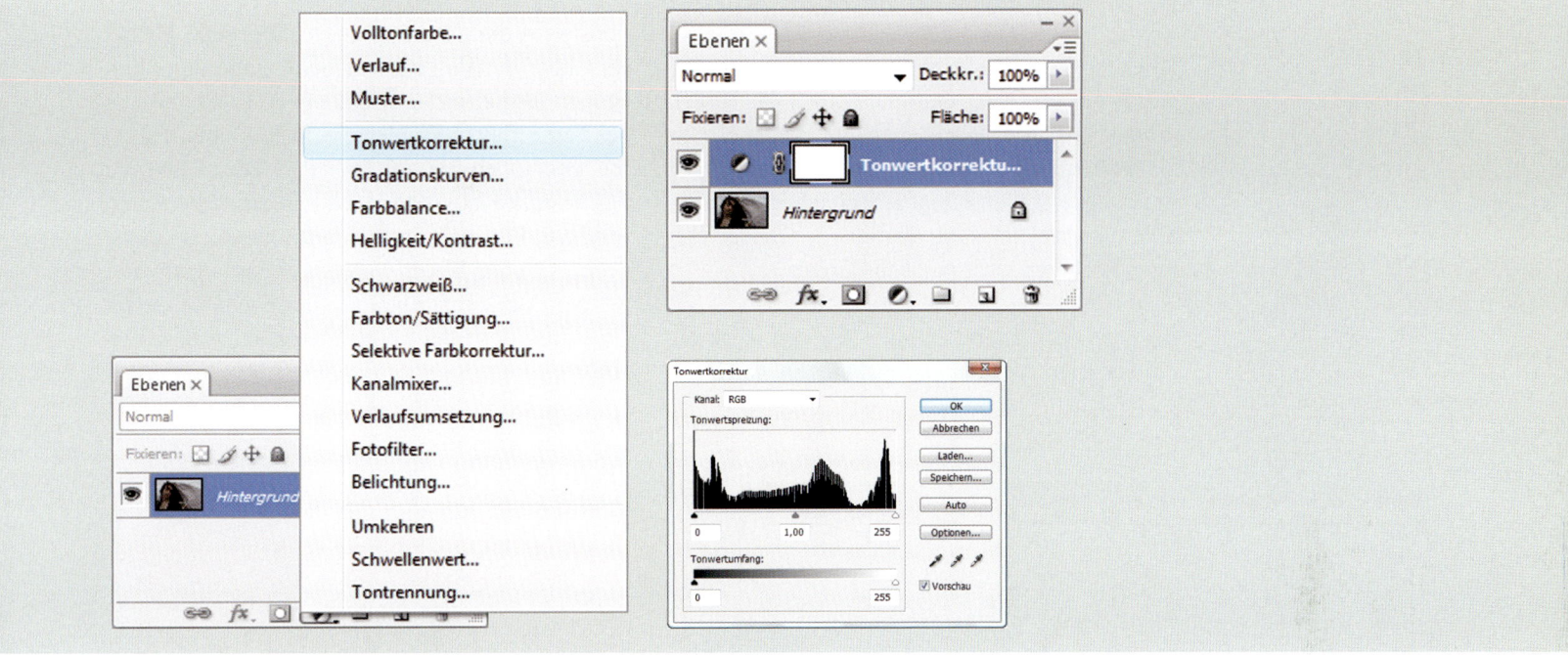

Verfügung. Wählen Sie hier die Funktion *Tonwertkorrektur*. Daraufhin wird in der *Ebenen*-Palette eine für die *Tonwertkorrektur* separate Einstellungsebene angelegt.

[3] Führen Sie die Bildbearbeitung durch und bestätigen Sie mit *OK*. Eine deutliche Verbesserung der Aufnahme ist erreicht, ohne dabei das auf der Hintergrundebene liegende Originalbild zu zerstören.

Ebenen anlegen und benennen

[1] Laden Sie in Photoshop ein neues Bild, besteht dieses nur aus einer einzigen Ebene, der Hintergrundebene. Wie viele Ebenen und Ebeneneffekte Sie letztendlich bei der weiteren Bearbeitung eines Bildes erstellen, hängt ausschließlich vom Bearbeitungsziel selbst ab. Nur der Arbeitsspeicher Ihres Rechners setzt mögliche Grenzen.

[2] Eine neue Ebene erstellen Sie mit Klick auf die Funktion *Neue Ebene erstellen* in der Funktionsleiste der *Ebenen*-Palette. Die neue Ebene wird über der Hintergrundebene eingefügt. Nun können Sie beispielsweise die neue Ebene mit einer Farbe füllen. Wählen Sie hierzu einen Farbton und füllen Sie die Ebene mit der Funktion *Fläche füllen* aus dem Menü *Bearbeiten*. Noch wird das Bild von der Füllfarbe komplett überdeckt. Machen Sie es wieder sichtbar, indem Sie mit dem Deckkraftregler aus der *Ebenen*-Palette die Transparenz der neuen Ebene auf z. B. 40 % stellen.

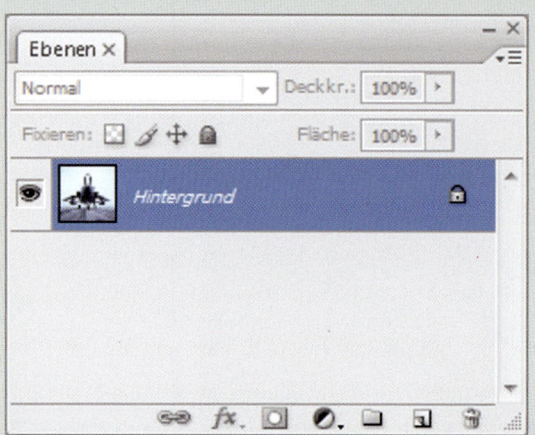

KAPITEL 4
EBENEN, MASKEN UND
FREISTELLER

[3] Jede Ebene kann in den *Ebeneneigenschaften* mit einem neuen Namen versehen werden. Wählen Sie hierzu im Menü der *Ebenen*-Palette den Eintrag *Ebeneneigenschaften*. Im Dialogfeld *Ebeneneigenschaften* geben Sie nun den neuen Namen der Ebene ein.

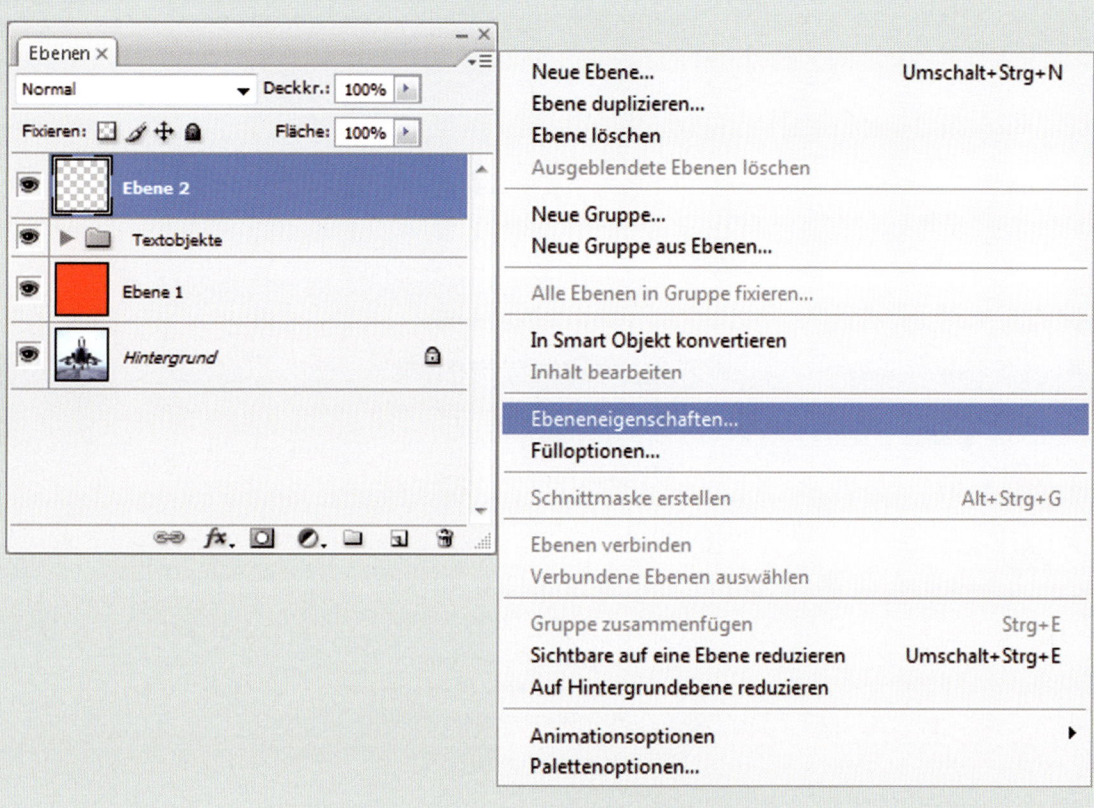

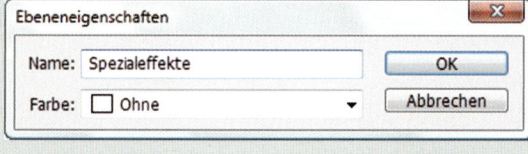

Ebenen anordnen und gruppieren

Je mehr Ebenen eine Photoshop-Datei enthält, umso unübersichtlicher wird die Anordnung der Ebenen. Für eine bessere Übersicht im Ebenenstapel besteht die Möglichkeit, Ebenen in logischen Gruppen zusammenzufassen.

[1] Möchten Sie eine neue Ebenengruppe erstellen, wählen Sie im Kontextmenü der *Ebenen*-Palette (kleiner Pfeil rechts oben) den Eintrag *Neue Gruppe* oder alternativ *Neue Gruppe aus Ebenen*, falls Sie bereits bestehende Ebenen zu einer Gruppe zusammenfassen wollen.

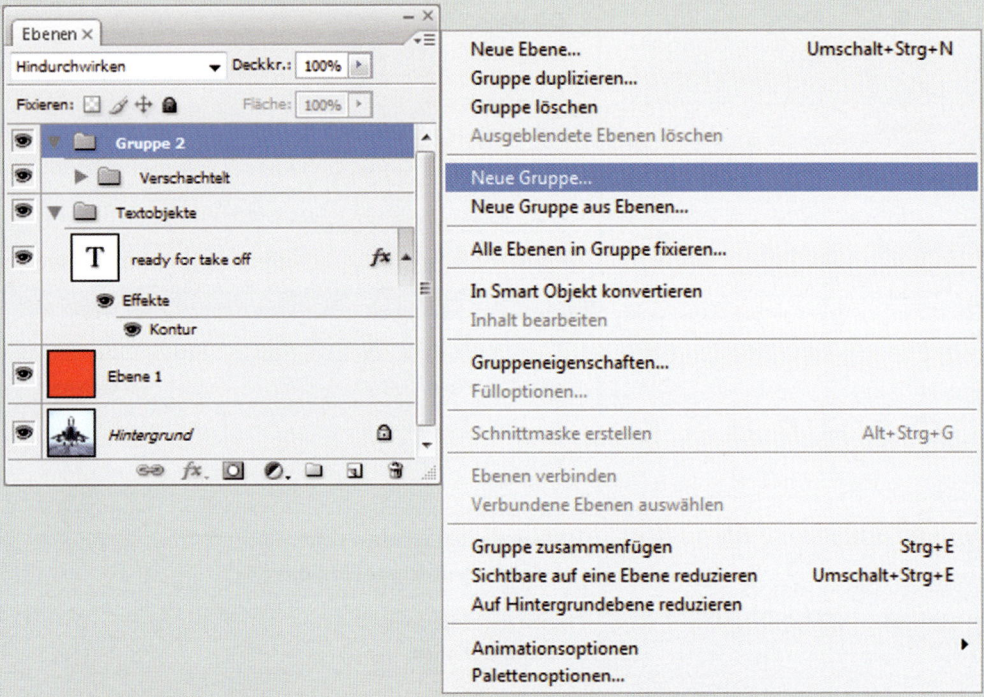

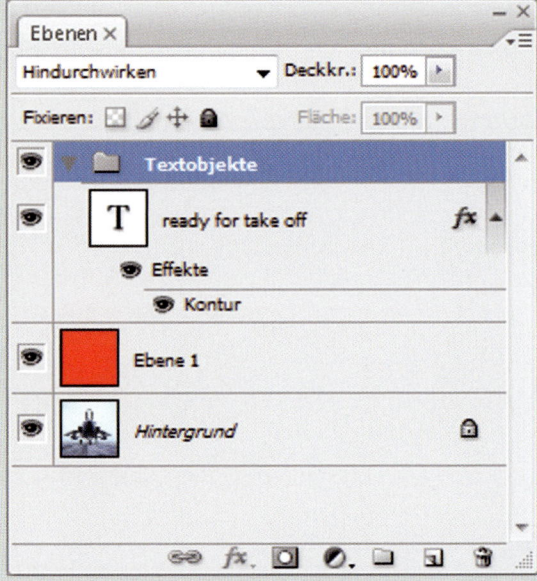

KAPITEL 4
EBENEN, MASKEN UND FREISTELLER

[2] Darüber hinaus können Sie Ebenengruppen miteinander verschachteln oder die Reihenfolge einzelner Ebenen oder Gruppen im Ebenenstapel per Drag and Drop verändern. Markieren Sie die zu verschiebende Ebene, halten die linke Maustaste gedrückt und ziehen Sie die Ebene an die gewünschte Position im Ebenenstapel.

Ebenenkompositionen

Ebenenkompositionen sind Schnappschüsse der Darstellung eines bearbeiteten Bildes bei unterschiedlichen Ebenen. Damit können verschiedene Darstellungsformen mit ein- oder ausgeblendeten Ebenen aufgerufen werden. Mit *Letzter Dokumentstatus* stellen Sie die zuletzt erstellte Ansicht wieder her. Sollte während der Benutzung ein Warnsymbol erscheinen, lässt sich diese Ansicht eventuell nicht mehr herstellen, z. B. wenn eine Ebene nach der Aufzeichnung gelöscht wurde.

Masken praktisch einsetzen

Mit einer Auswahl versehene Bildbereiche können bearbeitet werden, während nicht ausgewählte Bereiche maskiert, d. h. vor der Bearbeitung geschützt sind. Im Maskierungsmodus lässt sich diese Maske als teildurchlässige Farbe (Standard: Rot) anzeigen und mit den verschiedensten Werkzeugen auch bearbeiten. Zur Anwendung einer Maske wechseln Sie zurück in den Standardmodus. Hier wird diese als Auswahl angezeigt. Diese Auswahlen können dann als *Alpha-Kanäle* gespeichert werden. Solche Masken werden z. B. dazu eingesetzt, bestimmte Bildbereiche freizustellen, oder auch zum Verstärken oder Reduzieren von Bildteilen mittels einer Teiltransparenz. Masken oder Alpha-Kanäle können in Grauabstufungen für weiche Konturen und Verläufe oder als Vektormaske zur scharfkantigen Auswahl angelegt werden.

[1] Laden Sie ein Bild und erstellen Sie zunächst eine beliebige Auswahl. In diesem Beispiel mit dem *Auswahlrechteck*-Werkzeug.

[2] Anschließend wechseln Sie in den Maskierungsmodus. Hierzu klicken Sie in der Werkzeugleiste auf das Symbol *Im Maskierungs-*

modus bearbeiten unterhalb der Vordergrund- und Hintergrundfarbe. Der nicht ausgewählte Bereich wird in Form einer roten Maskierung angezeigt. Diese Maske kann nun mit einem der Pinselwerkzeuge bearbeitet werden.

[3] Vorder- und Hintergrundfarben haben in dieser Anwendung zu Schwarz und Weiß gewechselt. Verwenden Sie einen Pinsel mit der schwarzen Vordergrundfarbe, so können Sie damit die unmaskierten Bereiche abdecken respektive maskieren. Verwenden Sie die weiße Farbe als Vordergrundfarbe, so kann dasselbe Werkzeug zum Entfernen der vorhandenen Maskierung verwendet werden.

[4] Nach dem Anpassen Ihrer Maskierung wechseln Sie in den Standardmodus zurück und erhalten hier die neue, geänderte oder direkt mit dem *Pinsel*-Werkzeug erstellte *Auswahl*. Bei der Einstellung einer entsprechenden Vergrößerung Ihres Bildes kann mit dieser Technik sehr präzise gearbeitet werden.

[5] Mit Klick auf den kleinen schwarzen Umschaltpfeil zwischen Vorder- und Hintergrundfarbe können Sie schnell zwischen Malen und Entfernen der Maske wechseln.

Arbeiten mit Ebenenmasken

Ebenenmasken ermöglichen das zerstörungsfreie Arbeiten an Bilddaten. Diese können entweder als vektorbasierte oder als pixelbasierte Masken erstellt werden. Vektorbasierte Masken werden dann verwendet, wenn eine genaue und scharfkantige Beschneidung erforderlich ist. Pixelbasierte Masken sind da erforderlich, wo es um weiche Übergänge oder das Ineinanderblenden von Fotos, Tonwerten oder Farben geht. Eine Ebenenmaske kann den gesamten Graustufen-

Arbeiten im Maskierungsmodus.

KAPITEL 4
EBENEN, MASKEN UND FREISTELLER

bereich von Weiß, über diverse Graustufen bis zum absoluten Schwarz enthalten. Die Maskierungen werden jeweils als eine neue Ebene über das zu bearbeitenden Bild gelegt.

Maskenfarben: Weiß = durchlässig
Schwarz = abdeckend

Je dunkler also der Grauton ist, desto weniger wird das maskierte Bild an dieser Stelle durchscheinen. Um einer Ebene eine pixelbasierte Maske hinzuzufügen, müssen Sie zunächst eine Auswahl erstellen oder laden. Dann wählen Sie im Menü *Ebene/Ebenenmaske* die Funktion *Alles einblenden* für eine weiße, transparente Maske oder die Funktion *Alles ausblenden* für eine schwarze, deckende Maske. Für eine vektorbasierte Maske wählen Sie *Ebene/Vektormaske/usw.*

Vektorbasierte Ebenenmasken

Um eine vektorbasierte Maske zu erstellen, benötigen Sie zunächst einen Pfad, den Sie z. B. mit dem Zeichenstift erzeugen. Legen Sie diesen Pfad beispielsweise direkt auf der untersten Ebene an, aktivieren Sie ihn und fügen Sie eine Vektormaske ein (*Aktueller Pfad*), so wird Ihr Objekt freigestellt.

Bildmontage mit Ebenenmaske

Bei einer Bildmontage legen Sie zunächst die Hintergrundebene fest und ziehen dann das einzufügende Bild als neue Ebene darüber. Zunächst im Menü *Auswahl/Alles auswählen* anklicken, dann ziehen Sie mit dem *Verschieben*-Werkzeug Ihre Auswahl in das neue Bild.

> **HINTERGRUNDEBENE DUPLIZIEREN**
>
> Die Hintergrundebene ist für Ebenenmasken gesperrt. Sie sollten also zunächst ein Duplikat der Hintergrundebene erstellen oder diese in eine normale Ebene umwandeln (Doppelklick auf die Hintergrundebene und eine neue Bezeichnung vergeben).

Zum Erstellen einer Ebenenmaske für das eingefügte Bild, müssen Sie diese im Menü *Ebene* auswählen. Durch Auswahl der Option *Alles einblenden* (weiße Maske, transparent) geschieht scheinbar nichts. Wählen Sie die Option *Alles ausblenden* (schwarze Maske, undurchlässig), verschwindet dahinter Ihr eingefügtes Bild.

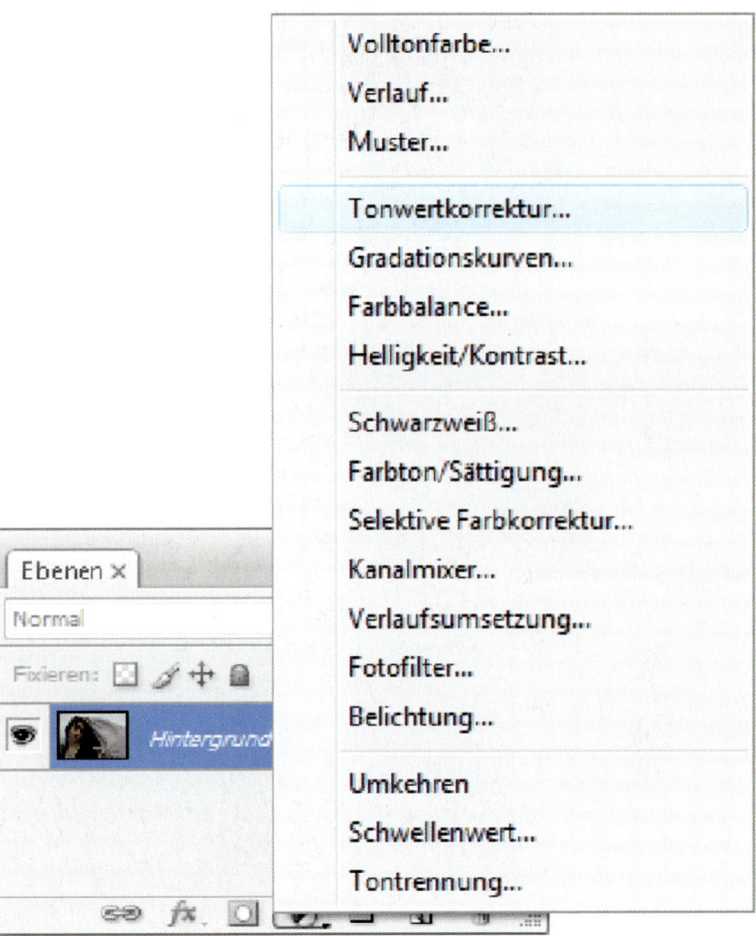

Aufruf der Funktion **Ebenenmaske**.

Nach Wahl der *Ebenenmaske/Alles einblenden*, bzw. *Alles ausblenden* können Sie diese weiterbearbeiten. Bei pixelbasierten Masken verwenden Sie Auswahlen und/oder den Pinsel, um Ihre Maskierung anzupassen.

Für eine vektorbasierte Maske verwenden Sie den Zeichenstift. Jede Ebene kann sowohl eine vektor- als auch eine pixelbasierte Maske enthalten.

Im folgenden Beispiel soll eine überdimensionale Weinflasche vor dem Eingang eines Weinkellers aufgestellt werden.

Studioaufnahme einer Weinflasche sowie die Aufnahme des Weinkellers, das Hintergrundmotiv.

[1] Im ersten Arbeitsschritt wird das Bild der Flasche ausgewählt und mit dem *Verschieben*-Werkzeug per Drag and drop in das Bild mit dem Hintergrund kopiert. Hier die Aufnahme des Weinkellers. Die Weinflasche wird als neue Ebene eingefügt.

[2] Um die Weinflasche freizustellen, wird auf der neuen Ebene eine Auswahl um die Flasche gezeichnet. Erstellen Sie die Auswahl vorzugsweise mit dem *Zauberstab*-Werkzeug.

[3] Steht die Auswahl, wird diese über das Menü *Auswahl* und die Funktion *Auswahl verändern/ Weiche Kante* mit einer weichen Auswahlkante von ca. 2 Pixeln umgewandelt.

KAPITEL 4
EBENEN, MASKEN UND
FREISTELLER

[4] Wählen Sie jetzt im Menü *Ebene/Ebenenmaske/Auswahl ausblenden* und die Flasche ist freigestellt.

[5] Nun wird eine weitere Kopie des Hintergrundes erstellt und mit einer *Ebenenmaske/Alles ausblenden* versehen. Diese wird anschließend in der *Ebenen*-Palette an die oberste Stelle verschoben.

[6] Mit dem *Pinsel*-Werkzeug und einer weichen Pinselspitze übermalen Sie den Teil der Mauer, der vor der Flasche erscheinen soll, und machen diesen Teil dadurch wieder sichtbar.

Reflexionen im oberen Flaschenbereich können Sie mit dem *Nachbelichter*-Werkzeug auf der Ebene der Weinflasche bearbeiten. Besonders die Randbereiche müssen dabei abgedunkelt werden, um den in dieser Umgebung unnatürlichen Reflex zu beseitigen.

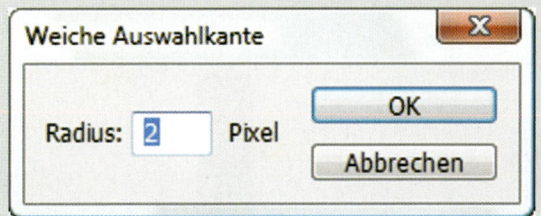

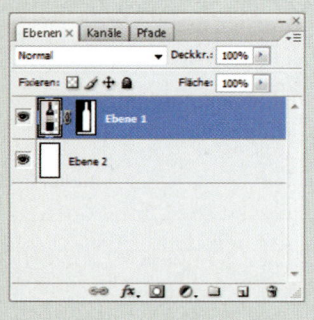

Ebenenstil einsetzen

Um einen Schatten zu erzeugen, muss das freigestellte Objekt sich auf einer Ebene vor der Hintergrundebene befinden. Mit dem *Ebenenstil/ Schlagschatten* lässt sich dann sehr leicht ein entsprechender Schatten auf dem Hintergrund erstellen.

[1] Wählen Sie im Menü *Ebene/Ebenenstil/ Schlagschatten* aus. Alternativ klicken Sie in der *Ebenen*-Palette auf das *fx*-Symbol *Ebenenstil hinzufügen.* Im Dialogfeld *Ebenenstil* aktivieren Sie in der Liste der Fülloptionen *Schlagschatten.*

[2] Mit der *Füllmethode Multiplizieren* und *reduzierter Deckkraft* passt sich der Schatten perfekt dem jeweiligen Hintergrund an. Die *Schattenfarbe* kann durch Klick auf das Farbfeld geändert werden.

[3] Unter *Winkel* lässt sich die Lichtrichtung für den Schattenwurf einstellen. Dabei können Gradzahlen eingegeben werden oder der Strich im Kreis wird durch Ziehen mit der Maus bestimmt.

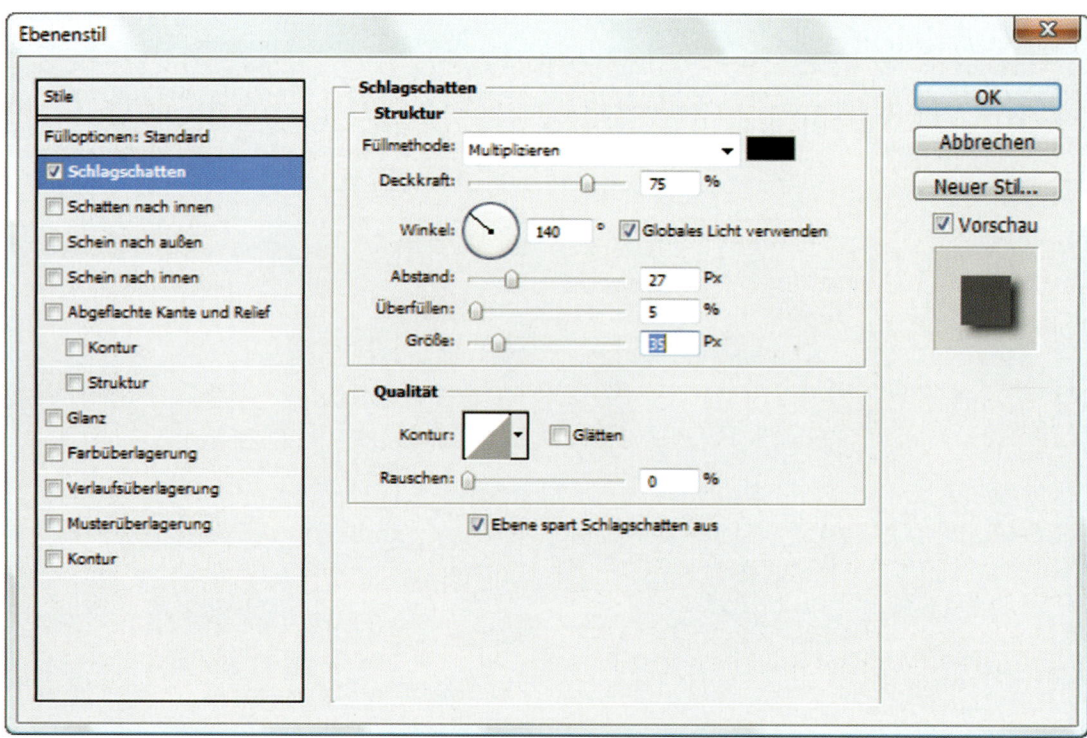

KAPITEL 4
EBENEN, MASKEN UND FREISTELLER

neben dem Mauszeiger erscheint dann ein +-Zeichen, um die eingekreisten Stellen der Auswahl hinzuzufügen.

[5] Nach der Bearbeitung wechseln Sie wieder zurück in den Auswahlmodus und speichern die bereinigte Auswahl im Menü *Auswahl/Auswahl speichern* als Alphakanal mit der Bezeichnung *Umriss*. Diese Auswahl wird später zum Freistellen benutzt.

Methode 2

[1] Ziehen Sie mit dem *Auswahlellipse*-Werkzeug und gedrückter [Umschalt]-Taste einen Kreis um die Münze. In der Optionenleiste sollten die Optionen *Neue Auswahl*, *Weiche Kante: 0 Px* und *Glätten an* gewählt sein. Alternativ können Sie auch *Art: Festes Seitenverhältnis* aktivieren. So müssen Sie die [Umschalt]-Taste beim Ziehen mit der Maus nicht festhalten.

[2] Beginnen Sie, in einer Ecke mit dem Mauszeiger in Richtung Münze zu ziehen. Haben Sie in etwa die Größe erreicht, lassen Sie die Maustaste wieder los.

[3] Schieben Sie dann, wieder mit gedrückter linker Maustaste, den Auswahlkreis über die Münze. Alternativ können Sie auch mit gedrückter [Alt]-Taste eine Auswahl erstellen. Nutzen Sie dazu die Einstellung *Art: Festes Seitenverhältnis*. Beginnen Sie in der Mitte der Münze und ziehen Sie den Mauszeiger bis zum Rand. Dabei wird eine zentrisch entstehende Auswahl erstellt.

[4] Sollten Sie auf Anhieb keine genau passende Auswahl erstellt haben, können Sie diese im Menü *Auswahl/Auswahl transformieren* noch feiner anpassen. Um Ihre Auswahl erscheint ein Rechteck mit Anfassern seitlich und an den Ecken.

> **AUSWAHL ALS ALPHAKANAL SPEICHERN**
>
> Wenn Sie auf ein anderes Werkzeug wechseln und dieses anwenden wollen, werden Sie aufgefordert, die Transformation zu bestätigen oder zu verwerfen. Speichern Sie Ihre Auswahl wie zuvor mit der Bezeichnung Umriss als Alphakanal.

Auswahl des Hintergrunds mit dem Zauberstab-Werkzeug.

Fehlstellen wie Fusseln und Flecken können im Maskierungsmodus leicht übermalt werden.

Auswahl speichern.

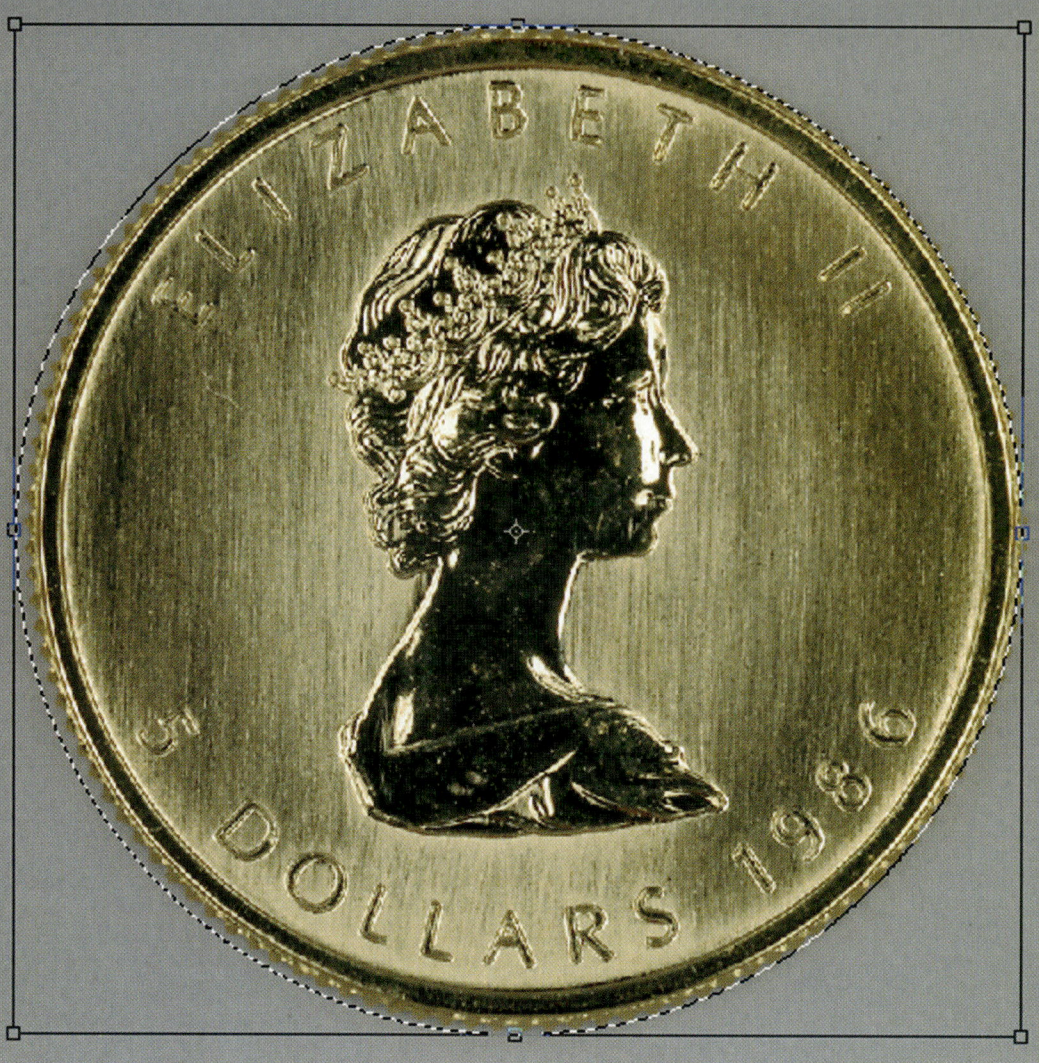

Transformieren einer Auswahl.

[5] Wollen Sie die Proportionen nicht verändern, benutzen Sie beim Ziehen nur die Eckpunkte mit gedrückter [Umschalt]-Taste. Durch Ziehen an den Seiten erzeugen Sie eine Ellipse. Ziehen an einem Eckpunkt bei gedrückter [Strg]-Taste verformt diese Ecke.

[6] Möchten Sie die Auswahl drehen, platzieren Sie den Mauszeiger kurz vor einen Eckpunkt, bis ein nach rechts und links zeigender Doppelpfeil erscheint. Wenn Sie jetzt klicken und in eine Richtung ziehen, dreht sich die Auswahl mit.

[7] Soll die Transformation abgebrochen werden, drücken Sie die [Esc]-Taste. Um Ihre Transformation abzuschließen, klicken Sie doppelt in einen beliebigen Bereich der Auswahl.

Freigestellte Objekte montieren

[1] Um die beiden Münzen nebeneinander zu platzieren, erstellen Sie zunächst mit *Datei/Neu* ein neues Bild. Das neue Bild muss in seinen Abmessungen bei gleicher Auflösung größer sein als die einzusetzenden Bilder. Wenn Sie wollen, können Sie bereits einen neuen Namen, z. B. Goldmünze, vergeben. Die Datei muss jedoch später noch unter diesem Namen gespeichert werden. Den Farbmodus behalten Sie in der Regel bei. Der Hintergrundinhalt kann ebenfalls bestimmt werden, in diesem Fall mit der Farbe *Weiß*.

[2] Ordnen Sie Ihre Bilder auf der Programmoberfläche so an, dass das Bild mit der Münze deutlich kleiner ist als die neue Datei. Laden Sie die Auswahl für die Münze über das Menü *Aus-

PALETTEN AUSBLENDEN

Möchten Sie die störenden Paletten vorübergehend ausblenden, drücken Sie bei festgehaltener [Umschalt]-Taste die [Tab]-Taste; mit dem erneuten Drücken dieser Tastenkombination können Sie Ihre Paletten auch wieder einblenden. Drücken Sie nur die [Tab]-Taste, werden auch die Werkzeuge mit der Optionenleiste ausgeblendet.

KAPITEL 4
EBENEN, MASKEN UND
FREISTELLER

wahl/Auswahl laden. Ziehen Sie nun den ausgewählten Bereich mit dem *Verschieben*-Werkzeug in das neue Bild. Die ausgewählte Münze wird dann als neue Ebene hier eingesetzt.

[3] Mit der anderen Münzseite verfahren Sie analog. Sollte dabei der entgegengesetzte Bildbereich verschoben werden, müssen Sie zuvor noch die Auswahl umkehren. Dies geschieht über das Menü *Auswahl/Auswahl umkehren*. Die Ausgangsbilder können Sie danach wieder schließen.

[4] Um die beiden Münzseiten im neuen Bild auszurichten, markieren Sie beide Ebenen mit gedrückter [Umschalt]-Taste und wählen die entsprechende Ausrichtenoption in der Optionenleiste des *Verschieben*-Werkzeugs.

[5] Sie können aber auch Hilfslinien zur Ausrichtung benutzen. Dazu lassen Sie sich über *Ansicht/Lineale* die Lineale anzeigen. Mit dem Mauszeiger holen Sie sich durch Klicken und Ziehen im Lineal die gewünschten Hilfslinien auf die Bildfläche. Hilfslinien lassen sich über das Menü *Ansicht* ein- und ausblenden, fixieren und wieder löschen. Hilfslinien werden nicht mitgedruckt.

[6] Ausgewählte Ebenen können individuell bearbeitet werden. Um eine Münzseite zu drehen, markieren Sie die entsprechende Ebene und wählen im Menü *Bearbeiten/Frei transformieren* bzw. *Transformieren* sowie die gewünschte Aktion. Die Vorgehensweise gleicht der Transformation einer Auswahl.

[7] Ist die Anordnung zufriedenstellend, können Sie die beiden Münzseiten auf eine Ebene reduzieren. Blenden Sie dazu mit Klick auf das Augensymbol die Hintergrundseite aus und wählen Sie unter den Ebenenoptionen die Funktion *Sichtbare auf eine Ebene reduzieren*. Danach blenden Sie den Hintergrund wieder ein.

[8] Um den beiden Münzseiten mehr Tiefe zu geben, können Sie noch einen Schatten erzeugen. Wählen Sie dazu in der *Ebenen*-Palette den Ebenenstil *Schlagschatten* aus. Das *Ebenenstil*-Dialogfeld öffnet sich. Hier lässt sich der erzeugte

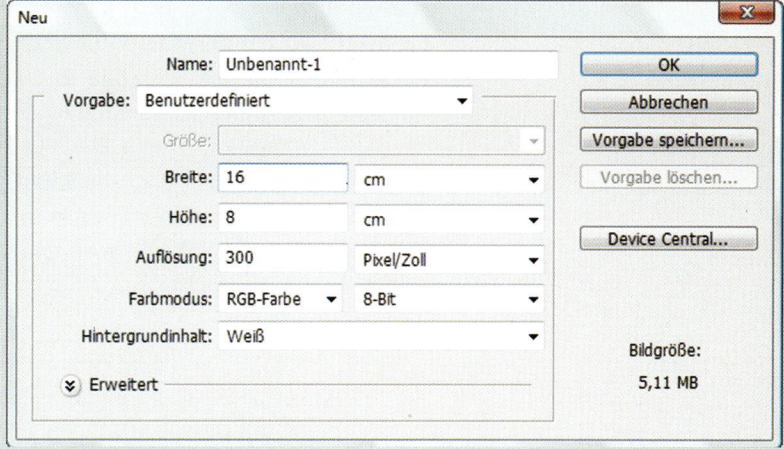
Neuanlegen einer Datei.

Verschieben der Auswahl in das neue Bild.

Die Auswahlen als Ebenen im neuen Bild.

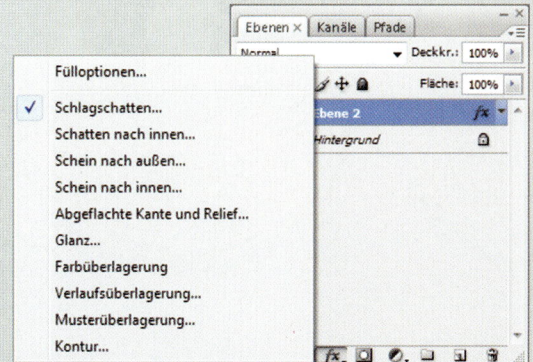
Einen Ebenenstil auswählen

Schatten nach Wunsch anpassen. Zur besseren Kontrolle aktivieren Sie die Vorschau und kontrollieren das Ergebnis Ihrer Aktionen.

Experimentieren Sie mit den diversen Möglichkeiten der Einstellung, um dieses Fenster besser kennenzulernen. Sind Sie mit der Vorschau zufrieden, bestätigen Sie mit OK.

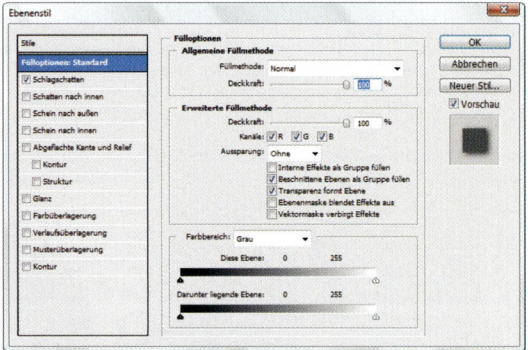

Bearbeitung im **Ebenenstil**-*Menü.*

[9] Mit dem *Freistellungs*-Werkzeug können Sie anschließend das Gesamtbild noch beschneiden. Wollen Sie die zusätzliche Ebene behalten, speichern Sie Ihre Datei entweder im PSD- oder TIFF-Dateiformat. Um Speicherplatz zu sparen, können Sie jedoch auch die restlichen Ebenen auf die Hintergrundebene reduzieren. Speichern Sie in einem anderen als den hier angegebenen Formaten, z. B. als JPG, reduziert Photoshop alle Ebenen auf die Hintergrundebene und erstellt eine Kopie.

Die fertige Bildmontage.

Auswahl über einen Farbbereich

Eine weitere, interessante Auswahlfunktion ist die Funktion *Farbbereich*. Über das gleichnamige Dialogfeld besteht die Möglichkeit, bestimmte Farbbereiche mithilfe von Pipetten als Auswahlbereiche zu definieren. Mit der Pipette *Aufgenomme Farben* nehmen Sie bestimmte Farbtöne im Bild auf. Der Schieberegler *Toleranz* steuert den Auswahlbereich. Die Farbauswahlen können als Datei gespeichert und wieder geladen werden. Auswahlen, die im Menü *Auswahl* gespeichert werden, werden als Alphakanal in der *Kanäle*-Palette abgelegt.

In diesem Beispiel wird die Farbe des Pullovers mithilfe der Funktion *Farbbereich* geändert.

[1] Aus dem Menü *Auswahl* wird die Funktion *Farbbereich* gewählt. Im gleichnamigen Dialogfeld klicken Sie mit der Pipette *Aufgenommene Farben* auf den Pullover. Die *Toleranz* wird in diesem Beispiel auf den Wert *40* festgelegt und die Einstellung mit *OK* abgeschlossen.

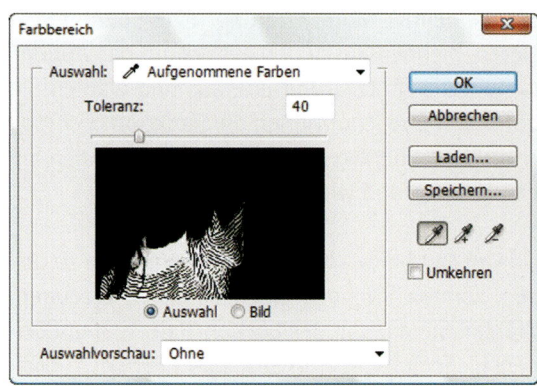

KAPITEL 4
EBENEN, MASKEN UND FREISTELLER

[2] Der Pullover wird als Auswahl dargestellt. Anschließend wird der gewünschte Farbton in der Palette *Farbe* ausgewählt. Über *Bearbeiten/Fläche füllen* wird die Auswahl mit dem neuen Farbton gefüllt.

AUSWAHLBEREICHE SKALIEREN

Soll eine Auswahl proportional skaliert werden, halten Sie beim Ziehen an einem Eckpunkt die [Umschalt]-Taste gedrückt. Soll nur eine Ecke verzerrt werden, halten Sie die [Strg]-Taste fest. Die gedrückte [Alt]-Taste erlaubt eine proportionale zentrische Skalierung.

Präzise Freisteller erzeugen

An einem Beispielfoto erlernen Sie jetzt den Umgang mit dem *Zeichenstift*. Der *Zeichenstift* eignet sich perfekt zum Erstellen präziser Auswahlen mit glatten Kanten, insbesondere in Bereichen, die mit den anderen Auswahlwerkzeugen nicht problemlos bearbeitet werden können. Dabei wird zunächst ein sogenannter Arbeitspfad erstellt, dieser ist speicherbar und kann auch in eine Auswahl umgewandelt werden.

Der *Zeichenstift* ist ein vektorbasiertes Werkzeug und erzeugt sehr viel glattere Umrisslinien als ein pixelbasiertes Werkzeug wie beispielsweise der *Zauberstab*. Besonders geeignet sind Vorlagen mit geraden Kanten, aber auch Rundungen lassen sich mit etwas Übung perfekt nachziehen. Mit seinen Möglichkeiten der Anpassung eines erstellten Pfades ist dies das perfekte Werkzeug für hochwertige Umrisslinien oder Flächenbegrenzungen.

Einen Arbeitspfad erstellen

[1] Stellen Sie zunächst die zum Werkzeug gehörenden Optionen ein. Hier sollten Pfade gewählt

werden, da Sie ansonsten Formebenen erhalten, die das Bild beschneiden. Bei *Automatisch hinzufügen/löschen* setzen Sie ein Häkchen und wählen zudem *Überlappende Pfadbereiche ausschließen*.

[2] Wählen Sie zum Bearbeiten eine Zoom-Einstellung, bei der Sie das Objekt möglichst groß, aber noch vollständig sehen können.

[3] Öffnen Sie eine Datei wie in diesem Beispiel. Das Objekt soll zunächst freigestellt werden. Dazu müssen Sie einen Umriss erstellen.

Ein Bleistift als Arbeitsbeispiel.

[4] Beginnen Sie dann mit dem Setzen des ersten Ankerpunkts an einer beliebigen Stelle am Rand des Objekts. Benötigen Sie eine gerade Linie, setzen Sie den nächsten Punkt am Ende der folgenden Geraden. Soll eine Rundung oder Kurve erzeugt werden, ziehen Sie beim Klicken immer in die Richtung, in die es weitergehen soll. Dabei entstehen an den Ankerpunkten Ausleger, an denen sich später die Kurve noch anpassen lässt. Achten Sie zunächst nur darauf, dass diese Ausleger möglichst nicht länger als die halbe Distanz der Kurve zum vorherigen Ankerpunkt betragen. Mit etwas Geschick wird die neue Kurve bereits einigermaßen passen.

[5] Falls Sie sich verklicken, können Sie den letzten Schritt einfach rückgängig machen (Menü *Bearbeiten/Rückgängig* oder Tastenbefehl [Strg]+[Z]). Um einen Ankerpunkt zu löschen, können Sie jedoch auch mit der rechten Maustaste das Kontextmenü aufrufen. Sollte der nächste Ankerpunkt nach einer Kurve bei der Umrundung Ihres Objekts wieder eine Gerade erzeugen, werden Sie vermutlich eine unerwünschte Kurve erhalten. Lassen Sie sich davon nicht aufhalten, Sie können diese fehlerhaften Stellen später korrigieren. Sie können so viele Ankerpunkte setzen, wie Sie wollen, sollten sich aber eher auf wenige beschränken.

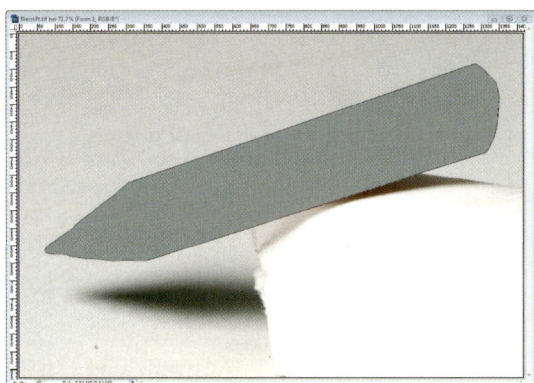

[6] Nach der Umrundung Ihres Objekts setzen Sie den letzten Ankerpunkt auf den ersten, um den Pfad zu schließen. Neben dem ersten Ankerpunkt erscheint bei Annäherung mit dem Mauszeiger ein kleiner Kreis. In Ihrer *Pfade*-Palette wird nun der erstellte Arbeitspfad angezeigt.

[7] Um die Ankerpunkte zu bearbeiten, wählen Sie das *Direktauswahl*-Werkzeug. Mit dem *Pfadauswahl*-Werkzeug können Sie den Pfad lediglich insgesamt verschieben. Um präziser arbeiten zu können, empfiehlt es sich, die Ansicht auf Zoom-Stufe 200 bis 300 % zu vergrößern.

[8] Durch Anklicken eines Ankerpunktes oder eines Pfadsegments mit dem *Direktauswahl*-Werkzeug lässt sich dieses auf die gewünschte Position verschieben. Bei zu korrigierenden Kurven klicken Sie zuerst auf die Seite des fehlerhaften Bereiches und dann auf den zugehörigen Ausleger, um diese Kurve durch Langziehen oder Zusammenschieben anzupassen. Vorsicht, die Gegenseite dieser Kurve kann sich ebenfalls bei der Aktion verändern.

KAPITEL 4
EBENEN, MASKEN UND
FREISTELLER

Um eine Kurve nur einseitig zu bearbeiten, wählen Sie den Ausleger auf der zu bearbeitenden Seite mit gedrückter [Strg]+[Alt]-Taste aus.

[9] Fehlende Ankerpunkte erstellen Sie mit dem *Ankerpunkt-hinzufügen*-Werkzeug, überflüssige löschen Sie mit dem *Ankerpunkt-löschen*-Werkzeug und zu ändernde Ankerpunkte mit dem *Punkt-umwandeln*-Werkzeug. Achten Sie darauf, immer ungefähr eine Pixelbreite innerhalb des freizustellenden Objekts zu bleiben.

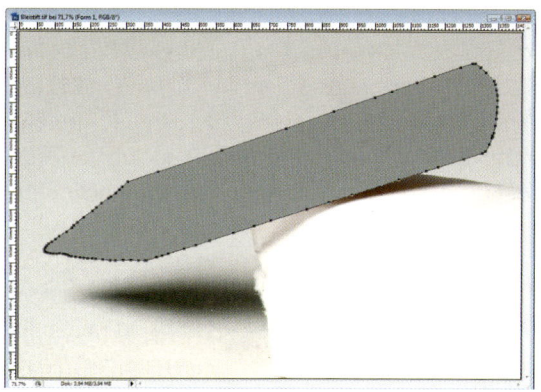

[10] Sind Sie mit Ihrer Arbeit zufrieden, können Sie den Arbeitspfad in der *Pfade*-Palette mit der Option *Speichern* in einem Pfad sichern. Als Name verwenden Sie beispielsweise *Umriss*.

und Klicken der jeweiligen Bildkante an. Weitere Feineinstellungen nehmen Sie in der zugehörigen *Optionen*-Palette vor.

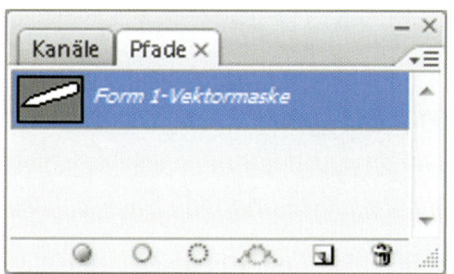

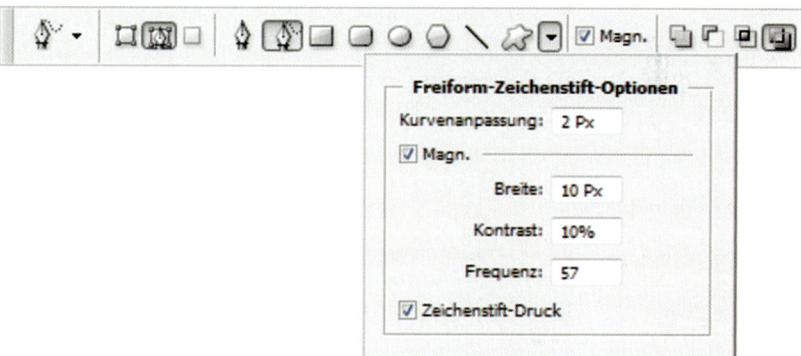

Die Freiform-Zeichenstift-Optionen.

Der fertiggestellte Pfad (Umriss).

Pfade transformieren

[11] Um einen fertiggestellten Pfad zu transformieren, wählen Sie diesen mit dem *Pfadauswahl*-Werkzeug aus und öffnen das Menü *Bearbeiten/ Pfad transformieren* bzw. *Frei transformieren*. Wenn Sie lediglich einige Bildpunkte transformieren möchten, wählen Sie diese zuvor mit dem *Direktauswahl*-Werkzeug aus.

[12] Mit dem *Freiform-Zeichenstift* können Sie Ihr Objekt ähnlich wie mit dem *Lasso*-Werkzeug umfahren und später die einzelnen Ankerpunkte korrigieren. Für einige Aufgaben mit deutlichen Bildkanten empfiehlt sich dabei die Option *Magnetisch*. Dabei passt sich der Pfad beim Annähern

Pfad in eine Auswahl umwandeln

[13] Der Arbeitspfad, bzw. ein gespeicherter, ausgewählter Pfad, wie in unserem Beispiel der Umriss des Bleistifts, kann durch Aufrufen der Option *Auswahl erstellen* in der *Pfade*-Palette in eine Auswahl umgewandelt werden. Dabei öffnet sich ein Fenster, in dem unter *Rendern* der Radius für eine weiche Auswahlkante bestimmt werden kann. Diese weiche Auswahlkante er-

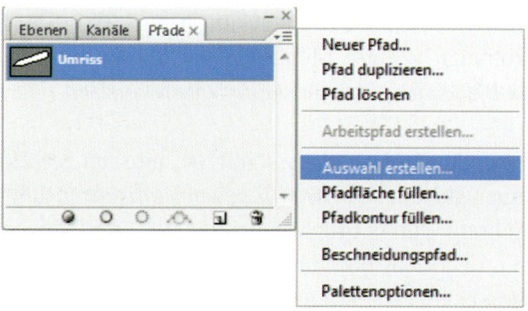

Pfad in Auswahl umwandeln.

zeugt am Auswahlrand entsprechend der angegebenen Pixelbreite einen weichen Verlauf, der einen fließenden Übergang zum Umfeld ermöglicht. Bei der Einstellung *0 Pixel* bleibt die Auswahl scharfkantig. Die Option *Glätten* begradigt die Auswahl.

Arbeiten mit Auswahlen

[14] Eine Anpassung der Auswahl ist auch im Menü *Auswahl/Kante verbessern* möglich. Dabei können Sie unter verschiedenen Ansichten die Auswirkungen der vorgenommenen Einstellungen überprüfen.

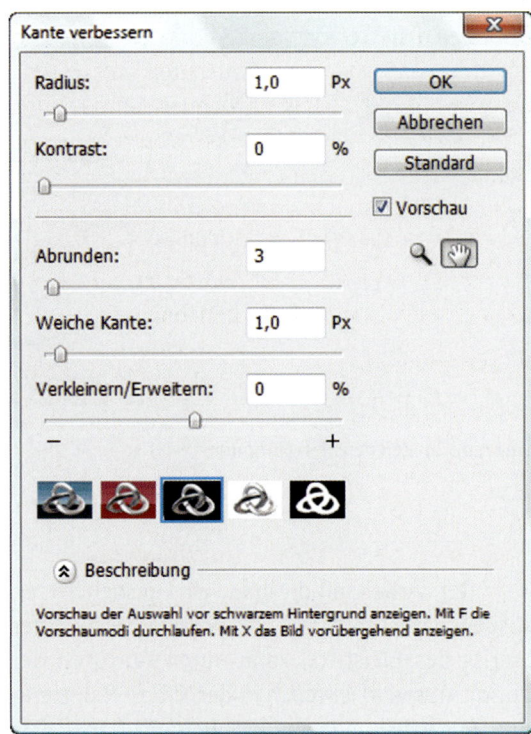

Die Funktion Kante verbessern.

[15] Die weiteren Optionen im Menü *Auswahl* bestimmen den Umgang mit eventuell bereits vorhandenen Auswahlen in Ihrem Bild. Dazu kommen weitere Möglichkeiten der Anpassung, wie beispielsweise *Auswahl transformieren*.

[16] Um Ihr Objekt zu schützen, müssen Sie die Auswahl über *Auswahl/Auswahl umkehren* umkehren. Durch Drücken der [Entf]-Taste können Sie den nicht geschützten Bereich löschen, zum Vorschein kommt dann die jeweilige Hintergrundfarbe. In unserem Beispiel sollte dies Weiß sein.

Ihre Auswahl lässt sich nun auch als Alphakanal zur weiteren Verwendung speichern. Soll das freigestellte Objekt in ein anderes Bild transferiert werden, müssen Sie zuvor diese Auswahl erneut umkehren. Der Bleistift ist jetzt freigestellt und kann frei schwebend dargestellt werden.

Um zu überprüfen, welcher Bereich einer Auswahl geschützt oder nicht geschützt ist, wechseln Sie in der Werkzeugleiste in den Maskierungsmodus. Der geschützte Bereich ist in dieser Ansicht mit roter Maskenfarbe bedeckt. Zum Weiterarbeiten wechseln Sie dann wieder zurück in den Auswahlmodus.

Der freigestellte Bleistift.

Nicht mehr benötigte Pfade können nach dem Markieren in der *Pfade*-Palette wieder gelöscht werden. Sie können auch in Ihrem Bild den jetzt nicht mehr benötigten Hintergrund entfernen, indem Sie mit dem *Freistellungs*-Werkzeug das Bild beschneiden. Die gespeicherte Auswahl bleibt dennoch erhalten.

Auswahlbereiche verkleinern

In einigen Fällen kann es erforderlich werden, die erzeugte Auswahl zu verkleinern oder zu erweitern. Dies empfiehlt sich besonders dann, wenn ein unschöner Übergang zum neuen Hintergrund bzw. bei der Verwendung eines Ebenenstils erscheint.

[1] Laden Sie dazu die Auswahl erneut über *Auswahl laden*. Verkleinern oder erweitern Sie die Auswahl über *Auswahl/Auswahl verändern*, im aktuellen Beispiel um 1 bis 2 Pixel.

[2] Erzeugen Sie danach eine *weiche Kante* in derselben Breite. Durch den angepassten Übergang

KAPITEL 4
EBENEN, MASKEN UND FREISTELLER

verschwinden eventuelle Blitzer oder Ränder des vorherigen Hintergrunds. Das Objekt passt sich nun besser in das neue Umfeld ein.

Aufwendige Freisteller

Bisher haben wir uns nur auf Freistellarbeiten mit relativ deutlichen Abgrenzungen beschränkt. Bei Maskierungsarbeiten mit feinen Objektbegrenzungen wie etwa bei Haaren, die in ihrer Natürlichkeit erhalten bleiben sollen, kann sich das Ganze etwas aufwendiger gestalten.

Haare freistellen

[1] Befindet sich die freizustellende Person wie in diesem Beispiel vor einem gleichfarbigen und kontrastreichen Hintergrund (optimal vor weißem oder hellgrauem Hintergrund), ist die Arbeit noch relativ einfach. In der *Kanäle*-Palette suchen Sie den oder die kontrastreichsten Farbkanäle aus, in diesem Fall sind es der *Kanal Grün* und der *Kanal Rot*. Aus diesen beiden Kanälen kombinieren Sie einen neuen Kanal, der noch kontrastreicher sein soll.

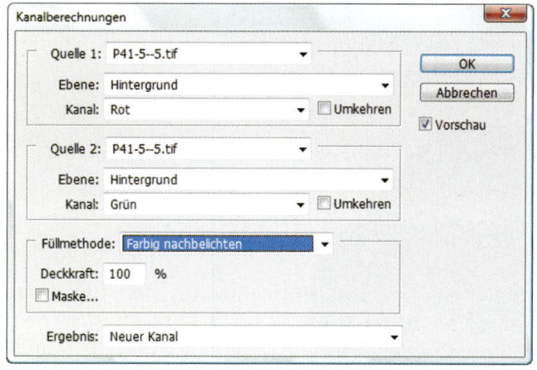

[2] Achten Sie darauf, dass in den Photoshop-Voreinstellungen (*Voreinstellungen/Bildschirm und Zeigerdarstellung*), die Option *Farbauszüge in Farbe* deaktiviert sein muss, um die einzelnen Kanäle als Graustufen darzustellen. Zur Erstellung des neuen Kanals verwenden Sie aus dem Menü *Bild* das Werkzeug *Kanalberechnungen*. Damit lassen sich die beiden Kanäle miteinander kombinieren. Als kontrastreichste Einstellung erweist sich in diesem Fall die Füllmethode *Farbig nachbelichten*. Das Ziel ist ein neuer Kanal, den das Programm mit *Alpha 1* benennt.

Dieses Porträt soll freigestellt werden.

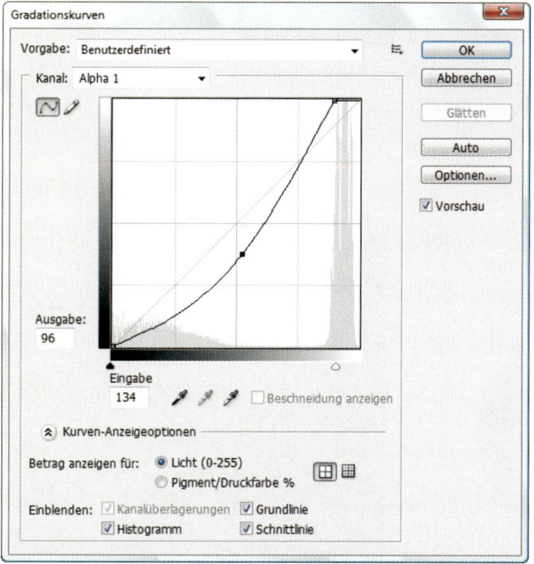

[3] Das Ergebnis ist schon recht vielversprechend, der Hintergrund aber immer noch kein reines Weiß. Um den Kontrast noch mehr zu erhöhen, wählen Sie im Menü *Bild/Anpassen* die Gradationskurven aus. Den Hintergrund klicken Sie mit der weißen Pipette an und ziehen dann noch die Kurve in der Mitte nach unten, um die Mitteltöne noch mehr abzudunkeln.

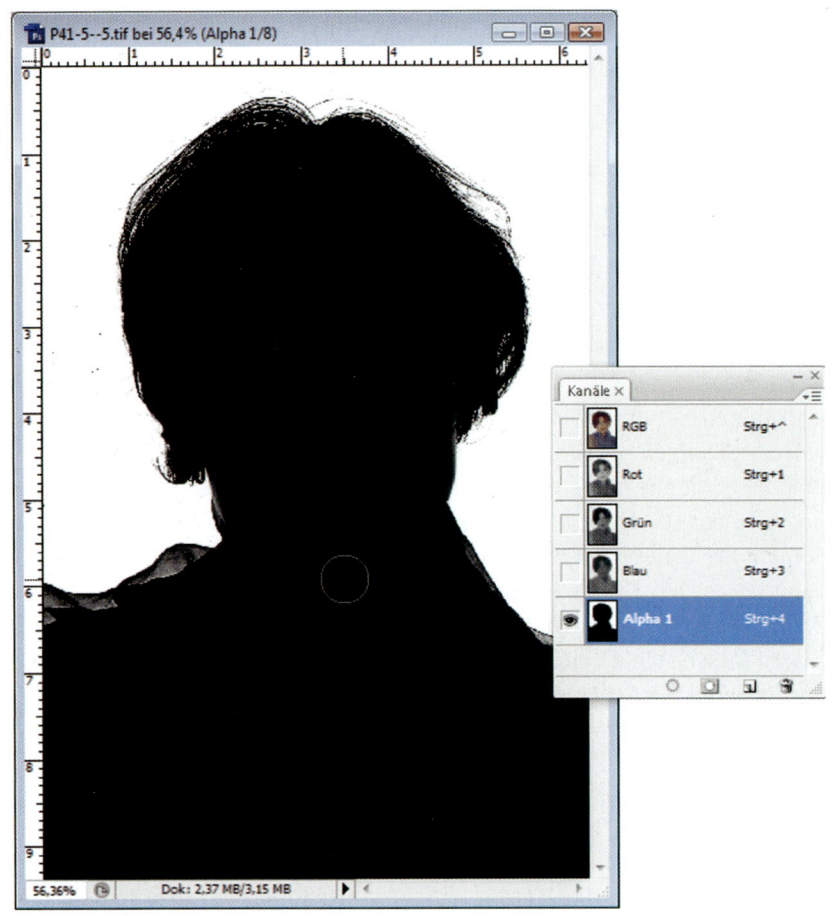

[4] Die restlichen Fehlstellen werden mit dem *Pinsel*-Werkzeug ausgebessert. Verwenden Sie für den Hintergrund nur reines Weiß, im Inneren des Objekts ein Tiefschwarz. Die Randbereiche mit den Grautönen dürfen nicht übermalt werden!

Um schnell ein reines Weiß und ein Tiefschwarz zu erhalten, klicken Sie mit der Maus auf das kleine Symbol *Standardfarben für Vorder- und Hintergrund* neben dem Pfeil zum Umschalten zwischen Vorder- und Hintergrundfarbe.

Nach dem Laden und Umkehren Ihrer Auswahl in Ihrem Bild, können Sie nun das freigestellte Porträt mit dem *Verschieben*-Werkzeug auf den neuen Hintergrund ziehen (die jeweiligen Bildgrößen und deren Auflösung müssen dazu passend sein).

Sollten die Übergänge an einigen Stellen noch zu deutlich ausfallen, überarbeiten Sie diese mit dem *Weichzeichner*-Werkzeug. An einigen Stellen kann auch das *Radiergummi*-Werkzeug mit stark reduzierter Deckkraft nützlich sein. Bevor Sie Ihre Montage endgültig zusammenfügen, sollten Sie eventuell anfallende Retuschearbeiten an den jeweiligen Ebenen vornehmen.

Das freigestellte Porträt.

Die Hintergrundvorlage vor der Retusche.

Die fertige Bildmontage.

KAPITEL 4
EBENEN, MASKEN UND
FREISTELLER

Unruhige Hintergründe

Zur Erstellung eines Porträts mit einem Hintergrund nach Wunsch soll der Schnappschuss einer Person vor einem unruhigen und mehrfarbigen Umfeld verwendet werden. Ein besonderes Problem dabei, die Haare! Die Freistellung dieser Aufnahme vor unruhigem Hintergrund erfordert eine Kombination von Techniken, die zuletzt zu einer akzeptablen Maske führen sollen.

Das Ausgangsbild.

Kanalberechnungen

[1] Zunächst schaut man sich die einzelnen Farbkanäle als Graustufenauszug an. Dabei weist der Rotkanal den größten Kontrast auf. Um den Kontrast noch mehr zu erhöhen, erstellen Sie im Menü *Bild/Kanalberechnungen* einen neuen Kanal, in dem der Rotkanal als *Quelle1* und als *Quelle2* im *Modus Farbig abwedeln* verarbeitet wird. Den neuen Kanal (Alpha1) bearbeiten Sie noch mit dem *Pinsel*-Werkzeug, indem reines Weiß und Tiefschwarz zur groben Anpassung eingesetzt wird.

Feinanpassungen

[2] Bei einer starken Vergrößerung des Bildes können noch einige Feinarbeiten ausgeführt werden. Um den unteren Teil des Körpers (ohne Haare) anzupassen, wählen Sie mit dem *Zauberstab*-Werkzeug den inneren weißen Bereich aus, kehren diese Auswahl um und können nun mit einem schwarzen Pinsel den Hintergrund an diese Kontur anpassen.

[3] Die Anpassung der Haare ist um einiges schwieriger. Duplizieren Sie zu Ihrer Sicherheit zunächst den Alphakanal für die weiteren Arbeiten.

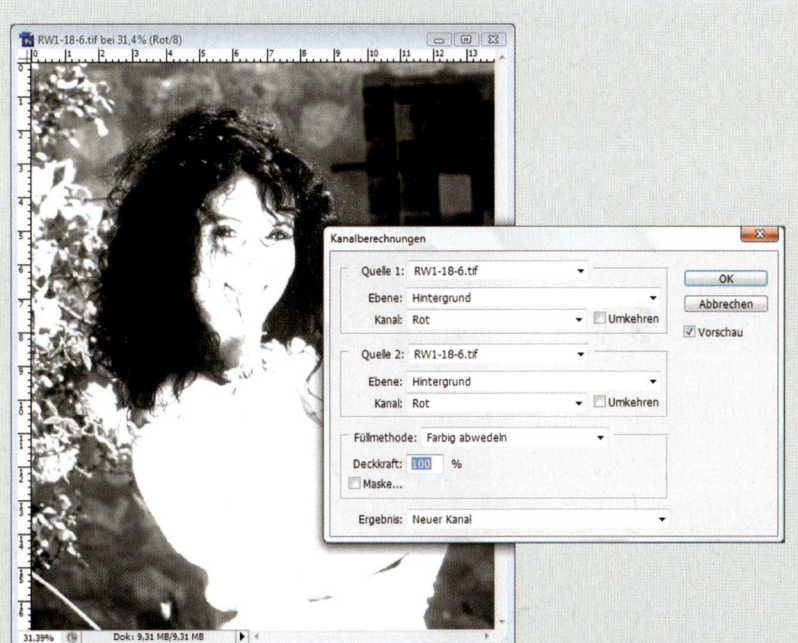

Kanalarbeiten mit dem Rotkanal.

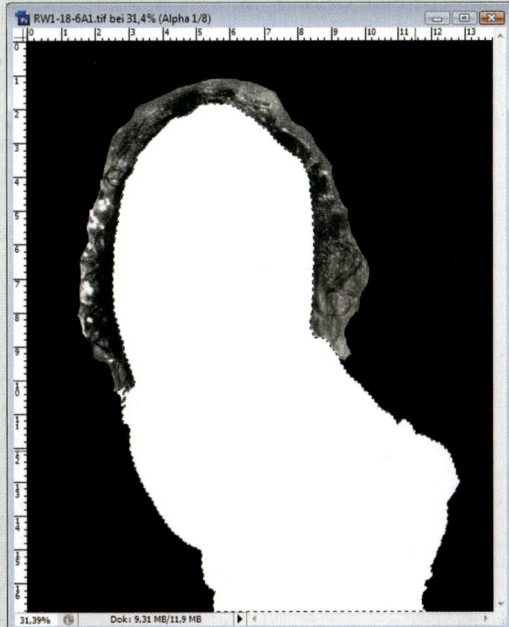

Anpassen der Kontur im neuen Alphakanal.

[4] Mit dem *Abwedler*-Werkzeug (Einstellung: *Mitteltöne*) und einer großen Pinselspitze mit weicher Kante hellen Sie zunächst den Randbereich zwischen den Haaren und der schwarzen Außenkante auf. Dann verstärken Sie den Kontrast weiter mit dem *Nachbelichter*-Werkzeug und der Einstellung *Tiefen*, wobei Sie mehr auf den Innenbereich abzielen. Achten Sie darauf, den grauen Übergangsbereich nicht zu beschädigen, dieser sollte unbedingt erhalten bleiben.

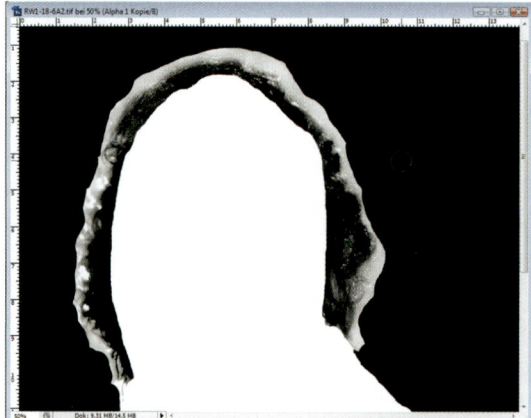

Anpassung der Haare.

[5] Mit dem *Farbauswahl*-Werkzeug versuchen Sie den jetzt fast weißen Kranz um die Haare auszuwählen. Experimentieren Sie mit dem Toleranzregler (geringe Toleranz), bis Sie eine akzeptable Anpassung erhalten. Kehren Sie dann die Auswahl um und speichern Sie diese als *Alphakanal: Haare*.

Farbauswahl anpassen.

[6] Mit *Kanalberechnungen* erstellen Sie dann wiederum einen neuen Kanal aus den Kanälen *Alpha1* und *Haare*. Verwenden Sie dazu die Füllmethode *Multiplizieren*. Diesen speichern Sie anschließend als *Alpha2*. Duplizieren Sie anschließend auch noch diesen Kanal.

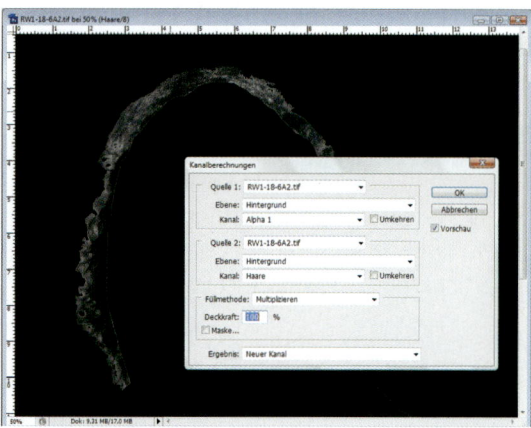

Erneute Kanalberechnungen.

[7] Als nächsten Schritt kehren Sie im Menü *Bild/Anpassungen/Umkehren* den duplizierten Kanal (*Alpha2-Kopie*) um. Laden Sie zunächst als Schutz die Auswahl *Haare*. Nun lässt sich die Kontur problemlos schützen. Dann übermalen Sie den Außenbereich mit Schwarz. Störende Reste im Innenbereich entfernen Sie mit einem weißen Pinsel.

[8] Zur Feinanpassung heben Sie die Auswahl wieder auf. Mit einem kleineren Pinsel und weicher Spitze passen Sie den Haarübergang an (außen schwarz, innen weiß).

[9] Dieser letzte Kanal dient zugleich als Auswahl, um die darin befindliche Person in das neue Hintergrundbild zu übertragen. Zur Kontrolle aktivieren Sie nach dem Laden der Auswahl den Maskierungsmodus, nur der Hintergrund darf maskiert sein.

HINWEIS

Besonders wichtig für die spätere Anpassung ist der Übergang der Haare. Versuchen Sie deshalb, den Graubereich nicht zu beschädigen.

KAPITEL 4
EBENEN, MASKEN UND
FREISTELLER

[10] Nach dem Wechsel wieder zurück in den Auswahlmodus ziehen Sie Ihre jetzt freigestellte Person einfach mit dem *Verschieben*-Werkzeug in das Bild mit dem neuen Hintergrund.

[11] Eventuell noch störende Artefakte an den Randbereichen reduzieren Sie abschließend in Ihrer Montage auf der *Ebene1* mit dem *Weichzeichner*-Werkzeug oder entfernen diese mit dem *Radiergummi* bei weicher Spitze und verringerter Deckkraft.

Mit dieser etwas aufwendigen Technik gelingen auch schwierigste Anpassungen. Je nach Motiv kann die Vorgehensweise insbesondere bei den Kanalarbeiten aber variieren.

Die fertiggestellte Maske.

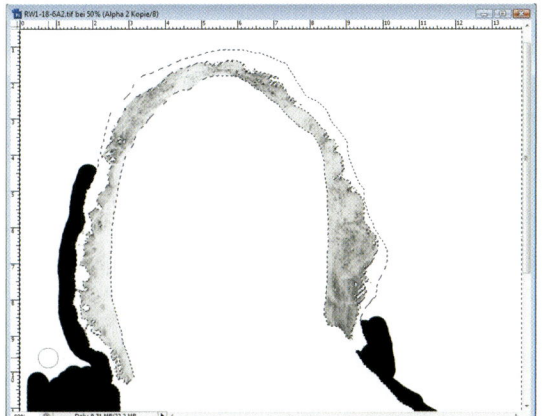

Die letzten Kanalarbeiten – Anpassen der Maske durch Übermalen.

Kontrolle im Maskierungsmodus.

Die fertige Montage.

83

Freistellungen via Extrahieren

Mit diesem Filter bietet Photoshop eine weitere Möglichkeit zur Freistellung von schwierigen Objekten. Das Umfeld Ihres extrahierten Objekts wird dabei gelöscht (transparent). Die Farbpixel an den Kanten verlieren ihre Farbe, sodass sie leicht an einen neuen Hintergrund angeglichen werden können.

[1] Um Ihr Ausgangsbild zu schützen, duplizieren Sie zunächst die zu bearbeitende Ebene und blenden zur besseren Übersicht die Hintergrundebene aus.

[2] Das nach dem Aufruf des Filters im *Filter/Extrahieren* erscheinende Dialogfeld weist außer einigen bereits bekannten Werkzeugen auch noch einige für diese Anwendung spezifischen Tools auf.

Der *Kantenmarker* dient zum Umfahren Ihres freizustellenden Objekts. Den Übergangsbereich stellen Sie durch die *Pinselgröße* ein. Haben Sie eindeutige Kanten in Ihrem Bild, aktivieren Sie an diesen Stellen die Option *Hervorhebungshilfe*. Der Marker wird dadurch deutlich schmaler. Das Programm versucht dadurch, die Kanten selbst zu erkennen.

[3] Das freizustellende Objekt muss komplett, bzw. bis zum Bildrand, umfahren werden. Die Kontur darf keine Lücken enthalten. Fehlerhafte Übermalungen entfernen Sie mit dem Radiergummi. Um die gesamte Markierung zu entfernen, benutzen Sie den Tastenbefehl [Alt]+[Rück].

[4] An schwierigen Stellen verwenden Sie einen breiten Marker, der zur Hälfte auf dem Hintergrund und zur Hälfte auf dem Objekt liegen sollte. Danach füllen Sie den zu schützenden Bereich mit dem *Füll*-Werkzeug (standardmäßig ist die Farbe Blau eingestellt). Um den letzten Schritt rückgängig zu machen, benutzen Sie die Tastenkombination [Strg]+[Z].

Strukturiertes Bild aktivieren Sie, wenn der Hintergrund oder das Objekt stark strukturiert ist.

Das mit Marker und Füllung versehene Bild.

KAPITEL 4
EBENEN, MASKEN UND FREISTELLER

Mit *Glätten* erhöhen Sie den Wert, wenn klare Kanten im Bild vorhanden sind. Belassen Sie den Wert niedrig oder bei Null, um ein unerwünschtes Verwischen der Details zu verhindern.

Mit *Kanal* wählen Sie einen Kanal aus, sofern Ihre Auswahl auf einem bereits vorhandenen Alphakanal beruht.

Vordergrund erzwingen benutzen Sie, wenn das Objekt besonders kompliziert ist und keinen klaren Innenbereich hat. In diesem Fall verwenden Sie auch die *Pipette*, um den zu schützenden Bereich auszuwählen.

Mit Klick auf *Vorschau* werden Ihre Daten zur Vorschau verarbeitet. Nun können Sie mit dem Werkzeug *Bereinigen* Ihre Maskierung anpassen. Dieses reduziert die Deckkraft der Maske. Bei gedrückter [Alt]-Taste, deckt es den übermalten Bereich wieder ab.

Mit dem Werkzeug *Kantenverfeinerer* erzeugen Sie klare Kanten im Randbereich. Der Druck der beiden Werkzeuge kann durch Drücken der Zahlen 1 bis 9 eingestellt werden. Um einen Arbeitsschritt wieder rückgängig zu machen, benutzen Sie die Tastenkombination [Strg]+[Z].

Im Feld *Einblenden* können Sie zwischen Ihrem Original und der Vorschau *Extrahiert* hin- und herschalten.

Mit Klick auf *OK* wird Ihre Extrahierung auf das Bild angewendet. Danach können Sie dieses auf der Arbeitsebene noch mit dem *Radiergummi* oder dem *Protokoll-Pinsel* aus der *Werkzeug*-Palette weiter bearbeiten.

[5] Für die weitere Bearbeitung des Randbereichs und für eine spätere Verwendung, empfiehlt es sich, aus der extrahierten Ebene einen Alphakanal zu erstellen (Menü *Auswahl/Auswahl laden/Ebene/Transparenz*).

[6] Anschließend laden Sie die Auswahl und kehren diese um (Menü *Auswahl/Auswahl umkehren*). Falls erforderlich, können Sie mit einer weichen Auswahlkante (Mit dem Werkzeug *Kante verbessern*) den Übergang nochmals anpassen.

[7] Wahlweise kann jetzt Ihr Bild auf die Hintergrundebene reduziert werden (das Motiv steht vor Weiß) oder Sie löschen die extrahierte Ebene und behalten nur den gespeicherten Alphakanal. Auf jeden Fall sollten Sie den erstellten Alphakanal zusammen mit Ihrem Bild gleich für eine spätere Montage speichern.

Das freigestellte Bild.

5
BILDANPASSUNGEN

KAPITEL 5
BILDANPASSUNGEN

5

KAPITEL 5
BILDANPASSUNGEN

Bildanpassungen

Bildqualität mit dem Histogramm prüfen	90
Tonwertkorrekturen vornehmen	91
Auto-Tonwertkorrektur	93
Gradationskurven anpassen	93
Arbeiten mit den Pipetten	94
Farben anpassen	94
Bildanpassung mit Variationen	95
Farbbalance, Farbton und Sättigung	96
Sättigung von Farben	96
Selektive Farbkorrektur	97
Aktion aufzeichnen	97
Vorgehensweise zur Farbanpassung	97
Helligkeit und Kontrast	98
Schnappschuss im Gegenlicht	98
Automatische Tonwertkorrektur	98
Tiefen und Lichter	98
Selektive Farbkorrektur	99
Belichtung anpassen	99
Fotofilter	100
Bildschirmkalibrierung und Probedrucke	100
Partielle Farbanpassung	100
Mit der Auto-Tonwertkorrektur	101
Farbbereich auswählen	101
Im Maskierungsmodus	102
Im Auswahlmodus	103

[5] Bildanpassungen

Woran zeigt sich die Qualität eines Bildes? Wie kann ich dieses anpassen und optimieren? Welche Informationen liefert ein Histogramm? Kurz gefasste Grundlagen und Informationen für jeden Bildbearbeiter: Dieses Kapitel liefert die wichtigsten Informationen zur Qualitätsverbesserung Ihrer Fotos.

Kaum ein Foto ist technisch so perfekt, dass es nicht noch verbessert werden könnte. Dabei spielt es auch keine Rolle, ob es digital fotografiert oder analog erstellt und anschließend gescannt wurde. Viele Fotos sind unter- oder überbelichtet, zu flau oder zu kontrastreich und müssen zur Weiterverarbeitung optimiert werden. Photoshop bietet dazu einige Werkzeuge an, deren Arbeitsweise und Funktionen hier anhand von Beispielen erklärt werden. Denken Sie jedoch daran, mit Bildbearbeitung kann man vieles verbessern, aber die Vorlage (das Foto) muss diese Verbesserung auch ermöglichen. Komplett über- oder unterbelichtete Fotos werden auch durch die beste Bildbearbeitung kaum verbessert werden können. Eine gute Vorlage ermöglicht dem erfahrenen Operator jedoch, eine optimale Darstellung zu erzielen.

Bildqualität mit dem Histogramm prüfen

Einen ersten Überblick über die Qualität einer Fotovorlage ermöglicht das *Histogramm* (siehe Menü *Fenster/Histogramm*). Die Anordnung des jeweiligen Histogramms gibt Aufschluss über die Tonwertverteilung in einem Bild. Die Tonabstufungen werden angezeigt, optisch dargestellt durch die jeweilige Spitzenhöhe.

Wenn Sie mit Ihrem Mauszeiger über das Histogramm fahren, wird in der erweiterten Ansicht die genaue Anzahl (Menge) dieser Pixel zum jeweiligen Tonwert angezeigt. Liegt die Anzahl bei null, ist diese Tonabstufung im Bild nicht enthalten. Dies bedeutet, dass beispielsweise in einem Verlauf hier eine Abrisskante im Bild auftreten könnte. Die RGB-Ansichten der einzelnen Farbkanäle sowie Farben und Luminanz ermöglichen eine weitreichende Beurteilung der Vorlage.

Das Bildbeispiel auf Seite 87 zeigt eine ausgewogene Belichtung, dem Bild fehlt es jedoch deutlich an Brillanz, es wirkt flau. Dies ist auf die geringe Anzahl von Pixeln im oberen und unteren Tonwertbereich zurückzuführen.

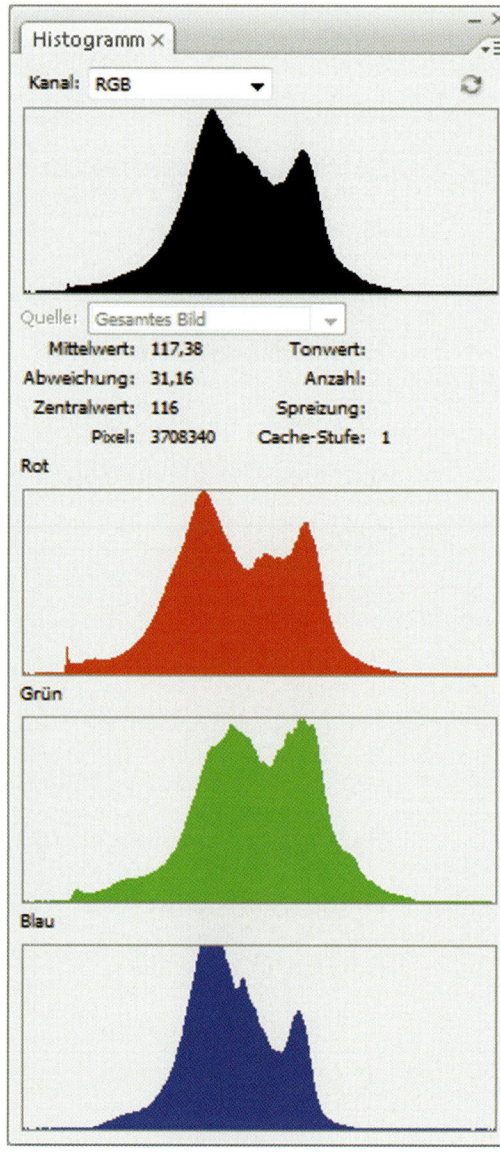

Darstellung der Histogramme nach Farbkanal.

KAPITEL 5
BILDANPASSUNGEN

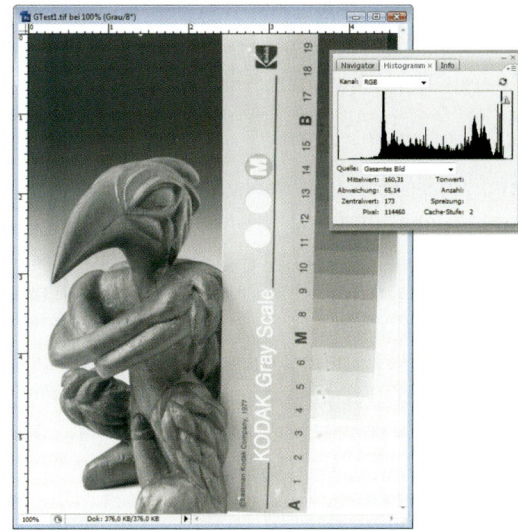

Überbelichtet

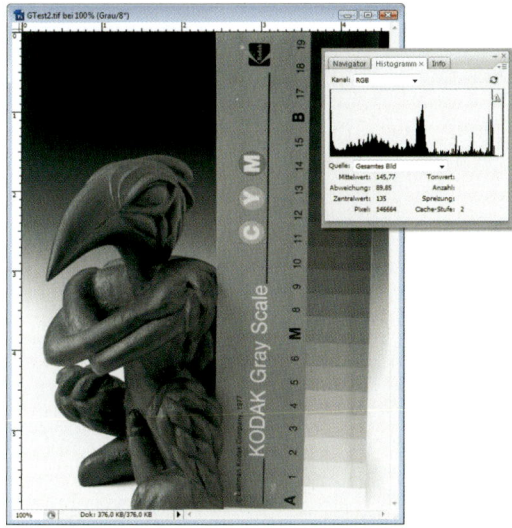

Richtig belichtet

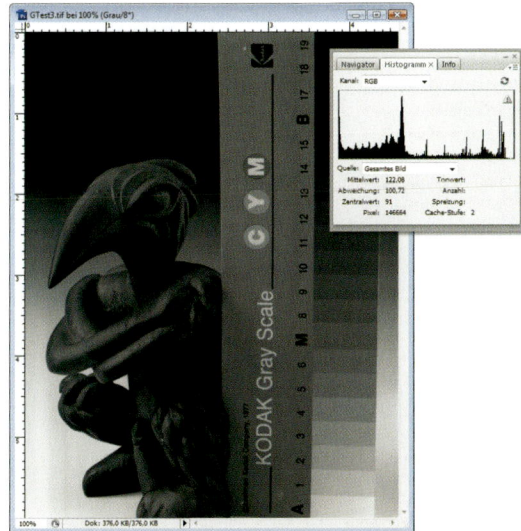

Unterbelichtet

Im Beispiel der Graustufenbilder aus einer Belichtungstestreihe, die alle mit der gleichen Einstellung gescannt wurden, ist die Veränderung des Histogramms gut zu erkennen.

An dem mit im Bild befindlichen Graustufenkeil kann man deutlich sehen, dass nur im mittleren Bild der gesamte Hell-Dunkel-Bereich vorhanden ist. Das dazugehörige Histogramm zeigt die entsprechende Verteilung der Bildpixel. Große Lücken im unteren oder oberen Tonwertbereich deuten immer auf eine Über- bzw. Unterbelichtung hin.

Während bei einer nicht zu starken Unterbelichtung eine Korrektur noch möglich wäre, ist bei einer extremen Überbelichtung nichts mehr zu retten, da ja in den hellen Bereichen keine Pixel vorhanden sind.

Tonwertkorrekturen vornehmen

Die *Tonwertkorrektur* im Menü *Bild/Anpassungen* nutzt das Histogramm zur Anpassung der Tonwerte. Im unten dargestellten Bildbeispiel lässt sich der Kontrast und damit die Brillanz des Fotos durch Anpassen (Spreizen) des Histogramms erreichen.

Tonwertkorrektur, *Histogramm vor der Anpassung.*

Dabei werden die Regler für Schwarz und Weiß an den „Berg" herangezogen, mit dem mittleren Regler werden die mittleren Grauabstufungen angepasst.

Das Histogramm nach der Anpassung.

Das Ergebnis ist deutlich brillanter als das Ausgangsbild. Ruft man die Tonwertkorrektur jedoch erneut auf, sieht man deutliche Lücken und Spitzen im angepassten Histogramm. Nimmt man dieselbe Bearbeitung im 16-Bit-Modus eines Bildes vor, passiert genau das Gleiche. Durch den größeren Tonwertumfang entstehen jedoch wesentlich feinere Abstufungen.

Wandeln Sie das Bild danach aus dem 16-Bit-Modus wieder in den 8-Bit-Modus um und passen zuvor die Bildgröße durch eine Neuberechnung an, werden die Lücken im Histogramm wieder geschlossen.

Der Regler *Tonwertumfang* unterhalb dieser Einstellungsmöglichkeiten dient der Anpassung der Grundhelligkeiten. Dabei wird das Papierweiß in ein entsprechendes Grau umgewandelt. Dieser Tonwertumfang kann auch in Zahlen eingegeben werden.

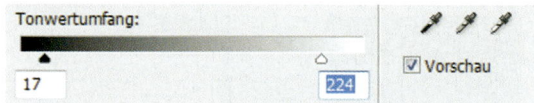

Grundhelligkeit anpassen.

Wenn Sie als Ausgangsbild eine 16-Bit-Datei verwenden können, ist dies zu bevorzugen. Falls Sie

Die Aufnahme nach der Tonwertkorrektur.

nur über die normale 8-Bit-Datentiefe verfügen, können Sie Ihr Bild auch vor der Bearbeitung in ein 16-Bit-Bild umwandeln, nach Abschluss der Arbeiten die Größe etwas verkleinern und dann vor der Ausgabe wieder in den 8-Bit-Modus umrechnen lassen. Diese zweite Möglichkeit bringt erfahrungsgemäß ebenfalls eine Verbesserung der Bildqualität mit sich, besonders dann, wenn noch weitere Bearbeitungsschritte bis zur Fertigstellung erforderlich werden, die sich ebenfalls auf das Histogramm auswirken.

Auto-Tonwertkorrektur

Nicht jedes Motiv erfordert eine solche aufwendige Anpassung, viele Bilder lassen sich auch im normalen 8-Bit-Modus gut bearbeiten, ohne dass später ein Qualitätsverlust offensichtlich wird. Je nach Bildvorlage kann auch die *Auto-Tonwertkorrektur* sehr gute Ergebnisse bringen, es kommt jedoch ebenfalls vor, dass sie völlig danebenliegt. Einen Versuch ist es allerdings immer wert.

Die Funktion *Auto* im Dialogfeld *Tonwertkorrektur* und die *Auto-Tonwertkorrektur* im Menü *Bild/Anpassungen* sind identisch.

Bei der *Auto-Tonwertkorrektur* werden die Tiefen- und die Lichter-Regler der einzelnen Farbkanäle getrennt angepasst. Diese Vorgehensweise können Sie natürlich auch manuell übernehmen. Feineinstellungen zur *Auto-Tonwertkorrektur* finden Sie unter *Optionen*.

Auto-Kontrast (und ebenfalls *Auto-Farbe*) arbeitet ähnlich wie die von uns vorgenommene manuelle Anpassung in der RGB-Einstellung, ist jedoch nicht kontrollierbar.

Gradationskurven anpassen

Die Funktion *Gradationskurven* aus dem Menü *Bild/Anpassungen* ist in der Hand eines erfahrenen Anwenders ebenfalls sehr gut zur Bildanpassung geeignet. Dabei werden Punkte auf die Linie gesetzt und leicht verzogen. Stärkere Verzerrungen führen zu massiven Bildveränderungen, ähnlich wie bei der Anwendung von Effektfiltern. Ein Verschieben der jeweiligen Eckpunkte verändert den Schwarz- bzw. Weißbereich.

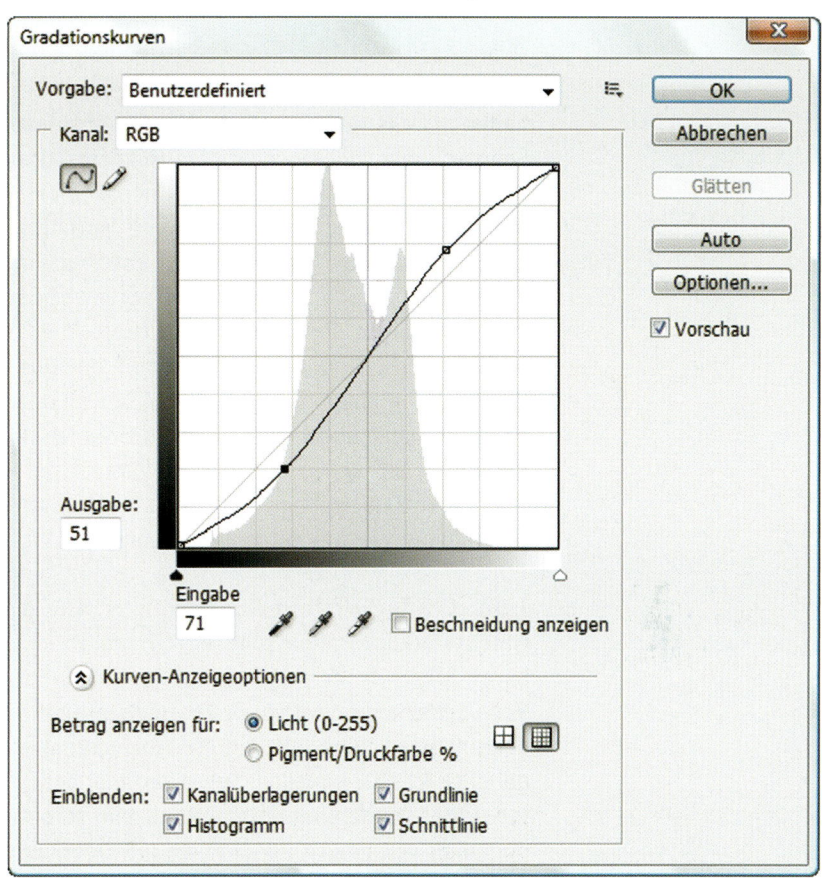

Anpassen der Gradationskurve durch Setzen und Ziehen von Markierungspunkten.

Um die Bearbeitung im Griff zu behalten, sollten Sie nicht zu viele Punkte setzen, hier ist weniger meist mehr. Einmal gesetzte Punkte lassen sich entfernen, indem man sie mit der Maus aus dem Fenster herauszieht.

Wenn Sie bei geöffnetem Diagrammfenster in Ihr Bild klicken, erhalten Sie eine Anzeige der Position des entsprechenden Tonwertes als kleinen Kreis in Ihrer Kurve.

Der Klick mit gedrückter [Alt]-Taste in das Diagramm verfeinert das Raster. Alternativ können Sie mit *Kurven-Anzeigeoptionen* noch weitere Optionen einblenden.

Unter *Vorgabe* finden Sie bereits vorgefertigte Einstellungen, zu denen eigene hinzugefügt und wieder aufgerufen werden können. Die Bearbeitung mit dem *Zeichenstift* anstelle der Punkteverschiebung ist nur für besondere Effekte sinnvoll.

Arbeiten mit den Pipetten

Tonwertkorrektur und *Gradationskurven* beinhalten jeweils drei Pipetten, eine für absolutes Schwarz, eine für ein neutrales mittleres Grau und eine für reines Weiß. Sind eine oder mehrere dieser Tonwerte in Ihrem Bild enthalten, kann eine direkte Anpassung des entsprechenden Bereichs durch Anklicken mit der jeweiligen Pipette erfolgen. Besonders die mittlere Pipette für neutrales Grau ist optimal dafür geeignet, Farbstiche in einem Bild zu neutralisieren. Dazu muss Ihr Bild lediglich einen solchen Graubereich enthalten. Die weiße und die schwarze Pipette sind dagegen nicht immer einsetzbar – bei Graustufenbildern jedoch sehr zu empfehlen.

Fazit: Die Tonwertkorrektur oder alternativ die Gradationskurvenanpassung ist ein unverzichtbares Mittel in der Bildanpassung und in der Regel als erster Schritt bei einer Bildbearbeitung vorzunehmen. Eine wiederholte Anwendung ist dabei strikt zu vermeiden. Selbst optimal belichtete Fotos werden mit diesem Werkzeug zumeist nochmals verbessert. Dabei zielen die Ergebnisse immer auf die spezielle weitere Verwendung, z. B. für den Druck (professionell oder Home-Drucker) oder für das Internet.

Die Funktion *Helligkeit/Kontrast* ist weniger zu empfehlen, da diese den gesamten Tonwertbereich um einen bestimmten Wert verschiebt und die über den Randbereich hinaus verschobenen Tonwerte verloren sind.

Farben anpassen

Welche Möglichkeiten zur Anpassung von Farben habe ich in Photoshop? Wie gehe ich damit um? Kann ich Farben auch individuell anpassen? Hier werden die wesentlichen Werkzeuge und Möglichkeiten vorgestellt. Mit wenigen eigenen Versuchen haben Sie das schnell im Griff! Legen Sie einfach mal los!

Mit unterschiedlichen Werkzeugen lassen sich Farben anpassen bzw. Farbstiche entfernen. Eines der wichtigsten, die Tonwertkorrektur, wurde bereits behandelt. In diesem Abschnitt geht

Originalscan ohne Farbanpassung.

KAPITEL 5
BILDANPASSUNGEN

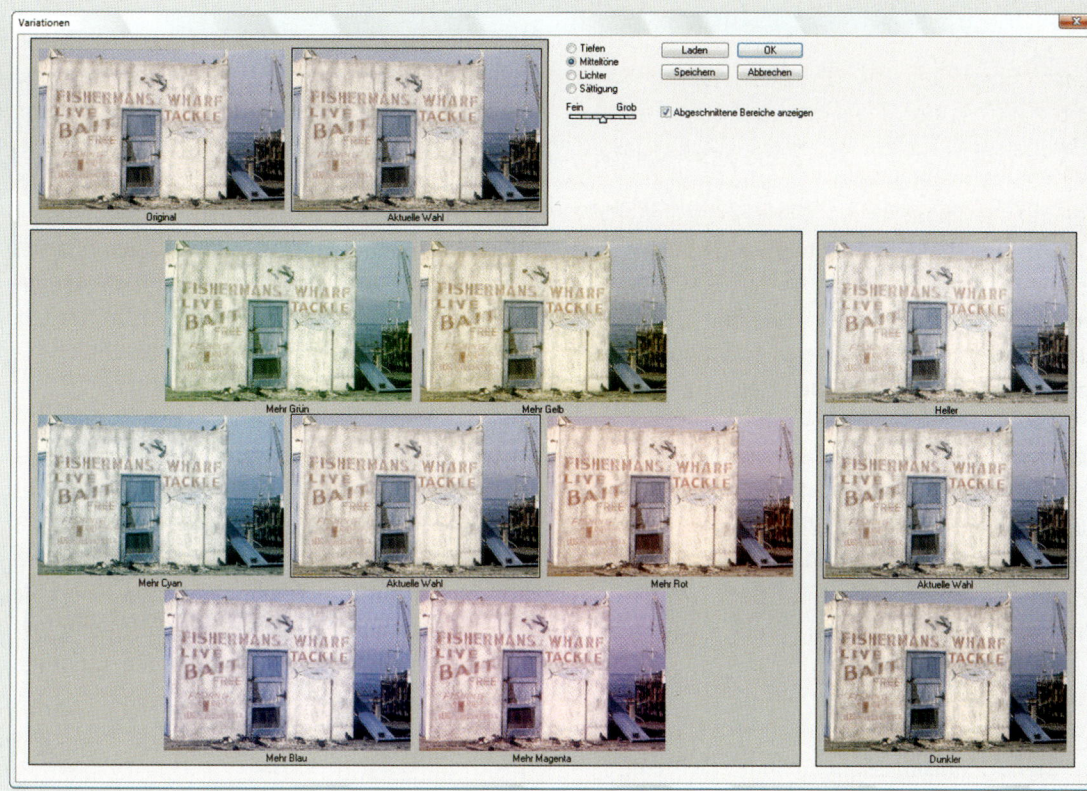

Einstellungsmöglichkeiten im Dialogfeld **Variationen**.

es nun um weitere Möglichkeiten und Optionen. Durch den bei Digitalkameras erfolgten Weißabgleich ist das Problem bei diesen Aufnahmen zumeist eher gering. Bei gescannten Aufnahmen hingegen, die ursprünglich analog fotografiert wurden, sind Farbstiche jedoch eher die Regel. Farbe im Bild ist aber auch ausschlaggebend für dessen Stimmung und kann nicht in jedem Fall einfach neutralisiert werden. Eine tendenzielle Anpassung kann demnach ein Bild verbessern, ohne die vorhandene Stimmung zu zerstören.

Bei digitalen Aufnahmen mit automatischem Weißabgleich wird diese Farbstimmung jedoch auch oft zu stark reduziert und das gewisse Etwas geht dabei verloren. Hier kann eine gezielte Farbanpassung die Stimmung gelegentlich wieder herstellen oder verstärken.

Das Beispielbild wurde analog auf Diafilm aufgenommen und zur digitalen Bearbeitung gescannt. Es weist einen magentafarbenen Stich auf, der möglicherweise auch auf die untergehende Sonne zurückzuführen ist. Zudem wirkt es leicht flau und könnte demnach eine Kontrastanpassung vertragen. Es muss jedoch sehr diffizil vorgegangen werden, um die Stimmung zu erhalten.

Bildanpassung mit Variationen

Für den noch ungeübten Anwender bietet Photoshop im Menü *Bild/Anpassungen* die Funktion *Variationen* an – eine Art Kombizange, in der die jeweilige Veränderung durch den direkten Vergleich abstimmbar ist. Wie mit der Funktion *Helligkeit/Kontrast* wird hier linear korrigiert, was zu erheblichen Beschneidungen eines Bildes führen kann.

Links oben in diesem Fenster wird das Ausgangsbild angezeigt, daneben sehen Sie die veränderte Ansicht in einer Vorschau. Darunter werden in einer Art Farbstern die jeweiligen Abstufungen angezeigt. Um diese anzuwenden, müssen Sie nur darauf klicken. In der Mitte des Farbsterns sehen Sie nochmals die aktuelle Wahl.

Rechts daneben sind die Vorlagen zur Anpassung der Helligkeit. Welchen Bereich Sie bearbeiten,

NUR FÜR KONTRASTREICHE FOTOS

Das Werkzeug **Variationen** ist durch seine relativ grobe Methode der Anpassung nur für kontrastreiche Fotos zu empfehlen, im Fall unseres pastellenen Beispiels ist es eher unzulänglich.

bestimmen Sie durch die jeweilige Option für *Tiefen*, *Mitteltöne*, *Lichter* und *Sättigung*. Der Regler *Fein – Grob* passt die Intensität an.

Mit der Option *Abgeschnittene Bereiche anzeigen* markiert das Programm stark veränderte Bereiche. Um Ihre momentane Wahl rückgängig zu machen, klicken Sie einfach auf Ihr Ausgangsbild.

Farbbalance, Farbton und Sättigung

Im Menü *Bild/Anpassungen* findet sich eine andere Anpassungsmöglichkeit, die Funktion *Farbbalance*, die lediglich die Darstellung des Bildes auf dem Monitor als Kontrollinstrument verwendet. Ist dieser nicht perfekt kalibriert, kann eine Farbanpassung bei der Bildausgabe auch komplett danebengehen. Eine Kalibrierung des Monitors (siehe Kapitel 3) und die Verwendung des Farbmanagements mit ICC-Profilen ist natürlich für jede Art der Bildbearbeitung von Vorteil.

Durch Ziehen der Regler in den komplementärfarbenen Bereich des jeweiligen Farbstichs kann dieser neutralisiert werden. Tiefen, Mitteltöne und Lichter sind gesondert anpassbar. Die Option *Luminanz erhalten* erhält dabei die Helligkeit, nur die Farbzusammensetzung wird dann geändert.

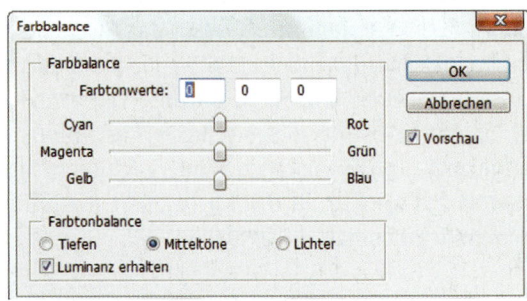

Einstellungen im Dialogfeld **Farbbalance**.

Die Funktion *Farbton/Sättigung* aus dem Menü *Bild/Anpassungen* basiert auf dem Farbkreis und ermöglicht die Beeinflussung sämtlicher Farben in ihrem Zusammenspiel durch das ganze Spektrum oder gezielt auf bestimmte Bereiche hin (z. B. Rottöne). Anpassungen können dabei auch kombiniert werden. Es kann sowohl der einzelne *Farbton* sowie dessen *Sättigung* oder die *Helligkeit* als auch alles zugleich angepasst werden. Mittels der Option *Färben* können die Bilder sogar koloriert werden.

Die beiden Farbbalken unten am Fenster verdeutlichen die spektrale Farbverschiebung: oben das derzeitige Bild, darunter die Verschiebung. Wird die Sättigung auf null reduziert, wandelt sich Farbe zu Grau. Den gleichen Effekt erzielen Sie auch im Menü *Bild/Anpassungen/Sättigung verringern*. Dabei werden alle vorhandenen Farben zu Grau umgewandelt.

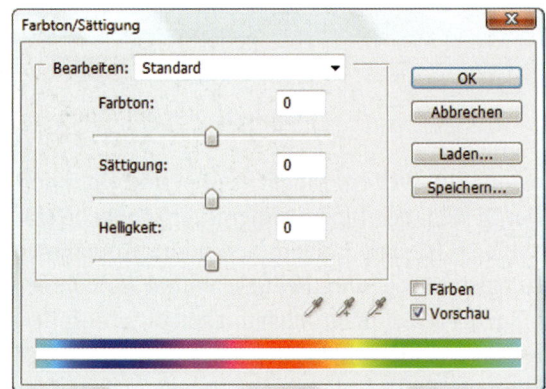

Einstellungen im Dialogfeld **Farbton/Sättigung**.

Sättigung von Farben

Bezüglich der Sättigung von Farben ist zu beachten, dass diese nicht unbegrenzt erhöht werden kann, ohne Probleme im Druck zu verursachen. Photoshop bietet deshalb auch mehrere Kontrollinstanzen zur Überprüfung an: *Proof einrichten* bzw. *Farbproof* im Menü *Ansicht*. Dabei kann eine Vorschau im CMYK-Modus voreingestellt werden, die farbliche Veränderungen im Vergleich vom Bildschirm zum Druck simuliert. Im gleichen Menü findet sich auch die *Farbumfang-Warnung*, die zu leuchtende Farben vergraut darstellt. Durch eine Verringerung der Sättigung dieser Farben geht diese aufgesetzte Vergrauung zurück.

KAPITEL 5
BILDANPASSUNGEN

Selektive Farbkorrektur

Ein ausgezeichnetes Tool zur Feinabstimmung finden Sie im Menü *Bild/Anpassungen*, die *Selektive Farbkorrektur*. Zunächst bestimmen Sie die Methode, mit der Sie arbeiten wollen: *Relativ* oder *Absolut*, wobei *Absolut* der Vorzug zu geben ist. Damit fallen die Änderungen deutlicher aus.

In diesem Dialogfeld lassen sich die ausgewählten Farben und sogar Weiß, Grautöne und Schwarz individuell bearbeiten, wobei bei den letztgenannten Werten immer das gesamte Bild betroffen ist. Um wiederkehrende Aufgaben zu erledigen, ist auch eine Speicherung und das erneute Laden der Einstellungen möglich.

Aktion aufzeichnen

Um eine ganze Bildreihe mit wiederkehrenden Einstellungen zu bearbeiten, können Sie sich eine Aktion aufzeichnen, wobei die vorgenommenen Änderungen in der jeweiligen Anwendung gespeichert und dann zur Verwendung wieder geladen werden.

Einstellungen im Dialogfeld Selektive Farbkorrektur.

Vorgehensweise zur Farbanpassung

[1] Zunächst erfolgt eine *Tonwertkorrektur*.

[2] Anschließend folgt die Bearbeitung im Dialogfeld *Farbton/Sättigung*.

[3] Zum Abschluss folgt die Feinabstimmung unter *Selektive Farbkorrektur* – wobei der zweite Schritt auch gelegentlich, je nach Erfordernis, ausfallen kann.

Das Beispielbild nach der Farbanpassung.

Helligkeit und Kontrast

Kaum ein Foto, das so perfekt belichtet ist, dass keine Anpassung erforderlich wird. Zu den meistverwendeten gehört die Anpassung der Bildhelligkeit (viele Aufnahmen sind etwas zu hell oder etwas zu dunkel) und die Anpassung des Kontrastes. Ist der Kontrast zu niedrig, kann leicht Abhilfe durch dessen Erhöhung geschaffen werden. Ist der Kontrast jedoch zu hoch und die hellen Stellen im Bild sind bereits ohne Zeichnung, kann kaum noch etwas verbessert werden. Auch dem tiefschwarzen Bereich ist dann keine Information mehr zu entnehmen.

Schnappschuss im Gegenlicht

Dieser Schnappschuss einer Musikkapelle beim Oktoberfest (siehe links oben) wurde unter äußerst ungünstigen Lichtbedingungen gemacht. Im Gegenlicht, ohne Aufhellung durch einen Blitz, ist der Vordergrund viel zu dunkel und weist in den dunklen Bereichen kaum noch Zeichnung auf.

Um dieses Dilemma besser in den Griff zu bekommen, wurde das Bild heller eingescannt und wirkt dadurch aber auch sehr flau. Dazu kommt der in den Schatten sehr starke Blaustich, der durch den blauen Himmel verursacht wird.

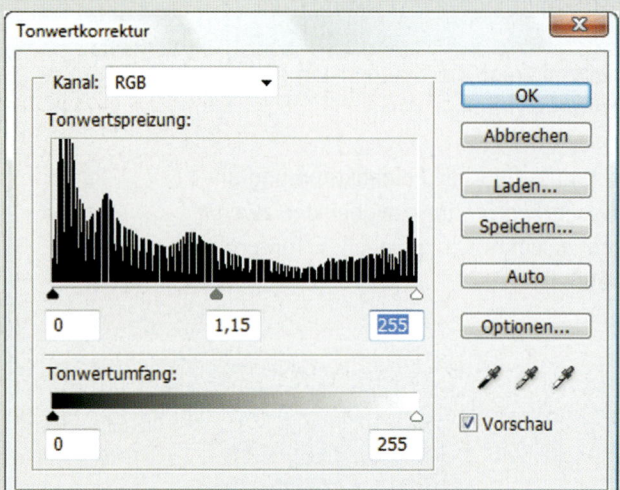

Automatische Tonwertkorrektur

[1] Eine erste automatische Anpassung mit *Bild/Anpassungen/Tonwertkorrektur* stellt den ursprünglichen Zustand farblich wieder her. Im Bereich der Mitteltöne muss aber noch stark aufgehellt werden. Deshalb wird der Mitteltonregler ein wenig nach links gezogen. Das Bild hat sich zwar insgesamt bereits verbessert, ist aber noch nicht zufriedenstellend. Eine Anpassung der Tiefen ist unbedingt noch erforderlich.

Tiefen und Lichter

[2] Im Menü *Bild/Anpassungen* bietet Photoshop mit *Tiefen/Lichter* eine Funktion, mit der genau dieses Problem bearbeitet werden kann. Durch Anklicken von *Weitere Optionen einblenden* wird das Dialogfeld riesig und bedeckt einen Großteil des Bildes, kann aber zwischendurch jederzeit wieder auf die verkleinerte Ansicht zurückgesetzt werden.

Das Foto nach der Auto-Tonwertkorrektur mit manueller Anpassung der Mitteltöne.

KAPITEL 5
BILDANPASSUNGEN

Mit der Anpassung der Regler im Bereich *Tiefen* und einer Korrektur des *Mittelton-Kontrastes* ergibt sich eine deutliche Verbesserung im Vergleich zur vorherigen Version. Durch An- und Ausschalten der *Vorschau* kontrollieren Sie die Anpassungen auf deren Auswirkung. Die Funktion *Lichter* würde die hellen Stellen im Bild abdunkeln und ist für dieses Motiv nicht zu verwenden.

Die *Farbkorrektur* regelt die Farbsättigung nur im bearbeiteten Abschnitt des Bildes und wird ebenfalls geringfügig angepasst. Dieses Werkzeug ist zwar kein Allheilmittel für misslungene Aufnahmen, ermöglicht jedoch für einige Problemfälle eine weitergehende Verwendung.

Trotz deutlicher Verbesserungen lässt die Aufnahme noch einiges an Brillanz vermissen. Zudem weisen die Hautfarben der Musiker noch einen zu hohen Magenta-Anteil aus.

Selektive Farbkorrektur

[3] Die nächste Korrektur wird deshalb über das Menü *Bild/Anpassungen/Selektive Farbkorrektur* vorgenommen. So werden im Rottönebereich die Magenta- und Schwarzanteile reduziert, dabei der Gelbanteil leicht erhöht, bis die Hautfarben wieder natürlicher wirken.

Belichtung anpassen

[4] Um die Brillanz im Bild noch zu steigern, rufen Sie das Menü *Bild/Anpassungen/Belichtung* auf und nehmen kleine Korrekturen mit den Reglern für *Belichtung* und *Gammakorrektur* vor. Hier genügen in der Regel winzige Veränderungen. Von dem Regler *Versatz* lassen Sie lieber die Finger, da dieser zu aggressiv arbeitet.

Dabei müssen Sie aufpassen, die zuvor erzielten Verbesserungen nicht wieder zunichte zu machen. Mehr Brillanz bedeutet eben auch mehr Kontrast und eine Erhöhung desselbigen ist immer mit Verlusten verbunden.

Das Werkzeug *Belichtung* ist eigentlich zur schnellen Anpassung von fehlbelichteten Bildern gedacht und beeinflusst Helligkeit und Kontrast mit brachialer Gewalt. Es wird in der Regel wohl eher am Anfang, als am Ende einer Bildbearbei-

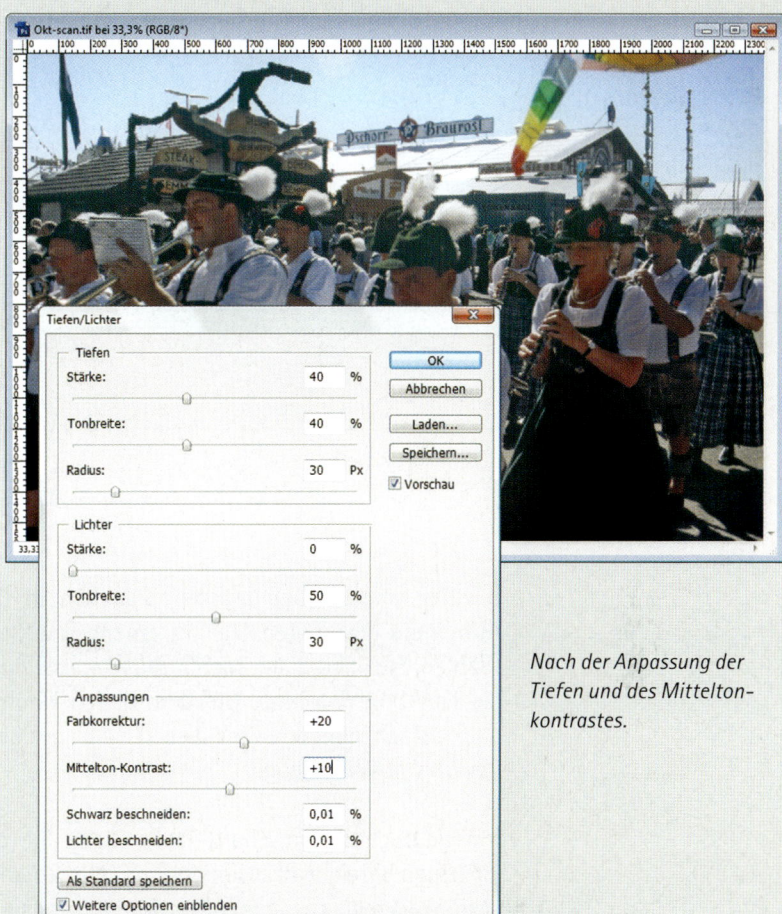

Nach der Anpassung der Tiefen und des Mittelton-kontrastes.

Nach der selektiven Farbkorrektur.

99

tung stehen, sofern man es überhaupt einsetzen möchte.

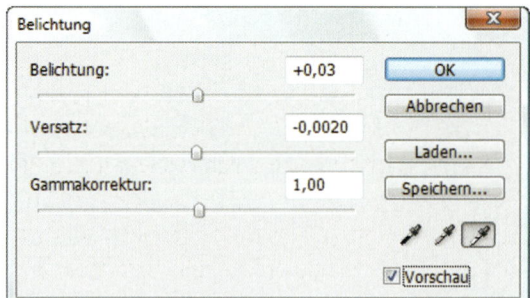

Belichtung anpassen.

Fotofilter

[5] Den immer noch starken Blaustich in der Aufnahme bekämpfen Sie mit einem Fotofilter. Wählen Sie hierzu im Menü *Bild/Anpassungen* die Funktion *Fotofilter*. Um den blauen Himmel zu schützen, maskieren Sie diesen zuvor mit dem *Zauberstab*-Werkzeug.

Mit gedrückter [Umschalt]-Taste fügen Sie die einzelnen Bereiche des Himmels mit dem *Zauberstab*-Werkzeug zusammen. Im Maskierungsmodus reparieren Sie sodann mit dem Pinsel noch einige Fehlstellen, wechseln wieder zurück in den Auswahlmodus und kehren Ihre Auswahl um.

Ansicht im Maskierungsmodus.

[6] Als Fotofilter wählen Sie *Warmfilter 81* bei *25 %*. Die Fotofilter funktionieren ähnlich wie die richtigen, die bei der Aufnahme vor das Objektiv gesetzt werden müssen. Dazu sind diese noch fein einstellbar mittels der Prozentangabe und können durch Anklicken eines Farbfelds sogar selbst erzeugt werden.

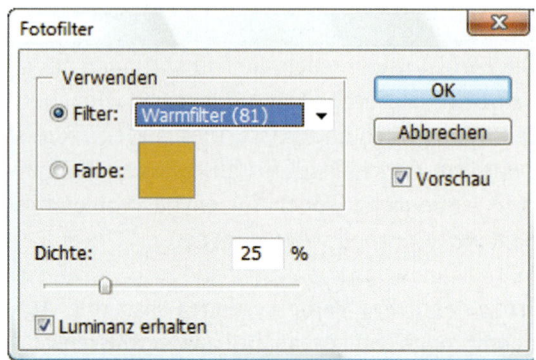

Anwendung des Fotofilters auf den unmaskierten Bereich und das Endergebnis.

Bildschirmkalibrierung und Probedrucke

Für alle hier aufgeführten Anwendungen muss der Bildschirm unbedingt kalibriert sein. Um die Auswirkungen auf das verwendete Bildmaterial besser einschätzen zu können, sollten Sie zudem gelegentlich einige Probedrucke auf hochwertigem Papier machen.

Partielle Farbanpassung

Eine partielle Farbanpassung kann je nach Struktur einen enormen Aufwand verursachen, besonders wenn keine einheitlichen Flächen mit deutlichen Abgrenzungen oder wenn starke Kontraste vorhanden sind und zudem die im Bild er-

KAPITEL 5
BILDANPASSUNGEN

scheinenden Farben lediglich teilweise angepasst werden sollen. Hier hilft nur der Griff zum Pinsel, um im Maskierungsmodus manuell passende Auswahlen zu erstellen.

Das Foto einer alten Stadtansicht von Tübingen mit seinen am Neckar liegenden Booten gefällt trotz oder vielleicht auch gerade wegen seiner Körnigkeit und den dezenten Farben.

Mit der Auto-Tonwertkorrektur

[1] Die Beseitigung des starken Gelbstiches mittels der Tonwertkorrektur stellt in diesem Fall kein Problem dar, da die Auto-Funktion bereits ein gutes Ergebnis erzielt. Die Verwendung der *Grau*-Pipette an einer Mauer im mittleren Teil des Bildes neutralisiert diesen Stich dann endgültig.

[2] Um die verblassten Farben wieder etwas aufzumöbeln, öffnen Sie das Dialogfeld *Farbton/Sättigung* und heben die Sättigung im Standardmodus um 40 % an.

Die Farben sind nun deutlich kräftiger und das Laub des Baumes erscheint in herbstlichen Tönen. Leider hat sich aber auch die lehmige Farbe des Neckars im Vordergrund deutlich verstärkt. Der Himmel hingegen weist immer noch sehr wenig Farbe und Zeichnung auf. Es muss also noch einiges getan werden.

Farbbereich auswählen

[3] Im Menü *Auswahl/Farbbereich* setzen Sie die *Auswahl*-Pipette am Fluss ein. Mittels der *Hinzufügen*-Pipette, durch ein *+*-Zeichen gekennzeichnet, und der Anpassung des Toleranzreglers

Das Ausgangsbild aus dem Jahr 1970.

Nach der Tonwertkorrektur und der Anhebung der Sättigung.

erreichen Sie schließlich ein Ergebnis, das als Ausgangspunkt annehmbar scheint.

Im Maskierungsmodus zeigt sich jedoch, dass dieser schlammige Gelbton fast überall vorkommt und teilweise noch weiter überarbeitet werden muss. Da zunächst nur der Fluss von Bedeutung ist, kann der restliche Bereich mit dem Pinsel und Maskenfarbe übermalt werden.

Im Maskierungsmodus

[4] Dabei arbeiten Sie zunächst mit einem großen Werkzeug und übermalen den oberen Bereich komplett mit der Vordergrundfarbe *Schwarz*. Für den Bereich des Flusses, der gesäubert werden muss, ändern Sie die Vordergrundfarbe zu *Weiß* und entfernen die groben Maskenflecken wo es geht, bevor Sie bei einer starken Vergrößerung zur Feinarbeit übergehen.

[5] Mit einem feineren Pinsel und harter Kante arbeiten Sie sich dann durch den Dschungel am Fluss, indem Sie durch Hin- und Herwechseln der Vordergrundfarbe abwechselnd deckend und entfernend vorgehen.

Farbbereich auswählen und festlegen.

KAPITEL 5
BILDANPASSUNGEN

Nach dem Übermalen im Maskierungsmodus.

Im Maskierungsmodus wechseln Sie durch Klick auf die Vordergrundfarbe *Schwarz*, um Bildteile mit roter Maskenfarbe abzudecken. Mit Klick auf *Weiß* wird Ihr Pinsel zum Radiergummi und Sie können die Maskenfarbe entfernen. Zum schnellen Wechsel des *Pinsel-Werkzeugs* zwischen den beiden Anwendungen können Sie auch die Taste [X] drücken.

[6] Die Randbereiche des Busches an der linken Bildseite überpinseln Sie mit auf 50 % reduzierter Deckkraft des weißen Pinsels. Danach wechseln Sie in den Auswahlmodus zurück.

Im Auswahlmodus

[7] Im Menü *Bild/Anpassungen* öffnen Sie die *Selektive Farbkorrektur*. Verändern Sie hier den Gelbton mit dem Regler *Cyan* in ein angenehmeres Grün. Nach dem Aufheben der Auswahl überprüfen Sie nochmals die bearbeiteten Stellen.

[8] Nun folgt eine weitere Farbauswahl. Dazu wählen Sie wieder im Menü *Auswahl* den Punkt *Farbbereich auswählen*, diesmal jedoch für den Himmel. Dazu müssen in diesem Bild, wieder

Bildanpassung mittels Selektiver Farbkorrektur.

im Maskierungsmodus, noch einige Häuserteile abgedeckt werden, um eine saubere Maske zu erhalten. Die Deckkraft des Pinsels wird zur Anwendung wieder auf 100 % zurückgesetzt.

103

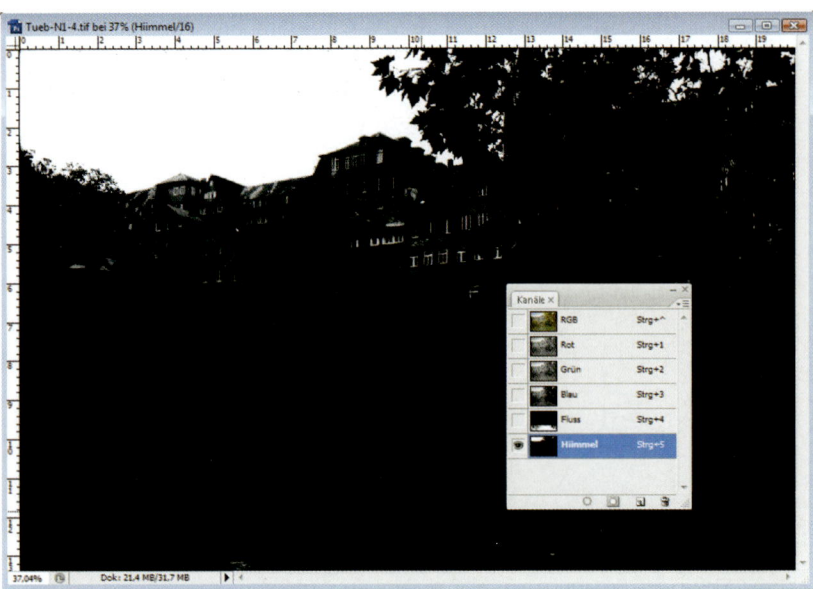

Ansicht des Alphakanals **Himmel**.

[9] Einige Glanzlichter im Bild lassen Sie absichtlich unbedeckt, darin soll sich das Blau des Himmels spiegeln. Nach einem weniger befriedigenden Versuch mit einer blauen Farbe entschließen Sie sich für einen Verlauf (mit dem *Verlaufs-Werkzeug*) von Blau nach transparent, den Sie auf einer neuen Ebene bei geladener Auswahl leicht diagonal einsetzen.

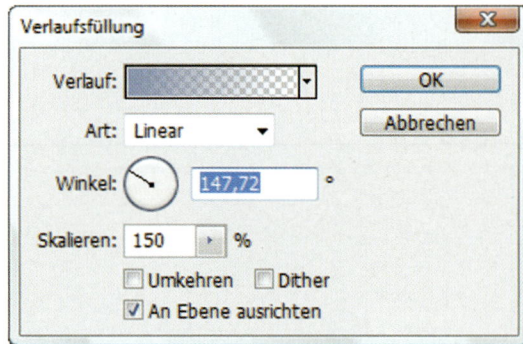

Neue Füllebene mit Verlauf.

Nach Auswahl des *Verlaufs*-Werkzeugs und der entsprechenden Option (die Vordergrund- und die Hintergrundfarbe müssen dabei die gewünschten Farbtöne enthalten) ziehen Sie mit gedrückter linker Maustaste eine Linie über den entsprechenden Bildbereich. Je nach Anfangs- und Endpunkt ergibt sich dann der Verlauf.

[10] Zur weiteren Anpassung der Auswahl des Himmels benutzen Sie in der *Ebenen*-Palette die Füllmethode *Multiplizieren* bei verringerter *Ebenendeckkraft*. Das neue Bild kann sich sehen lassen. Alternativ kann auch bei geladener Auswahl im Menü *Ebene/Neue Füllebene/Verlauf* dieser Bildteilbereich bearbeitet werden.

KAPITEL 5
BILDANPASSUNGEN

Das Bild nach der Überarbeitung.

105

[6]

SCHARFZEICHNEN

KAPITEL 6
SCHARFZEICHNEN

6

Scharfzeichnen

Unscharf maskieren	110
Selektives Scharfzeichnen	111
Scharfzeichnen mit Kantenmasken	111
Scharfzeichen mit dem Hochpass-Filter	112
Scharfzeichnen im Lab-Modus	112
Vergleich der einzelnen Bearbeitungen	114

[6] Scharfzeichnen

Wie kann ich mein Bild schärfen? Welche Methoden bietet das Programm und wie gehe ich damit um? Kann ich eine Scharfzeichnung vornehmen, ohne die im Bild vorhandenen Flächen anzugreifen? Sie können! In diesem Kapitel werden die Scharfzeichnungswerkzeuge und verschiedene Profitricks mit Bildbeispielen zur Anwendung vorgestellt.

Schärfe ist ein relativer Begriff und in erster Linie vom Ausgabemedium und der Bildgröße abhängig. Je stärker Sie ein Bild vergrößern, desto unschärfer werden die Details darin erscheinen. Auf einem glatten, glänzenden Papier erhalten Sie einen anderen Schärfeeindruck als auf einem matten oder strukturierten Medium. Ein Bild gilt in der Regel dann als scharf, wenn die Konturen darin deutlich zu unterscheiden sind. Je stärker dabei der Kontrast, desto deutlicher, also schärfer, wirkt die Kontur.

In der digitalen Fotografie oder bei der Übernahme analoger Bilder mit dem Scanner lösen Sie die Bildvorlage in Pixel auf. Je mehr Pixel auf kleinstem Raum vorhanden sind – je feiner aufgelöst also –, desto schärfer wirkt das Bild. Mit zunehmender Vergrößerung werden diese Pixel wieder größer und eine ansteigende Unschärfe tritt ein. Dazu kommt noch die bei einer fotografischen Aufnahme vorhandene reale Schärfe durch die Fokussierung des Objektivs. Kurz gesagt, eine Aufnahme, die deutlich unscharf erstellt wurde, ist auch durch Nachschärfen kaum zu verbessern.

Wenn Sie Größenanpassungen durch digitale Umrechnung an einem Bild vornehmen, es also vergrößern oder verkleinern, ist dies immer mit einer ansteigenden Unschärfe verbunden. Eine Scharfzeichnung am PC erfolgt prinzipiell als Kontrasterhöhung. Dadurch wirken die Kanten im Bild schärfer. Da die Scharfzeichnung jedoch auch von Ausgabeart und Größe abhängig ist, kann es erforderlich sein, je nach Verwendungszweck unterschiedliche Schärfungen vorzunehmen.

Unscharf maskieren

Photoshop bietet im Menü *Filter/Scharfzeichnungsfilter* mit der Funktion *Unscharf maskieren* einen gut regelbaren Scharfzeichner, der in vielen Fällen zu verwenden ist. Dieser Filter sucht nach Pixeln im Bild, die sich von den benachbarten Pixeln um den eingestellten Schwellenwert unterscheiden. Bei diesen Pixeln wird dann der Kontrast entsprechend dem eingestellten Wert (*Stärke*) erhöht. Der einzustellende *Radius* bestimmt die Breite des Kantenbereichs, der zur Kontrasterhöhung verwendet wird.

Der Filter **Unscharf maskieren** *in Aktion.*

Beachten Sie bei einer Scharfzeichnung folgende Regeln: Verwenden Sie zur Beurteilung des Effektes eine Ansicht von 100 %. Beachten Sie, dass die Auswirkung des Scharfzeichnungseffektes auf dem Bildschirm immer deutlicher zu sehen ist als später im Ausdruck. Es darf also etwas kräftiger scharfgezeichnet werden.

KAPITEL 6
SCHARFZEICHNEN

Selektives Scharfzeichnen

Der Filter *Selektiver Scharfzeichner* arbeitet mit verschiedenen Berechnungsarten. Diese werden unter der Option *Entfernen* eingestellt.

Gaußscher Weichzeichner verwendet dieselbe Methode wie der Filter *Unscharf maskieren*. *Tiefenschärfe abmildern* ermittelt Kanten und Details im Bild und arbeitet, je nach Motiv, etwas feiner.

Bewegungsunschärfe verschiebt das Bild anhand des eingestellten Winkels und versucht dadurch, Bewegungsunschärfen zu mildern. Die Option *Genauer* verlängert die Berechnung, um zu einem präziseren Ergebnis zu kommen. Die Regler für *Stärke* und *Radius* haben dieselbe Funktion wie beim Filter *Unscharf maskieren*.

Mittels der Option *Erweitert* lassen sich Registerkarten für eine weitere Feinanpassung der Tiefen und der Lichter aufrufen. Mit *Verblassen um* in Prozent passen Sie den Scharfzeichnungsumfang an. *Tonbreite* legt die Breite des Tonbereichs fest. *Radius* bestimmt den Bereich um die zu bearbeitenden Pixel. Je kleiner der Wert, desto kleiner ist der Anwendungsbereich bei der Bearbeitung.

Scharfzeichnen mit Kantenmasken

[1] Um ausgewählte Bereiche scharfzuzeichnen, ohne andere zu verändern, können Sie auch eine Maske erstellen. Wählen Sie dazu in der *Kanäle*-Palette den kontrastreichsten Kanal aus und duplizieren Sie diesen.

[2] Im Menü *Filter/Stilisierungsfilter* haben Sie mit *Konturen finden* das passende Werkzeug für den nächsten Schritt.

[3] Nach dessen Anwendung kehren Sie den Kanal im Menü *Bild/Anpassungen* mit der Funktion *Umkehren* um und erzeugen dadurch eine Art Negativ.

Mit den folgenden Schritten können Sie Ihre Maske anpassen und verbessern. Je nach Motiv und Aufgabenstellung können Sie alle oder auch nur eine Auswahl davon verwenden.

Der Filter Selektiver Scharfzeichner.

Ansicht des duplizierten Kanals als Negativ.

Rauschfilter Helligkeit interpolieren.

[4] Wählen Sie den Filter *Rauschfilter/Helligkeit interpolieren* und legen Sie bei *Radius* einen niedrigen Wert fest. Dadurch werden die Kanten wieder etwas weicher.

[5] Um den Kontrast zu erhöhen, nehmen Sie im Menü *Bild/Anpassungen* eine *Tonwertkorrektur*

vor oder verwenden dazu die *Gradationskurve*. Tiefschwarz sollen die Bildbereiche sein, die später nicht scharfgezeichnet werden sollen.

Bearbeitung mit dem Gaußschen Weichzeichner.

[6] Um den Übergang der Konturen besser anzupassen, können Sie Ihre Maske noch weichzeichnen. Im Menü *Filter/Weichzeichnungsfilter* finden Sie mit *Gaußscher Weichzeichner* ein anpassungsfähiges Werkzeug.

[7] Laden Sie danach Ihren bearbeiteten Kanal als Auswahl per [Strg]-Taste und Mausklick auf den bearbeiteten Kanal und verwenden Sie dann wie zuvor beschrieben einen Scharfzeichnungsfilter auf Ihrer Arbeitsebene. Dieser wird jetzt nur auf die ungeschützten Bereiche des maskierten Bildes angewendet.

Scharfzeichen mit dem Hochpass-Filter

Um diesen Filter einzusetzen (Menü *Filter/Sonstige Filter/Hochpass*), benötigen Sie ein Duplikat Ihrer Hintergrundebene. Diese neue Ebene wählen Sie zunächst aus und wenden dann den Filter an.

[1] Mit dem Regler *Radius* bestimmen Sie die Breite der Bildkonturen. Niedrige Werte sind hier zu bevorzugen. Photoshop erzeugt dann ein graues, konturiertes Bild, das Sie durch Veränderung der Füllmethode zur Akzentuierung Ihres Bildes einsetzen.

[2] Infrage kommen die Füllmethoden *Ineinander kopieren*, *Weiches Licht* oder *Hartes Licht*. Je nach Erfordernis können Sie die Auswirkung durch Anpassen der Deckkraft noch verändern.

Scharfzeichnen im Lab-Modus

[1] Einige Scharfzeichnungsmethoden sind auch im Lab-Modus anzuwenden. Dazu wandeln Sie zunächst Ihr Bild im Menü *Bild/Modus/Lab-Farbe* in diesen um.

[2] Wählen Sie dann in der *Kanäle*-Palette den Helligkeitskanal aus und wenden Sie an diesem das entsprechende Scharfzeichnungsverfahren an (z. B. Filter *Unscharf maskieren*).

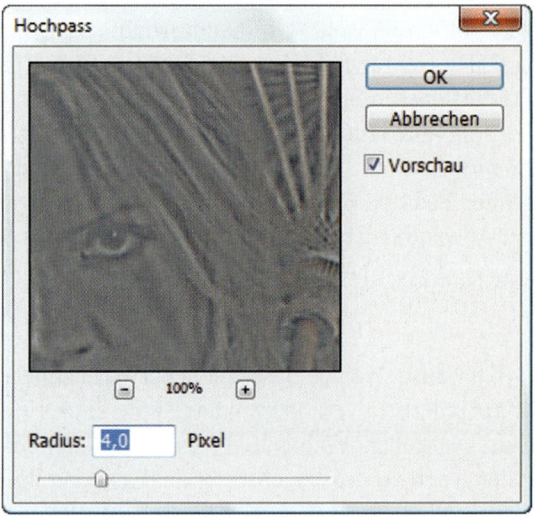

Der Filter Hochpass.

[3] Um störende Pixelmuster in farbigen Flächen zu entfernen, verwenden Sie den *Gaußschen Weichzeichner*. Diesen wenden Sie auf die Farbkanäle *a* und/oder *b* an. Verwenden Sie dazu einen geringen Pixelradius. Nach der erfolgreichen Anwendung können Sie Ihr Bild wieder in den RGB-Modus zurückverwandeln.

[4] Im Beispiel wird der Kontrast im Menü *Bild/Anpassungen/Helligkeit/Kontrast* im Helligkeitskanal erhöht. Gleichzeitig wird die Helligkeit etwas angepasst, um das Bild nicht zu sehr zu verändern.

KAPITEL 6
SCHARFZEICHNEN

Kanalarbeiten im Lab-Modus.

Bearbeitung des duplizierten Helligkeitskanals.

[5] Da die dadurch erreichte Schärfesteigerung jedoch noch nicht ausreichend erscheint, wird anschließend der *Helligkeitskanal* dupliziert und mit einer extremen Kontrastanpassung bearbeitet. Danach wird dieser neue Kanal mit *Bild/Anpassungen/Umkehren* in ein Negativ verwandelt und als Auswahl, [Strg]-Taste und Mausklick auf den Kanal, auf die Arbeitsebene geladen.

[6] Auf diese Auswahl wird anschließend der Filter *Unscharf maskieren* angewendet. Dadurch bleiben die flächigen Hautbereiche geschützt.

Zur besseren Anpassung der Auswahl vor der Anwendung des *Scharfzeichners* kann es hilfreich sein, die geladene Auswahl mit einer weichen Auswahlkante, je nach Motiv zwischen 2 und 4 Pixeln, zu versehen (Menü *Auswahl/Weiche Auswahlkante*).

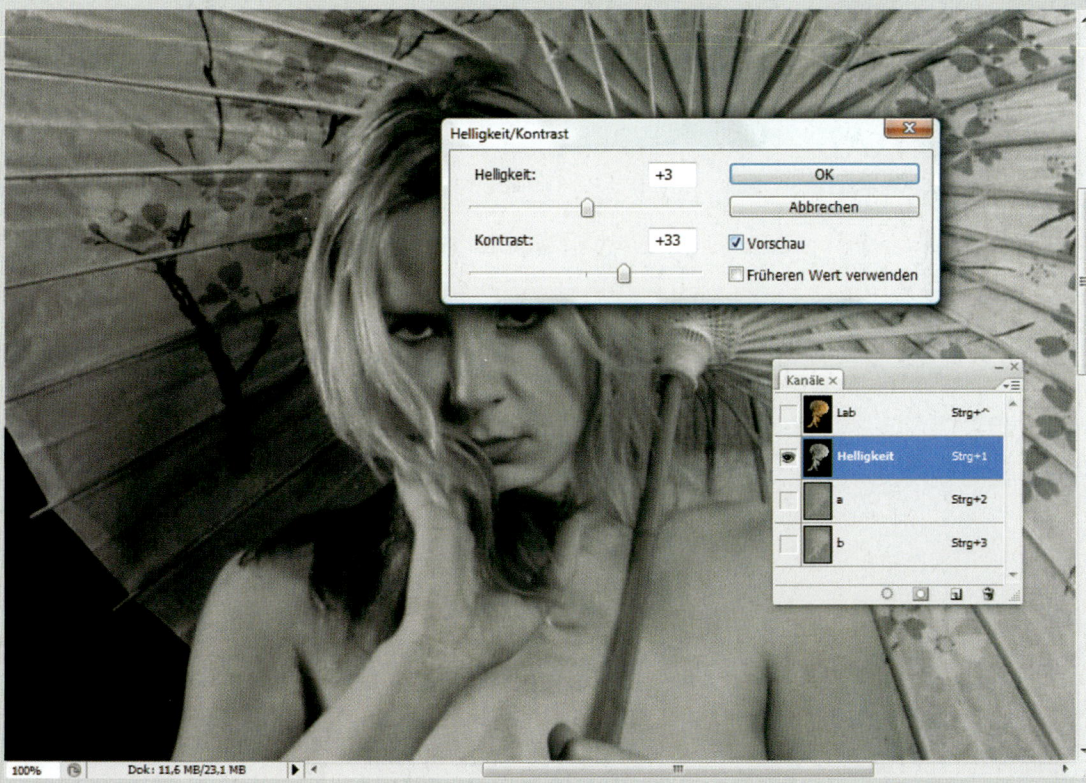

Helligkeit und Kontrast leicht anpassen.

Vergleich der einzelnen Bearbeitungen

Unscharf maskieren

Selektives scharfzeichnen

Scharfzeichnen mit Kantenmaske.

KAPITEL 6
SCHARFZEICHNEN

Hochpass-Filter

Lab-Modus

Ungeschärftes Ausgangsbild

115

7

SCHWARZWEISS-FOTOS

KAPITEL 7
SCHWARZWEISS-FOTOS

7

Schwarzweiß-Fotos

Im Graustufen-Modus	120
Mittels Kanalbearbeitung	120
Mit dem Kanalmixer	122
Sättigung verringern	125

[7] Schwarzweiß-Fotos

Schwarzweiß fotografieren mit der Digitalkamera? Dieser Bereich ist wohl eher den Profis zu überlassen. Aber aus einem farbigen Foto eine gelungene Schwarzweiß-Abbildung zu machen, ist eine Aufgabe, die viele interessieren dürfte. Photoshop bietet dafür einige einfach zu bedienende Möglichkeiten, die für manche Vorlagen durchaus passend sein können. Um jedoch aus einer beliebigen Farbaufnahme ein perfektes Graustufenbild zu machen, erfordert es einiges mehr.

Im Graustufen-Modus

Bei der Umsetzung spielt das Ausgangsbild eine maßgebliche Rolle. Um die Unterschiede zu verdeutlichen, wird dasselbe Bild in verschiedenen Ausarbeitungen nebeneinander gestellt: das unbearbeitete Bild und das in der Helligkeit angepasste Foto.

Die einfachste Form der Umwandlung in ein Graustufenbild besteht über das Menü *Bild/Modus/Graustufen*. Dabei wird die Vorlage durch Löschen der Farbinformationen auf Basis der im Bild vorhandenen Luminanz umgewandelt. Das Ergebnis sehen Sie in den Beispielen darunter.

Der erfahrene Bildbearbeiter wird also zunächst das Farbbild in Helligkeit und Kontrast anpassen, um eine bessere Umsetzung zu erreichen. Dies gilt im Prinzip auch für die weiteren Methoden. Für die nachfolgend gezeigten Beispiele wählen Sie als Ausgangsbild deshalb die bereits in der Helligkeit bearbeitete Farbaufnahme.

Mittels Kanalbearbeitung

[1] Jeder der im Bild enthaltenen Farbkanäle enthält unterschiedliche Informationen. Um diese

KAPITEL 7
SCHWARZWEISS-FOTOS

Das Ausgangsbild nach der Umwandlung in den Graustufenmodus. Rechts das in der Helligkeit angepasste Bild nach der Umwandlung in den Graustufenmodus.

einzeln zu betrachten, wechseln Sie in die *Kanäle*-Palette und wählen sich diese zur Ansicht aus. In einzelnen Fällen kann es vorkommen, dass ein bestimmter Kanal bereits Ihren Vorstellungen des Schwarzweiß-Bildes entspricht. Löschen Sie dann zuerst einen der nicht erforderlichen Farbkanäle.

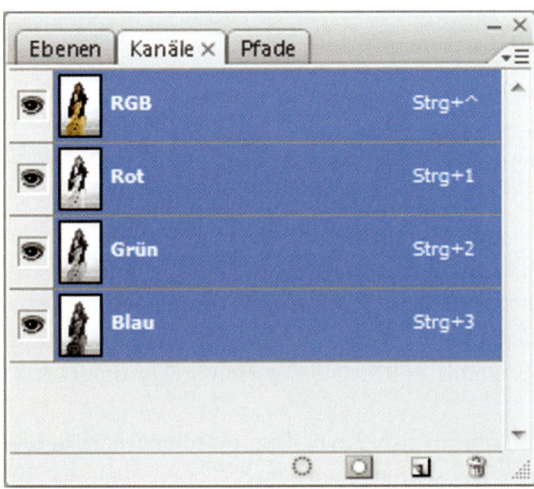

[2] Das Bild wandelt sich dadurch in den Mehrkanalmodus und die verbleibenden Farbkanäle ändern die Bezeichnung in *Gelb*, *Magenta* oder *Cyan*. Durch Ein- und Ausblenden der verbleibenden Kanäle wählen Sie den noch zu löschenden Kanal aus. Anschließend wechseln Sie in den Modus *Graustufen* und speichern Ihr Bild.

Mit dem Kanalmixer

[1] Die Funktion *Kanalmixer* aus dem Menü *Bild/Anpassen* kann nach dem Aktivieren der Option *Monochrom* zur Erstellung einer eigenen Mischung aus den im RGB-Bild enthaltenen Farbkanälen verwendet werden. Dabei müssen Sie darauf achten, dass die gesamte Mischung nach Möglichkeit 100 % nicht übersteigt, da das Bild ansonsten an Zeichnung verlieren wird.

[2] Als Einstieg können Sie beispielsweise mit einer Einstellung von je 33 % für jeden Quellkanal beginnen und durch vorsichtige Anpassungen der einzelnen Kanäle Ihre als optimal empfundene Grauabstufung ermitteln.

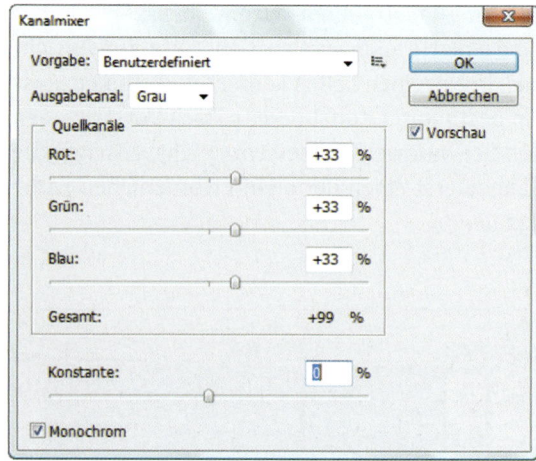

Graustufenanpassung im Menü **Kanalmixer**.

Ansicht des Cyankanals.

Sie können sich auch nach einer alten Fernsehnorm für Schwarzweiß-Fernseher orientieren. Dabei wurden die *Quellkanäle Rot* mit *+30 %*, *Grün* mit *+59 %* und *Blau* mit *+11 %* umgesetzt.

Wenn Sie sich zuvor Ihre einzelnen Farbkanäle in Graustufen angesehen haben, wissen Sie

KAPITEL 7
SCHWARZWEISS-FOTOS

möglicherweise bereits, in welchem Kanal der Schwerpunkt (die höchste Prozentzahl) zu setzen ist.

[3] Entspricht die Anpassung Ihren Vorstellungen, können Sie anschließend das bearbeitete Bild über *Bild/Modus/Graustufen* in den Graustufenmodus umwandeln.

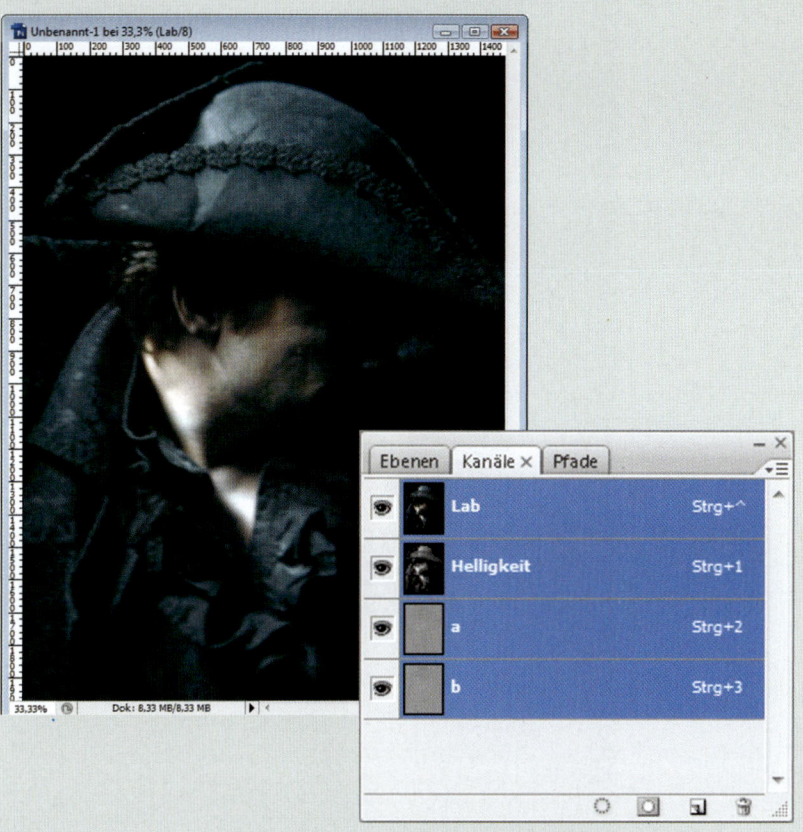

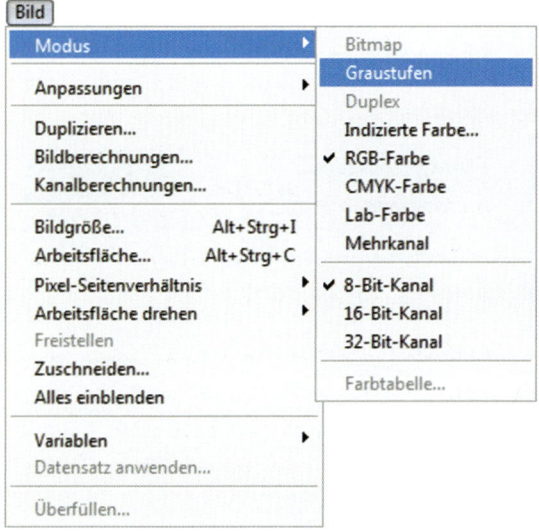

Im Lab-Modus

[1] Eine andere Methode zur Umwandlung von farbigen in Schwarzweiße Bilder verwendet der Photoshop-eigene Lab-Modus. Dazu wird das Bild zunächst über *Bild/Modus/Lab-Farbe* in diesen umgewandelt.

[2] In Lab-Modus werden Farb- und Helligkeitskanäle voneinander getrennt. Wechseln Sie nach der Umwandlung in die *Kanäle*-Palette und markieren Sie den Kanal *Helligkeit*. Die anderen Kanäle werden dabei ausgeblendet.

[3] Um diesen Kanal als neues Graustufenbild zu verwenden, wählen Sie diese Ansicht über *Auswahl/Alles auswählen* aus und kopieren die Auswahl mit *Bearbeiten/Kopieren* oder der Tastenkombination [Strg]+[C] in die Windows-Zwischenablage.

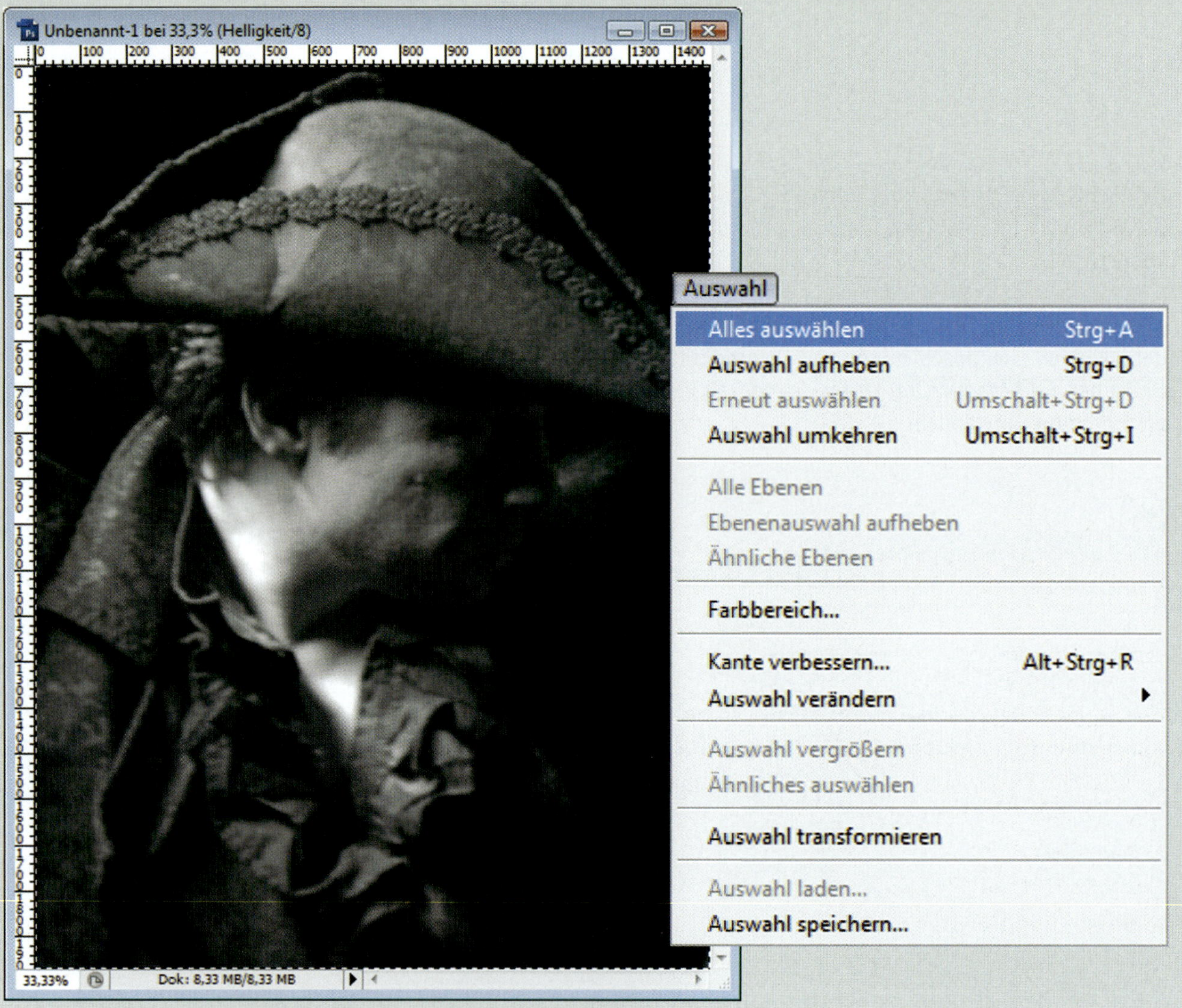

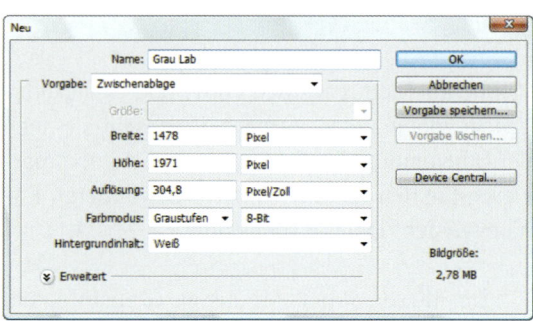

[4] Über das Menü *Datei/Datei Neu* erstellen Sie nun ein neues Bild, dieses hat bereits die entsprechenden Maße, und fügen mit *Bearbeiten/ Einfügen* oder der Tastenkombination [Strg]+[V] Ihre Auswahl aus der Zwischenablage ein.

[5] Speichern Sie nun Ihr neues Bild, die noch vorhandenen Ebenen können Sie dabei verwerfen. Der verbleibende Kanal ist *Grau*.

KAPITEL 7
SCHWARZWEISS-FOTOS

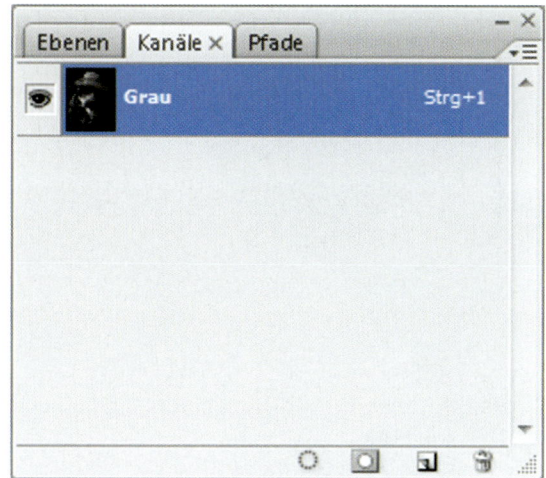

Welche Methode Sie wählen, wird von der weiteren Verwendung, dem Motiv und Ihrem persönlichen Anspruch bestimmt sein. Die Verwendung des Kanalmixers erlaubt zweifellos die größte Einflussnahme.

Nach der Umwandlung, welcher Art auch immer, können Sie Ihre neuen Schwarzweiß-Fotos dann wie gewohnt mit Tonwertkorrektur oder Gradationskurven weiter bearbeiten.

Sättigung verringern

Eine weitere Möglichkeit der Umwandlung ist denkbar einfach. Im Menü *Bild/Anpassungen/Sättigung verringern* klicken Sie diese einfach an. Sie erhalten ein Graustufenbild, aber immer noch im RGB-Modus, das nur noch in den Graustufenmodus umgewandelt werden muss.

8
RESTAURIEREN UND TRANSFORMIEREN

KAPITEL 8
RESTAURIEREN UND TRANSFORMIEREN

8

KAPITEL 8
RESTAURIEREN UND TRANSFORMIEREN

Restaurieren und Transformieren

Kontrast und Farbe anpassen	130
Beschneiden und retuschieren	131
Bild unscharf maskieren	132
Bildanpassung in Perfektion	132
Anpassen und Ausrichten	135
Entzerren einer Gebäudeaufnahme	137
Die „totale" Entzerrung	139
Direkt verzerren	140
Schatten manuell erzeugen	140
Perspektive korrigieren	142
Tonwertkorrektur und Grauabgleich	142
Einen vorgefertigten Rahmen erstellen	144
Einen individuellen Rahmen erstellen	144
Perspektivische Montagen	146
Bildelement einfügen und perspektivisch anpassen	146
Bildelement duplizieren und verschieben	147
Handhabung der Werkzeuge	148

[8] Restaurieren

Wie bekomme ich die Fusseln aus dem Bild? Welches Werkzeug eignet sich am besten und wie wende ich es an? Alles über den Umgang mit dem Kopierstempel erfahren Sie hier. Die perfekte Retusche! Hier finden Sie alle Informationen, um Ihre Bilder professionell aufzubereiten!

Zu den immer wiederkehrenden Arbeiten bei der digitalen Bildbearbeitung gehört die Ausfleckretusche, um Staub und Fusseln zu entfernen, sowie die Anpassung der Tonwerte. Am Beispiel eines alten Fotos soll eine Bildretusche durchgeführt werden. Das Foto ist im Original recht klein (nur 8 cm hoch) und stark beschädigt. Es soll anschließend auf eine Höhe von 20 cm vergrößert werden, deshalb sind weitere qualitätsverbessernde Arbeiten erforderlich. Die Hauptarbeit besteht dabei in der Retusche der Risse und Flecken, die das ansonsten noch gut erhaltene Bild aufweist.

Kontrast und Farbe anpassen

[1] Der erste Schritt ist zunächst eine allgemeine Tonwertkorrektur, um den Kontrast und die Farben anzupassen. Arbeiten Sie hierzu mit der *Tonwertkorrektur* aus dem Menü *Bild/Anpassungen*. Die Funktion *Auto-Tonwertkorrektur* ist hier nicht zu gebrauchen, da diese die Brauntönung entfernen würde. Also muss eine manuelle Tonwertkorrektur durchgeführt werden. Im Bereich der Tiefen ist eine Tonwertspreizung akzeptabel, im Mittelton und Lichterbereich darf jedoch bei diesem Bild keine Veränderung vorgenommen werden, um den Hintergrund zu erhalten.

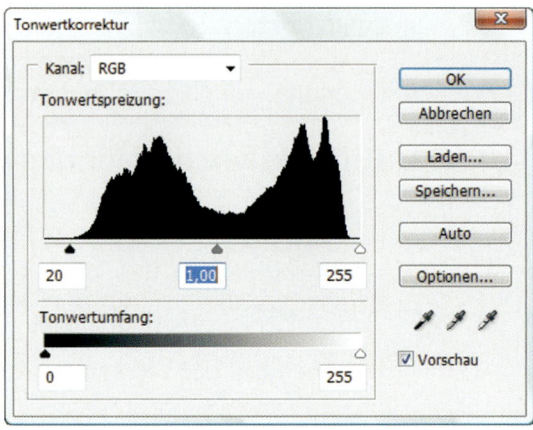

Einstellungen in der Tonwertkorrektur.

Das Originalfoto nach dem Scan.

KAPITEL 8
RESTAURIEREN UND
TRANSFORMIEREN

Beschneiden und retuschieren

[2] Die unschönen Ränder unten am Bild und an der rechten Seite werden zunächst mit dem *Freistellungs*-Werkzeug beschnitten.

[3] Nun beginnt die Hauptarbeit. In einer starken Vergrößerung der Ansicht bearbeiten Sie die fehlerhaften Stellen mit dem *Kopierstempel*-Werkzeug. Wählen Sie dazu einen nicht zu kleinen Pinsel mit einer weichen Kante aus. Damit lassen sich die meisten Stellen gut bearbeiten.

[4] Nur an diffizilen Stellen sollten Sie eine kleinere Pinselspitze benutzen, da eine zu große sehr leicht wieder neue unschöne Kanten im Bild erzeugen könnte. Wenn Sie mit der Handhabung noch etwas unsicher sind, wählen Sie eine verringerte *Deckkraft* (40 bis 50 %), um dann bei passender Pinselsetzung mit dem jeweils zweiten Klick die Fehlstelle abzudecken.

KOPIERSTEMPEL EINSETZEN

Bei gedrückter [Alt]-Taste und dem ersten Klick mit der linken Maustaste (nach Auswahl des Kopierstempel-Werkzeugs) nehmen Sie die zu übertragenden Bildpixel auf. Lassen Sie die [Alt]-Taste wieder los und setzen Sie den nächsten Klick an einer möglichst nahe liegenden bzw. der erforderlichen Struktur entsprechenden Fehlstelle. Die aufgenommenen Bildpixel werden damit übertragen. Wenn Struktur und Richtung stimmen, können Sie bei gedrückter Maustaste auch fahren. Ansonsten empfiehlt sich ein punktuelles Vorgehen.

[5] Die Option *Fluss* belassen Sie bei 100 %, diese verzögert den Auftrag. Wählen Sie *Ausgerichtet*, um die zu kopierenden Bildinformationen direkt neben der Fehlstelle aufzunehmen. Dabei müssen Sie darauf achten, Richtung und Struktur passend auf die Fehlstelle zu übertragen.

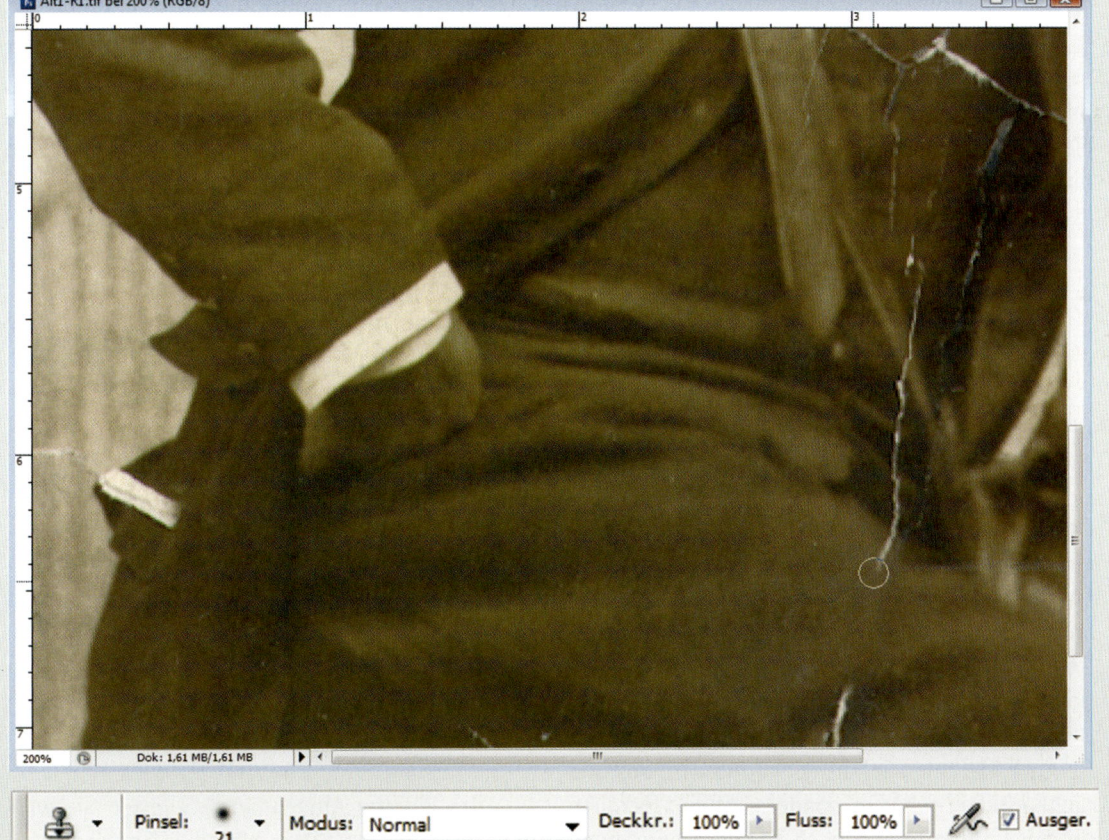

Arbeiten mit dem Kopierstempel-Werkzeug.

Die Optionen des Kopierstempel-Werkzeugs.

[6] Nach einigem Üben werden Sie Ihre Geschicklichkeit sicher deutlich verbessern. Falls sich eine ganz passende Aufnahmestelle nicht findet, sollten Sie mit stark verminderter *Deckkraft* bzw. vermindertem *Fluss* ähnliche Bereiche aufnehmen und übertragen, um die Fehlstelle abzudecken. Etwas schwieriger gestalten sich Kanten und Kurven im Bild, hier muss gelegentlich mehrfach angesetzt werden, um die Richtung zu treffen. Mit der Tastenkombination [Strg]+[Z] können Sie Fehlklicks rückgängig machen.

Achten Sie darauf, nicht versehentlich sich wiederholende Muster zu erzeugen. Dazu wechseln Sie bei größeren Flächen öfter den Pixel-Aufnahmepunkt.

[7] Nach Abschluss der Retuschearbeiten wird das Bild vergrößert. Im Menü *Bild* wählen Sie die Funktion *Bildgröße*. Im gleichnamigen Dialogfeld aktivieren Sie *Proportionen erhalten* sowie *Bild neu berechnen mit: Bikubisch* oder *Bikubisch glatter*.

[8] Das vergrößerte Bild kontrollieren Sie bei einer Ansicht von 100 % auf eventuell noch sichtbare Fehlstellen und korrigieren diese. Kleinere Flecken oder Fehlstellen, die Sie in dieser Ansicht nicht stören, können Sie im Allgemeinen so belassen.

Bild unscharf maskieren

[1] Sie vermissen die Bildschärfe? Um Ihr Bild zu schärfen, haben Sie im Menü *Filter/Scharfzeichnungsfilter* die Wahl.

[2] Um Ihre Scharfzeichnung kontrollierbar zu halten, nutzen Sie die Funktion *Unscharf maskieren*. Im Dialogfeld finden Sie drei Regler zur Anpassung. *Stärke* bestimmt die Stärke der Anwendung, *Radius* bestimmt die Kantenbreite des Schärfebereichs, und *Schwellenwert* bestimmt den zu schützenden Flächenbereich.

Bei einer digitalen Scharfzeichnung wird das Bild nicht wirklich schärfer, sondern es wird lediglich an den im Bild befindlichen Tonwertübergängen der Kontrast erhöht. Die Breite dieser Kante wird

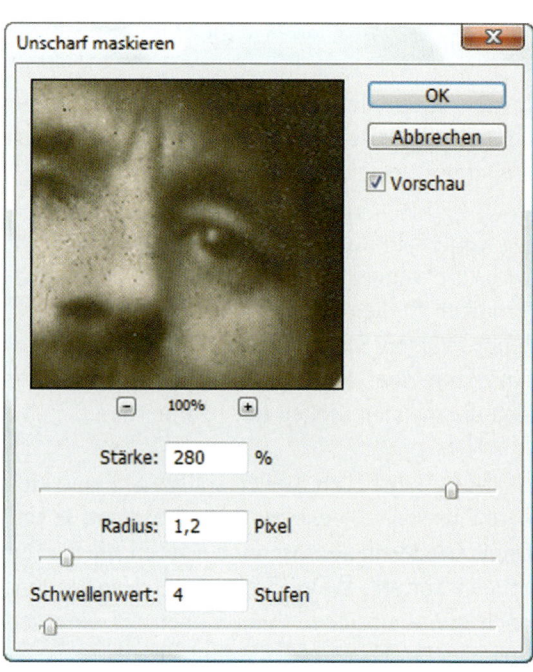

Unscharf maskieren

bestimmt durch den *Radius*. Um flächige Bereiche zu schützen, bestimmt der *Schwellenwert*, ab welchem Kontrast die Scharfzeichnung einsetzt.

[3] Mit dem Scharfzeichnen treten je nach Stärke der Anwendung und Bildvorlage unter Umständen erneut Fehlstellen im Bild auf. Um den möglichen Schaden zu begrenzen und dennoch den Schärfeeindruck zu verbessern, sollten Sie mit den genannten Reglern und der Option *Vorschau* experimentieren. Die Bildansicht sollte dabei mindestens 100 % betragen. Sind Sie mit Ihrer Arbeit zufrieden, können Sie diese damit beenden.

Bildanpassung in Perfektion

[1] Dazu sollten Sie zunächst eine Auswahl der im Bild befindlichen Person erstellen. Das optimale Werkzeug für dieses Motiv ist der *Zeichenstift*. Damit erstellen Sie einen Arbeitspfad und wandeln diesen anschließend in eine Auswahl mit einer weichen Auswahlkante von ca. 2 Pixeln um. Im Maskierungsmodus sollte die Person mit Maskenfarbe bedeckt sein.

[2] Zur weiteren Anwendung wechseln Sie wieder zurück in den Auswahlmodus. Speichern Sie Ihre Auswahl als *Alphakanal* und erstellen Sie bei

KAPITEL 8
RESTAURIEREN UND
TRANSFORMIEREN

Ansicht im Maskierungsmodus.

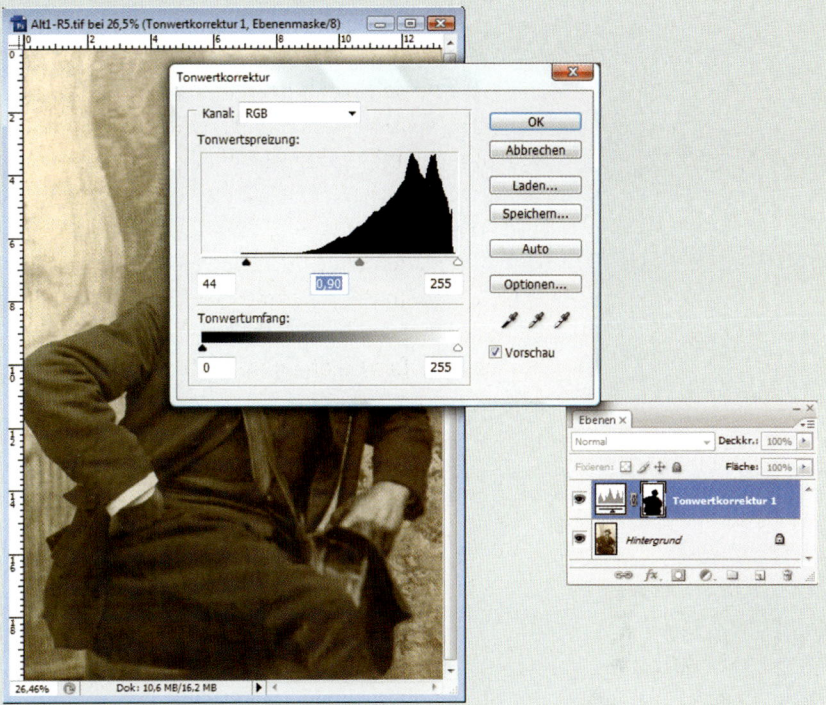

Tonwerte korrigieren.

geladener Auswahl im Menü *Ebene/Neue Einstellungsebene/Tonwertkorrektur* eine neue Ebene.

[3] Mit den Reglern für die Tiefen- und Mitteltöne erzeugen Sie einen kräftigeren Hintergrund. Diese neue Einstellungsebene verwendet Ihre geladene Auswahl als Maskierung bei der Bildbearbeitung.

[4] Eine weitere Einstellungsebene ohne geladene Auswahl dient dem Anpassen des Brauntons in diesem Bild. Durch Ein- und Ausblenden der Einstellungsebenen können Sie die Auswirkungen auf Ihr Bild kontrollieren. Klicken Sie auf das entsprechende Augensymbol in der *Ebenen*-Palette.

Mithilfe der Einstellungsebenen kann ein Bild bearbeitet werden, ohne es direkt zu verändern. Wollen Sie eine Einstellung nochmals anpassen, klicken Sie auf das entsprechende Symbol in der Einstellungsebene. Zum Löschen einer Ebene ziehen Sie diese einfach mit der Maus in den Papierkorb der *Ebenen*-Palette.

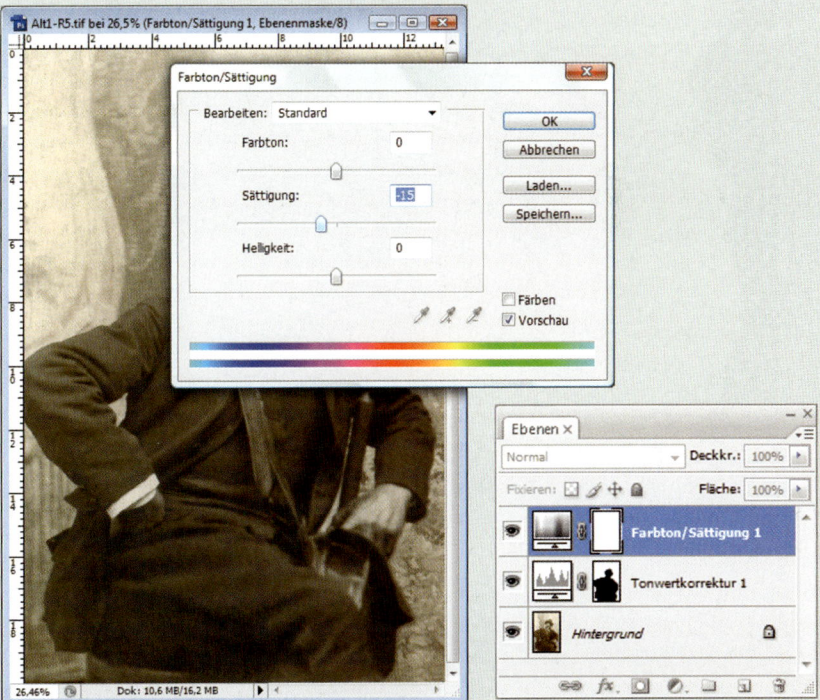

Bei Bedarf: **Farbton/Sättigung** *anpassen.*

[5] Um die Ebenen in Ihrem Bild für spätere Anpassungen zu behalten, sollten Sie dieses als TIFF- oder Photoshop-PSD-Datei speichern. Für andere Anwendungen empfiehlt es sich, eine Kopie des bearbeiteten Bildes mit der Reduzierung auf nur eine Ebene zu erstellen. Eventuell vorhandene Alphakanäle und nicht mehr benötigte Pfade sollten dazu ebenfalls gelöscht werden.

Das neue Bild auf 40 % verkleinert.

KAPITEL 8
RESTAURIEREN UND TRANSFORMIEREN

Transformieren

Beispielaufnahme vom Turm des Müllerschen Volksbades in München.

Sobald die Kamera bei einer Aufnahme nicht absolut gerade gehalten wird, entstehen im Bild perspektivisch bedingte optische Verzerrungen. Besonders deutlich wird dies z. B. bei Aufnahmen von Gebäuden, bei denen die Kamera nach oben gerichtet wurde. Diese Verzerrung entspricht zwar durchaus unseren Sehgewohnheiten, da wir aber wissen, dass ein Haus gerade stehen muss, kommt uns dieser Effekt in der zweidimensionalen Abbildung unnatürlich vor.

Anpassen und Ausrichten

Photoshop bietet im Menü *Bearbeiten/Transformieren* mit den Funktionen *Verzerren* und *Perspektivisch* entsprechende Möglichkeiten, solche Aufnahmen wieder gerade zu richten.

[1] Um die Funktion dieses Werkzeugs nutzen zu können, benötigen Sie eine frei bewegliche Ebene. Dazu müssen Sie entweder die Hintergrundebene in die *Ebene 0* umwandeln oder besser ein Duplikat dieser Ebene erstellen. Als Hilfsmittel zur besseren Orientierung bei der Ausrichtung können Sie sich Hilfslinien aus dem Lineal ziehen und/oder über das Menü *Ansicht/Einblenden/Raster* ein Bildschirmraster einblenden.

[2] Da das Bild, wie in diesem Fall, auch noch verdreht ist, muss es zunächst mit der Funktion *Arbeitsfläche drehen/Per Eingabe* (siehe Menü *Bild*) angepasst werden. Drehen Sie das Bild im Uhrzeigersinn bei einem *Winkel* von *3,1* Grad.

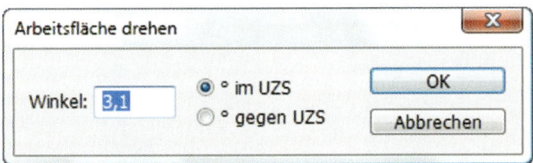

[3] Zur Anpassung sollte das Bild in verkleinerter Ansicht mit genügend Arbeitsumfeld versehen werden. Dazu verkleinern Sie Ihre Vorlage mit dem *Zoom*-Werkzeug und halten dabei die [Alt]-Taste gedrückt. Ziehen Sie mit der Maus den Bildrahmen deutlich größer, sodass das Bild von ausreichend grauer Fläche umgeben ist.

[4] Rufen Sie nun die Funktion *Transformieren/ Perspektivisch* auf. Durch Ziehen an einem der

Eckpunkte wird das Bild an dieser Seite ausgedehnt. Ist, wie in diesem Beispiel, das Gebäude auch noch schief aufgenommen, ziehen Sie noch am entsprechenden Mittelpunkt, um es gerade auszurichten. Anhand des Rasters kann man deutlich sehen, wann die Ausrichtung stimmt. Mit Doppelklick in das Bild oder durch Drücken der [Enter]-Taste wird die Transformation abgeschlossen. Möchten Sie eine misslungene Transformation abbrechen, drücken Sie die [Esc]-Taste.

[5] In der Gesamtansicht ist das Bild zwar deutlich gerader als zuvor, wirkt aber sehr gedrungen und eine Seite ist immer noch nicht ganz senkrecht. Deshalb wenden Sie zur weiteren Korrektur noch die Funktion *Transformieren/Verzerren* an.

Mit diesem Werkzeug kann jeder Eckpunkt individuell verzogen und dadurch auch die Seite angepasst werden. Durch Ziehen am oberen Mittelpunkt dehnen Sie das Bild in die gewünschte

KAPITEL 8
RESTAURIEREN UND TRANSFORMIEREN

Länge. Nach dem Ausblenden der Hilfslinie und des Rasters im Menü *Ansicht/Extras* steht das Gebäude jetzt perfekt. Zur abschließenden Bearbeitung reduzieren Sie das Bild in der *Ebenen*-Palette wieder auf die Hintergrundebene.

Das Bild nach Abschluss der perspektivischen Korrekturen.

Entzerren einer Gebäudeaufnahme

Das Foto des Gebäudes rechts wurde aus der Hand aufgenommen und weist außer den stürzenden Linien auch eine leichte Drehung auf. Nach dem Einblenden des Rasters und dem Einfügen einiger Hilfslinien werden diese Verdrehung und die stürzenden Linien deutlich sichtbar.

[1] Zunächst sollte die Verdrehung korrigiert werden. Dazu zeichnen Sie mit dem *Linealwerkzeug* eine Linie entlang des Bereichs, der eigentlich senkrecht stehen sollte. Blenden Sie dazu vorübergehend die Hilfslinien und das Raster wieder aus.

Um diverse Hilfslinien, Raster, Pfade, Auswahlkanten etc. vorübergehend auszublenden, verwenden Sie im Menü *Ansicht* die Funktion *Extras* oder die Tastenkombination [Strg]+[H]. Zur Festlegung all dieser Hilfseinstellungen markieren Sie im Menü *Ansicht/Einblenden/Extra-Optionen einblenden* die entsprechenden Optionen.

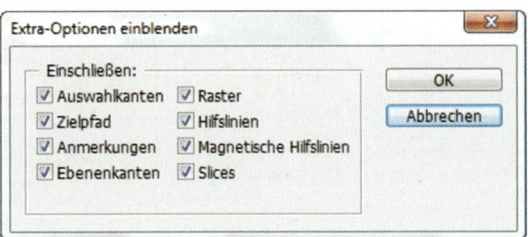

[2] Wechseln Sie dann in das Menü *Bild/Arbeitsfläche drehen/per Eingabe*. Der zur Drehung erforderliche Bildwinkel wird genau angezeigt. Zur Anpassung müssen Sie nur noch mit *OK* bestätigen.

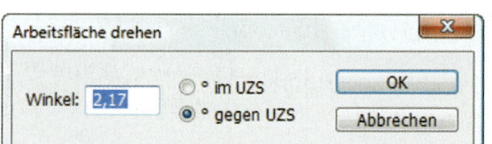

[3] Für die weitere Bearbeitung ist ein Duplikat der Hintergrundebene erforderlich. Hierzu klicken Sie mit der rechten Maustaste auf die Hintergrundebene und wählen im Kontextmenü den Eintrag *Ebene duplizieren*.

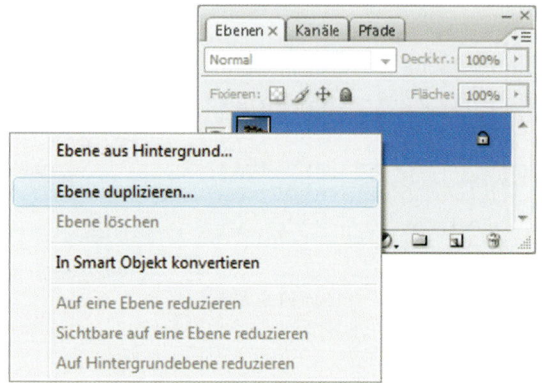

[4] Blenden Sie das Raster wieder ein und ziehen Sie mit der Maus einige Hilfslinien in das Bild. Zum genaueren Positionieren oder Verschieben der Hilfslinien benutzen Sie das *Verschieben-*

Werkzeug. Um eine Hilfslinie wieder zu entfernen, ziehen Sie sie damit einfach aus dem Bild.

[5] Verkleinern Sie das Bild und ziehen Sie den Rahmen des Bildfensters deutlich größer als das

KAPITEL 8
RESTAURIEREN UND TRANSFORMIEREN

Bild, dahinter erscheint die graue Arbeitsfläche. Diesen Raum benötigen Sie zur Anpassung durch die Transformation. Wählen Sie hierzu die Funktion *Transformieren/Verzerren* und ziehen Sie das Bild an den Eckpunkten bis die stürzenden Linien gerade stehen.

[6] Wenn sich das Bild durch die Transformation zu sehr in die Breite dehnt, schieben Sie es an den seitlichen Eckpunkten des Transformationsrahmens wieder zurück. Orientieren Sie sich dabei an im Bild befindlichen Objekten, die eine bestimmte Form behalten müssen. Mit einem Doppelklick in das Bild oder durch Drücken der [Enter]-Taste schließen Sie die Transformation ab.

Die „totale" Entzerrung

Für eine architektonische Rekonstruktion soll die Frontseite des Gebäudes maßstabsgerecht mit rechten Winkeln dargestellt werden. Die Bearbeitung erfolgt wie zuvor, jedoch mit wesentlich stärkeren Verzerrungen.

[1] Da das Bild zur Anpassung sehr klein auf dem Bildschirm dargestellt werden muss, ist möglicherweise eine mehrmalige Anpassung durch die Funktion *Transformieren/Verzerren* erforderlich.

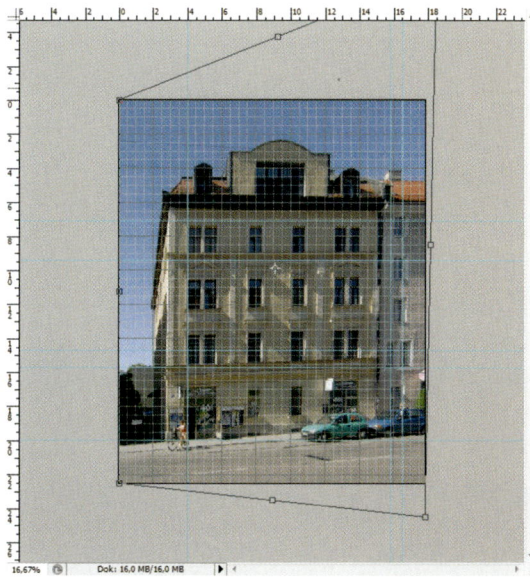

[2] Zur Kontrolle müssen einige Maße des Originals bekannt sein. (z. B. Fensterhöhe und Breite). Die Vermessung erfolgt wieder mit dem Lineal-

Die „entzerrte" Aufnahme nach dem Beschnitt.

Das Foto nach der Rekonstruktion.

Werkzeug. Stimmen die Proportionen und Winkel überein, kann die Anpassung beendet werden.

Direkt verzerren

In diesem kleinen Beispiel (siehe unten), der Aufnahme in einem skandinavischen Möbelhaus wurden der Tisch und die Stühle mit einer 6 x 6-Kamera von schräg oben aufgenommen. Hier kann die Funktion *Verzerren* direkt ohne Vorarbeiten eingesetzt werden. Um beim Ziehen mit der Maus an den Eckpunkten stufenlos und feiner arbeiten zu können, halten Sie dabei gleichzeitig die [Strg]-Taste gedrückt.

Da sich das Bild durch das Geraderichten viel zu sehr in die Breite dehnt, schieben Sie zur Anpassung die seitlichen Mittelpunkte wieder ein Stück zurück ins Bild.

Schatten manuell erzeugen

[1] Ausgangspunkt ist wiederum ein freigestelltes Objekt vor der Hintergrundebene. Wenn Sie die Hintergrundebene mit weißer Farbe füllen, können Sie die Auswirkungen besser beurteilen. Zunächst wird eine Auswahl des Objekts erstellt.

Vorher

Nachher

**KAPITEL 8
RESTAURIEREN UND
TRANSFORMIEREN**

Durch Festlegen einer weichen Auswahlkante können Sie die Randschärfe des späteren Schattens anpassen. Verwenden Sie dazu aus dem Menü *Auswahl* die Funktion *Kante verbessern*.

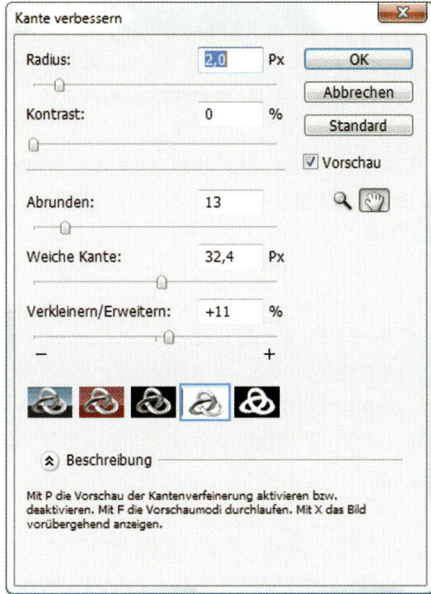

Das Werkzeug **Kante verbessern**.

Schattenebene erstellen.

Anschließend erstellen Sie eine neue Ebene und füllen die geladene Auswahl mit der Schattenfarbe. Die Farbe bestimmen Sie beispielsweise als Vordergrundfarbe. Verwenden Sie dazu die Fülloption *Multiplizieren* mit etwas *reduzierter Deckkraft* (im Beispiel 70 %). Die erstellte Auswahl heben Sie anschließend wieder auf.

Verschieben Sie nun Ihre Schattenebene in der *Ebenen*-Palette mit der Maus unter Ihr Objekt. Bei markierter Ebene wählen Sie im Menü *Bearbeiten/Transformieren* die Funktion *Verzerren*. Verzerren Sie dann Ihre Ebene passend zum Lichteinfall. Wenn Sie eine Seite des Rahmens über die andere Seite hinausziehen, erzielen Sie eine Spiegelung des transformierten Objektes.

Um die Transformation abzuschließen, doppelklicken Sie auf das Objekt, mit der [Esc]-Taste können Sie den Vorgang jederzeit abbrechen.

Wenn der Übergang am Boden Ihres Objekts nicht ganz passt, können Sie die Schattenebene an dieser Stelle auch noch mit dem Radiergummi oder einem Pinsel bearbeiten.

Transformation der Schattenebene.

Das freigestellte Objekt mit angepasstem Schatten.

Die eingescannte Originalaufnahme vom Pariser Flohmarkt.

Perspektive korrigieren

Mein Bildmotiv ist etwas verzerrt, wie kann ich dieses wieder gerade ausrichten? In einem Rahmen würde das Bild noch besser aussehen, wie kann ich mir einen dazu bauen? Entzerren leicht gemacht! Korrigieren Sie Schrägen und stürzende Linien! Erstellen Sie Ihre eigenen, individuellen Rahmen für eine perfekte Präsentation!

Von einem alten Foto des Pariser Flohmarkts stammt dieses Bild. Ziel ist es, die Perspektive zu korrigieren und das Bild in einen neuen Rahmen zu setzen. Das Bild ist insgesamt sehr farbstichig und verblasst. Das Hauptproblem dabei ist, dass es gerade gedreht und entzerrt werden muss, da es stark von der Seite aus aufgenommen wurde. Durch den Scan kamen zudem einige Flecken und Fusseln ins Bild, die ebenfalls wieder entfernt werden müssen.

Tonwertkorrektur und Grauabgleich

[1] Die *Tonwertkorrektur* mit der Funktion *Auto*, in Verbindung mit einem Grauabgleich durch Anklicken des vermutlich grauen Pfostens mit der mittleren Pipette, bringt bereits ein gutes Ergebnis.

Tonwertkorrektur und Grauabgleich.

[2] Da die Farben noch etwas zu blass erscheinen, nehmen Sie über das Menü *Bild/Anpassungen/Farbton/Sättigung* noch eine weitere Anpassung vor. Die Erhöhung der *Sättigung* um 30 % in der Standardeinstellung bringt in diesem Fall das gewünschte Ergebnis. Nun soll das Bild noch ausgerichtet werden.

KAPITEL 8
RESTAURIEREN UND
TRANSFORMIEREN

Anpassen von Farbton und Sättigung.

[3] Dazu duplizieren Sie in der *Ebenen*-Palette den Hintergrund. Mit dem *Polygon-Lasso*-Werkzeug erstellen Sie eine Maske, die Sie zum Schutz des Gemäldes anschließend umkehren. Verwenden Sie hierzu die Funktion *Auswahl/Auswahl umkehren*.

[4] Mit der [Entf]-Taste wird dann das Umfeld gelöscht. Die Hintergrundebene wurde bereits zuvor ausgeblendet. Das Bild ist nun grob freigestellt.

Das freigestellte Bild.

[5] Mit dem *Verschieben*-Werkzeug ziehen Sie aus den Linealen einige Hilfslinien, um bei der folgenden Anpassung eine Orientierung zu haben.

[6] Im Menü *Bearbeiten* findet sich mit *Transformieren/Verzerren* das richtige Werkzeug, um die Anpassung vorzunehmen. Dazu werden die Eckpunkte mit gedrückter linker Maustaste in die erforderliche Richtung gezogen, die Hilfslinien verdeutlichen dabei, ob die Ausrichtung geradlinig verläuft. Das Dehnen des Bildes wird durch Ziehen auf der rechten Seite am mittleren Punkt des Transformationsrahmens erreicht.

[7] Hierbei müssen Sie schätzen, da keine Angaben zu Größe und Breite vorhanden sind. Die leicht verzogene linke untere Ecke wird noch mit gedrückter [Strg]-Taste fein ausgerichtet. Durch einen Doppelklick auf das Bild ist die Transformation abgeschlossen.

Transformieren der Ebene.

[8] Die nicht mehr benötigten Hilfslinien löschen Sie über *Ansicht/Hilfslinien löschen*. Durch den Beschnitt mit dem *Freistellungs*-Werkzeug wird danach der restliche Rahmen entfernt und das Bild erhält jetzt seine endgültige Größe.

HINTERGRUNDEBENE ENTFERNEN

Die nicht mehr benötigte Hintergrundebene wird entfernt, indem in der Ebenen-Palette die Option Auf Hintergrundebene reduzieren gewählt wird. Dabei erscheint die Frage: „Unsichtbare Ebenen löschen?" Dies bestätigen Sie mit Ja.

Das Foto des Gemäldes nach der Anpassung.

[9] Die weiteren Retuschearbeiten, wie das Entfernen des oberen Randschattens und der im Bild befindlichen Fusseln, werden mit dem *Kopierstempel*-Werkzeug und weicher Pinselspitze durchgeführt. Dabei muss besonders auf die im Bild vorhandenen Strukturen geachtet werden, um diese Retusche unsichtbar zu gestalten.

Arbeiten Sie in diesem Fall mit einer sehr kleinen Pinselspitze bei starker Vergrößerung des Motives. Die Einstellung *Fluss* wird auf ca. 70 % reduziert, *Deckkraft: 100 %*. Einige kleinere Punkte bearbeiten Sie ebenfalls bei der Einstellung *100 % Fluss*, um sich das mehrfache Anklicken zu ersparen.

Das Ergebnis kann sich sehen lassen, niemand dürfte einen Zweifel daran hegen, dass dieses Bild genauso wie hier dargestellt auch fotografiert wurde.

Einen vorgefertigten Rahmen erstellen

So ganz ohne Rahmen gefällt das Bild nun doch nicht mehr. Kein Problem, erstellen Sie einfach einen neuen Rahmen. Photoshop bietet in seiner *Aktionen*-Palette bereits einige vorgefertigte Rahmen an, die Sie sich einmal ansehen sollten.

[1] Um einen dieser vorgefertigten Rahmen erstellen zu lassen, brauchen Sie nur diese Aktion auszuwählen und sie mit Klick auf das Symbol in der *Aktionen*-Palette ablaufen zu lassen. Wenn der Rahmen noch manuell abgewandelt werden soll, kann in der *Ebenen*-Palette der jeweilige Arbeitsschritt ausgewählt und angepasst werden.

Einen individuellen Rahmen erstellen

[2] Aber Sie haben den Ehrgeiz, einen eigenen Rahmen zu erstellen. Beginnen Sie zuerst damit, dessen Breite zu bestimmen. Für das Bild vergrößern Sie zunächst die Arbeitsfläche um 200 Pixel über *Bild/Arbeitsfläche*.

*Erstellen eines vorgefertigten Rahmens aus der **Aktionen**-Palette.*

KAPITEL 8
RESTAURIEREN UND TRANSFORMIEREN

[3] Den neuen Randbereich wählen Sie mit dem *Zauberstab*-Werkzeug aus und duplizieren danach die Hintergrundebene. Nach dem Umkehren der Auswahl mit *Auswahl/Auswahl umkehren* entfernen Sie den Inhalt der duplizierten Ebene mit der Taste [Entf].

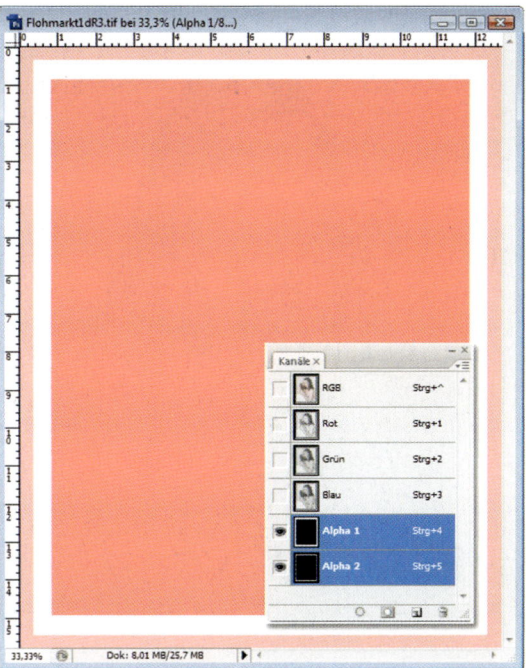

Ansicht der Alphakanäle.

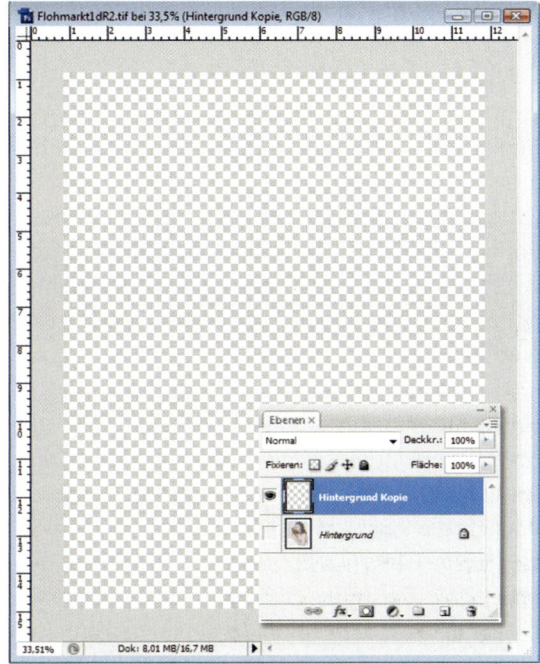

Der Randbereich auf der duplizierten Ebene, Anpassen der Arbeitsfläche.

[4] Zur Kontrolle blenden Sie die darunter liegende Hintergrundebene aus. Dann kehren Sie die Auswahl erneut um und füllen den Rand mit einem hellen Grau. Das Grau bestimmen Sie durch Aufrufen des Farbwählers mittels Anklicken der Vordergrundfarbe. Die Auswahl speichern Sie als Alphakanal (*Alpha 1*).

[5] Mit dem *Auswahlrechteck*-Werkzeug erzeugen Sie eine neue Auswahl ungefähr in der Mitte des neuen Randes und laden die zuvor gespeicherte Auswahl *Alpha 1* als Schnittmenge.

[6] Danach erzeugen Sie zur weiteren Bearbeitung in der *Ebenen*-Palette eine weitere neue Ebene. Den inneren Rand in der neuen Ebene füllen Sie mit einem dunkleren Grau und speichern diese Auswahl als Kanal *Alpha 2*.

[7] Nun öffnen Sie mit Klick auf das Symbol in der *Ebenen*-Palette unten den Ebenenstil *Schatten nach innen* und passen diesen Ihren Vorstellungen entsprechend an. Dabei vermittelt sich der Eindruck einer Rundung.

[8] Den äußeren Teil des Rahmens bearbeiten Sie nach Auswahl der entsprechenden Ebene mit dem Ebenenstil *Schatten nach innen, Abgeflachte Kante und Relief* sowie *Glanz*, bis Ihnen der Eindruck passabel erscheint. Dazu verwenden Sie noch eine *Struktur*, die Sie ebenfalls im Dialogfeld *Ebenenstil* auswählen.

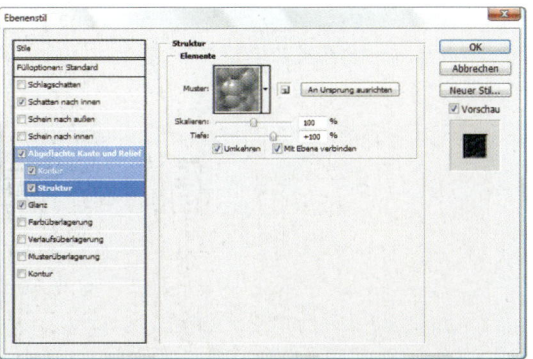

Bearbeitung im **Ebenenstil**-Menü.

[9] Effekt und Form des Rahmens gefallen gut, jedoch ist dieser farblich noch etwas zu langweilig. Um den Rahmen insgesamt bearbeiten zu können, wird er zuvor wieder auf eine Ebene

Das Bild im neuen Rahmen.

im Menü: *Filter/Fluchtpunkt* ein passendes Werkzeug an. Obwohl sich die vorhandenen Werkzeuge wie im Hauptprogramm verhalten, ist die Vorgehensweise etwas gewöhnungsbedürftig.

Bevor Sie mit dem Filter *Fluchtpunkt durchführen* arbeiten, sollten Sie zunächst Ihre Hintergrundebene duplizieren, um Ihre Vorlage zu schützen.

Bildelement einfügen und perspektivisch anpassen

Im Fenster *Fluchtpunkt* wird zunächst der zu bearbeitende Raum mit einem Begrenzungsrahmen (eine sogenannte Ebene) eingezeichnet. Dieser Rahmen oder mehrere davon können durch die Bestätigung mit *OK* für die spätere Verwendung in der Vorschau gespeichert werden. Das Fenster wird dabei geschlossen.

reduziert. Über das Menü *Bild/Anpassen/Farbton/Sättigung* und die Option *Färben* findet sich schließlich ein passender Blauton, den Sie abschließend auf den Rahmen anwenden.

Perspektivische Montagen

Für perspektivische Montagen sowie das Einfügen von Oberflächenstrukturen in ein Bild mit perspektivischer Ausrichtung bietet Photoshop

Holen Sie nun Ihre Vorlage aus einem Bild oder der verwendeten Ebene, indem Sie dort eine Auswahl erstellen und diese kopieren. Heben Sie danach die Auswahl wieder auf und öffnen Sie wiederum *Filter/Fluchtpunkt*. Mit dem Tastenbefehl [Strg]+[V] fügen Sie die Kopie aus der Zwischenablage ein. Die eingefügte Ebene kann nun in den zuvor erstellten Begrenzungsrahmen verschoben und transformiert werden, bis sie an die einzufügende Stelle passt.

Auswahl des zu kopierenden Elementes.

Wenn Sie Text einfügen möchten, markieren Sie die gesamte Textebene in Ihrem Ausgangsbild und kopieren sie in die Zwischenablage. Sie fügen dann eine gerasterte Version des Textes in das Dialogfeld *Fluchtpunkt* ein.

Wichtig! Verwenden Sie nach dem Einfügen des Bildes im Dialogfeld *Fluchtpunkt* nicht sofort das Auswahlrechteck, um eine perspektivische Ebene auszuwählen. Dies hätte zur Folge, dass die Auswahl des eingefügten Bildes aufgehoben wird und dass das Bild nicht mehr als schwebende Auswahl vorliegt, sondern bereits fest eingebunden ist.

Bildelement duplizieren und verschieben

Im Bildbeispiel soll in die Wand ein weiteres Fenster eingebaut werden. Stammt das Teilbild aus derselben Vorlage (wie im Beispiel), kann an der zu entnehmenden Stelle ein Begrenzungsrahmen erstellt werden. In diesem können Sie dann eine Auswahl vornehmen. Die Form der Auswahl passt sich dem Begrenzungsrahmen an.

Beim Ziehen mit gedrückter [Alt]-Taste wird eine Kopie der Auswahl erstellt und an die entsprechende Stelle verschoben.

Transformieren der Auswahl.

Durch Transformieren der eingefügten Kopie kann diese dann angepasst werden. Stimmen die Winkel der Bildquelle und dem Ziel jedoch nicht genau überein, kann dabei nur eine Annäherung erzielt werden.

Ansicht mit Ebenen.

Auswahl verschieben.

Nach Abschluss der Anpassung und Bestätigung mit *OK* kann das fertig montierte Bild wie üblich im Hauptprogramm retuschiert werden.

Handhabung der Werkzeuge

Begrenzungsrahmen und Raster zeigen durch unterschiedliche Farben den aktuellen Status dieser Ebene an. Wenn die Ebene ungültig ist, verschieben Sie einen Eckknoten, bis Begrenzungsrahmen und Raster wieder blau angezeigt werden.

Blau zeigt eine gültige Ebene an. Zur korrekten Funktion müssen Sie jedoch sicherstellen, dass Begrenzungsrahmen und Raster exakt an geometrischen Formen oder Bereichen im Bild ausgerichtet sind.

Rot zeigt eine ungültige Ebene an. Das Seitenverhältnis der Ebene kann nicht berechnet werden.

Gelb zeigt eine ungültige Ebene an. Nicht alle Fluchtpunkte der Ebene können aufgelöst werden.

Sie können in ungültigen (gelben oder roten) Ebenen zwar Bearbeitungen vornehmen und rechtwinklige Ebenen erstellen, die Ergebnisse sind dann aber nicht korrekt ausgerichtet.

Das Ausgangsbild

KAPITEL 8
RESTAURIEREN UND TRANSFORMIEREN

Das fertige Bild nach der Retusche mit eingesetztem Fenster.

9

HDR-, FILTER- UND TEXTEFFEKTE

KAPITEL 9
HDR-, FILTER-
UND TEXTEFFEKTE

9

KAPITEL 9
HDR-, FILTER- UND
TEXTEFFEKTE

HDR-, Filter- und Texteffekte

Aufnahmen für HDR-Bilder	**154**
Erzeugen einer HDR-Datei	**154**
HDR-Anzeige anpassen	**155**
Bildanpassung zur Ausgabe	**155**
HDR-Konvertierung	**156**
Vom Foto zum Gemälde	**157**
Patina und Strukturen	**160**
Vom Foto zur Grafik	**161**
Manuelle Bearbeitung	162
Flächige Strukturen	165
Effekte der Filtergalerie	**166**
Schatten und Beleuchtung	**167**
Blendenflecke einfügen	168
Schwarzweiß-Fotos kolorieren	**169**
Methode 1	169
Methode 2	170
Methode 3	172
Kolorieren für Nostalgiker	**174**
Text auf Pfaden und Formen	**176**
Ebenenstil auf Text anwenden	**177**
Animationen mit Text	178

[9] HDR-Bilder

HDR-Bilder (**H**igh-**D**ynamic-**R**ange) verwenden den 32-Bit-Modus von Photoshop und können dadurch den gesamten sichtbaren Bereich eines Bildes umfassen. Das menschliche Auge kann sich zwar an verschiedene Helligkeiten der Umgebung anpassen, den gesamten Helligkeitsumfang jedoch nicht auf einmal erfassen. Auch eine normale fotografische Aufnahme enthält immer nur einen Teil des sichtbaren Bereichs. Zu große Helligkeitsunterschiede (Kontraste) werden nicht mehr aufgezeichnet. Damit ein HDR-Bild entsprechend unseren Vorstellungen sichtbar gemacht werden kann, wird zur Bildausgabe eine Beschneidung der darin enthaltenen Informationen vorgenommen.

Aufnahmen für HDR-Bilder

Um mit einer normalen Kamera ein HDR-Bild zu erstellen, fotografieren Sie mehrere Teilaufnahmen desselben Motivs mit unterschiedlichen Belichtungseinstellungen. Dazu benötigen Sie ein Stativ und das fotografierte Objekt darf sich nicht bewegen.

Die Teilaufnahmen sollten die hellsten und die dunkelsten Stellen mit allen darin enthaltenen Informationen (Durchzeichnung der Details) enthalten. Diese Teilbilder werden dann zu einem Gesamtbild (HDR-Bild) im 32-Bit-Modus montiert. Sie erstellen dadurch eine Art digitales Negativ, das je nach Ausarbeitung bzw. Wiedergabe sehr unterschiedlich ausfallen kann.

Die besten Ergebnisse erzielen Sie in der Regel durch drei bis fünf Teilaufnahmen mit einem Helligkeitsunterschied von jeweils zwei Lichtwerten. Ein LW (Lichtwert) entspricht jeweils einer Zeitstufe, z. B. von 1/60 auf 1/125 Sekunde.

Zur optischen Darstellung, z. B. auf dem Monitor oder im Druck, müssen diese Bilder wieder in den 16- oder 8-Bit-Modus zurückgesetzt werden. Dabei ist durch die Steuerung der Belichtung ist das Bild individuell anpassbar.

Da die Ansicht von HDR-Bildern für unsere Sehgewohnheiten sehr ungewöhnlich ist, können solche Bilder auch leicht abstrakt wirken.

Erzeugen einer HDR-Datei

Dieses Beispiel zeigt die Erstellung einer HDR-Datei aus vier unterschiedlich belichteten Aufnahmen. Wählen Sie hierzu aus dem Menü *Datei* die Funktion *Automatisieren/zu HDR zusammenfügen*. Als Vorlagen wählen Sie unbearbeitete RAW-Dateien im 16-Bit-Format, um einen möglichst hohen Dynamikumfang zu erzielen.

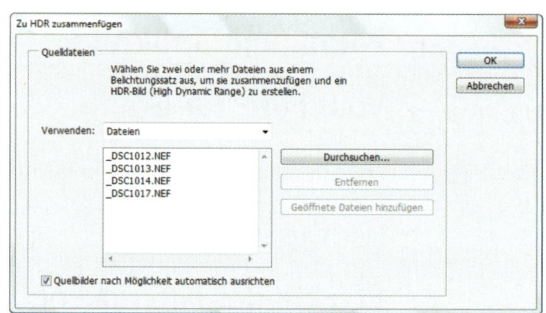

Bilddaten zu einer HDR-Datei zusammenfügen.

Mit der Option *Quellbilder nach Möglichkeit automatisch ausrichten* versucht das Programm, eventuelle Unterschiede (z. B. Kameraverwacklungen) bei der Aufnahme auszugleichen. Dadurch erhöht sich jedoch der Rechenaufwand des mit dieser Arbeit ohnehin reichlich belasteten PCs erheblich.

Der gesamte Vorgang stellt insgesamt enorme Ansprüche an Ihre Rechnerkapazitäten. Je nach Vorlagengröße und Anzahl der Teilbilder kann es zu längeren Wartezeiten kommen. Schlimmstenfalls erfolgt der Abbruch mit der Meldung, dass der vorhandene Speicher nicht ausreicht, um die Verarbeitung abzuschließen.

Hat Ihr Rechner es geschafft, erhalten Sie eine Vorschau, in der an der linken Seite die verwendeten Teilbilder zu sehen sind. Durch Deaktivierung des Häkchens an einzelnen Bildern erfolgt eine Neuberechnung des gesamten Dynamikumfangs. Die Bittiefe ist zwischen 32, 16 und 8 Bit wählbar. Um das Bild jedoch richtig nutzen zu können, sollten Sie die 32 Bit beibehalten.

Unterhalb des Histogramms lässt sich mit einem Regler die Weißpunktvorschau festlegen. Zudem lässt sich eine einmal erstellte Reaktionskurve speichern und zur Anwendung wieder laden. Bestätigen Sie Ihre Arbeit mit *OK* und speichern Sie die Datei nach der nun erfolgenden Berechnung. Dabei haben Sie die Wahl zwischen verschiedenen Formaten. Wollen Sie die Originaldatei unverändert behalten, wählen Sie das Format *Radiance (.hdr)*.

HDR-Anzeige anpassen

Da der dynamische Bereich eines solchen Bildes die Anzeigemöglichkeiten in Photoshop übersteigt, haben Sie die Möglichkeit, die Ansicht an Ihren Bildschirm anzupassen. Diese Vorschaueinstellungen werden in der Bilddatei gespeichert und beim nächsten Aufruf über *Ansicht/32-Bit-Vorschauoptionen* angewendet. Die HDR-Bilddaten bleiben jedoch unverändert. Mit der Option *Methode: Belichtung und Gamma* passen Sie Helligkeit und Kontrast an. *Lichterkomprimierung* komprimiert die Lichterwerte, damit sie im Luminanzbereich von 8- oder von 16-Bit-Bildern liegen. Dabei gibt es keine manuelle Anpassungsmöglichkeit.

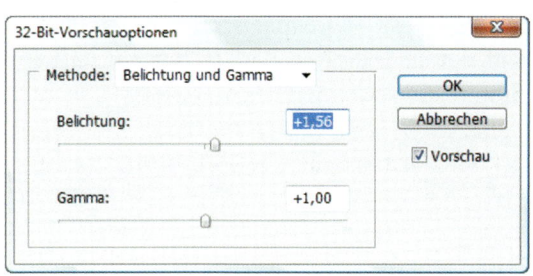

Bildanpassung zur Anzeige auf dem Monitor, mit Belichtung und Gamma.

Bildanpassung zur Ausgabe

Ihr neues Bild dient nun als Vorlage, um unterschiedliche Belichtungen zu erzeugen und diese, gespeichert in 8 oder 16 Bit, weiter zu verwenden. Als ein Werkzeug zur Anpassung dient das Menü *Bild/Anpassen/Belichtung*. Diese Funktion wurde speziell für 32-Bit-Bilder entwickelt, kann aber auch mit 8 oder 16 Bit verwendet werden.

Belichtung passt die Lichter der Tonwertscala an und behält extreme Tiefen soweit wie möglich bei. *Versatz* dunkelt Tiefen und Mitteltöne ab und behält die Lichter soweit wie möglich bei. *Gammakorrektur* regelt den Kontrast.

Vorschau im HDR-Fenster.

Mit den Pipetten werden die Luminanzwerte des Bildes angepasst. *Schwarzpunkt setzen* (schwarze Pipette) bewirkt, dass der angeklickte Helligkeitswert auf null gesetzt wird. *Weißpunkt setzen* (weiße Pipette) legt den angeklickten Bereich als Weiß fest. *Mitteltöne setzen* (graue Pipette) legt den angeklickten Bereich auf ein mittleres Grau fest.

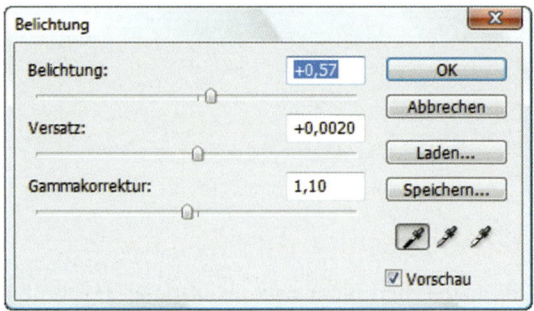

Anpassen der **Belichtung**.

Einige wenige weitere Werkzeuge und Filter sind auch auf das 32-Bit-Format anwendbar. Um jedoch alle Möglichkeiten der Bildbearbeitung zu nutzen, müssen Sie das Bild wieder in 16- bzw. 8-Bit-Datentiefe konvertieren. Speichern Sie jeweils Kopien der angepassten Einstellung, um das Original unverändert beizubehalten.

HDR-Konvertierung

Bei der Datenkonvertierung über das Menü *Bild/Modus/8-Bit-Kanal*, bzw. *16-Bit-Kanal* erscheint zur Anpassung das Dialogfeld *HDR-Konvertierung*, in dem Sie unter verschiedenen Methoden wählen können. Als zusätzliche Option können Sie die *Toning-Kurve* und das *Histogramm* einblenden.

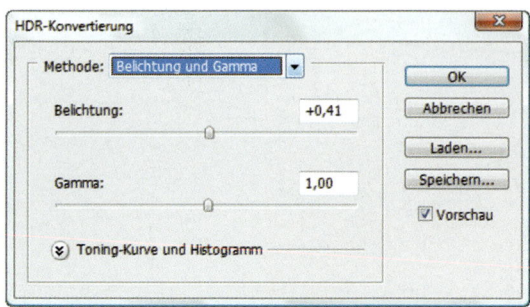

Einstellungen im Dialogfeld **HDR-Konvertierung**.

Belichtung und Gamma sorgt für die manuelle Anpassungsmöglichkeit von Helligkeit und Kontrast. *Lichterkomprimierung* komprimiert die Lichterwerte, hier ist keine weitere Einstellung möglich. *Histogramm equalisieren* komprimiert den dynamischen Bereich des Bildes unter Beibehaltung des Kontrastanteils. Hier sind keine weiteren Einstellungen möglich.

Lokale Anpassung passt die Tonalität im Bild durch Berechnung der Korrekturen an. Durch Verschieben der Regler für *Radius* und *Schwellenwert* können Sie die Größe der lokalen Helligkeitswerte und die Distanz zwischen den Tonwerten festlegen. Die Kurve kann in dieser Auswahl auch manuell bearbeitet werden.

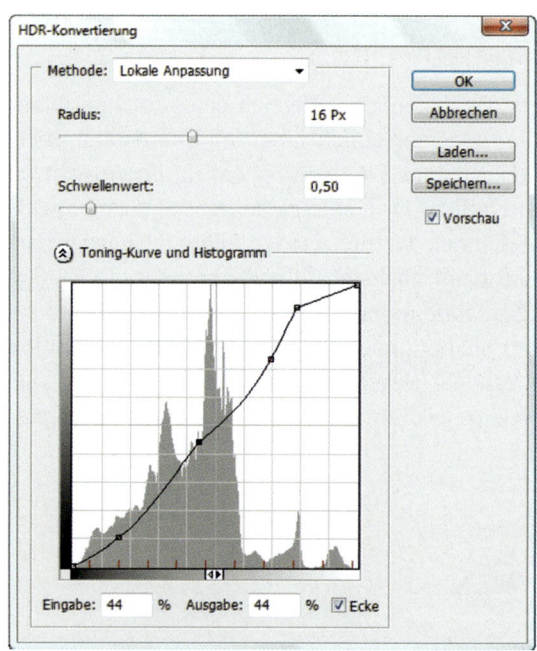

Bildanpassung durch die Methode **Lokale Anpassung**.

In der *Toning-Kurve* können in der Regel nur begrenzte Anpassungen durchgeführt werden. Durch das Einfügen der Option *Ecke* kann diese Einschränkung jedoch aufgehoben werden. Die Kurve knickt dann an dem Punkt ab, den Sie als Ecke markiert haben. Die Toning-Einstellungen können auch gespeichert und zur Anwendung mit anderen 32-Bit-Bildern wieder geladen werden.

KAPITEL 9
HDR-, FILTER-
UND TEXTEFFEKTE

Filtereffekte

Beim Stöbern in Ihrem Bildarchiv entdecken Sie bestimmt ein ähnliches Landschaftsfoto, das durchaus das Zeug zu einem alten Meister hat. Nach der üblichen Anpassung mittels Tonwertkorrektur und einer Anhebung der Farbsättigung legen Sie fest, mit welchen Photoshop-Funktionen die Umwandlung in ein scheinbar altes Gemälde gelingen könnte.

Vom Foto zum Gemälde

[1] Um das Original zu schützen, experimentieren Sie mit einer *Einstellungsebene* und der *Tontrennung*. Durch diese Anwendung reduzieren Sie die im Bild befindlichen 256 Graustufen auf einige wenige. Hier auf insgesamt 7.

[2] Der Himmel mit seinen nun deutlich sichtbaren Tonwertabrissen wirkt jetzt allerdings eher modern. Dies schreckt jedoch zunächst nicht. Mit dem Feld im unteren Teil des Bildes kann man fast schon zufrieden sein. Bei einer Vergrößerung von 100 % wirkt es im mittleren Bereich bereits wie gemalt.

[3] Um mehr Möglichkeiten bei der weiteren Bearbeitung zu haben, duplizieren Sie die Hintergrundebene und blenden dann den Hintergrund (das Originalbild) aus. Die beiden noch sichtbaren Ebenen, Einstellungsebene und Duplikat der Hintergrundebene, reduzieren Sie zu einer neuen Ebene.

Das Ausgangsbild.

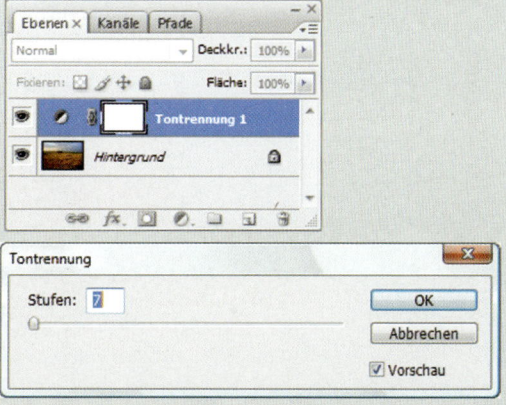

Eine neue Einstellungsebene mit **Tontrennung**.

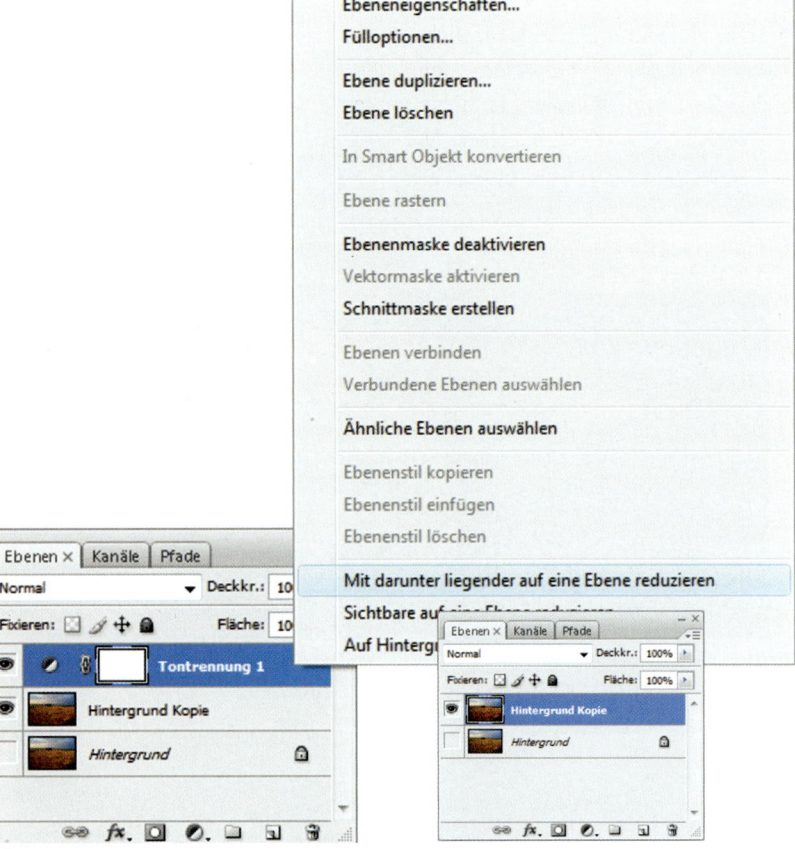

[4] Mit dem Malfilter *Spritzer* aus dem Menü *Filter* erzielen Sie den für das Landschaftsfoto gewünschten Maleffekt.

[5] Um den Himmel von der Landschaft zu trennen, sehen Sie sich in der *Kanäle*-Palette Ihre Farbkanäle als Graustufen jeweils einzeln an. Der Blaukanal verspricht den größten Erfolg, da er am kontrastreichsten ausfällt. Um den Kontrast noch weiter zu verstärken, nehmen Sie im Menü *Bild/Kanalberechnungen* einige Versuche vor.

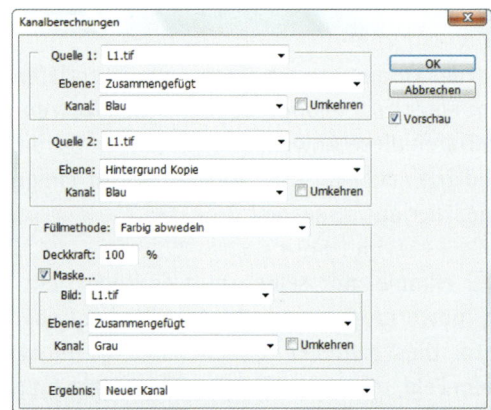

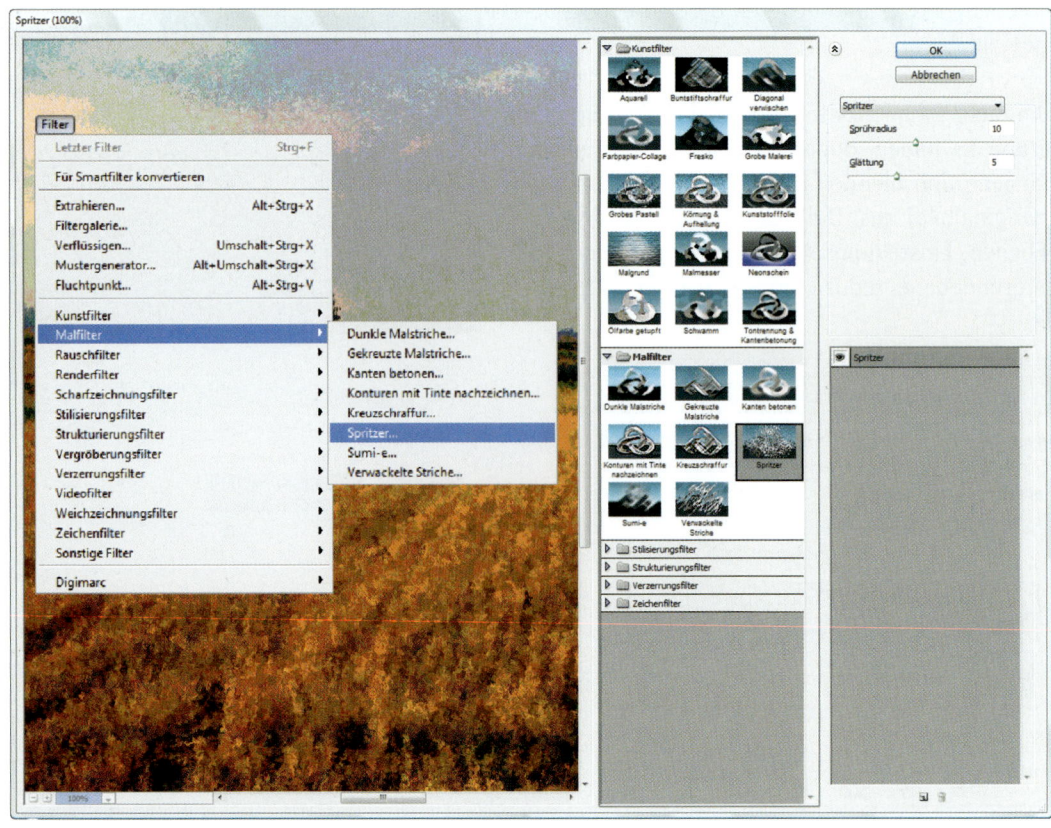

KAPITEL 9
HDR-, FILTER-
UND TEXTEFFEKTE

Indem Sie Blau mit Blau mit der Füllmethode *Farbig abwedeln* verrechnen und noch eine Maske als Grauwert hinzufügen, erzeugen Sie einen neuen Kanal (Alpha1). Eine weitere Anpassung über das Menü *Bild/Anpassungen/Helligkeit/Kontrast* bringt das gewünschte Ergebnis. Die verbliebenen Störungen im neuen Kanal entfernen Sie, nachdem Sie diesen in der *Kanäle*-Palette aufgerufen haben, mit einem rein weißen bzw. rein schwarzen Pinsel.

[6] Nun steht Ihnen in der *Ebenen*-Palette eine Auswahl zur Verfügung, mit der Sie den Himmel gesondert bearbeiten können. Durch *Kopieren* und wieder *Einfügen* des ausgewählten Bereichs erstellen Sie eine weitere neue Ebene, die Sie in Himmel umbenennen.

[7] Mit *Farbton/Sättigung* im Modus *Färben* ändern Sie die Himmelsfarben in ein angenehmeres Blau. Den *Fülleffekt* ändern Sie zu *Farbton*.

[8] Da der Himmel jetzt farblich zusagt, aber immer noch zu hell erscheint, duplizieren Sie die Himmelsebene und ändern an dieser neuen Kopie den Füllmodus in *Multiplizieren*. Mit dem Regler *Deckkraft* stellen Sie die gewünschte Intensität ein.

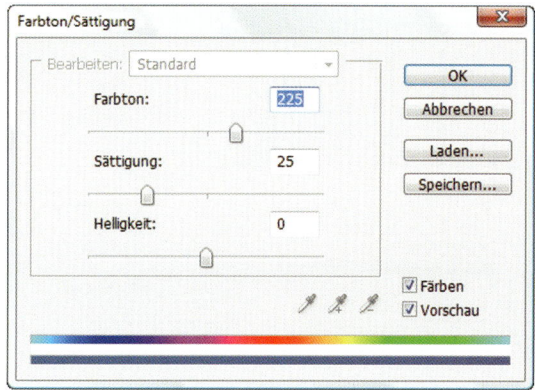

[9] Den letzten Schliff erhält das Gemälde durch eine *Tonwertkorrektur*, die Sie als neue Einstel-

lungsebene noch darüber setzen. Dadurch bewirken Sie eine Gesamtaufhellung der Lichter und der Mitteltöne, die das Bild freundlicher erscheinen lässt.

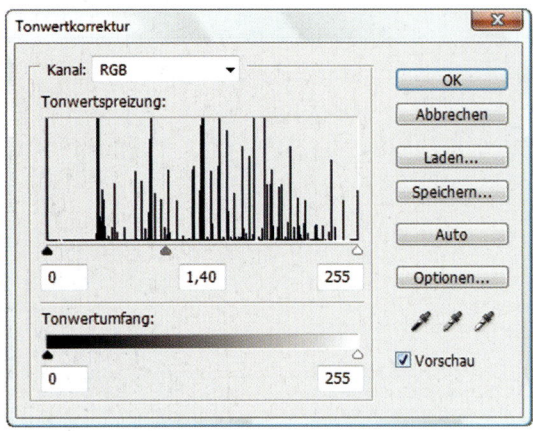

[10] Das Gemälde ist nun fertig, wirkt aber wie neu, es fehlt noch etwas Patina.

Patina und Strukturen

[1] Um das noch neue Gemälde auf alt zu trimmen, erstellen Sie von der zuvor wieder auf die Hintergrundebene reduzierten Datei eine Kopie des neuen Hintergrunds. Damit die Ausgangsdatei mit allen Ebenen und Effekten nicht verloren geht, speichern Sie diese unter einem anderen Namen, für den Fall, dass Sie nochmals Änderungen daran vornehmen wollen.

[2] In der Filtergalerie, siehe *Filter/Filtergalerie*, können Sie diverse Versuche vornehmen und die Effekte in der eingebauten Vorschau bei einem bildwichtigen Ausschnitt und bei 100 % Abbildungsgröße beurteilen.

[3] Besonders interessant ist der *Strukturierungsfilter/Mit Struktur versehen* bei dem sich unter anderem auch ein *Leinwandeffekt* findet. Diesen Filter wenden Sie zuerst an. Weitere Experimente folgen.

[4] Mit dem Strukturierungsfilter *Risse* überprüfen Sie in der Vorschau dessen Auswirkungen durch Ein- und Ausblenden mit Klick auf das Augensymbol.

Mit dem Schalter *Neue Effektebene* unten rechts im Dialogfeld, kann ein Effekt durch Verdoppelung noch verstärkt oder mit anderen Filtern kombiniert werden. Ein Klick auf den Papierkorb löscht die markierte Effektebene. Diese Filterebenen ermöglichen es, die Wirkung vor der eigentlichen Anwendung zu beurteilen.

KAPITEL 9
**HDR-, FILTER-
UND TEXTEFFEKTE**

Die Entscheidung fällt in diesem Fall auf die einfache Variante von *Risse* mit großem Abstand, starker Tiefe und geringer Helligkeit.

Der Gesamteindruck überzeugt, sowohl bei einer Betrachtung in der 100%-Ansicht als auch bei der für die Darstellung von Effekten besonders wichtigen Ansicht in Ausgabegröße. Der „Alte Meister" ist nun fertig.

Vom Foto zur Grafik

Photoshop verfügt über eine große Anzahl von Filtern, mit denen sich Fotos direkt in eine Grafik umwandeln lassen. Um bestimmte Strukturen und Effekte zu erzielen, kann es jedoch erforderlich sein, diese Umwandlung manuell vorzunehmen. Die folgende Methode beschreibt eine individuell steuerbare Anpassung. Als Ausgangsbild wird im Beispiel ein normales Farbfoto verwendet. (siehe folgende Seite)

Das farbige Ausgangsbild.

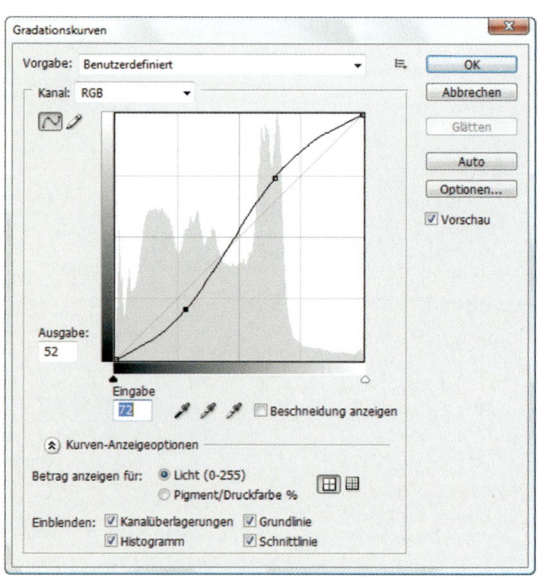

[3] Mit dem Scharfzeichnungsfilter *Unscharf maskieren* und bei maximaler Schärfe sowie einem Radius zwischen 0,5 und 1,5 und einem Schwellenwert 0 setzen Sie die Konturen.

Zum Hervorheben der Konturlinien verwenden Sie den genannten Filter zum zweiten Mal, diesmal mit einem erhöhten Radius (übliche Werte zwischen 3 und 10). Benutzen Sie in der Vorschau dazu die Ansicht *Ausgabegröße*, um die Auswirkungen auf das später auszugebende Bild besser beurteilen zu können. Das Bild sollte nun deutliche Konturen enthalten.

Manuelle Bearbeitung

[1] Aus einem Foto soll eine Zeichnung erstellt werden. Nach dem Öffnen des Bildes in Photoshop, duplizieren Sie zunächst die *Hintergrundebene* in der *Ebenen*-Palette und reduzieren das Duplikat über *Bild/Anpassungen/Sättigung verringern* auf Grautöne.

[2] Um den Kontrast zu erhöhen, bearbeiten Sie die neue Ebene anschließend mit der Funktion *Gradationskurven*. Die gerade Linie des Diagrammes formen Sie mit zwei Punkten in ein deutliches „S" um. Achten Sie jedoch darauf, keine für die spätere Zeichnung bildwichtigen Details zu verlieren.

KAPITEL 9
HDR-, FILTER-
UND TEXTEFFEKTE

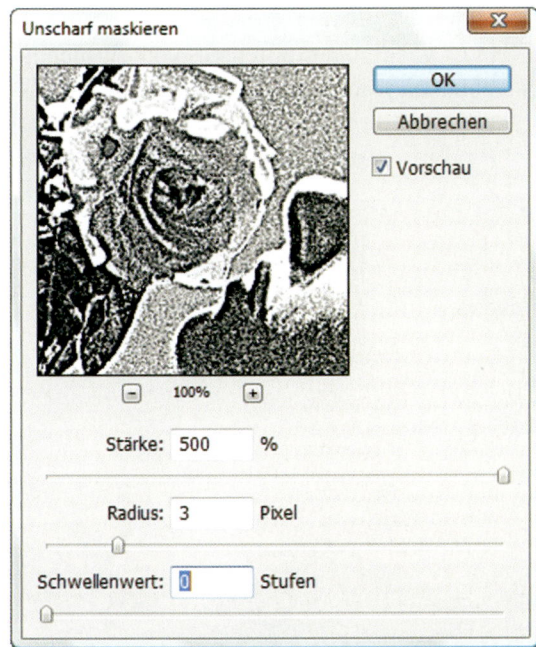

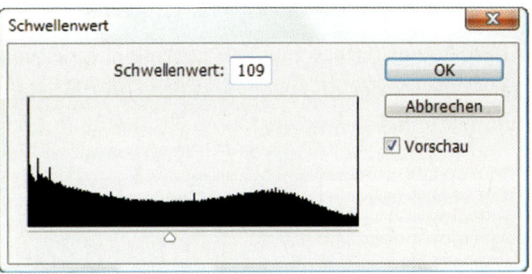

[4] Zur weiteren Umsetzung in eine Schwarzweiße Grafik öffnen Sie im Menü *Bild/Anpassungen* die Funktion *Schwellenwert*. Mit dem Schieberegler stellen Sie die gewünschte Darstellung ein.

[5] Soll Ihr Foto in eine farbige Zeichnung umgewandelt werden, verändern Sie die *Füllmethode* der duplizierten Hintergrundebene zu *Negativ multiplizieren*.

Möchten Sie das Bild dagegen als reine Schwarzweiß-Zeichnung behalten, reduzieren Sie die beiden Ebenen, diesmal mit der Füllmethode *Normal*, wieder zu einer Ebene.

Im Menü *Bild/Bildmodus* können Sie das immer noch im RGB-Modus vorliegende Bild in Graustufen umwandeln oder auch als Bitmap speichern. Bei letzterem kann sich das Bild jedoch nochmals verändern.

Die mit dieser Methode erzielten Ergebnisse sind immer abhängig von der jeweiligen Vorlage und können sehr unterschiedlich ausfallen. Eine weitere Klärung des Bildes bewirkt der *Filter/Rauschfilter/Staub und Kratzer*.

Erfolg ist wiederum größtenteils vom Ausgangsbild abhängig, nicht jedes Bild wird sich eignen.

Der Filter *Staub und Kratzer* kann auch wiederholt angewendet werden, um freistehende Pixel aus dem Bild zu entfernen. Dabei schließen sich weiße und schwarze Flächen mehr und mehr. Der

Farbige und schwarzweiße Zeichnung.

KAPITEL 9
HDR-, FILTER-
UND TEXTEFFEKTE

Flächige Strukturen

[1] Wollen Sie lieber flächig als fein strukturiert arbeiten, ist als Ausgangsbasis möglicherweise eine Tontrennung von Vorteil. Für dieses Verfahren nutzen Sie aus dem Menü *Bild* die Funktion *Anpassungen/Tontrennung*. Welche Stufe Sie verwenden, ermitteln Sie am besten durch Versuche.

[2] Die darauf folgende Scharfzeichnung mit dem Filter *Unscharf maskieren* verstärkt die Kanten und die weitere Anpassung über das Menü *Bild/Anpassungen/Schwellenwert* bringt nochmals gänzlich andere Ergebnisse als die vorherige Variante.

Ihre eigenen Experimente werden sicherlich noch viel mehr Möglichkeiten zutage fördern als hier beschrieben werden können.

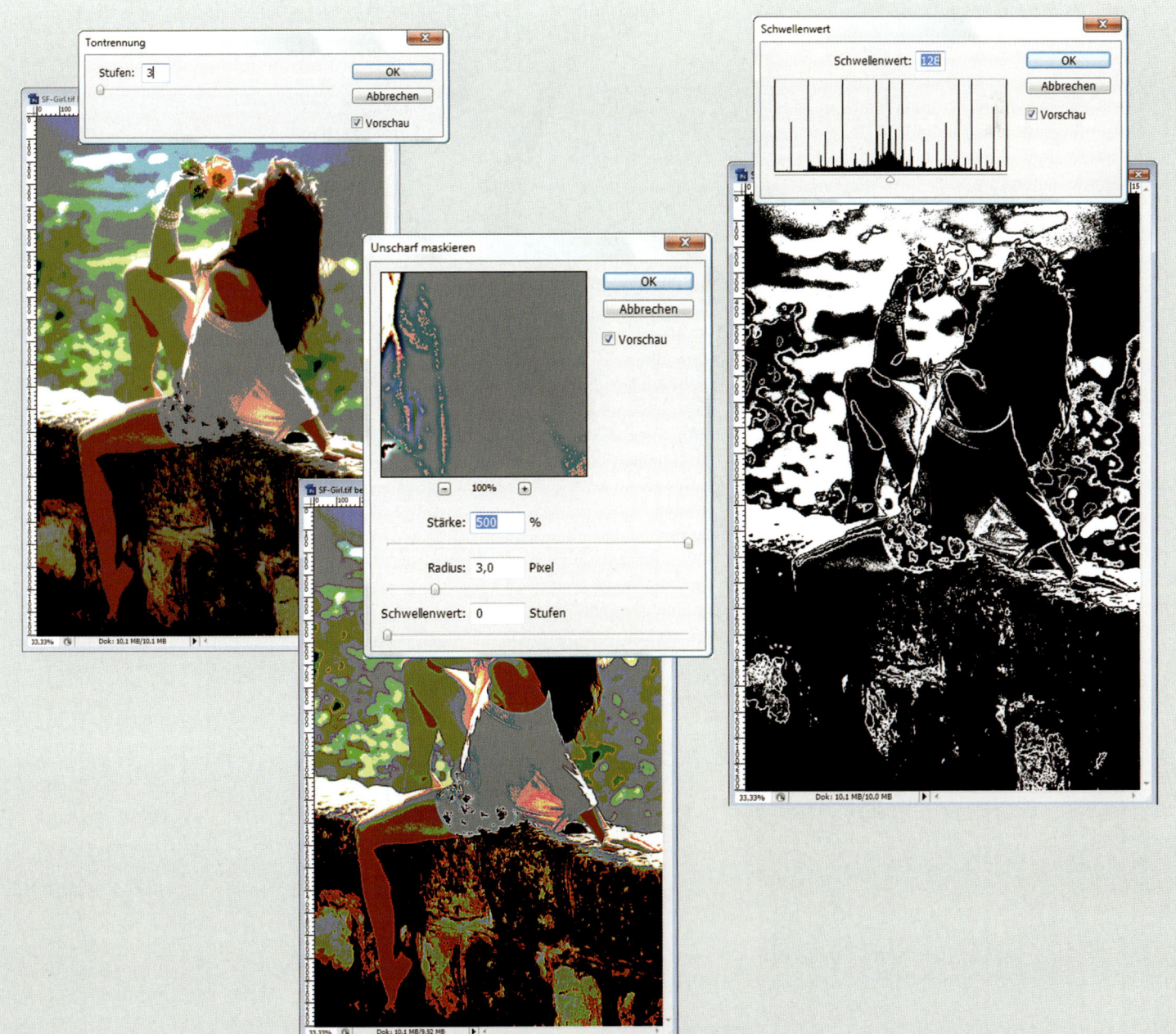

Effekte der Filtergalerie

Mit der *Filtergalerie* bietet Photoshop ein einfach zu verwendendes Modul, um aus einer Auswahl von Filtern Kombinationen zu erstellen und diese in der Vorschau vor der eigentlichen Anwendung zu beurteilen.

Die Anwendungen werden wie Ebenen übereinander gelegt und können auch nach der Auswahl noch einzeln bearbeitet werden.

Die Auswahl des Filters nehmen Sie im mittleren Bereich des Arbeitsfensters vor. Mit Klick auf das Dreieck im entsprechenden Filtermenü öffnen Sie eine Miniaturenvorschau der gelisteten Filter.

Zu dieser Ansicht gehört ein Symbol (daneben, oben rechts), mit dem sich die gesamte Vorschau der Filter auch ausblenden lässt. Dadurch erweitert sich das Vorschaufenster. Die Filterauswahl

Links: Vorschaufenster, Mitte: Filterauswahl, Rechts: Bearbeitungsmöglichkeiten.

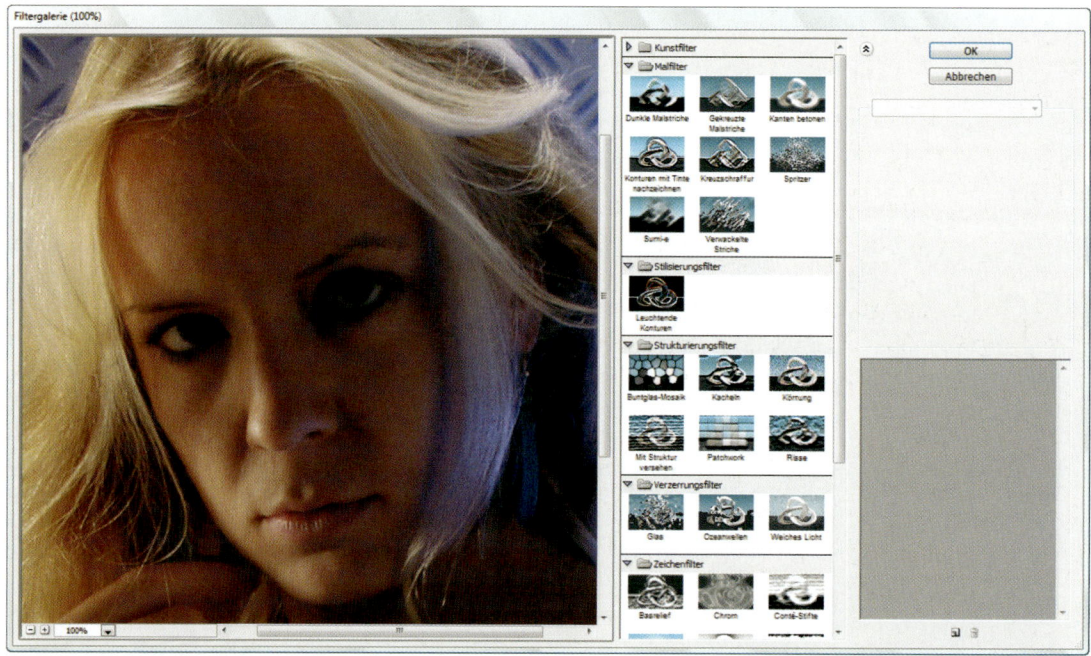

Filtergalerie mit ausgeblendeter Filtervorschau.

kann dann direkt im Bearbeitungsteil vorgenommen werden: mit dem Drop-down-Menü unterhalb der Schaltfläche *Abbrechen*.

[1] Zunächst beginnen Sie mit einem Filter und passen diesen wie gewünscht an. Mit Klick auf das Symbol *Neue Effektebene* (unten rechts) erstellen Sie zunächst ein Duplikat des vorhergehenden Effekts.

[2] Mit Auswahl des nächsten Filters passt sich diese Ebene dann an. Um eine *Effektebene* zu löschen, markieren Sie diese und klicken auf das Symbol *Papierkorb*.

[3] Durch Klick auf das Augensymbol kann jede Ebene vorübergehend ein- oder ausgeblendet werden.

[4] Die vorgenommen Einstellungen werden nach deren Anwendung mit *OK* bestätigt und beim nächsten Mal in der zuletzt verwendeten Kombination wieder geladen.

Schatten und Beleuchtung

Freigestellte Objekte wirken ohne einen Schatten immer schwebend, um diesen Objekten einen festen Stand zu geben, ist ein Schatten erforderlich.

Das von Photoshop zur Verfügung gestellte Modul *Ebenenstil* erlaubt jedoch nur eine begrenzte Anwendung. Deshalb nehmen Sie an dieser Stelle noch eine manuelle Erstellung eines Schattens vor.

Um einem Bild mehr Atmosphäre oder Spannung zu geben, leistet der Filter *Beleuchtungseffekte* gute Dienste. Dabei sollten Sie jedoch darauf achten, dass Lichteinfall und Wirkung Ihrer Aufnahme auch entsprechen, sonst erhalten Sie lediglich einen abstrakten Effekt.

[1] Im Menü *Filter/Renderfilter/Beleuchtungseffekte* bietet Photoshop eine Möglichkeit, Beleuchtungen in einem Bild zu simulieren. Wie gut ein solcher Effekt passt, ist jedoch immer abhängig vom Motiv.

KAPITEL 9
HDR-, FILTER- UND TEXTEFFEKTE

Filterkombination: Glas und mit Struktur versehen.

Filter: Strichumsetzung.

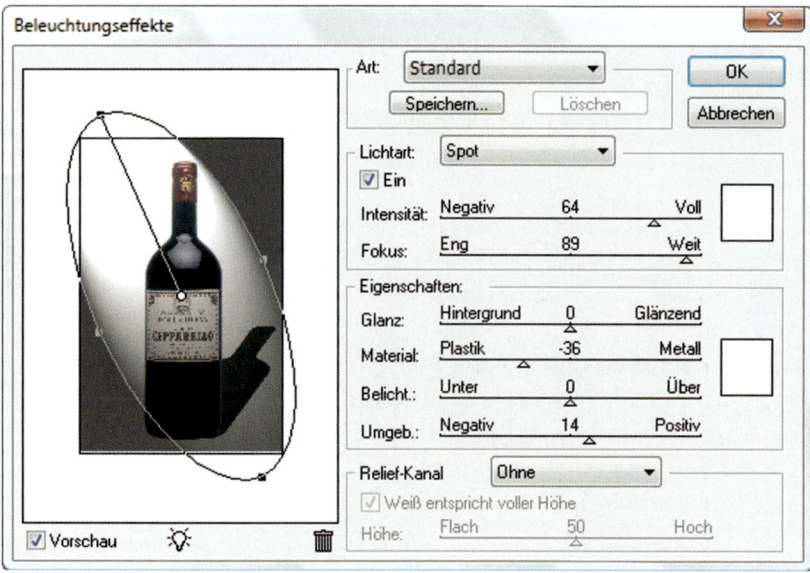

Einstellung im Dialogfenster Beleuchtungseffekte.

Nach dem Öffnen des Dialogfensters können Sie unter den Optionen *Art und Lichtart* eine Beleuchtungsart auswählen. Die Regler bei *Lichtart* passen die Erscheinungsform des Lichts an. Die *Lichtfarbe* kann durch Anklicken des Farbfelds daneben bestimmt werden.

Das Beispiel nach der Anwendung, mit Reliefkanal.

Die Regler unter *Eigenschaften* bestimmen den simulierten Schatten. Auch hier kann die Grundfarbe frei gewählt werden. Durch Einblenden eines *Reliefkanals* kann eine Kontur erzeugt und mit dem Regler darunter angepasst werden. Einmal gefundene Einstellungen können auch gespeichert und wieder gelöscht werden.

[2] Der Lichtkreis im Vorschaufenster kann durch Ziehen am Mittelpunkt verschoben werden. Ziehen an den Eckpunkten verändert die Größe und dreht den Lichteinfall. Durch Ziehen der *Glühbirne* (am Vorschaufenster, unten) in die Vorschau, kann eine weitere Lichtquelle gesetzt werden. Diese kann auch durch Herausziehen auf den *Papierkorb* wieder entfernt werden.

Blendenflecke einfügen

[3] Mit dem Renderingfilter *Blendenflecke* lassen sich Blendenflecke, die mit diversen Objektiven bei Gegenlicht entstehen, perfekt simulieren.

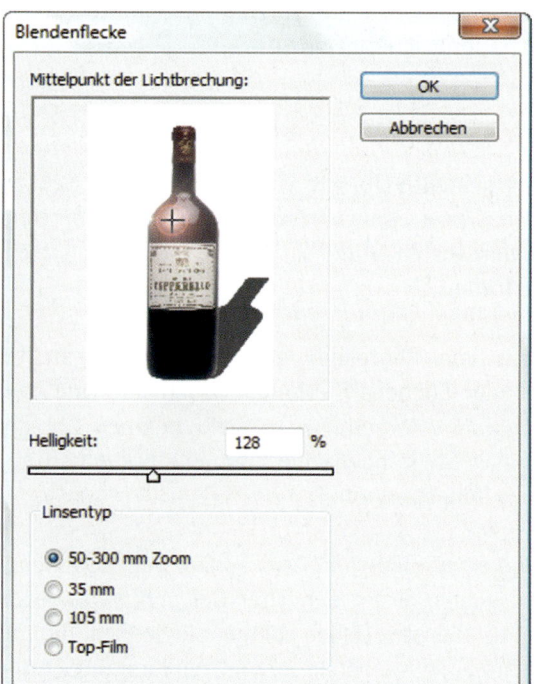

Anwendung des Filters Blendenflecke.

[4] Die Helligkeit kann mit dem Schieberegler angepasst werden. Ddabei lassen sich verschiedene Objektivarten auswählen. Das Zentrum des Blendenflecks, ein kleines Kreuz, kann im Vorschaubild mit der Maus an die gewünschte Stelle im

KAPITEL 9
HDR-, FILTER-
UND TEXTEFFEKTE

Bild verschoben werden. Da der Effekt im Vorschaubild nur ungefähr bestimmt werden kann, sollten Sie zur Anwendung zunächst mit einem Duplikat Ihrer Hintergrundebene arbeiten.

Sie als Vorlage farbige Fotos, können diese auch über das Menü *Einstellungen/Sättigung verringern* in Graustufenbilder umgewandelt werden. Der RGB-Modus wird dabei beibehalten.

Zuvor wurde eine Ausfleckretusche mit dem Stempelwerkzeug vorgenommen, um Staub und Fusseln zu entfernen. Gerade bei einheitlichen Flächen, wie hier im Beispiel, fallen diese besonders auf. Für die Herstellung von Kolorierungen gibt es verschiedene Möglichkeiten, von denen einige nachfolgend beschrieben werden. Selbstverständlich können diese Methoden auch kombiniert und variiert angewendet werden.

Beispiel mit Blendenfleck – Zoom-Objektiv.

Das Ausgangsbild.

Schwarzweiß-Fotos kolorieren

Wie kann ich meine Schwarzweiß-Fotos einfärben? Welche Methode wende ich für welches Ergebnis an? Wie hat man das eigentlich früher gemacht? Bearbeitungsmethoden für den kreativen Maler oder für den Perfektionisten – alles erklärt und an Beispielen gezeigt. Werden Sie kreativ!

Zunächst wurden die Schwarzweiß-Fotos, die aus einer alten Aufnahmeserie stammen und als Persiflage auf einen Maler gedacht waren, im Graustufenmodus eingescannt und gespeichert. Vor der weiteren Bearbeitung in Photoshop müssen sie nun zunächst in den RGB-Modus umgewandelt werden, da ansonsten keine Farben anzuwenden sind. Wenn die Bilder zu flau ausfallen, sollten sie zudem noch mittels einer Tonwertkorrektur angepasst werden. Verwenden

Methode 1

[1] Mit dem *Pinsel*-Werkzeug (weiche Kante einstellen) werden die Farben jeweils auf einer neuen Ebene aufgetragen. Dies entspricht der früher üblichen Art der Handkolorierung von Fotos. Durch die Reduzierung der Ebenendeckkraft bzw. der Deckkraft des Pinsels können die Farben fein abgestuft angepasst werden. Dadurch wirkt die Farbe lasierend und der Hintergrund mit seiner Struktur bleibt sichtbar. Bei versehentlichen Übermalungen kann mit dem *Radiergummi* korrigiert werden, da die Ebenen transparent sind. Die Art der Übermalung und die Genauigkeit bestimmen Sie selbst.

Übermalung.

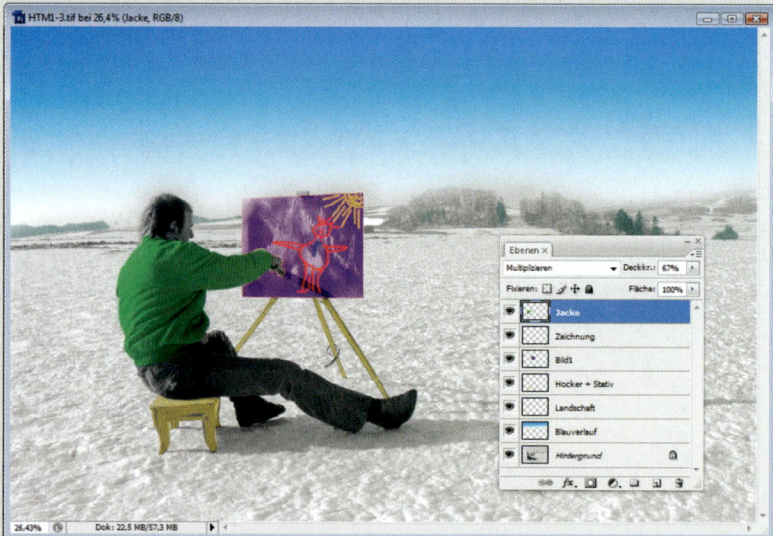
Einstellungsebenen und Fülleffekte.

Das fertige Ergebnis in diesem Beispiel.

[2] Durch die Verwendung von Einstellungsebenen können auch Farbmischungen durch Überlagerung hergestellt werden. Eine weitere Möglichkeit ist das Anpassen der Ebenen mittels Fülleffekten, zum Beispiel *Multiplizieren* oder *Negativ Multiplizieren* etc.

[3] Der Himmel wird mit dem *Verlaufs*-Werkzeug eingezogen und der störende helle Bereich wird wegradiert.

Methode 2
[1] Zunächst wird mit dem *Zauberstab* der Himmel grob ausgewählt. Bei eindeutigen Kanten kann auch das *magnetische Lasso* gut eingesetzt werden.

[2] Im Maskierungsmodus werden anschließend die Feinarbeiten mit dem *Pinsel* durchgeführt. Vor der Bearbeitung mit Farbe muss das Graustufenbild noch in den RGB-Modus umgewandelt werden.

[3] Für jeden gesondert zu bearbeitenden Bereich werden Auswahlen erstellt. Die Auswahlen wurden in diesem Beispiel jeweils als Alphakanal mit einer weichen Auswahlkante von 3 Pixeln gespeichert.

[4] Von jeder Auswahl wird danach eine neue Einstellungsebene erzeugt. Nun können die unmaskierten Bereiche individuell bearbeitet werden. Durch Kombinieren der Masken (Hinzufügen, Subtrahieren etc.) können die Effekte noch ausgeweitet werden.

[5] Zur Ausgabe wird das fertige Bild auf eine Ebene reduziert bzw. als Kopie ohne Ebenen und Kanäle gespeichert. Über das Menü *Farbton/Sättigung* können nun leicht weitere Variationen erzeugt werden.

KAPITEL 9
HDR-, FILTER-
UND TEXTEFFEKTE

Ansicht im Graustufenmodus.

Ansicht im Maskierungsmodus.

Ebenenansicht.

Anpassung im Menü **Farbton/Sättigung**.

171

Variationen der ursprünglichen Kolorierung.

Methode 3

[1] Um Bildbereiche präzise und einzeln zu bearbeiten, erstellen Sie mit dem *Pfadwerkzeug* in einer stark vergrößerten Ansicht einen *Arbeitspfad*. Der erstellte Pfad lässt sich genau anpassen und wird dann in eine Auswahl umgewandelt (um scharfe Kanten zu vermeiden, mit einer weichen Auswahlkante).

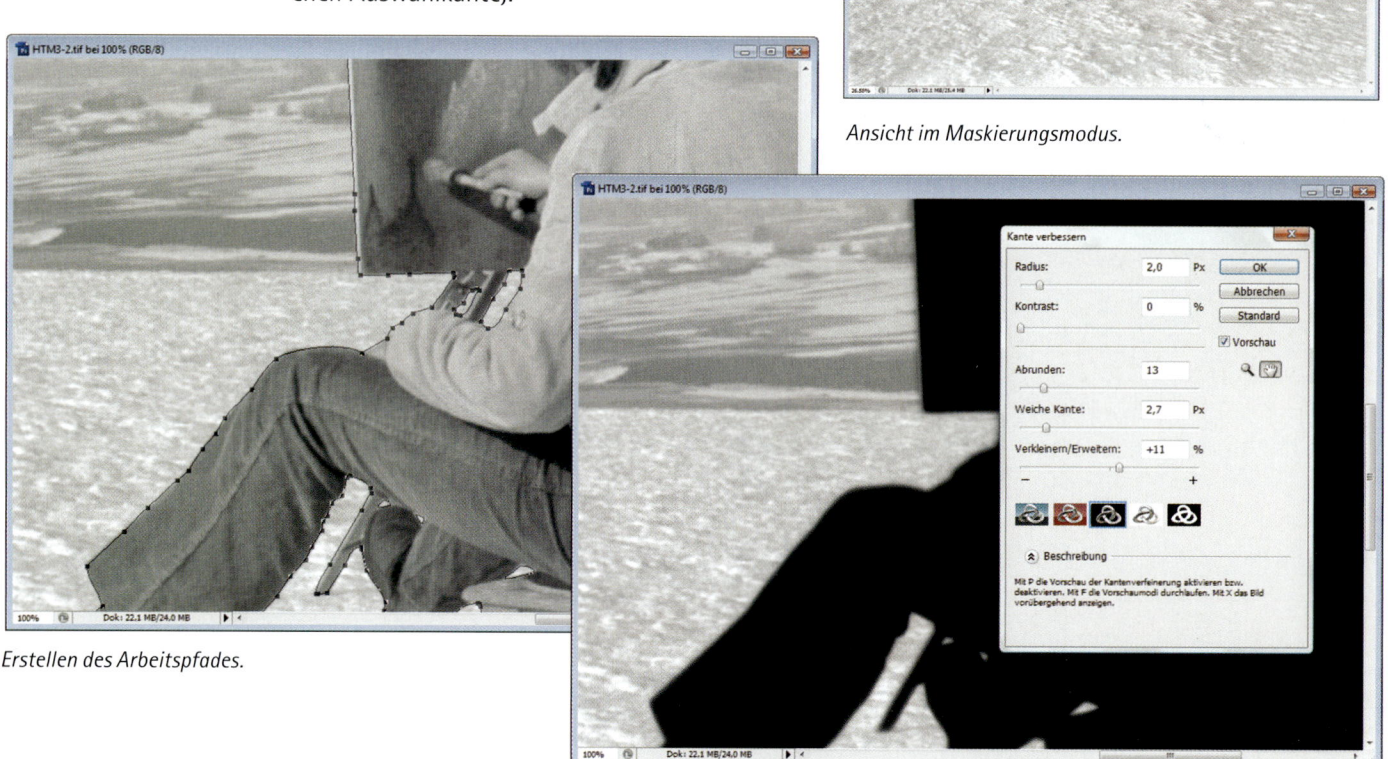

Ansicht im Maskierungsmodus.

Erstellen des Arbeitspfades.

Anpassen der weichen Auswahlkante.

KAPITEL 9
HDR-, FILTER-
UND TEXTEFFEKTE

[2] Eine einmal erstellte Auswahl kann auch umgekehrt und im Maskierungsmodus nochmals bearbeitet werden. Nun folgen weitere Auswahlen. Alle Auswahlen werden zunächst auf der Hintergrundebene erstellt und im Menü *Kanäle* als *Alphakanal* gespeichert. Zur Anwendung werden diese auf verschiedene neue Ebenen geladen. Die weitere Bearbeitung der Auswahlen mit Farben erfolgt beispielsweise durch die Option *Fläche füllen*.

[3] Dabei werden die nicht maskierten Bereiche mit der gewählten Farbe gefüllt und durch Reduzieren der *Deckkraft* und/oder durch *Fülloptionen/Effekte* angepasst. Jede einzelne Ebene kann auch später noch mit *Farbton/Sättigung* bearbeitet werden, bis die Kolorierung dem gewünschten Ergebnis entspricht.

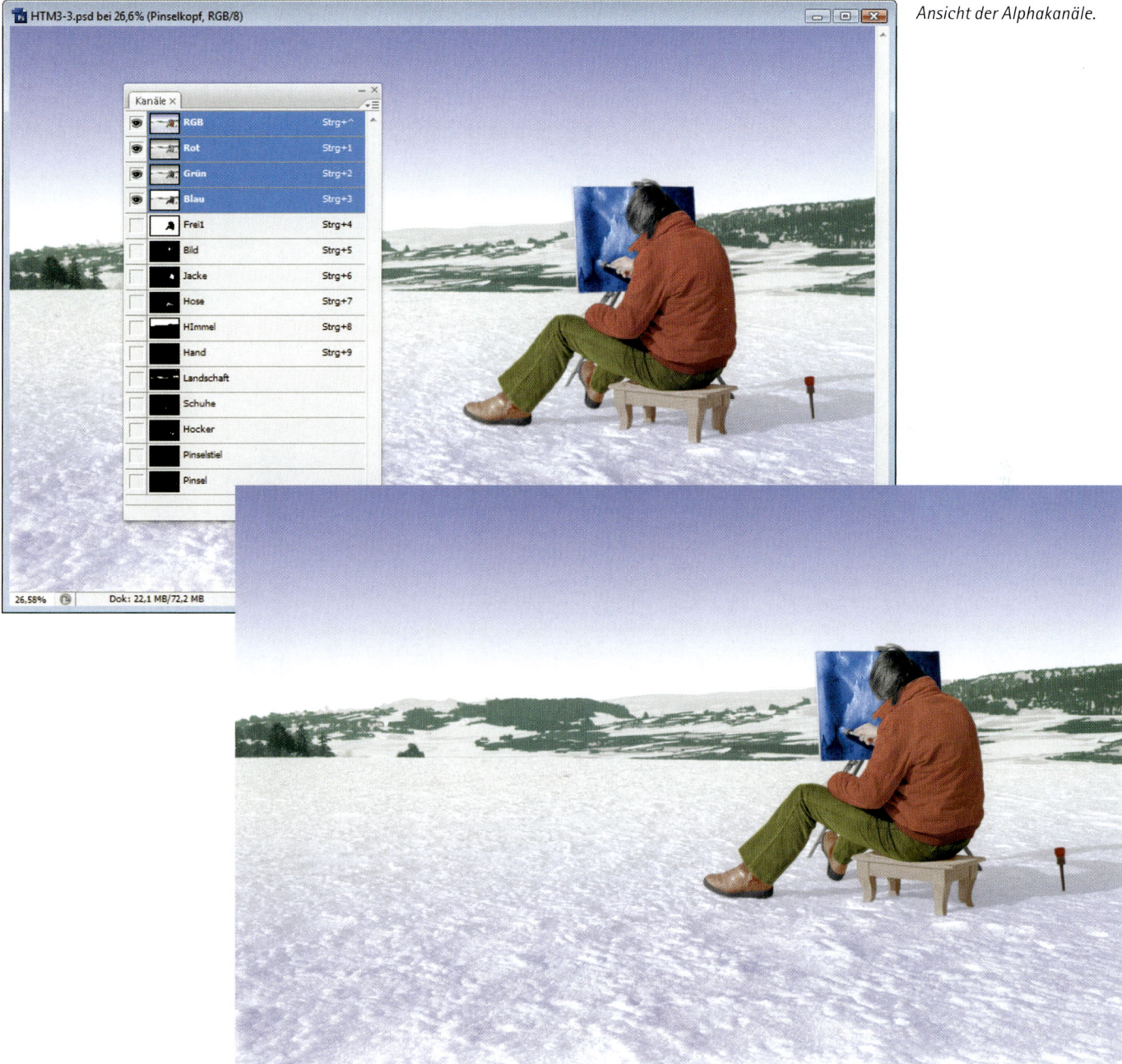

Ansicht der Alphakanäle.

Das Ergebnis der Anpassungen.

Kolorieren für Nostalgiker

Bei den hier abgebildeten Fotos wurde herkömmlich koloriert. Zunächst wurde von den Originalaufnahmen (Dias) ein ultraharter Zwischenfilm (Dokumentenfilm) durch Vergrößern oder als Kontaktkopie erstellt. Durch die so entstehende Abstraktion der fehlenden mittleren Grautöne wird eine Steigerung der grafischen Wirkung erzielt. Von diesen Negativen wurden dann Schwarzweiße Fotoabzüge angefertigt. Mit dem Pinsel oder einem Schwamm wurde Eiweißlasurfarbe (mit Wasser verdünnt) aufgetragen, bis die gewünschte Wirkung erreicht war.

Das Originaldia als Ausgangsbild.

Extra hartes Zwischennegativ.

Das handkolorierte Ergebnis.

KAPITEL 9
HDR-, FILTER-
UND TEXTEFFEKTE

Texteffekte

Obwohl Photoshop kein Textverarbeitungs- oder Layoutprogramm ist, bietet das Programm eine Vielzahl an Möglichkeiten zur Texterstellung und Bearbeitung. In der Werkzeugleiste finden Sie das Textwerkzeug und das Textmaskierungswerkzeug mit den Optionen für horizontale und vertikale Anwendung. Beide Werkzeuge arbeiten gleich, das Textmaskierungswerkzeug erstellt jedoch eine Auswahl in Form des eingegebenen Textes, die dann wie jede andere Auswahl auf Pixelbasis bearbeitet werden kann.

Das Textwerkzeug arbeitet auf Vektorbasis und erstellt beim ersten Klick in das Bild eine eigene Ebene mit der Bezeichnung des eingegebenen Textes.

Mit dem *Verschieben*-Werkzeug kann die jeweilige Textebene jederzeit im Ebenstapel frei positioniert werden. Wenn Sie erneut mit dem *Textwerkzeug* in den bereits erstellten Text klicken, kann dieser weiter bearbeitet werden. Wenn Sie den Texteingabemodus verlassen möchten, klicken Sie auf das Häkchen in der oberen Optionenleiste. Alternativ können Sie auch ein anderes Werkzeug wählen bzw. die Ebene wechseln. In der zum *Text*-Werkzeug gehörenden Werkzeugleiste finden Sie alle Möglichkeiten für die Formatierung des Textes: von der Auswahl der Schriftart, Schriftschnitt, Schriftgröße über Qualität und mehr.

Weitere Möglichkeiten zur Text- und Absatzformatierung bietet die *Text*-Palette, die Sie über das Menü *Fenster/Zeichen* oder *Fenster/Absatz* aufrufen.

Alle Bearbeitungsmöglichkeiten basieren auf den aus Textverarbeitungsprogrammen bekannten Formatierungsbefehlen. Zum Beispiel markieren Sie mit der Tastenkombination [Strg]+[A] den markierten Text.

Text erstellen und formatieren.

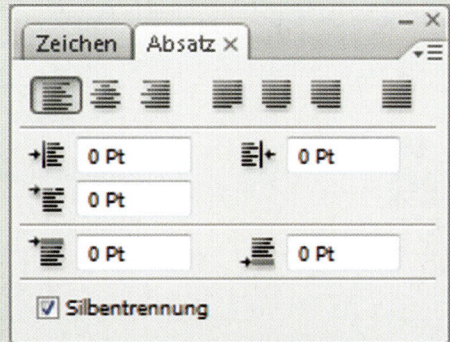
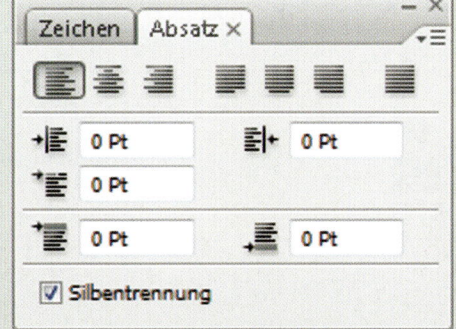

Möglichkeiten zur Zeichen- und Absatzformatierung.

Einstellungen in der Werkzeugleiste Text.

175

Text auf Pfaden oder Formen erstellen.

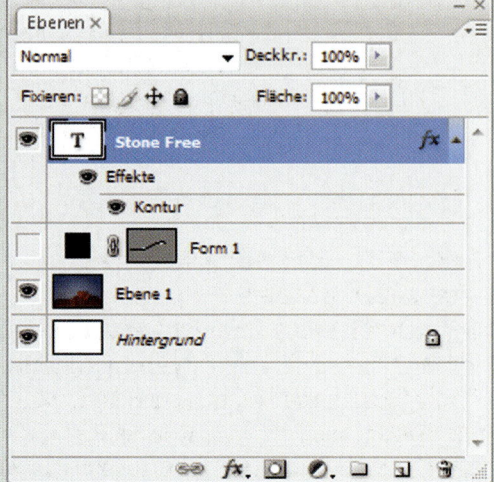

Text auf Pfaden und Formen

[1] Um den Text an einen Pfad oder eine Form anzupassen, erstellen Sie zunächst den gewünschten Pfad. Vorzugsweise mit dem *Zeichenstift*-Werkzeug oder mit einem der Formen-Werkzeuge.

[2] Wählen Sie dann Ihr Textwerkzeug aus und klicken Sie damit auf eine beliebige Stelle Ihrer Linie, danach geben Sie den Text ein. Der Pfad bzw. die Form kann auch nach der Texteingabe weiter angepasst werden.

Durch Anpassung der Grundlinienverschiebung in der Palette *Zeichen* kann der Text nach oben oder nach unten verschoben werden. Die Eingabe von positiven Werten verschiebt den markierten Text nach oben, die Eingabe von negativen Werten (mit Minuszeichen davor) verschiebt ihn nach unten.

[3] Um den Text seitlich auf der Grundlinie zu verschieben, wählen Sie das *Pfadauswahl*-Werkzeug oder das *Direkt-Auswahl*-Werkzeug und ziehen den Text an die gewünschte Stelle.

Wenn Sie über den Pfad hinausziehen, wird der Text auf der anderen Pfadseite gespiegelt. Um den gesamten Pfad zu verschieben, muss der Mauszeiger seine Pfeilform behalten. Wollen Sie die Pfadform anschließend noch verändern, verwenden Sie das *Direkt-Auswahl*-Werkzeug, um den Pfad durch Ziehen an den Ankerpunkten anzupassen.

Im Menü *Bearbeiten/Frei transformierenPfad* oder */Pfad transformieren* stehen weitere Möglichkeiten wie Skalieren, Drehen, Verzerren oder Spiegeln zur Verfügung.

Jeder Text kann so lange editiert werden, bis dieser in eine pixelbasierte Ebene umgewandelt (gerastert) wird. Danach steht dieser nur noch als Form zur Verfügung und kann nicht mehr wie zuvor formatiert oder mit den Textwerkzeugen geändert werden.

Um einen Text in eine Form umzuwandeln, wählen Sie die Textebene aus und klicken im Menü *Ebene/Rastern* auf *Text* oder *Ebene*.

KAPITEL 9
HDR-, FILTER-
UND TEXTEFFEKTE

Bei der Anwendung einiger Filter auf eine Textebene kann ebenfalls eine vorherige Rasterung, auch als Textrendern bezeichnet, erforderlich sein. Bei der Ausführung des Filters wird diese dann automatisch vorgenommen. Sie erhalten vor der Anwendung einen Warnhinweis.

Im folgenden Beispiel wurde der Text gleich mit vier unterschiedlichen Effekten ausgestattet. *Schein nach außen*, *Farbüberlagerung*, *Glanz* und *Kontur*. Das Dialogfeld *Ebenenstil* lädt geradezu zu kreativen Textexperimenten ein.

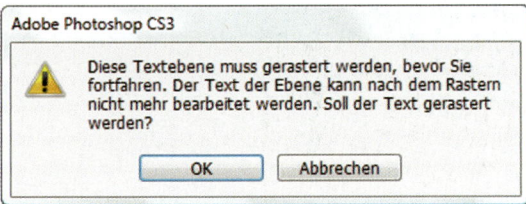

Warnhinweis bei der Anwendung eines Filters auf eine Textebene.

Ebenenstil auf Text anwenden

Nahezu unendliche Möglichkeiten bestehen in der Anwendung der Ebenenstile auf Textobjekte. So kann der Text mit Konturen versehen werden, einen Schlagschatten oder einen Schein nach außen erhalten und viele Effekte mehr. Über das Menü *Ebenen* rufen Sie das Dialogfeld *Ebenenstil* auf.

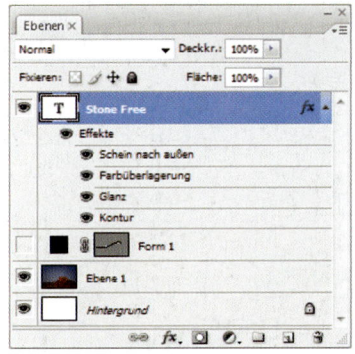

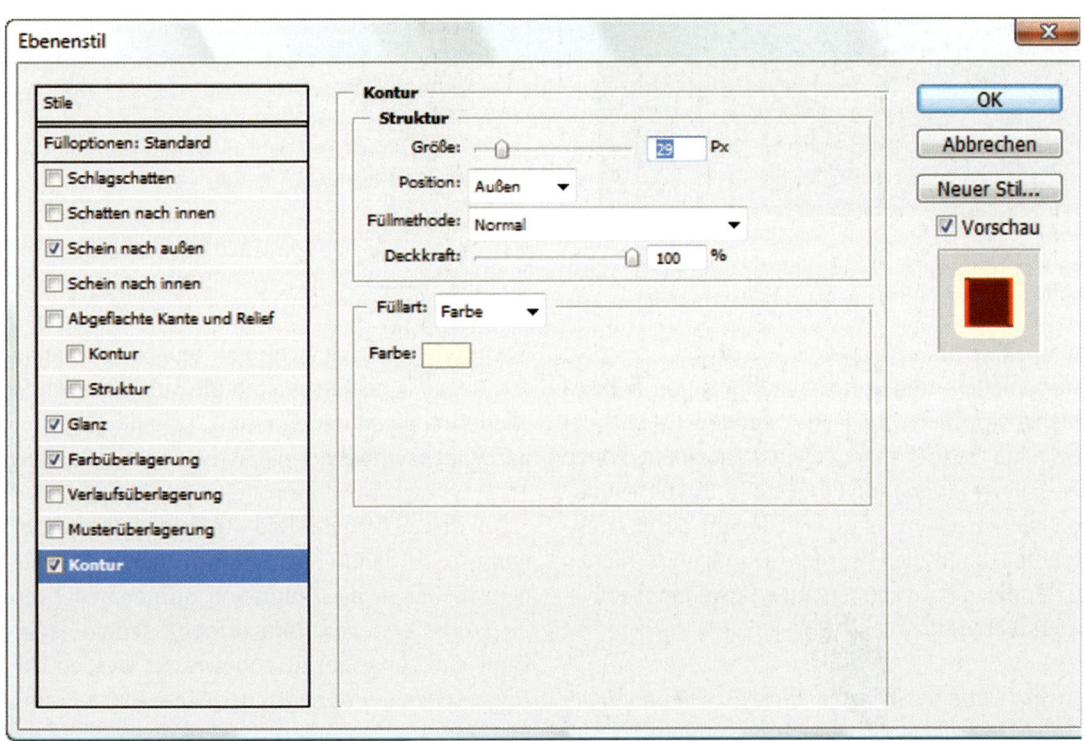

177

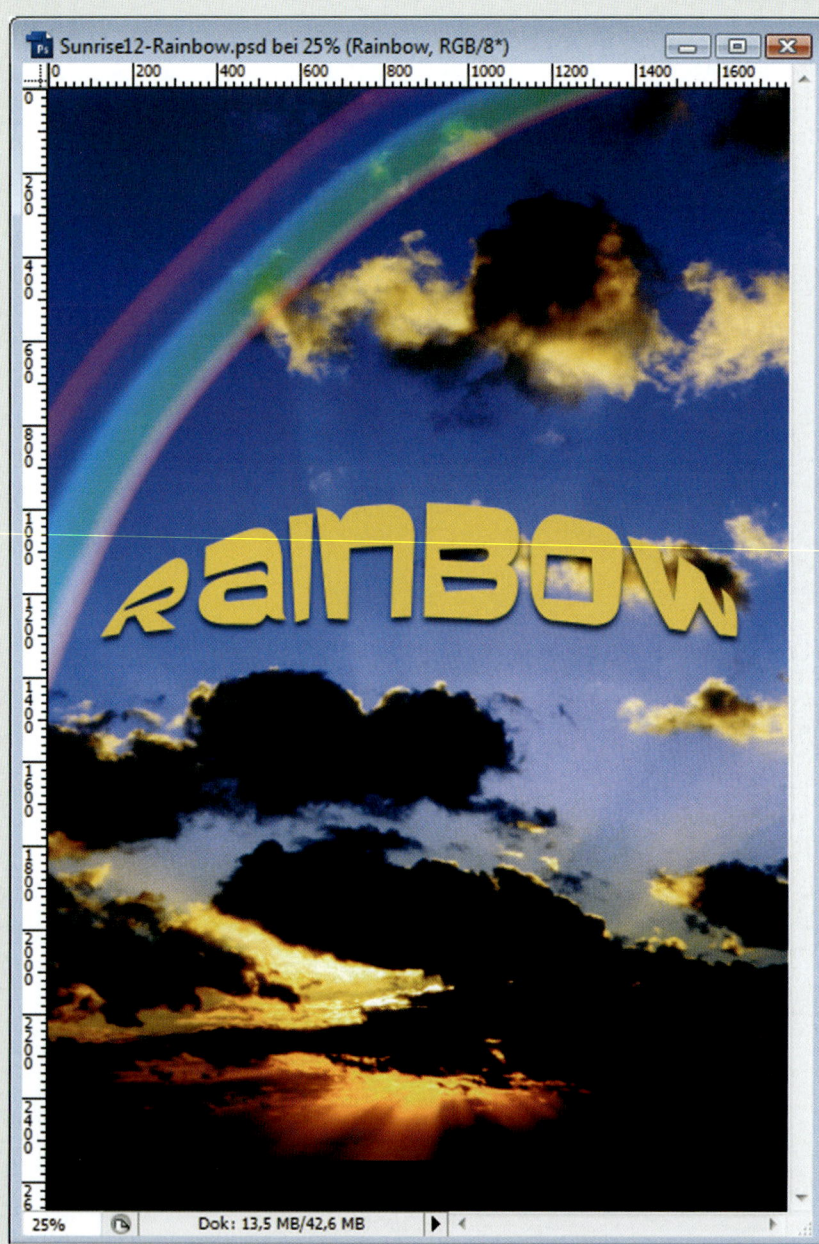
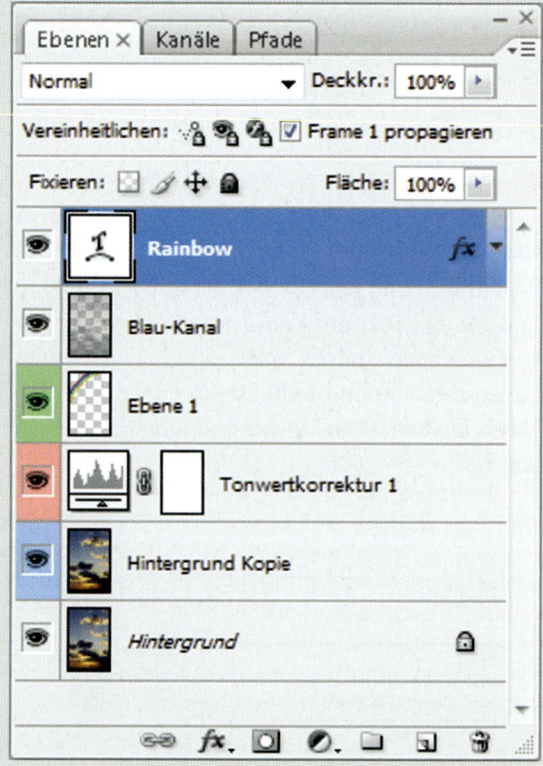

Menü Fenster/Animation, Animationen mit Optionsmenü.

Animationen mit Text

Animationen sind Aufzeichnungen von Bildsequenzen. Dabei wird in der *Ebenen*-Palette der jeweilige Schritt markiert und in einem Frame der Palette *Animation* dargestellt. Es können damit die einzelnen Schritte (Ebenen) aufgezeichnet und abgespielt werden. Durch Verschieben der Bildelemente können auch Bewegungsabläufe erstellt werden.

[1] Im *Optionen*-Fenster klicken Sie auf *Neuer Frame*. Markieren Sie das *Augensymbol* vor der Ebene, mit der Sie beginnen wollen, alle anderen Augensymbole schalten Sie aus. Erstellen Sie wiederum einen neuen Frame, schalten Sie dann das Augensymbol der nächsten Ebene dazu usw.

[2] Jedes geöffnete Bild wird in einem Frame dargestellt, dadurch lassen sich auch verschiedene Bilder in die Animation aufnehmen (*Neuen Frame erstellen, Bild öffnen*). Jedem Frame kann eine Anzeigezeit zugewiesen werden. Mit *Dazwischen Einfügen* können Sie weitere Frames erstellen, um besondere Effekte oder Abläufe zu

KAPITEL 9
HDR-, FILTER-
UND TEXTEFFEKTE

Die Einzelbilder (Frames) der Animation.

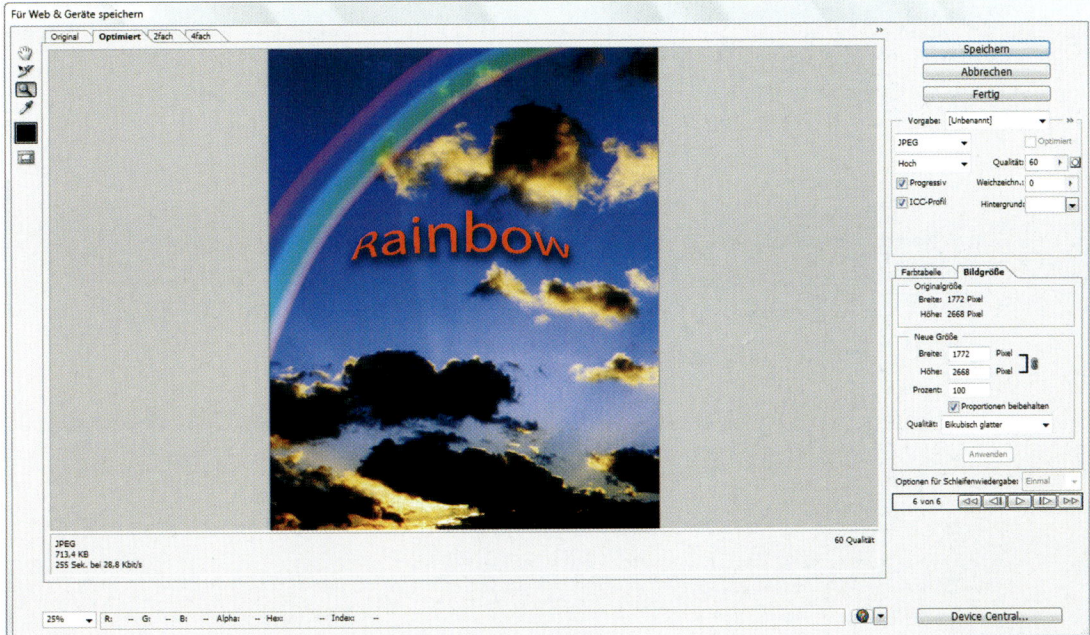

Eine Animation für den Einsatz im Web speichern.

erzeugen. Dabei können diverse Anpassungsoptionen ausgewählt werden.

[3] Im Menü *Datei/Für Web und Geräte speichern* können Animationen zum Einsatz auf Webseiten gespeichert werden. Dabei sind Anpassungen bezüglich der verwendeten Dateiart, Darstellung und Größe möglich.

10

PANORAMABILDER

KAPITEL 10
PANORAMABILDER

[10]

Panoramabilder

Manuelle Montage	**184**
Bildmontage	185
Feinarbeiten	185
Arbeiten mit Photomerge	**186**
Die Layoutauswahl bestimmt die Darstellung	187
Das Finish	188

10 Panoramabilder

Wie kann ich meine Aufnahmen auch manuell zu einem Panorama montieren? Worauf muss ich dabei achten? Vorgehensweise und Anpassungsmöglichkeiten werden in diesem Kapitel beschrieben. Werden Sie ein Profi im Umgang mit Bildebenen und beeindrucken Sie mit perfekten Montagen!

Bildmontagen aus mehreren Teilbildern gehören zu den häufigeren Aufgaben in Photoshop. Nichts liegt also näher, als für eine Panoramabildmontage die Funktion *Photomerge* einzusetzen. Sie finden *Photomerge* im Menü *Datei/Automatisieren/Photomerge*. Aber nicht in jedem Fall ist die Automatikfunktion *Photomerge* dafür das geeignete Werkzeug. Manuelle Bildmontagen basieren immer auf mehreren Ebenen, die übereinanderliegen und präzise angeordnet werden können. Da jede Ebene zudem einzeln bearbeitet werden kann, ist eine optimale Anpassung möglich.

Manuelle Montage

[1] Zeigt sich das Ergebnis mit Photomerge als nicht zufriedenstellend, hilft nur eine manuelle Montage direkt in Photoshop. Dazu erstellen Sie zunächst eine größere Arbeitsfläche und verwenden dabei das mittige Bildsymbol links außen als Ausgangspunkt. Über das Menü *Bild/Anpassen/Arbeitsfläche* setzen Sie den Ausgangspunkt (kleine Pfeile) nach links und geben die neue Größe passend für alle Bilder ein. Das neue Bild speichern Sie unter der Bezeichnung „Montagefläche".

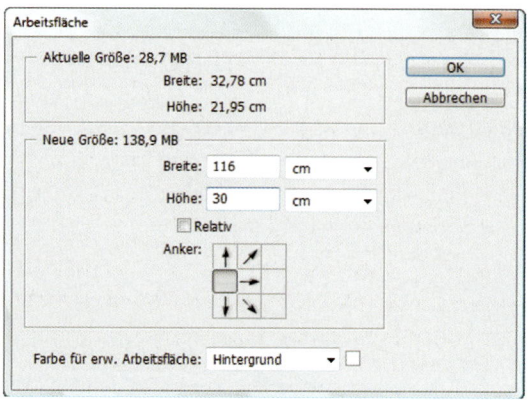

Die Anpassung der Arbeitsfläche.

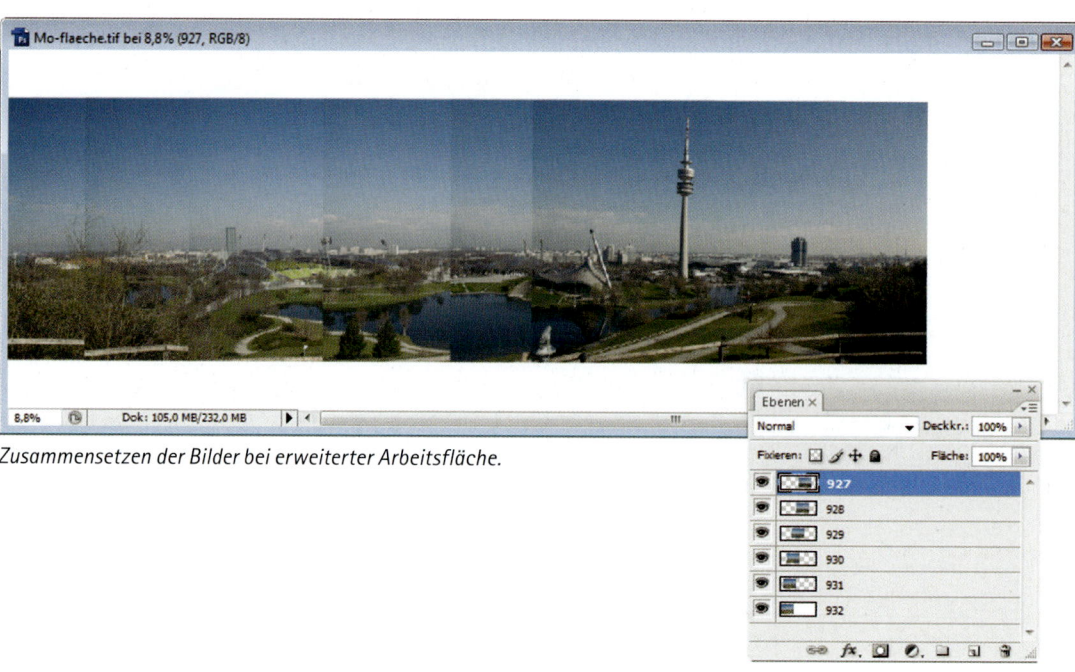

Zusammensetzen der Bilder bei erweiterter Arbeitsfläche.

KAPITEL 10
PANORAMABILDER

[2] Nachdem Sie in Photoshop alle Bilder geöffnet haben, wählen Sie im Menü *Auswahl/Alles auswählen* jeweils das nächste zu montierende Bild aus und ziehen es als neue Ebene mit dem *Verschieben*-Werkzeug auf die neue Montagefläche.

Bildmontage

[1] Um die Rechenleistung des Computers nicht allzu sehr zu beanspruchen, nehmen Sie zunächst nur eine grobe Anpassung durch Übereinanderschieben der Bilder vor. Dazu reduzieren Sie die jeweilige Deckkraft der zu verschiebenden Ebene, um das darunter liegende Bild durchscheinen zu sehen.

[2] Zum Abschluss beschneiden Sie die etwas zu groß geratene Arbeitsfläche mit dem *Freistellungs*-Werkzeug und speichern die neue Bildmontage.

Sollten Ihre Rechenarbeiten bei großen Bilddateien immer länger dauern, beenden Sie zwischendurch nach einem Speichern das Programm und starten es erneut. Dadurch wird der verwendete Arbeitsspeicher wieder freigegeben.

Feinarbeiten

[1] Nun positionieren Sie mit der gleichen Methode wie zuvor die Bilder etwas genauer. Besonders wichtig sind dabei die Übergänge von dem einen ins andere Bild. Zu starke Überschneidungen entfernen Sie, indem Sie mit dem *Auswahlrechteck* den überflüssigen Teil der Bildebene auswählen und mit der Taste [Entf] löschen.

[2] Ebenen mit einmal gefundenen Übereinstimmungen werden durch Anklicken des Symbols *Position fixieren* befestigt (in der *Ebenen*-Palette oben). Die jeweils untereinanderliegenden und angepassten Ebenen werden zudem markiert und mit Klick auf das Symbol *Ebenen verbinden* unten in der *Ebenen*-Palette verbunden.

[3] Da die Beschneidungen nicht immer ganz geradlinig verlaufen, benutzen Sie an einigen Stellen auch das *Lasso*-Werkzeug zur Erstellung von Auswahlen, die zu entfernen sind. Feinarbeiten an den Übergängen werden dann mit dem *Radiergummi* und einer weichen Pinselspitze ausgeführt. Von einer dieser Ebenen benötigen Sie nur einen kleinen Teil, der zudem noch verzerrt werden muss, um sich besser einpassen zu lassen.

Die Feinmontage, die zweite Ebene wurde zur Anpassung etwas verzerrt.

Die fertige Panoramabildmontage.

Die verwendeten Einzelbilder.

[4] Einige zu deutliche Bildüberschneidungen bearbeiten Sie noch mit dem *Radiergummi* und mit reduzierter Deckkraft. Dann folgen der endgültige Beschnitt mit dem *Freistellungs*-Werkzeug und die Reduzierung auf die Hintergrundebene. Die restlichen Fehlstellen werden danach mit dem *Kopierstempel*-Werkzeug beseitigt. Nach einer abschließenden Tonwertkorrektur ist das Bild dann fertig.

Behalten Sie unbedingt Ihre Ebenenmontage als Extradatei. Viele Arbeiten sind an den einzelnen Ebenen leichter auszuführen und nach der Reduktion auf die Hintergrundebene nicht mehr ohne Weiteres machbar.

Die Funktion *Photomerge* im Menü *Datei/Automatisieren/Photomerge* ist ein wunderbares Werkzeug zur automatischen Erstellung von Panoramabildern, die als mehrere Bildteile aufgenommen wurden. Zur optimalen Funktion müssen bei den Aufnahmen jedoch einige Voraussetzungen erfüllt werden.

Arbeiten mit Photomerge

[1] Die zu montierenden Bildbereiche müssen sich überlappen. Die Veränderung der Kameraposition für die jeweiligen Teilaufnahmen sollte auf einer Achse liegen. Dazu wird bei den Aufnahmen am besten ein Stativ verwendet.

[2] Die Blendeneinstellung muss für alle Teilaufnahmen gleich sein. So vermeiden Sie unterschiedliche Tiefenschärfebereiche.

[3] Die Helligkeit der Teilbilder sollte möglichst gleich ausfallen, um krasse Übergänge im Endbild zu vermeiden.

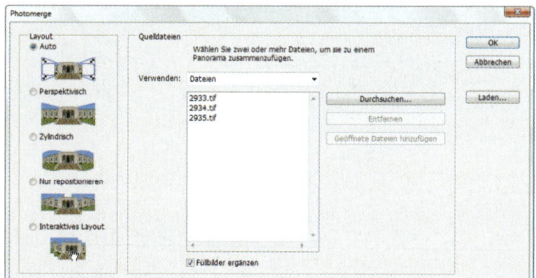

Das Startfenster von Photomerge.

KAPITEL 10
PANORAMABILDER

[4] Alle Aufnahmen sollten bei gleicher Brennweite und von derselben Stelle aus gemacht werden, um passende Übergänge zu bekommen.

Sind diese Voraussetzungen erfüllt, wird Photomerge in den meisten Fällen eine erfolgreiche Montage erstellen. Bestehen zwischen den einzelnen Teilbildern zu große Unterschiede, wird diese automatische Anpassung nicht oder nur unzulänglich ausgeführt. Wählen Sie in diesem Fall die Option *Interaktives Layout*. Die geöffneten Bilder werden im Arbeitsfenster oben angeordnet und können dann durch Ziehen auf die Arbeitsfläche manuell miteinander verbunden werden.

In diesem Beispiel besteht die Montage aus drei Einzelbildern, die senkrecht übereinander angeordnet werden. Die einzelnen Bilder werden nach dem Start von *Photomerge* direkt aus dem entsprechenden Ordner geladen. Wie gut Ihre Vorarbeit war, zeigt sich daran, dass das Programm die Teilbilder problemlos zusammenstellt.

Die Layoutauswahl bestimmt die Darstellung

In der Einstellung *Perspektive* zeigt sich durch die Einbuchtungen rechts und links die tatsächliche Aufnahmeanordnung. Die Einstellung *Auto* neutralisiert diese Verzerrung. *Zylindrisch* wölbt den Bildinhalt. *Nur repositionieren* stellt die Montage ohne ausgleichende Korrekturen zusammen.

Links: Die Zusammenstellung von Photomerge in der Einstellung **Perspektive**.

Rechts: Einstellung **Auto**.

Links: Einstellung **Zylindrisch**.

Rechts: Einstellung **Nur repositionieren**.

Einstellung **Interaktives Layout**.

In der Einstellung *Interaktives Layout* ist eine manuelle Einpassung von Bildern, die nicht automatisch zugeordnet werden können, möglich. Diese werden dann in der oberen Leiste angeordnet und können in die Montage gezogen werden. Das Programm rückt diese, soweit möglich, in die richtige Position. Markierte Teilbilder können auf der Montagefläche mit der Maus und/oder den Pfeiltasten noch manuell positioniert werden.

Dazu gibt es noch Werkzeuge zum Drehen und zum Setzen des Fluchtpunkts. Damit kann innerhalb einer Montage ein bestimmtes Bild als Fluchtpunkt festgelegt werden. Standardmäßig befindet sich dieser immer im mittleren Bild. Kompositionen können auch als PNG-Datei gespeichert und beim Start von Photomerge wieder geladen werden.

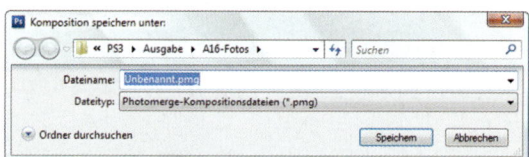

Komposition speichern.

Das Finish

Zum Schluss, das Finish, die Tonwertkorrektur für das gesamte Bild, die Sie bei solchen Montagen immer bis zum Ende aufheben sollten, um eine einheitliche Abstimmung zu erhalten. Eine leichte Anpassung der Schärfe im Menü *Filter/Scharfzeichnungsfilter/Unscharf maskieren* beendet die Arbeit.

Die fertige Montage nach der Retusche und dem Beschnitt.

11

CAMERA RAW

KAPITEL 11
CAMERA RAW

Camera Raw

Das Digital Negative-Format	194
RAW-Daten in Camera Raw laden	195
Bilder beurteilen und bearbeiten	196
Bilder an Photoshop übergeben	198
Original-RAW-Daten als DNG weitergeben	198
Helligkeitsausgleich per Luminanzmaske	198

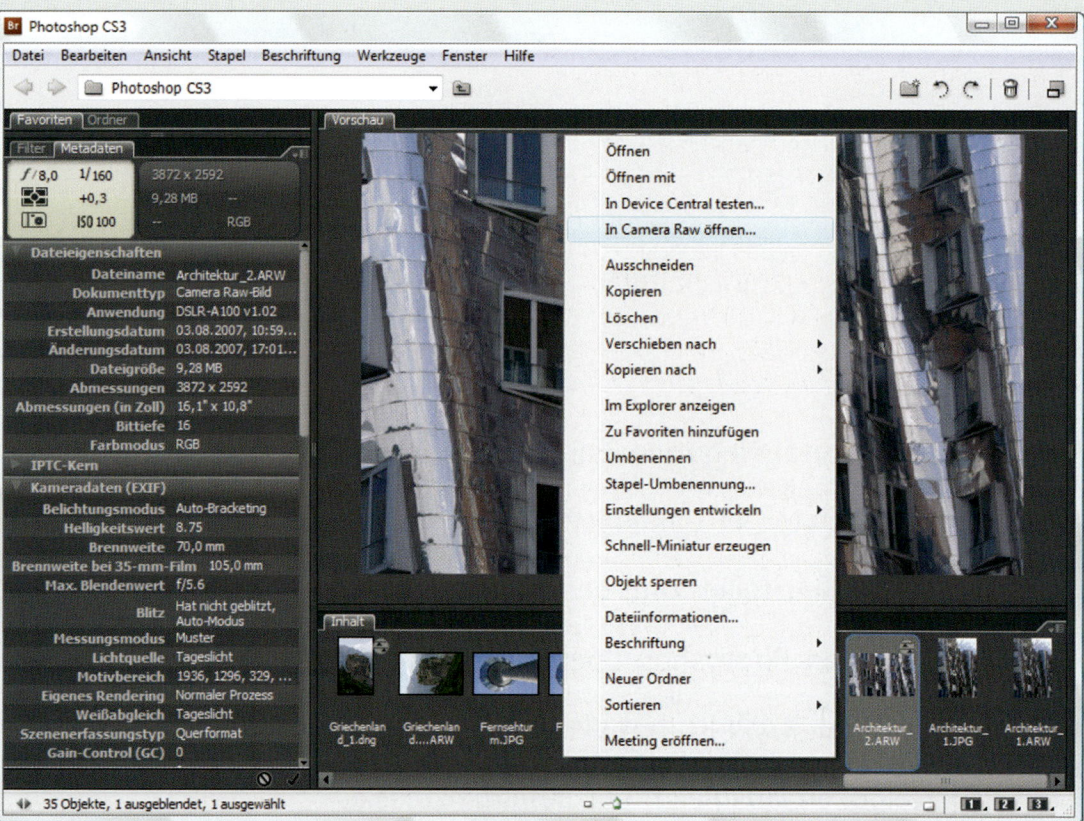

Eine RAW-Datei zur Bearbeitung über die Bridge öffnen.

Camera Raw

Perfekte Fotos aus meinen RAW-Daten, wie geht das? Wie setze ich die Einstellungen und Optionen in perfekte Bilder um? Kann ich noch mehr aus meinen RAW-Daten herausholen? Werden Sie zum RAW-Spezialisten und holen Sie das Maximum aus Ihren Fotos heraus! Hier finden Sie alles zu diesem Thema!

Das Photoshop-Dialogfenster *Camera Raw* ermöglicht die Bearbeitung kameraeigener RAW-Formate. Hochwertige Digitalkameras bieten die Möglichkeit, Aufnahmen im RAW-Format zu speichern. Dabei werden alle bei der Aufnahme relevanten Bildinformationen gespeichert und können dann beim Öffnen in einem RAW-Converter individuell angepasst werden.

Das Digital Negative-Format

Da viele Kamerahersteller jeweils eigene Formate verwenden, muss das entsprechende Tool für die von Ihnen verwendete Kamera eventuell zunächst von der Webseite von Adobe heruntergeladen werden, um die Funktion in Photoshop zu ermöglichen. RAW-Dateien kann man sich wie ein digitales Negativ vorstellen, durch eine entsprechende Anpassung bei der Ausarbeitung können unterschiedliche Ergebnisse erzielt werden. Adobe selbst hat ein eigenes Format mit der Bezeichnung DNG (**D**igital **N**e**g**ative-Format) entwickelt, in das Sie Ihre RAW-Daten für eine spätere Bearbeitung auch umwandeln können. Dieses Format gilt als sehr zukunftssicher und speichert alle Informationen für die Verarbeitung.

RAW-Daten in Camera Raw laden

[1] Methode 1: Öffnen Sie die Bridge, markieren Sie die zu bearbeitende RAW-Datei und wählen Sie im Kontextmenü der rechten Maustaste den Eintrag *In Camera Raw öffnen*.

Methode 2: Laden Sie die zu bearbeitende RAW-Datei über den Photoshop-Dialog *Datei/Öffnen* – in diesem Beispiel eine von einer Sony DSLR-A100 erzeugte RAW-Datei. Sie erkennen Sony-RAW-Daten an dem Suffix *.ARW.

[2] Camera Raw startet mit der zu bearbeitenden RAW-Datei. Zunächst werden die Kameraeinstellungen in das Bearbeitungsfenster übernommen und zeigen das Bild mit seinen Parametern so, wie diese bei der Aufnahme festgelegt wurden.

[3] Am Bildrand unten werden in Form eines Hyperlinks Informationen zum Bildformat angezeigt. Klicken Sie diesen Link an, meldet sich das Dialogfeld *Arbeitsablauf-Optionen*. Hier können Farbraum, Tiefe, Größe und Auflösung angepasst werden. Dabei ist unter *Größe* auch eine Umrechnung in eine nicht der Kamera entsprechen-

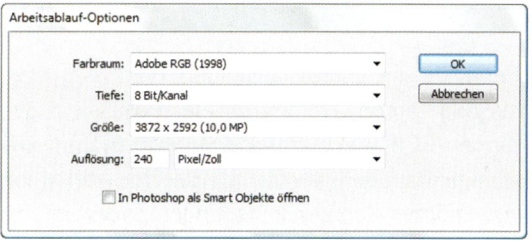

Anpassen der Ausgabeoptionen.

de Bildgröße möglich (gekennzeichnet durch ein Minus- oder Pluszeichen).

[4] Das Setzen des Häkchens bei *Vorschau* ermöglicht eine Voransicht der vorgenommenen Veränderungen durch die Einstellung. Im linken oberen Bereich des Arbeitsfensters finden Sie die Camera Raw-Werkzeuge für die Bildbearbeitung.

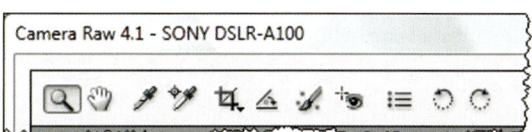

Camera Raw-Werkzeuge.

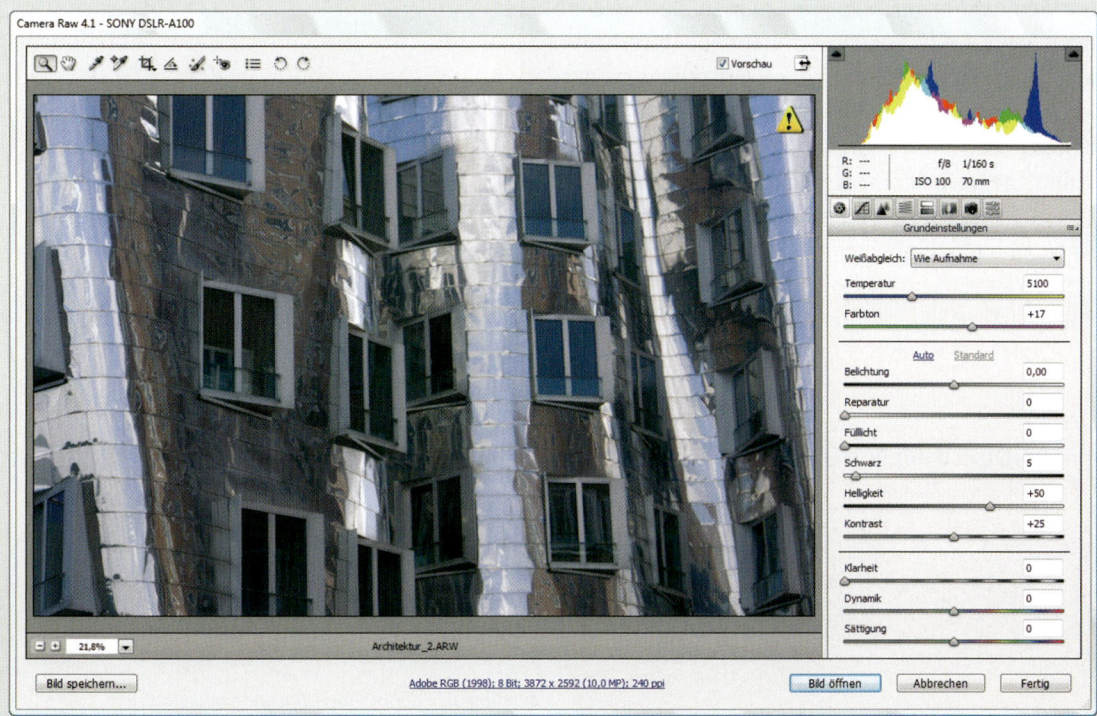

Camera Raw nach dem Start mit allen Kameraparametern.

Bilder beurteilen und bearbeiten

Wenn Sie mit einem beliebigen Werkzeug über das Bild fahren, werden die der Position zugehörigen RGB-Werte unter dem Histogramm angezeigt. Daneben werden die bei der Aufnahme verwendeten Kameraeinstellungen angezeigt. Im Histogramm oben links befindet sich ein Schalter, um die Tiefenbeschneidung (mit blauer Farbe) im Bild anzuzeigen. Oben rechts ist der Schalter für die Lichterbeschneidung, diese wird im Bild mit roter Farbe angezeigt. Darunter befinden sich die Symbole zum Aufrufen der Einstellungen. Im jeweiligen Menükopf sind weitere Optionen durch Klick auf das Strichsymbol aufrufbar.

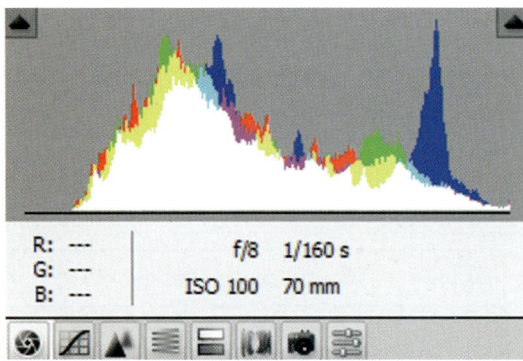

Das Histogramm der geöffneten RAW-Datei.

Im Menü *Grundeinstellungen* können Sie weitere essenzielle Einstellungen vornehmen. Unter anderem ist es möglich, weitere Einstellungen zu laden, Einstellungen zu speichern oder vorhandene zu löschen. Es kann auch eine Einstellungsteilmenge gespeichert werden, um kamera- oder objektivspezifische Anpassungen bei späteren Anwendungen einfacher abzurufen.

ÄNDERUNGEN VORNEHMEN

Sobald Sie eine Änderung an den Einstellungen vornehmen, ändert sich die Auswahl im Menü Einstellung zu Benutzerdefiniert. Um zu Ihrer Ausgangseinstellung zurückzukehren, wählen Sie wieder die Camera Raw-Standards bzw. Bildeinstellungen aus, wenn Sie auf vorherige, gespeicherte Anpassungen zurückgreifen möchten.

Die eigentlichen Bearbeitungsmöglichkeiten gliedern sich in *Grundeinstellungen*, *Gradationskurve*, *Details*, *HSL/Graustufen*, *Teiltonung*, *Objektivkorrekturen*, *Kamerakalibrierung* und *Vorgaben*. Sobald Sie auf eines der Symbole klicken, öffnet sich der entsprechende Bearbeitungsbereich, hier die *Gradationskurve*. Es kann zwischen den Einstellungsmöglichkeiten *Parametrisch* und *Punkt* gewechselt werden.

Im Register *Punkt* sind weitere Voreinstellungen abrufbar. Durch Setzen und Ziehen von Punkten auf der Kurve können Helligkeit und Kontrast individuell bearbeitet werden. Um einen Punkt auf die Kurve zu setzen, klicken Sie mit der linken Maustaste darauf. Um einen Punkt aus der Kurve zu entfernen, ziehen Sie diesen mit der Maus aus dem Diagramm. Alternativ können Sie auch die Schieberegler bei *Parametrisch* benutzen.

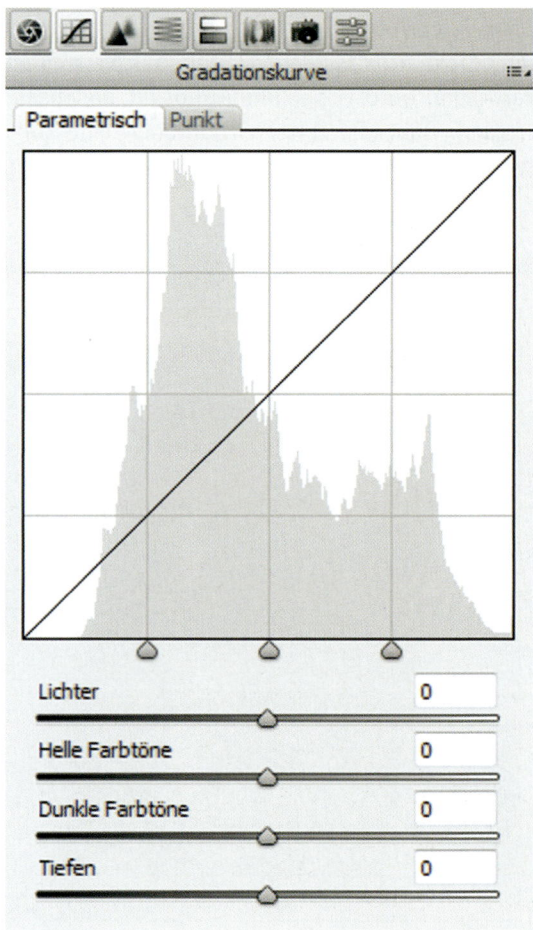

Symbolleiste der Bearbeitungsmöglichkeiten.

Mit der Funktion *Weißabgleich* kann unter vorgefertigten Einstellungen ausgewählt werden. Mit *Wie Aufnahme* kehren Sie zur Ausgangseinstellung zurück. Mit den Schiebereglern für *Temperatur* und *Farbton* können Sie den Weißabgleich manuell anpassen.

Belichtung, *Reparatur*, *Fülllicht*, *Helligkeit*, *Kontrast*, *Klarheit*, *Dynamik* und *Sättigung* sind ebenfalls stufenlos regelbar. Die *Auto*-Funktion passt diese Werte entsprechend der Bildvorlage an. *Standard* setzt sie wieder auf manuell zurück.

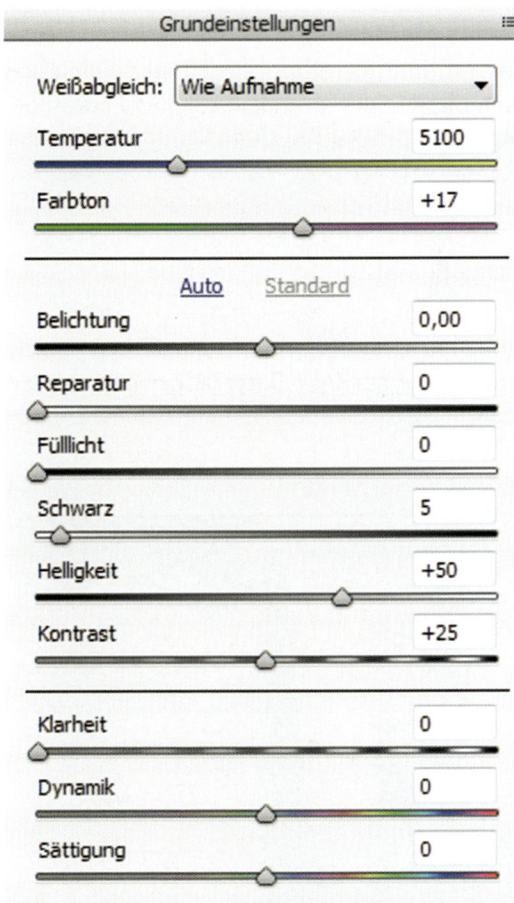

Grundlegende Einstellungen vornehmen.

Details dient dem Schärfen und der Rauschreduzierung. Unter Bildrauschen versteht man Bildstörungen in Form von zumeist farbigen Bildpunkten bei der Verwendung von zu hohen ISO-Werten bei der Aufnahme.

Luminanz hat eine leicht weichzeichnende Wirkung und wird wie *Farbe* zur Minderung von Bildrauschen verwendet. *HSL/Graustufen* dient der Umwandlung in Graustufenbilder sowie der Anpassung von Farbton, Sättigung und Luminanz. *Standard* setzt die Einstellungen wieder auf null zurück.

Mit der Funktion *Teiltonung* können die Lichter und die Tiefen in Farbton und Sättigung getrennt angepasst werden. Im Bereich *Objektivkorrekturen* können mit den Schiebereglern durch Objektivfehler entstandene Farbsäume, besonders sichtbar bei starker Vergrößerung an den Bildrändern, neutralisiert oder zumindest verringert werden. Diese Art von Abbildungsfehler tritt besonders bei preisgünstigeren Objektiven auf, die nicht auf diesen Fehler korrigiert wurden.

Objektiv-Vignettierung entfernt oder erzeugt, je nach Anpassung, helle oder dunkle Bildecken, wie sie beispielsweise bei der Verwendung von Weitwinkelobjektiven entstehen können. Mit *Mittelwert* kann die Position des Zentrums verändert werden.

Kamerakalibrierung zeigt das von Ihrer Kamera verwendete Profil an. Je nach Hersteller und verwendeter Kamera werden dadurch die Grundeinstellungen zur Verarbeitung Ihrer Bilder festgelegt. Überprüfen Sie von Zeit zu Zeit, ob Adobe neue Updates für Ihre Kamera anbietet, und laden Sie diese gegebenenfalls herunter.

SCHÄRFEN IN PHOTOSHOP

Wollen Sie die Bildschärfung später lieber in Photoshop vornehmen, setzen Sie diese Einstellung auf null.

WIEDERKEHRENDE OBJEKTIVFEHLER

Wenn Sie bei bestimmten Objektiven immer dieselben Fehler feststellen, können Sie die Korrekturen als Einstellungsteilmenge unter der Objektivbezeichnung speichern und bei Bedarf abrufen.

Mit den Reglern für *Tiefen* und *Primärwerte* lassen sich farbliche Unstimmigkeiten im Bild anpassen. Stellen Sie beispielsweise fest, dass bei Ihrer Kamera immer der gleiche Farbfehler, z. B. ein Rotstich, auftaucht, korrigieren Sie diesen und speichern die Einstellung als Einstellungsteilmenge mit einer Bezeichnung für Ihre Kamera. So lassen sich ständig auftretende Fehler leicht korrigieren. Unter *Vorgaben* werden gespeicherte Vorgaben oder Teilmengen aufgelistet und können bei Bedarf abgerufen werden.

Bilder an Photoshop übergeben

Klicken Sie auf *Bild öffnen* wird das oder werden die ausgewählten Bilder an Photoshop zur weiteren Bearbeitung übergeben. Das Dialogfenster *Camera Raw* wird dabei geschlossen. Mit *Abbrechen* erfolgt ein Programmabbruch ohne Anwendung Ihrer Einstellungen. *Fertig* schließt das *Camera Raw*-Fenster und speichert die vorgenommenen Anpassungen entsprechend Ihren Voreinstellungen an Ihrem Original oder als zusätzliche XMP-Datei. Wenn Sie das Bild das nächste Mal öffnen, werden diese gespeicherten Einstellungen direkt angewendet.

Original-RAW-Daten als DNG weitergeben

Wollen Sie die Original-RAW-Daten weitergeben und verfügt der Empfänger nicht über die notwendige Software zu Ihrer Kamera, kann dieser die Bilder nicht öffnen. Hat er jedoch das Programm Photoshop, können Sie die Dateien im Adobe-eigenen DNG-Format speichern. Dabei werden alle Bildinformationen exakt so wie im RAW-Format beibehalten und der Empfänger kann diese Bilder in seinem eigenen Photoshop-Programm öffnen.

Helligkeitsausgleich per Luminanzmaske

Aufnahmen, die mit unterschiedlichen Belichtungen oder als RAW-Datei gespeichert wurden, können durch eine sogenannte Luminanzmaske

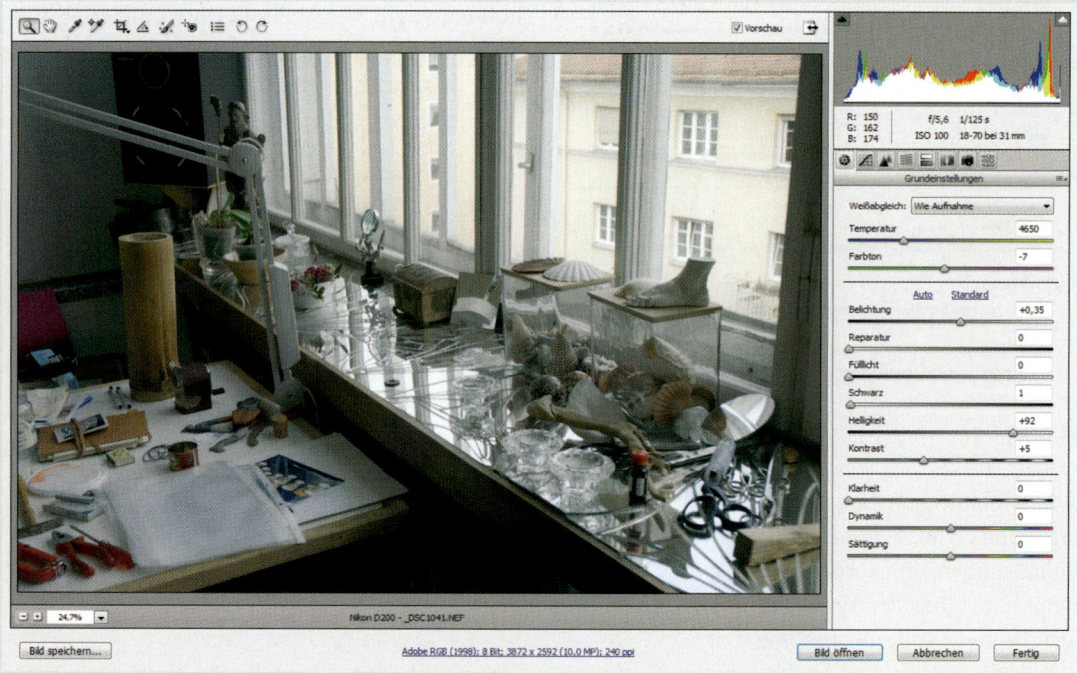

Die Aufnahme mit den Originaleinstellungen im **RAW**-*Fenster.*

KAPITEL 11
CAMERA RAW

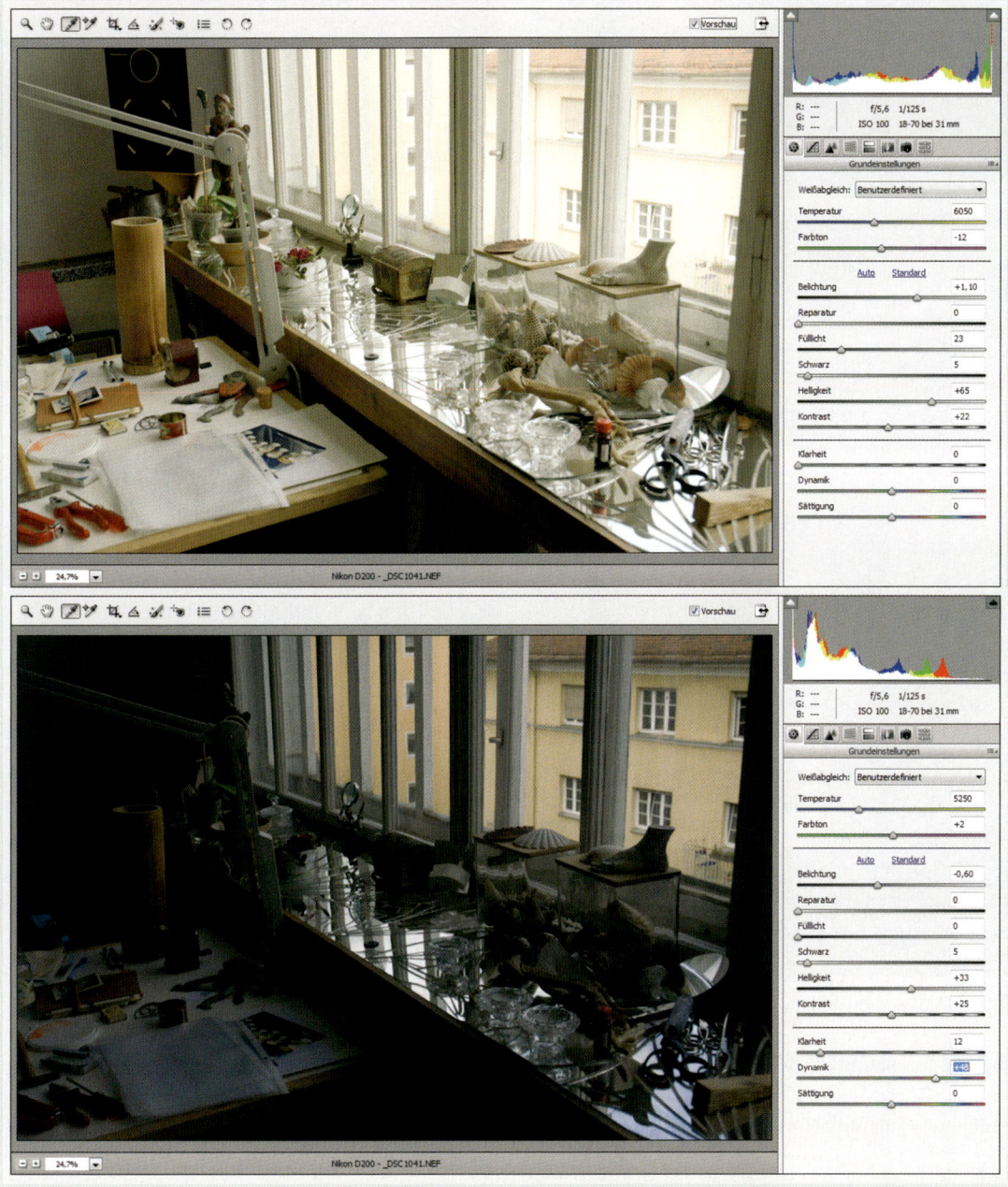

Anpassung des Innenraums.

Anpassung des Außenbereichs.

zur Anpassung von zu hohen Kontrasten verbessert werden. Dabei handelt es sich um eine einfache Bildmontage, in der ein helles und ein dunkles Bild deckungsgleich zusammengesetzt werden.

Zum Ausgleich einer kontrastreichen Innenaufnahme im Atelier einer Münchner Künstlerin wird eine Luminanzmaske zum Helligkeitsausgleich erstellt. Die Aufnahme wurde im RAW-Format erstellt und bietet daher die Möglichkeit, bereits bei der Datenaufbereitung zwei unterschiedlich helle Bilder derselben Aufnahme anzufertigen.

Belichtung verändern
[1] Zunächst wird die Einstellung für die Belichtung so verändert, dass der Innenraum optimal belichtet ist. Diese Datei speichern Sie z. B. mit dem Namenszusatz _hell.

Auswahl des RGB-Kanals.

Einfügen der Luminanzmaske.

Bildoptimierung durch weitere Einstellungsebenen.

16-BIT-FARBTIEFE

Für beide Bilder sollten Sie nach Möglichkeit eine Farbtiefe von 16 Bit verwenden, um ausreichend Tonabstufungen zur Verfügung zu haben.

[2] Dann öffnen Sie die RAW-Datei ein zweites Mal und passen die Belichtung dem Außenbereich (siehe Fenster) an. Dieses Bild speichern Sie dann z. B. mit dem Namenszusatz _dunkel.

Montage erstellen

[3] Um die Montage zu erstellen, öffnen Sie nun beide Bilder und ziehen das hellere Bild mit gedrückter [Umschalt]-Taste und dem *Verschieben*-Werkzeug als neue Ebene auf das dunklere Foto. Die neue Ebene blenden Sie dann zur weiteren Bearbeitung aus und aktivieren die darunter liegende Hintergrundebene. Diese muss markiert sein.

[4] Sollte sich das Bild nicht als neue Ebene auf den Hintergrund des ersten Bildes schieben lassen, versuchen Sie es nochmals, jedoch etwas schneller. Klappt es wieder nicht, wählen Sie das Bild im Menü *Auswahl/Alles auswählen* zunächst aus und verschieben es dann. Um sicherzustellen, dass beide Bilder genau übereinanderliegen, halten Sie beim Ziehen die [Umschalt]-Taste gedrückt.

Luminanzwerte laden

[5] In der *Kanäle*-Palette klicken Sie mit gedrückter [Strg]-Taste auf den RGB-Kanal, um die Luminanzwerte als Auswahl zu laden.

Maskierten Hintergrund einfügen

[6] Wechseln Sie wieder zurück in die *Ebenen*-Palette und aktivieren Sie die Ebene mit dem helleren Bild. Fügen Sie dann über das Menü *Ebene/Ebenenmaske* mit der Funktion *Auswahl ausblenden* den maskierten Hintergrund in Ihr Bild ein.

Luminanzmaske verfeinern

[7] Um die Luminanzmaske noch zu verfeinern, erstellen Sie über der Hintergrundebene eine neue Einstellungsebene mit *Tonwertkorrektur* oder *Gradationskurve* (Menü *Ebene/Neue Ein-*

KAPITEL 11
CAMERA RAW

Das bearbeitete Bild mit Luminanzmaske und Korrektur.

stellungsebene/Gradationskurven) und passen die Helligkeit und den Kontrast an, bis sich das Bild optimal in Ihrer Montage darstellt.

[8] Abschließende Korrekturen wie eine Anpassung der Farben, hier mit *Tonwertkorrektur* und *Farbton/Sättigung*, nehmen Sie ebenfalls am besten mittels einer neuen Einstellungsebene über Ihrer Montage vor.

Auf Hintergrundebene reduzieren
[9] Nach der Reduzierung auf die Hintergrundebene und die Umwandlung in den 8-Bit-Modus ist Ihr Bild für die weitere Verwendung fertig.

TEIL 2: WORKSHOPS

[12]	Schnelle Bildkorrekturen	204
[13]	Schärfer und weicher	234
[14]	Farben	268
[15]	Licht und Belichtung	312
[16]	Foto-Werkstatt	344

PHOTOSHOP CS3
TEIL 2: WORKSHOPS

[17] Porträtretusche 378

[18] Schwarz und Weiß 424

[19] Perspektive 460

[20] Bildmontage 470

[21] HDR und Tone Mapping 510

[12]

SCHNELLE BILD-KORREKTUREN

KAPITEL 12
SCHNELLE BILDKORREKTUREN

12

Schnelle Bildkorrekturen

Bilddateien umbenennen	208
Farbstich neutralisieren	212
Horizont begradigen	214
Rote Augen umfärben per Werkzeug	216
Tiefen und Lichter anpassen	218
Tonwerte angleichen	220
Tonwerte korrigieren	222
Bilddaten und -dimensionen	226
Bilder zuschneiden	230

WORKSHOP I

Bilddateien umbenennen

Wer weiß schon, welches Bild sich hinter kryptischen Bezeichnungen wie *DCS123456.jpg*, *Bild16.tif* oder *L10203040.jpg* versteckt. Schon gar nicht bei der Masse von digitalen Fotos, die sich im Laufe der Zeit ansammeln. Früher oder später werden Sie sich beim Archivieren der Bilddateien der Umbenennung stellen müssen. Doch keine Angst, Sie müssen nicht jedes Bild einzeln öffnen und neu abspeichern. Das Ganze funktioniert schneller und einfacher als Sie denken. Sich einen aussagekräftigen Namen für die Bilddateien auszudenken, ist vielleicht am schwierigsten.

Starten wir mit der ersten Möglichkeit, vielen Dateien schnell eine neue Bezeichnung zuzuweisen. Das Programm Adobe Bridge offeriert Ihnen unter anderem diese Möglichkeit. Möchten Sie nur vereinzelte Dateien umbenennen, dann bietet Ihnen das Programm tolle Sortiereigenschaften und Auswahlverfahren, um Ihre Favoriten zu bestimmen.

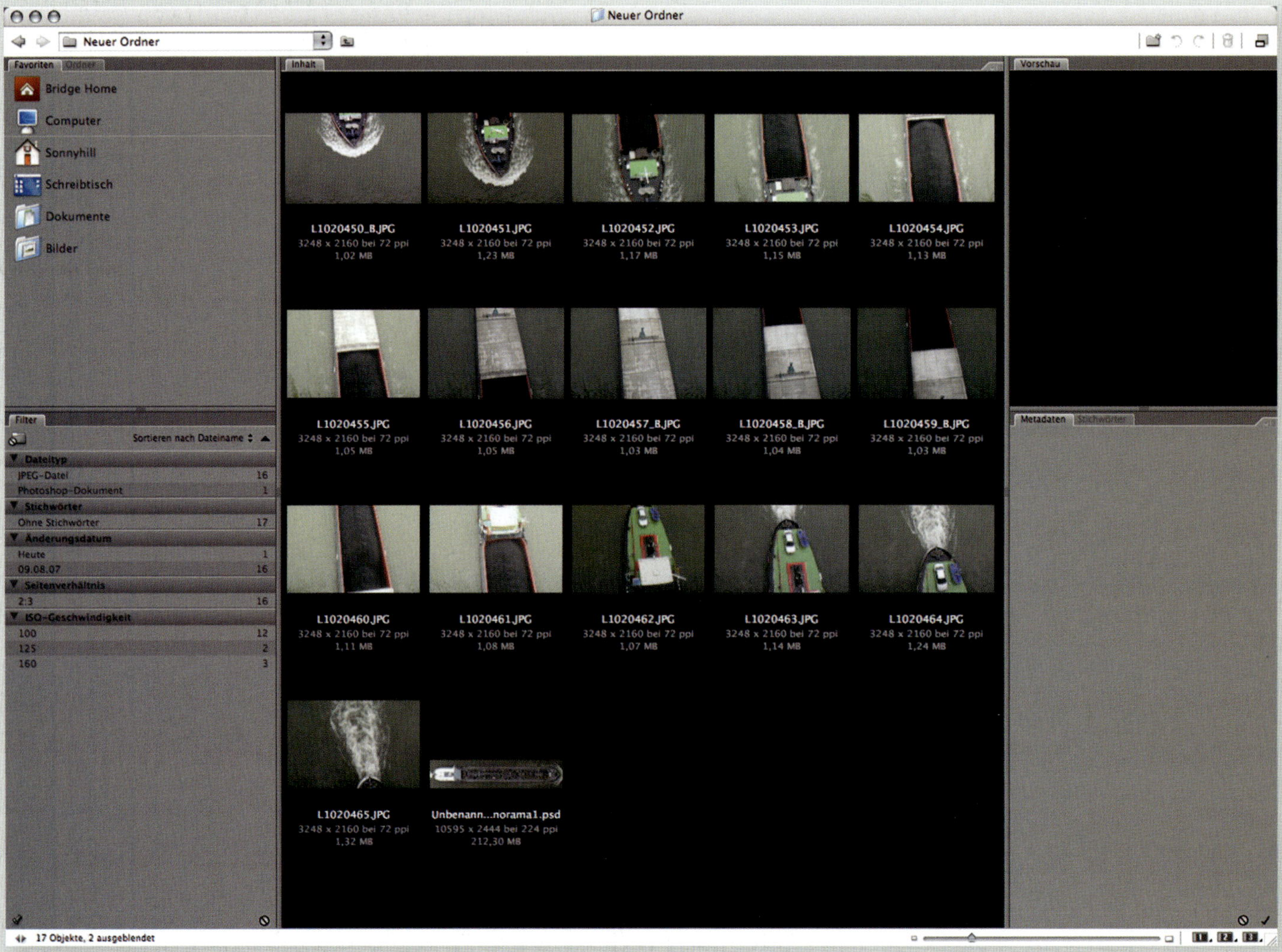

KAPITEL 12
SCHNELLE BILDKORREKTUREN

[1] Zielordner bestimmen

Haben Sie sich die Bilder, die Sie umbenennen möchten, eventuell schon in einen neuen Ordner einsortiert, dann können Sie direkt unter der Menübezeichnung *Werkzeuge* das Dialogfeld zur *Stapel-Umbenennung* aufrufen. Alle Dateien innerhalb des Ordners werden mit einer einheitlichen fortlaufenden Bezeichnung geändert. Werden vereinzelte Bilddaten aus einer Masse heraus gewählt, kommt es sehr gelegen, dass diese direkt auch in einen neuen Ordner abgelegt werden können. Erweitern Sie die Kompatibilität im entsprechenden Optionsfeld. Den ursprünglichen Dateinamen sollten Sie auf jeden Fall in den Metadaten übernehmen. So fällt Ihnen eine spätere Rückidentifizierung leichter.

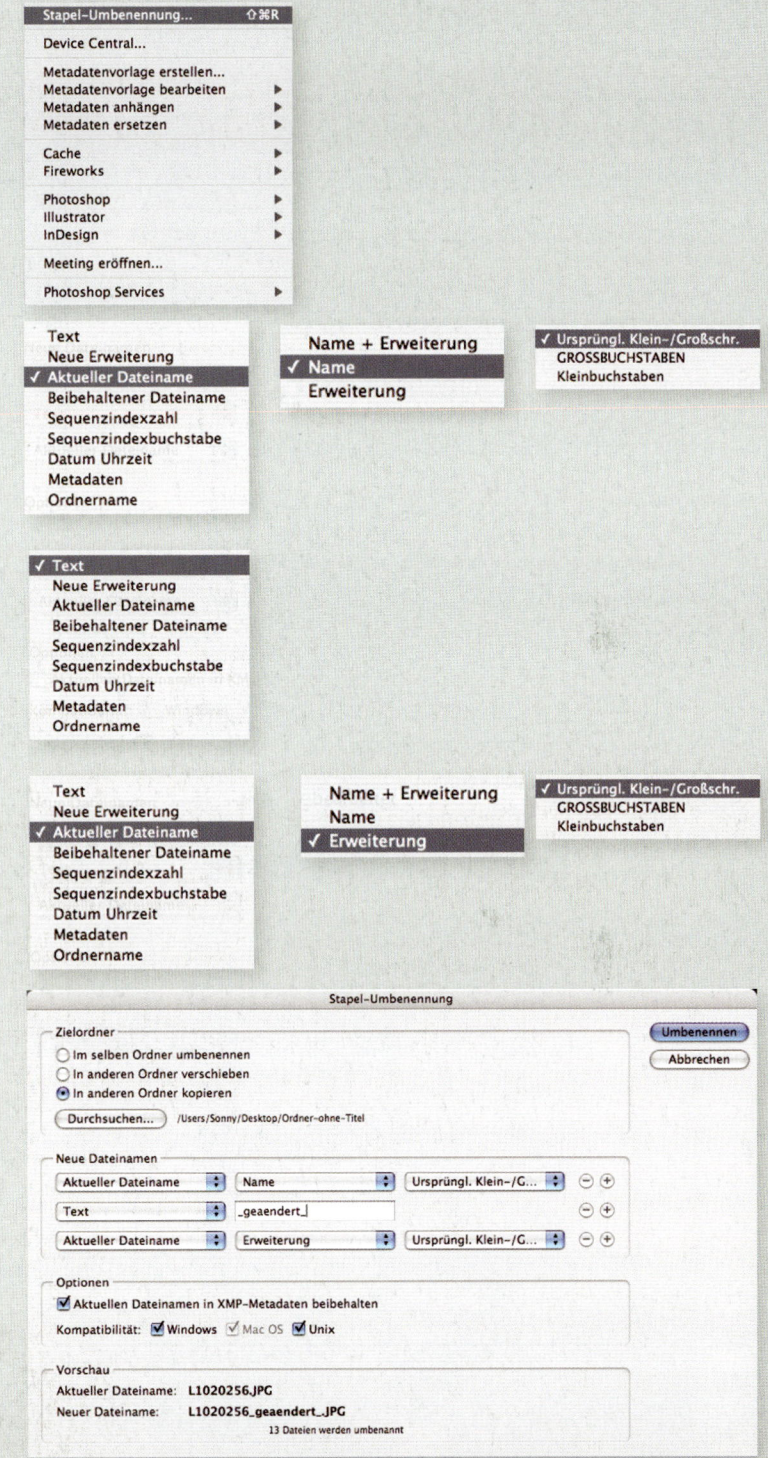

[2] Dateiname konstruieren

Erstellen Sie im Bereich *Neue Dateinamen* mithilfe der Pop-up-Fenster Ihre Namenskombination. Starten Sie mit der Namenskreation von rechts nach links. Die angegebenen Element- und Texteingaben werden zu einem neuen Dateinamen kombiniert. Die Vorher/Nachher-Namenskombination wird im unteren Vorschaubereich angezeigt.
Wenn Sie *Text* anwählen, öffnet sich ein Eingabefeld. Vermeiden Sie bei der Texteingabe die Umlaute ä, ö, ü, das ß sowie Sonderzeichen und setzen Sie einen Bindestrich oder einen Unterstrich für Leerzeichen ein.
Die Erweiterung (*jpg*; *tif*) einer Datei sollten Sie besser nicht umbenennen. Sonst werden die Daten nicht mehr dem richtigen Programm zugeordnet und können eventuell nicht mehr geöffnet werden.

WORKSHOP I

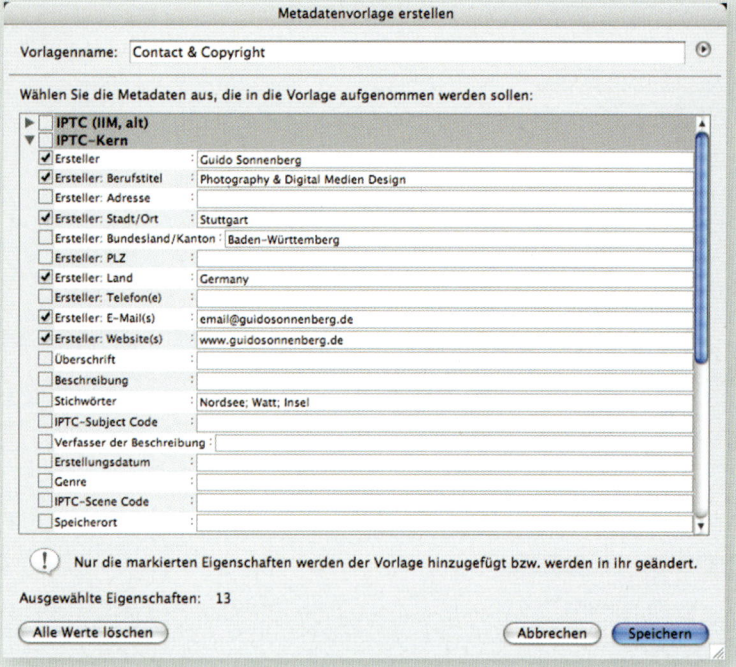

[3] **Paperwork**

Die alte Dateibenennung finden Sie dann unter den Metadaten wieder. Schnell sind diese auch um ein paar weitere Angaben ergänzt. Eine Vorlage zum Ergänzen von Metaangaben finden Sie ebenfalls im Menü *Werkzeuge* unter *Metadatenvorlage erstellen*.
Auch wenn Sie detailliertere Angaben machen, übernommen werden nur die markierten Eigenschaften. Die ausgefüllte Vorlage können Sie abspeichern, um damit auch zu einem späteren Zeitpunkt die Metadaten ausgewählter Dateien zu ergänzen.

[4] **Metadaten anhängen**

Unter *Metadaten anhängen* wählen Sie dann aus verschiedenen Vorlagen die geeignete aus.

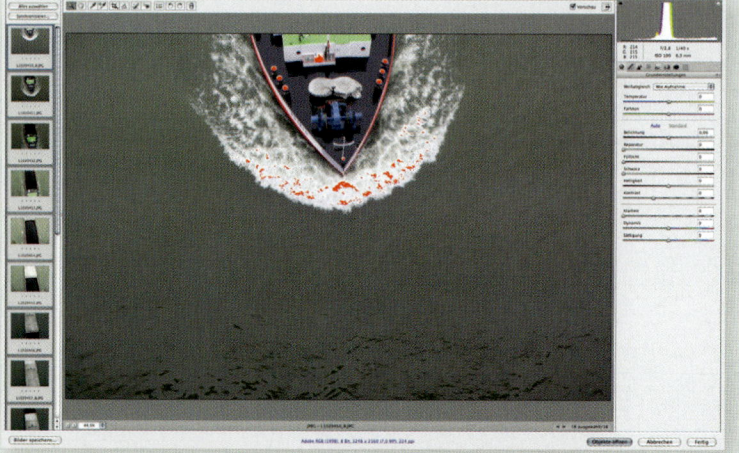

[5] **Umbenennung aus Camera Raw heraus**

Auch bei der Stapelverarbeitung von RAW-Daten werden alle angewählten Daten nicht nur analog bearbeitet, sondern können auch gleichzeitig umbenannt werden. In der Palette unten links finden Sie die *Bilder speichern*-Option.

KAPITEL 12
SCHNELLE BILDKORREKTUREN

[6] Speicheroptionen

Die Vorgehensweise ist selbsterklärend, bis auf den Unterschied zur Bridge, dass hier zwischen vier Abspeicherformaten gewählt werden kann. Alle Dateien werden im gewählten Format und in der angegebenen Dateibenennung abgespeichert.

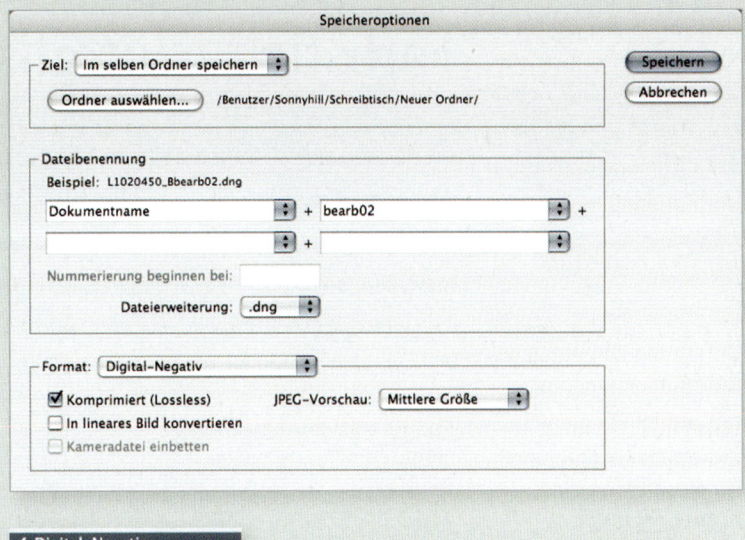

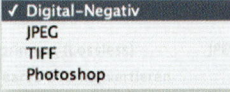

WORKSHOP 2

Farbstich neutralisieren

Die Farben, die wir wahrzunehmen meinen, entstehen eigentlich erst im Gehirn. Die Erfahrung sagt uns, dass Schnee weiß ist. So empfinden wir Schnee auch bei herrlich blauem Himmel als weiß. Die Kamera ist da schon etwas objektiver. Sie speichert beim Auslösen die Farben nach der vorherrschenden Farbtemperatur. Und da hat Schnee an einem Tag mit klarem blauem Himmel nun einmal einen kräftigen Blaustich. Und weil alles so schön hell leuchtet, werden Verschlusszeit und Blende klein gehalten. Mit dem Resultat, dass die Aufnahmen etwas zu dunkel geraten. Was tun?

VORHER
*Eine Winteraufnahme aus der objektiven Sicht der Kamera. Die Lichter im Bild sind zu dunkel und mit einem Blaufarbstich versehen.
(Foto: Guido Sonnenberg)*

NACHHER
Schnee wie man ihn liebt, für unser subjektives Empfinden aufgearbeitet. Sauberes Schneeweiß und die Schatten in den Tonwerten neutral.

KAPITEL 12
SCHNELLE BILDKORREKTUREN

[1] Farben automatisch ausgleichen

Der Anpassungsbefehl *Auto-Farbe* versucht die Farbstimmung im Bild zu neutralisieren. Das Bild wird sofort nach dem Aufrufen von *Auto-Farbe* bearbeitet.

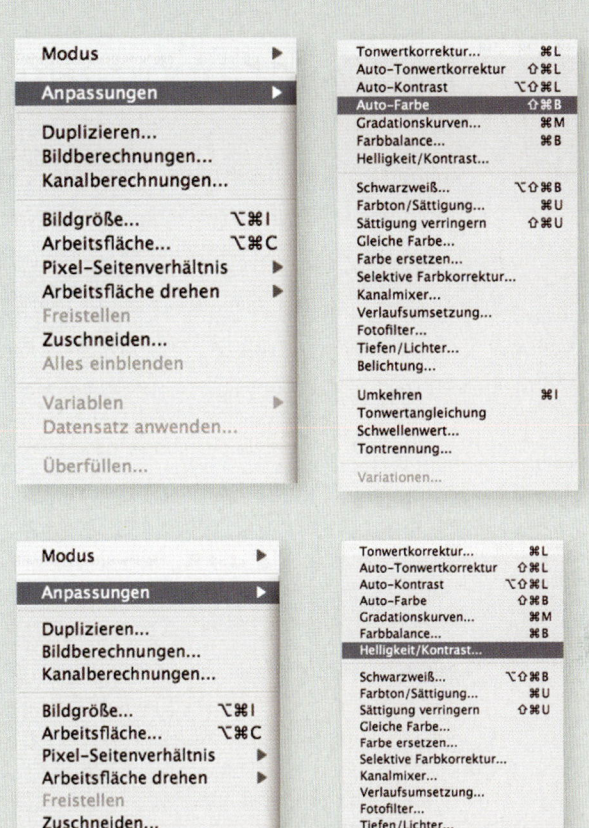

[2] Helligkeit und Kontrast ausgleichen

Im zweiten Schritt gleichen Sie die Helligkeit und den Kontrast im Bild aus. Auch diesen Befehl finden Sie unter *Bild/Anpassungen*. Hier sehen Sie drei Punkte hinter dem Befehl, was so viel bedeutet wie: „Hier können noch weitere Einstellungen vorgenommen werden."

[3] Bildwerte anpassen

Variieren Sie mit den Schiebereglern die Bildwerte. Mit der aktivierten Vorschau werden Ihre Korrekturen direkt im Bild angezeigt. Schließen Sie Ihre Einstellungen mit *OK* ab und die neuen Werte werden mit den Bilddaten verrechnet. Adobe hat diesen Filter für Photoshop CS3 überarbeitet und ihm seine destruktive Wirkung genommen. Helligkeits- und Kontrastwerte werden nicht mehr über die Eckwerte von Schwarz und Weiß befördert. Wer den Filter wie in den alten Photoshop-Versionen einsetzen möchte, dem steht diese Möglichkeit über die Option *Früheren Wert verwenden* offen.

Horizont begradigen

Wer aus der „freien Hand" ein Foto schießt, bei dem wird der Horizont des Öfteren schief hängen. Ein unschöner Gestaltungsfehler, auf den man gerne verzichten kann.

VORHER
Der Horizont verläuft nicht waagerecht und irgendwie wartet man darauf, dass auf der einen Seite des Bildes das Wasser ablaufen wird. Auch die Trennung der Strandbesucher zur Küstenlinie könnte besser ausfallen.
(Foto: Guido Sonnenberg)

NACHHER
Ein gerade verlaufender Horizont, der durch einen angepassten Bildausschnitt noch hervorgehoben wird. Zur weiteren Steigerung der Optik wurde der Kontrast etwas angehoben und die Farben Blau und Cyan entsättigt.

KAPITEL 12
SCHNELLE BILDKORREKTUREN

[1] **Messwerkzeug auswählen**

Wählen Sie in der Werkzeugleiste das *Linealwerkzeug* und ziehen Sie damit eine Linie auf. Am besten an einer markanten Kante, die später waagerecht oder senkrecht verlaufen soll.

[2] **Arbeitsfläche drehen**

Im Menü *Bild* finden Sie für diesen Zweck eine wunderbare Lösung, die den Winkel der aufgezogenen Linie automatisch erkennt. Wählen Sie im Menü Bild die Funktion *Arbeitsfläche drehen/Per Eingabe*.
Im Dialogfeld *Arbeitsfläche drehen* finden Sie alle relevanten Eingaben bereits getätigt. Sogar die Drehrichtung wird automatisch erkannt.

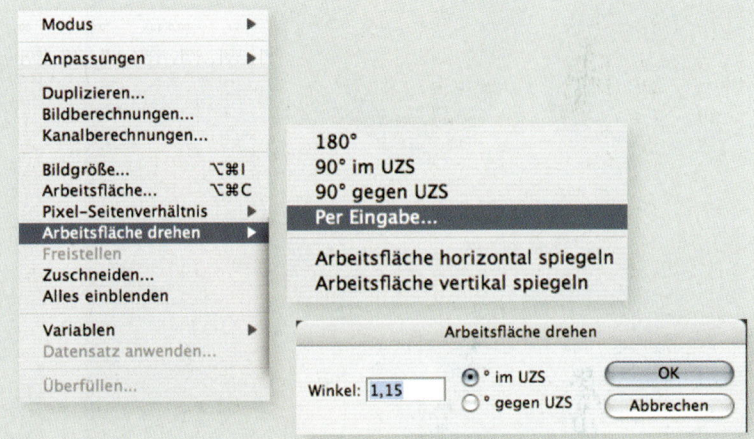

[3] **Arbeitsflächenzuwachs**

Mit der Bestätigung der geänderten Werte wird Ihr Foto ausgerichtet und die Arbeitsfläche um die notwendige Fläche erweitert.

[4] **Bildausschnitt festlegen**

Mit dem *Freistellungswerkzeug* aus der Werkzeugpalette, können Sie jetzt im Anschluss Ihr Foto beschneiden, Ihren neuen Bildausschnitt festlegen und weitere Bildbearbeitungsschritte vornehmen.

# WORKSHOP 4

Rote Augen umfärben per Werkzeug

Bedingt durch die Bauweise der kleinen digitalen Kompaktkameras liegen Blitz und Objektiv sehr eng beieinander. Bei geblitzten Schnappschüssen reflektieren die roten Pigmente der Augen und werden durch den kleinen Winkel vom Objektiv aufgezeichnet. So passiert es, dass bei geblitzten Schnappschüssen Personen häufig rote Augen haben.

VORHER
Ein leuchtendes Beispiel für rote Augen, die als störend und unnatürlich empfunden werden.
(Foto: Christian Haasz)

NACHHER
Das Foto wird nach der Korrektur nicht mehr so stark von den Augen dominiert und der Bildausdruck wirkt natürlicher.

KAPITEL 12
SCHNELLE BILDKORREKTUREN

[1] Rote-Augen-Werkzeug-Einstellungen

Speziel für dieses Phänomen wurde eigens ein Tool entwickelt - das *Rote-Augen-Werkzeug*. Die Photoshop-Voreinstellungen können Sie in der Optionsleiste belassen, viele bevorzugen allerdings etwas dunklere Ergebnisse und stellen den Verdunklungsbetrag auf ca. 80 % hoch.

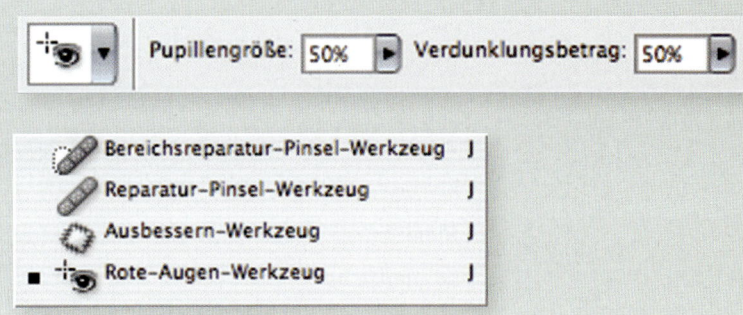

[2] Rotfärbung beseitigen

Die Anwendung des Werkzeugs ist wirklich einfach. Sobald Sie mit dem Mauszeiger auf die betroffene Stelle klicken, verliert die Pupille sofort ihre rote Färbung.

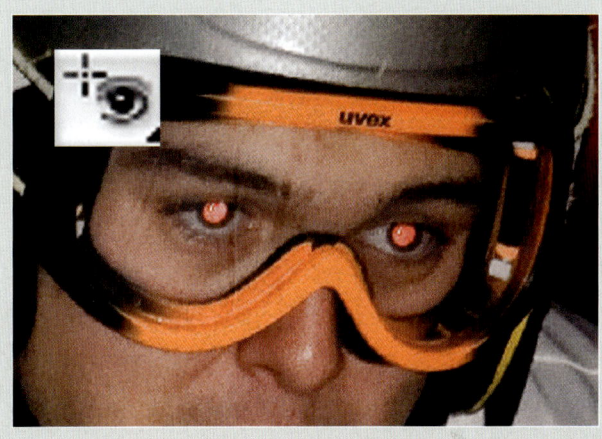

[3] Manuell nacharbeiten

Bleiben noch vereinzelt rote Pixel übrig, dann können diese leicht mit dem *Farbe-ersetzen-Werkzeug* manuell korrigiert werden.

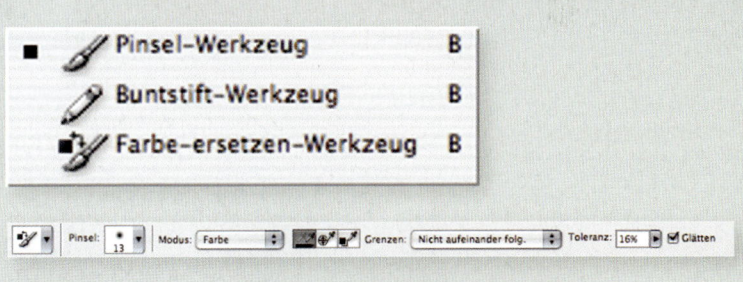

Dieses Werkzeug arbeitet in Abhängigkeit zur eingestellten Toleranz. Alle Pixel innerhalb dieser Toleranz werden mit der definierten Vordergrundfarbe umgefärbt. Setzen Sie diese Vorgabe auf einen geringen Wert von ca. *10 - 20* %. Wählen Sie eine weiche Pinselspitze mit dem Wert *13* und den Modus *Farbe*.
Um die restliche Rotfärbung zu entsättigen, müssen Sie mit schwarzer Vordergrundfarbe arbeiten. Malen Sie mit dem Werkzeugzeiger entlang der roten Bereiche, um die betroffenen Stellen zu entfärben.

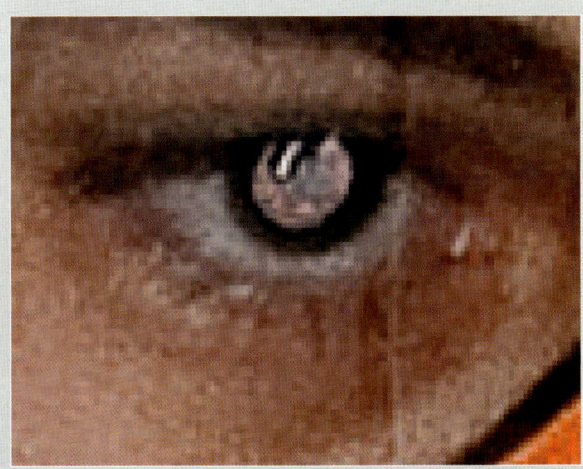

WORKSHOP 5

Tiefen und Lichter anpassen

Auch wenn viele Kameras automatisch bei ungünstigen Lichtverhältnissen, insbesondere bei Gegenlichtaufnahmen, versuchen, die Kontraste des Motives mit einem Aufhellblitz abzuschwächen, reicht die Blitzleistung oft nicht aus. Die Funktion **Tiefen/Lichter** *bietet Ihnen die Möglichkeit, einen hohen Kontrast auszugleichen.*

VORHER
Licht zieht das Auge an und so ist die Bildgewichtung auf den bandagierten Sandsack gerichtet, statt auf den Protagonisten. Viele Details sumpfen in den Tiefen ab und werden durch den hohen Kontrast nicht wahrgenommen. (Foto: Björn Gantert)

NACHHER
Ausgewogenere Linienführung durch Kontrastangleichung und frischere Farben sowie optimierte Detailzeichnung in den Tiefen. Auch in den Bildlichtern konnte Motivzeichnung hinzugewonnen werden.

KAPITEL 12
SCHNELLE BILDKORREKTUREN

[1] **Tiefen und Lichter**

Die Funktion *Tiefen/Lichter* wurde mit Photoshop CS3 neu eingeführt und ist ein ausgezeichnetes Tool, um einen selektiven Tonwertbereich zu optimieren. Sie finden die Funktion *Tiefen/Lichter* im Menü *Bild/Anpassungen*.

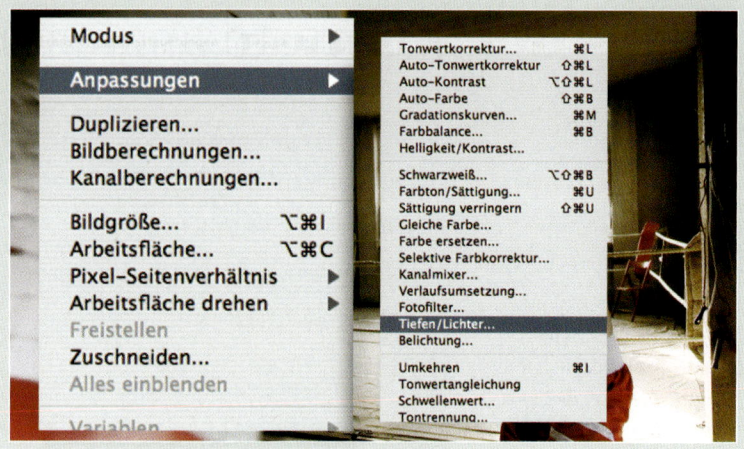

[2] **Schatten aufhellen**

Über das Dialogfeld *Tiefen/Lichter* besteht die Möglichkeit, die Schatten des Bildes durch den Regler *Tiefen* aufzuhellen. Mit dem Regler *Lichter* können die hellen Motivstellen im Bild abgedunkelt werden. Variieren Sie mit den Stärkereglern die Korrekturen.

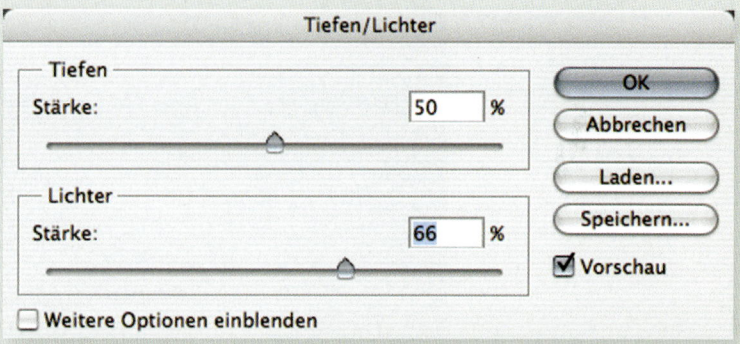

[3] **Zusätzliche Korrekturmöglichkeiten**

Wird das eckige Optionsfeld *Weitere Optionen einblenden* aktiviert, vergrößert sich das Dialogfeld um einen weiteren Bereich und bietet Ihnen zusätzliche Korrekturmöglichkeiten für die Tonwerte an. Die Einstellung *Tonbreite* legt fest, wie weit sich die Korrektur auswirken soll. Je höher dieser Wert gewählt wird, desto mehr Tonwertstufen werden beeinflusst. Dieser Parameter sollte den mittleren Grauwertbereich (*50 %*) eigentlich nicht überschreiten.
Der *Radius* legt fest, wie weit benachbarte Pixel bei der Entscheidung berücksichtigt werden, ob ein Bildpunkt aufgehellt oder abgedunkelt werden soll.
Werden Bildschatten aufgehellt, so müssen auch die matt wirkenden Farben in den betroffenen Bereichen angepasst werden. Mit der *Farbkorrektur* können Sie die Farbsättigung in diesen Bereichen gezielt erhöhen; alle anderen Bereiche behalten ihre Farbwerte.
Die abgebildeten Parameter können Sie *Als Standard speichern* und ausgehend davon mit eigenen Werten experimentieren.

WORKSHOP 6

Tonwerte angleichen

Hin und wieder gibt es Motive, deren Tonwerte in allen Bereichen suboptimal sind. Hier ein schneller Lösungsweg für alle, die keine Zeit haben oder für die sich keine Möglichkeit mehr bietet, die Aufnahme zu wiederholen.

VORHER
Bei Gegenlichtaufnahmen fällt das Licht leicht auf das Objektiv und mindert zum einen den Kontrast der Aufnahme, zum anderen die Buntheit der Farben. (Foto: Dirk Trachte)

NACHHER
Eine bessere Verteilung der Bilddaten durch eine Tonwertanpassung und auch das Farbverhalten konnte trotz des hohen Motivkontrastes nachgebessert werden.

KAPITEL 12
SCHNELLE BILDKORREKTUREN

[1] Stabilisierung der Vitalfunktionen

Eine automatische *Tonwertkorrektur* ist bei fast allen Bildpatienten ein guter Wiederbelebungsversuch, doch bei den hoffnungslosen Fällen probieren Sie es einmal mit der *Tonwertangleichung*.

Zum Vergleich die Histogrammkurven für *Tonwertangleichung* und *Tonwertkorrektur*. Bei der *Tonwertangleichung* werden die Pixelwerte neu zugeordnet, sodass der hellste Wert weiß und der dunkelste Wert schwarz ist. Die dazwischen liegenden Werte werden gleichmäßig über die Graustufen verteilt.

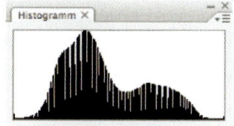 

[2] Color-Therapie

Farbstiche können für das ungeübte Bildbearbeitungsauge gut mit der *Variationen*-Übersicht im zweiten Bearbeitungsschritt angegangen werden.

[3] Dosierungen

Die zwei oberen Vorschaubilder zeigen Ihnen links das Original und rechts daneben zum Vergleich einen korrigierten Vorschlag von Photoshop (aktuelle Wahl). Sie können diesen mit *OK* übernehmen und haben den Bildpatienten therapiert.
Wollen Sie weitere Korrekturvarianten ausprobieren, sollten Sie nicht klotzen, sondern die Farbkorrekturen in den drei auswählbaren Tonwertbereichen fein dosiert anwenden. Unsere Augen reagieren selbst auf subtile Farbveränderungen. Stellen Sie den Schieberegler auf *Fein* zurück und klicken Sie sich zu Ihrem Farbfavoriten durch.
Die Vorschausymbole reagieren kumulativ. Durch mehrmaliges Anklicken addieren sich die Korrekturen. Der übliche Zurückbefehl [Strg]+[Z] funktioniert hier leider nicht. Zum Ausgangspunkt gelangen Sie immer mit einem Klick auf das obere Original.

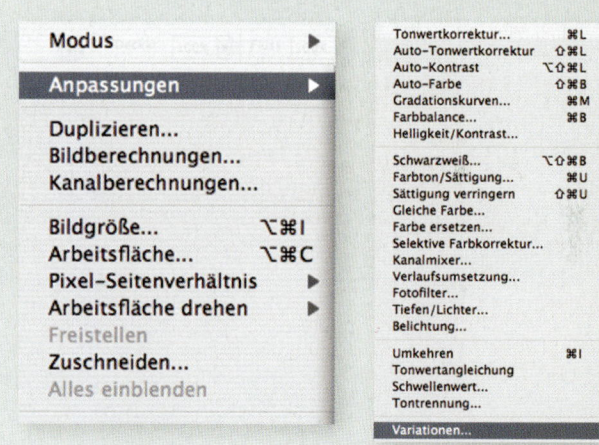

WORKSHOP 7

Tonwerte korrigieren

Die eigentliche Bildbearbeitung fängt immer mit der Überprüfung der Tonwerte an. Alle weiteren nachfolgenden Bildbearbeitungen bauen auf diese Tonwertverteilung, auch Tonwertspreizung genannt, auf.

VORHER
Ein flauer Bildeindruck, der die dramatische Spannung der Naturgewalten nicht annähernd wiedergibt. Auch das Farbenspiel wirkt monochrom.
(Foto: Guido Sonnenberg)

NACHHER
Einen Faustregel besagt, dass ein gutes Bild schwarze und weiße Motivflecken enthalten soll. Durch die Neuverteilung der Tonwerte konnte dem Rechnung getragen und die Bilddramaturgie deutlich gesteigert werden.

KAPITEL 12
SCHNELLE BILDKORREKTUREN

[1] **Tonwertkorrektur aufrufen**

Das Dialogfeld *Tonwertkorrektur* benötigen Sie so häufig, dass es sich lohnt, sich das Tastaturkürzel [Strg]+[L] zu merken. Die Tonwertkorrektur ermöglicht die Optimierung des Bildkontrastes und ist eine wichtige, grundlegende Einstellung in Photoshop.

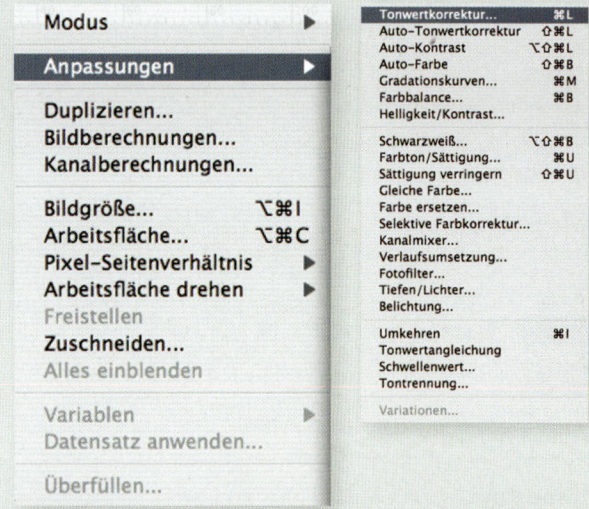

[2] **Automatische Tonwertspreizung**

Allen Werkzeugen mit der Vorsilbe „Auto" im Namen, sollten Sie skeptisch begegnen. Mit etwas Übung sind die Ergebnisse Ihrer Einstellwerte besser als das, was die Photoshop-Automatiken erreichen können. Doch Ausnahmen bestätigen die Regel und ein Versuch kostet nichts.

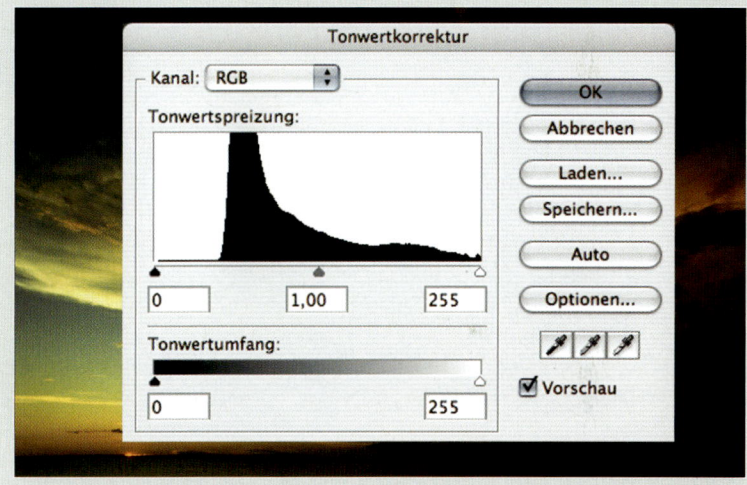

[3] **Hinter den Kulissen**

Wenn Ihnen das Ergebnis gefällt, können Sie über *OK* aussteigen oder weitere Variationen erforschen. Denn das, was bei einem Klick auf *Auto* geschieht, können Sie unter *Optionen* festlegen.

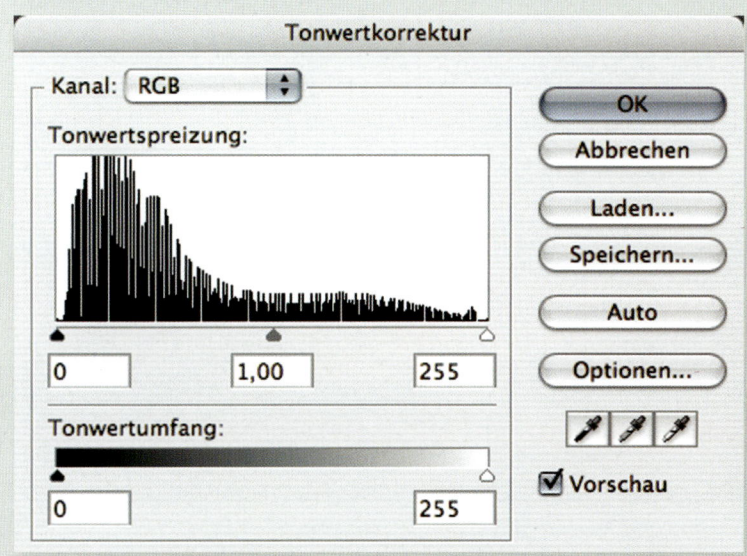

WORKSHOP 7

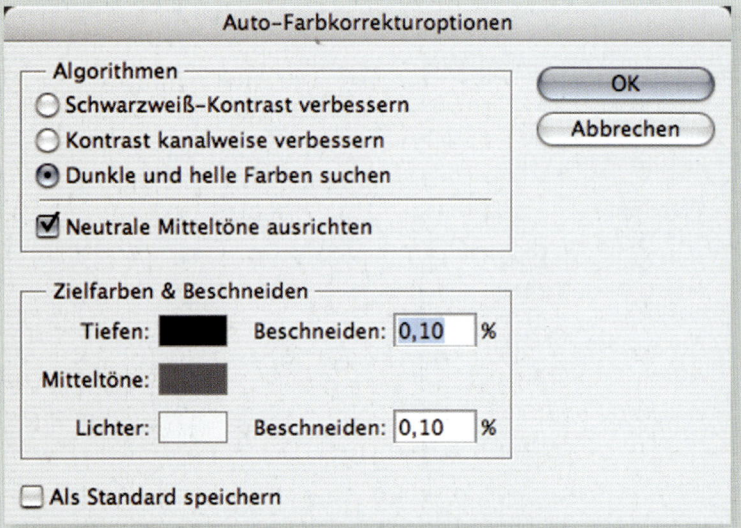

[4] Tonwertvariationen

Hinter den Kulissen stehen Ihnen insgesamt drei Berechnungsalgorithmen zur Verfügung. Alle drei können zudem mit *Neutrale Mitteltöne ausrichten* kombiniert werden. Nach welchen Algorithmen Ihre zukünftigen Bilder bevorzugt korrigiert werden sollen, legen Sie mit der Option *Als Standard speichern* fest.

[5] Auto-Algorithmen

Die drei Varianten sind auch über das Menü *Bild/Anpassungen* anwählbar. *Auto-Farbe* ist gleich *Dunkle und helle Farben suchen*. *Auto-Kontrast* würde der Schwarzweiß-Kontrastverbesserung entsprechen und *Auto-Tonwertkorrektur* der kanalangepassten Kontrastverbesserung.

[6] Zurück auf Los

Wenn Ihnen die Automatik nicht zugesagt hat, halten Sie die [Alt]-Taste gedrückt und die Schaltfläche *Abbrechen* ändert sich in *Zurücksetzen*. Mit einem Mausklick werden dann alle Tonwerte auf die ursprünglichen Werte zurück gesetzt.

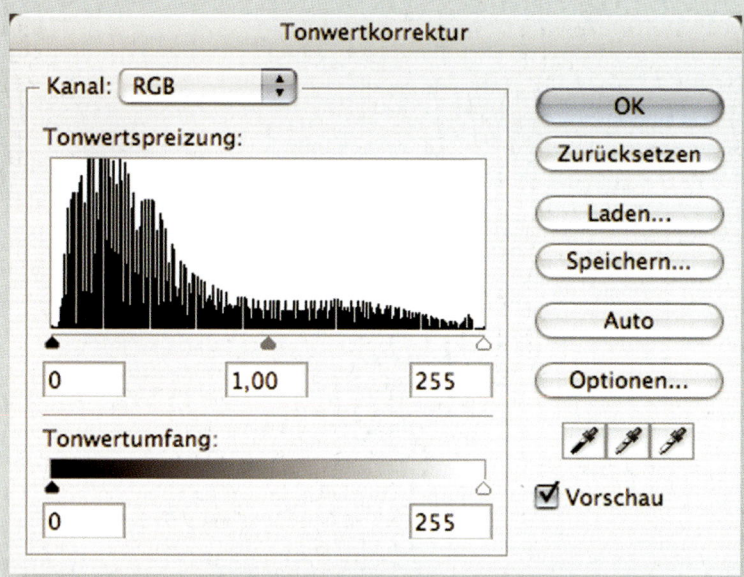

WORKSHOP 8

Bilddaten und -dimensionen

*Was auch immer Sie bei Ihrer Kamera an Bildgröße, Bildauflösung oder Bildqualität eingestellt haben, in Photoshop bekommen Sie unter dem Menüpunkt **Bild/Bildgröße** verbindliche Auskunft über die Abmessungen (Höhe und Breite) und die Datenmenge, die Sie beim Auslösen gesammelt haben. In diesem Dialogfeld können Sie sich bequem über die Ausgabegrößen informieren und die Bildgröße gegebenenfalls interpolieren.*

VORHER
*Bei Kleinbild oder Rollfilmaufnahmen war die Dia- oder Negativgröße das Maß der Dinge. Bei der Digitalfotografie haben Sie flexible Formatvarianten, die erfasst und auf Ausgabegröße gebracht werden müssen.
(Foto: Guido Sonnenberg)*

NACHHER
Für verschiedene Ausgabezwecke wie E-Mail oder Fotodrucker in Bildabmessug und Datenmenge individuell optimierte Bilder. Hier ein Beispiel für E-Mail.

KAPITEL 12
SCHNELLE BILDKORREKTUREN

[1] Datenmenge

Nachdem Sie eine Bilddatei in Photoshop geöffnet haben, erhalten Sie im Dialogfeld *Bildgröße* verbindliche Auskunft über die Bilddaten und Bilddimensionen. Wundern Sie sich nicht, wenn das Pixelmaß die Leistung Ihrer Kamera überschreitet. Photoshop rechnet beim Öffnen der Bilddatei die komprimierten Bilddaten hoch. So erkennen Sie, hier am Beispiel einer Sony T3, dass die JPEG-Datei aus der Kamera eine Datenmenge von 9 MByte ergibt.

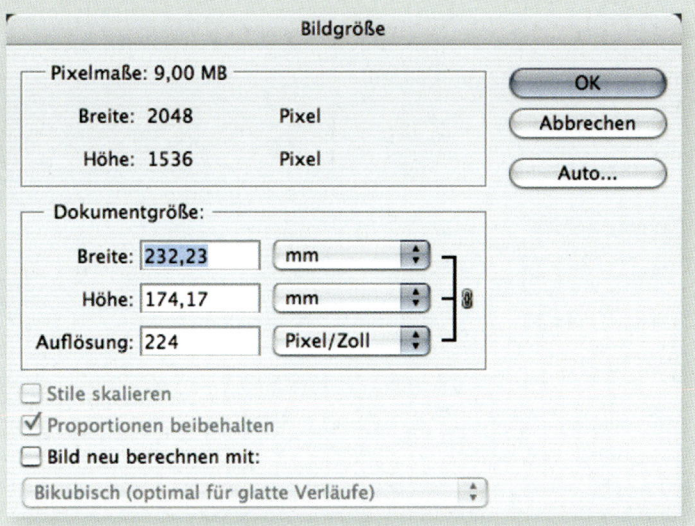

[2] Dokumentgröße

Würde man also die einzelnen Pixel aus der Datenmenge von 9 MByte nebeneinander ausbreiten, so könnte man damit eine Fläche von ca. 23 x 17 cm belegen. Unter der Bedingung, dass auf einem Inch (entspricht 2,54 cm) 224 Pixel gequetscht würden.

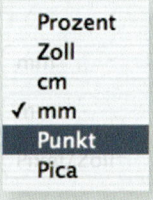

[3] Größenvarianten

Geben Sie eine andere Pixeldichte unter dem Eingabefeld *Auflösung* ein, dann errechnet Photoshop die daraus resultierende Fläche, die mit der gesammelten Datenmenge von 9 MByte abgedeckt werden kann.

Die Bilddaten werden nicht verändert und kein Pixel wird interpoliert, wenn im Feld *Bild neu berechnen mit* kein Häkchen gesetzt ist. Werfen Sie einmal einen Blick auf die Eigenschaften Ihres Bildschirms. Bildschirme arbeiten standardmäßig mit 72 Pixel pro Zoll/Inch (dpi). Die Daten dieses Beispiels würden jetzt für ein Monitorbild von ca. 72 x 54 cm ausreichen.

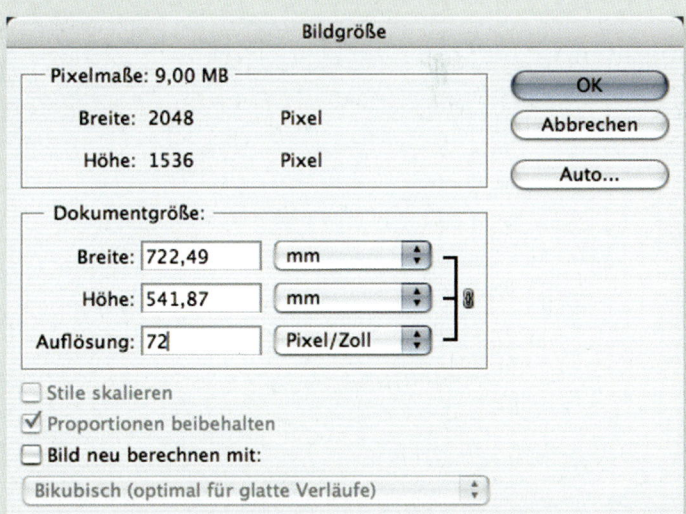

[4] Neu berechnen

Da die meisten Grafikkarten mit einer Standardauflösung von 768 x 1024 Pixeln arbeiten (Seitenverhältnis 3:4) können Bilder für die vollflächige Bildschirmbetrachtung (z. B. Bildschirmschoner oder PowerPoint-Vorträge) auf dieses Maß reduziert werden.

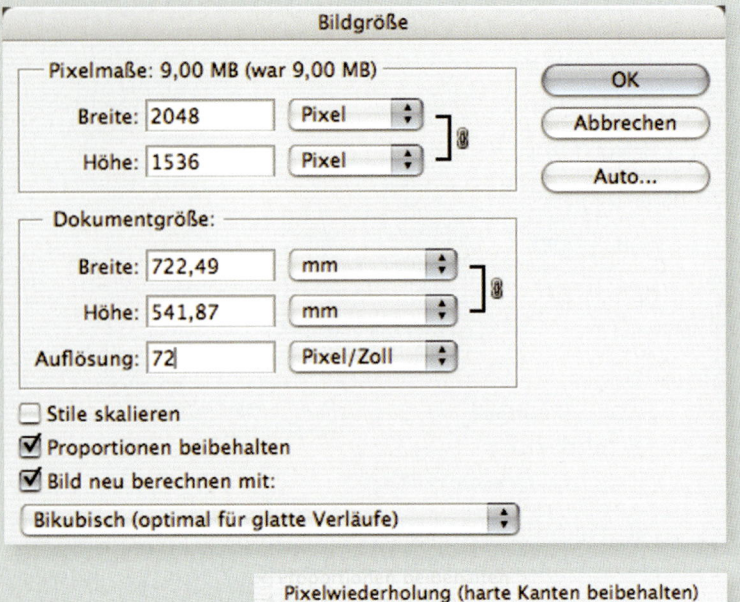

[5] Interpolation

Natürlich sollen die Proportionen der Aufnahme, also das Seitenverhältnis, erhalten bleiben. Dadurch können Sie entweder die neue *Breite* oder die neue *Höhe* eingeben. Photoshop ergänzt die zweite Angabe proportional.

Die Grafikkarte ist zuständig für das, was Sie auf Ihrem Bildschirm sehen. Die Standardmaße sind 72 dpi bei einem Seitenverhältnis von 3:4 mit 768 x 1024 Pixeln. Da sicherlich kaum jemand weiß, wie viele Milimeter 1024 Pixel sind, können Sie auch die Dimensionen umstellen. Wie sollen fehlende Pixel errechnet oder vorhandene abgezogen werden? *Bikubisch* ist da schon eine ganz gute Wahl. Wenn Sie aber noch bessere Interpolationsergebnisse erreichen möchten, dann stellen Sie den Verrechnungsalgorithmus entsprechend um.

[6] Neue Datenmenge

Das Dialogfeld *Bildgröße* zeigt Ihnen das neue Pixelmaß ganz oben an. Hier würde die Datenmenge aus 9 MByte, nach Bestätigen der Eingabewerte durch *OK*, auf 2,25 MByte reduziert werden.

[7] Variante für den Druck

Was für den Fall „aus Groß mach Klein" gilt, trifft auch für den umgekehrten Fall „aus Klein mach Groß" zu. Viele Ausbelichtungsdienstleister möchten die Bilddaten gerne mit 300 dpi geliefert bekommen. Wenn Sie nicht wissen, mit welchen Auflösungen die Printmaschine bei Ihrem Ausbelichtungsdienstleister arbeitet, fragen Sie nach. Wenn er Ihnen keine Auskunft darüber geben kann, suchen Sie sich lieber einen anderen.

Fügen Sie bei *Auflösung* Werte ein, können Sie ablesen, für welche Ausbelichtungsgröße Ihre Originaldaten ausreichen. Sind Sie mit dem Ergebnis zufrieden, bestätigen Sie mit *OK* und speichern Sie die Datei zum Ausbelichten ab.

[8] **Megadatenmenge**

Soll das Druckerzeugnis größer werden, z. B. DIN A4, wählen Sie die Option *Bild neu berechnen mit*. Tragen Sie das neue Wunschmaß ein und werfen Sie dabei immer einen Blick auf die sich verändernden Maßeinheiten, cm oder mm.

Sie werden erstaunt sein, wie explosionsartig die Datenmenge anwächst. Ein DIN-A4-Bild hat so um die 25 MByte und für jede weitere Ebene bei der Bildbearbeitung kommt noch mal dieselbe Datenmenge hinzu. Da kann man schon verstehen, warum der Computer dann etwas Rechenleistung benötigt.

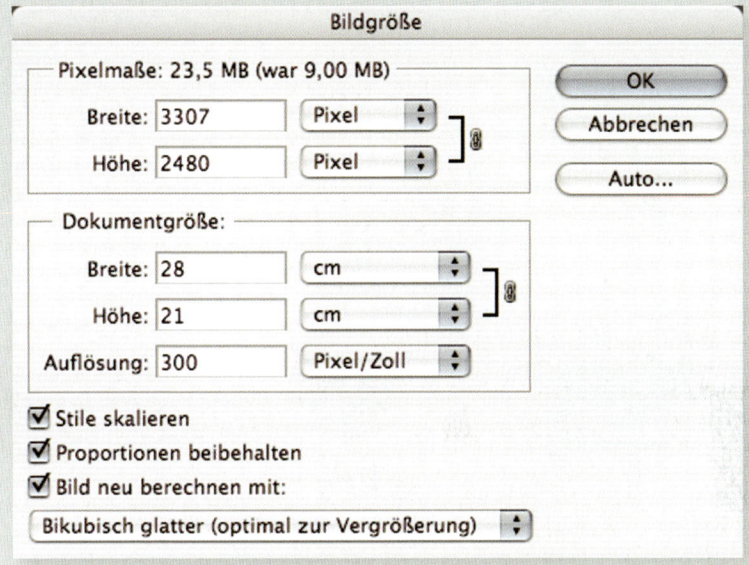

WORKSHOP 9

Bilder zuschneiden

Photoshop CS3 bietet verschiedene Möglichkeiten an, ein Dokument zu vergrößern oder zu verkleinern. Drei davon sollen Ihnen hier vorgestellt werden.

VORHER
Gespeicherte Daten, die beim Auslösen gescannt wurden, treffen mit ihrem Inhalt nicht immer den Kern der Sache. Die alte Fotografenregel hat besonders im Zeitalter der Digitalfotografie nichts von Ihrer Gültigkeit verloren: Ran ans Motiv. (Foto: Guido Sonnenberg)

NACHHER
Individuell abgestimmte Bildzuschnitte, entweder um Raum für Textinformationen zu schaffen oder um die Bildaussage zu intensivieren.

KAPITEL 12
SCHNELLE BILDKORREKTUREN

Methode 1

[1] Arbeitsfläche

Im Gegensatz zur Bildgröße verändert der *Arbeitsflächen*-Dialog nicht den Dokumenteninhalt, sondern nur die Dokumentengröße.

[2] Einstellungen

Ganz oben im Dialogfeld *Arbeitsfläche* können Sie die aktuelle Größe ablesen. Ihre gewünschte Dokumentengröße tragen Sie in den Eingabefeldern für Breite und Höhe ein.

Im Feld *Anker* können Sie eines der neun Felder markieren und so den Ausgangspunkt der Berechnung für die neue Dokumentengröße bestimmen. Voreingestellt ist der Mittelpunkt. Das neue Dokumentenmaß wird sich dabei nach allen Seiten neu orientieren.

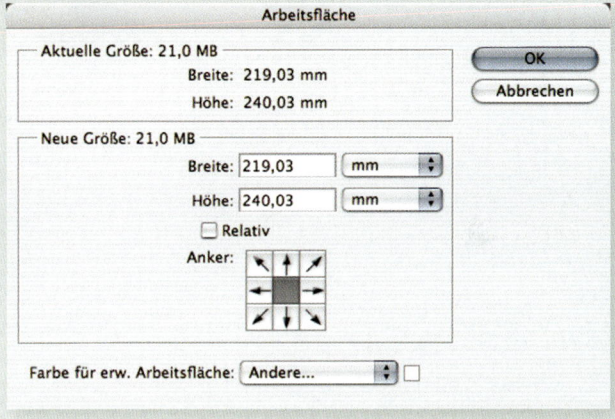

Beispiele:
Das neue Maß wird von der oberen linken Ecke aus errechnet.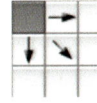

Das neue Maß wird von der oberen rechten Ecke aus nach links und abwärts errechnet.

Das neue Maß wird gleichmäßig nach rechts, oben und unten von der linken Dokumentenkante aus errechnet.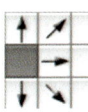

Das neue Maß wird mittig vom unteren Bildrand aus errechnet.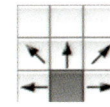

[3] Auffüllfarbe festlegen

Ist Ihre neue Dokumentenabmessung größer, dann können Sie noch bestimmen, mit welcher Farbe die Arbeitsfläche gefüllt werden soll. Wählen Sie im Pop-up-Fenster die Methode *Andere*. Wenn Sie jetzt die Maus im Bildfenster verschieben, verwandelt sich der Mauszeiger in eine Pipette und Sie können direkt aus Ihrem Bild eine Farbe aufnehmen und als Füllfarbe bestimmen.

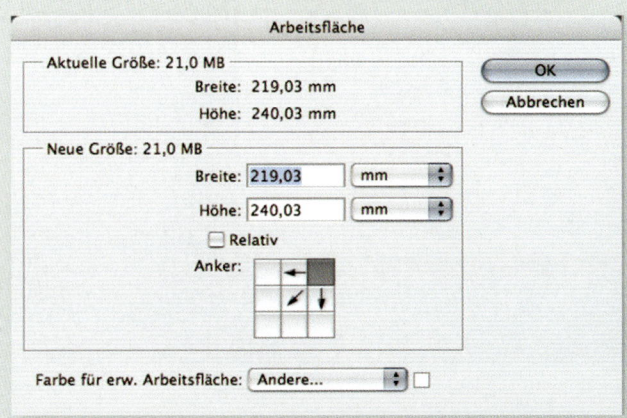

231

WORKSHOP 9

Methode 2

Redundante Pixel entfernen
Die Funktion *Zuschneiden* löscht gleichfarbige Pixel um ein Bild herum. Die im Dialogfeld angegebenen Bedingungen löschen die betroffenen waagerechten und senkrechten Bereiche. Im abgebildeten Beispiel würde nur auf der linken Bildseite ein gleichfarbiger Pixelbereich gelöscht und das Dokument bis an das Motiv heran verkürzt werden.

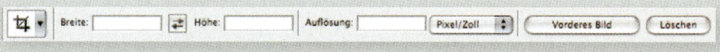

Methode 3

Freistellen
Bei dieser Zuschneidemethode haben Sie eine bessere Kontrolle über die Bildgestaltung. Nach Auswahl des *Freistellungswerkzeugs* aus der Werkzeugleiste achten Sie bitte darauf, dass in der dazugehörigen Optionsleiste keine Einträge vorhanden sind. Wenn doch, dann entfernen Sie diese mit der [Entf]-Taste.

Ziehen Sie mit dem *Freistellungswerkzeug* einen Rahmen in Ihrem Bild auf. Dieser Rahmen kann an den Ankerpunkten angepasst oder auch verschoben werden. Mit der [Esc]-Taste heben Sie den Rahmen wieder auf.

KAPITEL 12
SCHNELLE BILDKORREKTUREN

Drücken Sie die [Enter]-Taste, wird das Bild gemäß des Rahmens zugeschnitten.

233

13
SCHÄRFER
UND WEICHER

KAPITEL 13
SCHÄRFER UND WEICHER

13

KAPITEL 13
SCHÄRFER UND WEICHER

Schärfer und weicher

Tiefendetails bei High-Key-Fotos verstärken	238
Ecken und Kanten schärfen	242
Knackige Kantenkontraste erzeugen	246
Schärfen mit Unscharfmaskierung	250
Helle und dunkle Tonwerte schärfen	254
Silberkornrauschen simulieren	258
Detailbetonung durch Unscharfmaskierung	262

WORKSHOP I

Tiefendetails bei High-Key-Fotos verstärken

*High-Key-Aufnahmen sind oft kontrastarm und haben keine ausgeprägten Tiefen. Mit dem **Scharfzeichnen**-Filter können Sie dieses Manko leicht beheben. Mit den neuen Smartfilterebenen können Sie Ihre Einstellungen zudem auf eine eigene Einstellebene platzieren und jederzeit nachkorrigieren.*

VORHER
Im Bildmotiv findet sich kein echtes Schwarz und die Schatten wirken milchig: unzureichender Flächenkontrast und mangelnde Objektmodulation. (Foto: Guido Sonnenberg)

NACHHER
Durch Scharfzeichnen der Kanten wurde eine bessere Tiefenwirkung erreicht und eine Kontrastanhebung im Mitteltonbereich lässt die Modulation der Flächen klarer erscheinen.

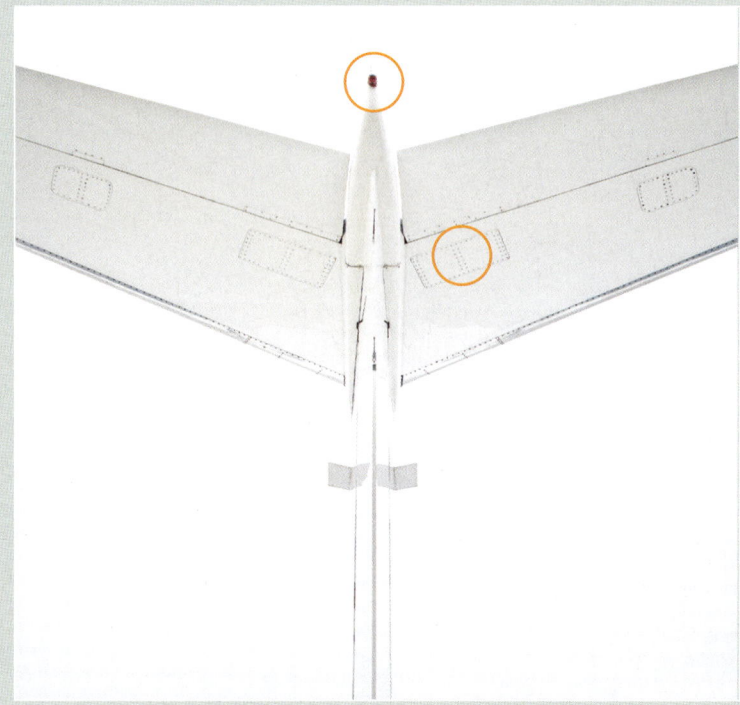

KAPITEL 13
SCHÄRFER UND WEICHER

[1] Motivebene kopieren

Damit die Tiefen unabhängig vom Original bearbeitet werden können, duplizieren Sie die Hintergrundebene. Hierzu klicken Sie mit der rechten Maustaste auf die Ebene *Hintergrund* und wählen im Kontextmenü den Eintrag *Ebene duplizieren*.

[2] Für Smartfilter konvertieren

Konvertieren Sie die neue Ebenenkopie zu einer Smartfilterebene, ein neues Feature von Photoshop CS3. Hierzu klicken Sie im Menü *Filter* auf die Funktion *Für Smartfilter konvertieren*. Die ausgewählte Ebene wird nun umgewandelt. Danach lassen sich die meisten Filter auf diese Ebene nicht-destruktiv anwenden, vergleichbar mit den Einstellungsebenen. Eine Smartfilterebene erkennen Sie am Symbol *Smart-Objekt-Miniatur* am unteren rechten Rand des Ebenensymbols, hier im Beispiel am Ebenensymbol der Ebene *Hintergrund Kopie*.

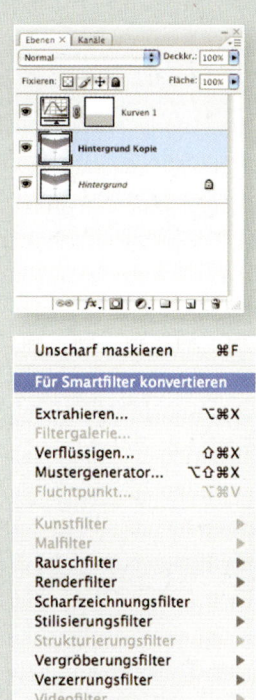

[3] Unscharf maskieren

Für das weitere Vorgehen greifen Sie auf Altbewährtes zurück: z. B. Scharfzeichnen mit dem Filter *Unscharf maskieren*. Wählen Sie als *Stärke* einen Wert von *150 %*, einen *Radius* von *3 Pixel* und einen *Schwellenwert* von *14 Stufen*.

[4] Unscharf maskieren-Einstellungen

Bei dieser Bearbeitungsweise, können Sie die oberen Standardwerte für das Nachschärfen anwenden. Feinabstimmungen können Sie zu einem späteren Zeitpunkt nachträglich über die Deckkraft regulieren.
Pro 100 dpi Bildauflösung wählen Sie einen *Radius* von *0,5 - 0,7* Pixeln. Ein höherer Radius würde die Details eventuell ausradieren. Die *Stärke* des Nachschärfens sollte im Bereich zwischen *50 - 150 %* liegen. Höhere Werte führen leicht zu einer Tontrennung.
Den Einstellwert für den *Schwellenwert* passen Sie Ihrem Motiv an. Der Schwellenwert legt fest, wie hoch die Tonwertdifferenz zweier benachbarter Pixel sein muss, bis sie als Kontur behandelt und scharfgezeichnet werden.

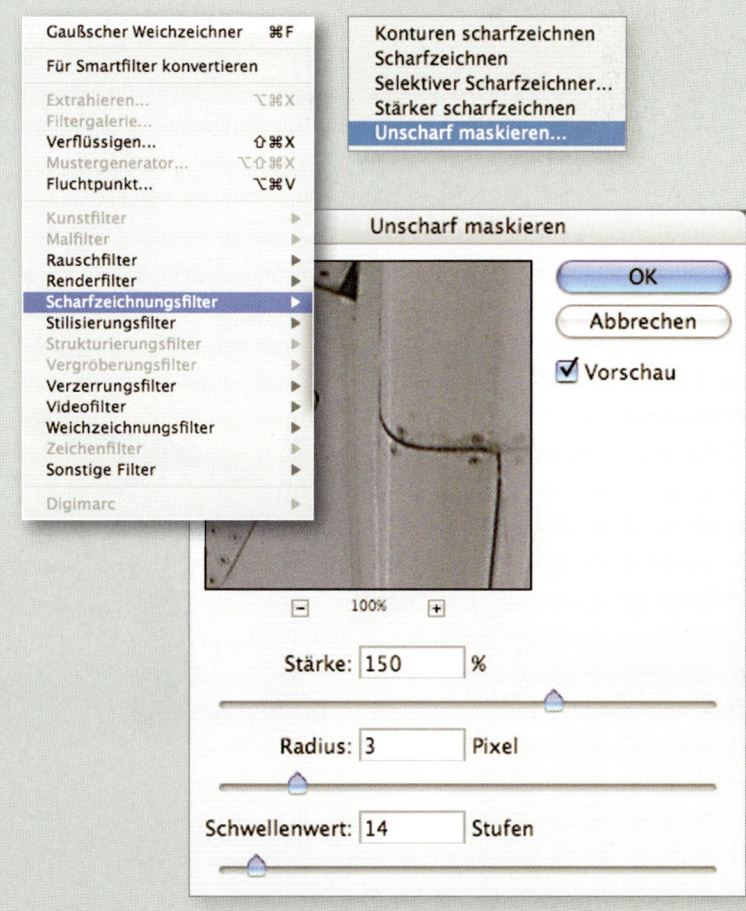

WORKSHOP I

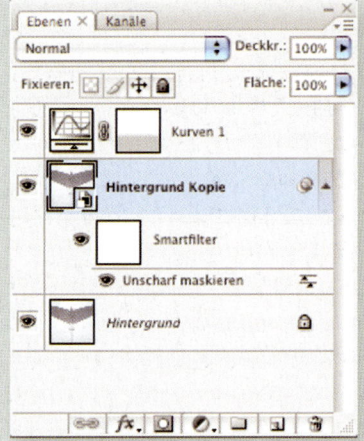

[5] **Die Ebenenanordnung**

Der neue Ebenentypus sieht danach in der Ebenenpalette wie abgebildet aus. Die Kanten des Motivs sollten deutlich akzentuiert worden sein. Sollten Sie nachbearbeiten wollen, erkennen Sie schnell den Vorteil des Smartfiltertypus. Ein Doppelklick auf den Namen und das Dialogfeld mit den Einstellwerten öffnet sich.

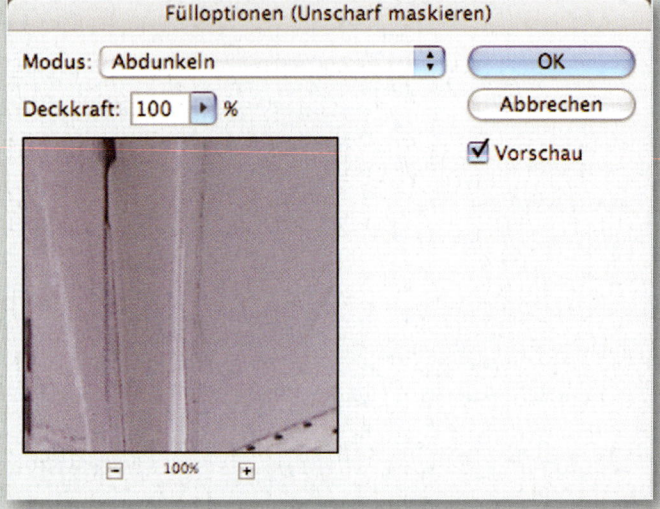

[6] **Kanten abdunkeln**

Ein Doppelklick auf das Schiebereglersymbol eröffnet Ihnen die Option, die Filter-Füllmethode zu verändern. Da bei einer High-Key-Aufnahme die Tiefen akzentuiert werden müssen, wechseln Sie den Modus auf *Abdunkeln*. So werden nur die dunklen Tonwerte durch das Scharfzeichnen mit dem Bild verrechnet.

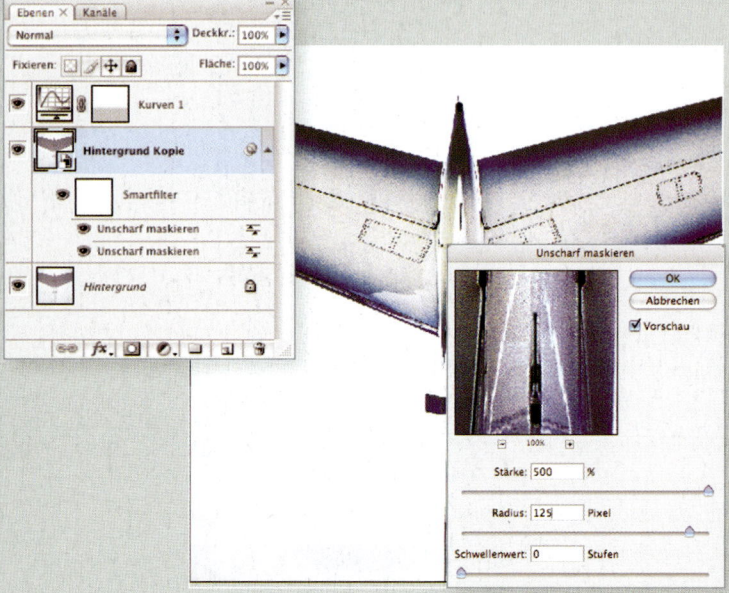

[7] **Kontrast verstärken**

Mit der vorherigen Einstellung *Unscharf maskieren* wurden die Kanten betont. In der Regel haben High-Key-Aufnahmen aber auch in den Flächen wenig Kontrast. Durch eine weitere Unscharfmaskierung soll dieses Problem angegangen werden.
Im Filterdialog spielen Sie mit den Extremwerten der Einstellregler: *Stärke* aufdrehen bis zum Anschlag und *Schwellenwert* auf *0*. Fahren Sie den *Radius* so hoch, bis die Flächen im Motiv deutlich gefüllt sind. Danach nehmen Sie die *Stärke* auf einen geringeren Wert zurück.
Ein kleiner Tipp: Bleiben Sie mit Ihren Einstellwerten bei einer übertriebenen Darstellung. Über die Deckkraft der Ebene können Sie diese leicht herunter optimieren.

KAPITEL 13
SCHÄRFER UND WEICHER

[8] Effektwirkung überlagern

Durch einen hohen *Radius* und geringerer *Stärke* wird in den Flächen die Modulation angehoben. Die Farben werden dadurch aber leider unerwünscht verändert.

[9] Smartfilter Fülloption ändern

Um den Farbstich durch das Scharfzeichnen in den Tiefen zu eliminieren, sollten die Fülloptionen des Filters *Unscharf maskieren* deshalb auf den Modus *Luminanz* gestellt werden. Damit wirkt sich die Scharfzeichnung auf die Tonwerte aus, nicht aber auf die Farben.

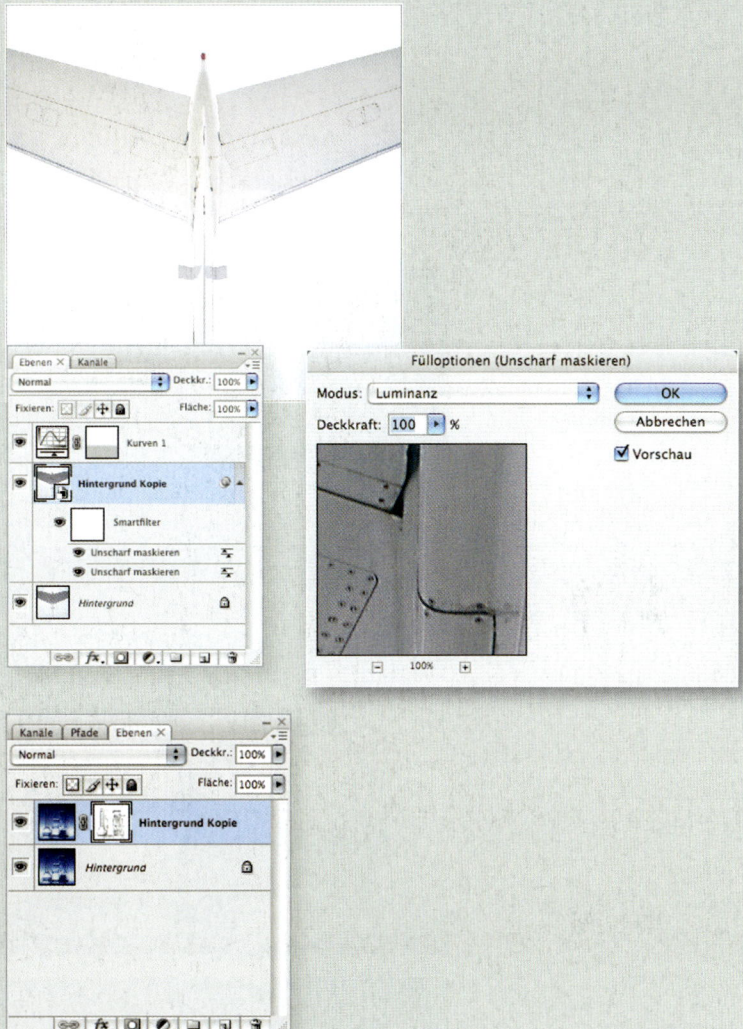

[10] Filtereffekt abmildern

Auch die *Deckkraft* und damit die Feinjustierung der Filter kann über die Fülloptionen reguliert werden: hier eine *Deckkraft* von *80 %*.

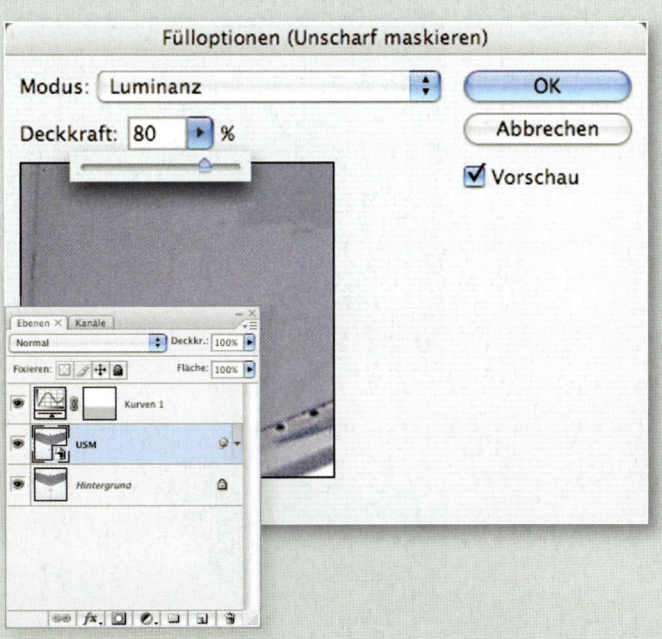

WORKSHOP 2

Ecken und Kanten schärfen

Da die Ecken und Kanten das Maß für unsere Augen sind, möchte man vielleicht nur diesen Bildbereich scharf abbilden. Wie Sie mit einer Konturenmaske schnell zu diesem Ergebnis gelangen, soll Ihnen dieses Verfahren zeigen.

VORHER
Das Herausmodulieren der Kanten ist hier erforderlich, um den Schärfeeindruck zu steigern.
(Foto: Guido Sonnenberg)

NACHHER
Durch eine modulierte Maske sind die Kanten des Motivs nachgeschärft worden. Das Luminanz- und Farbrauschen in den Flächen dagegen konnte durch Weichzeichnen abgemildert werden.

KAPITEL 13
SCHÄRFER UND WEICHER

[1] Farbkanal auswählen

Wechseln Sie von der Ebenenansicht zur *Kanal*-Palette und markieren Sie den Kanal, in dem Ihr Motiv am deutlichsten zu erkennen ist. Hier der Kanal *Blau*.

[2] Kanalebene duplizieren

Damit Sie diesen Kanal bearbeiten können, ohne Ihr eigentliches Bild zu manipulieren, müssen Sie eine Kopie der Kanalebene erstellen. Ziehen Sie hierzu die Kanalebene *Blau* per Drag and Drop auf das Symbol *Neuen Kanal erstellen*.

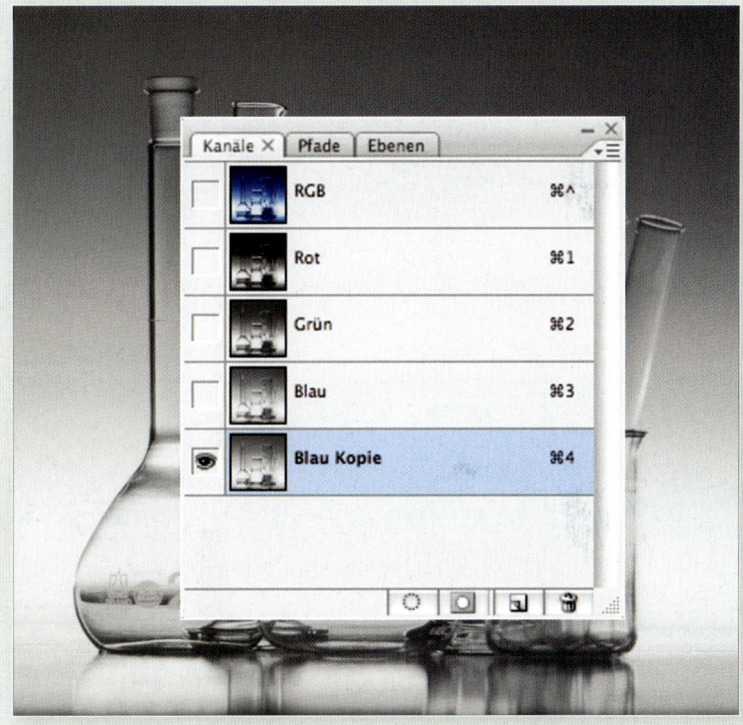

[3] Konturen finden

Mit einem Stilisierungsfilter reduzieren Sie das Graustufenbild in der *Kanal*-Palette auf dessen Konturen. In den meisten Fällen reicht der Filter *Konturen finden* aus.
Einen weiteren Weg zur Erstellung einer Konturenmaske erreichen Sie auch über den Filter *Leuchtende Konturen*. Hierbei haben Sie über drei Regler direkte Einflussmöglichkeiten auf die Konturenintensität.

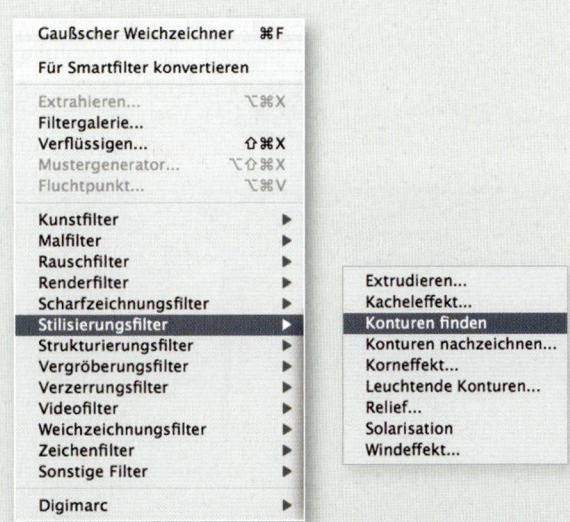

WORKSHOP 2

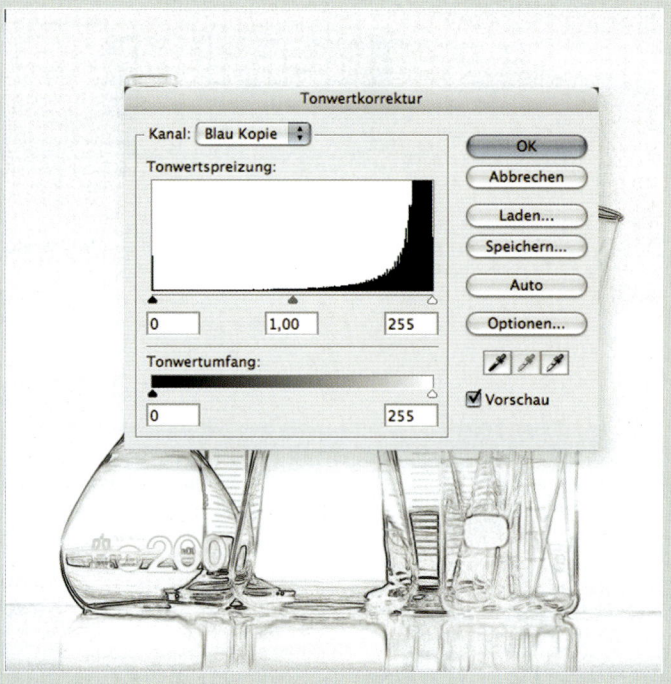

[4] Kontrast leicht anheben

Damit beim Ergebnis der Konturenmaske auch wirklich nur die Konturen ausgewählt sind, heben Sie den Kontrast mit der *Tonwertkorrektur*, Tastenkombination [Strg]+[L], leicht an.

Versuchen Sie ein fast klares Schwarzweiß-Bild zu erstellen. Schieben Sie zuerst den Schwarzpunkt deutlich nach rechts, um die Konturen deutlich zu akzentuieren.

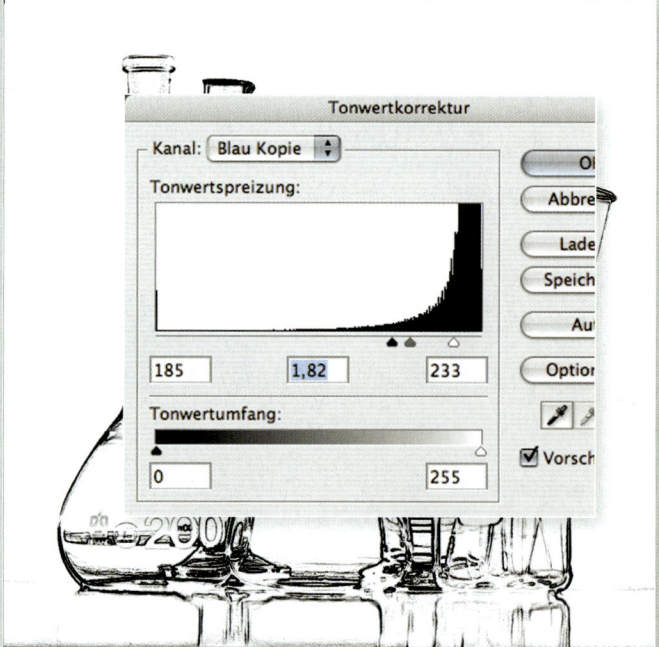

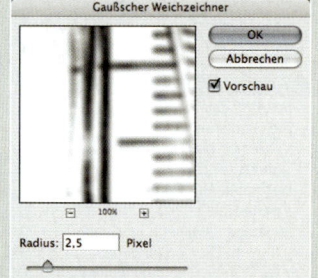

[5] Farbbereich definieren

Für einen weichen Übergang zwischen geschärftem und ungeschärftem Bereich nutzen Sie den Weichzeichnungsfilter *Gaußscher Weichzeichner*. Der *Radius* liegt zwischen 2 und 5 Pixeln. Das ist jedoch von der aktuellen Bildauflösung abhängig.

KAPITEL 13
SCHÄRFER UND WEICHER

[6] Auswahl erstellen

Laden Sie den Kanal als Auswahl über das Kreissymbol in der Symbolleiste der *Kanal*-Palette.

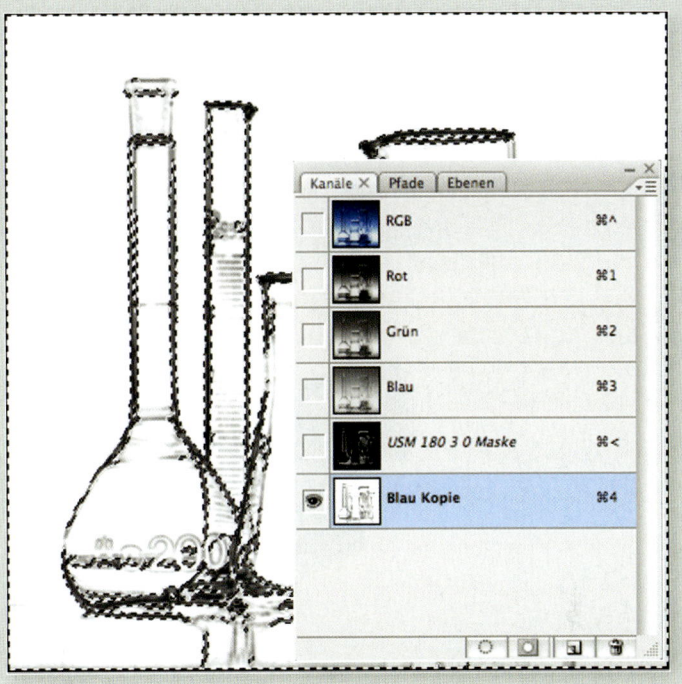

[7] Motivebene dulizieren

Schalten Sie auf die *Ebenen*-Palette um und duplizieren Sie die Motivebene. Durch Zuweisen einer Ebenenmaske wird der Inhalt der Auswahl übernommen und die Auswahl deaktiviert.

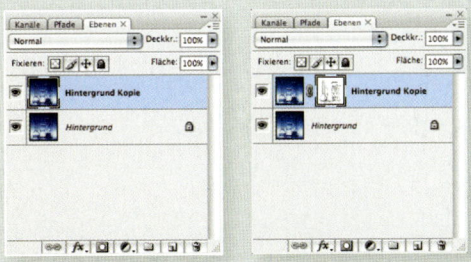

[8] Schwarzweiß-Maske invertieren

Noch sind in der Schwarzweiß-Maske die Kanten schwarz abgebildet. Schwarz bedeutet aber „nicht sichtbar". Doch sollen ja genau die Kanten sichtbar und die Flächen abgedeckt sein. Also müssen Sie die Schwarzweiß-Maske invertieren. Nutzen Sie hierzu die Tastenkombination [Strg]+[I].

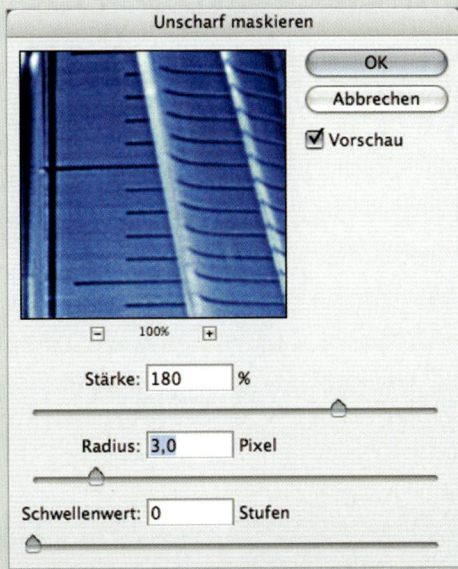

245

 WORKSHOP 3

Knackige Kantenkontraste erzeugen

Technische Produkte, hier ein typisches Beispiel eines Freistellers in diesem Fall für Werbeinformationen fotografiert, benötigen eine Akzentuierung der Kanten und weniger ein Nachschärfen der Fläche. Mit dem Hochpass-Filter können Sie die Kantenkontraste verstärken.

VORHER
*Bei dieser Aufnahme sind die Kanten zu weich und sollten durch eine Nachschärfung akzentuiert werden.
(Foto: Guido Sonnenberg)*

NACHHER
Eine Kontrastanhebung an den Kanten, ohne die Flächen mit einzubeziehen, bewirkt ein knackigeres Aussehen dieses Chromartikels.

KAPITEL 13
SCHÄRFER UND WEICHER

[1] Ebenenkopie erstellen

Kopieren Sie als erstes die Hintergrundebene. Ziehen Sie die zu kopierende Ebene innerhalb der *Ebenen*-Palette einfach per Drag and Drop auf das Symbol *Neue Ebene erstellen*. Dies kann die *Hintergrundebene* sein oder wie im Beispiel *Ebene 3*.

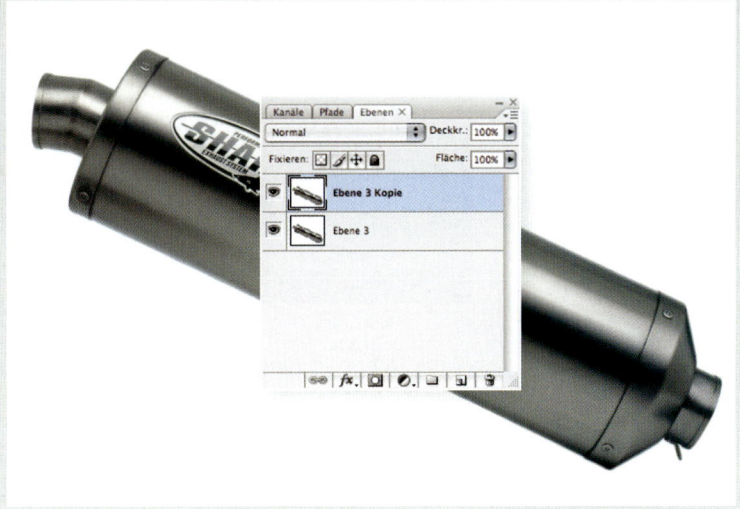

[2] In Smart Objekt konvertieren

Mit einem Rechtsklick auf die neu kopierte Ebene öffnen Sie das Kontextmenü der Ebene. Hier wählen Sie den Eintrag *In Smart Objekt konvertieren*.

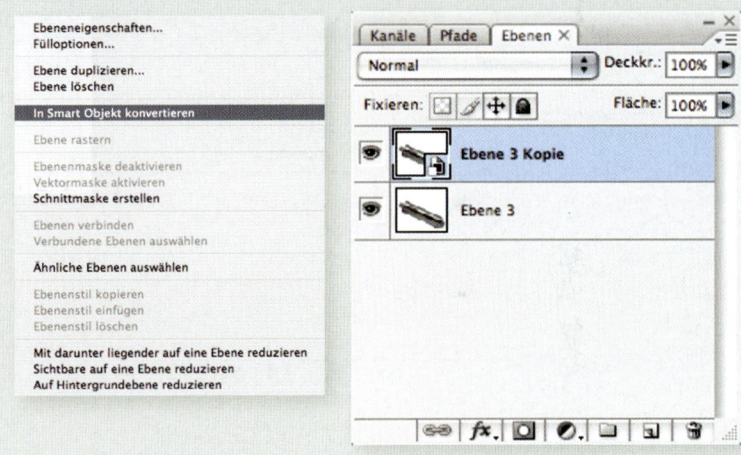

[3] Hochpass-Filter wählen

Öffnen Sie den *Hochpass*-Filter über das Menü *Filter* und die Funktion *Sonstige Filter/Hochpass*.

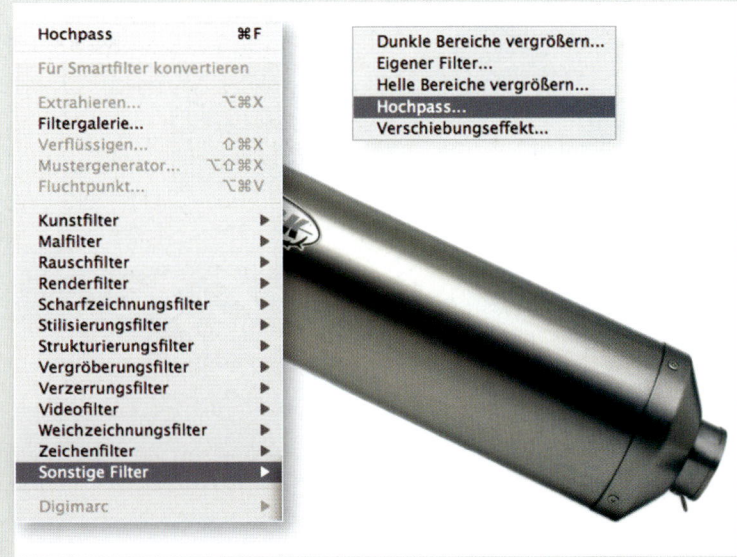

WORKSHOP 3

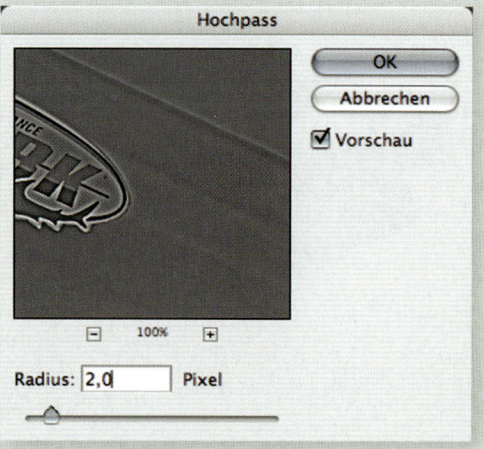

[4] Hochpass-Einstellungen

Reduzieren Sie die Bildmodulation auf ein einheitliches Grau. Durch Anheben des *Radius* bestimmen Sie im Dialogfeld *Hochpass*, in welchem Pixelbereich Kanten erkannt werden sollen. Finden Sie einen ungefähren Wert, der die Kanten wiedergibt, die verstärkt werden sollen.

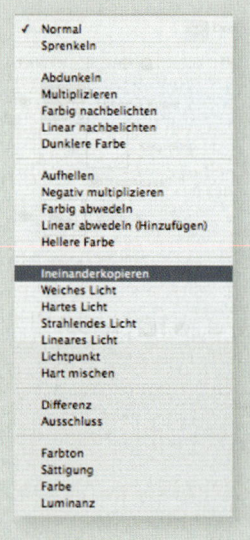

[5] Ebenen ineinanderkopieren

Im Listenfeld *Füllmethode für die Ebene einstellen* stellen Sie den Ebenenverrechnungsmodus der Smart Objekt-Ebene auf *Ineinanderkopieren* um.

[6] Optische Feineinstellung

Mit Doppelklick auf die Filterbezeichnung in der Smart Objekt-Ebene öffnen Sie den Dialog *Hochpass* erneut. Veränderungen erkennen Sie direkt in der Bilddarstellung. Stellen Sie jetzt den optimalen Radiusparameter für Ihr Motiv ein. Hier *0,8* Pixel

Auf der gegenüberliegenden Seite nochmals das fertig bearbeitete Bild.

KAPITEL 13
SCHÄRFER UND WEICHER

WORKSHOP 4

Schärfen mit Unscharfmaskierung

Praktisch alle digitalen Fotos müssen nachgeschärft werden. Die Kunst liegt darin, den richtigen Schärfungsgrad am Monitor zu finden. Ein Bild, das am Monitor überschärft wirkt, kann im Druck genau richtig erscheinen. Das klassische Verfahren dabei ist das Schärfen mit der Unscharfmaskierung.

VORHER
Das gesamte Motiv benötigt eine Nachschärfung. Doch damit würden Sie bei Beautyaufnahmen niemanden glücklich machen. (Foto: Guido Sonnenberg)

NACHHER
Nur die Motivbereiche mit einem deutlichen Tonwertunterschied wurden nachgeschärft. Die Flächen mit eng beieinander liegenden Tonwerten wurden von der Unscharfmaskierung ausgenommen.

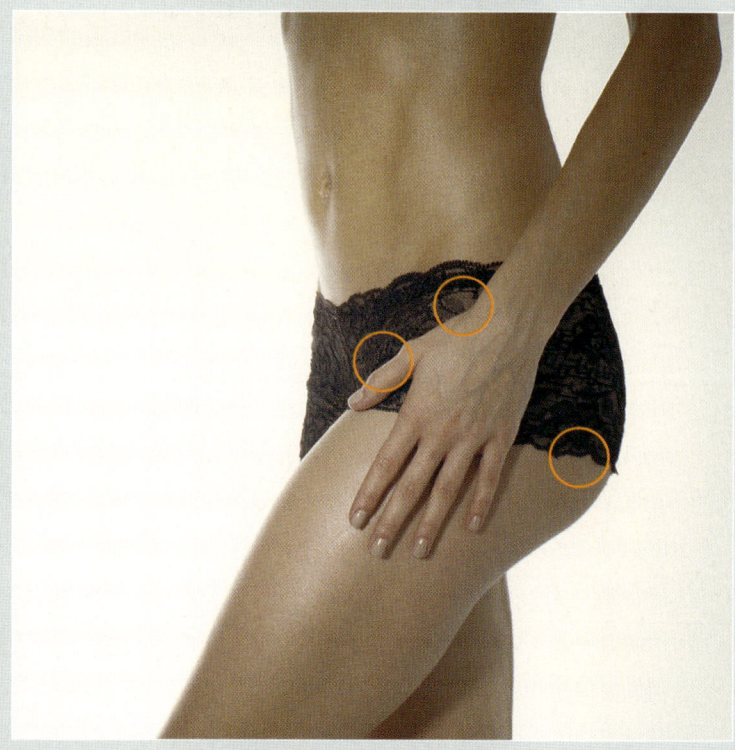

KAPITEL 13
SCHÄRFER UND WEICHER

[1] **Betrachtungsgröße anzoomen**

Zur Bewertung der Scharfzeichnung am Monitor zoomen Sie Ihr Foto auf die 100 %-Darstellung. In Photoshop nennt sich diese Auflösungsgröße *Tatsächliche Pixel*. Sie finden diese im Menü *Ansicht*. Hierbei entspricht ein Pixel im Bild genau einem Monitorpixel.

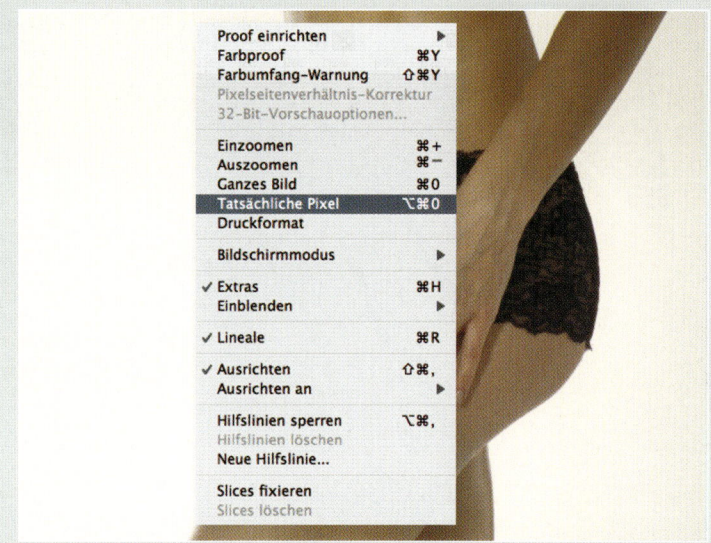

[2] **Scharfzeichnungsfilter wählen**

Photoshop bietet einige Scharfzeichnungsvarianten an, doch nur der Filter *Selektiver Scharfzeichner* und der Klassiker *Unscharf maskieren* bieten genau die Einstellmöglichkeiten für eine optimale Scharfzeichnung.

[3] **Basis und Grenzen**

Es gibt für das Schärfen leider keine universelle Lösung. Der Schärfeeffekt ist immer von der Bildauflösung abhängig sowie von Druckverfahren und Papierbeschaffenheit.
Wählen Sie den Filter *Unscharf maskieren*. Ein guter Ausgangswert ist *Schwellenwert 0 Stufen*, *Radius 1,5 Pixel* und eine leichte *Stärke* von 50 %. Zum Vergleich sehen Sie eine *Stärke* von 500 % bei einem *Radius* von 3 Pixeln.

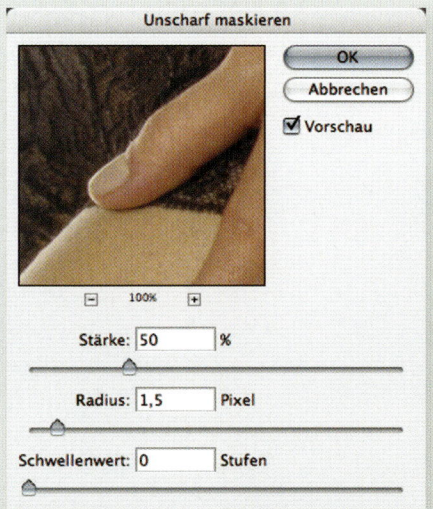 

251

WORKSHOP 4

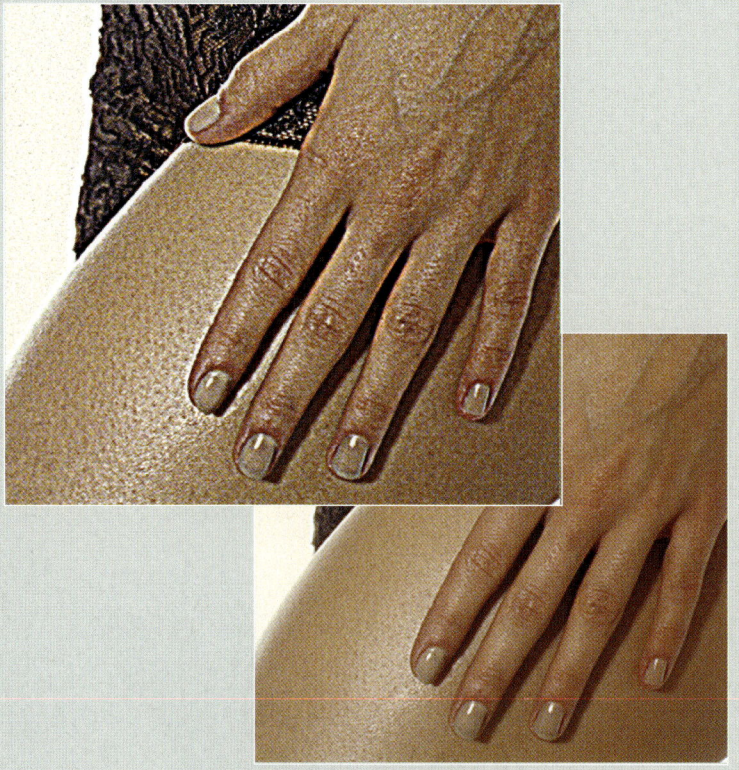

Der Weg zum guten Schärfen liegt im allgemeinen Verständnis der menschlichen Wahrnehmung. Das Wichtigste bei der Verarbeitung der Sehinformationen ist, die Kanten zu finden, die das Objekt vom Hintergrund trennen. Deshalb beurteilen wir dann ein Bild als scharf, wenn die Motivkanten gut akzentuiert sind. Die Flächen dürfen daher weich und unscharf bleiben.

Stärke und *Radius* formen die Kanten, der *Schwellenwert* schützt die Flächen. Bei dieser extremen Darstellung sehen Sie, wie die Pixel in den Flächen bei einem hohen Wert mitgeschärft werden. Durch Anheben des Schwellenwertes auf *12 Stufen* wird dem entgegengewirkt, ohne dass die Kontrastanhebung an den Kanten abgeschwächt wird.

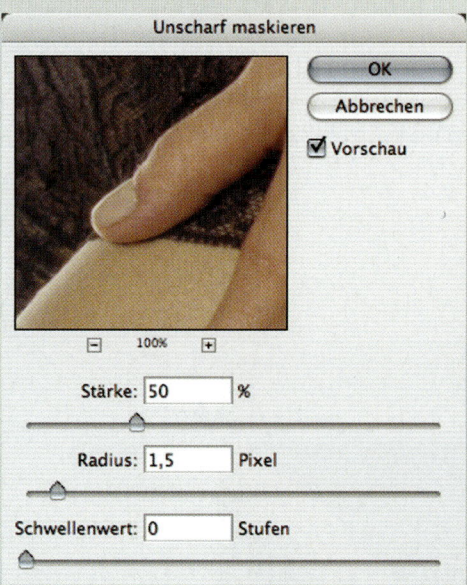

[4] Einstellwert für den Radius

Als Erstes sollten Sie den Einstellwert für den *Radius* finden. Fahren Sie die *Stärke* vorläufig auf ca. *100* bis *150 %* hoch, um die Wirkung beurteilen zu können. Die Kontrastanhebung soll in einem engen Radius erfolgen, zu hohe Werte führen zu Artefakten und zu einem harten Kontrast. Ein guter Anhaltswert ist die Faustregel *0,5* bis *0,7 Pixel* pro 100 dpi Bildauflösung.

KAPITEL 13
SCHÄRFER UND WEICHER

[5] **Stärke bestimmen**

Als Nächstes passen Sie die *Stärke* des Filters an. Alles, was über *150 %* hinausgeht, führt in der Regel zu Detailverlusten und Lichthöfen an den Kanten.

Die optimalen Parameter zu finden ist stark abhängig von der Auflösung des Bildes. Je höher die Bildauflösung ist, desto größer kann der Einstellwert sein.

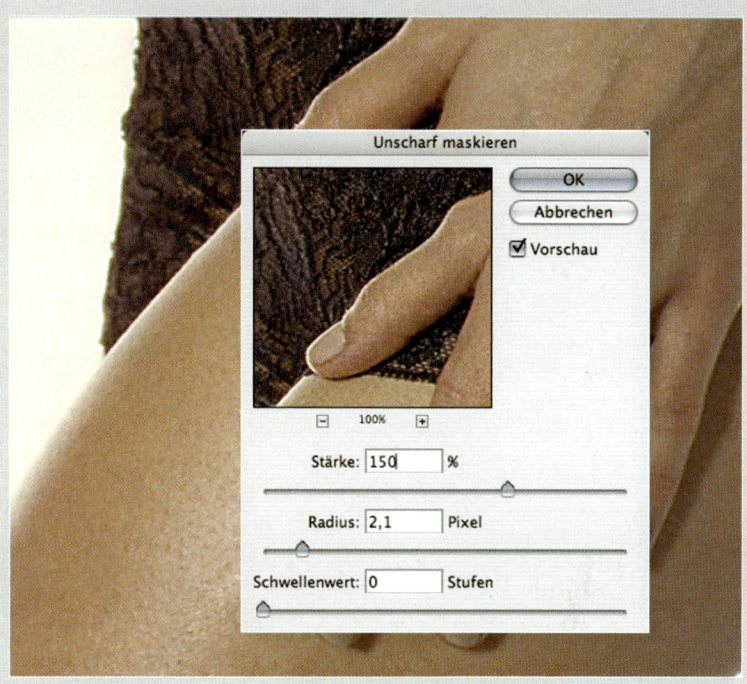

[6] **Schwellenwert definieren**

Der *Schwellenwert* definiert, wie hoch ein Tonwertunterschied zwischen zwei Pixeln sein muss (0 bis 255), damit dieser als Kante erkannt und scharf gezeichnet wird. Bei *0 Stufen* wird alles scharf gezeichnet. Damit Stellen mit kleinen Störungen nicht mitgeschärft werden, z. B. Hautpartien oder glatte Flächen mit Luminanzrauschen, reicht eine Anhebung von *3* bis *15 Stufen* völlig aus.

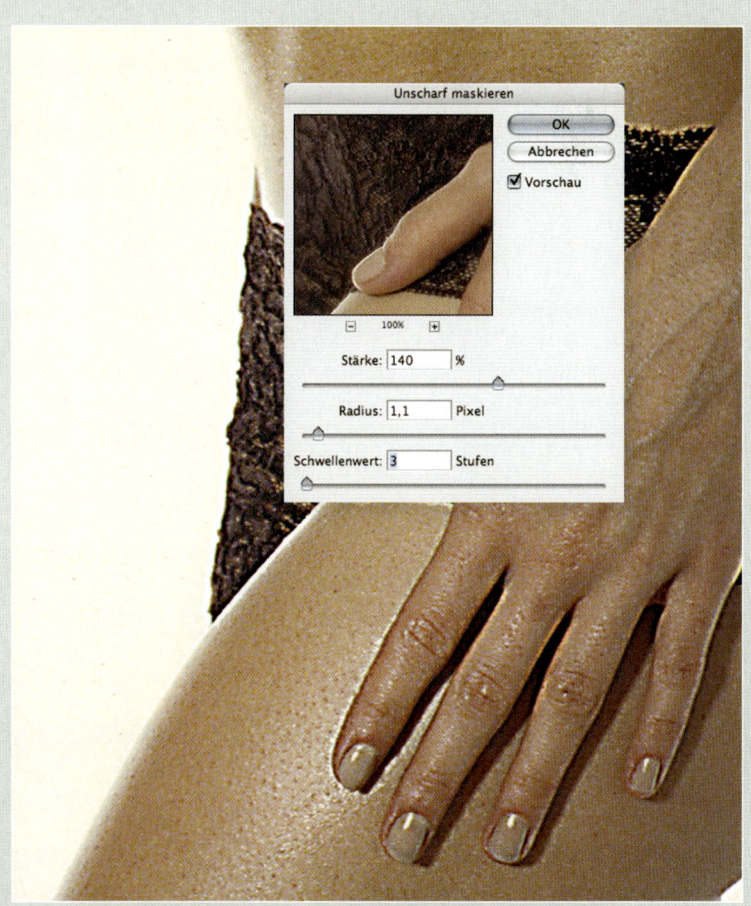

WORKSHOP 5

Helle und dunkle Tonwerte schärfen

Nicht immer soll das ganze Bild nachgeschärft werden. Das gilt insbesondere bei Porträtaufnahmen für die hellen Hauttonbereiche. Nach 14 Jahren hatte Photoshop mit CS2 endlich eine weitere Filteroption eingeführt, die eine Maskierung der Schärfung in den hellen und dunklen Tonwerten erlaubt.

VORHER
Gerade bei Porträts müssen die Augen scharf herausgearbeitet werden, ohne dass der Kontrast in den Hautflächen mit aufgeteilt wird. (Foto: Stella Frerichs)

NACHHER
Sie sehen eine selektive Nachschärfung, die sich in den dunklen und mittleren Bildbereichen auswirkt, die hellen Hautbereiche aber von einer Scharfzeichnung verschont.

KAPITEL 13
SCHÄRFER UND WEICHER

[1] Selektiver Scharfzeichner

Ob Sie die Schärfung direkt auf einer eigenen Ebene anwenden oder die Ebene in ein Smart Objekt konvertieren, ist Geschmackssache. Der Vorteil beim Smart Objekt ist der Erhalt der Einstellungsparameter für spätere Nachjustierungen. Die Vorgehensweise ist dabei völlig identisch.
Rufen Sie jetzt im Menü *Filter/Scharfzeichnungsfilter* die Funktion *Selektiver Scharfzeichner* auf.

[2] Basiseinstellungen vornehmen

Im Modus *Einfach* erhalten Sie mit den abgebildeten Einstellungen die gleiche Wirkung wie mit dem Filter *Unscharf maskieren*.
Unter dem Listenfeld *Entfernen* ist der *Gaußsche Weichzeichner* die Standardeinstellung, wie sie auch vom *Unscharf maskieren*-Filter verwendet wird.
Bewegungsunschärfe könnte bei leicht verwackelten Aufnahmen durch zu lange Verschlusszeiten gewählt werden.
Tiefenschärfe abmildern ermittelt die Kanten und Details und führt zu feinerem Scharfzeichnen von Details. Die Option *Genauer* hebt die Detailschärfung noch weiter an, was auch vorhandenes Bildrauschen unangenehm mitschärft und sicherlich bei den meisten Aufnahmen unerwünscht ist.

WORKSHOP 5

[3] Im erweiterten Modus

Starten Sie mit der Einstellung von *Stärke* und *Radius*. Definieren Sie Ihre Einstellwerte so, dass eine deutliche Schärfung sichtbar wird: hier für *Stärke* ein Wert von *200 %* und ein *Radius* mit *3,0* Pixeln.

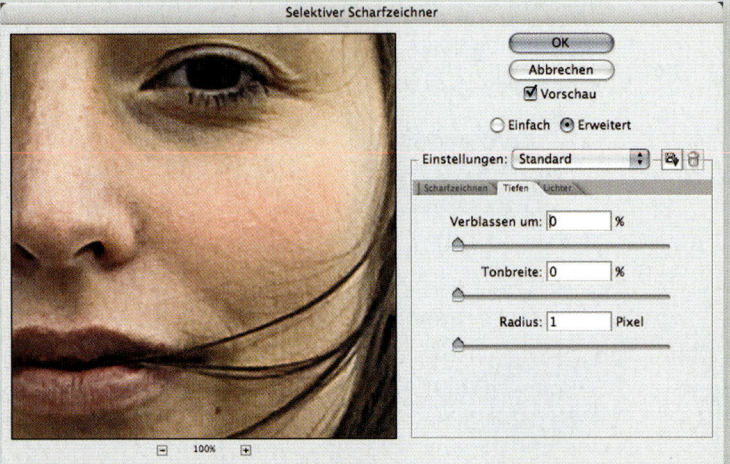

[4] Tiefenschärfe definieren

Wechseln Sie im Modus *Erweitert* auf das Register für die *Tiefen*. Wenn die Regler auf den kleinsten Wert eingestellt sind, wirkt sich die Scharfzeichnung in den dunklen Tonwerten voll aus.

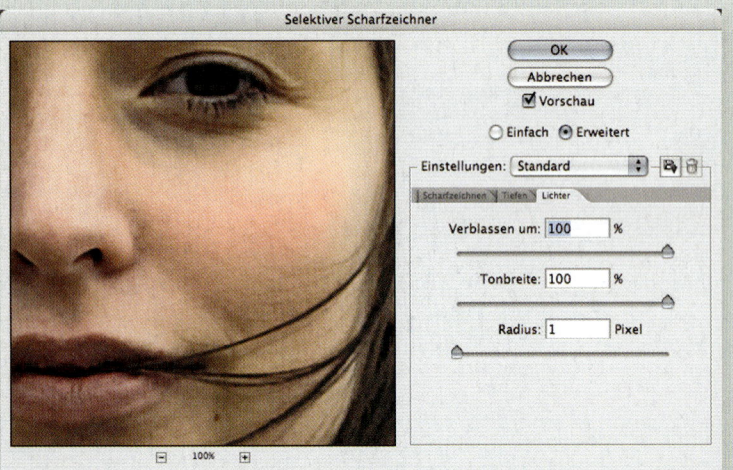

[5] Lichterwerte definieren

Verblassen definiert, wie weit sich die Maskierung auf die Schärfung auswirken soll. Der Wert *100 %* verhindert eine Schärfung in diesem Bereich vollständig.
Wie groß dieser Bereich sein soll, wird mit der *Tonbreite* festgelegt. *100 %* bedeutet hier eine Ausdehnung bis in den mittleren Tonwertbereich hinein.

[6] **Ebenendeckkraft reduzieren**

Der Vorteil, auf einer Ebenenkopie zu schärfen, liegt in der nachträglichen Reduzierung der Ebenendeckkraft. So kann die leicht überschärfte Bildkopie in der Wirkung zurückgenommen und mit dem Original verschmolzen werden.

WORKSHOP 6

Silberkornrauschen simulieren

Die digitale Kameratechnik liefert mittlerweile hervorragende, hochauflösende Bilddaten. Im Vergleich zum Diafilm sind diese Bilder in den Flächen glatt und rein. Bei Aufnahmen auf Film sind hier immer leichte feine Störungen zu erkennen: das Silberkorn. In diesem Workshop wird Ihnen gezeigt, wie Sie eine Ebene mit Störungen anlegen können, um dieses Silberkornrauschen zu simulieren und wie Sie nebenbei noch einen optischen Schärfungseffekt erzielen.

VORHER
In der vollen Bildauflösung wirken die glatten Flächen im Bild unnatürlich und wie Plastik. Gerade bei Vergrößerungen von Bildausschnitten werden die Komprimierungsartefakte und das digitale Farbrauschen störender wahrgenommen.
(Foto: Guido Sonnenberg)

NACHHER
Durch das Simulieren von feinem Filmkorn treten die Objektkanten deutlicher im Bild hervor. Kleinere Störungen und JPEG-Artefakte in den Flächen werden vom hinzugefügten Rauschen überdeckt.

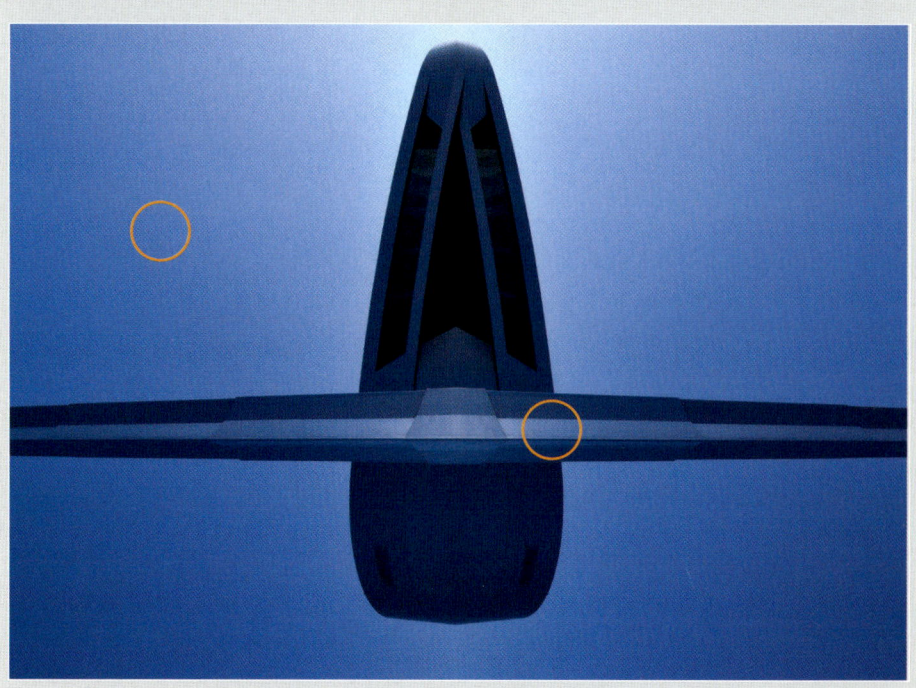

KAPITEL 13
SCHÄRFER UND WEICHER

[1] Neue Ebene erstellen

Damit Ihnen die volle Flexibilität bei der Bildbearbeitung erhalten bleibt, soll das digitale Bildrauschen auf einer eigenen Ebene erzeugt werden. Klicken Sie dazu in der Symbolleiste am unteren Rand der *Ebenen*-Palette auf das Symbol *Neue Ebene erstellen*. Dass die neue Ebene transparent und ohne Inhalt ist, können Sie am Schachbrettmuster des Ebenensymbols von *Ebene 1* erkennen.

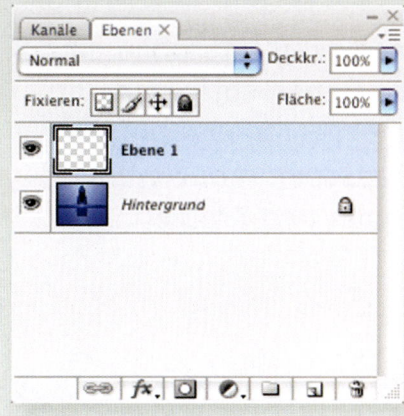

[2] Ebene füllen

Die neue Ebene wird jetzt nachträglich mit einem neutralen Grau als Farbe komplett gefüllt. Unter dem Menüpunkt *Bearbeiten/Fläche füllen* öffnet sich Ihnen das Dialogfeld *Fläche füllen*. Im Listenfeld *Verwenden* können Sie unter verschiedenen voreingestellten Füllfarben wählen. Klicken Sie *50 % Grau* an.
Die Fläche wird nun mit einem neutralen Grauton gefüllt und nimmt Ihnen die Sicht auf das Motiv, das eine Ebene tiefer liegt. Keine Angst, Sie sind auf dem richtigen Weg, der Zaubertrick kommt im nun folgenden Arbeitsschritt.

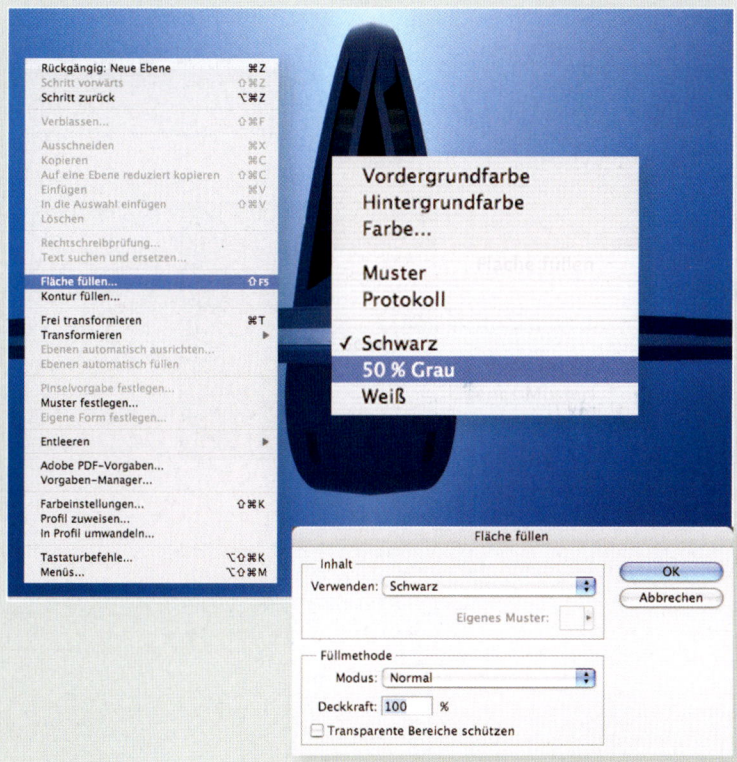

[3] Füllmethode für die Ebene ändern

Verstellen Sie für die grau gefüllte Ebene in der *Ebenen*-Palette die Füllmethode von *Normal* auf *Ineinanderkopieren*. In der Photoshop-Version CS2 wurde dieser Verrechnungsmodus noch *Überlagern* genannt.
Das Ergebnis verblüfft: Die graue Ebene wird unsichtbar und Ihr Bildmotiv erscheint unverändert. Diese neutralgraue Farbe hat im *Ineinanderkopieren*-Modus die Eigenschaft, keine Farb- oder Luminanzveränderung im Motiv zu bewirken.

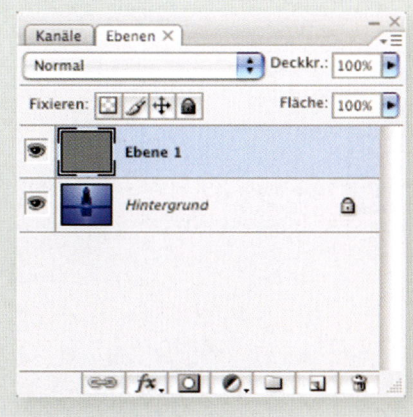
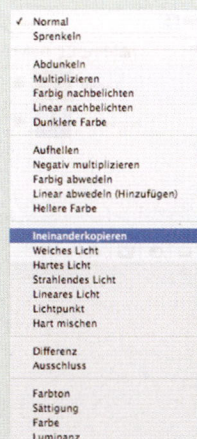

259

WORKSHOP 6

[4] Digitales Korn hinzufügen

Aus dem von CS2 bekannten Filter *Störungen* wurde in Photoshop CS3 *Rauschen hinzufügen*. Wählen Sie im Menü *Filter* die Funktion *Rauschfilter/Rauschen hinzufügen*. Im Dialogfeld des Filters kreieren Sie jetzt das digitale Rauschen. Dieser Filter fügt nach dem Zufallsprinzip einem Bild Pixel hinzu, wobei der Effekt simuliert wird, der entsteht, wenn Bilder mit einem hochempfindlichen Film aufgenommen werden.

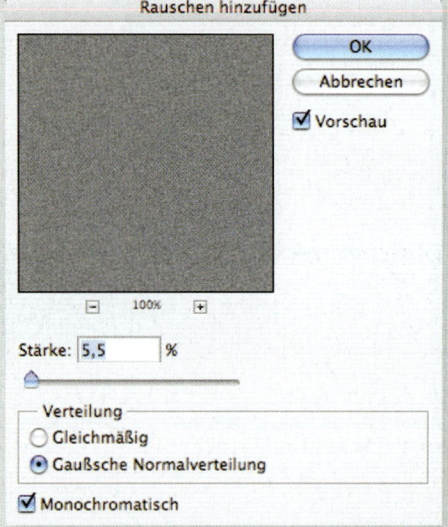

Unter *Stärke* bestimmen Sie, wie grob das Korn sein soll. Für Bilddateien mit einer Auflösung von 300 dpi sollten Sie ungefähr im Bereich von *3* bis *7 %* bleiben.

Das Korn erscheint als *Gaußsche Normalverteilung* etwas ausgewogener verteilt. Damit das Korn nicht farbig wird, markieren Sie auf jeden Fall das eckige Optionsfeld *Monochromatisch*.

KAPITEL 13
SCHÄRFER UND WEICHER

Motiv ohne Rauschen

Motiv mit 5,5 % monochromatischem Rauschen, Ebenendeckkraft auf 50 % reduziert

Motiv mit 5,5 % Rauschen, Ebenendeckkraft 100 %

Motiv mit 5,5 % Farbrauschen, Ebenendeckkraft 100 %

Detailbetonung durch Unscharfmaskierung

Das wichtigste an einem Porträt sind die Augen. Schon bei der Aufnahme sollten Sie darauf achten, dass Sie immer auf die Augen scharf stellen. Durch selektive Unschärfe und dem Nachbearbeiten der Augenpartien bei der Bearbeitung in Photoshop können Sie den Fokus des Betrachters leicht beeinflussen.

VORHER
Der Blick des Betrachters schwankt zwischen Augen und leuchtendem Mund. Die Bildgewichtung sollte eindeutiger auf die Augen gelegt werden.
(Foto: Christine Anders)

NACHHER
Durch das Absoften der Bereiche oberhalb und unterhalb der Augen konnte der Fokus eindeutig auf die Augen gelenkt werden.

KAPITEL 13
SCHÄRFER UND WEICHER

[1] Lab-Modus aktivieren

Beim Nachschärfen von Fotos müssen nicht die Farben, sondern die Bildmodulation muss im Kontrast gesteigert werden. Im *RGB*-Modus befindet sich in jedem der drei Kanäle sowohl Farbe als auch Bildmodulation wieder. Nicht so im *Lab*-Modus. Hier sind Farben und Bild in getrennten Kanälen angelegt. Über das Menü *Bild* wählen Sie die Funktion *Modus/Lab-Farbe*.

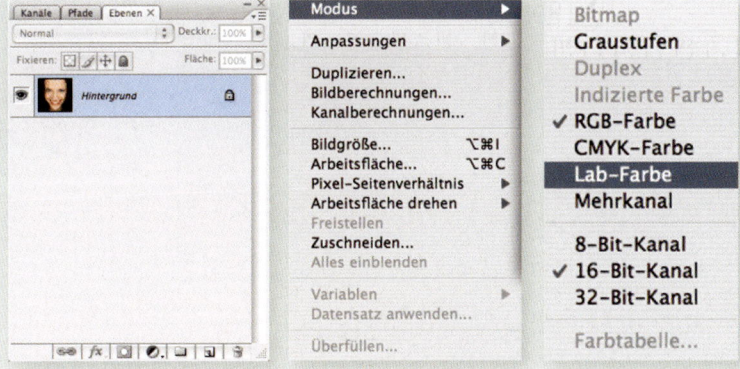

[2] Originalbild duplizieren

Um die Schärfung auf einer eigenen Ebene unabhängig vom Originalbild durchzuführen, erzeugen Sie ein Duplikat der Hintergrundebene. Wählen Sie hierzu im Kontextmenü der Ebene *Hintergrund* den Eintrag *Ebene duplizieren*.

[3] Kanal wählen

Wechseln Sie nun von der *Ebenen*-Palette zur *Kanal*-Palette. Im Kanal *Helligkeit* und im Kanal *Lab*, der Bildmodulation, sehen Sie ein Schwarzweiß-Bild. In den Kanälen *a* und *b* nur Farben. Wählen Sie zum Schärfen gezielt den Kanal *Helligkeit* aus.

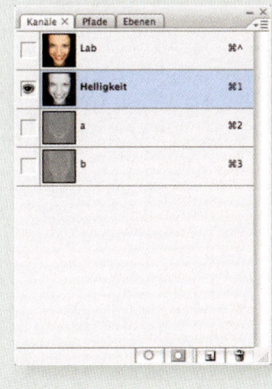

[4] Schärfen im Helligkeitskanal

Bevor Sie über das Menü *Filter* die Funktion *Scharfzeichnungsfilter/Unscharf maskieren* starten, vergessen Sie nicht, Ihre Bildansicht auf 100 % zu stellen. Klicken Sie hierzu in der Werkzeugleiste auf das *Zoom*-Werkzeug und anschließend in den Werkzeugoptionen auf die Schaltfläche *Tatsächliche Pixel*.

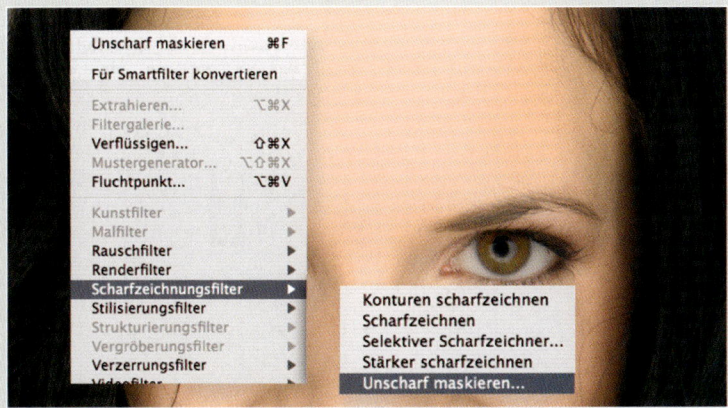

WORKSHOP 7

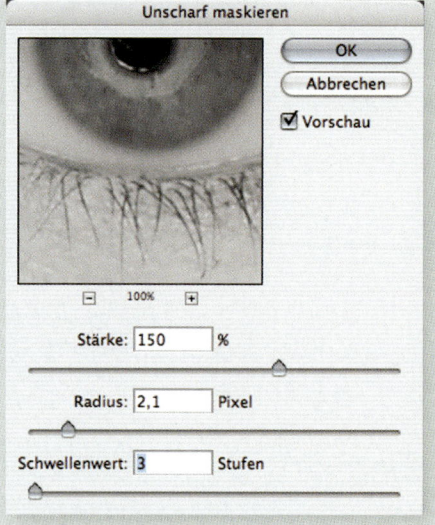

[5] Unscharf maskieren-Parameter finden

In der Voransicht des *Unscharf maskieren*-Dialogs können Sie im Vorschaufenster den Augenausschnitt mit der Maus verschieben; vorausgesetzt, das eckige Optionsfeld *Vorschau* ist aktiviert.
Da bei dieser Technik kleine Farbartefakte durch zu hohe Parameter entstehen können, wählen Sie die optimierten Maximalwerte, sodass eine leichte Überschärfung zu erkennen ist.

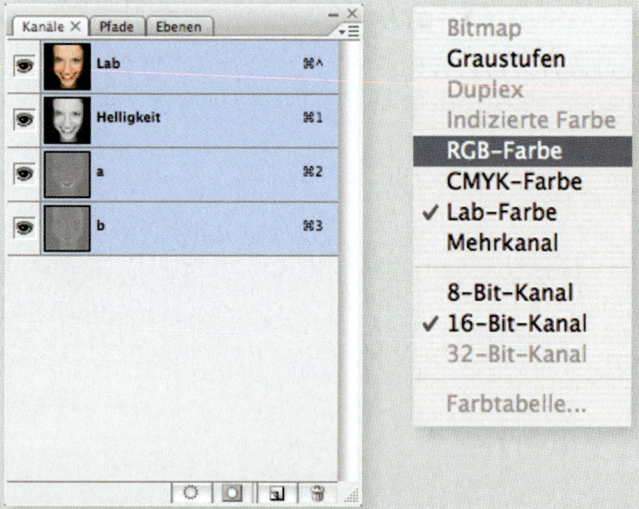

[6] Zurück in den RGB-Modus

Über das Menü *Bild/Modus* wechseln Sie wieder zurück in den Modus *RGB-Farbe*.

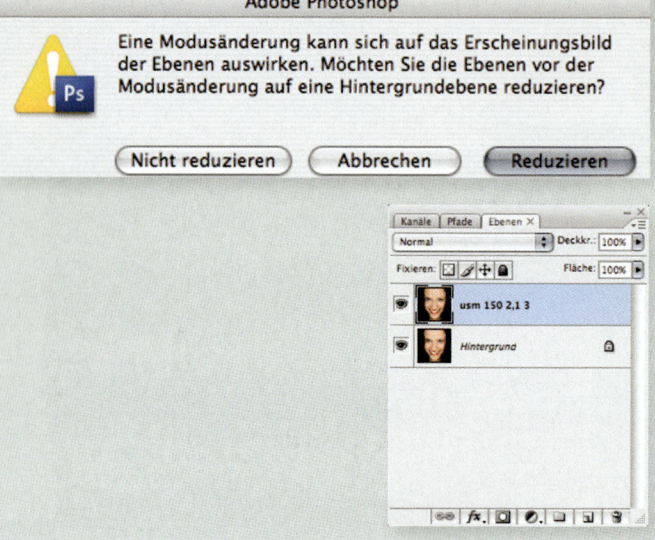

[7] Ebenen erhalten

Photoshop wird Sie beim Konvertieren fragen, ob die zwei Ebenen vor der Modusänderung auf eine Hintergrundebene reduziert werden sollen. Verneinen Sie die Anfrage mit *Nicht reduzieren*. Die Schärfung ist auf der oberen Ebene durchgeführt worden und soll dort auch erhalten bleiben. Sie können die Ebene umbenennen, damit Sie später die Werte nachvollziehen können: hier in den Ebenennamen *usm 150 2,1 3*.

KAPITEL 13
SCHÄRFER UND WEICHER

[8] Ebeneninhalt verbergen

Der oberen Ebene fügen Sie nun eine Ebenenmaske hinzu. Eine weiß gefüllte Maske lässt den Ebeneninhalt sichtbar erscheinen. Halten Sie beim Zuweisen der Maske die [Alt]-Taste gedrückt, erhalten Sie eine schwarz gefüllte Ebenenmaske und der Inhalt der Ebene wird verdeckt.

Sie haben jetzt zwei Ebenen. Der scharfgezeichnete, obere Ebeneninhalt ist jetzt jedoch verdeckt und nicht sichtbar. Im nächsten Schritt soll dieser teilweise wieder sichtbar gemacht werden.

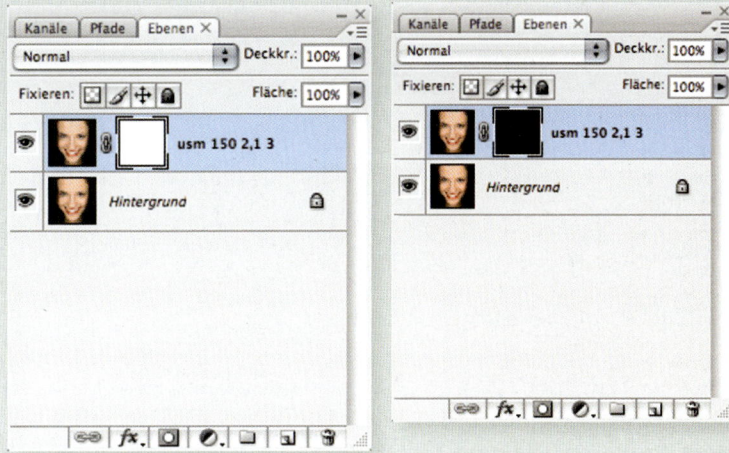

[9] Verlaufswerkzeug vorbereiten

Auf der schwarz gefüllten Ebenenmaske ziehen Sie jetzt einen weißen Farbverlauf auf. Ändern Sie dazu im Farbwähler der Werkzeugleiste die Vordergrundfarbe auf Weiß.

Am schnellsten erreichen Sie dies durch einen Klick auf das kleine Doppelquadratsymbol oberhalb der Farbfelder.

Wählen Sie nun in der *Werkzeug*-Palette das *Verlaufswerkzeug* aus und ändern in den Werkzeugoptionen die Parameter wie abgebildet; ein Verlauf von der Vordergrundfarbe Weiß nach Transparenz.

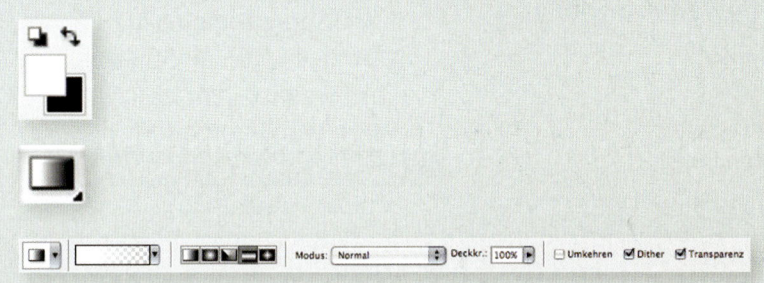

[10] Farbverlaufsbereich definieren

Der Farbverlaufsbereich wird durch Aufziehen einer Strecke im Bild definiert. Klicken Sie auf Pupillenhöhe ins Bild und ziehen Sie das Band bis zur Nasenspitze. Durch das Gedrückthalten der [Umschalt]-Taste verläuft das Band und damit der Verlauf gerade.

Durch die weiße Farbe in der Ebenenmaske wird jetzt wieder ein Teil des geschärften Ebeneninhalts sichtbar.

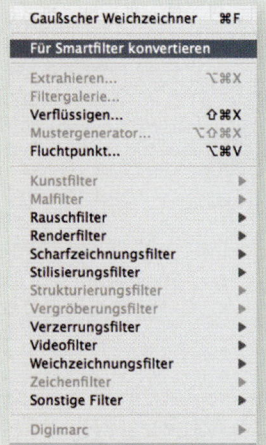

[11] Smart Objekt erstellen

Es gibt zwei Wege, um aus einer normalen Ebene eine Smartfilterebene zu erzeugen. Entweder Sie wählen das Menü *Ebene/Für Smartfilter konvertieren* oder Sie klicken mit der rechten Maustaste auf die Ebene und wählen aus dem Kontextmenü *In Smart Objekt konvertieren*.

[12] Weichzeichnen auf Smart Objekt-Ebene

Führen Sie auf dieser *Smart Objekt*-Ebene eine Weichzeichnung durch. Der *Radius* sollte dabei im unteren Bereich bleiben. Er kann aber jederzeit durch die neu eingeführte Smart Objekt-Methode neu eingestellt oder in der *Deckkraft* reguliert werden.

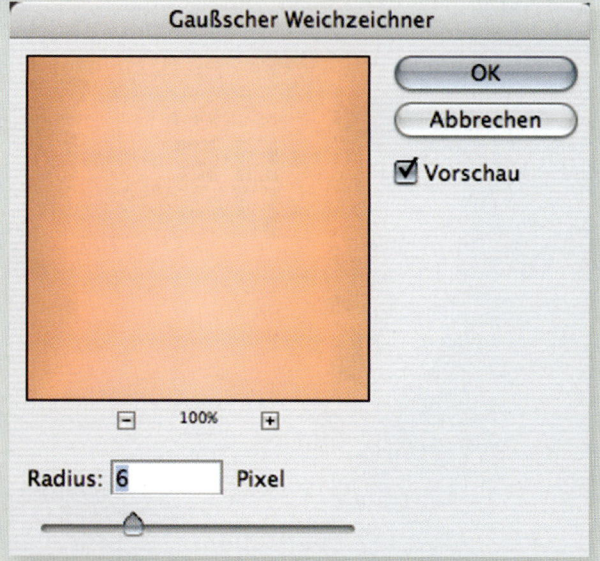

KAPITEL 13
SCHÄRFER UND WEICHER

[13] Mehr Glanz für die Augen

Um die Augen noch glänzender wirken zu lassen, hellen Sie doch einfach das Augenweiß auf bzw. entfernen den Farbstich daraus. Eine einfache Methode ist die *Selektive Farbkorrektur*, weil man damit den Farbbereich Weiß anwählen kann.
Erstellen Sie eine Einstellungsebene. Damit die Einstellungen nur auf die eine, direkt unterhalb liegende Ebene wirkt, klicken Sie mit gedrückter [Alt]-Taste auf die Trennlinie in der Ebenenpalette.

267

14
FARBEN

KAPITEL 14
FARBEN

14

KAPITEL 14
FARBEN

Farben

Farbchaos	272
Crosstechnik simulieren	276
Farben optimieren	280
Farben verändern	286
High-Key-Optimierung	290
Manuelle Tonwertkorrektur	296
Mehr Farbnuancen mit dem Lab-Farbraum	302
Flaue Farben auffrischen	306

# WORKSHOP I

Farbchaos

Nehmen Menschen mit guten Augen auch Farben bunter und frischer wahr als solche mit Sehschwäche? Wir können uns keine Farben merken. Ja, Rot war Rot - aber wie rot war Rot? Die Farben auf den alten Erinnerungsfotos sind auch mit der Zeit verblasst. Und Maschinen? Glauben Sie, dass Ihr Monitor Farben immer richtig und konstant anzeigt?

Keiner möchte Ihnen den Spass an der Bildbearbeitung nehmen. Doch an dieser Stelle sollten wir ein paar allgemeine Worte über Farben verlieren.

Alles, was Farben sehen kann, wird sie mit kleinen Fehlern, Sehschwächen und Interpretationen belegen. Egal ob natürlich oder technisch gesehen. Aus dem unendlichen Spektrum verbleibt also nur ein individueller, kleiner Farbanteil. Wie groß dieses sogenannte Gamut bei Ihnen ist, kann nicht mathematisch definiert werden. Bei technischen Geräten allerdings schon. Und wer dieses Gamut bei seinem Monitor kalibriert hat, der ist zumindest schon ein Einäugiger unter vielen Blinden. Wenn Sie sich jetzt noch vorstellen, dass eine Druckmaschine auch nur einen begrenzt druckbaren Farbraum besitzt, dann haben Sie schon zwei Farbräume, die mit an Sicherheit grenzender Wahrscheinlichkeit nicht identisch sind. Bei A werden die Farben additiv aus Rot, Grün und Blau gemixt. Beim B subtraktiv aus Cyan, Magenta, Yellow und Schwarz und viele Hersteller geben noch weitere Farben hinzu.

Farbraum A sollte also mit Farbraum B koordiniert werden. Dazu benötigen Sie einen dritten Farbraum, der mindestens so groß ist, dass er die Farbräume von A und B beinhaltet. Photoshop CS 3 ist dieser Koordinator, nur müssen Sie dem Programm auch sagen, mit welchen Farbräumen es arbeiten soll.

(Foto: Dirk Trachte)

KAPITEL 14
FARBEN

[1] Dialogfeld für Farbprofis

Das Menü *Bearbeiten* enthält den Zugang zum Dialogfeld *Farbeinstellungen*. Wechseln Sie zur erweiterten Darstellung des Dialogfelds mit der Schaltfläche *Mehr Optionen*.

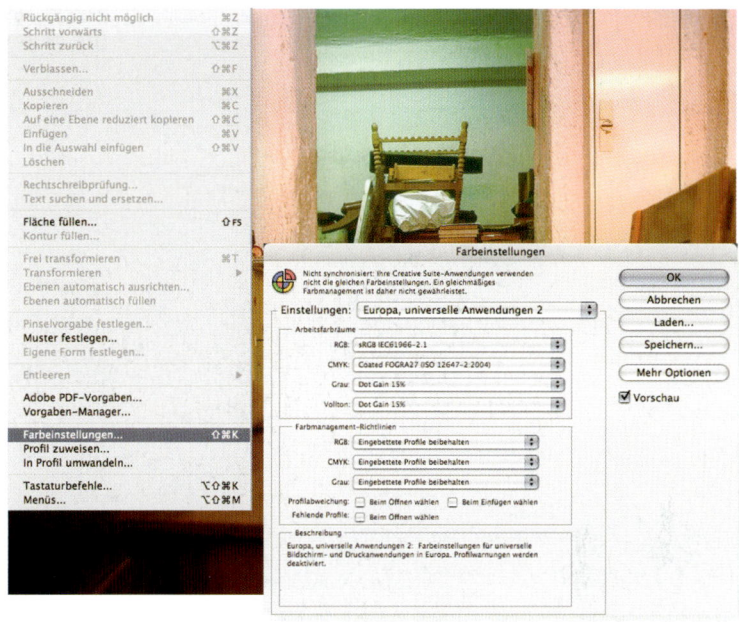

[2] Arbeitsfarbraum

Die erste Einstellgruppe widmet sich den Arbeitsfarbräumen:
Unter *RGB* benötigt man den Farbraum, der das Gamut der Ein- und Ausgabegeräte umfasst. Profis, die ihre Bilder im Offsetdruck ausgeben, wählen hier *eciRGB v2*, einen von der European Color Initiative empfohlenen RGB-Farbraum. Wer etwas allgemeiner arbeiten will, der trifft eine gute Wahl mit *Adobe RGB (1998)*.

Bei *CMYK* soll der druckbare Farbraum des Ausgabegeräts angewählt werden. Der allgemeine Druckstandard für Offset mit gestrichenem Papier (Coated) ist seit April 2007 FOGRA39 (siehe auch im Internet *www.eci.org*).
Grau: Macs arbeiten mit Gray Gamma 1.8 und PCs mit 2,2. Es soll die Graustufendarstellungen besser an die Monitorwiedergabe anpassen.
Vollton: Eine ungefähre Angabe, die das Auslaufen (Punktzuwachs) der Druckfarbe im Papier angibt. Je nach Papier unterschiedlich, jedoch bei gestrichenem Papier sehr gering.

[3] Farbmanagement

Wollen Sie eine Bilddatei öffnen, die bereits mit einem angefügten Farbprofil versehen ist, spricht nichts dagegen, das eingebettete Profil beizubehalten. Wenn Sie ein Bild neu optimieren wollen, dann ist es gleichgültig, ob ein Profil vorhanden ist oder nicht. Spätestens beim Abspeichern wird das Profil Ihres Arbeitsfarbraums angehängt.

WORKSHOP I

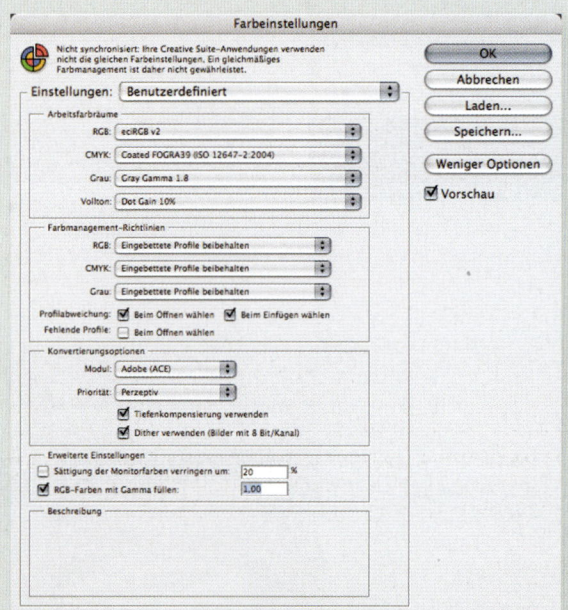

[4] Konvertieren

Lassen Sie alle Bilder und Dokumente mit dem gleichen Modul verrechnen. Aber was soll mit Farben passieren, die von einem Farbraum in einen anderen Farbraum umgefüllt werden? Die Priorität für einen großen Farbraum, der in einen kleineren Farbraum (RGB nach CMYK) umgewandelt werden soll: wahrnehmungstreu (perzeptiv). Für Umwandlungen nach Farbräumen, die annähernd gleich groß sind.

[5] Gamma

Erzeugt genauere Mischfarben im RGB-Modus durch einen Gammaausgleich. Die meisten Anwender arbeiten ohne Gamma-Korrektur. Vergleichen Sie z. B. die Mischfarbe einer grünen Ebene (50 % Deckkraft) auf einer roten Ebene.

[6] Farbeinstellungen sichern

Speichern Sie die Farbeinstellungen ab und schließen Sie das Dialogfeld. Photoshop arbeitet ab jetzt automatisch mit den eingestellten Werten. Ändern Sie die Farbeinstellungen einmal, können Sie über *Laden* auf die abgespeicherten Werte jederzeit zurückgreifen.

KAPITEL 14
FARBEN

[7] Farbeinstellungen synchronisieren

Das Programm „Adobe Bridge" ist die Dokumentenverwaltungszentrale unter CS3. Öffnen Sie aus Bridge heraus die *CS-Farbeinstellungen*, so können Sie Ihre zuvor abgespeicherten Einstellungen aus Photoshop anwählen. Alle Programme, die über Bridge synchronisiert werden, arbeiten dann mit diesen Farbeinstellungen.

[8] Speichern unter

Beim Abspeichern von Bilddokumenten können Sie den Dokumententyp wählen. Nicht alle unterstützen die Einbindung von Farbprofilen. Die wichtigsten für den Datenaustausch mit Profileinbindung sind: *TIFF*, *JPEG*, *EPS* und natürlich *PSD*.

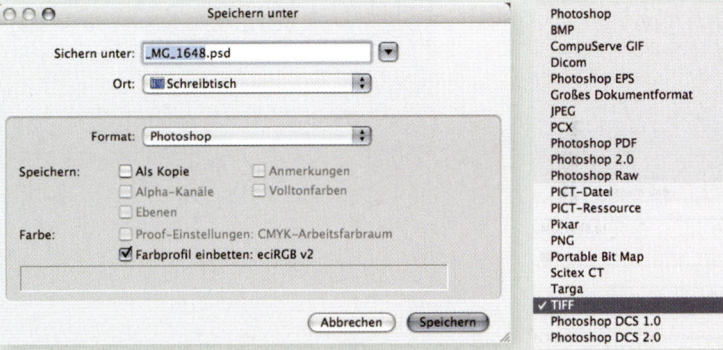

[9] Abweichungen vom Profil

Was soll passieren, wenn Photoshop fragt, was mit Bildern geschehen soll, die ein anderes Profil mitbekommen haben?
Wenn dem Bilddokument ein Farbprofil anhängt, verwenden Sie das eingebette Profil. Photoshop gleicht die Farben des Dokuments an die Ihres Arbeitsplatzes an.

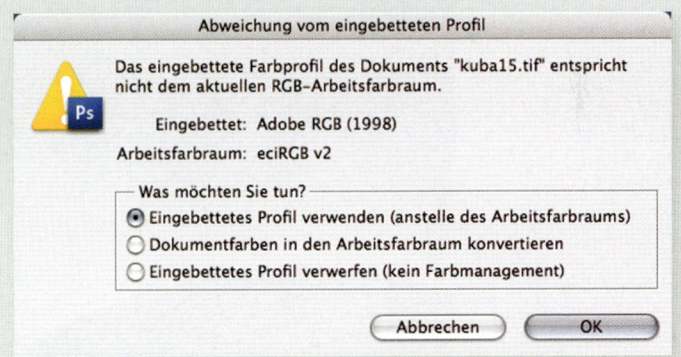

[10] Farbkonvertierungen

Um ein Bild von einem Farbraum in einen anderen zu konvertieren, benutzen Sie die Funktion *In Profil umwandeln*. Durch die Vorschauoption können Sie mit den Konvertierungsoptionen experimentieren und das Farbverhalten im Bild studieren.

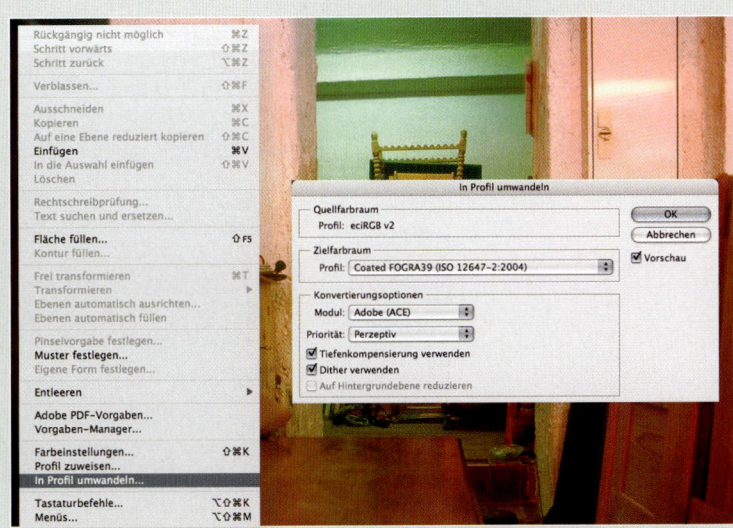

WORKSHOP 2

Crosstechnik simulieren

In den 80er Jahren kam die Mode unter den Fotografen auf, die Filme zu „crossen". Diafilme wurden durch Negativentwickler geschickt oder Negativfilme im Diaprozess entwickelt. Steile Kontraste, Körnigkeit und Fehlfarben erzielte man mit dieser Crosstechnik. Hier ein kleines Beispiel, wie Sie diese Technik mit Photoshop simulieren können.

VORHER
*Ein normaler Schnappschuss bei wolkenverhangenem Himmel, in England aufgenommen.
(Foto: Christine Anders)*

NACHHER
Durch die extreme Verbiegung der Gradationskurven wurde ein Fotostil aus den Achtzigern simuliert.

KAPITEL 14
FARBEN

[1] Ausgangsbild duplizieren

Auch die Photoshoptechnik „Crossing" soll nicht destruktiv sein, also das Original im unveränderten Zustand belassen. Dazu die Hintergrundebene mit dem Originaldaten kopieren und zu einer „Smartfilter"-Ebene vorbereiten. Zwei Möglichkeiten stehen Ihnen zur Auswahl: entweder über *Filter/Für Smartfilter konvertieren* oder über das Kontextmenü der markierten Ebene, das Sie mit der rechten Maustaste aufrufen. Wählen Sie hier den Eintrag *In Smart Objekt konvertieren*.

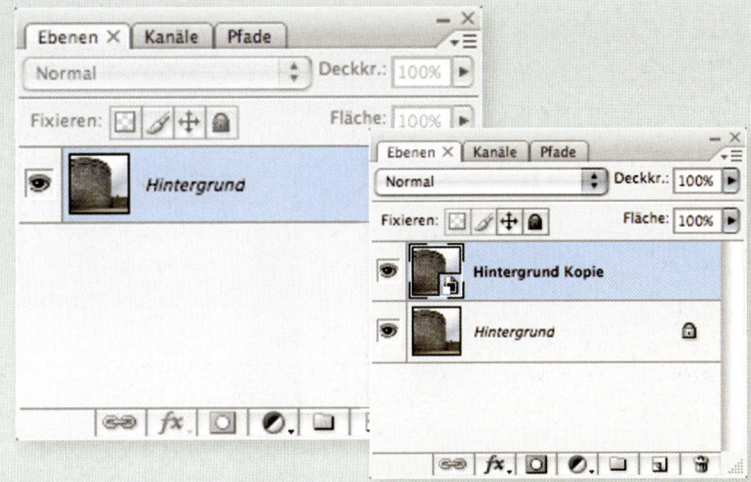

[2] Rauschen hinzufügen

Der Smartfilterebene wird der Filter *Rauschen hinzufügen* zugewiesen. Rufen Sie dazu im Menü *Filter* die Funktion *Rauschfilter/Rauschen hinzufügen* auf. Die Filme hatten zu analogen Zeiten ein kräftiges Korn. Also darf mit der *Stärke* ein etwas großzügiger Wert gewählt werden. Hier sind es *12 %*.

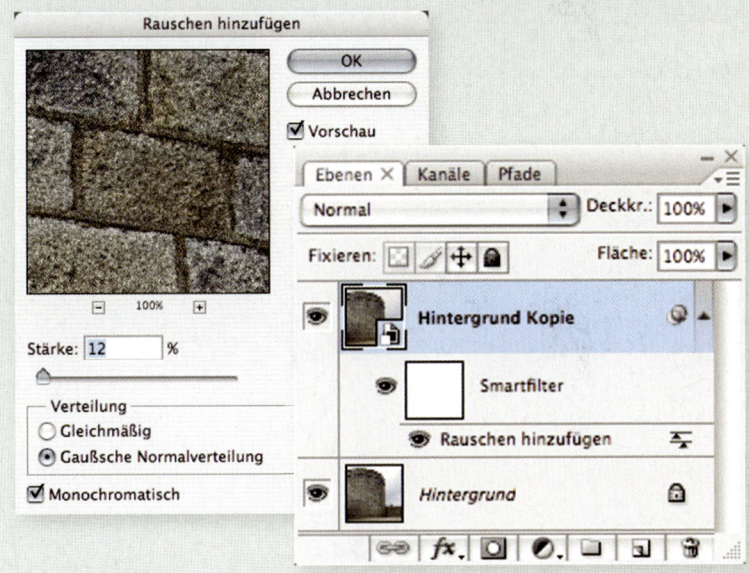

[3] Kontrastreiches Graustufenbild

Weisen Sie nun der Ebene *Hintergrund Kopie* die Einstellungsebene *Schwarzweiß* zu. Mit der Einstellungsebene *Schwarzweiß* wird die Smartfilterebene (*Hintergrund Kopie*) in ein Graustufenbild umgewandelt. Im Dialogfeld *Schwarzweiß* wählen Sie aus der Liste der *Vorgaben* die kontrastreichste Variante aus, hier *Blaufilter mit hohem Kontrast*, und passen diese eventuell noch etwas an.

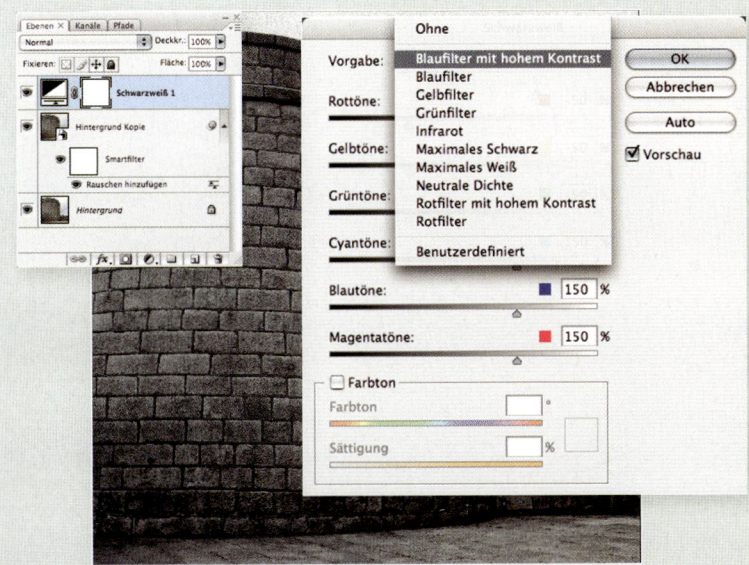

277

WORKSHOP 2

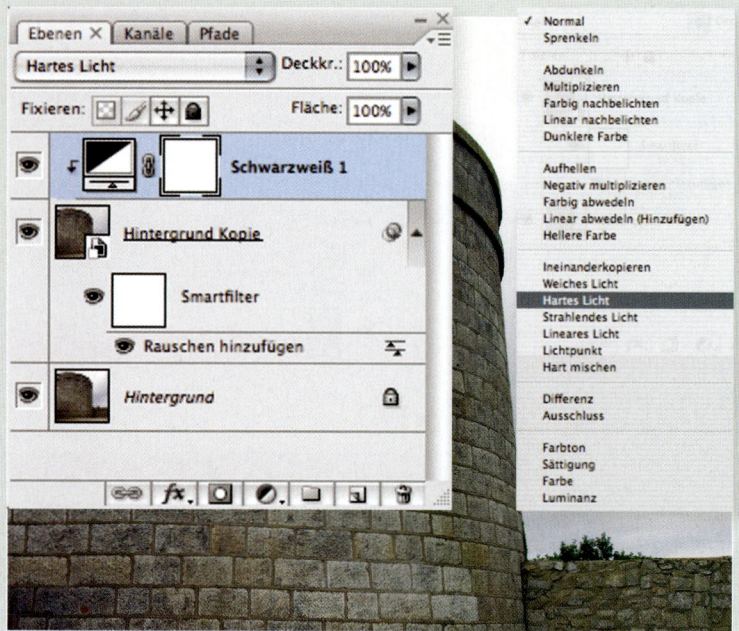

[4] Füllmethode für die Ebenen einstellen

Durch das Umstellen der Ebenenverrechnung resp. der *Füllmethode* auf *Hartes Licht* wird das Foto auf der unterhalb liegenden Ebene stark aufgestylt und bekommt einen farbreduzierten, geheimnisvollen Look. Das Bildrauschen in den Lichtern verschwindet fast vollständig.

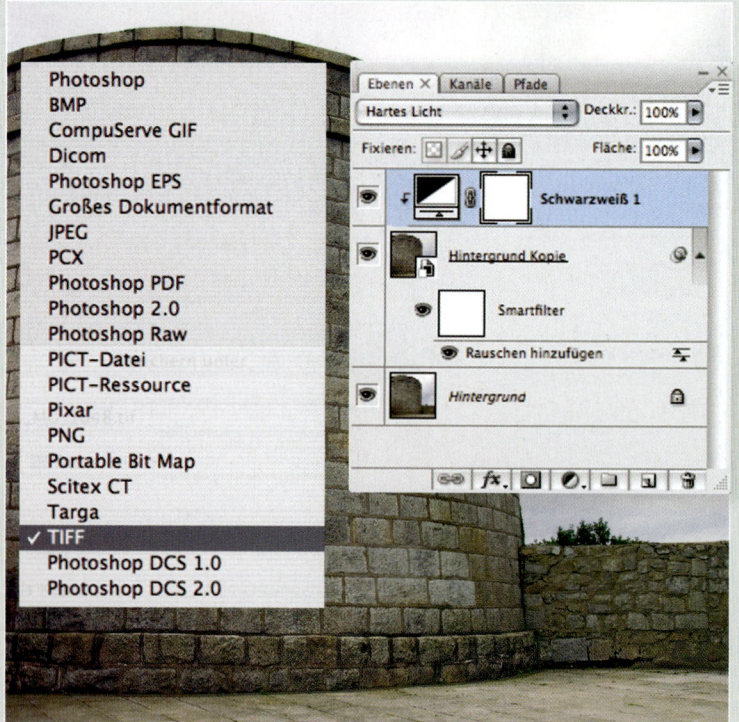

[5] Eingeschobene Einstellungsebene erzeugen

Einstellungsebenen wirken auf alle unterhalb angeordneten Ebenen in der Ebenenpalette. Soll der Effekt einer Einstellungsebene aber nur auf die direkt unterhalb liegende Ebene wirken, so muss diese in eine eingeschobene Einstellungsebene umgewandelt werden.
Führen Sie den Mauszeiger auf die Trennlinie der beiden Ebenen, halten dabei die [Alt]-Taste gedrückt und klicken einmal mit der linken Mautaste. Auf diese Weise erhält die Einstellebene links des Ebenensymbols ein kleines Häkchen und rückt im Ebenenstapel optisch nach rechts. Neue Einstellungen wirken sich jetzt nur noch auf eine unterhalb angeordnete Ebene aus.

KAPITEL 14
FARBEN

[6] Einstellungsebene Gradationskurve anlegen

Damit die folgenden Farbveränderungen ebenfalls editierbar bleiben, erstellen Sie eine weitere eingezogene Einstellungsebene vom Typ *Gradationskurve*. In den *Vorgaben* der *Gradationskurven* wurde auch eine Crossentwicklungs-Kurve mit aufgenommen. Welch leichtes Spiel für Sie, diese auszuwählen.

Sie sollten unter den *Kurven-Anzeigeoptionen* auf jeden Fall die Option *Kanalüberlagerungen* angewählt haben. Damit wird Ihnen angezeigt, wie die Kurven in den einzelnen Farbkanälen verändert wurden.

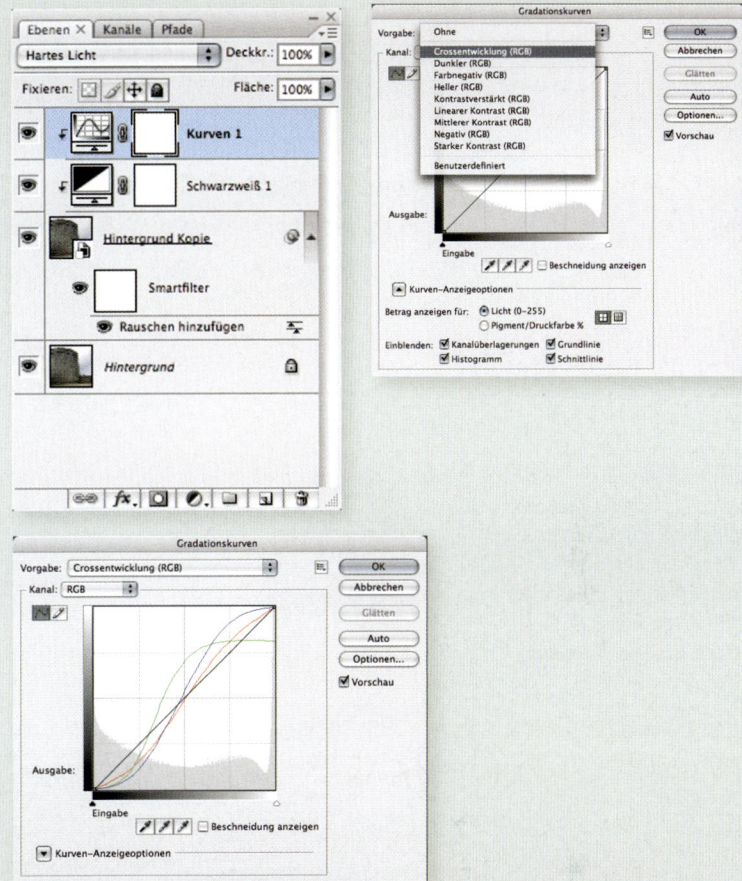

[7] Hartes Licht wählen

Damit die Fehlfarbe in den Lichtern nicht pink leuchtet, stellen Sie zum Abschluss einfach den Ebenenmodus der Einstellungsebene ebenfalls auf die Füllmethode *Hartes Licht* um.

WORKSHOP 3

Farben optimieren

Auf Reisen zu fotografieren ist reizvoll. Ständig gibt es Neues zu entdecken, aber leider sind die Lichtverhältnisse nicht immer optimal. Oft fehlt auch die Zeit, auf bessere Lichtverhältnisse warten zu können. Nehmen wie es kommt ist auf jeden Fall besser, als sich hinterher über eine versäumte Gelegenheit zu ärgern. Dieser Workshop zeigt Ihnen, wie Sie Ihr Foto „neutral eineichen", also eine Basiskorrektur durchführen.

VORHER
*In diesem Fotobeispiel können Sie gut erkennen, dass das Originalmotiv einen viel zu flauen Gesamteindruck macht und zum anderen, einen deutlichen Blaustich aufweist. Was dem Originalbild fehlt, sind besserer Kontrast und wärmere Farben.
(Foto: Guido Sonnenberg)*

NACHHER
Kontraste und Detailtiefe des Himmels sind nun deutlich erhöht. Und ohne Blaustich wirkt das gesamte Bild wärmer.

KAPITEL 14
FARBEN

[1] Einstellebene anlegen

Die einheitliche Vorgehensweise ist bei jedem Bild das Überprüfen und Korrigieren der Tonwerte. Sie benötigen dieses Dialogfeld so oft, dass Sie sich das Tastaturkürzel zum Aufrufen des Dialogfelds *Tonwertkorrektur* einprägen sollten: [Strg]+[L].
Um bei umfangreichen Photoshoparbeiten die einzelnen Optimierungsschritte später nachkorrigieren zu können, ist es empfehlenswert, die Tonwertkorrekturen auf einer eigenen neuen Einstellebene names *Tonwertkorrektur* anzulegen.

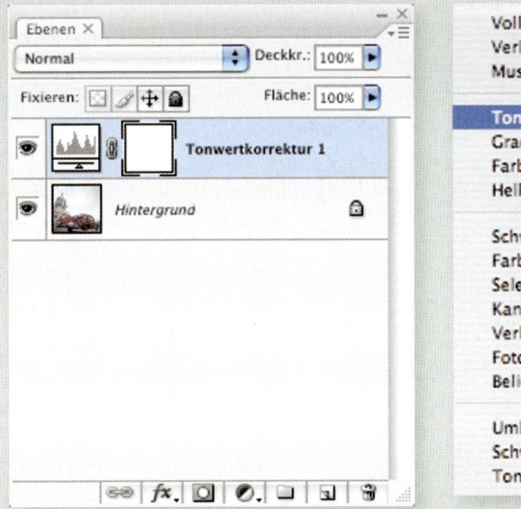

[2] Tonwerte spreizen

Im Dialogfeld *Tonwertkorrektur* sehen Sie die Verteilung der vorhandenen Tonwerte im Bild wie eine Art Gebirge dargestellt Zur Optimierung der Tonwerte ziehen Sie den schwarzen Regler für die Bildtiefen bis an das Tonwertgebirge heran. Das Gleiche gilt für den weißen Lichter-Regler auf der anderen Seite (wenn nötig). Unter *Kanal* können Sie aber auch die Tonwerte der einzelnen Kanäle individuell einstellen und die *Tonwertspreizung* dadurch weiter optimieren.

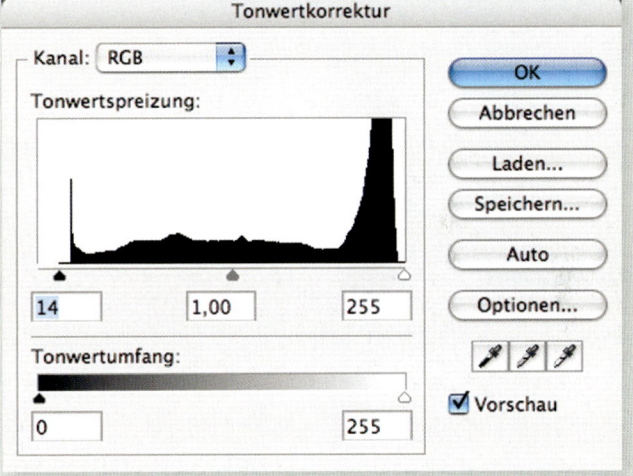

[3] Ergebnis analysieren

Das Ergebnis einer Tonwertspreizung führt in der Regel zu kontrastreicheren Bildern. Auch in diesem Bildbeispiel wirkt das Motiv schon etwas knackiger. Doch in den Tiefen und in den Lichtern fehlt immer noch Zeichnung.

WORKSHOP 3

[4] Ebene anlegen und umbenennen

Den nächsten Arbeitsschritt, Tiefen und Lichter korrigieren, sollten Sie ebenfalls auf einer separaten Ebene durchführen. Mit ein bisschen Fingerakrobatik werden Ihre sichtbaren Ebenen schnell zu einer eigenen neuen Ebene zusammengefasst: [Umschalt]+[Strg]+[E]. Mit einem Doppelklick auf den Ebenen-Namen, hier *Ebene 1*, können Sie diese umbenennen. Vergeben Sie aussagekräftige Namen, damit Sie später besser nachvollziehen können, was Sie auf dieser Ebene korrigiert haben.

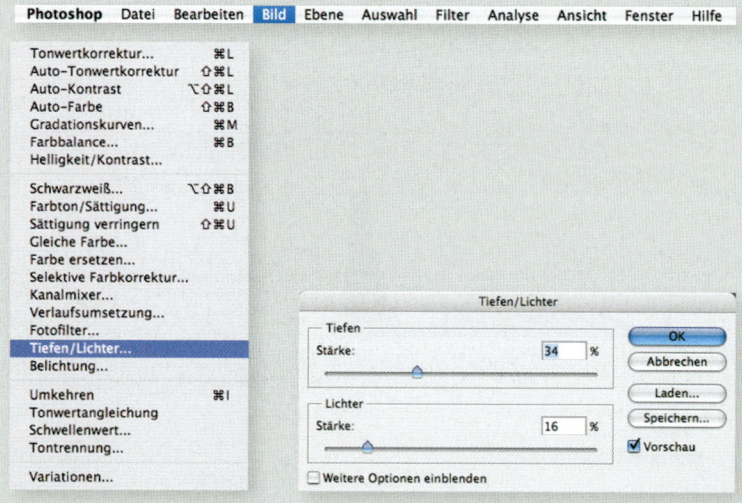

[5] Tiefen und Lichter anpassen

Die Funktion *Tiefen/Lichter* wurde mit Photoshop CS neu eingeführt. Sie ermöglicht es, gleich mehrere Korrekturen in einem Arbeitsschritt durchzuführen. In der Normalansicht bietet Ihnen das Werkzeug die Möglichkeit, die Schatten des Bildes durch den Tiefenregler aufzuhellen und mit dem Lichterregler die hellen Motivstellen im Bild abzudunkeln.

[6] Erweiterte Optionen

Mit Klick auf das eckige Optionsfeld *Weitere Optionen einblenden* erhalten Sie weitere Einstellmöglichkeiten. Mit den Reglern *Tonbreite* und *Radius* legen Sie fest, wie weit sich die Änderung auf die Bildluminanz und den Pixelumfang auswirken darf.
Werden Bildschatten aufgehellt, so heißt das nicht, dass auch die Farben in den betroffenen Bereichen angepasst werden. Sie wirken matt und kraftlos. Mit dem Regler *Farbkorrektur* können Sie die Farbsättigung in diesen Bereichen gezielt anpassen. Alle anderen Bereiche behalten ihre Farbwerte.
Um einem flauen und diffus ausgeleuchteten Bild mehr Kontrast einzuhauchen, ist auch das Anheben des Reglers *Mittelton-Kontrast* unbedingt notwendig.

KAPITEL 14
FARBEN

[7] Ebene duplizieren

Lässt der Motivkontrast immer noch zu wünschen übrig, dann duplizieren Sie das Ergebnis der Tiefen- und Lichterkorrektur, um den nächsten Schritt auch auf einer eigenen Ebene durchzuführen. Sie bewahren sich dadurch immer die Möglichkeit, zu stark durchgeführte Korrekturen nachträglich mit der Ebenendeckkraft abzuschwächen. Benennen Sie die Ebene um, damit Sie später noch wissen, was auf dieser Ebene optimiert wurde.

[8] Die richtige Bildtiefe

Rufen Sie im Menü *Filter/Scharfzeichnungsfilter* den Filter *Unscharf maskieren* auf. Um die Modulation Ihres Motivs hervorzuheben, sollten Sie eine „Scharfzeichnung" mit einem hohen *Radius* aber einer geringen *Stärke* ausprobieren. Mit diesem Trick bekommt das Bildmotiv erst die richtige Bildtiefe.

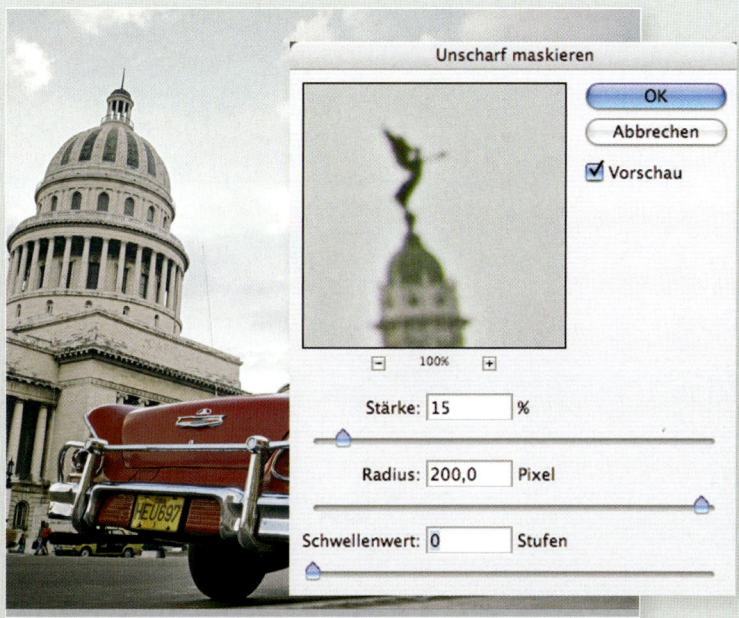

[9] Schattenverblauung abschwächen

Schatten werden nicht von der Sonne beleuchtet, sondern vom Himmel. Daher haben Schatten oft einen deftigen Blaustich. In den Bildausschnitten können Sie gut den Blaustich erkennen. Die Korrektur erfolgt mit einer weiteren Einstellebene vom Typ *Farbton/Sättigung*.

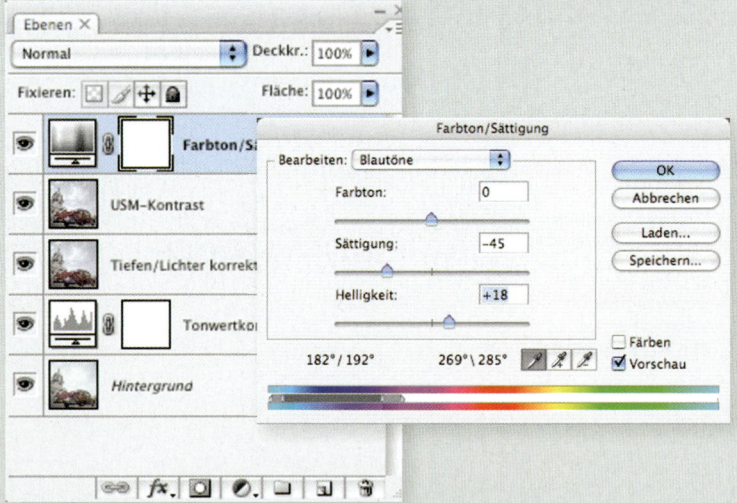

[10] Farbton/Sättigung

Nachdem Sie die Gesamtsättigung (*Bearbeiten/Standard*) angepasst haben, wählen Sie im Listenfeld *Bearbeiten* den Eintrag *Blautöne*. Um den Blaustich in den Schatten zu reduzieren, senken Sie die *Sättigung* in den Minusbereich. Um die Schatten gleichzeitig etwas aufzuhellen, schieben Sie den Regler *Helligkeit* nach rechts. Die Schieberegler unten im Dialogfeld gestatten es Ihnen, den Farbbereich sorgfältig einzugrenzen.

[11] Bereiche mit Verlaufsmaske schützen

Leider werden Sie feststellen, dass nicht nur in den Schattenbereichen das Blau abgeschwächt wird, sondern auch der Himmel davon betroffen ist. Um das Blau des Himmels zu erhalten, wird mit einer Verlaufsmaske für den Bildbereich die Farbkorrektur ausgeblendet. Setzen Sie Ihre Farbwerte durch Drücken der [D]-Taste auf *Standard* zurück und wählen Sie den Standardverlauf aus der Optionspalette aus.

KAPITEL 14
FARBEN

[12] Selektive Farbkorrekturen

Zum Schluss werden noch einige Feinheiten in den Farben korrigiert. Die Einstellungsebene vom Typ *Selektive Farbkorrektur* ermöglicht über das Anpassen der CMYRGB-Farben hinaus eine Korrektur von Weiß, Schwarz und dem Graubereich.

Das Rot des Autos könnte im Beispielmotiv vielleicht noch etwas wärmer getrimmt werden, indem der *Cyan*-Anteil zurückgesetzt und *Magenta* und *Gelb* etwas erhöht werden.

Über die Grautöne können Sie die Aufnahme nach Geschmack wärmer trimmen, indem Sie den Gelbregler um *1* bis *2* % hochsetzen.

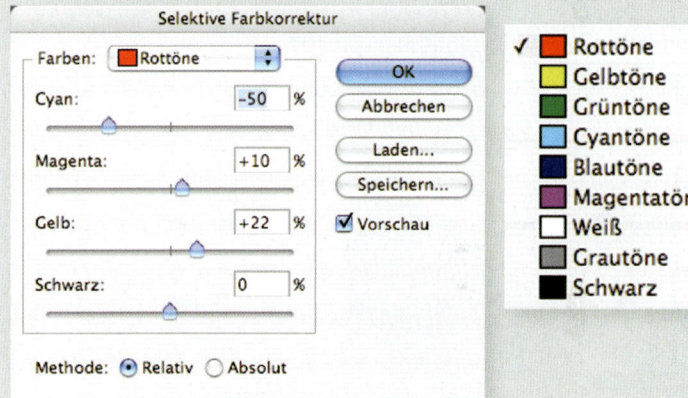

[13] Details scharfzeichnen

Erst ganz am Ende Ihrer digitalen Bildbearbeitung soll die Detailscharfzeichnung durchgeführt werden. Um die Scharfzeichnung auch auf einer eigenen Ebene durchzuführen, fassen Sie Ihre bisherigen Korrekturen mit der Tastenkombination [Umschalt]+[Strg]+[E] zu einer Bearbeitungsebene zusammen.

WORKSHOP 4

Farben verändern

Dieser Workshop ist allen Modeenthusiasten gewidmet. Hier zeigen wir Ihnen, wie Sie schnell und flexibel Farben in einem Bild austauschen können.

VORHER
Dominierende Farben im Bild können als Einzelmotiv stimmungsvoll und adrett aussehen, passen aber vielleicht nicht zu einer Serie, Collage oder Layoutgestaltung. (Foto: Stella Frerichs)

NACHHER
Ein selektiv durchgeführter Farbenwechsel nach Wunsch und Stimmung.

KAPITEL 14
FARBEN

[1] Farbbereich auswählen

Mit dem neuen *Schnellauswahlwerkzeug* malen Sie über die Bereiche, in denen später die Farbe geändert werden soll. Das *Schnellauswahlwerkzeug* arbeitet am besten mit einer harten Kanten-Einstellung. Klicken Sie in den Werkzeugoptionen auf die Schaltfläche *Kante verbessern* und setzen Sie im gleichnamigen Dialogfeld den Wert für *Weiche Kante* auf *0 px*. Die *Toleranz* wird mit der Größeneinstellung der Werkzeugspitze gewählt, hier ein *Durchmesser* von *30 px*. Auswahlkanten werden durch *Automatisch verbessern* direkt optimiert. Zum Entfernen ausgewählter Bildbereiche halten Sie die [Alt]-Taste gedrückt und klicken mit dem *Schnellauswahlwerkzeug* in die zu entfernenden Bereiche.

[2] Einstellungsebene Farbton/Sättigung

Es spielt keine Rolle, wenn die Auswahl noch nicht ganz perfekt ist. Mit der aktiven Auswahl öffnen Sie über die *Ebenen*-Palette eine neue Einstellungsebene vom Typ *Farbton/Sättigung*. Die Auswahl wird als Maske in der neuen Ebene übernommen.

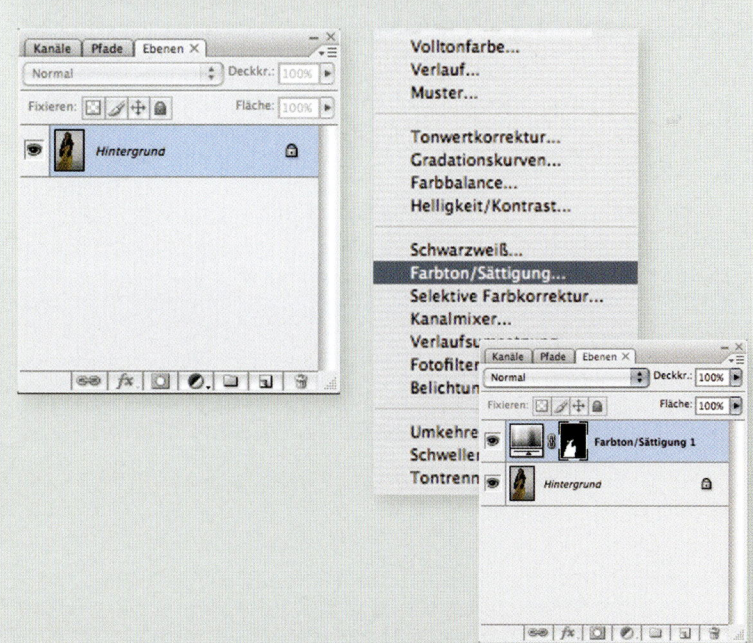

287

WORKSHOP 4

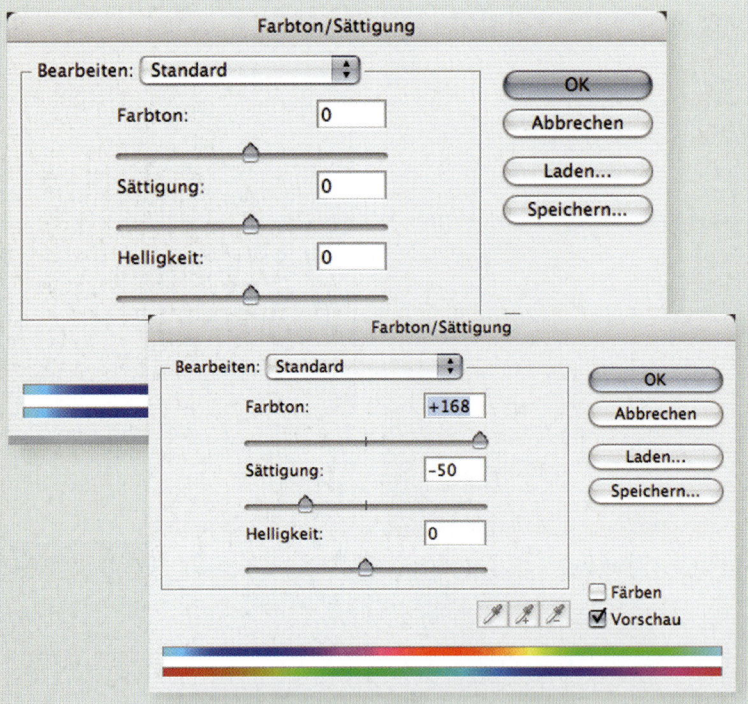

[3] Umfärben des Kleidungsstücks

Mit Doppelklick auf die *Ebenenminiatur* in der Ebene *Farbton/Sättigung 1* öffnen Sie das Diagfeld *Farbton/Sätigung*. Suchen Sie mit dem Regler *Farbton* zuerst einen neuen attraktiven Farbton und regeln anschließend dessen Sättigung. In diesem Beispiel wählen Sie für *Farbton* einen Wert von *+168* und setzen die *Sättigung* auf *-50*.

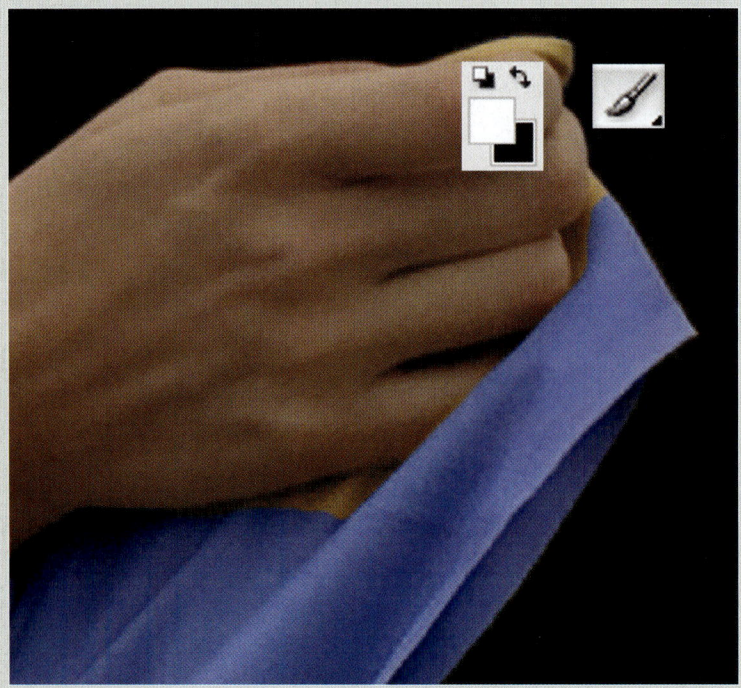

[4] Maskenbereich korrigieren

Mit dem *Schnellauswahlwerkzeug* werden Sie nicht alle Kantenfeinheiten erwischen. Achten Sie deshalb darauf, dass wirklich das Maskensymbol in der Ebenendarstellung angewählt ist. Mit dem *Pinselwerkzeug* und den Farben *Schwarz* zum Abdecken und *Weiß* zum Erweitern der Farbbereiche perfektionieren Sie die Maske. Vorder- und Hintergrundfarbe können schnell mit der Taste [X] getauscht werden.

KAPITEL 14
FARBEN

WORKSHOP 5

High-Key-Optimierung

Kontrastarme Fotos, die zwar richtig belichtet, aber viel heller sind als ein gewöhnliches Bild, nennt man High-Key-Aufnahmen. Sie wirken zart und haben daher oft keine schwarzen Bildpunkte, an denen man sich bei der Festlegung des Tonwertbereichs orientieren kann.

VORHER
*Das Motiv ist mit einem Blaustich durchzeichnet und muss für eine High-Key-Aufnahme aufgehellt werden.
(Foto: Guido Sonnenberg)*

NACHHER
Der Farbstich ist deutlich abgemildert und die Belichtung angehoben ohne Detailverlust im Motiv.

KAPITEL 14
FARBEN

[1] Einstellungsebene anlegen

Um ein Foto ausfzuhellen, bietet sich die Funktion *Gradationskurven* an. Arbeiten Sie unbedingt mit einer Einstellungsebene, so können Sie die Optimierungen nachträglich noch verändern.

[2] Mitteltöne aufhellen

Im Dialogfeld *Gradationskurven* setzen Sie einen Ankerpunkt in die Mitte der Diagonalen. Die Kanalbezeichnung gibt Ihnen die Information, welchen Farbkanal Sie bearbeiten. Standardmäßig werden im *RGB*- und *CMYK*-Modus alle Farbkanäle gemeinsam dargestellt.
Durch ein Verschieben des gesetzten Ankerpunkts wird die Diagonale zu einer Kurve verzerrt. Die Helligkeit im Bild verändert sich entsprechend, je nachdem, ob Sie die Kurve in den dunklen oder hellen Bereich bewegen. Zum Aufhellen wurde die Kurve im abgebildeten Beispiel nach rechts unten verschoben, weil hier die Kurvendarstellung von Weiß nach Schwarz verläuft.

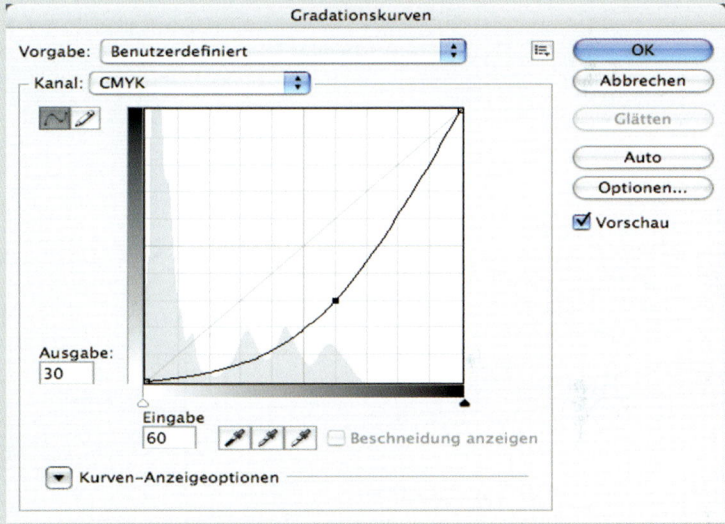

[3] Ergebnis bewerten

Durch die Gradationsanpassungskurve haben sich die Mitteltöne aller Kanäle im Motiv verändert. Die Aufnahme wurde bei einem bedeckten Wolkenhimmel aufgenommen. Aufnahmen unter diesen Lichtverhältnissen haben einen hohen Blauanteil. Dieser wird durch die Kurvenanpassung deutlich hervorgehoben. Der Farbstich wird in den folgenden Schritten mit der Gradationskurve in den einzelnen Farbkanälen behoben.

291

WORKSHOP 5

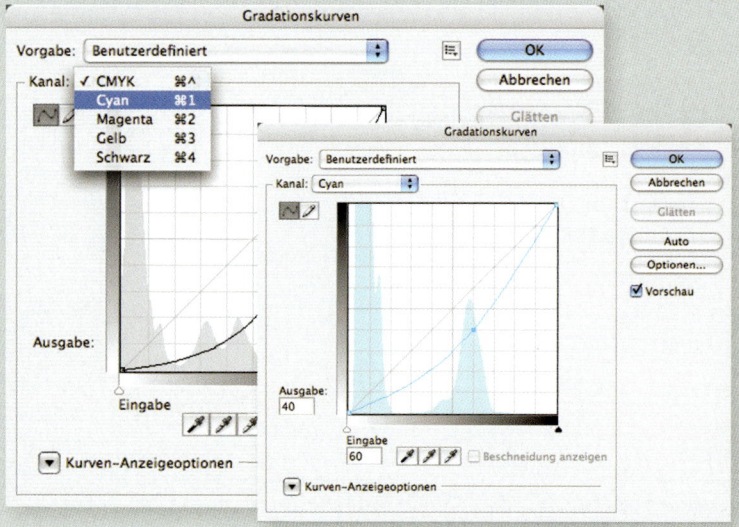

[4] **Cyanfarbstich korrigieren**

Über das Listenfeld *Kanal* wechseln Sie zu den einzelnen Farbkanälen. Der Mitteltonbereich im Kanal *Cyan* wurde hier verschoben, bis die Flächen im Bild keinen Blauüberhang mehr erkennen lassen.
Spätestens an dieser Stelle sollten Sie die Gewissheit haben, dass Ihr Monitor kalibriert ist und eine korrekte Farbwiedergabe anzeigt.

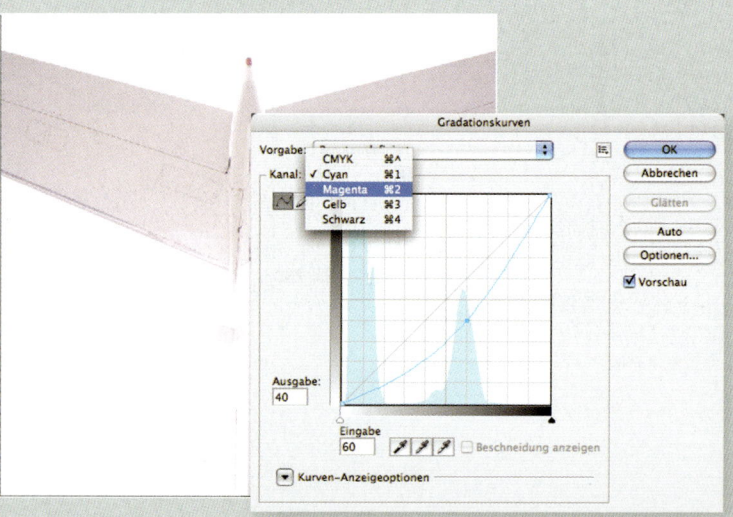

[5] **Ergebnis beurteilen**

Das Ergebnis hat zwar keinen Cyanfarbstich mehr, ist dafür aber jetzt zu Magenta-lastig. Wechseln Sie auf den Kanal *Magenta* und korrigieren Sie auch hier den Farbstich.

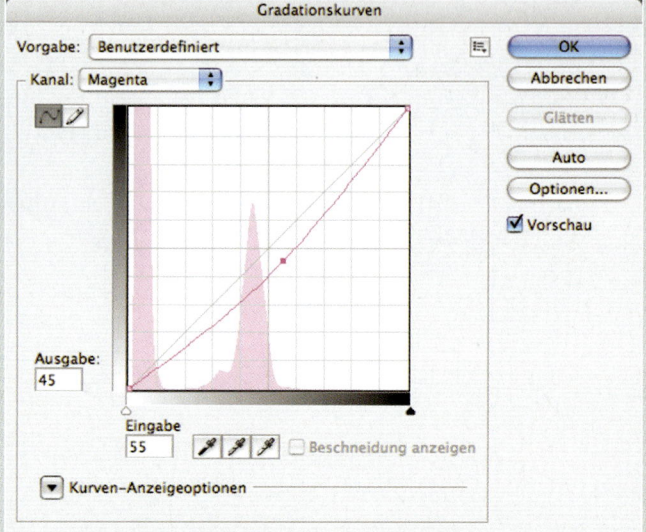

[6] **Magentakurve anpassen**

Wechseln Sie zwischen den Darstellungen in den Farbkanälen und korrigieren Sie nach, bis die Flächen in Ihrem Motiv neutral erscheinen. Ein kleiner Tipp: Schauen Sie mit Ihren Augen nicht nur verbissen auf den Monitor. Gönnen Sie den Augen auch mal eine kleine Pause. Schauen Sie zum Beispiel aus dem Fenster. Wenn Sie dann nach einer Weile zurück auf den Monitor sehen, erkennen Sie einen Farbstich umso leichter. Schließen Sie die Gradationsanpassung mit *OK*.

KAPITEL 14
FARBEN

[7] High-Key-Ergebnis beurteilen

Das Ergebnis der High-Key-Anpassung kann sich im oberen Bildbereich sehen lassen. Im unteren Teil jedoch ist die Aufhellung zu stark ausgefallen und muss etwas zurückgenommen werden.

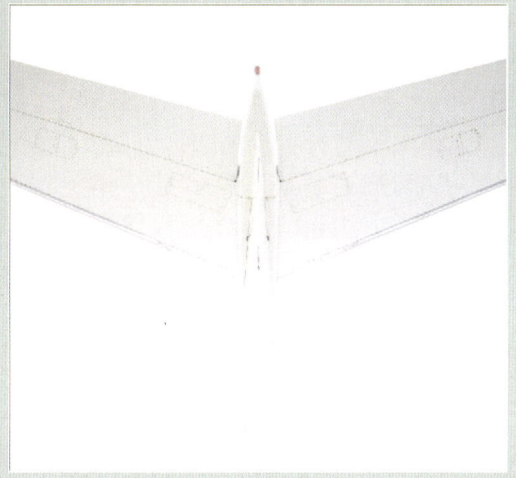

[8] Verlauf erstellen

Jede Einstellungsebene hat zwei miteinander verkettete Symbole in der *Ebenen*-Palette. Das rechte weiße Quadratsymbol ist nichts anderes als ein Maskensymbol ohne Inhalt. Hierdurch können Änderungen der Einstellebene abmaskiert werden. Das heißt: Bereiche, die in der Maske mit Schwarz gekennzeichnet werden, sind von den Korrekturen ausgenommen.
Im unteren Bildbereich sollen die Korrekturen der Einstellungsebene verändert werden. Damit der Übergang von „Sichtbar" zu „nicht Sichtbar" weich erfolgt, wird mit dem *Verlaufswerkzeug* der Übergangsbereich gekennzeichnet.
Ziehen Sie mit dem *Verlaufswerkzeug* eine Linie innerhalb des Motivs auf, die den Übergangsbereich umfasst. Das Maskensymbol füllt sich und zeigt Ihnen den abmaskierten Bereich in Schwarz an.

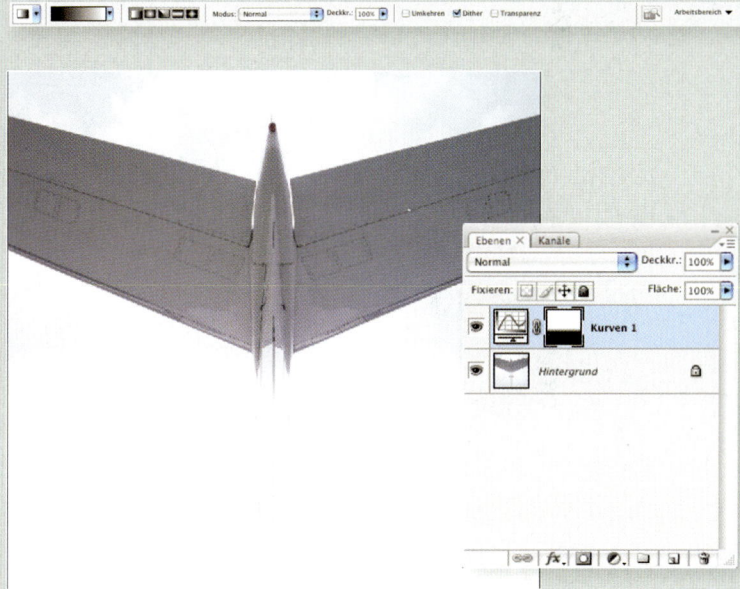

[9] Maske umdrehen

Sollte der schwarze Maskenbereich nun die Einstellkorrekturen im falschen Bildbereich abdecken, dann invertieren Sie einfach den Inhalt der Maske. Nutzen Sie Sie hierzu die Tastenkombination [Strg]+[I].

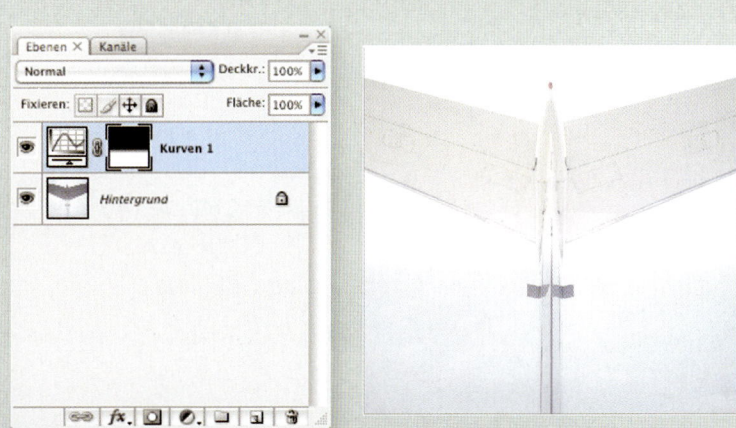

WORKSHOP 5

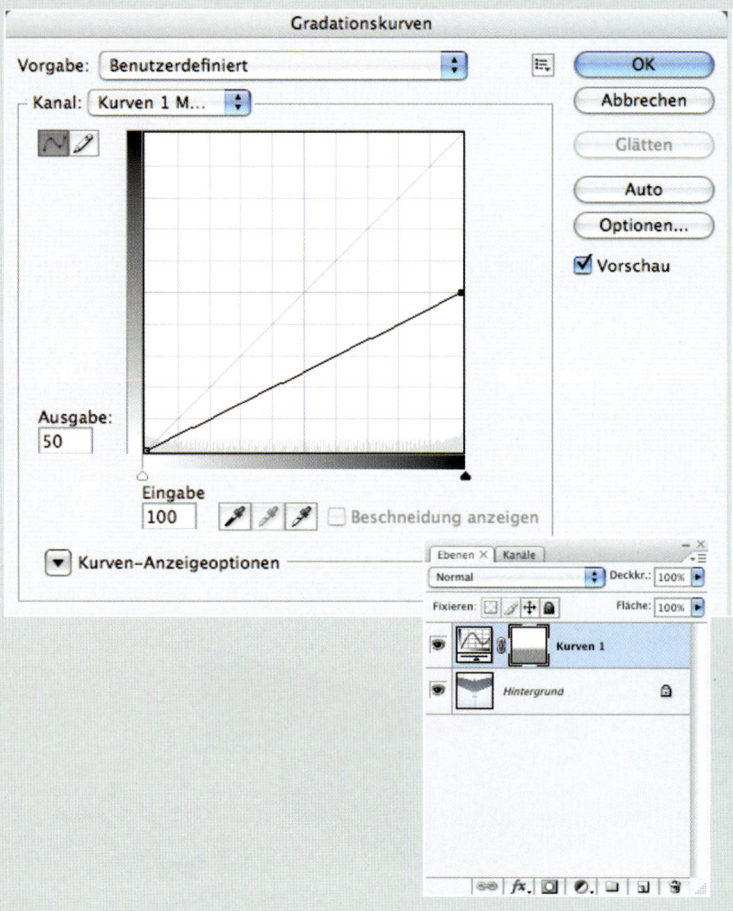

[10] Maske optimieren

Der untere Bildbereich ist jetzt durch die Maske von den Einstellungen ausgenommen. Aber eigentlich sollte die Korrektur nicht völlig zurückgenommen, sondern nur abgeschwächt werden.
Wird die schwarze Maskenfarbe abgeschwächt in Richtung Grau, dann tritt die Änderung der Einstellebene im Grad der Abschwächung wieder hervor.
Mit der Tastenkombination [Strg]+[M] rufen Sie das Dialogfeld *Gradationskurven* auf. Da Sie immer noch die Einstellungsebenen und deren Maskensymbol ausgewählt haben, wird sich die Änderung nur auf die Maske auswirken. Senken Sie die Diagonale im schwarzen Endbereich ab. Das Ergebnis können Sie direkt im Bild beobachten.

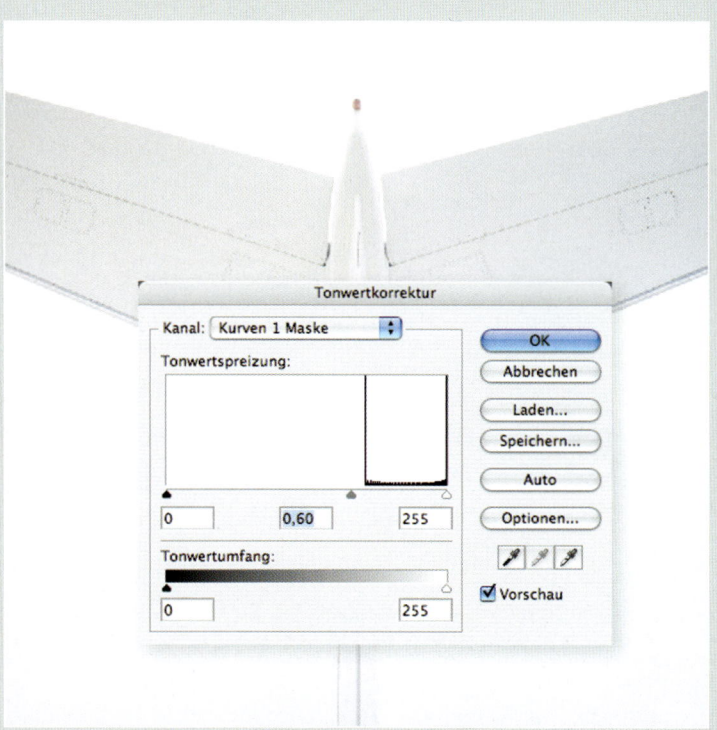

[11] Finetuning

Mit der Gradation kontrollieren Sie die Maskenintensität. Den Farbverlauf können Sie mit der *Tonwertkorrektur* [Strg]+[L] beeinflussen. Durch Verschieben des grauen Reglers wird der Übergangsbereich schmaler oder weiter definiert. Auch hier kann die Veränderung direkt über das Motiv kontrolliert werden.

Gegenüber das Bild nach der Bearbeitung.

KAPITEL 14
FARBEN

WORKSHOP 6

Manuelle Tonwertkorrektur

Die Tonwertkorrektur ist die erste und wichtigste Bildbearbeitung und sollte daher mit besonderer Sorgfalt durchgeführt werden. Oft ist statt einer allgemeinen Autokorrektur die schrittweise Bearbeitung der bessere Weg.

VORHER
*Bei einem nicht voll ausgenutzten Tonwertbereich erscheinen die Bilder kontrastarm und die Farben etwas gräulich.
(Foto: Guido Sonnenberg)*

NACHHER
Alle Tonwerte sind angepasst worden, Lichter und Tiefen ohne Farbstich und der Weißabgleich justiert.

KAPITEL 14
FARBEN

[1] Einstellungsebene Tonwertkorrektur

Klicken Sie in der Symbolleiste der *Ebenen-Palette* auf das Symbol *Neue Füll- oder Einstellungsebene erstellen* und wählen Sie hier die Funktion *Tonwertkorrektur*. Mit einer Einstellungsebene können Sie jederzeit Ihre Bildanpassungen korrigieren.

[2] Auto-Tonwertkorrektur

Wie schon in Kapitel 12 erklärt, ist die einfachste Methode zur Korrektur der Tonwerte die über die *Auto*-Schaltfläche.

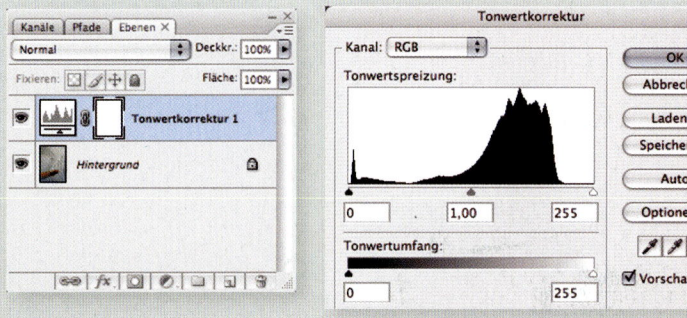

[3] Protokollschnappschuss

Das Verfahren ist hier nur für den späteren Vergleich der verschiedenen Tonwertkorrekturarten nochmal erwähnt. Erstellen Sie sich einen Protokollschnappschuss des Ergebnisses.

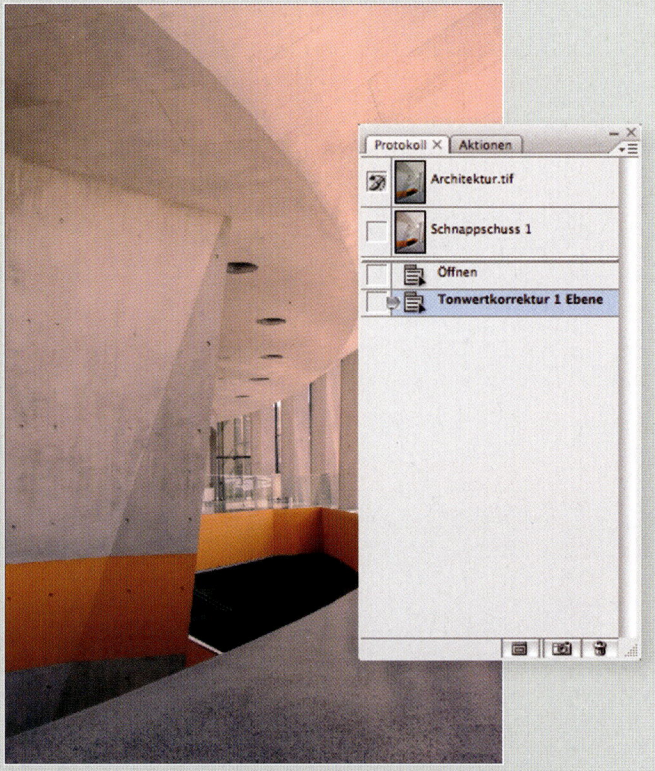

WORKSHOP 6

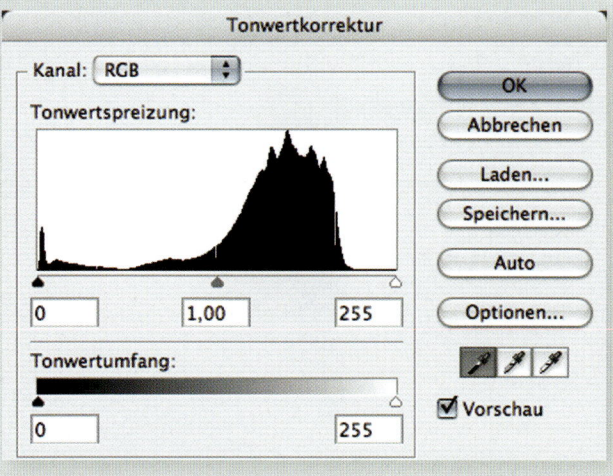

[4] Zieltiefenfarbe auswählen

Die Korrektur der Tonwerte kann auch mit den Pipetten erfolgen. Das Ziel einer Tonwertkorrektur ist es, im Bild den hellsten und dunkelsten Pixel zu definieren. Alle anderen Tonwerte werden innerhalb dieses Bereichs gespreizt. Mit einen Doppelklick auf das Pipettensymbol öffnen Sie das Dialogfeld *Zieltiefenfarbe auswählen*.

Für die schwarz gefüllte Pipette legen Sie den tiefsten Farbton fest. Setzen Sie die *RGB*-Werte auf *5*. So behält der dunkelste Punkt etwas Zeichnung und ein Zulaufen im Ausdruck wird vermieden.

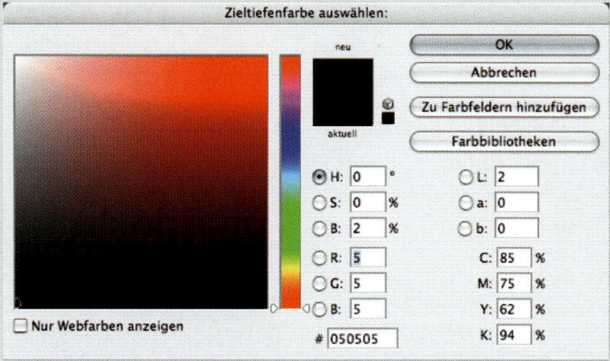

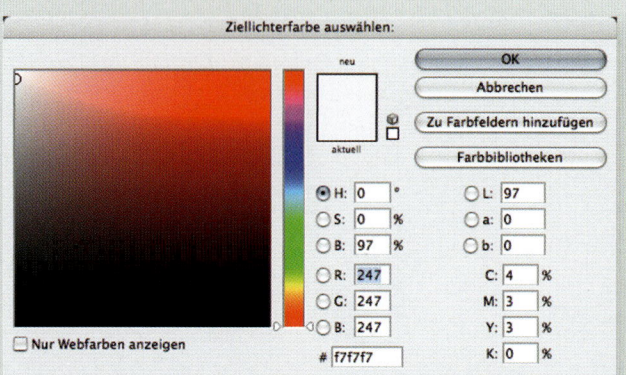

[5] Lichter definieren

Für ein neutrales Weiß in den Lichtern definieren Sie die *Lab*-Werte *97*, *0* und *0*. Bei einem reinen Weißwert von *100* würden die Lichter im Druck „ausfressen", also keine Zeichnung mehr besitzen. Manche Druckdienstleister können je nach Papier und Druckverfahren in den Lichtern bis 98 % hochfahren.

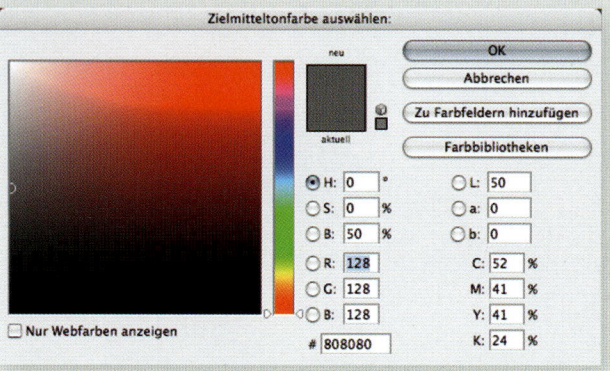

[6] Neutralgraues Grau

Im RGB-Modus ergibt ein gleicher Zahlenwert immer Grau, mal ein helles oder ein dunkles Grau, aber immer neutralgrau. Für die Graupipette soll ein mittlerer Grauwert angegeben werden, der bereits mit *128* vordefiniert ist.

KAPITEL 14
FARBEN

[7] Tiefen- und Lichterpixel suchen

Bestimmen Sie jetzt mit den Pipetten den hellsten und den dunkelsten Punkt im Bild, sofern ein reiner Schwarz- oder Weißpunkt vorhanden ist. Mit der Graupipette bestimmen Sie den Weißabgleich. Dazu klicken Sie einen Bildpunkt an, der neutralgrau erscheinen soll.
Eine große Hilfe dabei sind Bilder, in denen bei der Aufnahme ein Farbstreifen hineingelegt wurde. Unabhängig von Motiv und Licht können jetzt durch einfaches Anklicken der Farbflächen die Tonwerte korrigiert werden. Sind diese Einstellwerte mit *Speichern* gesichert, können sie auch auf andere Bilder aus einer Bildserie angewendet werden.

[8] Schnappschuss anlegen

Bevor Sie die dritte *Tonwertkorrektur* ausprobieren, vergessen Sie nicht, einen Schnappschuss zum Vergleich in der *Protokollpalette* anzulegen.

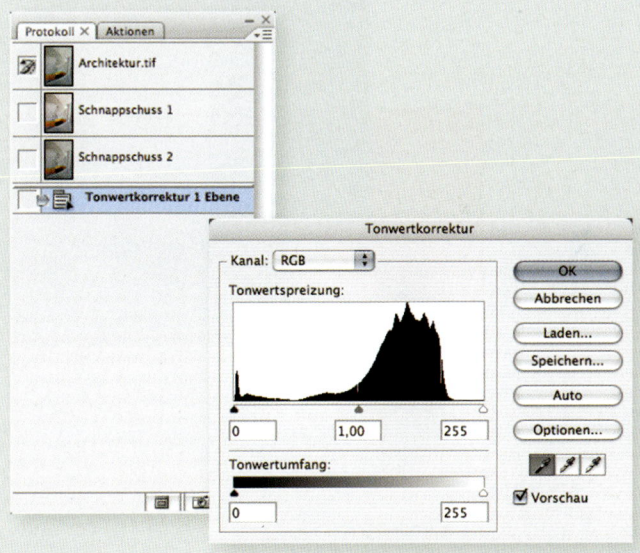

[9] Zurück auf Los

Optimal wäre eine Histogrammverlauf, der bei *0* anfängt anzusteigen, im mittleren Tonwertbereich seinen höchsten Punkt erreicht und dann wieder abfällt und bei *255* ausläuft. Bei der manuellen Korrektur passen Sie den Tonwertbereich den Farbkanälen individuell an.

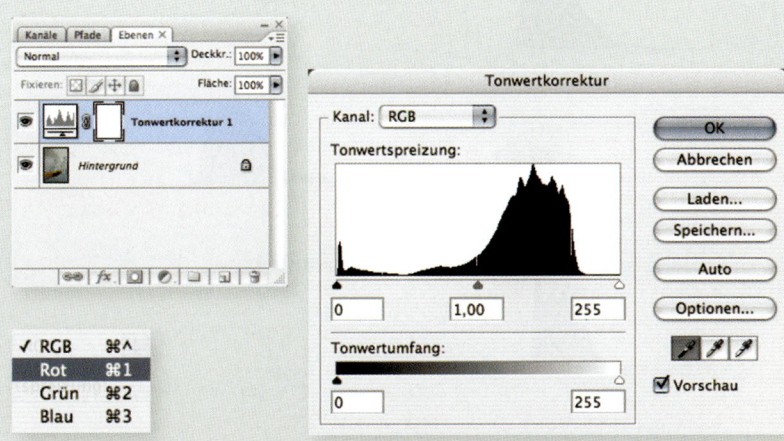

299

WORKSHOP 6

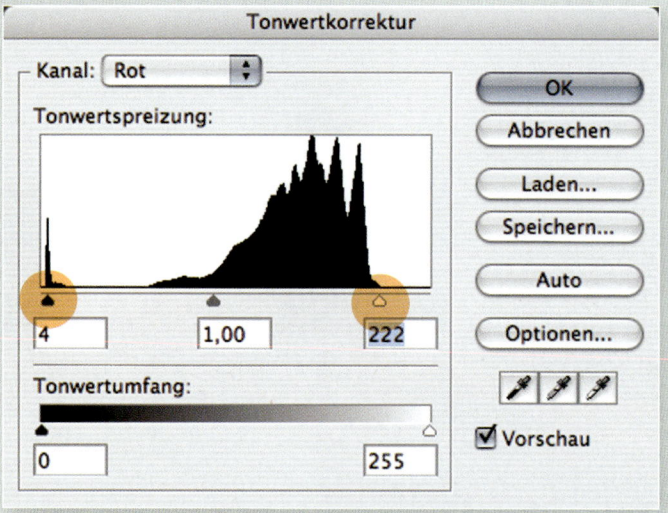

[10] Farbkanal wählen

Im Listenfeld *Kanal* wählen Sie einen Farbkanal aus und bekommen die Farbpixelverteilung im Histogramm angezeigt. Bewegen Sie jetzt das weiße und schwarze Dreieck an die Tonwertdarstellung heran.

[11] Clippingbereich prüfen

Halten Sie dabei die [Alt]-Taste gedrückt, bekommen Sie die Bildpixel angezeigt, die durch die Bereichsverschiebung beschnitten, d. h. später im Druck nicht mehr reproduziert werden können. Fahren Sie mit den dreieckigen Reglern gerade soweit an den Tonwertbereich heran, dass Sie die ersten Pixel in der Clippingdarstellung erkennen.

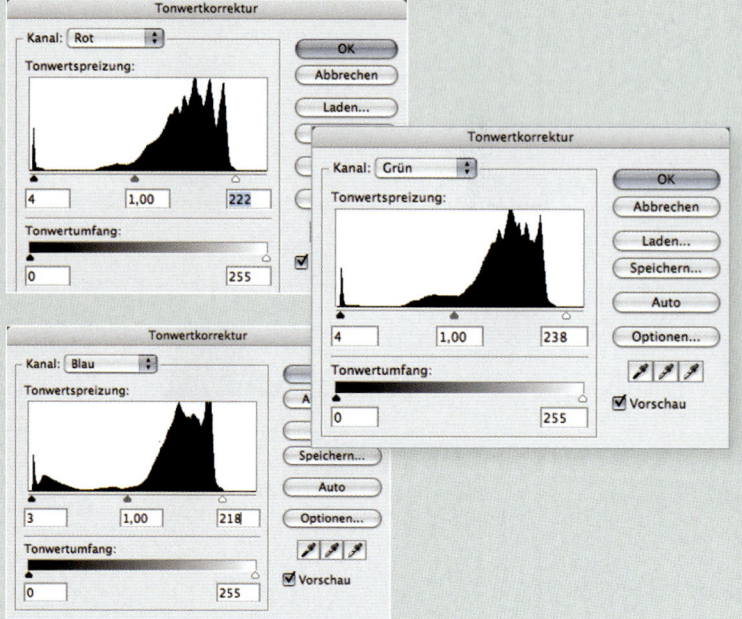

[12] Die Summe ist mehr

Wenn Sie nur einen Kanal korrigiert haben, erkennen Sie einen deutlichen Farbstich. Eine Farbbeurteilung ist aber erst möglich, wenn Sie alle Kanäle korrigiert haben. Korrigieren Sie alle Kanäle individuell, wie vorhergehend beschrieben.

KAPITEL 14
FARBEN

[13] Mitteltöne aufhellen

Wie Sie sicherlich bemerkt haben, passt sich der graue Regler dem neutralen Mittelbereich automatisch an. Wenn Sie hier eine Veränderung in den einzelnen Farbkanälen vornehmen, bringen Sie schnell einen Farbstich in das Bildmotiv – praktisch, wenn Sie eine Farbverfremdung erreichen wollen. Wenn bereits ein Farbstich vorhanden ist, können Sie ihn mit dem Grauregler eventuell ausgleichen.

Final wurden hier mit dem Mittenregler im Gesamtkanal *RGB* die Mittelwerte der Tonwertkurve etwas korrigiert, um ein heller und weicher wirkendes Bild zu bekommen.

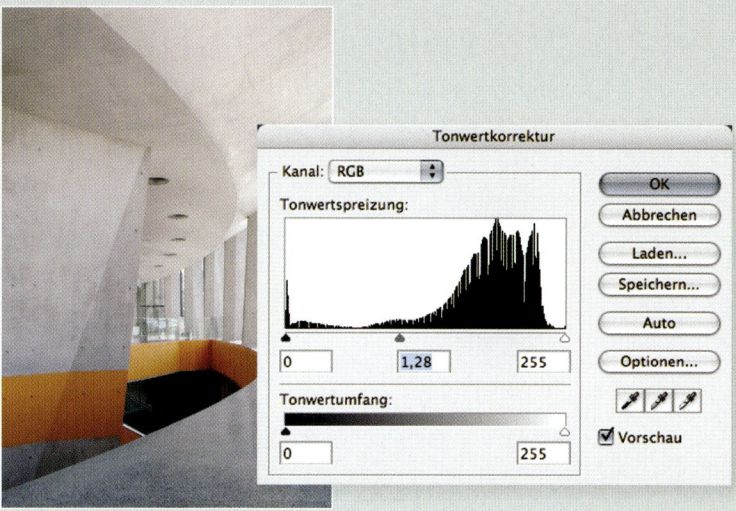

[14] Vergleich der Tonwertkorrekturen

Über die Protokollpalette können Sie die Ergebnisse schnell und bequem miteinander vergleichen.

links: Original, rechts: Auto-Tonwertkorrektur

links: Pipettenkorektur, rechts: manuelle Kanalkorektur

WORKSHOP 7

Mehr Farbnuancen mit dem Lab-Farbraum

Lab ist – neben RGB und CMYK – ein weiterer Farbmodus in Photoshop, der trotz seiner mächtigen Möglichkeiten ein Schattendasein führt. Dabei gibt es keinen schnelleren Bearbeitungsweg, der aus einem monochromen Foto mehr Farbnuancen herauskitzeln kann.

VORHER
Monochrome Aufnahmen neigen im RGB-Modus dazu, ihre volle Farbenvielfalt nicht preisgeben zu wollen.
(Foto: Guido Sonnenberg)

NACHHER
Durch die Nutzung der hohen Farbdynamik des LAB-Modus können Sie die Farben mit einer simplen Arbeitstechnik deutlich verstärken.

KAPITEL 14
FARBEN

[1] Farbmodus wechseln

In welchem Farbraum Sie sich auch immer befinden, konvertieren Sie Ihr Bild nach *Lab-Farbe*. Das Wechseln der Farbräume schadet Ihren Bildern nicht. Nur einen Wechsel vom relativ kleinen Farbraummodus *CMYK* zum größeren *RGB*-Farbmodus sollten Sie vermeiden.

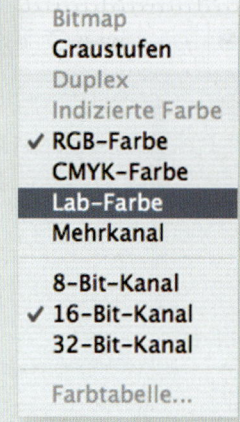

[2] Einstellungsebene Gradationskurven

Im Modus *Lab-Farbe* angekommen, dürften Sie keine optischen Veränderungen an Ihrer Datei wahrnehmen. Erstellen Sie wie gewohnt eine Einstellungsebene vom Typ *Gradationskurven*.

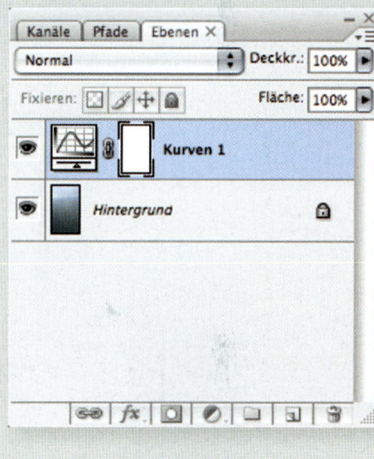

[3] Repräsentativer Durchschnitt

Einen kleinen Unterschied finden Sie hier in den Gradationskanälen. Eine gemeinsame Kurvenänderung für alle Kanäle ist in *Lab* nicht möglich. Starten Sie standardmäßig mit der *Helligkeit*. Suchen Sie einen durchschnittlichen Tonwert in Ihrem Foto, der für den flauen und monochromen Bereich steht und den Sie beeinflussen möchten. Klicken Sie dort mit gedrückter [Strg]-Taste und ein Ankerpunkt erscheint auf der Kurve.

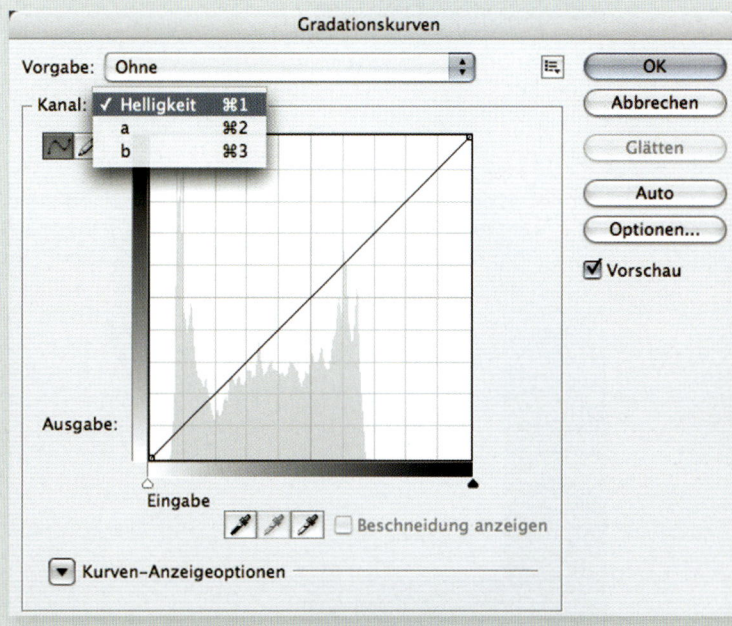

WORKSHOP 7

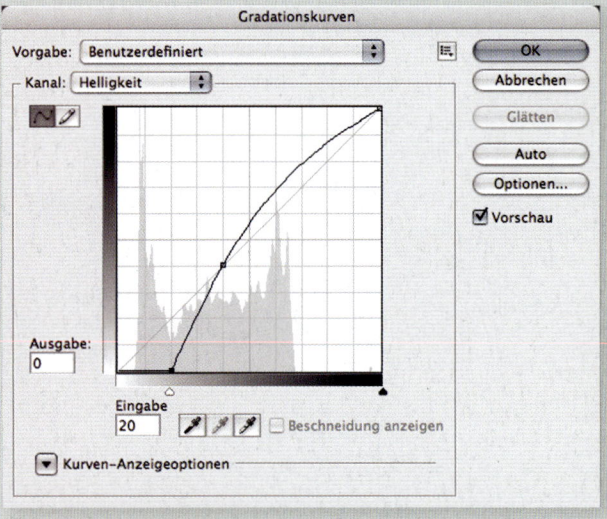

[4] Kontrastmanipulation

Ziehen Sie den unteren linken Punkt um den halben Wert des horizontalen Abstands zum Punkt, der im letzten Schritt erzeugt wurde.

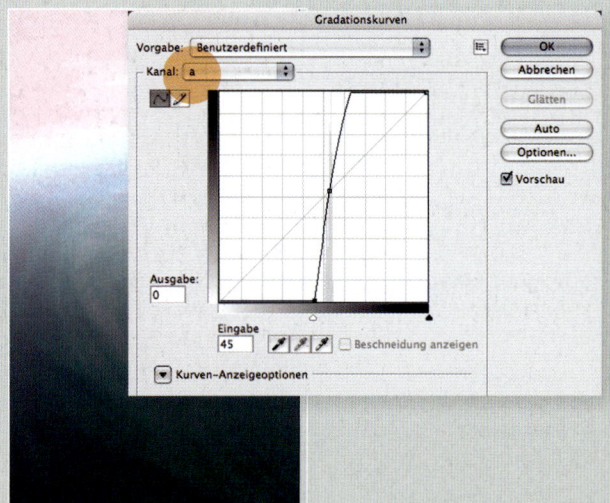

[5] Ankerpunkt im a-Kanal erzeugen

Kommt Ihnen die Bildretusche merkwürdig vor? Dann können Sie in den nächsten Schritten Ihren Mut unter Beweis stellen. Wechseln Sie auf den *a*-Kanal und erzeugen Sie einen Ankerpunkt wie in Schritt 3 erklärt. Im *a*-Kanal werden die Farben Magenta bis Grün repräsentiert. Verschieben Sie den unteren linken Ankerpunkt nach rechts. Im Eingabefeld sollte dann der Wert *45* stehen.

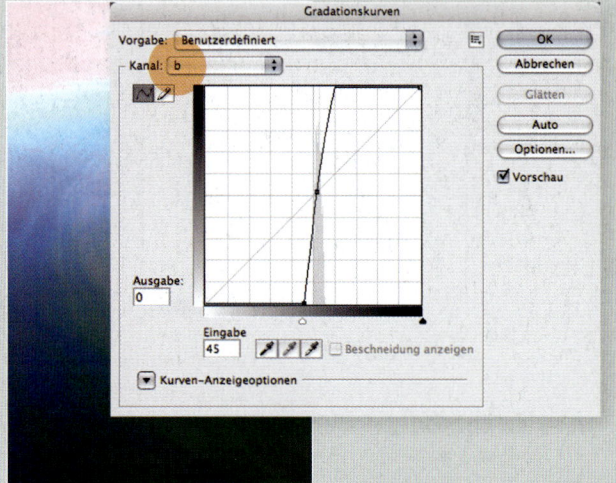

[6] Ankerpunkt im b-Kanal setzen

Wiederholen Sie im *b*-Kanal die gleichen Arbeitsschritte, die Sie auch im *a*-Kanal vorgenommen haben. Aus der Gradationskurve wurde bei dieser extremen Verstellung eine Gerade. Der obere Teil der Kurve ist vollständig an den oberen Rand des Einstellfensters gedruckt worden. Eine in RGB und CMYK eindeutig zu vermeidende Kurveneinstellung.

KAPITEL 14
FARBEN

[7] Deckkraft festlegen

Ihr Mut soll belohnt werden. Reduzieren Sie die *Deckkraft* für die Einstellungsebene in der Ebenenpalette auf etwa *21 %*. Die Werte für die *Deckkraft* werden eher im unteren Bereich liegen, es sei denn, Sie mögen dieses extreme Farbspektakel.

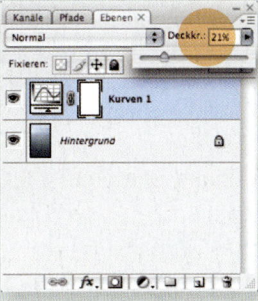

[8] Farbenspiel sichern

Leider kann man mit der Einstellungsebene nicht in einen anderen Farbmodus wechseln. Deshalb versuchen Sie mit etwas Fingerakrobatik den Status quo in einer eigenen, neuen Ebene zu sichern.

[9] Farbmoduswechsel

Löschen Sie die Einstellungsebene und wechseln Sie in Ihren Ausgangs-Farbmodus zurück. Photoshop möchte dabei von Ihnen wissen, ob die Ebenen zusammengerechnet werden sollen. Verneinen Sie dies mit *Nicht reduzieren*. Bearbeiten Sie jetzt Ihre Bilddatei weiter wie gewohnt. Für unsere Ostseesandbank wurden mit dem USM-Filter noch der Dunst und das Wasser etwas gereinigt.

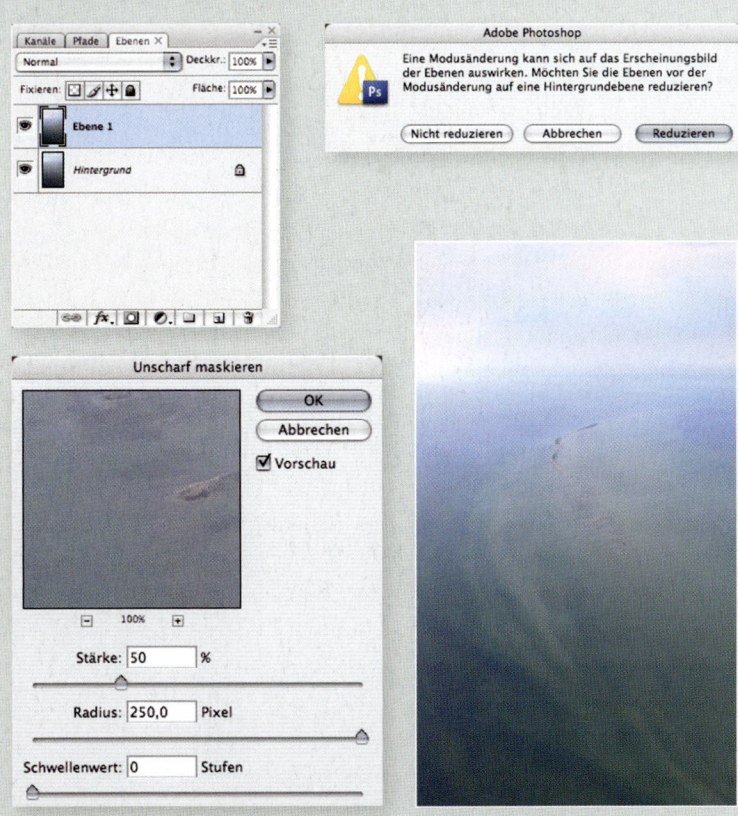

WORKSHOP 8

Flaue Farben auffrischen

Tristen Bildern mit etwas Farbe zu neuem Leben zu verhelfen ist mit der Funktion **Farbton/Sättigung** *so beeindruckend, dass man gerne der Versuchung nachgibt, zu viel des Guten zu geben.*

VORHER
*Ein Himmel ohne Zeichnung und die farblose Straßenszenerie machen das Bild öde und abweisend. Es gibt das wirkliche Flair von Havanna nicht wieder.
(Foto: Guido Sonnenberg)*

NACHHER
Mit wiederbelebten Farben und einem neu einmontierten Himmel wirkt dieselbe Szenerie auf den Betrachter ganz anders.

KAPITEL 14
FARBEN

[1] Gradationskorrektur

Bevor Sie an Ihren Bildern, wie in dieser trivialen Straßenszene aus Havanna, das Farbige hervorheben, sollten Sie die Belichtungskorrekturen bereits durchgeführt haben. Stellvertretend dafür, starten wir in diesem Beispiel mit der Gradationskorrektur. Zuvor erstellen Sie eine neue Einstellungsebene.
Die Helligkeit soll in den Mitteltönen angehoben werden, ohne dass die Lichter im Bild zu sehr mit aufgehellt werden. Dafür sorgt der obere Ankerpunkt, der die Kurve in den Lichtern wieder zur Basislinie abneigt.

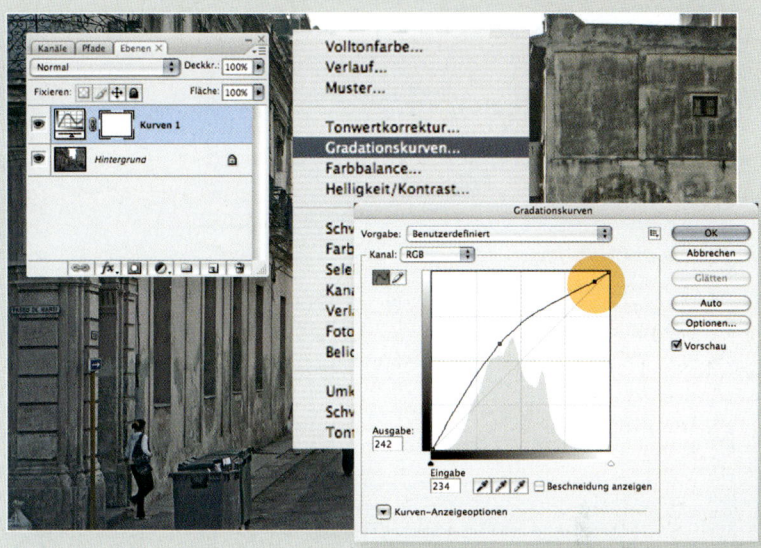

[2] Farbton/Sättigung

Mit der nächsten Einstellungsebene *Farbton/Sättigung* bessern Sie die Farben des Bildes nach.
Über die Bearbeitungsoption *Standard* werden alle Farben im Bild gleichmäßig manipuliert. Ziehen Sie den Regler *Sättigung* nach rechts, um die Farben aufzufrischen und nach links, um die Farben zu entsättigen, bis Sie bei *-100%* nur noch ein Graustufenbild haben. Zu hohe Farbwerte führen zu Artefakten und werden eher die Ausnahme darstellen.

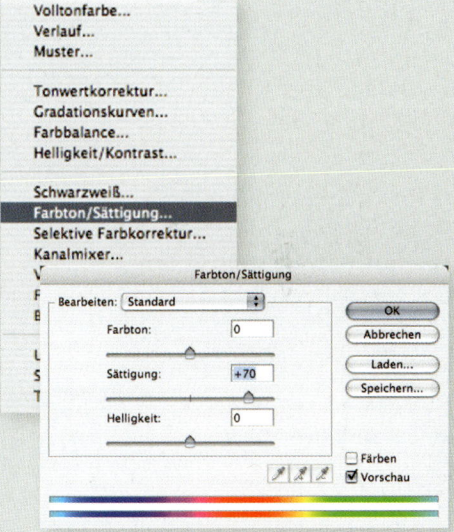

[3] Farbbereiche anwählen

Nachdem Sie die Gesamtfarbgewichtung festgelegt haben, wählen Sie im Listenfeld *Bearbeiten* die einzelnen Farbbereiche an und stimmen diese individuell ab.

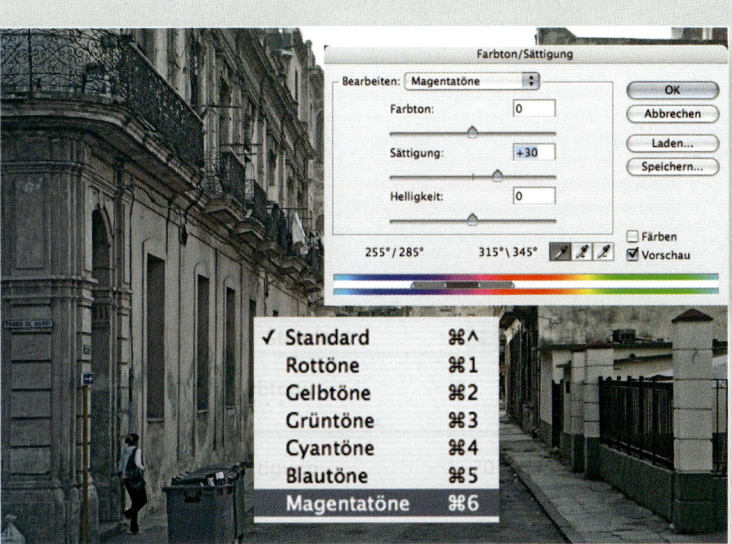

307

WORKSHOP 8

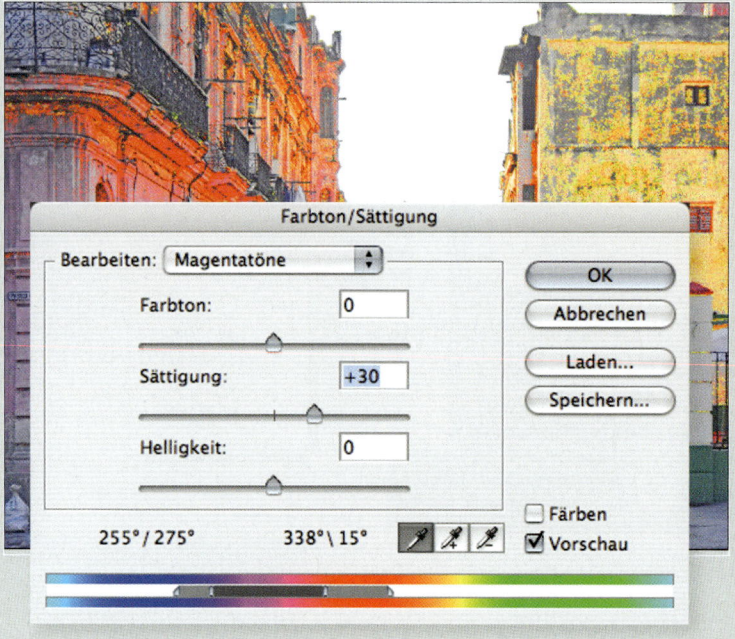

[4] Farbausdehnung bestimmen

Nicht alle Farbbereiche sind gleichermaßen im Bild präsent. Wo sich im Bild Änderungen durch einen Farbbereich ergeben, können Sie leicht verdeutlichen, wenn Sie die Sättigung auf *+100%* hochfahren.
Die Bereichsregler zwischen den beiden Regenbogenbalken definieren, in welchem Farbabschnitt sich die Änderung auswirken soll. Die zwei inneren Marker geben den vollen Änderungsbereich an (dunkelgrau). Die Strecke bis zum äußeren Marker definiert, wie weit die Farbkorrekturen weich auslaufen dürfen (hellgrau).

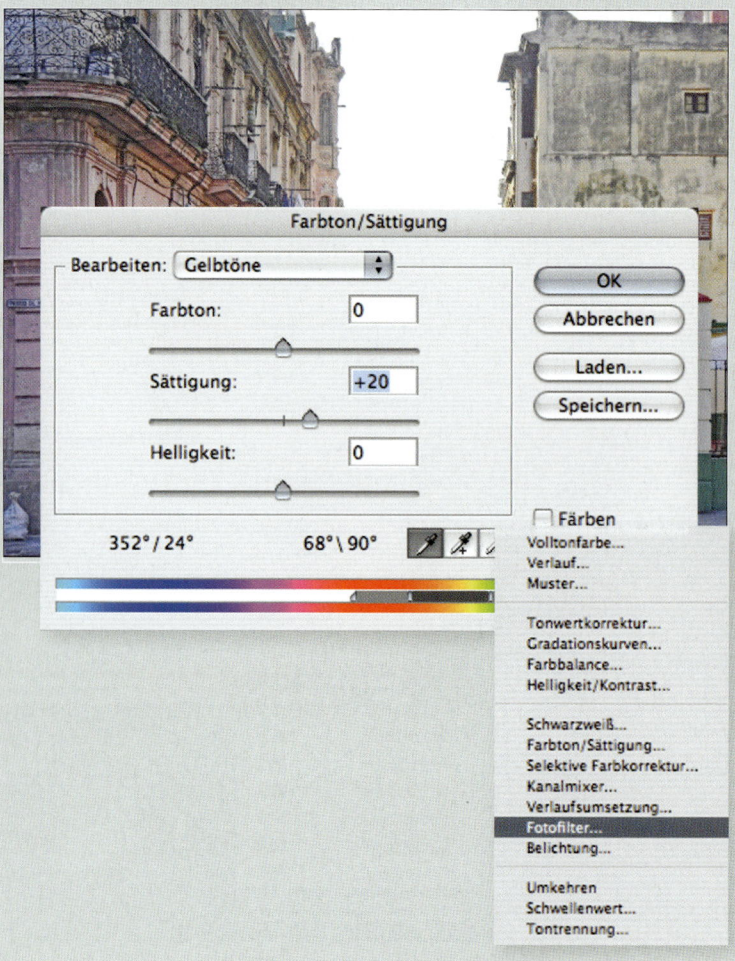

[5] Farbgewichtung optimieren

Arbeiten Sie alle Farbbereiche durch und erhöhen oder entsättigen Sie nach Ihren Vorstellungen die Farben im Bild.

308

KAPITEL 14
FARBEN

[6] Warmes Licht

Um der Bildatmosphäre noch einen wärmeren Look zu verpassen, immerhin herrschen in Havanna feuchtwarme Temperaturen um 33° Celsius, bedienen Sie sich der Einstellungsebene *Fotofilter*.
Der *Lichtabgleichsfilter (81)* ist für kleinere Korrekturen gedacht, während die *Warmfilter 85* und *LBA* den Gelbanteil in allen Bildfarben anheben.

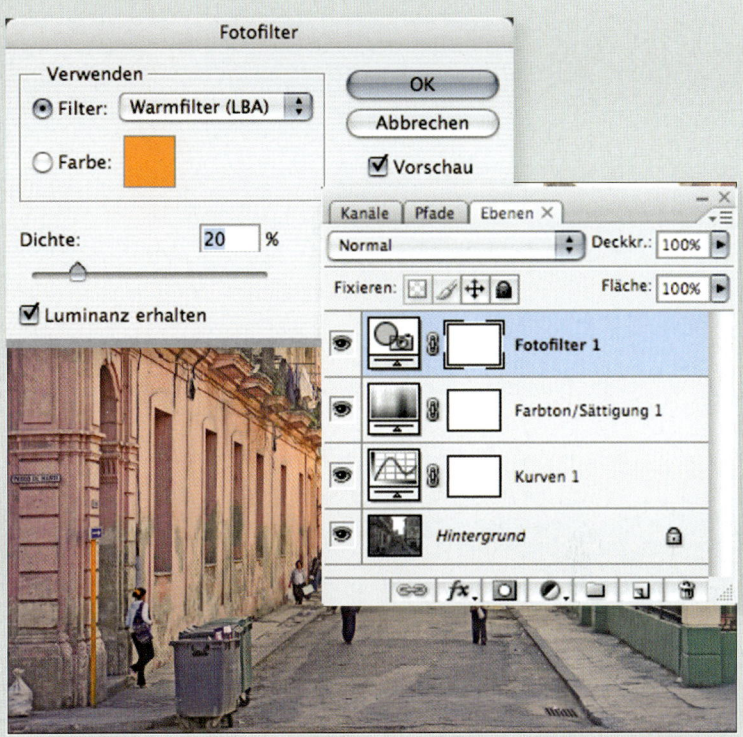

[7] Hintergrundebene umbenennen

Der Himmel wird hier nur durch eine undefinierbare weiße Fläche dargestellt. Montieren Sie einfach aus einem anderen Foto einen ansprechenderen Himmel ein.
Für die folgenden Schritte muss die Hintergrundebene umbenannt werden, damit sie die gleichen Eigenschaften und Funktionen erfüllen kann wie eine normale Ebene. Durch einen Doppelklick auf die Hintergrundebene öffnet sich das Dialogfeld *Ebeneneigenschaften*. Photoshop schlägt Ihnen den Namen *Ebene 0* automatisch vor, den Sie ohne Weiteres übernehmen können.

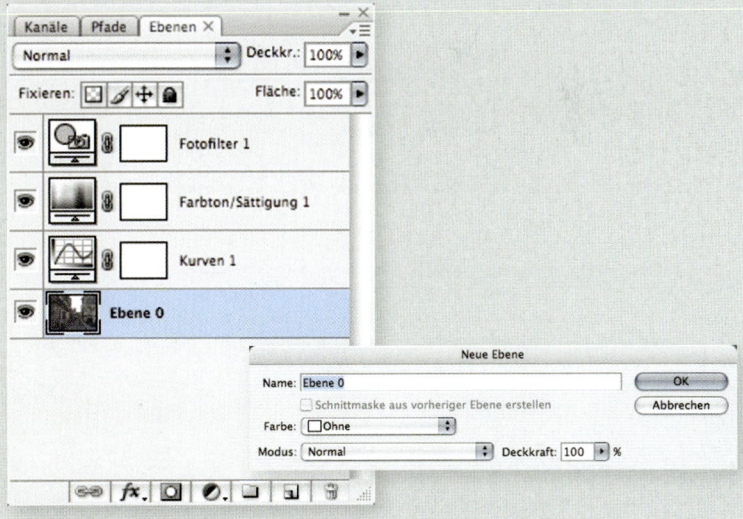

[8] Auswahl mit dem Zauberstab

Klar begrenzte Flächen können mit dem *Zauberstabwerkzeug* leicht ausgewählt werden. Die Auswahlfunktion des Zauberstabs ist vom angegebenen Toleranzwert abhängig. Bei einer monochromen Fläche darf sie gering eingestellt sein. Da weitere Flächen im Bild, die eventuell die gleiche Helligkeit besitzen, nicht mitausgewählt werden sollen, aktivieren Sie die Option *Benachbart* und deaktivieren *Alle Ebenen aufnehmen*.

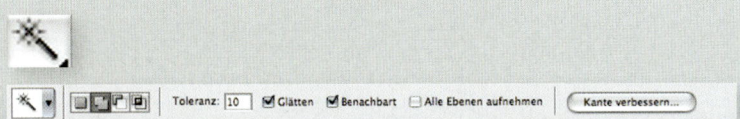

WORKSHOP 8

Klicken Sie mit dem *Zauberstabwerkzeug* auf die auszuwählende Bildfläche. Um der Auswahl weitere Flächenbereiche hinzuzufügen, halten Sie die [Alt]-Taste gedrückt oder aktivieren Sie in der Optionsleiste das Symbol *Der Auswahl hinzufügen*.

[9] Auswahlkanten justieren

Über die Schaltfläche *Kante verbessern* öffnen Sie das mit CS3 neu eingeführte Dialogfeld für die Feinjustierung der Auswahlkante. Öffnen Sie den Beschreibungstext zu den Einstellreglern an der Schaltfläche *Beschreibung* am unteren Bildrand und passen Sie die Kantenauswahl gegebenenfalls an.

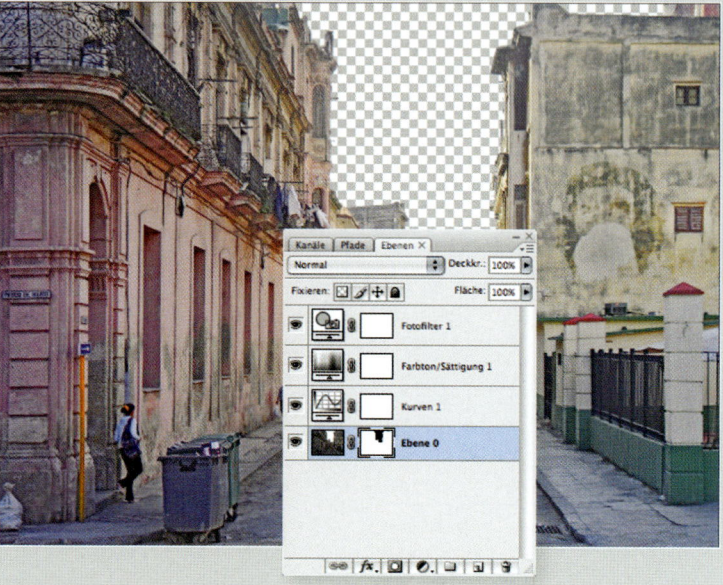

[10] Himmel freistellen

Mit der aktiven Auswahl weisen Sie der Motivebene eine Maske zu. Dabei wird die Auswahl automatisch übernommen. Wahrscheinlich ist aber alles, nur nicht das Bildmotiv, abmaskiert, so dass Sie mit der Tastenkombination [Strg]+[I] die Maskendarstellung invertieren müssen. Mit dieser Technik werden Bereiche des Bildmotivs unsichtbar, ohne die Bildpixel zu löschen. Nachbesserungen sind dadurch jederzeit noch durchführbar. Wird ein Bild unterhalb platziert, dann ist es durch die abmaskierten Stellen zu erkennen.

KAPITEL 14
FARBEN

[11] Neuen Himmel einkopieren

Aktivieren Sie das *Verschieben*-Werkzeug und öffnen Sie das Bild mit dem zu kopierenden Alternativhimmel. Packen Sie die Himmelskopie und ziehen Sie diese mit dem *Verschieben*-Werkzeug - einfach mittels Drag and Drop - vom dem einen in das andere Dokument. Ordnen Sie die neue Ebene mit dem Himmel unterhalb der Motivebene mit der Maske an und verschieben Sie den Inhalt der Himmelebene, bis die Freistellfläche komplett ausgefüllt wird.

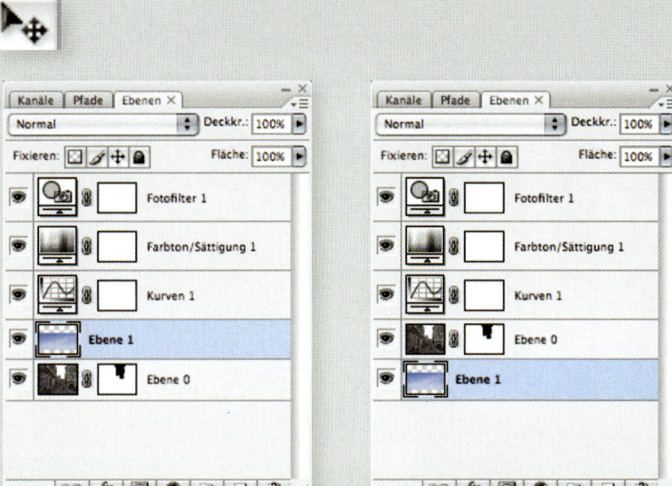

[12] Helligkeit anpassen

Mit einer weiteren Gradationskurve passen Sie den einmontierten Himmel der Helligkeit des Motivs an. Da bei einer Gradationskurve nicht nur die Helligkeit, sondern auch unerwünschterweise die Farben mit verändert werden, sollten Sie den Ebenenmodus auf *Luminanz* umstellen. Die Gradationskurve wirkt sich jetzt nur noch auf die Bildhelligkeit aus.

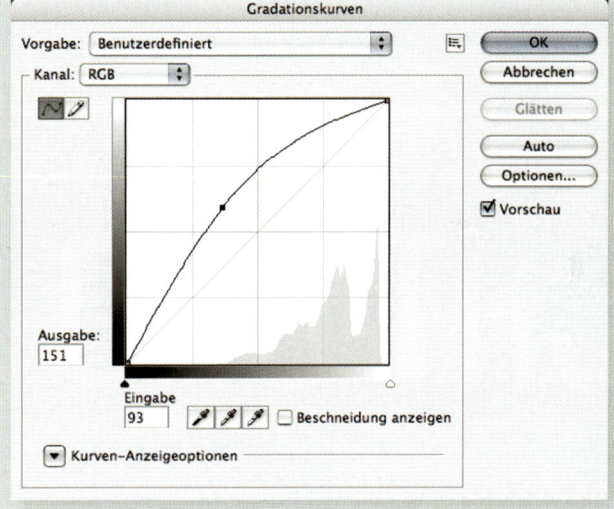

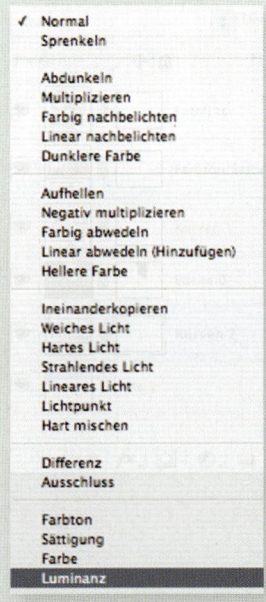

311

15
LICHT UND BELICHTUNG

KAPITEL 15
LICHT UND BELICHTUNG

15

KAPITEL 15
LICHT UND BELICHTUNG

Licht und Belichtung

Bildlichter abdunkeln	316
RAW-Daten bearbeiten	320
Luminanz in bestimmten Bildbereichen anpassen	328
Kontraste anheben	334
Malen mit Licht und Schatten	342

WORKSHOP I

Bildlichter abdunkeln

Weiße Flächen spielen in der grafischen Gestaltung eine besondere Rolle, verbindet der Betrachter doch damit Raum und Weite, Eleganz und Kompetenz. Doch weiße Flächen sind auch nicht ganz unproblematisch. Damit ein heller Bildhintergrund in der Druckwiedergabe nicht ohne Detailzeichnung erscheint, ist es gegebenenfalls notwendig, die Bildlichter manuell etwas abzudunkeln.

VORHER
*Die hellen Stellen im Bild sind ohne Zeichnung. Im Druck würde an diesen Stellen nur das reine Papier zu sehen sein.
(Foto: Guido Sonnenberg)*

NACHHER
Die Zeichnung in den Lichtern wurde deutlich verbessert, ohne die Bildhelligkeit in den Tiefen und Mitteltönen zu beeinflussen.

KAPITEL 15
LICHT UND BELICHTUNG

[1] Auswahl erstellen

Mit der Funktion *Farbbereich* können Sie gezielt die verschiedenen Luminanzbereiche von Lichtern, Mitteltönen und Tiefen in einem Motiv auswählen. Wählen Sie im Menü *Auswahl* die Funktion *Farbbereich*.

[2] Farbbereich auswählen

Unter *Auswahl* können Sie eine Auswahl der verschiedenen Farbtöne erstellen, aber auch eine Auswahl, die von den Lichtern des Motivs bestimmt wird.
In diesem Beispiel sollen die Bildlichter abgedunkelt werden. Das Ihnen hier präsentierte Prinzip funktioniert entsprechend auch mit allen anderen Auswahlbereichen.
Die nicht ausgewählten Stellen werden im Vorschaufenster in Schwarz dargestellt, ausgewählte Bereiche in Weiß.

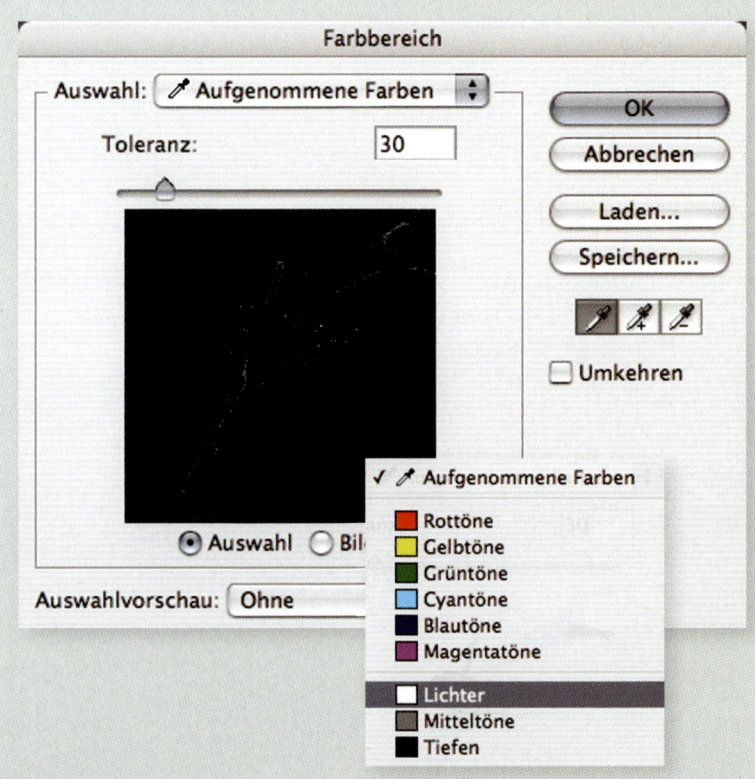

317

WORKSHOP I

[3] Pixel kopieren

Schließen Sie Ihre Einstellungen im Dialogfeld *Farbbereich* mit *OK* ab. Die ausgewählten Bereiche können jetzt von der Hintergrundebene aus in eine eigene, neue Ebene dupliziert werden. Nutzen Sie zum Duplizieren der Ebene die Tastenkombination [Strg]+[J].

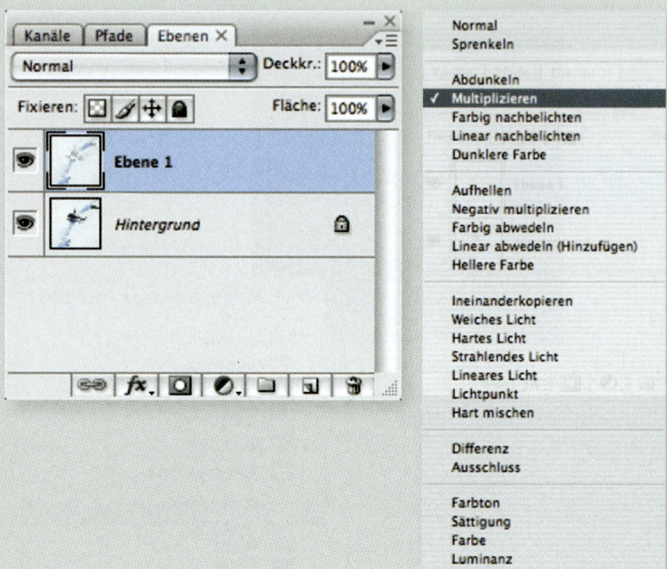

[4] Ebeneninhalt vergleichen

Durch Deaktivieren der Sichtbarkeit der Hintergrundebene können Sie den duplizierten Inhalt betrachten. Die dunklen Bildinhalte sind ohne Inhalt geblieben, nur in den hellen Bildstellen sind Pixel ausgewählt und kopiert worden. Den Verrechnungsmodus, mit denen die übereinanderliegenden Ebenen verrechnet und angezeigt werden, stellen Sie von *Normal* auf *Multiplizieren* um. Die hellen Stellen im Bild werden dadurch abgedunkelt.

KAPITEL 15
LICHT UND BELICHTUNG

[5] **Weichzeichnen**

Zum Abschluss zeichnen Sie die obere Ebene mit dem *Gaußschen Weichzeichner* und einem *Radius* von *8,0* Pixeln weich.

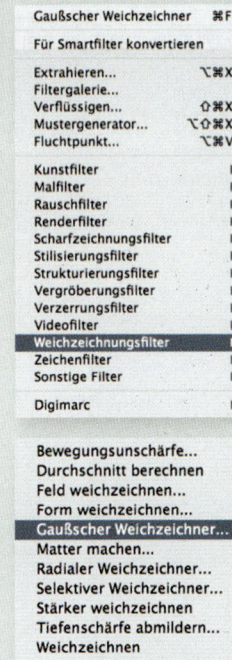
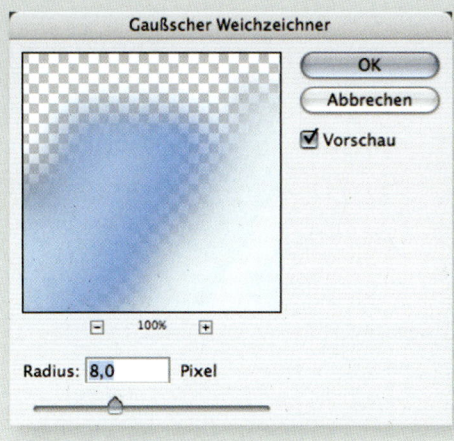

WORKSHOP 2

RAW-Daten bearbeiten

So wie früher vom Negativ ein Abzug erstellt wurde, so sollte man die RAW-Daten auch als ein digitales Negativ betrachten und eine JPEG-Datei als dessen Interpretation. So verwundert es nicht, dass das Camera Raw-Konvertermodul in Photoshop CS3 mit hervorragenden neuen Tools zur Interpretationsmöglichkeit ausgestattet ist.

VORHER
Die Rohdaten werden direkt über die Standardanpassung geöffnet, ohne dass irgendeine Korrektur im RAW-Konverter vorgenommen wurde.
(Foto: Linda Blatzek)

NACHHER
Camera Raw kann bei der Bildbearbeitung auf den vollen Dynamikumfang der RAW-Daten zugreifen. Diese bieten eine bessere Ausgangsbasis für eventuelle Feinkorrekturen in Photoshop. Einstellwerte können abgespeichert und bei Fotoserien erneut verwendet werden.

KAPITEL 15
LICHT UND BELICHTUNG

[1] Camera Raw öffnen

Es gibt mehrere Möglichkeiten, das Camera Raw-Modul zu starten. Sie können es aus der Menüleiste der Bridge über *Datei/In Camera Raw öffnen* oder einfach mit einem Doppelklick auf die RAW-Bilddatei aktivieren.

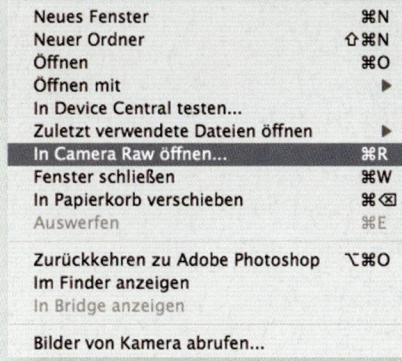

[2] Eigenschaften erweitern

Nicht jede Kamera bietet Zugriff auf die RAW-Daten, sondern liefert JPEG-Bilder und vielleicht auch TIFF-Bilddaten. Da macht es Sinn, auch diese mit dem RAW-Konverter interpretieren zu lassen. In den Voreinstellungen von Camera Raw sollten dafür die Erweiterungen markiert sein. Damit auch aus Photoshop heraus JPEG-Dateien direkt mit Camera Raw geöffnet werden können, öffnen Sie im Menü *Bearbeiten* den Dialog der *Voreinstellungen*. Unter dem Punkt *Dateihandhabung* aktivieren Sie im Bereich *Dateikompatibilität* die Option *Bei JPEG-Dateien Präferenz für Adobe Camera Raw*.
Ebenso ändern Sie die Voreinstellungen in der Bridge. Im Punkt *Miniaturen* aktivieren Sie im Bereich *Leistung und Dateibearbeitung* die Option *Vorzugsweise Adobe Camera Raw für JPEG- und TIFF-Dateien verwenden*.

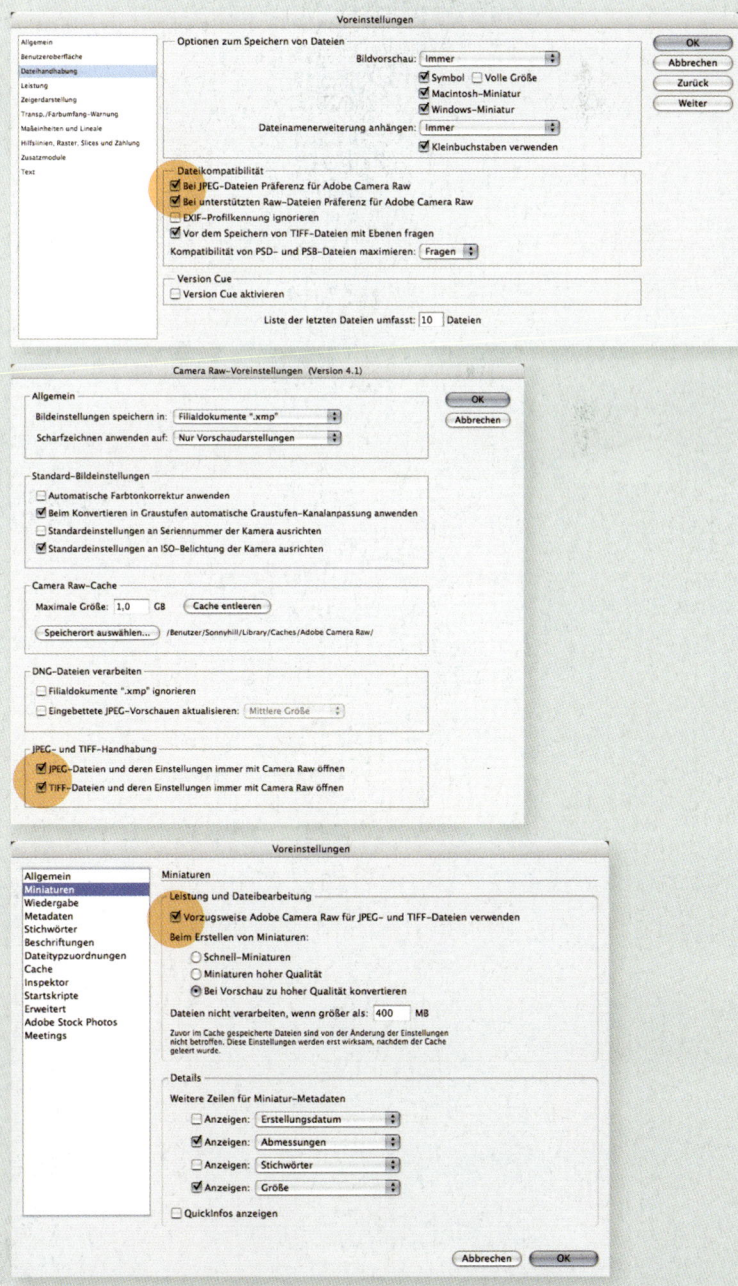

WORKSHOP 2

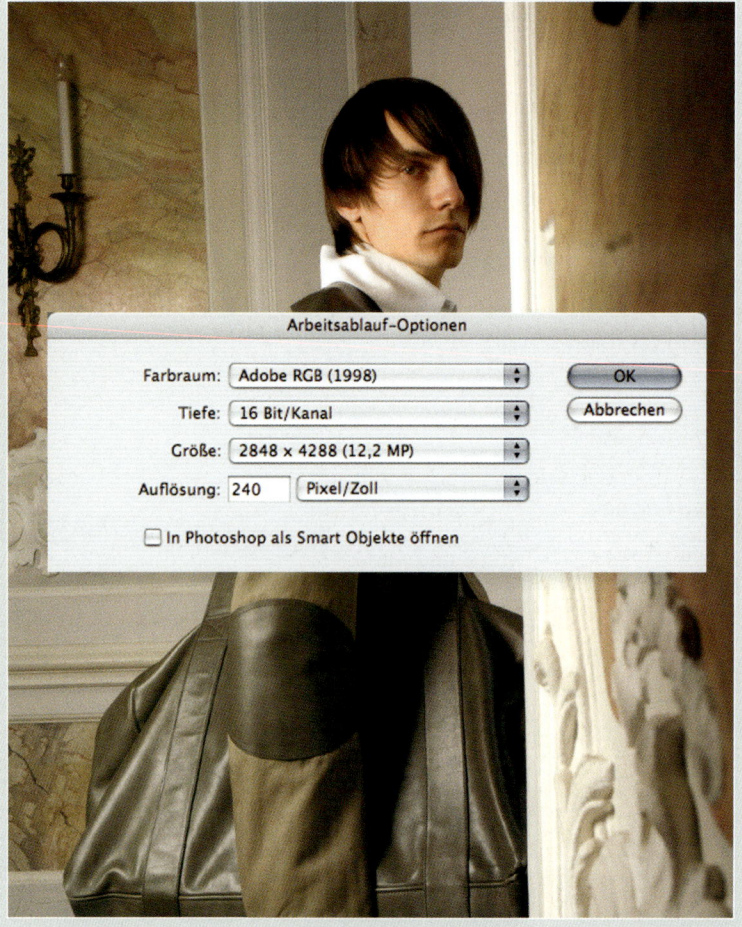

[3] Bildparameter einstellen

Als Erstes sollten Sie in Camera Raw die *Arbeitsablauf-Optionen* öffnen. Über den blau gefärbten Link unterhalb des Sichtfensters öffnen Sie das Dialogfeld. Die Parameter werden aus den Metadaten der Bilddatei gelesen, können aber auf Ihre Zwecke angepasst werden.

[4] Clippingwarnung aktivieren

Um bei der Anpassung der Grundeinstellungen die Beschneidungsbereiche der Tiefen und Lichter im Bild zu sehen, aktivieren Sie im Histogramm die Dreiecke in den oberen Ecken. Bereiche, die außerhalb des darstellbaren Tonwertbereiches liegen, werden jetzt durch eine Fremdfarbe optisch hervorgehoben.

KAPITEL 15
LICHT UND BELICHTUNG

[5] **Weißabgleich festlegen**

Mit dem nächsten Arbeitsschritt im Workflow definieren Sie mit dem *Weißabgleichwerkzeug* einen neutralen Bereich in Ihrem Foto. *Temperatur* und *Farbton* passen Sie in der Palette *Grundeinstellungen* an. Gegebenenfalls müssen Sie mit den Reglern für *Temperatur* und *Farbton* etwas nachkorrigieren.

[6] **Belichtung optimieren**

Für die Bildluminanz bietet Ihnen die Option *Auto* auch hier wieder eine gute Basis, um gegebenfalls weitere Feineinstellungen vorzunehmen. Die Regler *Reparatur* und *Fülllicht* sind wie die Funktion *Tiefen/Lichter* aus Photoshop zu verstehen.
Mit *Reparatur* können die hellen Bildstellen abgedunkelt und mit dem Fülllichtregler die Schattenbereiche verbessert werden, ohne tiefes Schwarz aufzuhellen. Der Nutzen von Camera Raw ist dabei der größere Dynamikumfang der Rohdaten, während die *Tiefen/Lichter*-Funktion in Photoshop mit einem bereits reduzierten Tonwertumfang zurechtkommen muss.

[7] **Mehr Klarheit im Bild**

Der neue Regler für mehr Klarheit im Bild verstärkt die Farb- und Kontrastunterschiede ohne Änderung der Gesamtsättigung, aber mit Einfluss auf die Bildschärfe.

[8] **Farbsättigung**

Der neue *Dynamik*-Regler ergänzt die Sättigungssteuerung und sollte erst zum Abschluss der Bearbeitung eingestellt werden. Der *Dynamik*-Regler wirkt auf die weniger saturierten Farben ein, während mit *Sättigung* alle Bildfarben gleichmäßig verändert werden.

WORKSHOP 2

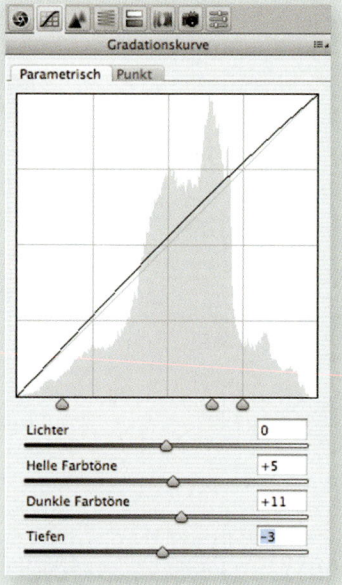

[9] Parametrische Gradationskurve

Parametrische Gradationskurve ist eine neue Variante zur Steuerung der Gradationskurve. Hierbei wird die Kurve nicht über Ankerpunkte verbogen, sondern nur über die vier Schieberegler gesteuert. Die Auswirkung der Schieberegler kann dann noch ergänzend mit den (Tonwert-) Bereichsbegrenzungsreglern unterhalb der Kurvendarstellung angepasst werden.

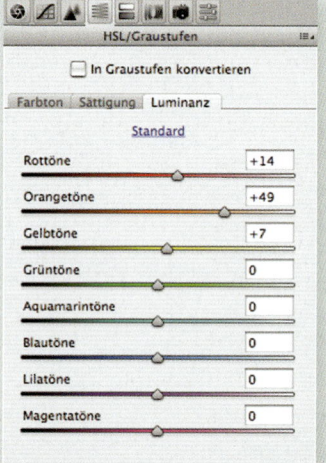

[10] Farboptimierungen

Mit dem Dialog *HSL/Graustufen* - benannt nach der englischen Bezeichnung für **H**ue, **S**aturation und **L**ightness - können die Farben nachgeregelt werden. Im Register *Farbton* können Sie Farben im Bild austauschen.
Mit der *Sättigung* heben Sie Bildbereiche durch Verstärkung oder Reduzierung hervor.
Interessant sind die *Luminanz*-Regler. Hier können z. B. die Hauttöne durch Aufhellen der Rotkomponenten, insbesondere durch die Farbe Orange, aufgefrischt werden.

[11] Objektivschwächen beheben

Chromatische Aberration ist das Unvermögen des Objektivs, Licht verschiedener Frequenzen (Farben) in einem Punkt zu fokussieren. Diese Objektivschwäche führt zu Farbrändern in Bereichen, die sich außerhalb des Bildmittelpunktes befinden.
Rand entfernen verringert die Sättigung der Farbränder um spiegelartige Lichter herum.
Objektiv-Vignettierung bezieht sich auf Objektivfehler, die dazu führen, dass die Ecken von Bildern dunkler sind als der Mittelpunkt. Je kleiner der *Mittenwert*, desto weiter reicht die Aufhellung in die Bildmitte hinein.

KAPITEL 15
LICHT UND BELICHTUNG

[12] **Schwarzweiß-Variante**

Die Vorgehensweise ist ähnlich dem *Schwarzweiß*-Dialog in Photoshop. Nur haben Sie hier den Vorteil, über zwei zusätzliche Einstellregler die Farbnuancen zu steuern: *Orange* und *Lila*. Nutzen Sie für die Graustufenumwandlung die *Auto*-Schaltfläche. Die Funktion analysiert das Bild nach einem bestimmten Algorithmus und liefert so eine sehr gute Basis.

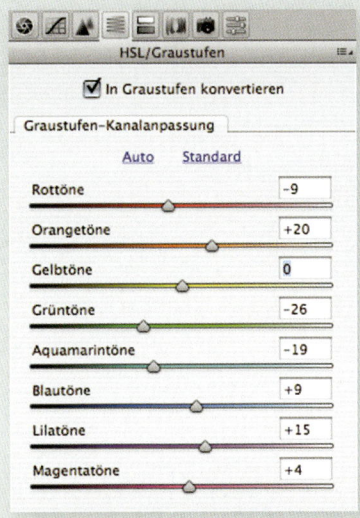

[13] **Zweifarbtonungen**

Die Funktion *Teiltonung* ermöglicht eine zweifarbige Einfärbung eines Bildes. Definieren Sie zuerst die Farbtöne der *Lichter*, dann den Grad der *Sättigung*.
Für die einfarbige Tonung ziehen Sie den Regler *Abgleich* auf den Wert *100* und den Wert für *Sättigung* der Tiefen auf *0*. Für einen Tiefenstich sollten Sie auch hier zuerst die Farbe definieren, dann die Sättigung heraufsetzen.
Mit dem *Abgleich* regeln Sie, wie weit die Lichter- und Tiefenfarben in die Mitteltöne hineinreichen.

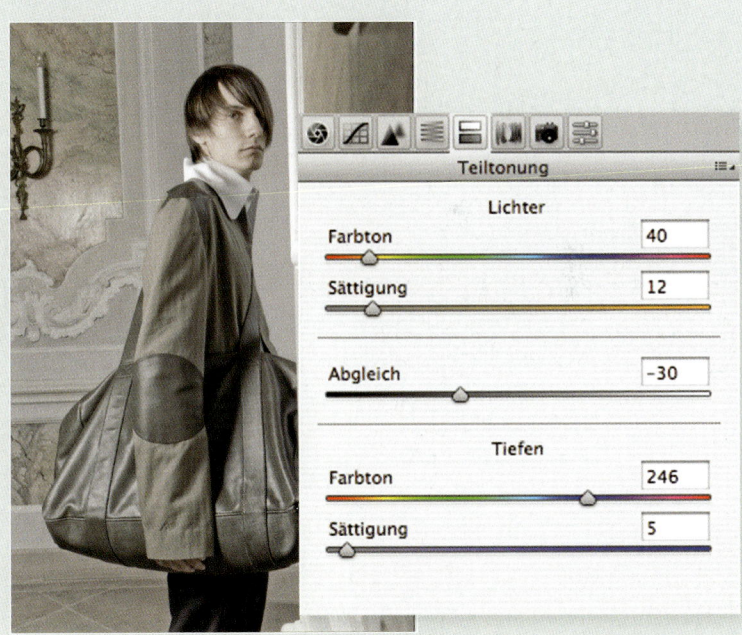

[14] **Scharfmacher**

Das Schärfen in Camera Raw ist seit der Version 4.1 die bessere Alternative zum Filter *Unscharf maskieren* in Photoshop. Damit eine Schärfung auch auf die Datei wirkt, stellen Sie in den *Camera Raw-Voreinstellungen* im Bereich *Allgemein* die Option *Scharfzeichnen anwenden auf: Alle Bilder* um. Stellen Sie für die Beurteilung der Schärfung den Zoom auf *100 %*. So entspricht ein Dateipixel exakt einem Monitorpixel.

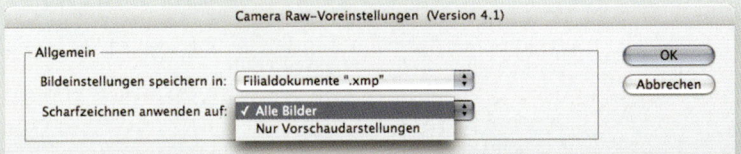

WORKSHOP 2

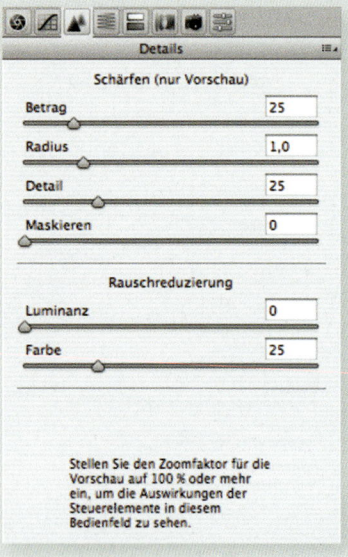

[15] Farbsättigung

Die normale Schärfung wird mit *Betrag* und *Radius* gesteuert. Je schärfer die RAW-Aufnahme ist, desto geringer kann der Radius ausfallen. Auf diese Basisschärfung setzt der Regler *Detail* auf, der in den Bilddetails die Schärfung weiter anhebt. Der Gegenregler *Maskieren* (vergleichbar mit der Funktion *Schwellenwert*) schützt glattere Bildstellen vor der Detailschärfung.

[16] Weichmacher

Farbartefakte werden durch die *Rauschreduzierung* am unteren Regler minimiert, während eine Korrektur für das Helligkeitsrauschen nur sehr vorsichtig eingesetzt werden soll. Störungen werden hier auf Kosten der Bildschärfe reduziert.

[17] Farblook-Feintuning

Zum Abschluss des RAW-Workflows geht es wieder zurück zur Farbabstimmung mit der Dynamikkorrektur; zu finden ganz vorne bei den Grundeinstellungen.
Wählen Sie als Erstes die Sättigung. Die Dynamikeinstellung ergänzt subtil den zu erzielenden Farb-Look: Reduzierte Farbigkeit (60er-Jahre-Look) erscheint glaubhafter, wie auch Porträts durch eine erhöhte Farbdynamik mehr Leben eingehaucht bekommen. Bei sehr starken Sättigungskorrekturen erhält eine gegenläufige Dynamikkorrektur die Farbnatürlichkeit im Bild.

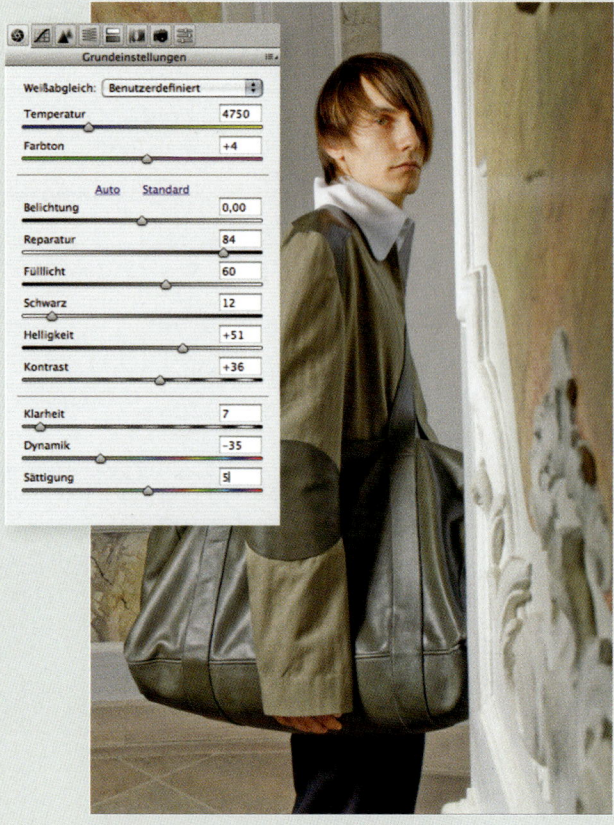

KAPITEL 15
LICHT UND BELICHTUNG

[18] Einstellungen sichern

Es wäre schade, wenn die mühevoll abgestimmte RAW-Konvertierung verloren ginge. Unter dem Kontextmenü oben rechts finden Sie die Möglichkeit, Ihre Einstellungen zu sichern. Diese können von dort aus auch auf andere, ähnliche Raw-Daten angewendet werden. Welche Einstellungen aus den Dialogfeldern abgespeichert werden sollen, können Sie explizit auswählen.

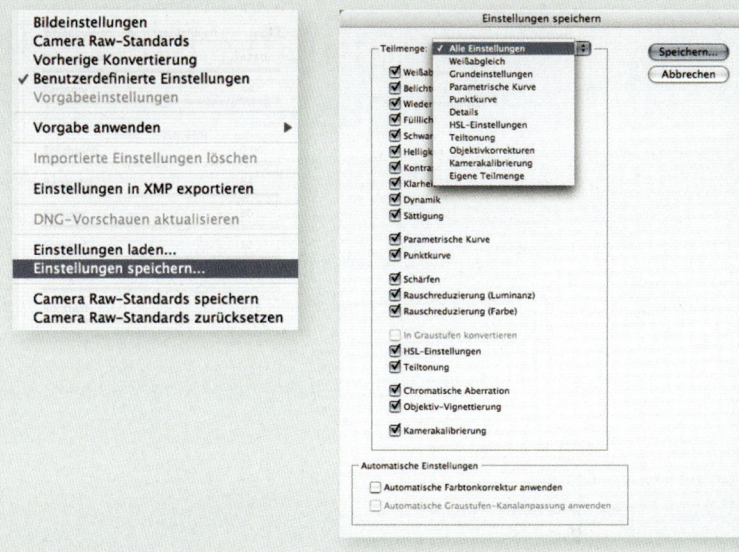

[19] DNG-Format speichern

Das Digital Negativ Format (DNG) dient zum universellen Austauschen von unbearbeiteten Raw-Bilddaten. Im Camera Raw-Dialog finden Sie links unten die Schaltfläche für die Speicheroptionen.

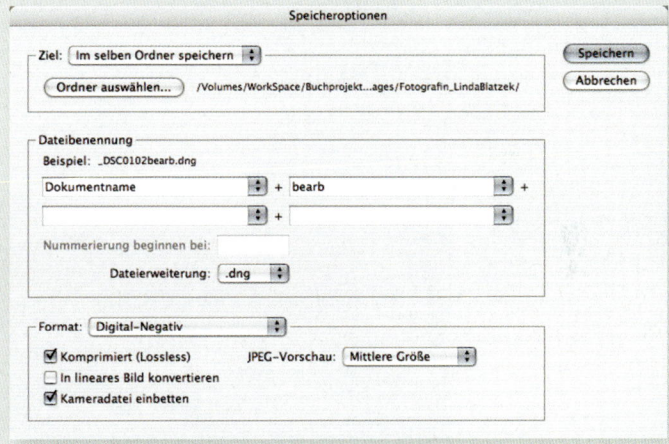

[20] Versteckte Schaltflächen

In Camera Raw werden alle Bildparameter vorgewählt und erst mit dem Befehl *Objekt öffnen* in die Datei eingerechnet.
Die Schaltfläche zum Öffnen ändert ihre Funktion mit Drücken der [Umschalt]-Taste, die Hintergrundebene wird als Smart Objekt-Ebene definiert.

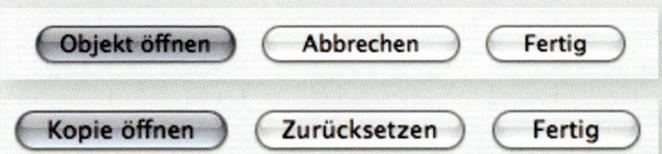

327

WORKSHOP 3

Luminanz in bestimmten Bildbereichen anpassen

Bildmotive zeichnen sich durch helle und dunkle Motivbereiche aus. Sollen diese Motivbereiche, die in ihrer Luminanz sehr unterschiedlich sind, aneinander angepasst werden, arbeitet man mit Auswahlen und Masken, die eine optische Manipulation nur in einem bestimmten Bildbereich erlauben. Für eine lokal differenziert gewichtete Manipulation wird das Bildmotiv selbst als Maske verwendet. Die unterschiedlichen Tonwertstufen des Motivs erlauben eine differenzierte Bereichsmanipulation, die – je nach ihrer Helligkeit (Luminanz) – mehr oder weniger intensiv wirkt.

VORHER
Auf ein Motiv belichtete Aufnahmen (Spotmessung) haben oft einen überbelichteten Himmel. Glänzende Oberflächen spiegeln und neigen zu Detailverlusten. (Foto: Guido Sonnenberg)

NACHHER
Sie sehen eine bessere Detailzeichnung in den Lichtern bis in die Mitteltöne hinein. Die Korrekturen sind durch die Tonwertmaske des Motivs mehr oder weniger intensiv ausgeführt worden.

KAPITEL 15
LICHT UND BELICHTUNG

[1] **Bildbereiche auswählen**

Klicken Sie in der *Kanäle*-Palette bei gedrückt gehaltener [Strg]-Taste auf den *RGB*-Kanal. Photoshop errechnet daraufhin eine Auswahl in Abhängigkeit von der Helligkeit (Luminanz) der Pixel. Die dunklen Stellen im Bild werden gar nicht und die ganz hellen Stellen komplett ausgewählt. Deshalb spricht man hier von einer Luminanzauswahl bzw. einer Luminanzmaske.

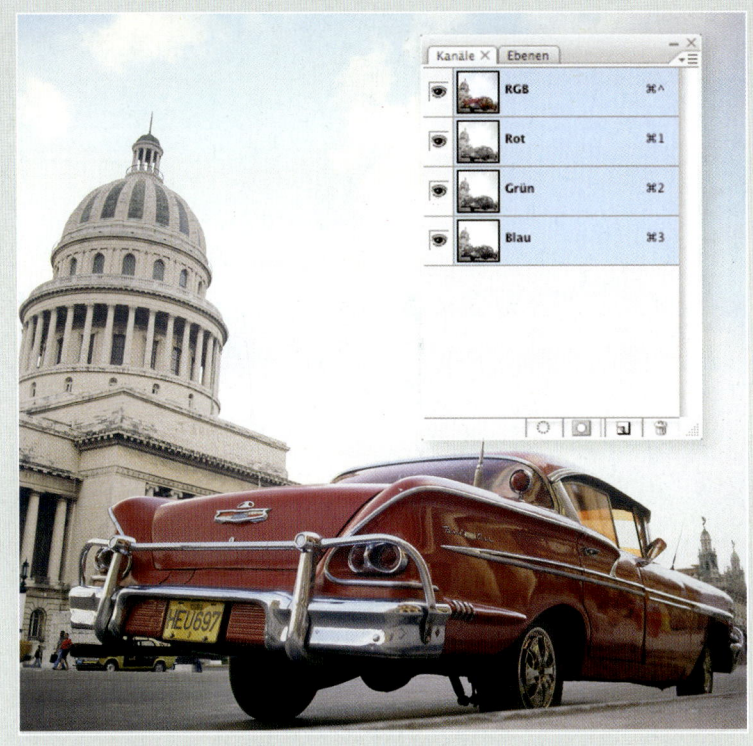

[2] **Auswahl speichern**

Speichern Sie jetzt die Auswahl ab. Dazu rufen Sie im Menü *Auswahl* die Funktion *Auswahl speichern* auf. Im *Auswahl speichern*-Dialogfeld geben Sie einen Namen für Ihre Auswahl an. Schließen Sie das Dialogfeld mit *OK* und deaktivieren Sie die Auswahl mit der Tastenkombination [Strg]+[D].

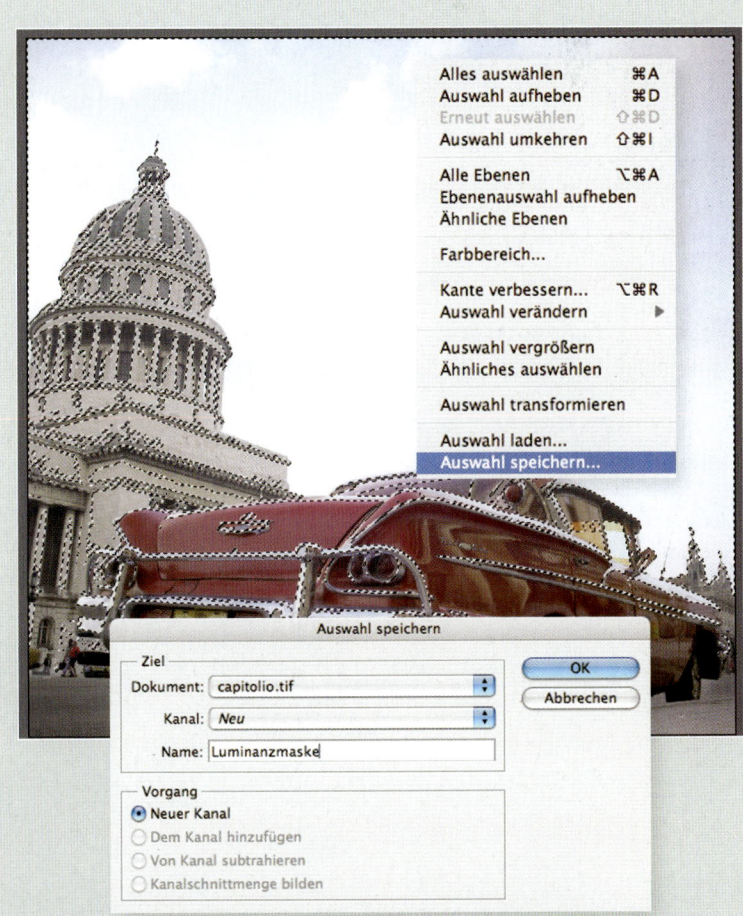

WORKSHOP 3

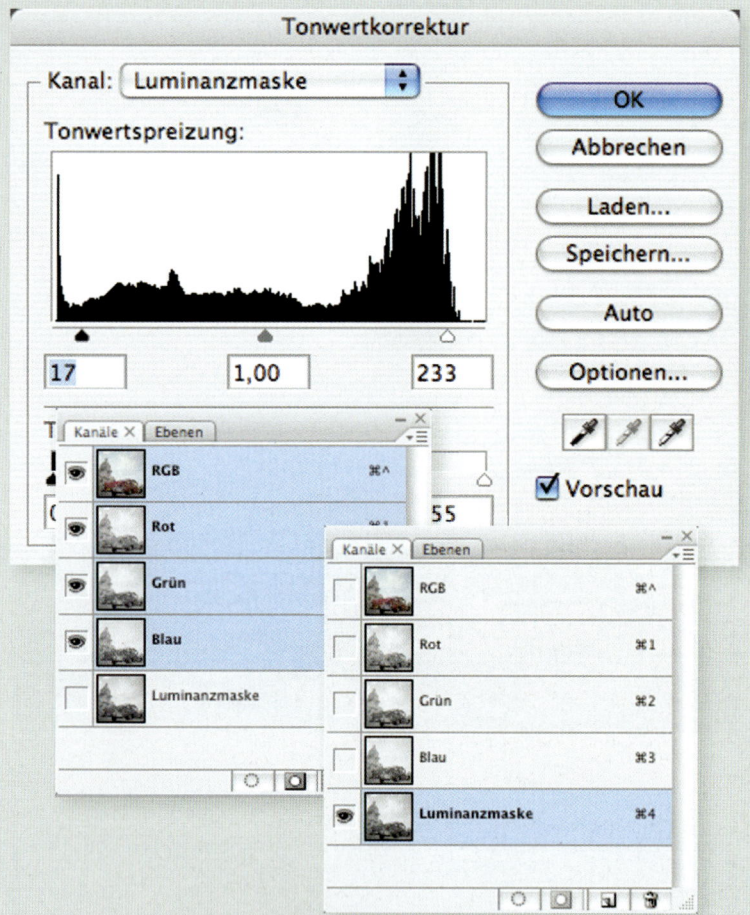

[3] Alphakanal aktivieren

In der *Kanäle*-Palette wird jetzt ein neuer Kanal namens *Luminanzmaske* angezeigt. Alle zusätzlichen Kanäle in der *Kanäle*-Palette bezeichnet man auch als Alphakanäle. Markieren Sie Ihren neuen Alphakanal und öffnen Sie mit der Tastenkombination [Strg]+[L] die *Tonwertkorrektur*.

[4] Auswahlbereich steuern

Schieben Sie nun die Tonwerteregler ein kleines bisschen zur Mitte hin. Dadurch werden die Lichter heller, also der Auswahlbereich vergrößert, und die Tiefen dunkler, also gar nicht oder weniger ausgewählt.
Mit dem *Weichzeichnungsfilter/Gaußscher Weichzeichner* zeichnen Sie den Alphakanal leicht weich. Die Radiusgröße ist hierbei abhängig von der Bildauflösung.

KAPITEL 15
LICHT UND BELICHTUNG

[5] Auswahl aktivieren

Den nachbearbeiteten Luminanzkanal können Sie zu einer aktiven Auswahl umwandeln. Klicken Sie dazu auf den gepunkteten Kreis unten in der *Kanal*-Palette. Ein Vorteil bei dieser Technik ist, dass der Alphakanal beim Schließen des Dokumentes mit abgespeichert wird und so jederzeit wieder als Auswahlvorlage dienen und nachbearbeitet werden kann. Aktivieren Sie die Kanäle mit einem Klick auf das *RGB*-Symbol.

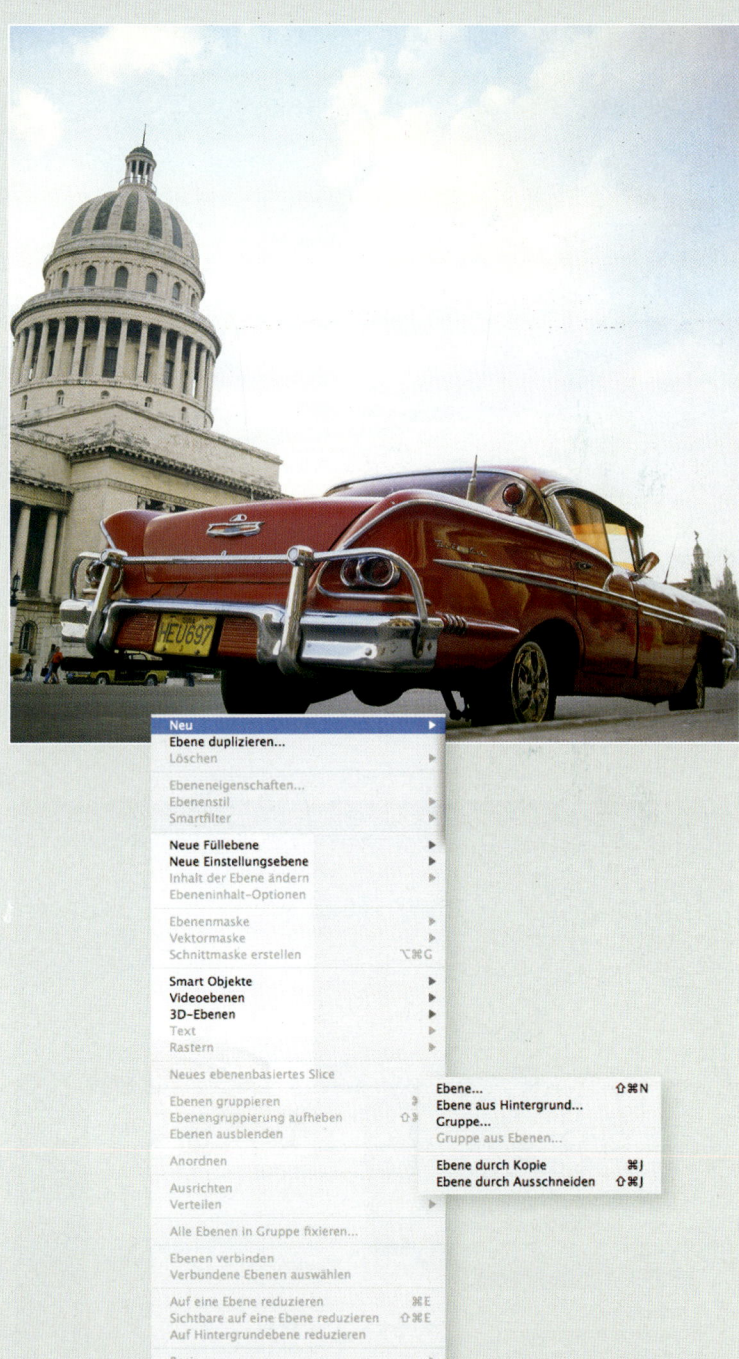

[6] Pixel kopieren

Mit der aktiven Auswahl wechseln Sie zurück auf die *Ebenen*-Palette. Duplizieren Sie nun den von der Hintergrundebene der *Ebenen*-Palette abgedeckten Inhalt in eine eigene neue Ebene. Nutzen Sie hierzu die Tastenkombination [Strg]+[J].

WORKSHOP 3

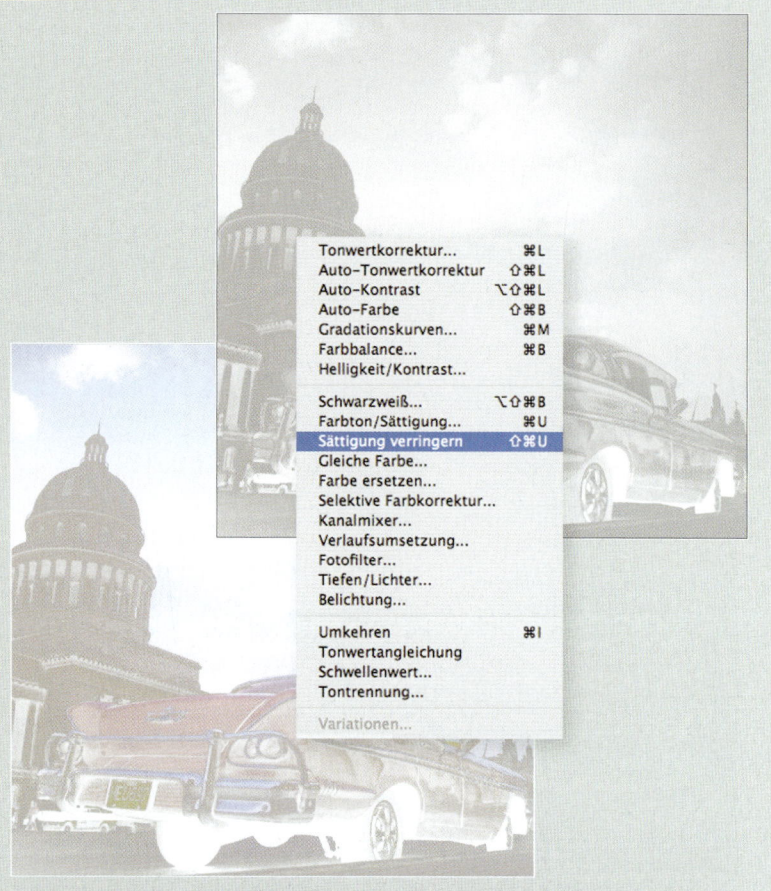

[7] **Farben verringern**

Mit der leicht missverständlichen Funktion unter *Bild/Anpassungen/Sättigung verringern* konvertieren Sie die Farbe aus der Luminanzmaske in Graustufen. Zur besseren Ansicht legen Sie die Inhalte der Luminanzmaskenebenen auf eine weiße Hintergrundfläche.

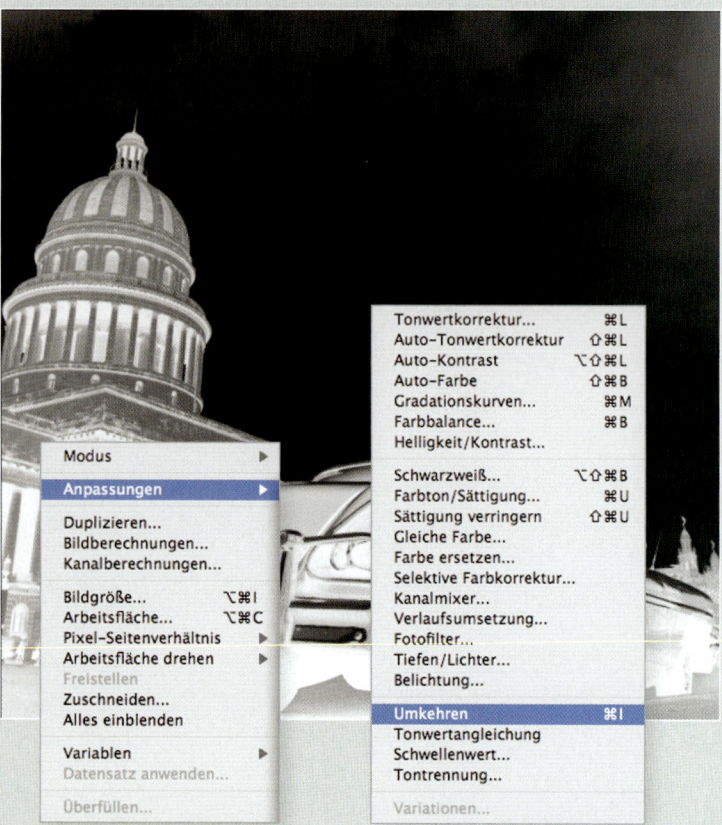

[8] **Ebeneninhalt umkehren**

Wechseln Sie nun noch einmal über das Menü *Bild* zur Funktion *Anpassungen/Umkehren*. Damit wird der Ebeneninhalt invertiert. Alternativ zum Weg über das Menü können Sie auch die Tastenkombination [Strg]+[I] zum Invertieren nutzen.

KAPITEL 15
LICHT UND BELICHTUNG

[9] **Ebenenmodus umstellen**

Stellen Sie den Verrechnungsmodus, resp. die Füllmethode, mit denen die übereinanderliegenden Ebenen angezeigt werden, von *Normal* auf *Weiches Licht* um. Der Bildkontrast wird jetzt deutlich abgemildert dargestellt.

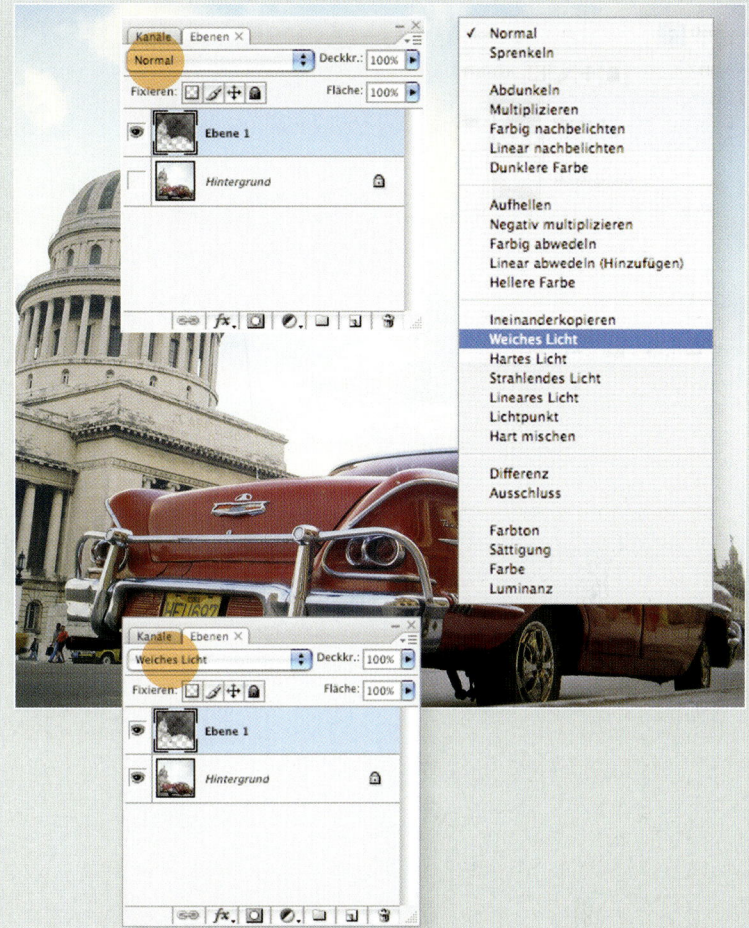

333

Kontraste anheben

Die etwa 50 m hohe Felssäule ist seit Jahrtausenden eine heilige Stätte der Ureinwohner Australiens und Teil der Aborigine-Mythologie. Eine markante Geländemarke stellt der „Chambers Pillar" nicht nur bei den frühen Expeditionen der Entdecker Australiens dar. Sie campten hier und hinterließen ihre Namen im weichen Sandstein. Viele nachfolgende Touristen taten ihnen dies leider nach.

VORHER
Durch die diffuse Ausleuchtung kommen die Unebenheiten des Felsens nicht richtig zur Geltung. Die Felsfarben wirken kraftlos und gräulich.
(Foto: Guido Sonnenberg)

NACHHER
Der höhere Kontrast hebt die Details besser hervor. Auch in den Farben wirkt das Motiv plastischer.

KAPITEL 15
LICHT UND BELICHTUNG

Einfache Methode

Ein vielleicht nicht neuer, doch ein sehr einfacher und effektiver Weg: die Kontrastanhebung über die Einstellungsebene *Gradationskurven*. Dieses kleine Beispiel soll Sie weg von der klassischen Methode der „S-Kurve" führen und Ihnen einen noch einfacheren Weg zeigen.

[1] Einstellebene Gradationskurven

Nachdem Sie die Einstellebene *Gradationskurven* erzeugt haben, schließen Sie das Dialogfenster mit *OK*, ohne irgendeine Einstellung vorgenommen zu haben.

[2] Füllmethode der Einstellebene ändern

Verändern Sie jetzt den Verrechnungsmodus bzw. die Füllmethode der Einstellebene entweder auf *Ineinanderkopieren*, *Weiches Licht* oder *Hartes Licht*. Das war's!

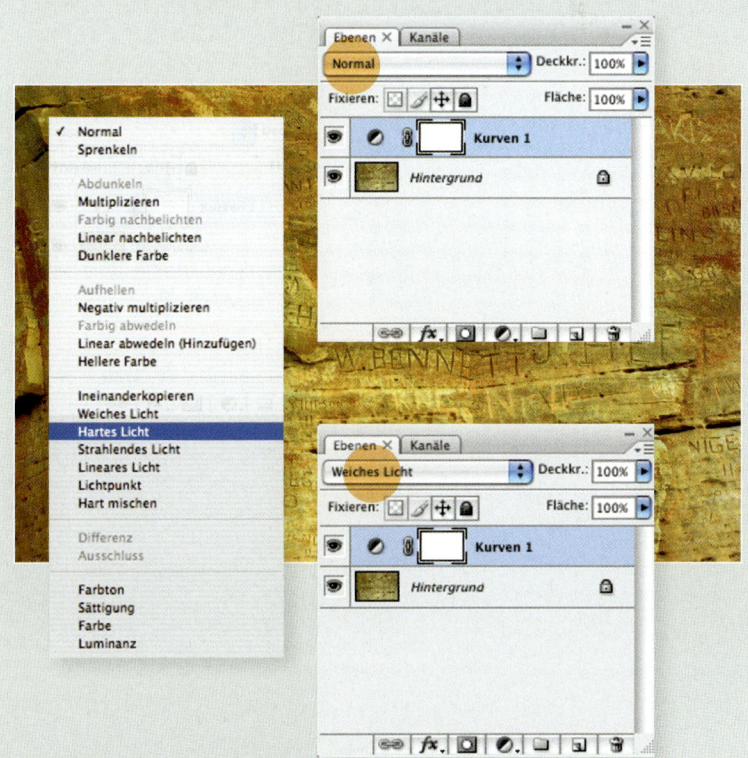

WORKSHOP 4

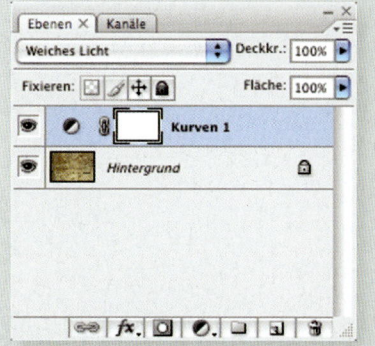

[3] Deckkraft regulieren

Der Kontrast wird mit *Ineinanderkopieren* und *Hartem Licht* wesentlich zu stark ausfallen. Bevorzugen Sie daher die Füllmethode *Weiches Licht*, deren Ergebnis zwar schwächer ist, doch ebenfalls noch überbetont. Aber der Effekt ist genau das Ziel: eine überbetonte Korrektur, die mit der Deckkraft reguliert werden kann.

[4] Schnappschuss erstellen

Das Ergebnis Ihrer Arbeit können Sie in der *Protokoll*-Palette festhalten und zu einem späteren Zeitpunkt wieder aufrufen. Klicken Sie in der Symbolleiste der *Protokoll*-Palette auf das Symbol mit dem Fotoapparat. Es wird ein Schnappschuss erstellt und ein zweites Protokollsymbol gespeichert. Das erste Symbol ist immer der Originalzustand nach dem Öffnen der Datei.

[5] Back in Time

Durch Anwählen eines Protokoll-Schnappschusses beamen Sie sich sozusagen in die Vergangenheit zurück. Dies ist optimal, um die verschiedenen Kontrasteinstellungen zu vergleichen und weiterzuarbeiten. Alle Eigenschaften zum Zeitpunkt des Schnappschusses werden erhalten, solange das Dokument geöffnet ist.

Erweiterte Methode

Nun zum zweiten Beispiel der Kontrastanhebung: Vielleicht werden viele alte Photoshop-Hasen jetzt aufschreien und vor dem Gebrauch der Funktion *Helligkeit/Kontrast* warnen. Hat diese doch bisher die Tonwerte über den sichtbaren Bereich der Tiefen und Höhen hinausgeschoben. Dieser Filter wurde für Photoshop CS3 neu überarbeitet und kann jetzt beruhigt eingesetzt werden.

[1] Helligkeit/Kontrast

Nachdem Sie die Einstellungsebene *Helligkeit/Kontrast* angelegt haben, ziehen Sie einfach den Kontrastregler in den positiven Bereich bis zu einem Wert von ca. *+25*. Der Tonwertebereich wird nicht mehr „geclipt", es sei denn, Sie markieren die Option *Früheren Wert verwenden*.

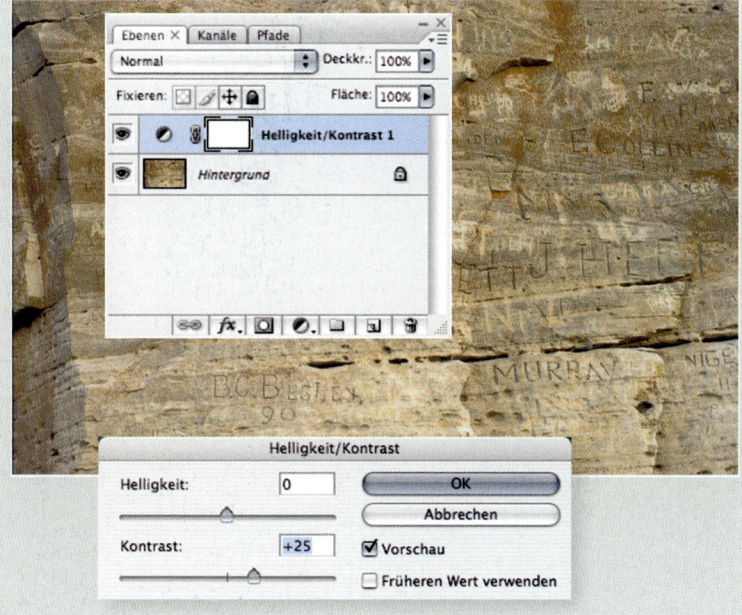

[2] Schnappschuss erzeugen

Legen Sie für einen persönlichen Vergleich Ihrer Ergebnisse einen weiteren Schnappschuss in der *Protokoll*-Palette an.

WORKSHOP 4

[3] **Ergebnis vergleichen und wählen**

Wählen Sie die verschiedenen Protokollsymbole bzw. Protokollebenen an, dann können Sie Ihre Kontrastergebnisse mit dem Original schnell vergleichen.

KAPITEL 15
LICHT UND BELICHTUNG

Russel Brown-Methode

Die dritte Möglichkeit zur Kontraststeigerung basiert auf einem Graustufenbild. Um diese Basis flexibel zu halten, wurde die bekannte Schwarzweiß-Konvertierungsmethode von Russell Brown gewählt.

[1] Ebenen vorbereiten

Als Erstes legen Sie ein Duplikat Ihres Originals in der *Ebenen*-Palette an. Darüber legen Sie zwei Einstellungsebenen des Typs *Farbton/Sättigung*.

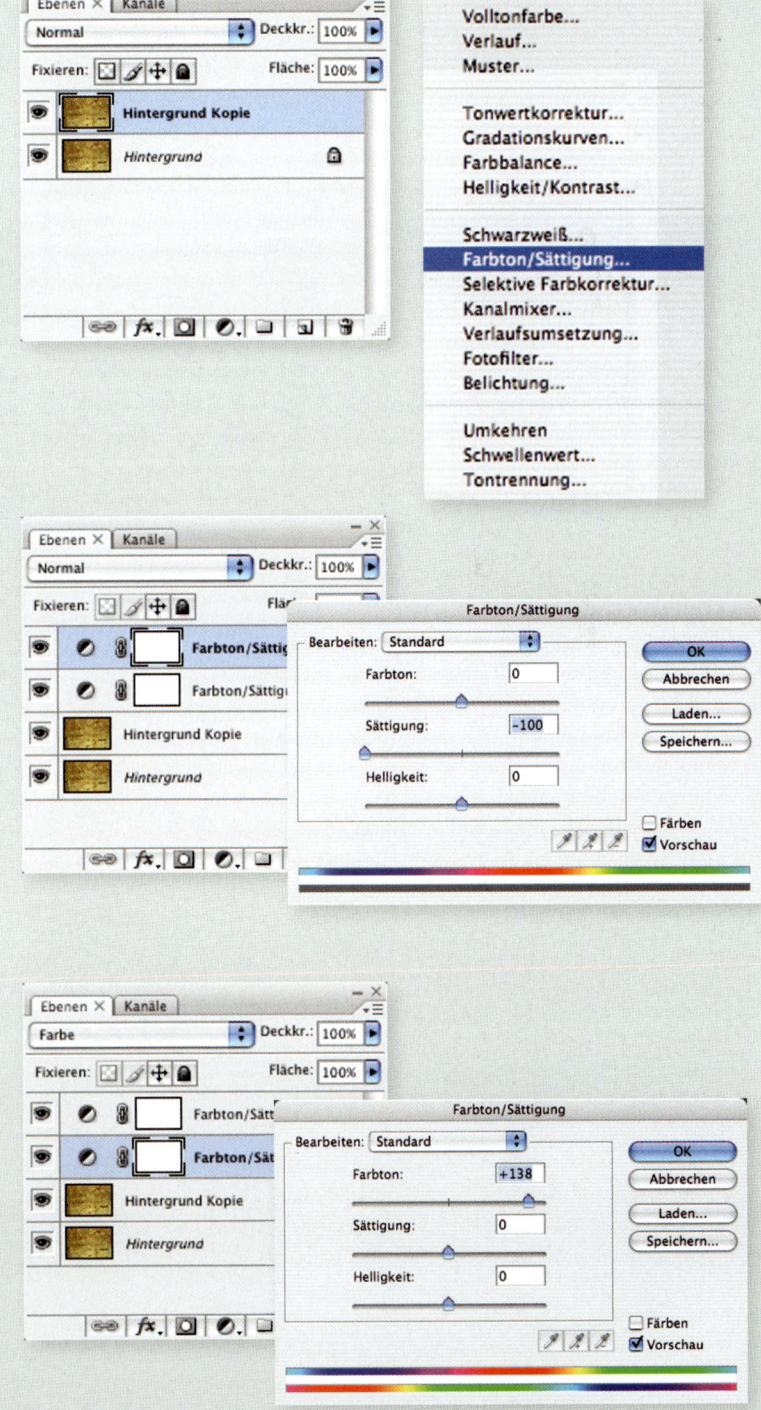

[2] Farbe wegschieben

Auf der oberen Einstellungsebene reduzieren Sie die Sättigung auf *-100*. Das Ergebnis ist ein Farbfoto ohne Farbe.

[3] Graustufenanpassung

Für die untere der zwei Einstellungsebenen ändern Sie den Ebenenverrechnungsmodus auf *Farbe*. Wenn Sie den Regler *Farbton* jetzt nach links oder rechts verschieben, wird das Graustufenbild aus den entsprechenden Farbgewichtungen gebildet. Um die von Ihnen bevorzugte Kontrastgestaltung zu ermitteln, wird die genaue Farbpräferenz besser erst im übernächsten Schritt eingestellt.

WORKSHOP 4

[4] Verrechnung ändern

Stellen Sie den Ebenenmodus der kopierten Hintergrundebene auf die Füllmethode *Weiches Licht* um.

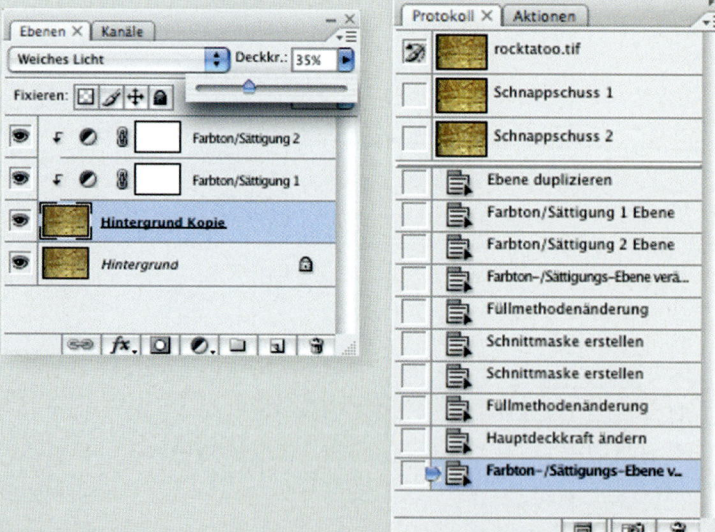

[5] Feintuning

Das Ergebnis wird auch hier etwas übers Ziel hinausschießen. Deshalb sollten Sie mit einer *Deckkraft* von *35 %* das Ergebnis der Kontraststeigerung einjustieren.

Danach ist ein guter Zeitpunkt, um sich mit der unteren Einstellebene zu beschäftigen und die Kontrastgewichtung zu bestimmen.

[6] Ergebnisse vergleichen

Vergleichen Sie Ihre Arbeitsergebnisse mit den Protokollschnappschüssen. Ihren Favoriten werden Sie sicherlich im Vergleich schnell herausfinden.

Das Original

KAPITEL 15
LICHT UND BELICHTUNG

Kontrastanhebung mit Gradationsverrechnung Weiches Licht (75 %).

Kontrastanhebung mit der Russell Brown-Basiskonvertierung und Weiches Licht-Verrechnung 75 %.

WORKSHOP 5

Malen mit Licht und Schatten

Die Gewichtung in der Gesamterscheinung des Bildes zu verändern nötigt gelegentlich dazu, einzelne Bildbereiche zu manipulieren. Die Linienführung des Bildes kann so durch Anhebung der Lichter und Absenkung von Bildbereichen verstärkt werden. Im vorliegenden Beispiel sollte das Gotteshäuschen St. Bartholomä hervorgehoben und das davorstehende, dominierende Bootshausdach mehr in den Hintergrund gedrängt werden.

VORHER
*Das Bild zeigt eine unausgewogene Motivgewichtung: Hausdach und Kapelle stehen in zu enger Konkurrenz, das Boot ist zu dunkel und der Wolkenhimmel zu ausgewogen.
(Foto: Jonathan Schule)*

NACHHER
Durch gezielte Beeinflussung von Motivsegmenten konnte die Kapelle durch eine höhere Leuchtkraft optisch in den Vordergrund geholt werden. Die Wolkenstruktur wurde durch Nachdunkeln dramaturgisch in Szene gesetzt.

KAPITEL 15
LICHT UND BELICHTUNG

[1] **Leere Ebenen**

Erzeugen Sie in der *Ebenen*-Palette zwei neue Ebenen ohne Inhalt. Da eine Ebene nach den folgenden Schritten für die Aufhellung verantwortlich ist und die andere für die Absenkung der Lichter, bieten sich eindeutige Ebenenauszeichnungen an.

[2] **Weiches Licht**

Stellen Sie den Verrechnungsmodus der beiden leeren Ebenen von *Normal* auf *Weiches Licht* um.

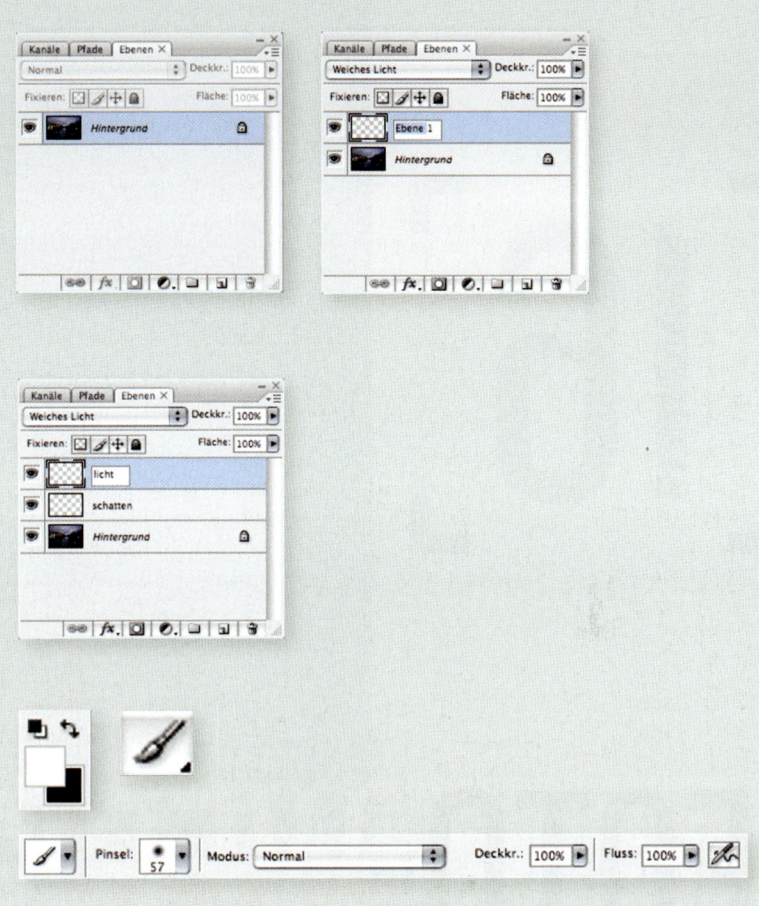

[3] **Aufhellen und Nachbelichten**

Mit den Farben Schwarz und Weiß sowie einem geeigneten *Pinsel*-Werkzeug werden die Teilbereiche des Bildes übermalt.
Auf der einen, leeren Ebene werden mit der Farbe Schwarz Bildstellen abgedunkelt. Mit der Taste [X] wechseln Sie schnell von der Vordergrund- zur Hintergrundfarbe. Mit Weiß heben Sie die Helligkeit an. Vergessen Sie nicht, die richtige Ebene für den Farbauftrag anzuwählen. Für das Absenken von hellen Bildbereichen ist es hilfreich, die *Deckkraft* der Farbe in den Werkzeugoptionen etwas zu verringern. Vermeiden Sie bei Ihren Korrekturen eine harte Pinselkante.

[4] **Licht und Schattenmatrix**

Die korrigierten Bildbereiche präsentieren sich durch das Wegschalten der Sichtbarkeit der Motivebene. Klicken Sie hierzu auf das *Augen*-Symbol vor der Ebene *Hintergrund*.

[5] **Ebenendeckkraft regulieren**

Durch die getrennte Nachbelichtung und Aufhellung haben Sie den Vorteil, die Ebenen unterschiedlich über die Ebenendeckkraft zu regulieren. Übertriebene Korrekturen können so angepasst werden.

[16] FOTO-WERKSTATT

KAPITEL 16
FOTO-WERKSTATT

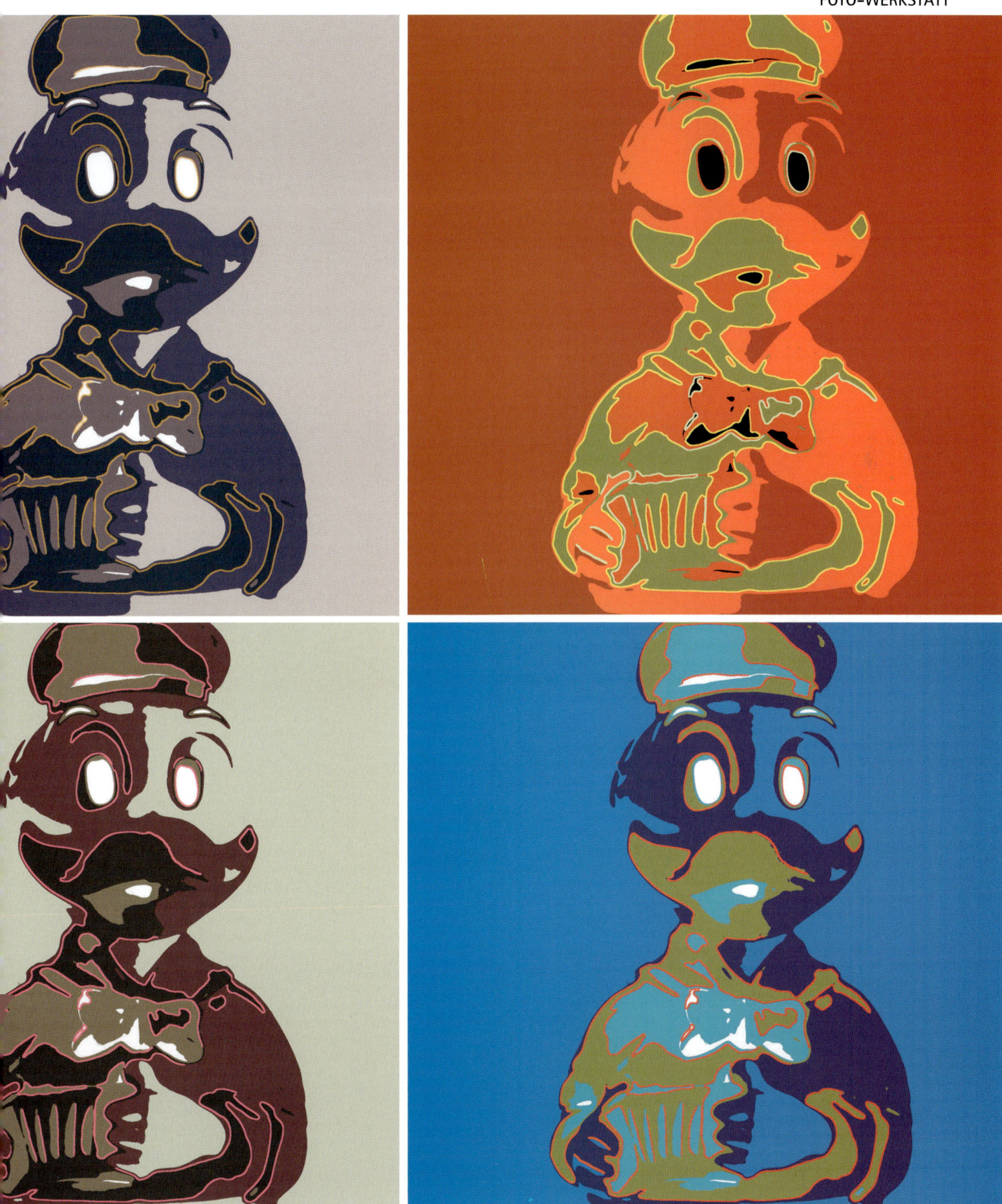

16

KAPITEL 16
FOTO-WERKSTATT

Foto-Werkstatt

Copyright und Wasserzeichen einbauen	348
Farbrauschen reduzieren	354
Farbschemata erstellen	358
Kleine Bildfehler retuschieren	360
Pop-Art-Hommage	364
Web-Optimierung	372

Copyright und Wasserzeichen einbauen

Bildagenturen und viele Softwarehersteller prägen ihre Bilder mit einem sogenannten „Branding", um einer illegalen Nutzung vorzubeugen. Auch Sie können Ihre Bilder zum einen mit einem Branding versehen, zum anderen können Sie Ihre Kontaktdaten den Metadaten anfügen.

VORHER
*Wer seine Aufnahmen ohne Kennzeichnung im Internet präsentiert, darf sich nicht wundern, wenn das Foto heruntergeladen und einer unerlaubten Nutzung zugeführt wird.
(Foto: Guido Sonnenberg)*

NACHHER
Das Foto wurde mit einem transparenten Wasserzeichen belegt, das zwar das Motiv nicht zerstört, aber eine unerlaubte Nutzung unwahrscheinlich macht. Der Aufwand zum Entfernen des Zeichens wäre einfach zu groß.

KAPITEL 16
FOTO-WERKSTATT

[1] Neues Dokument anlegen

Am Anfang steht der Weg zum persönlichen Logo. Erstellen Sie dazu ein neues Dokument. Die Größe ist eigentlich völlig egal. Entscheiden Sie sich zum Beispiel für die Größe eines CD-Covers.
Computergrafiken lassen sich in zwei Kategorien einteilen: pixelorientierte und vektororientierte Grafiken Dieses Beispiel zeigt, wie Sie Ihr Logo als Vektorgrafik in Photoshop konstruieren. Vektoren sind im Gegensatz zu Bitmaps größen- und auflösungsunabhängig und können somit in jedes Dokument einkopiert und in jede beliebige Größe verlustfrei skaliert werden.

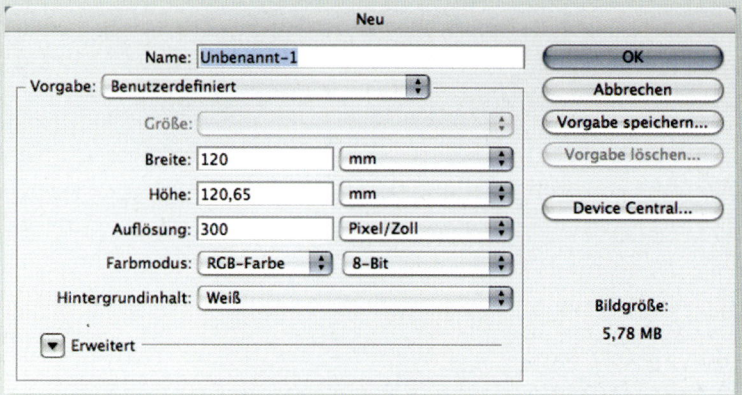

[2] Vorgaben sichern

Die Maße eines CD-Covers kann man immer mal wieder gebrauchen. Warum also die Maße dann nicht für eine spätere Verwendung sichern? Mit der Schaltfläche *Vorgabe speichern* legen Sie die aktuelle Datei dauerhaft als *Vorgabe* für spätere Arbeiten ab.

[3] Text schreiben

Starten Sie mit der Texteingabe. Fügen Sie mit der Tastenkombination [Alt]+[G] (Mac) bzw. [Alt]+[0169] (Windows) das Copyrightzeichen ein. Alternativ zum Copyrightzeichen können Sie auch Ihre Initialen eintippen.
Markieren Sie in der Werkzeugleiste das *Text*-Werkzeug und legen Sie in der Optionenleiste die Texteinstellungen fest. Klicken Sie auf die Stelle im Dokument, an der der Text ungefähr platziert werden soll. Photoshop erstellt daraufhin selbstständig eine neue Textebene.

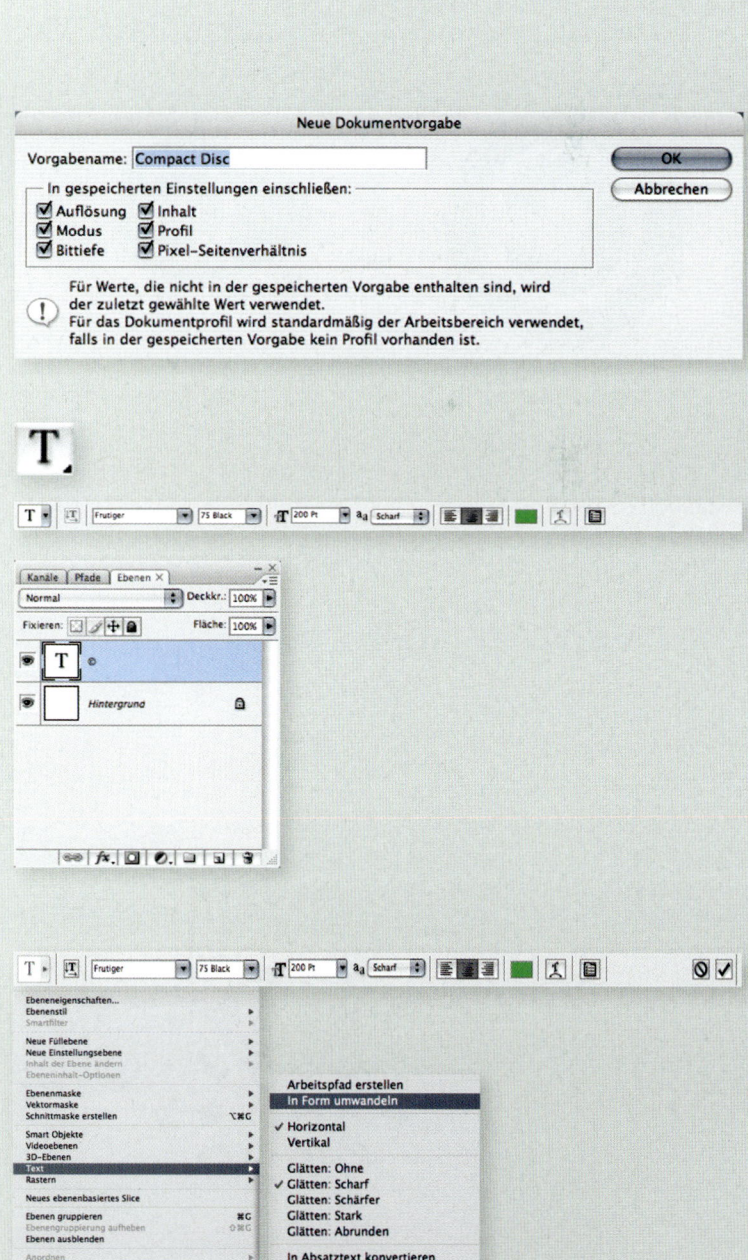

[4] Texteingabe beenden

Sie müssen Photoshop mitteilen, dass Sie mit der Texteingabe fertig sind. Klicken Sie hierzu auf das Häkchen in der Optionenleiste ganz rechts.

WORKSHOP I

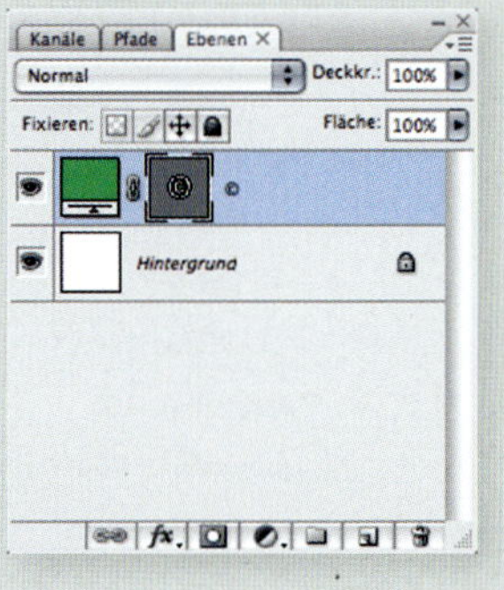

[5] Text in Vektorform umwandeln

Über *Ebene/Text/In Form umwandeln* wandeln Sie den Text in eine Vektorform um. Danach ändert sich die Ebenendarstellung und der Text kann jetzt nicht mehr über das *Text*-Werkzeug verändert werden. Die Farbe kann bei den Vektoren nachträglich über das linke Farbsymbol in der *Ebenen*-Palette verändert werden.

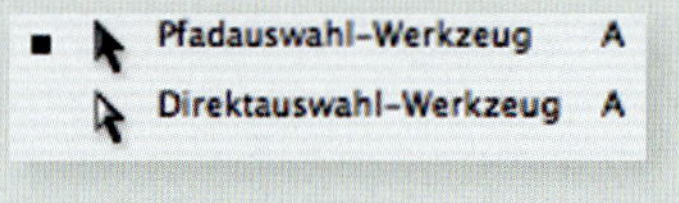

[6] Vektorform bearbeiten

Die Form einer Vektorgrafik wird durch ihre Ankerpunkte definiert. Diese können mit dem *Direktauswahl*-Werkzeug einzeln angewählt und positioniert werden. So können Sie im Handumdrehen jede Vorgabe individuell verändern.

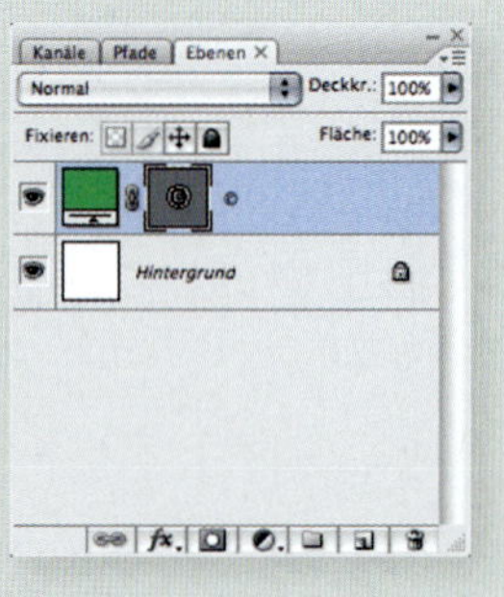

[7] Form um ein Piktogramm ergänzen

Um Ihre Vektorform zu ergänzen, stellt Ihnen die Werkzeugleiste verschiedene Grundformen zur Verfügung. Wählen Sie in der Werkzeugleiste das *Eigene-Form*-Werkzeug aus.
Mit der ersten Symbolgruppe in der Optionenleiste (links) bestimmen Sie, ob die Form als Vektor, Pfad oder Bitmap angelegt werden soll. Stellen Sie sicher, dass das Symbol *Formebenen* aktiviert ist.
Im Bereich *Form* erhalten Sie über das Pop-up-Menü eine Auswahl freier Formen. Wenn die gewünschte Form nicht dabei ist, klicken Sie auf den Palettenpfeil rechts oben und wählen Sie eine andere Formkategorie aus.
Die verfügbaren Formenoptionen öffnen Sie über den nach unten gerichteten Pfeil neben den *Form*-Schaltflächen.

KAPITEL 16
FOTO-WERKSTATT

[8] **Form hinzufügen**

Sie können mehrere Formen in einer Ebene zeichnen. Durch die Symbole *Neue Formebene erstellen*, *Dem Formbereich hinzufügen*, *Vom Pfadbereich subtrahieren*, *Schnittmenge von Formbereichen* oder *Überlappende Formbereiche ausschließen* bestimmen Sie, wie diese Form hinzugefügt wird. Achten Sie darauf, dass Ihr *Formen*-Symbol in der *Ebenen*-Palette angewählt ist, und ziehen Sie im Bild Ihre Vektorform auf.

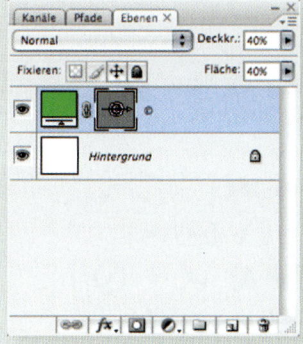

[9] **Form verändern**

Die einzelnen Formen können Sie nun mit dem *Verschieben*-Werkzeug entsprechend Ihrer Vorgabe platzieren. Mit dem *Direkt-Auswahl*-Werkzeug verändern Sie einzelne Ankerpunkte. Möchten Sie mehrere Ankerpunkte gleichzeitig verändern, halten Sie bei der Auswahl die [Umschalt]-Taste gedrückt.

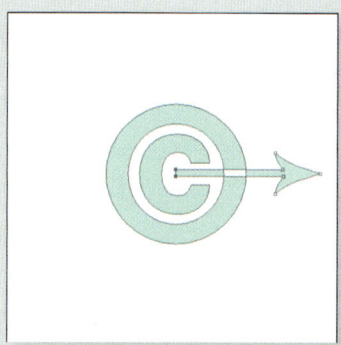

[10] **Neue Form sichern**

Ihre fertige Vektorform können Sie jetzt der Palette der *Eigene-Form*-Werkzeuge hinzufügen. Im Menü *Bearbeiten* wählen Sie *Eigene Form festlegen* und geben im Dialogfeld *Name der Form* einen Namen für die neue Form ein.

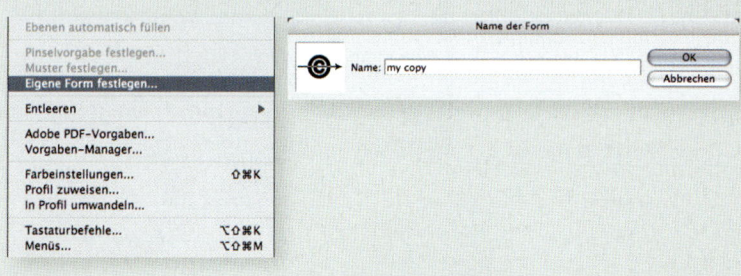

[11] **Bilddokument öffnen**

Ihre Bilddokumente können jetzt um Ihr persönliches Branding bereichert werden. Öffnen Sie ein zu bearbeitendes Bild in Photoshop.

351

WORKSHOP I

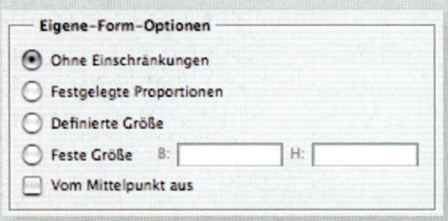

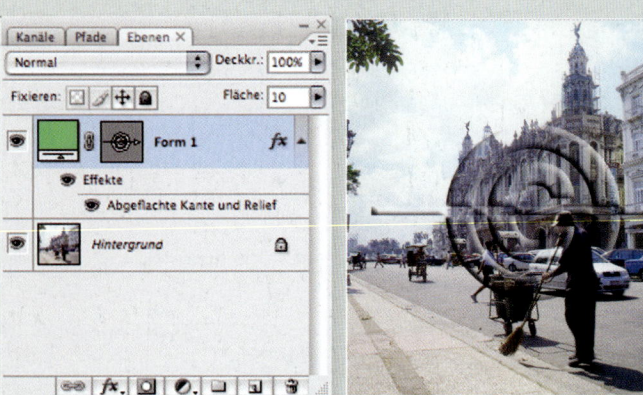

[12] Formenwerkzeug auswählen

Greifen Sie wieder zum *Eigene-Form*-Werkzeug und wählen Sie Ihr Logo aus dem Pop-up-Fenster *Form* in der Optionenleiste aus.

[13] Formenoptionen festlegen

Für die Optionen wählen Sie die Voreinstellungen wie abgebildet. Ziehen Sie Ihre Form im Bild auf. Es wird automatisch eine neue Vektorebene in der *Ebenen*-Palette erstellt.

[14] Form exakt platzieren

Nachträgliche Positionierungen können Sie mit dem *Verschieben*-Werkzeug durchführen. Soll die Vektorgrafik nochmals transformiert werden, wählen Sie im Menü *Bearbeiten* die Funktion *Pfad transformieren* oder drücken die Tastenkombination [Strg]+[T].

[15] Ebenenstil hinzufügen

Damit Ihr Branding wie eine Papierprägung aussieht, wird der Vektorebene ein Stil-Effekt zugewiesen. Das Dialogfeld *Ebenenstil* öffnen Sie per Doppelklick auf die Ebene, alternativ über das Menü *Ebene/Ebenenstil/Abgeflachte Kante und Relief*.
Probieren Sie die verschiedenen Strukturparameter aus. Finden Sie die „Größe" des Effektes und passen Sie im Bereich *Struktur* die Optionen *Tiefe* und *Weichzeichnen* an.

KAPITEL 16
FOTO-WERKSTATT

[16] Farbe ausblenden

Die gewählten Effekte erscheinen als Anhang unterhalb der Ebene und können mit dem *Augen*-Symbol sichtbar gemacht werden. Noch versperrt die Eigenfarbe des Vektorlogos die Sicht auf das darunter liegende Bild. Das können Sie ändern, indem Sie den Wert der *Fläche* auf *0* absenken. Der Unterschied zur *Deckkraft* besteht darin, dass hier die Effekte in ihrer vollen Wirkung erhalten bleiben.

[17] Dateiinformationen

Damit Ihr Branding nicht nur optisch auf dem Bild liegt, sondern bei Bedarf auch nähere Informationen über den Urheber zu erfahren sind, geben Sie dem Bilddokument einfach einige Kontaktdaten mit. Das Eingabefeld für diese Daten finden Sie unter *Datei/Dateiinformationen*.

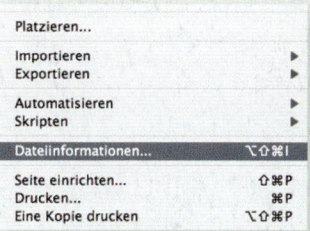

[18] Informationen anhängen

Wahrscheinlich werden Sie erstaunt sein über die Fülle von Informationen, die als Metadaten aus der Kamera dem Bild schon mitgegeben wurden. Ergänzen Sie diese um eine paar persönliche Daten. Einmal ausgefüllt, können Sie diese Angaben über das Kontextmenü (oben rechts an der *Dateiinfo*-Palette) abspeichern oder anfügen.

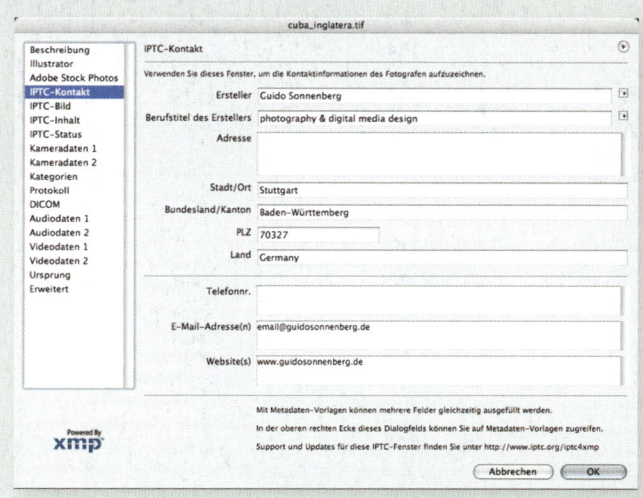

[19] Copyright einfügen

Aktivieren Sie den *Copyright Status*, so erscheint im Dateinamen des Bilddokumentes zusätzlich das ©-Zeichen. Alle Angaben werden den Metadaten hinzugefügt und können unter anderem von der Bridge ausgelesen werden.

353

WORKSHOP 2

Farbrauschen reduzieren

Auffällig und störend ist das Rauschphänomen bei der Digitalfotografie. Preiswerte Kameras erzeugen in der Regel mehr Bildrauschen als hochwertige, besonders bei Aufnahmen mit schwachem Licht, hoher ISO-Einstellung, niedriger Verschlussgeschwindigkeit oder Überhitzung. Farbrauschen findet sich in Form von farbigen Bildflecken und JPEG-Artefakten. Sie bilden sich durch die verlustbehaftete Komprimierung des JPEG-Formates in Form von Kachelmustern.

Die optimale Lösung zur Beseitigung von Farbrauschen wäre ein Filter, der die Farbe korrigiert und die Schärfe bzw. die Luminanz des Fotos nicht beschädigt. Im Lab-Modus finden Sie diese Voraussetzungen. Dort sind die Farben von der Luminanz getrennt und können unabhängig bearbeitet werden. Der Filter **Rauschen reduzieren** *nutzt diese Eigenschaften und macht Ihnen das Beseitigen von Farbstörungen auch im RGB-Modus angenehm leicht.*

VORHER
Gerade in den dunkleren Bildbereichen sind rotgrün-blaue Farbflecken zu erkennen. Graue Flächen erhalten dadurch einen unerwünschten bunten Schimmer.
(Foto: Guido Sonnenberg)

NACHHER
Sie sehen eine Reduzierung der bunten Artefakte in den neutralfarbigen Bildflächen und eine Abmilderung der Körnigkeit (Luminanzrauschen) in den Tiefen.

KAPITEL 16
FOTO-WERKSTATT

[1] Vorbereitende Schritte

Duplizieren Sie die Hintergrundebene und konvertieren Sie diese über *Filter/Für Smartfilter konvertieren* zu einer *Smartfilter*-Ebene.

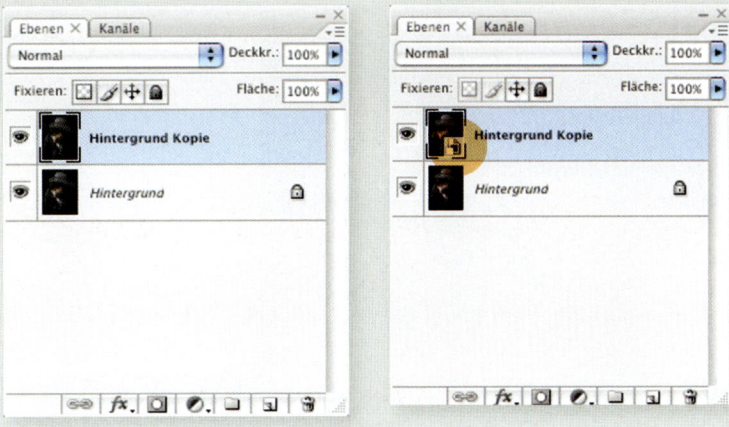

[2] Smartfilter nutzen

Über das Menü *Filter* wählen Sie *Rauschfilter/ Rauschen reduzieren*. Falls Sie sich fragen, was die drei Punkte hinter dieser wie auch hinter anderen Funktionen bedeuten: Es heißt nur, dass sich ein weiteres Dialogfeld dahinter verbirgt.

[3] Farbrauschen reduzieren

Wollen Sie nur das Farbrauschen in Ihrem Foto reduzieren, dann schieben Sie den Regler *Farbstörung reduzieren* auf einen Wert von *100 %*. Alle anderen Werte belassen Sie auf *0*. Haben Sie eine RAW-Datei geöffnet, dann haben Sie keine JPEG-Artefakte und können auf die Option *JPEG-Artefakt entfernen* verzichten.

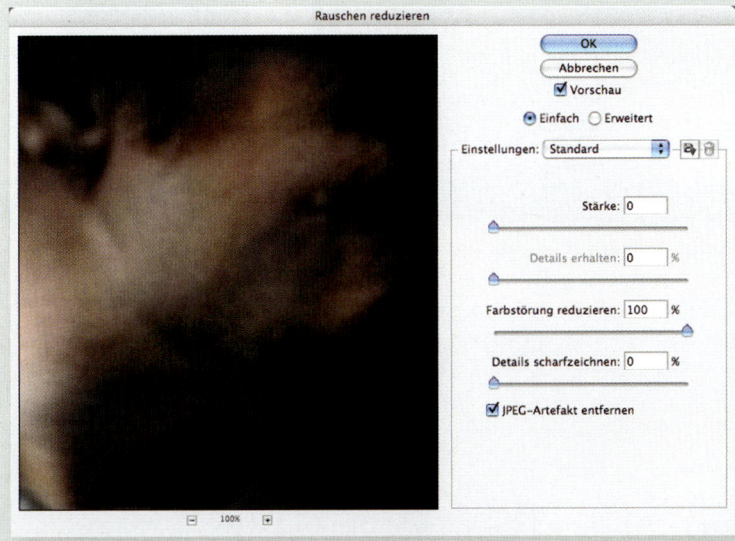

WORKSHOP 2

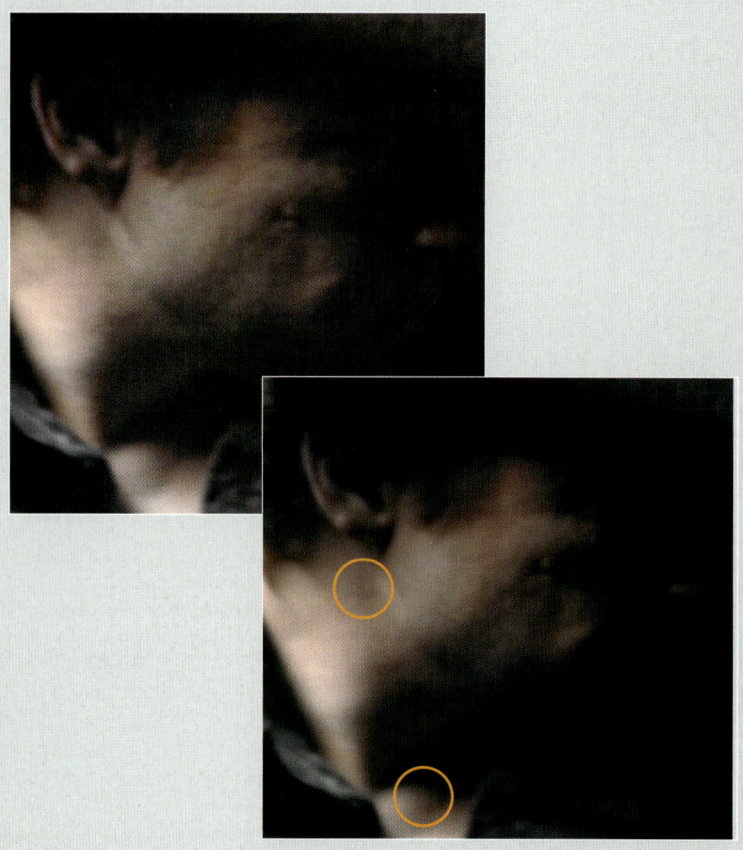

Im Folgenden sehen Sie zum Vergleich die Ausgangsdatei (links) und die Version mit reduziertem Farbrauschen nebeneinander.

Bildrauschen tritt in zweierlei Form auf: als Farbrauschen, wie besprochen, und als Luminanzrauschen (Graustufenrauschen), wodurch das Bild körnig aussieht.

[4] Erweiterte Funktion

Das Luminanzrauschen kann in einem Bildkanal ausgeprägter vorhanden sein als in einem anderen. Überprüfen Sie daher die Kanäle Ihres Bildes einzeln und entscheiden Sie, welcher Kanal besonders stark vom Rauschen betroffen ist. Oft ist dies der Blaukanal.

Im Modus *Erweitert* können Sie das Rauschen für jeden Kanal separat anpassen. Die *Stärke* regelt nun, wie stark der Kanal weichgezeichnet werden soll. *Details erhalten* versucht, Kanten und Strukturen zu erkennen und diese zu schützen. Finden Sie also eine ausgewogene Kombination beider Regler.

Wenn Sie nur einen Kanal korrigieren, statt globale Korrekturen auf alle Kanäle anzuwenden, bleiben natürlich auch mehr Bilddetails erhalten.

KAPITEL 16
FOTO-WERKSTATT

[5] Luminanzrauschen reduzieren

In unserem Beispielbild wurden zum Vergleich einmal alle Kanäle weichgezeichnet und zur Finalversion nur der Blaukanal bearbeitet.

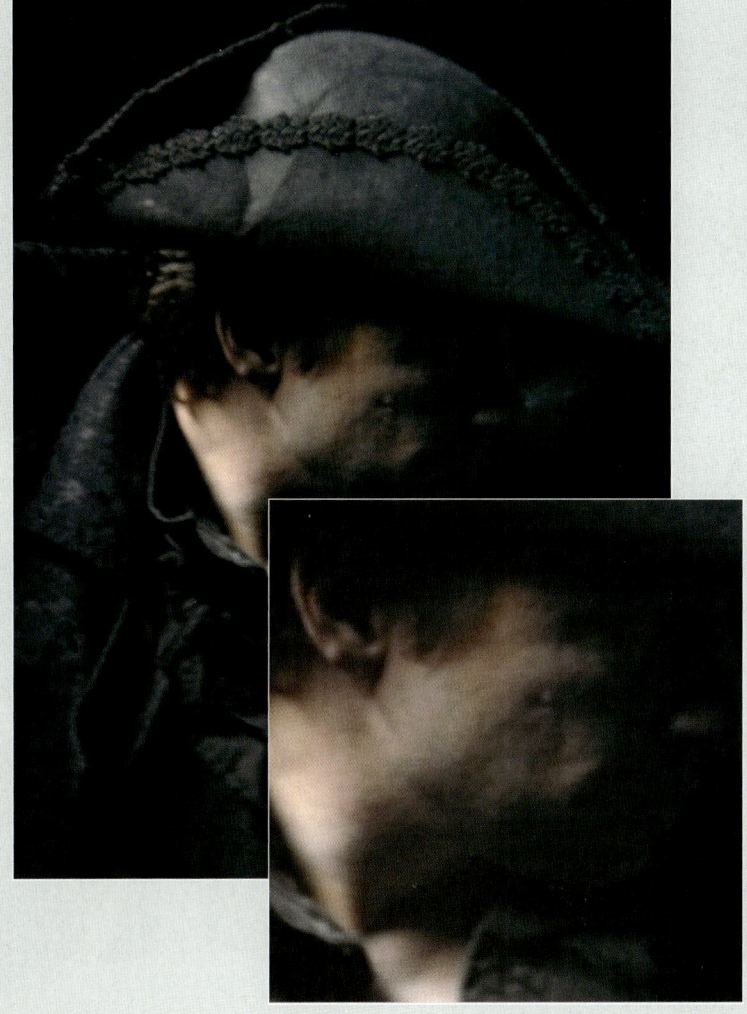

[6] Schärfeverlust ausgleichen

Das Reduzieren von Rauschen im Bild verringert auch die allgemeine Bildschärfe. Das Nachschärfen können Sie unter *Details scharfzeichnen* ausgleichen oder besser mit einem anderen Scharfzeichenfilter in Photoshop bearbeiten.

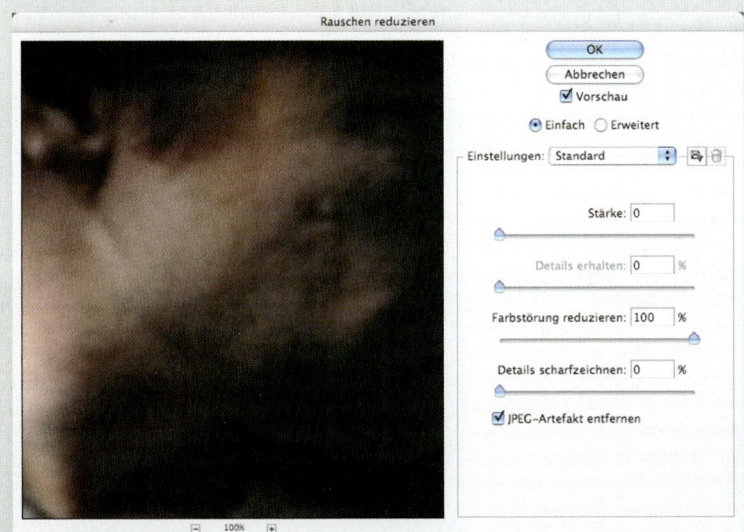

WORKSHOP 3

Farbschemata erstellen

Ein Stil von Andy Warhol war die Produktion verschiedener Farbversionen ein und desselben Motivs. Wollen Sie ebenfalls verschiedene Farbversionen anlegen, so sollten Sie sich Farbschemata zusammenstellen. Eine großartige Sammlung von Farbkombinationen finden Sie im Internet unter www.colorblender.com. Sie können sich hier von den vielen Farbpaletten inspirieren lassen, aber auch selbst schnell perfekte Farbschemata erstellen. Wie Sie selbst in Photoshop ein Farbschema erzeugen und anwenden, erklärt Ihnen dieser Workshop.

VORHER
*Um eine Farbpalette für das neue Layout von Print- und Webmedien anzulegen, in der die Farben aufeinander abgestimmt sind, fällt bei einem normalen 8-Bit-Farbfoto nicht leicht.
(Foto: Guido Sonnenberg)*

NACHHER
Wenn Ihnen die Farbkombination eines Bildmotivs gefällt, können Sie aus dem grob verpixelten Bild leicht einen Bereich herauswählen und die gewünschten Farben aufnehmen.

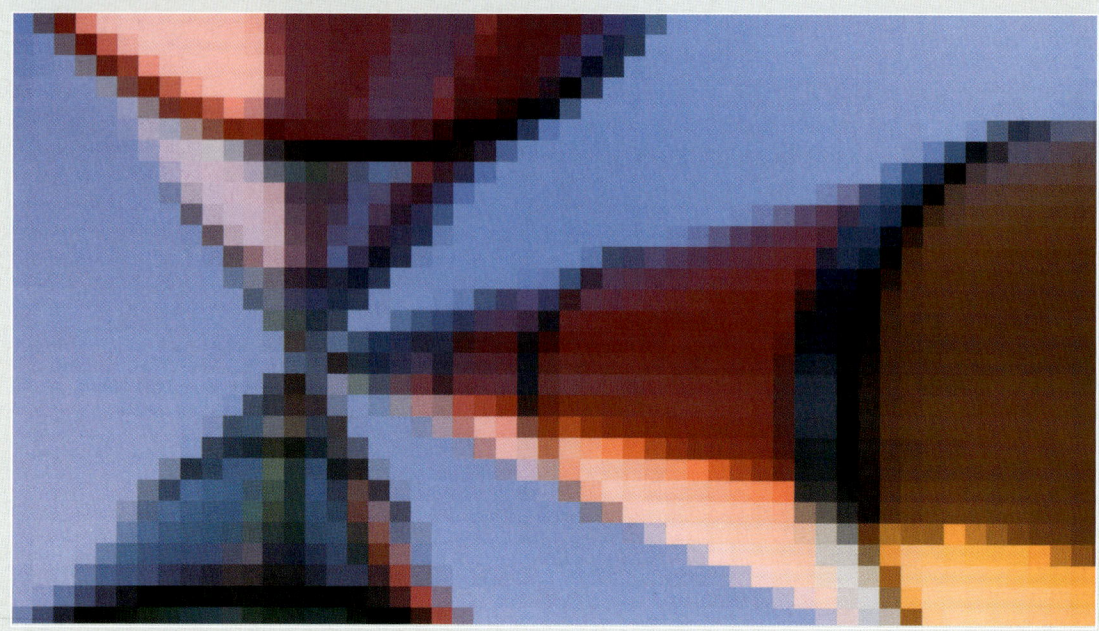

KAPITEL 16
FOTO-WERKSTATT

[1] Smartfilterebene erstellen

Öffnen Sie ein Farbfoto, dessen Farbgestaltung Ihnen zusagt. Mit einem Rechtsklick in die Ebene *Hintergrund* können Sie über das Kontextmenü die Ebene schnell in ein Smart Objekt konvertieren. Das hat den Vorteil, dass Sie Filteranwendungen nicht destruktiv auf dieser Ebene anwenden, nachregulieren oder später einfach wieder löschen können.

[2] Verpixelter Imageeffekt

Wenden Sie aus dem Menü *Filter/Vergröberungsfilter* den *Mosaikeffekt* auf die Ebene an. Stellen Sie die Größe der Mosaiksteine so ein, dass die gewünschten Farben jeweils als Pixelquadrat dargestellt werden.

[3] Farbquadrate auswählen

Wählen Sie nun mit dem *Auswahlrechteck*-Werkzeug einen Bereich mit Ihren bevorzugten Farben aus und kopieren Sie diesen mit der Tastenkombination [Strg]+[C] in die Zwischenablage. Mit [Strg]+[V] können Sie ihn in ein neues Dokument einfügen und die Farben bequem mit dem *Pipette*-Werkzeug aufnehmen und anwenden.

359

WORKSHOP 4

Kleine Bildfehler retuschieren

Genau wie bei einer Triebwerkskontrolle Schaufel für Schaufel kontrolliert wird, sollten Sie Ihr Bild Zentimeter für Zentimeter auf kleine Macken durchsuchen. Für die Behebungen von kleinen Flecken und Macken gibt es diverse Werkzeuge und Filter in Photoshop. Vermeiden Sie, wenn es geht, den Einsatz von Filtern. Erstens müssen Sie das Bild doch kontrollieren und nachbearbeiten und zweitens wird dabei oft das ganze Bild ein wenig weichgezeichnet und wirkt anschließend matschig. Es geht eben manchmal nichts über eine sorgfältige Handarbeit.

VORHER
*Sie sehen störende Elemente im Bild durch nicht gesäuberte Motive, Flecken und Staub auf Objektiv oder Sensor oder durch das Einscannen von Bildvorlagen.
(Foto: Guido Sonnenberg)*

NACHHER
Wie neu – das bereinigte Bildmotiv.

KAPITEL 16
FOTO-WERKSTATT

[1] Werkzeugeinstellungen

Einige Retuschewerkzeuge müssen exakt angesetzt werden. Der Einfachheit halber aktivieren Sie im Menü *Voreinstellungen/Zeigerdarstellung* die Option *Pinselspitze mit Fadenkreuz anzeigen*.

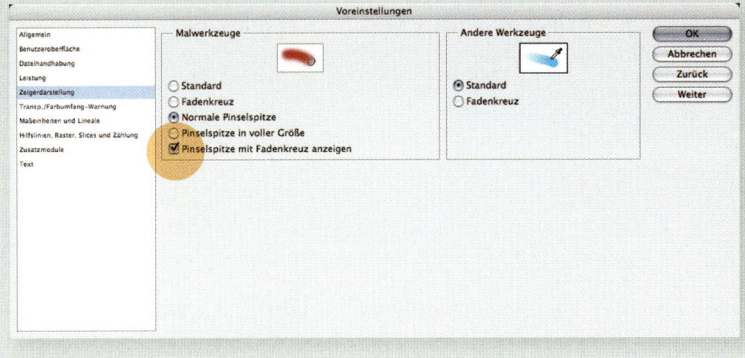

[2] Der Simplicissimus

Mit dem *Bereichsreparatur-Pinsel*-Werkzeug tupfen oder übermalen Sie einfach den Störungsbereich. Das Werkzeug erzeugt aus den umliegenden Pixeln selbstständig die Korrektur. Der Workflow funktioniert am besten, wenn Sie die Größe der Werkzeugspitze anpassen und die *Härte* auf ca. *50 %* einstellen. Differenzieren die Tonwerte in der Fläche zu sehr, malen Sie mit dem Werkzeug immer vom störungsfreien, heilen Bereich in den zu korrigierenden.

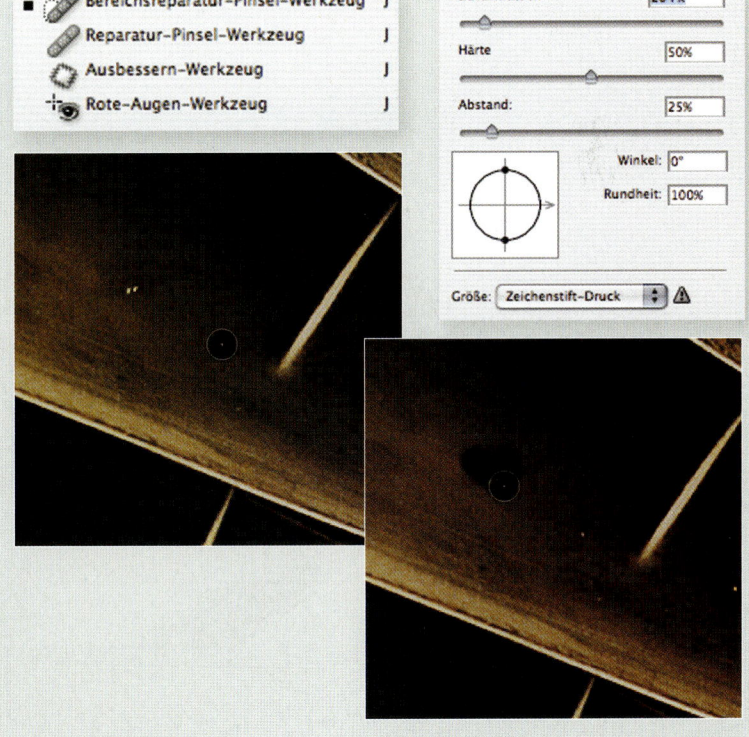

[3] Patchtool

Wählen Sie das *Ausbessern*-Werkzeug. In der Optionsleiste zum *Ausbessern*-Werkzeug aktivieren Sie die Option *Quelle*. So brauchen Sie nur den zu reparierenden Bereich einzukreisen und diesen Bereich dann anschließend per Drag and Drop zu einer störungsfreien Fläche zu verschieben.

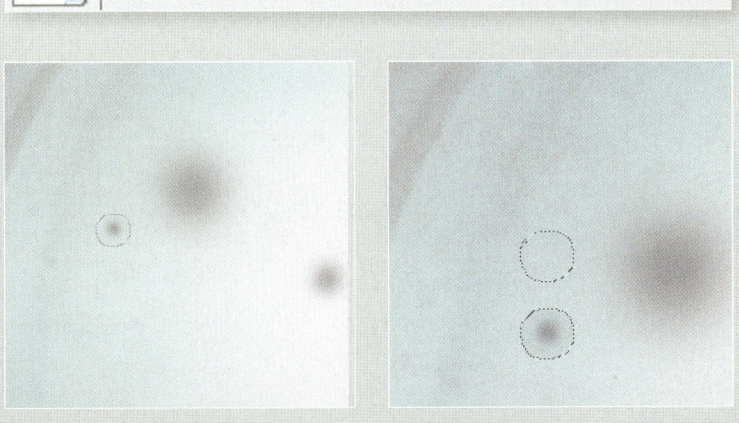

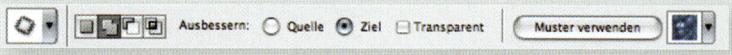

[4] Quelle oder Ziel

Das *Ausbessern*-Werkzeug funktioniert genauso gut auch andersherum. Mit ausgewählter Option *Ziel* legen Sie dann ein Stück „heile Welt" über Ihren Fleck. Je kleiner die zu reparierende Stelle ist, umso perfekter wird das Ergebnis.

[5] Fleck-weg-Pflaster

Mit dem *Reparatur-Pinsel*-Werkzeug und dem *Kopierstempel*-Werkzeug arbeitet man immer mit einer weichen Kanteneinstellung. Hier müssen Sie auch festlegen, wo die Pixel, die Sie kopieren möchten, sind (mit gedrückter [Alt]-Taste auf den entsprechenden Bereich klicken) und wohin diese übertragen werden sollen (der erste Klick nach dem Lösen der [Alt]-Taste).

Dieser Aufnahme- zu Kopierabstand bleibt konstant, wenn in der Optionsleiste das Feld *Ausgerichtet* angewählt ist. Um ein Wiederholungsmuster zu vermeiden, aktivieren Sie unbedingt diese Option.

Nähern Sie sich mit dem Werkzeug zu sehr einem Randbereich, werden Sie bemerken, dass der Korrekturbereich in der Helligkeit falsch berechnet wird.

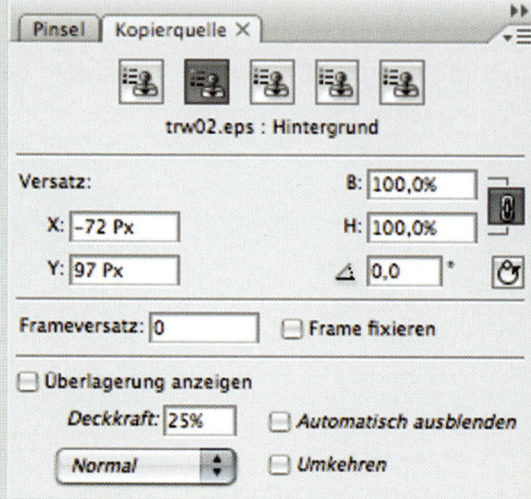

[6] Der Klassiker

Für diese Bereiche greifen Sie auf den Klassiker *Kopierstempel*-Werkzeug zurück. Platzieren Sie den Aufnahme- und Kopierbereich mit dem Fadenkreuz genau, dann ist auch die Kantenretusche ganz einfach.

KAPITEL 16
FOTO-WERKSTATT

[7] Die Heile-Welt-Quelle

Neu in Photoshop CS3 ist die schnelle Zugriffsmöglichkeit auf bis zu fünf verschiedene Aufnahmebereiche. Diese können sogar andere, gleichzeitig geöffnete Dateien miteinbeziehen. Ob die geklonten Pixel skaliert oder verdreht werden sollen, kann ebenfalls in dieser *Kopierquellen*-Palette angegeben werden.

Um Bildbereiche zu klonen, greifen Sie zum *Lasso*-Werkzeug. Ziehen Sie mit einer weichen Kante den zu duplizierenden Bereich auf. Mit der Tastenkombination [Strg]+[J] wird der Inhalt dieser Auswahl in eine eigene Ebene kopiert.

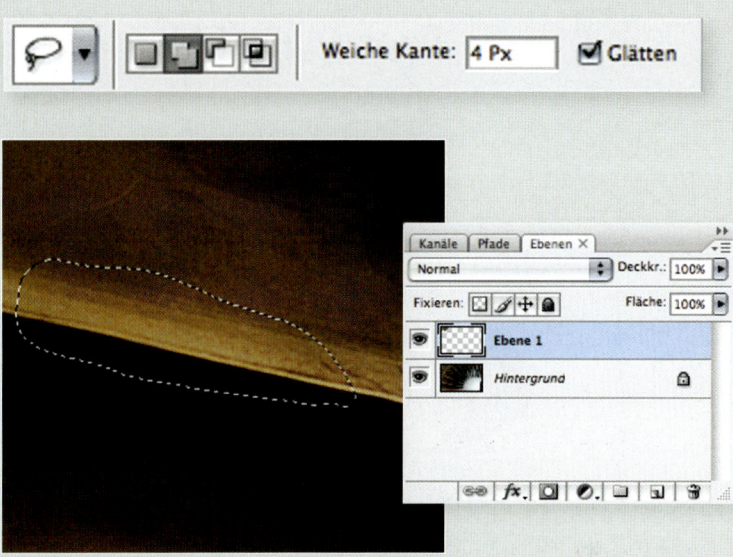

[8] Kopierbereich anpassen

Verschieben Sie mit dem *Bewegen*-Werkzeug den Ebeneninhalt über den auszubessernden Bereich. Mit der Tastenkombination [Strg]+[T] aktivieren Sie den Transformationsrahmen. Größenänderungen und Rotation können Sie jetzt abstimmen und mit der [Enter]-Taste bestätigen.

[9] Feintuning

Bevor die geklonte Ebene wieder mit der Hintergrundebene vereint wird, löschen Sie überstehende Flächen und Kanten mit einem weichen und in der Deckkraft reduzierten Radiergummi.

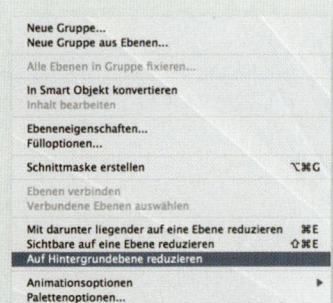

WORKSHOP 5

Pop-Art-Hommage

Einer der bekanntesten Vertreter der Pop-Art ist Andy Warhol. Er verwendete alles, was er irgendwie als alltäglich, trivial und banal empfand, um es auf seine farbintensive Art neu zu interpretieren. Und wenn es, wie in seiner berühmten allerersten Serie, eine „Campbell's" Suppendose war. Am besten eignen sich für diese Technik Porträtfotos von Personen und Tieren oder freigestellte Alltagsgegenstände.

VORHER
*Gerade einfache, banale Motive eignen sich hervorragend zum Experimentieren mit digitalen Verfremdungen.
(Foto: Guido Sonnenberg)*

NACHHER
Schon die Reduzierung der Tonwerte auf wenige Farben eröffnet ein weites Versuchsfeld der digitalen Verfremdungstechniken, in diesem speziellen Fall eine Hommage an die Pop-Art von Andy Warhol.

KAPITEL 16
FOTO-WERKSTATT

[1] Ausgangsbasis

Öffnen Sie ein RGB-Bild in Photoshop. Am besten eignen sich Bilder mit einem ruhigen, dezenten Hintergrund, vor dem sich das Hauptmotiv deutlich abhebt. Ziehen Sie das Symbol der Ebene *Hintergrund* auf das Symbol *Neue Ebene erstellen*, um so eine Kopie der Ebene zu erzeugen.

[2] Duplikat weichzeichnen

Das kopierte Original zeichnen Sie vorzugsweise mit dem *Gaußschen Weichzeichner* weich. Etwas kräftiger können Sie vorgehen, aber entstellen Sie das Objekt nicht als undefinierbare Masse.

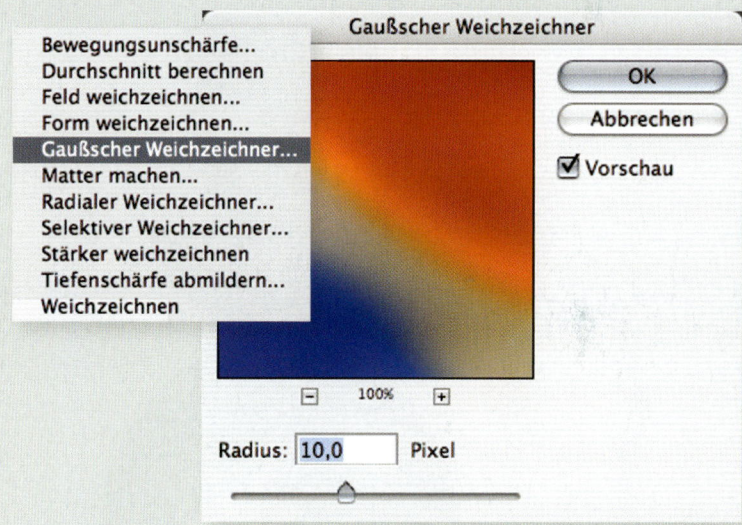

[3] In Graustufen umwandeln

Das erste Teilziel dieser Technik beruht auf der Umwandlung des Farbfotos in ein Graustufenbild und dessen Reduzierung auf übersichtliche Tonwerte.
Erstellen Sie dazu mehrere Einstellungsebenen, die erste vom Typ *Schwarzweiß*. Wählen Sie vorerst über *Auto* eine allgemeine Ausrichtung der Parameter. Weitere Anpassungen sollen später durchgeführt werden.

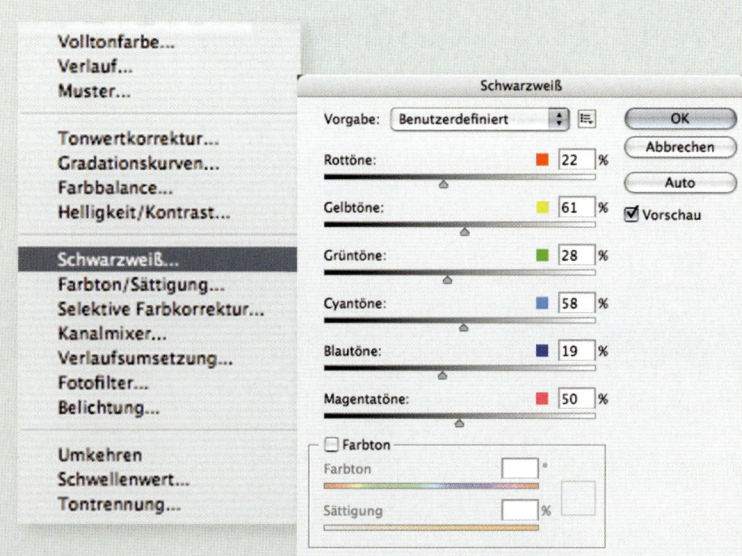

WORKSHOP 5

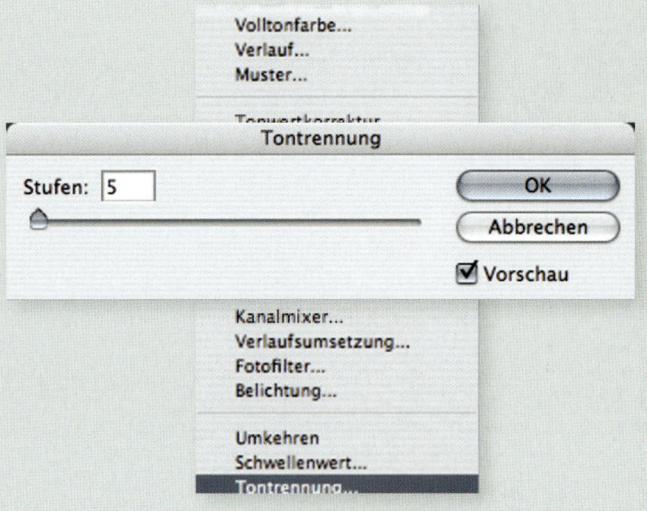

[4] **Reduzierung der Grautöne**

Mit der übergeordneten, zweiten Einstellungsebene *Tontrennung* reduzieren Sie die Grauwerte auf maximal *5 Stufen*.

[5] **Grauflächen anpassen**

Öffnen Sie jetzt mit einem Doppelklick das Dialogfeld der Einstellungsebene *Schwarzweiß 1*. Mit den Schiebereglern verbessern Sie nun die Flächenmodulation.

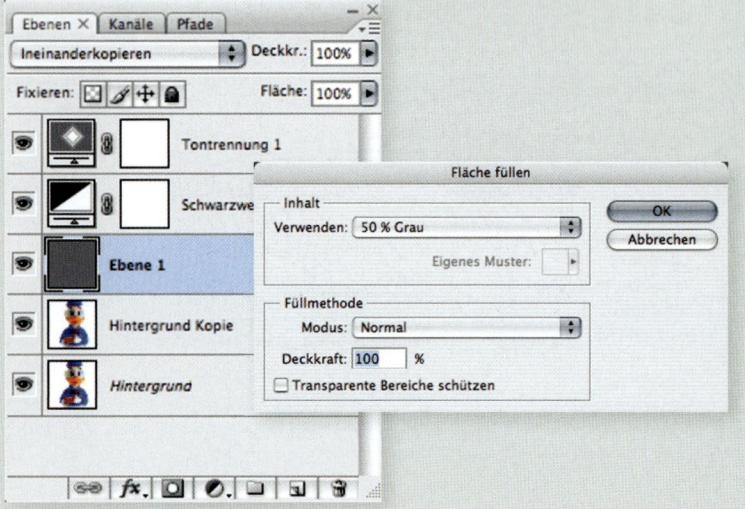

[6] **Unsichtbare Ebene erstellen**

Um die Modulation der Grauflächen weiter zu beeinflussen, erstellen Sie eine neue Ebene und füllen diese mit *50 % Grau*. Den Ebenenverrechnungsmodus stellen Sie auf *Ineinanderkopieren* um. Die graue Fläche wird daraufhin unsichtbar.

KAPITEL 16
FOTO-WERKSTATT

[7] Lichtmalerei

Mit dem *Abwedler*-Werkzeug und dem *Nachbelichter*-Werkzeug lassen sich kleinere Lichtinseln leicht korrigieren. Widmen Sie besondere Sorgfalt dem Augenbereich.
Durch Veränderung des neutralen Grauwertes werden die Bildbereiche entweder heller oder dunkler interpretiert. Haben Sie sich vermalt, können Sie die Grauebenen einfach entsorgen und neu erstellen. Ihr Bildmotiv wird von den Änderungen nicht betroffen sein.

[8] Graustufenebene

Das Ergebnis Ihrer Graustufenkomposition von allen erstellten Ebenen fassen Sie jetzt auf eine Ebene zusammen, ohne die bisherigen zu löschen. Verschieben Sie die neue Ebene in der *Ebenen*-Palette an die oberste Stelle. Die Sichtbarkeit der unterhalb liegenden Ebenen können Sie ausschalten. Behalten Sie diese aber, damit Sie ggf. später weitere Varianten erstellen können.

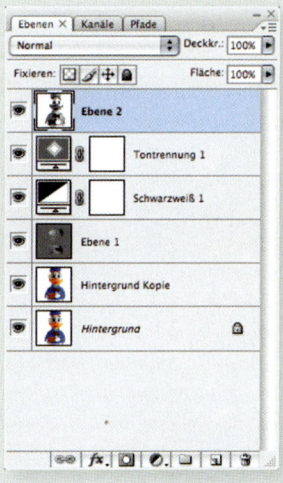

[9] Flächen füllen

Für das zweite Zwischenziel werden die unterschiedlichen Grauflächen ausgewählt und mit Farbe gefüllt. Das Auswählen der homogenen Flächen gelingt mit dem *Zauberstab*-Werkzeug sehr leicht. Bereiten Sie den Einsatz des *Zauberstab*-Werkzeugs in der Optionenleiste gemäß Abbildung vor.

Definieren Sie eine Vordergrundfarbe im Farbwähler. Selektieren Sie eine Graufläche mit dem *Zauberstab*-Werkzeug und füllen Sie die Auswahl.

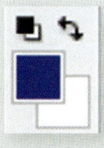

367

WORKSHOP 5

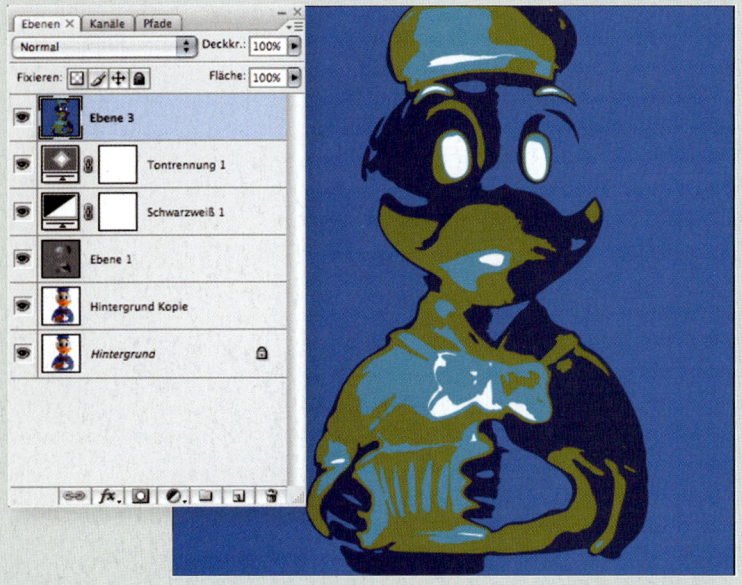

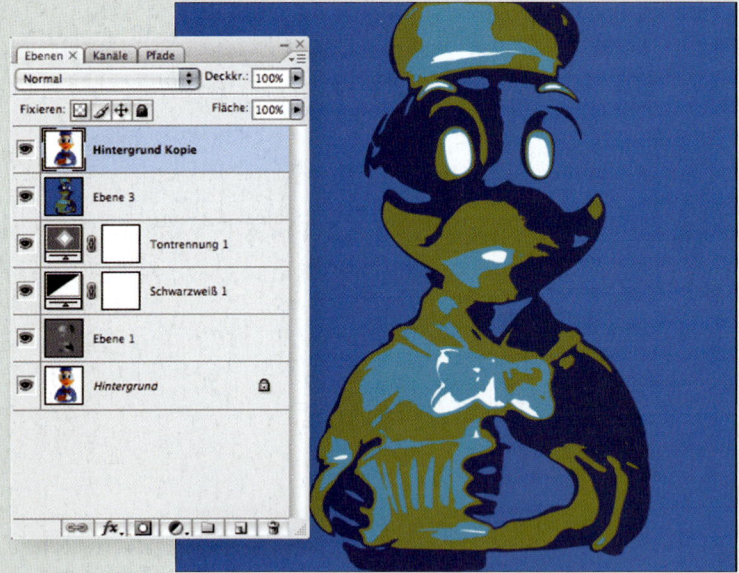

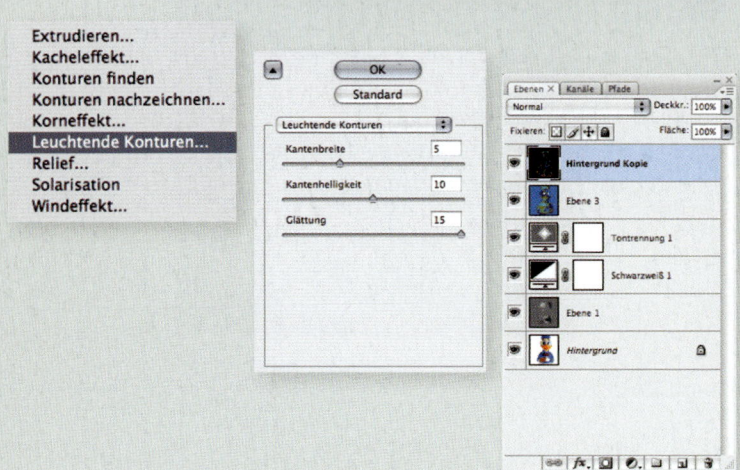

[10] Farbschema

Füllen Sie nacheinander alle Grautonflächen mit der zuvor neu definierten Farbe. Andy Warhol bevorzugte kräftige, leuchtende Farben. Gute Ergebnisse erhalten Sie, wenn Sie im Farbschema dicht beieinander liegende Farben auswählen. Wiederholen Sie das Füllen der Flächen, bis Sie mit der Farbgestaltung zufrieden sind.

[11] Ebenenanordnung ändern

Für das letzte Etappenziel, die kontrastreichen Highlight-Linien, benötigen Sie eine Konturenauswahl. Ziehen Sie die weich gezeichnete Ebene *Hintergrund Kopie* an die oberste Stelle in der *Ebenen*-Palette.

[12] Dekorlinien erzeugen

Über *Filter/Stilisierungsfilter/Leuchtende Konturen* bestimmen Sie die Konturen des Fotos. Stellen Sie die *Glättung* auf den höchsten Wert ein. Mit den Parametern *Kantenbreite* und *Kantenhelligkeit* passen Sie die Strichstärken an.

KAPITEL 16
FOTO-WERKSTATT

[13] **Sättigung verringern**

Mit der Funktion *Sättigung verringern* entziehen Sie den Konturlinien die Farbigkeit.

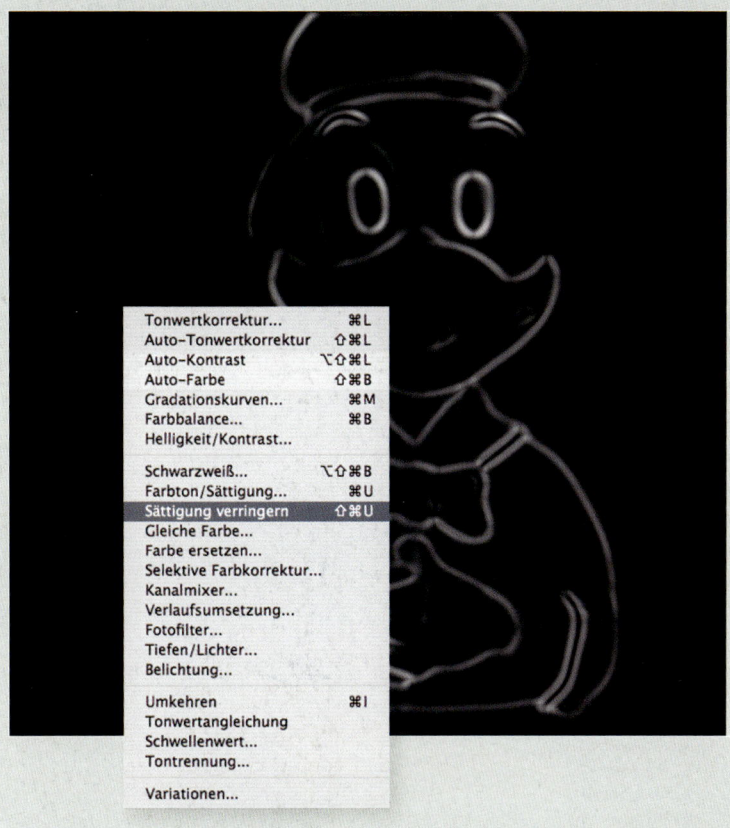

[14] **Linien anpassen**

Mit der *Tonwertkorrektur* steuern Sie die Intensität der Linien noch etwas nach.

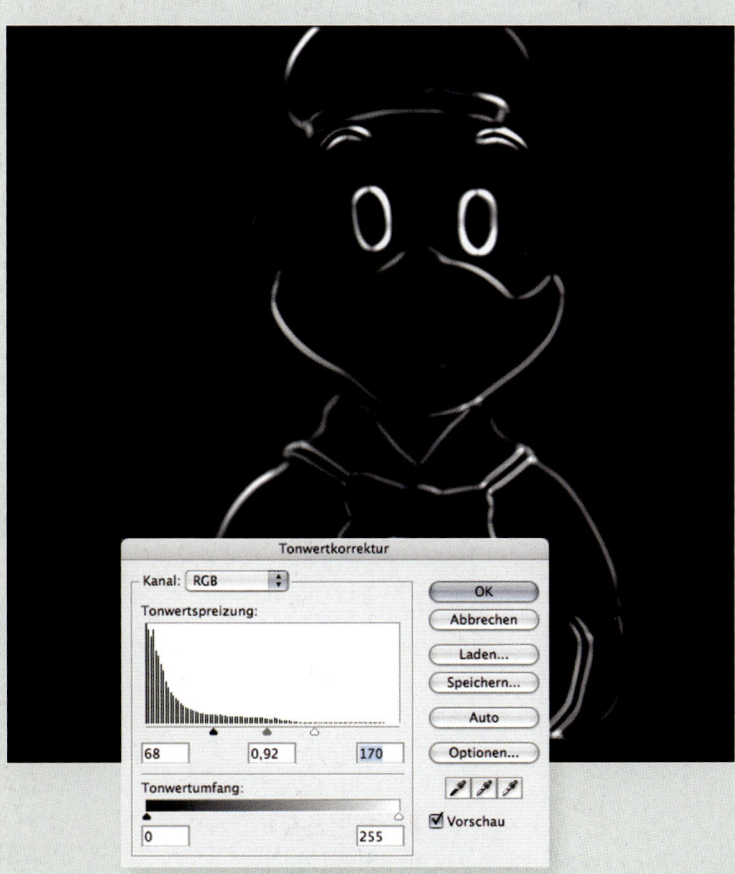

WORKSHOP 5

[15] Kontur auswählen

Mit dem *Zauberstab*-Werkzeug wählen Sie den schwarzen Bildbereich aus. Da Sie aber für die Highlight-Linien den hellen Bereich benötigen, muss die Auswahl anschließend noch umgekehrt werden.

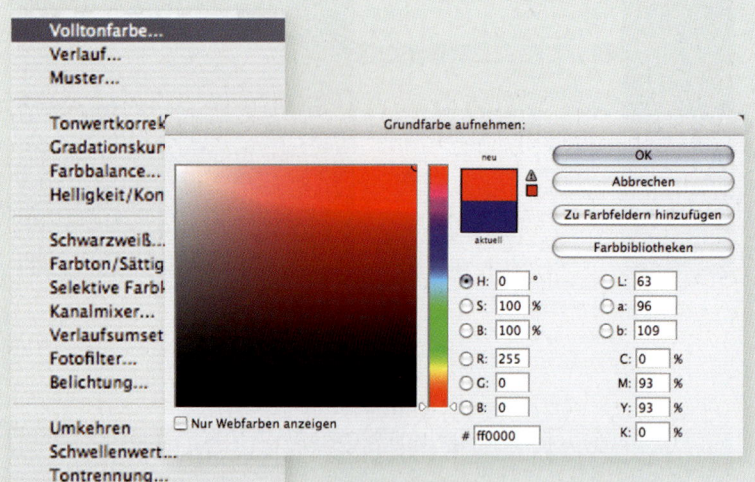

[16] Einstellungsebene Volltonfarbe

Zu guter Letzt legen Sie eine weitere Einstellungsebene vom Typ *Volltonfarbe* an. Achten Sie darauf, dass die Ebene an die oberste Stelle platziert wird. Im Farbwähler bestimmen Sie Ihre Farbe für die Linien. Wählen Sie eine leuchtende Komplementärfarbe passend zu Ihrem Farbschema aus.

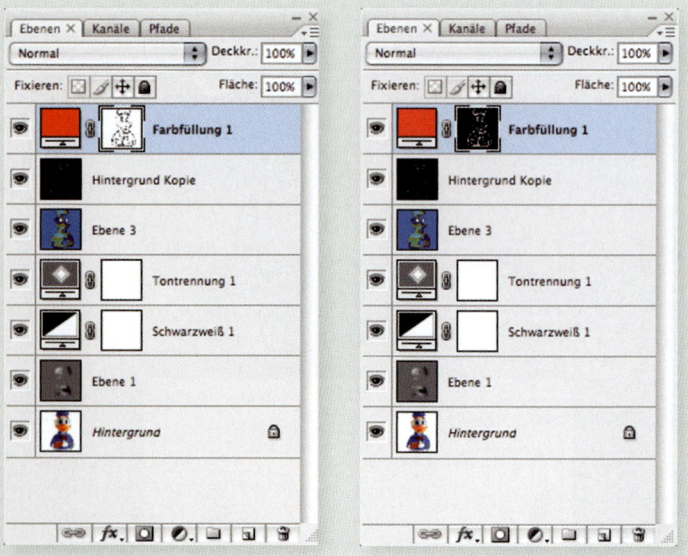

[17] Maske umkehren

Die Auswahl wird der Einstellungsebene als Maske hinzugefügt. Die Farbe leuchtet an den weißen Stellen hindurch. Sollte bei Ihnen der umgekehrte Fall vorliegen, invertieren Sie einfach die Maske.
Die Ebene *Hintergrund Kopie* können Sie jetzt deaktivieren oder auch löschen; sie diente ja nur zur Erstellung der Konturenmaske.

KAPITEL 16
FOTO-WERKSTATT

[18] Finaler Warhol-Stil

Die Anzahl der Highlight-Linien können Sie in der Maske der Einstellungsebene leicht nacharbeiten. Mit einem *Farbauftrag*-Werkzeug und der Farbe Schwarz können die Linien abgedeckt werden, mit Weiß können sie ergänzt werden.

Web-Optimierung

In Zeiten von DSL ist das Thema Datenmenge im Internet sicherlich nicht mehr so brisant. Dennoch ist es ein Zeichen von Kompetenz, wenn auf einer Homepage Bilder schnell und in guter Qualität präsentiert werden. Einen guten Kompromiss zwischen Qualität und Datenmenge liefert Ihnen vielleicht dieser Workshop.

VORHER
Ein Ausgangsfoto in Printqualität (300dpi) in der Größe von 9 x 12 cm besitzt eine Datenmenge von ca. 5 MByte. Eindeutig zu viel, um es auf einer Internetseite zu veröffentlichen. Hier ist ein Kompromiss zwischen Datenmenge und Qualität erforderlich. (Foto: Guido Sonnenberg)

NACHHER
Eine Anpassung auf den Monitorstandard von 1024 x 786 Pixel und 72 dpi Auflösung würde immer noch ein Datenvolumen von ca. 2,5 MByte beinhalten. Mit selektiver Reduzierung von Farbumfang und Schärfe kann ein guter Kompromiss für das Internet (ca. 160 KByte) gefunden werden.

KAPITEL 16
FOTO-WERKSTATT

[1] Auswahl erstellen

Erstellen Sie eine Auswahl der markanten Bildinhalte. Eine gute Wahl ist dabei das neue *Schnellauswahl*-Werkzeug. Die Auswahl muss nicht perfekt sein und in manchen Fällen ist eine grobe Auswahl auch schneller mit dem *Lasso*-Werkzeug erstellt.

[2] Auswahlbereich ergänzen

Halten Sie die [Alt]-Taste gedrückt, um der bestehenden Auswahl kleine Auswahlinseln hinzuzufügen.

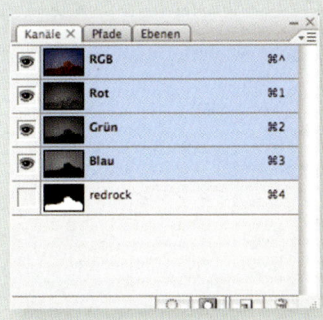

[3] Auswahl abspeichern

Die erstellte Auswahl können Sie über *Auswahl speichern* als einen eigenständigen Kanal (Alphakanal) abspeichern und so einfach nachbearbeiten.

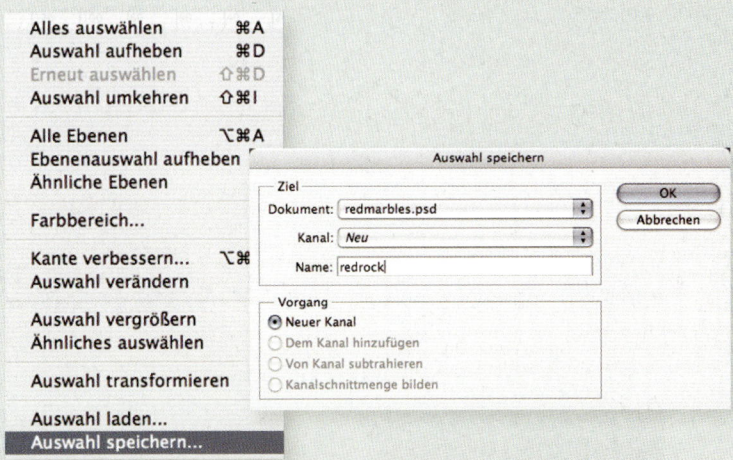

[4] Alphakanal bearbeiten

Den Namen, den Sie Ihrer Auswahl geben, finden Sie dann in der *Kanal*-Palette wieder. Markieren Sie den neuen Kanal, dann erhalten Sie eine Graustufendarstellung der aktuellen Auswahl.

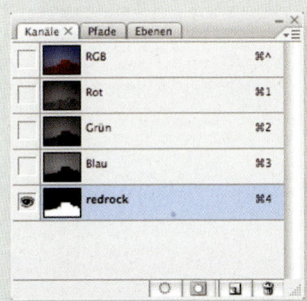

WORKSHOP 6

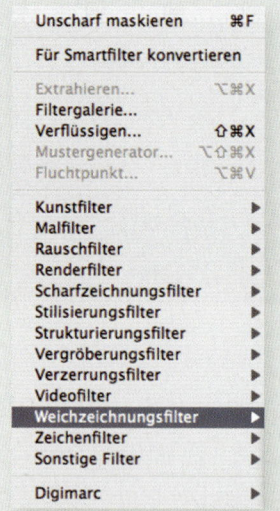

Die Graustufendarstellung können Sie mit den üblichen Malwerkzeugen nachbearbeiten. Die wichtige, abschließende Arbeit ist das starke Weichzeichnen der Graustufendarstellung.

[5] Gaußscher Weichzeichner

Schwarz bedeutet „Nicht ausgewählt" und Weiß logischerweise dann „Ausgewählt". Für einen weichen Übergang von „Nicht ausgewählt" zu „Ausgewählt" stehen die Grauabstufungen, erzeugt durch das Weichzeichnen. Je mehr Grauabstufungen vorhanden sind, desto weicher ist der spätere Auswahlübergang.

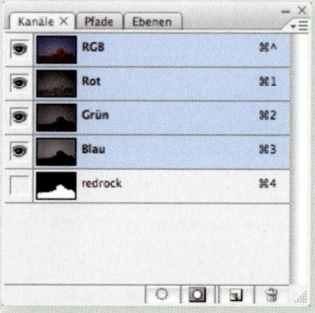

[6] Palettenwechsel

Bevor Sie die *Kanäle*-Palette verlassen und wieder zurück auf die Ebenen gehen, klicken Sie auf den *RGB*-Kanal. Damit aktivieren Sie die normale Ansicht der drei Farbkanäle *Rot*, *Grün* und *Blau*.

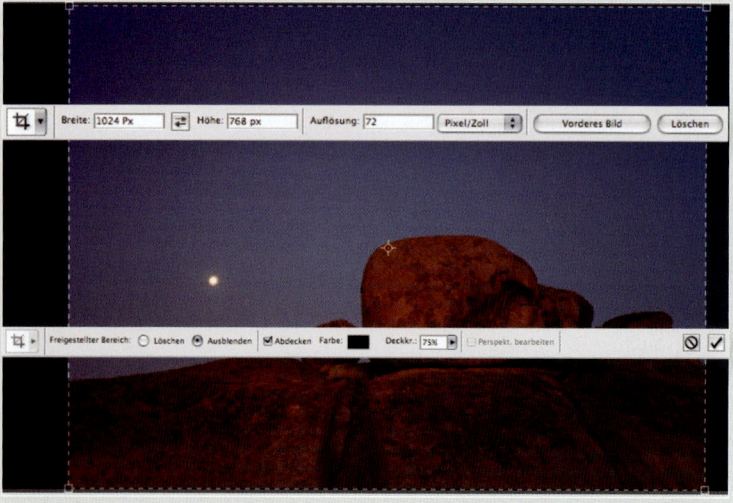

[7] Auf Maß bringen

Wählen Sie das *Freistellungs*-Werkzeug und tragen Sie die gewünschten Maße in der Optionspalette ein. Für eine vollflächige Ansicht auf einem Standardmonitor reichen 1.024 x 786 px mit 72 dpi aus. Zur Bildbetrachtung in einer Webseite eingebunden, müssen Sie die Fläche vom Browser-Rahmen und vom Kopf abziehen. So verbleiben Ihnen zur Ansicht, ohne Scrollbalken, vielleicht doch nur 950 x 600 px.

KAPITEL 16
FOTO-WERKSTATT

[8] Nachschärfen mit Unscharf maskieren

Nachdem die Bilddaten auf das Internetmaß verkleinert wurden, ist eine schwache Nachschärfung mit dem *Unscharf maskieren*-Filter angebracht.

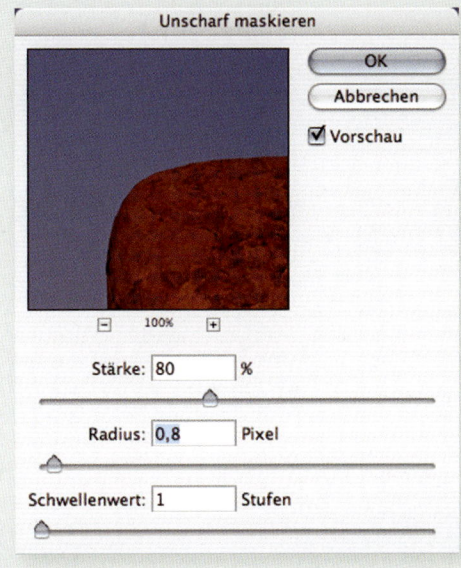

[9] Für das Web optimieren

Ihre Bilddaten werden jetzt ca. 2,5 bis 3,0 MByte groß sein. Zu viel für das Internet. Mit einer kontrollierten JPEG-Komprimierung über das Menü *Datei* und die Funktion *Für Web und Geräte speichern* verringern Sie die Datenmenge noch einmal wesentlich.

[10] Ansichtssache

Zur besseren Kontrolle zwischen Original und optimierter JPEG-Ausgabe schalten Sie oben links auf den Reiter *2fach*. Im linken Fensterbereich wird Ihnen das Original angezeigt und rechts die komprimierte Version. Am unteren Bildrand können Sie die aktuelle Datenmenge ablesen.
Auf der rechten Dialogfeldseite finden Sie die *Einstellungs*-Palette. Wählen Sie die Dateispeicherart *JPEG* aus dem Pop-up-Menü. Mit der Option *Progressiv* werden Bilder auf Webseiten schneller angezeigt und in der Darstellung nach und nach optimiert.

WORKSHOP 6

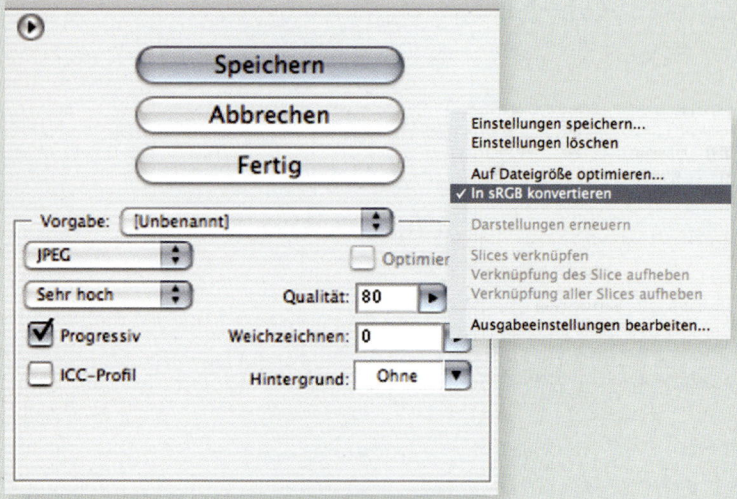

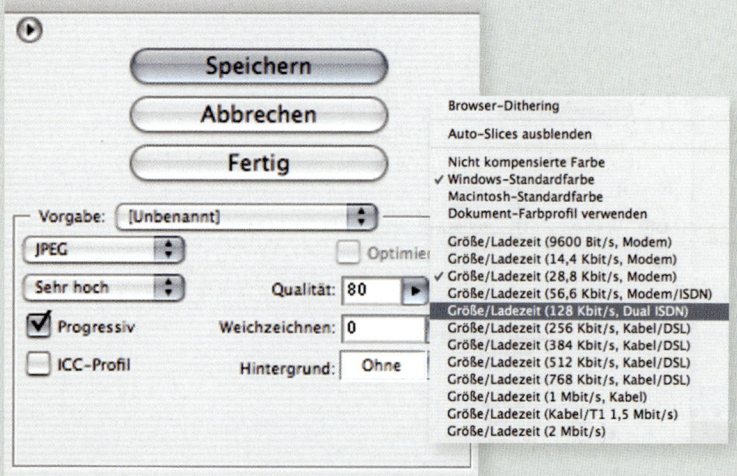

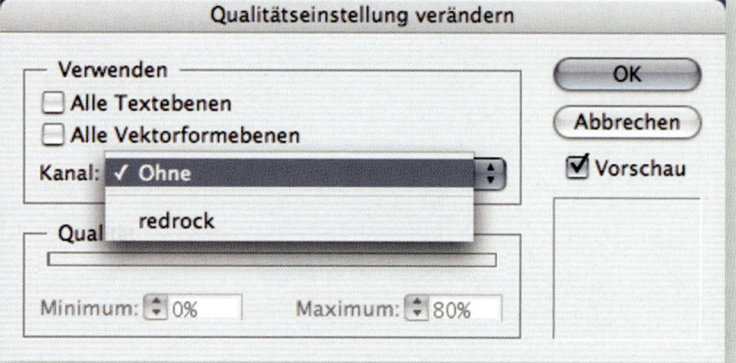

[11] Farbkonvertierung deaktivieren

Wenn Sie zwei sehr unterschiedliche Farbansichten gezeigt bekommen, dann liegt es wahrscheinlich daran, dass Sie im Kontextmenü *In sRGB konvertieren* aktiviert haben. Mit *sRGB* ist der kleinste gemeinsame Nenner (durchschnittlicher Farbbereich) gemeint, der von den meisten digitalen Ausgabegeräten wiedergegeben werden kann.
Dieser Farbraum verschiebt zwar all Ihre Bildfarben, garantiert Ihnen aber keine Wiedergabeverbindlichkeit auf einem anderen Monitor. Wenn Sie diese Option deaktivieren, können wenigstens einige Webuser Ihr Bild so betrachten, wie Sie es bearbeitet haben.

[12] Voreinstellungen

Doch selbst zwischen einem kalibrierten Monitor eines Windows- (Gamma 2,2) oder Mac-Systems (Gamma 1,8) gibt es eine unterschiedliche Wiedergabe. Die Vorschau dazu aktivieren Sie aus dem linken Kontextmenü heraus. Die Mehrzahl der Webuser surfen mit einem Windows-System. Hier können Sie auch die Berechnung der Downloadzeiten vorwählen.

[13] Alphakanal laden

Über das kleine, unscheinbare Kästchen neben dem Eingabefeld *Qualität* können Sie die zuvor abgespeicherte Auswahl über dem Pop-up-Menü *Kanal* anwählen.

KAPITEL 16
FOTO-WERKSTATT

[14] Qualitätseinstellung

In der kleinen Vorschau erscheint Ihr Alphakanal. Über den schwarzen Regler *Qualität* steuern Sie die schwarzen Bildstellen, mit dem weißen Regler optimieren Sie die hellen Bildstellen. Die bildwichtigen Inhalte sollten also in Weiß dargestellt sein. Wenn dem nicht so sein sollte, invertieren Sie den Alphakanal. Die dunklen Bildstellen werden mit einer niedrigeren Datenrate, also einer hohen JEPG-Kompression, im Web wiedergegeben.

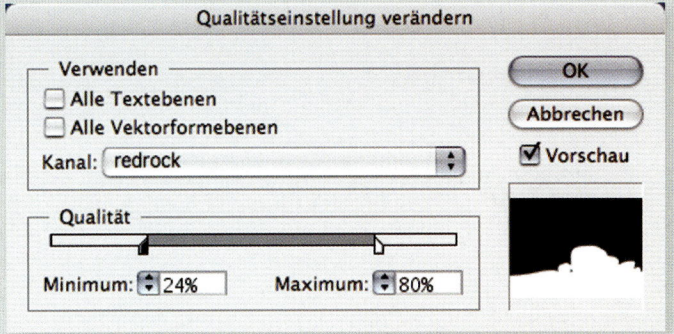

[15] Kontrolle in Browser-Vorschau

Bevor Sie Ihr Bild endgültig als JPEG-Datei abspeichern, können Sie die Endversion vorab in einer Browser-Vorschau kontrollieren.

17
PORTRÄTRETUSCHE

KAPITEL 17
PORTRÄTRETUSCHE

'17'

KAPITEL 17
PORTRÄTRETUSCHE

Porträtretusche

Bild im Bild	382
Covergirl	388
Einfache Retusche	392
Hautreinigung	398
Kinder-Klon	402
Ein neues Gesicht	406
Operation Haut	410
Ortswechsel-Montage	414
Rote Augen	418
Weiße Zähne	422

WORKSHOP I

Bild im Bild

Die Idee ist nicht brandneu, jeder hat das schon einmal gesehen. Auch zu Zeiten der analogen Fotografie gab es schon solche Fotomontagen. In diesem Beispiel ist der Rahmen für das Bild im Bild ein Fernseher. Das Motto der Fotostrecke nennt sich „Mediale Einsamkeit" – zu viele Menschen sitzen nachts alleine vor dem Fernseher. In der Vorbereitung fanden zwei Fotosessions in einer identischen Kulisse im Studio statt: einmal mit einem weiblichen, einmal mit einem männlichen Model. Diese Motive sollen zusammengefügt werden.

VORHER
Aus einer Vielzahl von Fotos wurden vier Motive ausgewählt, jeweils zwei mit dem weiblichen und zwei mit dem männlichen Model, um diese im Wechsel in den Fernseher einbauen zu können. (Fotos: Stefan Weis)

NACHHER
Ziel ist es, ein homogen wirkendes Bild zu schaffen, bei dem sich die Motive im Bildschirm wiederholen und tatsächlich wie Fernsehbilder wirken.

KAPITEL 17
PORTRÄTRETUSCHE

[1] Auswahlbereich erstellen

Man sollte bereits wissen, welches Foto das Hauptbild sein soll und welches im Fernseher ganz hinten stehen soll, denn die Fotos werden von hinten nach vorne in den Rahmen eingefügt. Die ausgewählten Fotos können, wie bereits in anderen Kapiteln erwähnt, retuschiert werden. Manches ist aber gar nicht nötig, weil das Bild nur sehr klein und unscharf im Fernseher erscheinen wird.
Mit dem *Lasso*-Werkzeug und der Tastenkombination [Umschalt]+[Alt] umfahren Sie Klick für Klick die Kontur der Mattscheibe. Sobald Sie den Anfang der Auswahl wieder erreicht haben, bestätigen Sie den Auswahlbereich mit einem Doppelklick.

[2] Auswahl abrunden

Jetzt verfeinern Sie den Auswahlbereich. Wählen Sie im Menü *Auswahl* die Funktion *Auswahl verändern/Abrunden*. Im Dialogfeld *Auswahl abrunden* tragen Sie unter *Radius* einen Wert von *3* Pixeln ein. Anschließend kann die Auswahl noch über *Auswahl verändern/Weiche Kante* leicht weich gemacht werden.

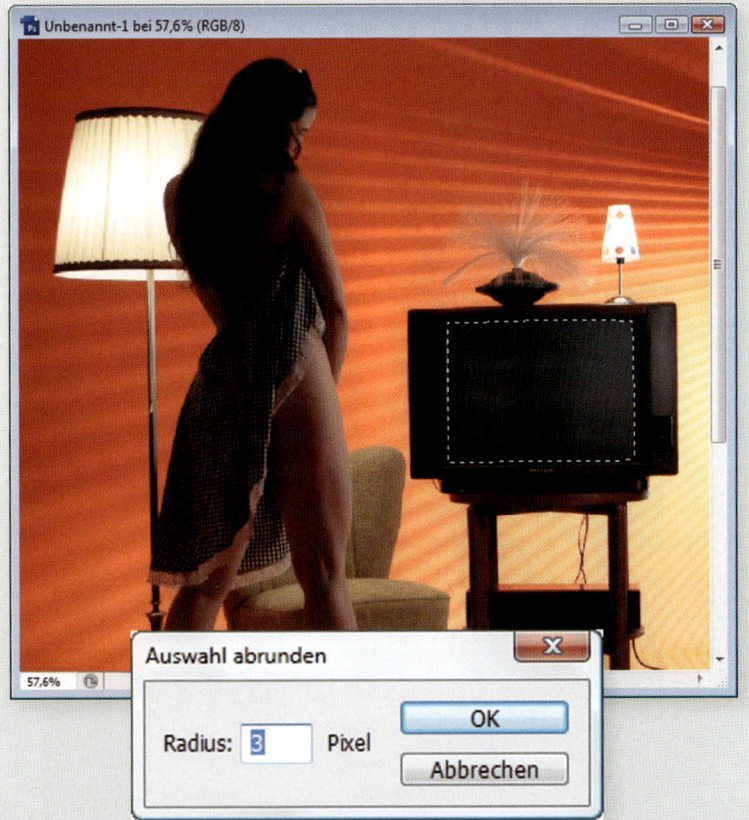

WORKSHOP I

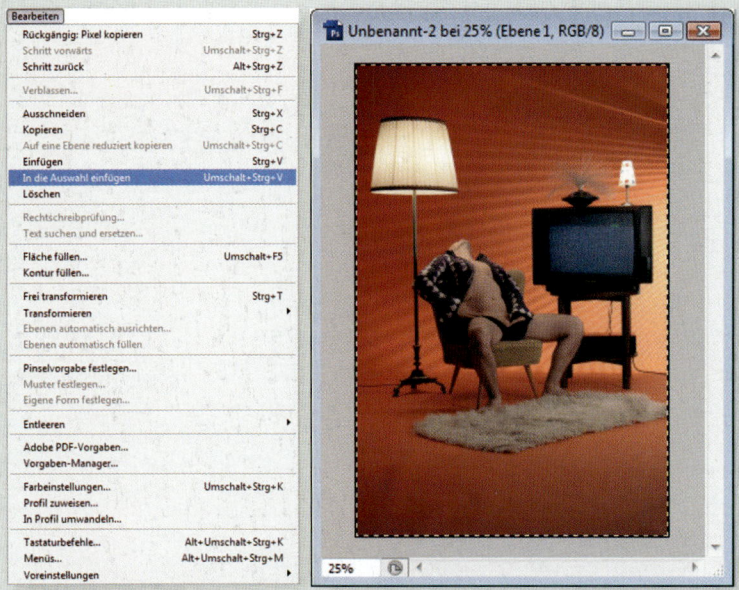

[3] Bild in den Auswahlrahmen einfügen

Wählen Sie jetzt das Bild aus, das in den Auswahlrahmen eingefügt werden soll. Im Menü *Auswahl* wählen Sie die Funktion *Auswahl/Alles auswählen* und anschließend im Menü *Bearbeiten* die Funktion *Kopieren*. Das Bild befindet sich nun im Zwischenspeicher. Aktivieren Sie jetzt das Zielbild und fügen Sie über *Bearbeiten/In die Auswahl einfügen* das Bild in den Auswahlrahmen ein.

[4] Eingefügtes Bild passgenau skalieren

Erschrecken Sie nicht! Sie werden denken, da ist ja gar nix passiert. Das ist aber nur ein Zufall. Das eingefügte Bild auf der *Ebene 1* der *Ebenen-Palette* ist genauso groß wie das Hintergrundbild. Und da der Fernseher auf beiden Fotos an der gleichen Stelle steht, erscheint in der Auswahl wieder nur der Fernseher. Markieren Sie in der *Ebenen*-Palette die neue *Ebene 1* und wählen Sie im Menü *Bearbeiten* die Funktion *Transformieren/Skalieren*. Das Bild in *Ebene 1* wird nun mit einem Rahmen und kleinen Anfassern an den Ecken und Seiten dargestellt. Diese können mit dem Mauspfeil bewegt werden. Dadurch wird das Bild vergrößert, verkleinert oder auch verzerrt.
Wichtig: Drücken Sie beim Skalieren die Tastenkombination [Umschalt]+[Alt], damit das Bild zwingend seine Proportionen erhält und nicht in Breite oder Höhe verzerrt werden kann.
Jetzt können Sie das Bild der *Ebene 1* so weit verkleinern, bis die Außenkanten mit dem Rahmen der Mattscheibe abschließen. Mit *Verschieben* können Sie eine beliebige Bildauswahl treffen.

[5] Eingefügtes Bild weichzeichnen

Bleiben Sie noch in der *Ebene 1*. Um realistische Schärfenverhältnisse zu bekommen, sollten Sie das Bild im Fernsehen leicht unscharf zeigen. Wählen Sie im Menü *Filter* die Funktion *Weichzeichnungsfilter/Gaußscher Weichzeichner* und stellen Sie unter *Radius* einen Wert zwischen *2* und *5* Pixeln ein. Zur weiteren Anpassung an ein realistisches Fernsehbild können Sie das Bild im Bild wahlweise noch etwas heller einstellen als die Hintergrundebene.

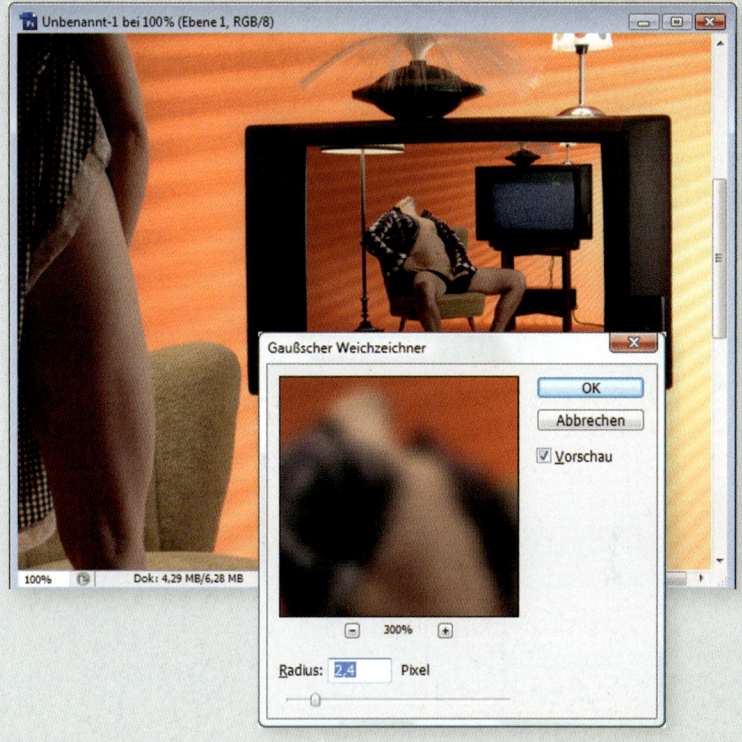

[6] Weiteres Bild in die Auswahl einfügen

Das Bild, das nun entstanden ist, soll als nächstes wieder in eine Auswahl eingefügt werden. Um sich die Arbeit zu erleichtern und nicht mit den Ebenen durcheinander zu kommen, können Sie die bisher erzeugten Ebenen einfach auf die Hintergrundebene reduzieren.

Danach wählen Sie das nächste Bild und verfahren in den gleichen Schritten für jedes Bild von Schritt 1 bis Schritt 6. Der Vorteil von Photoshop: Alle Werte sind jetzt im Zwischenspeicher, Sie müssen also bei Arbeitsschritten wie Weichzeichnen oder Aufhellen keine neuen Werte mehr eingeben.

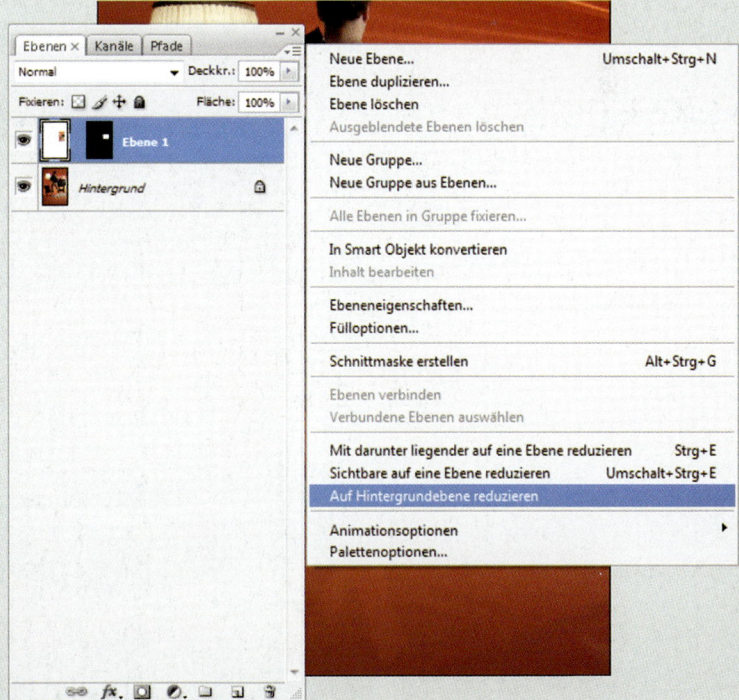

WORKSHOP I

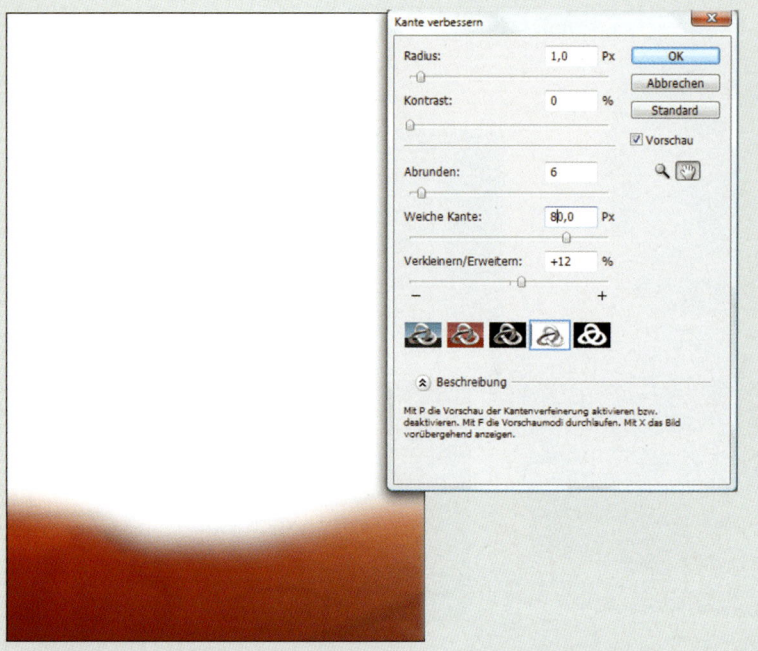

[7] Auswahl auf Kante verbessern

Jetzt wurde eine schöne Folge von Bild-im-Bild-Motiven erzeugt. An diesem Beispiel merkt man schnell, dass es sinnvoll ist, schon vor dem Fotografieren zu wissen, wie das fertig montierte Bild aussehen soll. Selten ragt zum Beispiel ein Körperteil in den Fernseher, was die Auswahl des Rahmens erleichtert.

Das fertige Bild braucht nun nur noch ein paar wenige Korrekturen. Der farbige Boden im Vordergrund hat einige unerwünschte Schatten und Wellen. Wählen Sie darum den Bereich einfach aus, gehen unter *Auswahl* auf *Kante verbessern* und machen diese Auswahlkante weich. Dann setzen Sie wieder den Weichzeichner mit einem hohen Wert ein.

[8] Unruhige Stellen retuschieren

Vereinzelte, jetzt immer noch vorhandene unruhige Stellen retuschieren Sie leicht mit dem *Kopierstempel*-Werkzeug.

KAPITEL 17
PORTRÄTRETUSCHE

[9] Bild mit Gradationskurve aufhellen

Das fertige, retuschierte und auf den Hintergrund reduzierte Foto kann nun noch nach Belieben optimiert werden. Hierzu bietet sich die Funktion *Gradationskurven* an, um das Bild aufzuhellen und die Farben insgesamt mehr zum Leuchten zu bringen. Auch in *Helligkeit/Kontrast* können noch Korrekturen durchgeführt werden.

Covergirl

Sie kennen alle die glatten Gesichter, die Sie täglich vom Titelbild Ihrer TV-Zeitschrift anlächeln. Mancher mag sich dabei fragen, ist es ein Trick oder sieht Meg Ryan tatsächlich seit 40 Jahren wie 20 aus?

VORHER
Eine schöne Studiofotografie, an der es eigentlich nichts auszusetzen gibt. Trotzdem wollen wir in diesem Workshop versuchen, das Gesicht so rein und glatt zu bekommen, wie wir es aus der Medienwelt kennen – in wenigen Schritten ohne komplizierte Ebenenmasken-Einstellungsebenen. (Foto: Stefan Weis)

NACHHER
Freunde von Sommersprossen mögen das Ergebnis bedauern, aber der Artdirector Ihrer Frauenzeitschrift wäre mit Ihnen als Bildbearbeiter zufrieden.

KAPITEL 17
PORTRÄTRETUSCHE

[1] Gesicht Auswählen

Erstellen Sie eine Auswahl des Gesichts, die fast alles mit einschließt außer Mund, Augen, Brauen und Haare. Der Einsatz von Filtern innerhalb der Auswahl wird unauffälliger, wenn Sie die Auswahl weich machen. Danach können Sie beispielsweise den *Rauschfilter/Staub und Kratzer* einsetzen. Wählen Sie eine Einstellung, die Unebenheiten verwischt, ohne dem Gesicht die komplette Struktur zu rauben.

[2] Flecken entfernen

Nun sind noch kleine Korrekturen mit dem *Kopierstempel*-Werkzeug oder dem *Pinsel*-Werkzeug fällig. Welches Werkzeug Sie wählen, bleibt Ihren persönlichen Vorlieben überlassen. Es gilt nur zu beachten, nie mit 100 % Deckung zu arbeiten, um keine neuen Flecken ins Gesicht zu malen.

[3] Lippen auswählen

Machen Sie jetzt eine weiche Auswahl der Lippen. Diese lässt sich mit dem *Zauberstab*-Werkzeug gut treffen, kleine Ecken und Kanten können mit dem *Lasso*-Werkzeug korrigiert werden. Auch hier ist es wieder wichtig, eine weiche Auswahl zu machen. Im nächsten Schritt sollen die Lippen gerötet werden, ein weicher Übergang wirkt dabei natürlicher.

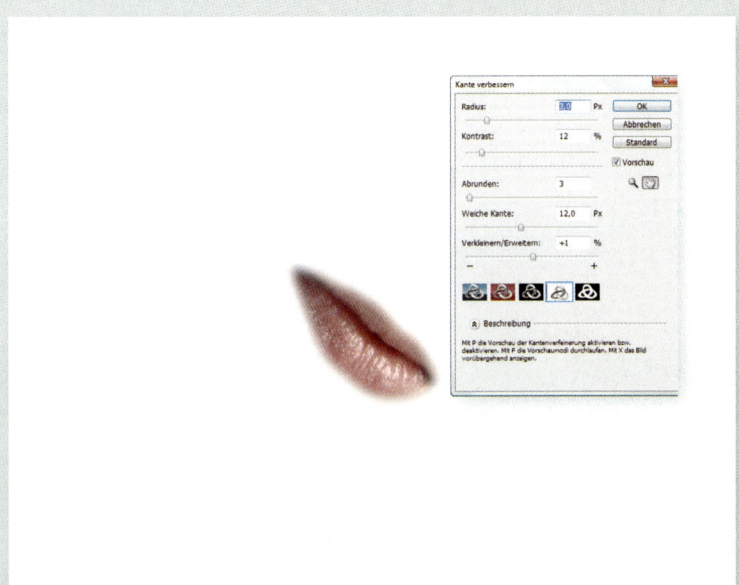

WORKSHOP 2

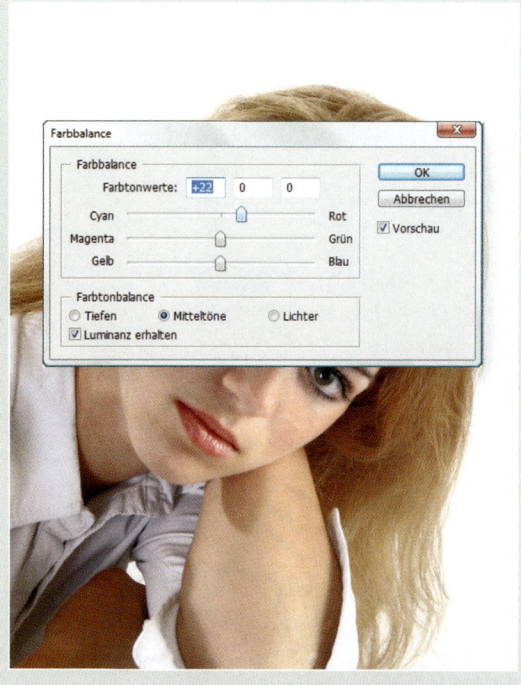

[4] Farbe der Lippen betonen

Jetzt können Sie die Farben der Lippen nach Belieben einstellen. Bringen Sie Farbe ins Spiel, aber übertreiben Sie nicht. Gerade Rot ist eine unberechenbare Farbe, wenn es darum geht, das Bild später aufs Papier zu bringen, egal ob gedruckt oder im digitalen Fotolabor ausbelichtet. Farbkorrekturen können Sie über die *Farbbalance* und/oder *Selektive Farbkorrektur* machen.

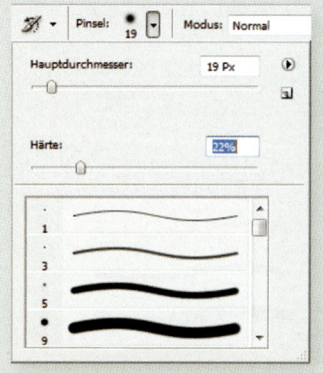
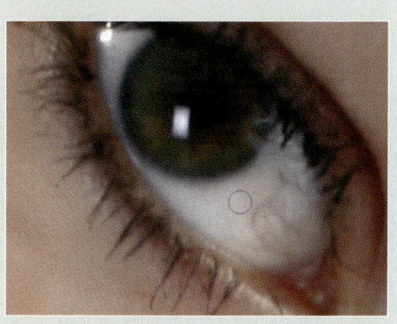

[5] Augen retuschieren

In den Augen sind deutlich rote Äderchen zu erkennen. Retuschieren Sie diese in einer starken Vergrößerung mit dem *Pinsel*-Werkzeug.

[6] Rouge auftragen

Insgesamt wirkt die junge Dame jetzt schon sehr geglättet. Allerdings erscheint das Gesicht jetzt leblos und blass. Darum können Sie nun den Job einer Visagistin übernehmen und ein wenig Rouge auftragen. Machen Sie eine weiche Auswahl auf den Wangen, spitz zulaufend zu den Wangenknochen hin. Dann stellen Sie für den ausgewählten Bereich *Farbton/Sättigung* so ein, dass ein leichter Rotton entsteht.

KAPITEL 17
PORTRÄTRETUSCHE

[7] Mehr Kontrast für Iris und Pupille

Die Augen sind im Bereich der Iris und der Pupillen noch zu dunkel und kontrastarm. Hier lässt sich im Wechsel das *Abwedler*-Werkzeug bzw. das *Nachbelichter*-Werkzeug einsetzen. Zuerst wird an jedem Auge einzeln die Iris aufgehellt. Das geht am besten in mehreren Stufen. Dazu muss der Abwedler so eingestellt werden, dass er die Iris ganz erfasst. Dann hellen Sie die Tiefen, Mitteltöne und Lichter mit 10 % Belichtung auf. Danach müssen Sie mit dem *Nachbelichter*-Werkzeug nur die Pupillen wieder dunkler machen.

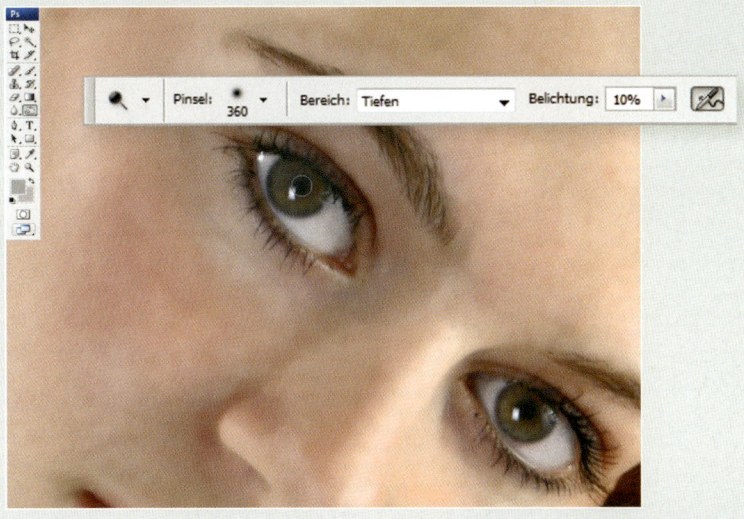

[8] Raum für Schriftelemente

Nun ist das Bild soweit fertig. Ihr Artdirector wird es Ihnen trotzdem um die Ohren hauen, weil es als Coverfoto oben zu wenig Raum für eine Schrift bietet. Bei dem rein weißen Hintergrund können Sie jedoch leicht diesen Platz schaffen.
Wählen Sie das gesamte Bild aus und schieben Sie es nach unten. Der Hintergrund sollte dabei natürlich weiß eingestellt sein. Heben Sie dann die Auswahl auf und wählen Sie mit dem *Zauberstab*-Werkzeug den Weißraum aus. Den Übergang zu den Haaren müssen Sie mit weicher Auswahl gestalten.
Damit das Bild etwas mehr Raum im Hintergrund bekommt, färben Sie diesen mit dem *Verlaufs*-Werkzeug ein. Die Farbe dafür sollte gut zum Mädchen auf dem Foto passen. Wählen Sie beispielsweise mit dem *Pipette*-Werkzeug die Farbe aus den Haaren des Models. Den Verlauf sollten Sie mit einer *Deckkraft* von 50 % einziehen.
Jetzt könnte das Foto redaktionell eingesetzt und mit allerlei Schrift und Inhalten versehen werden.

WORKSHOP 3

Einfache Retusche

Wer sich mit Photoshop an die Bearbeitung von Personenfotos macht, sollte bereits vorher genau wissen, was er erreichen will. Die erste Möglichkeit ist die einfache Retusche von kleinen Fehlern, wie man sie im Prinzip schon vor der digitalen Bildbearbeitung kannte. Nachbearbeitungen von Fotos wurden in analogen Zeiten durch Nachbelichten einzelner Bildpartien oder Abwedeln gezielter Bereiche im Labor gemacht. Diese Werkzeuge gibt es auch in Photoshop. Früher gab es den Retuschepinsel, mit dem man Bildkorn für Bildkorn einzelne Punkte im Bild nachzeichnen konnte. Ein hervorragendes Werkzeug für solche Arbeiten mit Photoshop ist das Kopierstempel-Werkzeug. Auch Techniken wie Colorierung oder Montage mehrerer Bilder waren bereits bekannt und möglich.

Das Bild eines Gesichts oder eines ganzen menschlichen Körpers kann heute so weit bearbeitet werden, dass es kein Problem ist, aus einer grauen Maus eine farbenfrohe Diva zu machen. Auf einem digitalen Foto ist möglich, was im realen Leben teure Schönheitsoperationen erfordern würde. Im Einzelfall müssen Sie sich die Frage stellen: Will ich den Menschen so abbilden, dass er sich auf dem Foto wiedererkennt oder will ich ein Kunstwesen schaffen, das nichts mehr mit der Realität zu tun hat?

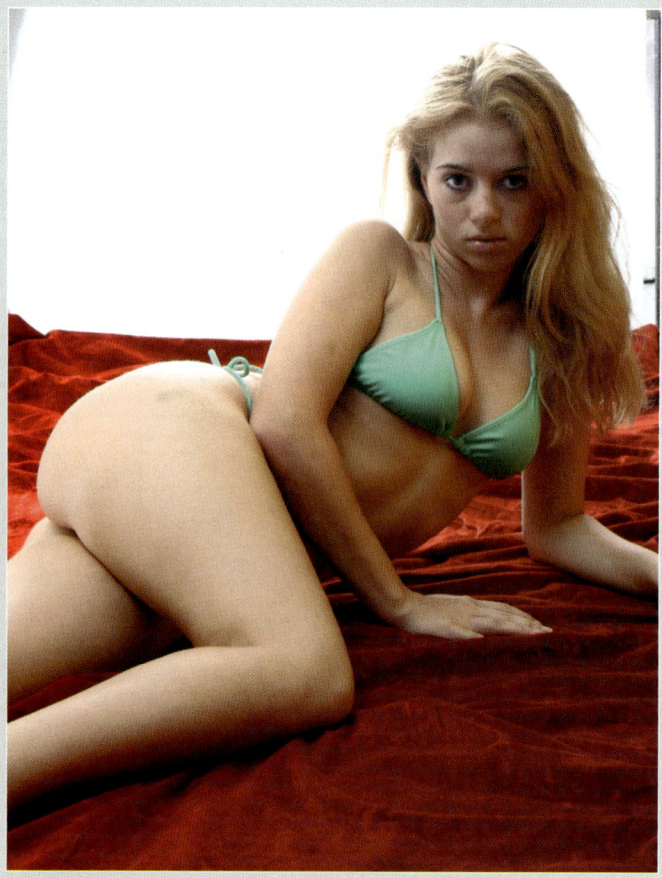

VORHER
Ein sauber fotografiertes Bild, allerdings mit einigen kleinen Fehlern. Im Hintergrund gibt es störende Elemente, die Haut zeigt Adern und einen blauen Fleck am Bein. Auch die Augen hätten besser ausgeleuchtet sein können. (Foto: Stefan Weis)

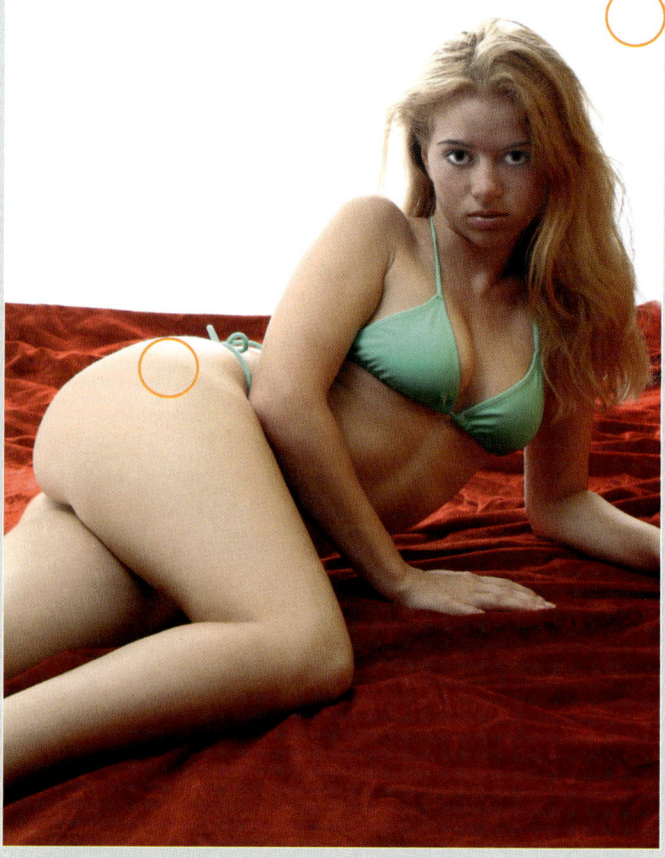

NACHHER
Das Bild sollte nach der Bearbeitung „sauber" wirken und trotzdem nicht vollkommen steril, sodass das Mädchen nicht wie aus Wachs gegossen wirkt.

KAPITEL 17
PORTRÄTRETUSCHE

[1] Störende Hintergrundelemente entfernen

Auch bei Aufnahmen im Fotostudio können im Hintergrund Bildelemente erscheinen, die nicht erwünscht sind. Rechts und links am Bildrand sehen Sie die Begrenzungen des aufgestellten, durchleuchteten Hintergrundelements. Markieren Sie den zu entfernenden Bereich mit einer weichen Auswahlkante des *Lasso*-Werkzeugs und schieben diesen danach mit dem *Verschieben*-Werkzeug nach rechts bzw. links zum Bildrand heraus. So kann man die unerwünschten Stellen leicht überdecken. Sie können auch mithilfe der Pfeiltasten die kopierten Teile verschieben, nachdem Sie das *Verschieben*-Werkzeug angeklickt und die richtigen Ebenen gewählt haben.

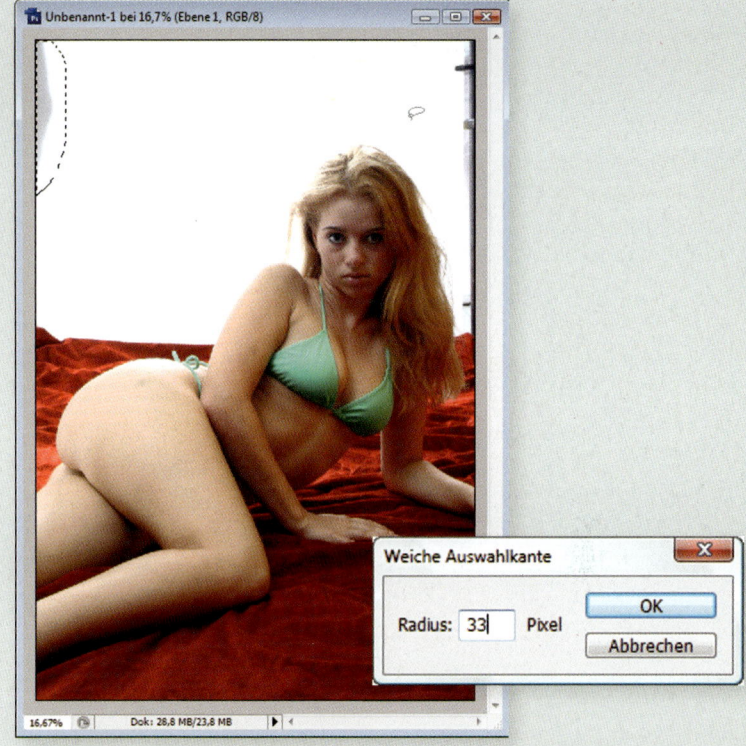

[2] Ebenen auf Hintergrundebene reduzieren

Dieses Verfahren hat den Vorteil, dass Sie nicht lange nach dem richtigen Farbton suchen müssen. Diese Methode eignet sich für gleichmäßige Hintergründe oder Hintergründe mit unruhigen Strukturen, bei denen eine solche Veränderung kaum auffällt, z. B. Stoffe oder grobe Steinmauern.
Jetzt sind durch *Kopieren* und *Einfügen* zwei Ebenen entstanden, die Sie nicht mehr benötigen. Klicken Sie in der *Ebenen*-Palette auf den Reiter oben rechts und wählen dann im Kontextmenü der *Ebenen*-Palette den Eintrag *Auf Hintergrundebene reduzieren*. So können Sie wieder auf einer Ebene arbeiten und eventuelle Unregelmäßigkeiten im Hintergrund mit anderen Werkzeugen wie Pinsel oder Stempel bearbeiten oder sichtbare Übergänge zwischen dem Hintergrund und kopierten Teilen retuschieren.

WORKSHOP 3

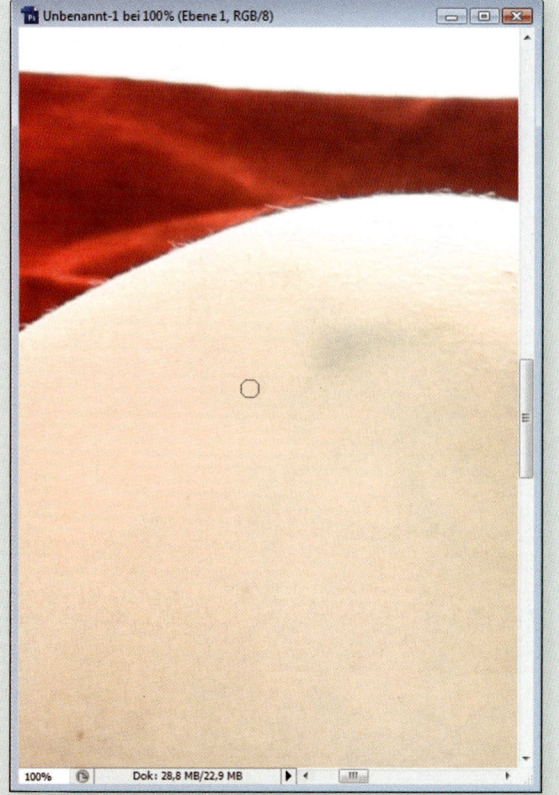

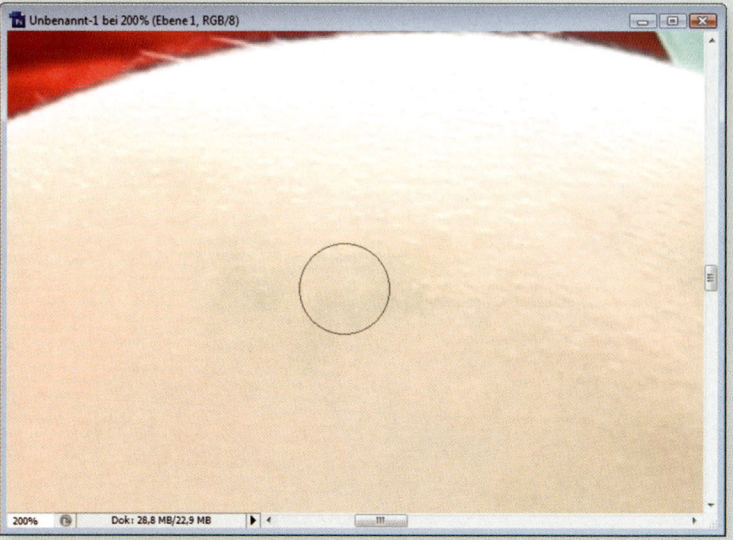

[3] Pickel und Hautflecken entfernen

Das *Kopierstempel*-Werkzeug ist das dankbarste Werkzeug, um einfache Unregelmäßigkeiten wie Pickel, blaue Flecken oder Kratzer zu entfernen. Unberechtigterweise ist der Stempel bei einigen Photoshop-Cracks verpönt, weil schnelles und unkonzentriertes Stempeln zu sichtbaren Wiederholungen mit Kacheleffekt führen kann. Nutzt man den Stempel aber richtig, kann er Probleme schnell und einfach verdecken. Den Durchmesser des Stempels passen Sie jeweils der Größe des zu verdeckenden Bereichs an, damit dieser mit wenigen Klicks abgedeckt wird. Bei der Arbeit auf Haut stellen Sie den Wert für *Härte* auf *0 %*. Die *Deckkraft* sollte einen Wert um *70 %* betragen. Dafür stempelt man einfach einmal mehr über die zu verdeckende Stelle.

Nehmen Sie einen zu kopierenden Bereich auf, indem Sie mit dem *Kopierstempel*-Werkzeug darübergehen, dabei die [Alt]-Taste drücken, den Mauszeiger über die zu reparierende Stelle führen und abschließend einmal die linke Maustaste drücken. Ist der Bereich noch nicht ganz verdeckt, klicken Sie leicht versetzt noch einmal.

Das *Kopierstempel*-Werkzeug kopiert bei jedem weiteren Klick immer eine Stelle in gleicher Entfernung und im gleichen Winkel zum Stempel, wie es beim ersten Aufnehmen festgelegt wurde. Es wird also nicht immer dasselbe Bildelement kopiert wie beim ersten Mal. Darum müssen Sie öfter mit der [Alt]-Taste die Stelle definieren, die kopiert werden soll. Wählen Sie eine Partie, die sich in Helligkeit und Struktur so wenig wie möglich von der zu verdeckenden Stelle unterscheidet.

Diesen Vorgang können Sie nun mehrfach wiederholen, bis alle Pickel, Male, Falten und blauen Flecke eliminiert sind. Das ist vielleicht ein wenig zeitaufwendig, dafür erhalten Sie aber den Hautcharakter der Person, der durch einfaches Weichzeichnen schnell verloren gehen würde. Durch ein bisschen Übung lässt sich der höhere Zeitaufwand in Grenzen halten.

KAPITEL 17
PORTRÄTRETUSCHE

[4] Augenhöhlen aufhellen

Häufig wirken bei einer Beleuchtung für den ganzen Körper die Augenhöhlen des Models zu dunkel. Sie können mit dem *Abwedler*-Werkzeug aufgehellt werden. Auch hier muss auf die Einstellung geachtet werden. Stellen Sie in der Werkzeugleiste die *Belichtung* auf *20 %* und hellen Sie vorsichtig in mehreren Schritten auf. Wählen Sie dabei auch zwischen den Bereichen *Tiefen*, *Mitteltöne* und *Lichter*.

Wo die Pupillen durch das Aufhellen zu blass wurden, können diese wieder mit dem *Nachbelichter*-Werkzeug nachgedunkelt werden. Hier gelten die gleichen Optionen wie beim Aufhellen, nur umgekehrt.
Augenringe können wieder im Stempelverfahren gelöscht werden, indem Sie hellere Bereiche transparent darüberkopieren.

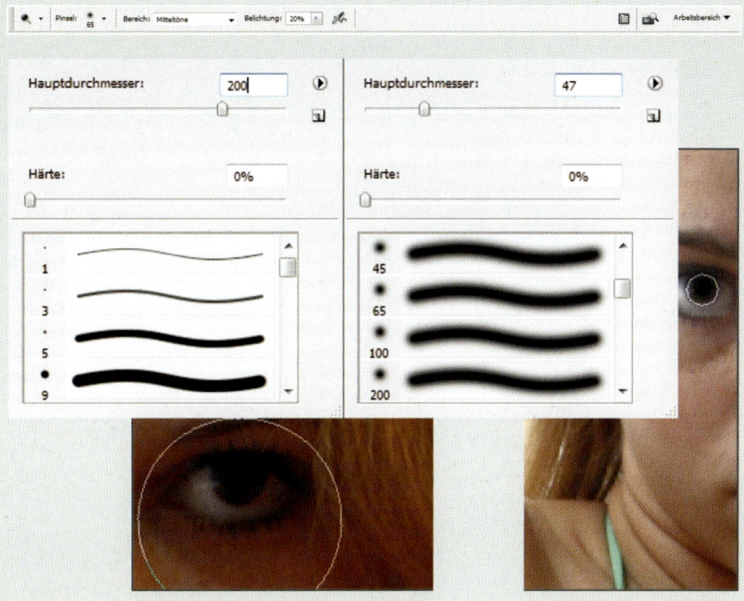

[5] Glänzende Lippen

Verleihen Sie den Lippen lebendigeren Glanz. Mit dem *Pinsel*-Werkzeug können Sie zuerst eine Farbe an einer glänzenden Stelle der Lippen aufnehmen. Gehen Sie mit dem Pinsel darüber und drücken Sie die [Alt]-Taste. Der Pinsel wird zur Pipette und Sie können mit einem Mausklick die Farbe aufnehmen. Diese sehen Sie am Beispiel als helles Rosa im Vordergrund-Farbfeld. Wählen Sie nun eine gewünschte Pinsel-Option, z. B. *Hauptdurchmesser 9*, *Härte 0 %* und *Deckkraft 20 %*. Malen Sie nun auf den Lippen helle Punkte, die ähnlich platziert werden sollten, wie bereits vorhandene Glanzpunkte. Es ist Ihrem gestalterischen und ästhetischen Empfinden überlassen, wann es genug ist und bis zu welchem Punkt es natürlich aussieht. Das muss jeder für sich selbst entscheiden.

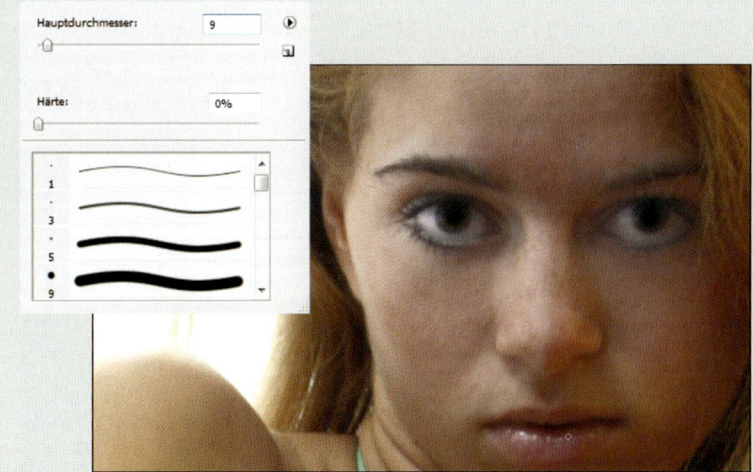

395

WORKSHOP 3

[6] Weißere Augen

Oft wirken die Augen zu „blutig" und dadurch nicht weiß genug. Nehmen Sie mit dem *Zauberstab*-Werkzeug bei einer *Toleranz* von *10* eine Auswahl der weißen Bereiche im Auge vor. Zoomen Sie das Bild zu diesem Zweck ruhig auf *200 %* heran.
Treffen Sie die Auswahl mit *Auswahl/Auswahl verändern/Weiche Kante.* Wählen Sie eine weiche Auswahlkante von *3* Pixeln. Das genügt bei der relativ kleinen Auswahlfläche. Höhere Werte würden nur zu einer Fehlermeldung führen, denn es müssen Pixel von mehr als 50 % über dem Wert der weichen Kante ausgewählt sein, um diese sichtbar anzuzeigen.
Wählen Sie nun *Bild/Anpassungen/Selektive Farbkorrektur* und verringern Sie die Rottöne durch Verringerung von Schwarz. Machen Sie diesen Vorgang für jedes Auge einzeln.

[7] Endkontrolle

Jetzt haben Sie schon allerhand geleistet, Pickel, Male, blaue Flecke, Kratzer und Falten retuschiert. Machen Sie eine Endkontrolle. Es fallen einem immer wieder Kleinigkeiten auf, wenn man sich mal kurz eine Pause gönnt. Dann ist hier noch ein Zipfel roter Stoff zu verdecken oder dort ein grünes Bändchen am Hals des Models besser herauszuarbeiten. Alles Vorgänge, die Sie mit den Werkzeugen *Kopierstempel, Pinsel* oder *Radiergummi* gut bewerkstelligen können.
Wollen Sie das Bild schließlich als Datei ausbelichten lassen oder drucken, sollten Sie es auf einer Ebene komprimieren und im gewünschten Dateiformat abspeichern.
Achtung: Wählen Sie *Speichern unter* und bei *jpg* immer *Qualität 12 – höchste Qualität*, um keine Verluste durch die Komprimierung zu verursachen.

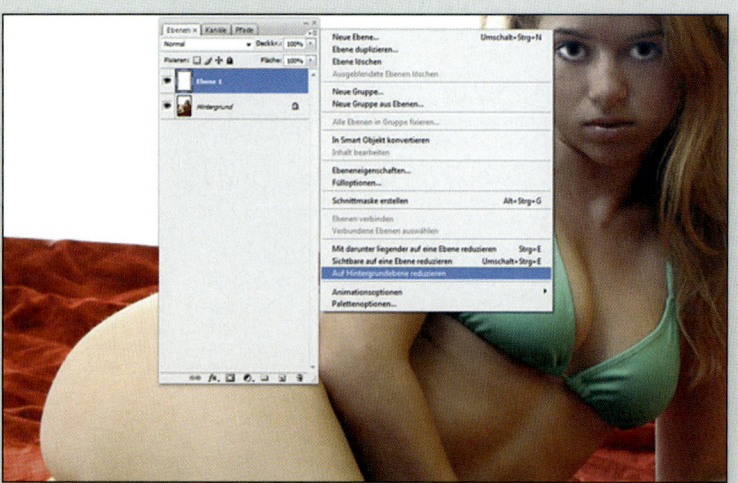

KAPITEL 17
PORTRÄTRETUSCHE

WORKSHOP 4

Hautreinigung

In diesem Fall soll mit Filtern die Haut „gereinigt" werden. Filter führen zu schnellen Ergebnissen, haben aber gegenüber der manuellen Retusche mit Pinsel oder Stempel meist den Nachteil, dass die Haut nicht mehr echt wirkt und selbst der Laie die Manipulation erkennt. Oft wirkt mit Filtern bearbeitete Haut wächsern und unecht oder leblos, weil keine natürlichen Poren und Hautstrukturen zu erkennen sind.

VORHER
*Ein schönes Porträt mit einem natürlich wirkenden Model. Der Blick nach links wirkt gedankenverloren. Allerdings lenken einige Hautunreinheiten den Betrachter von den schönen, braunen Augen ab.
(Foto: Stefan Weis)*

NACHHER
Störende Elemente wurden beseitigt, jetzt fällt der Blick zunächst einmal auf die Haare und die Augen und wird nicht abgelenkt durch Ungleichmäßigkeiten der Haut.

KAPITEL 17
PORTRÄTRETUSCHE

[1] Gesichtshaut auswählen

Es empfiehlt sich, beim Einsatz von Filtern mit mehreren Ebenen zu arbeiten. Man kann zu bearbeitende Hautpartien mit einer weichen Auswahl kopieren und wieder einfügen, sodass eine weitere Ebene entsteht. Zum Erstellen der Auswahl benutzen Sie das *Lasso*-Werkzeug. Nennen Sie die neue Ebene *Haut*. Die Auswahl schließt markante Teile des Gesichts, hier die Augen, die Nase und der Mund, aus. Diese werden in separaten Ebenen bearbeitet.

[2] Hautpartien weichzeichnen

Jetzt setzen Sie einen Weichzeichner ein. Welcher Filter zum Einsatz kommt, ist Geschmackssache und kann jeweils individuell eingestellt werden. Manchmal kann man auch mehrere Filter nacheinander einsetzen, sollte diese aber nur so stark wie nötig einstellen. Die mit dem Filter *Gaußscher Weichzeichner* bearbeitete Ebene kann nun in der *Ebenen*-Palette auf eine Deckkraft von *60 %* bis *80 %* verringert werden, damit noch ein bisschen Hautstruktur durchschimmern kann. Einzelne, besonders grobe Teile werden mit dem *Pinsel*-Werkzeug retuschiert.

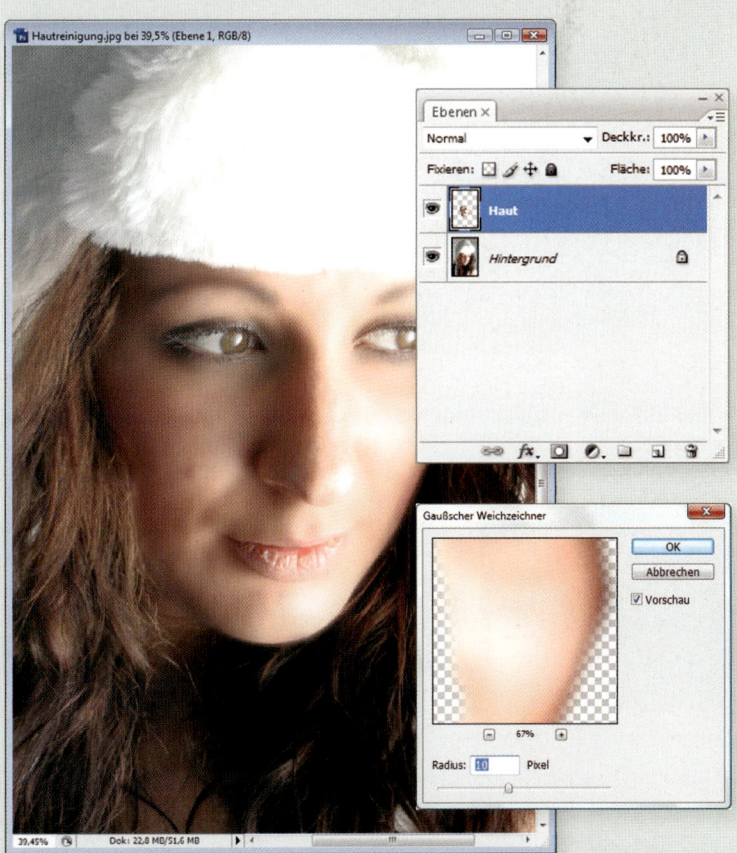

WORKSHOP 4

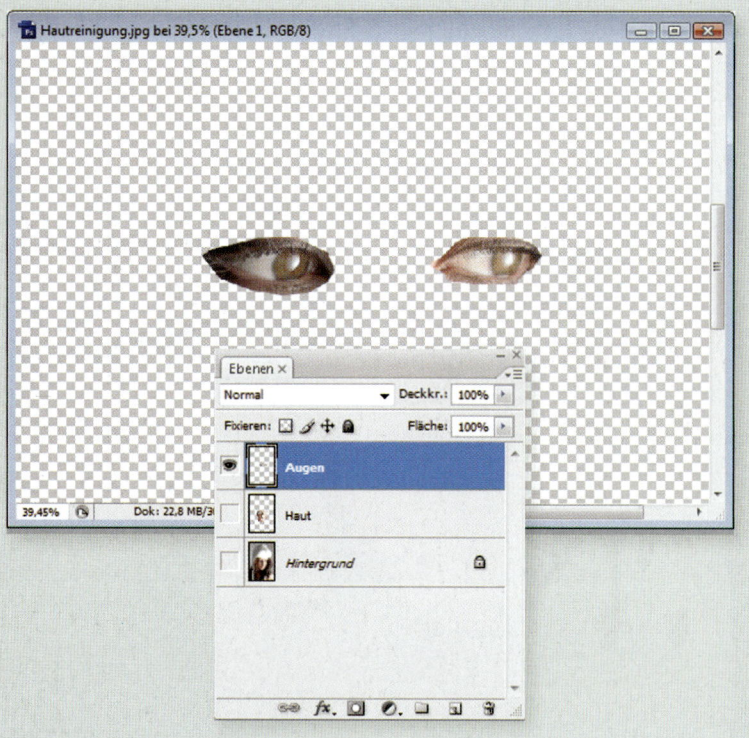

[3] Augen freistellen

Ähnlich wie die Ebene *Haut* wird die Ebene *Augen* erzeugt. Sie können die Auswahl selbst mit dem *Lasso*-Werkzeug vornehmen und anschließend eine weiche Auswahlkante wählen.

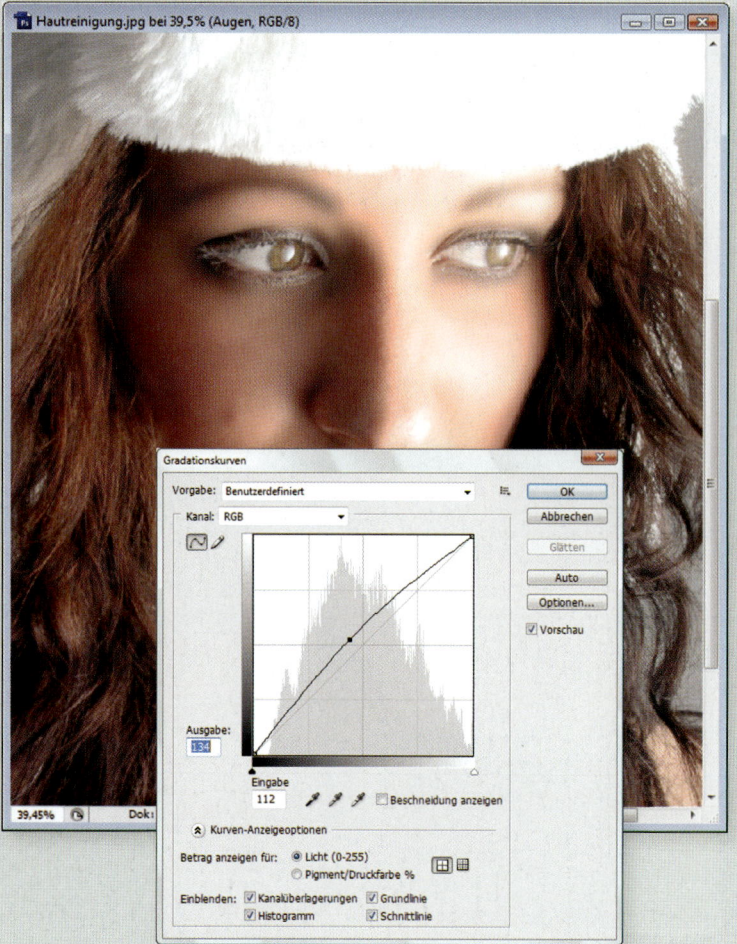

[4] Augen weißer machen

Nun kann man die Augen separat bearbeiten und nach Wunsch einstellen. Bearbeitungen in Helligkeit und Kontrast, in der Gradationskurve oder Farbbalance sollen helfen, das Weiße im Auge weißer zu machen und die braunen Augen knackiger. Möglicherweise ergeben sich an den Rändern der einzelnen Ebenen Übergänge, die nicht natürlich wirken. Diese kann man in den aktivierten Ebenen mit einem weichen *Radiergummi* entfernen und so weiche Übergänge schaffen.

[5] Spröde Lippen glätten

Der Mund auf dem Foto wirkt trocken, die Lippe spröde und rissig. Hier ist Handarbeit angesagt, denn man kann die Lippen kaum mit einem Filter glätten, ohne sie aussehen zu lassen wie künstliche, Botox-gefüllte Hautpartien. Mit dem *Pinsel*-Werkzeug kann man Farben aufnehmen, um mit diesen die trockenen Lippenpartien zu überzeichnen. Das benötigt mehrere Vorgänge von Aufnehmen und Überzeichnen. Gehen Sie dabei vorsichtig vor, damit Sie einzelne Schritte im Bedarfsfall rückgängig machen können.

Abschließend können Sie noch auf den einzelnen Ebenen Einstellungen vornehmen, z. B. auf der Hintergrundebene eine automatische Tonwertkorrektur, um die Haare kräftiger wirken zu lassen. Speichern Sie Ihre Arbeit als Photoshop-Datei (*.psd*) ab, um die Ebenen zu erhalten. Dann können Sie später weitere Korrekturen vornehmen. Oder reduzieren Sie den Ebenenstapel auf eine Ebene, um noch etwaige Retuschearbeiten durchführen zu können.

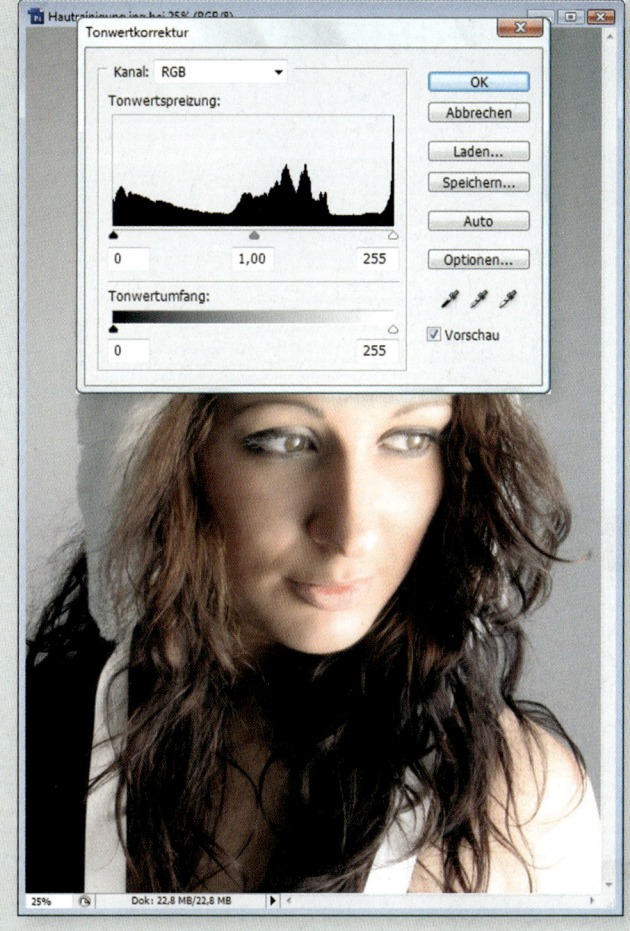

WORKSHOP 5

Kinder-Klon

Kinder zu fotografieren macht viel Freude, solange es die eigenen sind und man Zeit und Lust für Schnappschüsse hat. Bei Auftragsarbeiten können Kinder zum echten Problem werden, denn sie wissen nicht, was sie tun – und wollen es auch gar nicht wissen. Egal, ob bei Einzelporträts oder auf Gruppenbildern von Hochzeitsfeiern: Immer ist mindestens ein Zappelphilipp oder eine Minizicke dabei, die das ganze Bild durch Fratzen und Grimassen entstellt. Darum gibt es nur eine Lösung: Viele Fotos machen und die besten Gesichter in ein Bild zusammenkopieren.

VORHER
Ein Kind kann den geduldigsten Fotografen den letzten Nerv kosten. Ein Glück, wenn er so viele Fotos macht, dass wenigstens eins dabei ist, von dem sich das Gesicht verwenden lässt. Hier können Sie sehen, wie ein Gesicht von einem auf das andere Bild übertragen werden kann. (Foto: Stefan Weis)

NACHHER
Endlich ein Bild, auf dem Mutter und Kind scheinbar harmonieren und der Sohnemann harmlose Späße für die Kamera treibt.

KAPITEL 17
PORTRÄTRETUSCHE

[1] Kopf auswählen und kopieren

Bei diesem Bild ist es relativ leicht, eine Auswahl nur für den Kopf des Jungen zu treffen. Sie können zum Beispiel mit dem *Zauberstab*-Werkzeug den weißen Hintergrund auswählen und dann die Auswahl umkehren. Überflüssige Auswahlbereiche lassen sich dann leicht mit dem *Lasso*-Werkzeug entfernen oder ergänzen. Weiten Sie die Auswahl vor dem Kopieren um ein oder zwei Pixel aus und wählen Sie eine leicht weiche Auswahlkante.

[2] Kopf in Zielbild einfügen

Fügen Sie jetzt den kopierten Kopf in das andere Bild ein. Damit erhalten Sie eine weitere Ebene, mit der Sie weiterarbeiten können. Aber noch ist der „neue" Kopf etwas zu groß.

403

WORKSHOP 5

[3] Deckkraft temporär verringern

Ziehen Sie den kopierten Kopf über den bestehenden Kopf auf der Hintergrundebene. Stellen Sie die *Ebene 1* auf *50 % Deckkraft* ein. Die Einstellung dafür finden Sie mit einem rechten Mausklick auf die markierte Ebene und dann unter *Fülloptionen*. Die *50 % Deckkraft* dienen nur zur besseren Verarbeitung und werden später wieder auf *100 %* gestellt.

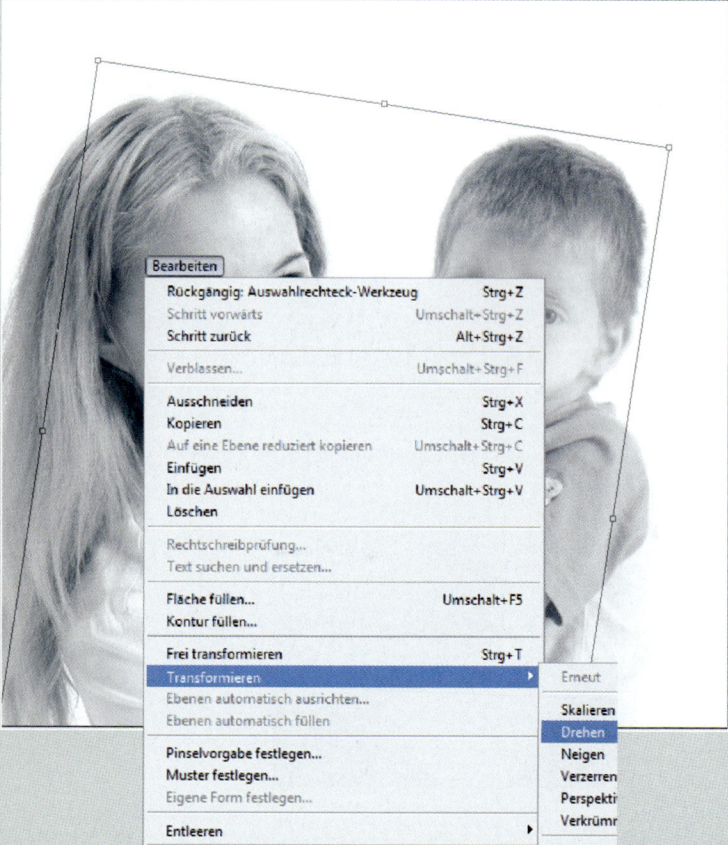

[4] Kopf skalieren und drehen

Durch die Transparenz der Ebene können Sie gut erkennen, wann die Köpfe möglichst deckungsgleich übereinander liegen. Durch *Skalieren* und *Drehen* können Sie den Kopf gut anpassen. Drücken Sie beim Skalieren die [Umschalt]-Taste, um die Proportionen zwingend zu erhalten. An Details wie Augen oder Ohren erkennen Sie am besten, ob die Größenverhältnisse stimmen.

KAPITEL 17
PORTRÄTRETUSCHE

[5] Störende Bildteile löschen

Wenn Sie mit der Position des Gesichts auf *Ebene 1* zufrieden sind, können Sie die *Deckkraft* wieder auf *100 %* zurückstellen. Anschließend werden überstehende Partien des Originalkopfs mit dem *Kopierstempel*-Werkzeug oder dem *Radiergummi*-Werkzeug gelöscht. Aktivieren Sie für diese Arbeiten die Ebene *Hintergrund*.

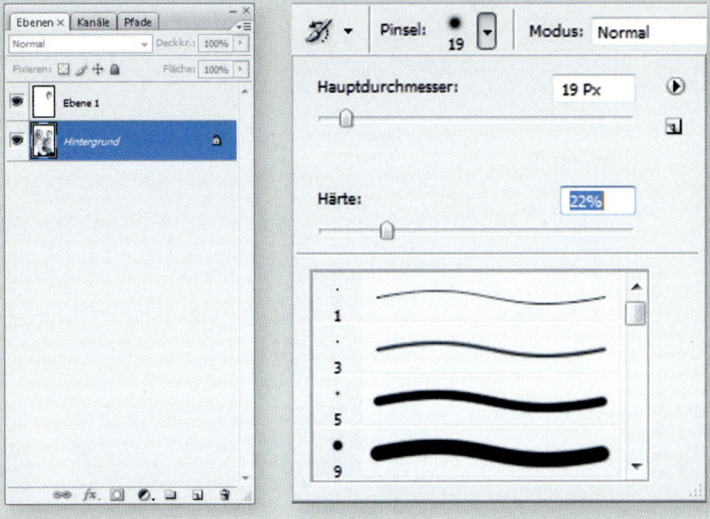

[6] Letzte Feinkorrekturen

Einiges vom Hals des Jungen steht noch über den Kragen des T-Shirts. Wählen Sie diese Partien in der *Ebene 1* aus und wählen Sie eine weiche Auswahlkante. Jetzt können Sie diesen Teil mit mit der [Entf]-Taste einfach löschen. Fertig ist das brave Lieblingskind!

WORKSHOP 6

Ein neues Gesicht

Wer kann sich noch daran erinnern wie Michael Jackson vor ca. 30 Jahren als Mitglied der Jackson 5 ausgesehen hat? Damit niemand das folgende Kapitel falsch versteht - dies ist kein rassistischer Witz und soll Menschen anderer Hautfarbe auf keinen Fall diffamieren. Das Beispiel ist eine Anspielung auf Michael Jackson, der sich vielleicht viele schmerzhafte Operationen erspart haben könnte, wären die Möglichkeiten der Bildmanipulation damals schon so umfangreich wie heute gewesen. Der folgende Workshop soll als Beispiel dafür dienen, wie man ein Gesicht mit wenigen Schritten verändern kann.

VORHER
*Bereits im Rohformat der Aufnahme ist die Dame eine echte Schönheit. Eine Bearbeitung ist kaum nötig, kann in diesem Fall aber als gutes Beispiel dafür dienen, zu demonstrieren, was mit der digitalen Bildbearbeitung alles möglich ist.
(Foto: Stefan Weis)*

NACHHER
Ein Foto, bei dem es kaum möglich ist, die Manipulationen zu erkennen, wenn man das Original nicht kennt. Es stellt zwar eine Verfremdung der Person dar, als Beispiel für gekonnte Bildbearbeitung ist es aber optimal.

KAPITEL 17
PORTRÄTRETUSCHE

[1] **Erstellen einer Ebenenmaske**

Wie bei anderen Beauty-Retuschen, wird auch eine Ebenenmaske erstellt. Die weiche Auswahl betrifft nur die Gesichtshaut ohne Augen, Nase und Mund. Anstatt der üblichen Weichzeichner verwenden Sie dieses Mal den Rauschfilter *Staub und Kratzer*. Welche Einstellung die richtige ist, zeigt die Vorschau. Es gilt: Je kleiner der Schwellenwert, desto größer der Weichzeichnungseffekt. Diese Ebene wird in der *Ebenen*-Palette *Haut* genannt.

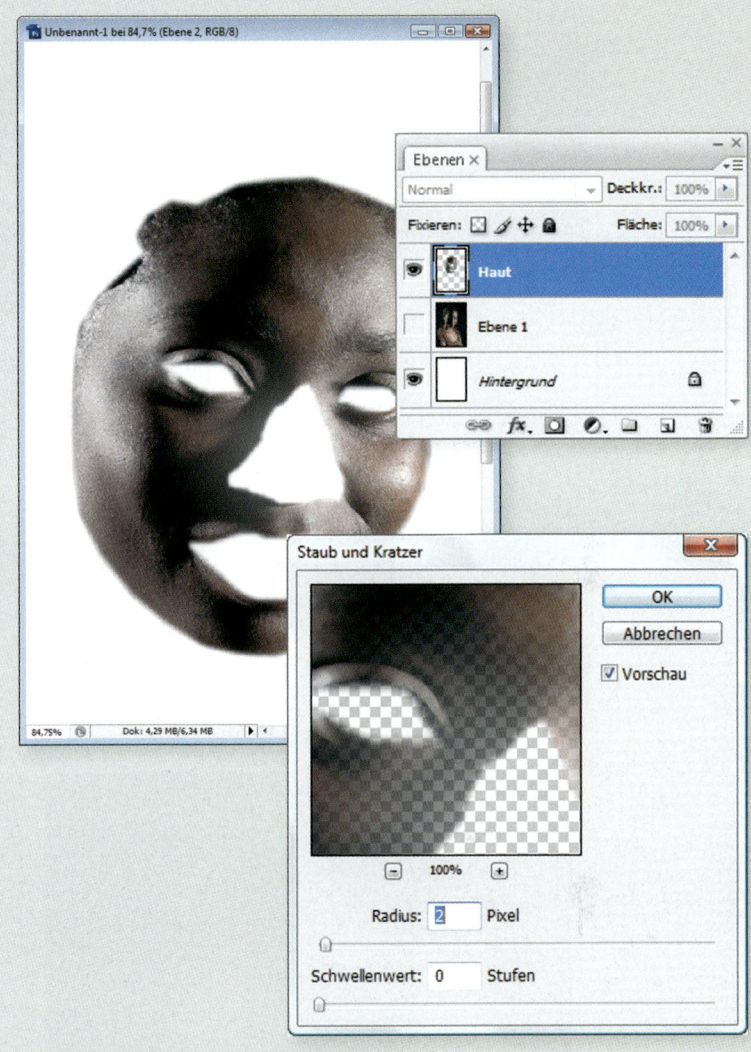

[2] **Nase bearbeiten**

Die Nase wird mit einem Auswahlwerkzeug ausgewählt, möglichst mit dem Lasso. Man kann eine grobe Auswahl vornehmen, da dieser Bereich später an gleicher Stelle wieder eingefügt wird. Wichtig ist eine weiche Auswahl für unauffällige Übergänge zwischen kopierter Ebene und Hintergrundebene.
Die einkopierte Ebene, sie wird später in der *Ebenen*-Palette *Nase* genannt, kann nun nach Belieben skaliert werden, d. h., man kann sie optisch schmaler machen, in die Länge ziehen und so weiter. Wählen Sie zum Skalieren aus dem Menü *Bearbeiten* die Funktion *Transformieren/Skalieren*. Schließen Sie die Bearbeitung mit Doppelklick oder durch Drücken der [Enter]-Taste ab.

WORKSHOP 6

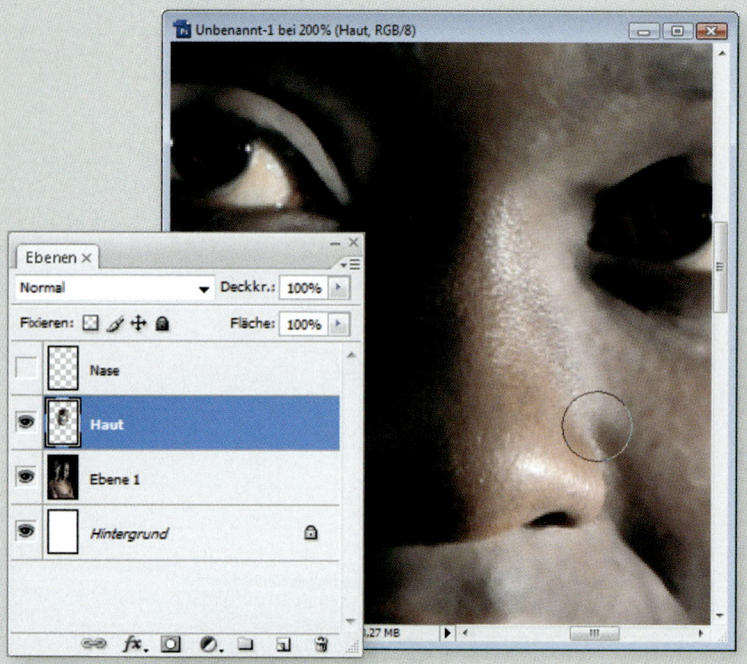

[3] Übergänge der Umgebung anpassen

Für einen unauffälligen Übergang zwischen kopierter Nase und dem echten Untergrund ist es wichtig, die Umgebung anzupassen. Zur Vereinfachung der Arbeit kann man die Ebene *Nase* ausblenden und auf der Ebene *Haut* die Originalnase an den Rändern retuschieren. Mit dem Kopierstempel lässt sich die „alte" Nase überdecken. Es ist nützlich, zwischendurch die neue Nase immer mal wieder einzublenden, um den Effekt zu kontrollieren.

[4] Mund bearbeiten

Den gleichen Vorgang wie mit der Nase kann man mit dem Mund wiederholen. Hier muss man auf verschiedenen Ebenen darauf achten, dass die Übergänge stimmen, besonders in den Mundwinkeln. So lässt sich der Mund schmaler ziehen. Die Lippen lassen sich später nach Belieben nachzeichnen.

KAPITEL 17
PORTRÄTRETUSCHE

[5] Tonwertkorrektur durchführen

Eine *Auto-Tonwertkorrektur* auf der Ebene des Originalbildes, hier die *Ebene 1*, optimiert alle Teile außer den neu einkopierten wie Haut, Nase und Mund. In diesem Fall führt das dazu, dass die Augen besonders leuchtend werden und schwarze Töne wirklich schwarz erscheinen. Ebenso ist es erforderlich, das Bild in einer Ansicht von 100 % zu kontrollieren und einzelne Unstimmigkeiten zu retuschieren. *Kopierstempel*, *Pinsel* und *Radiergummi* sind dabei wie immer nützliche Werkzeuge.

[6] Helligkeit und Kontrast optimieren

Auch mit *Helligkeit* und *Kontrast* lässt sich ein Bild optimal einstellen. Man kann die Ebenen einzeln einstellen oder das Bild auf eine Hintergrundebene komprimieren, um es insgesamt leichter behandeln zu können.

Ob die Dame auf dem Ergebnisbild nun freundlicher, schöner und jugendlicher wirkt, sei dahingestellt, denn schließlich ist die Beurteilung eines fremden Gesichts immer eine rein subjektive Angelegenheit.

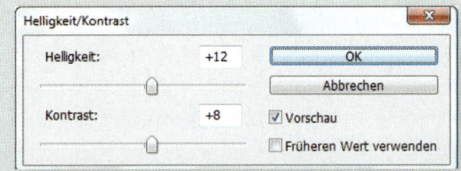

WORKSHOP 7

Operation Haut

Bekennen Sie sich zu Fotos, auf denen Haut noch wie Haut aussieht. Mit echten Poren, Strukturen und Plastizität durch Licht und Schatten. Oft sieht man bearbeitete Fotos, die auf den ersten Blick umwerfend wirken. Dem geübten Betrachter wird allerdings sofort klar, dass ganz viel Bildbearbeitung im Spiel ist. Bei genauem Hinsehen wirkt die Haut wie Wachs, wie eine astreine Fläche ohne Leben und Ausdruck. Operation gelungen, Patient tot.

Schlussendlich lautet die Devise: Bildbearbeitung ja, aber nur so viel wie nötig und so wenig wie möglich. Bildmanipulationen sind dann gut, wenn man sie nicht sieht. Für den gewerblichen Fotografen gilt: Der Kunde muss sich im Bild wiedererkennen können. Dazu sind in der Bildbearbeitung oft viele kleine Schritte nötig, die man glücklicherweise im Protokoll wieder rückgängig machen kann. Und denken Sie daran, immer nur mit Kopien zu arbeiten und die Originaldateien aufzuheben, für den Fall das alles schiefgeht. So können Sie in Ruhe experimentieren und Erfahrungen sammeln.

VORHER
Eine hübsche, junge Dame, an der die Schwangerschaft allerdings nicht ohne Spuren vorübergegangen ist. Wir wollen das Bild optimieren und die Schwangerschaftsstreifen „operativ" entfernen. Dazu sind viele kleine Einzelschritte nötig. (Foto: Stefan Weis)

NACHHER
Der Bauch wirkt nun glatt und hat trotzdem noch eine natürliche Falte in der Mitte. Kleine Unebenheiten wurden beseitigt und der Hintergrund optimiert.

KAPITEL 17
PORTRÄTRETUSCHE

[1] Model „erden"

Zuerst sollten Sie das Model mehr „erden". Es soll auf einem dunkleren Untergrund knien, um ein homogeneres Bild zu schaffen und dem Schlagschatten weniger Bedeutung beizumessen.

Mit dem *Zauberstab*-Werkzeug sind die Beine des Mädchens schwer auszuwählen, weil viele Grautöne dem Hintergrund sehr nahe kommen. Darum versuchen Sie es anders herum und wählen einen Bereich des Bodens aus. Das geht teilweise mit dem *Zauberstab*-Werkzeug, in einzelnen Bereichen kann mit dem *Lasso*-Werkzeug korrigiert werden und größere Bereiche können mit dem *Auswahlrechteck*-Werkzeug ergänzt werden. Danach wird die Auswahl umgekehrt, kopiert und wieder eingefügt. Jetzt haben Sie eine zweite Ebene, die das Model, dessen Beine und den oberen Teil des Hintergrunds erfasst.

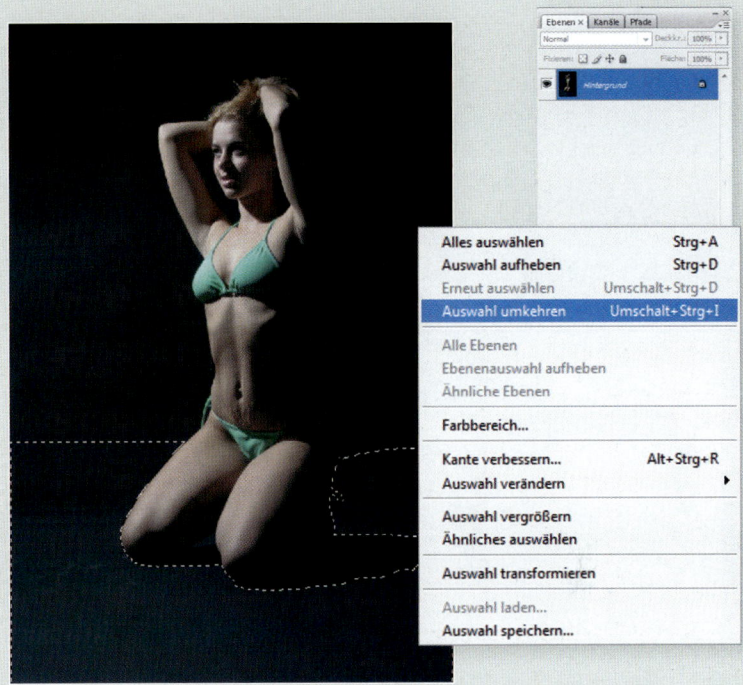

[2] Auswahl in Hintergrundebene löschen

Im nächsten Schritt wählen Sie in der *Ebenen*-Palette die Hintergrundebene aus. Einfach eine gerade Auswahl mit dem Auswahlwerkzeug erzeugen, die ca. ein Viertel des Bildes erfasst. Diese Auswahl verändern Sie über *Auswahl/Kante verbessern* und machen sie weich, in diesem Fall eine *Weiche Kante* von *80,0 Px*. Jetzt lässt sich der ausgewählte Bereich einfach in der Hintergrundebene löschen. Vorher sollte die Hintergrundfarbe auf Schwarz gestellt werden.

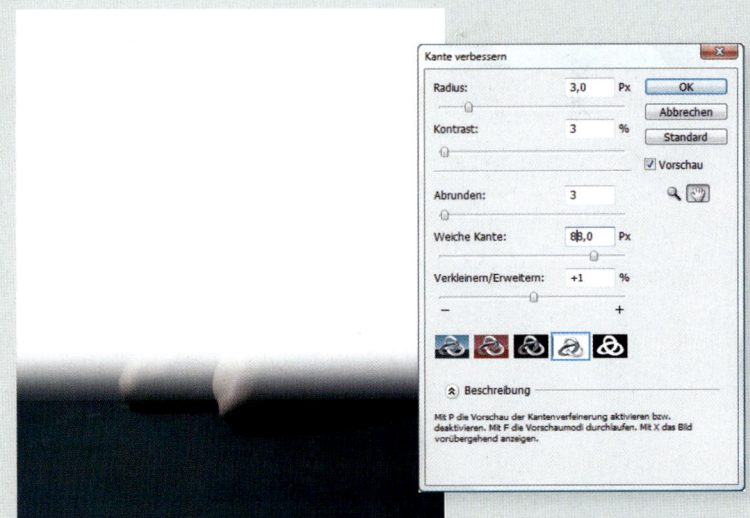

[3] Kanten anpassen

Jetzt werden die Kanten in der *Ebene 1* dem Hintergrund angepasst. Das *Kopierstempel*-Werkzeug steht dafür bei *Aufnehmen* auf *Alle Ebenen*. So können Sie das Schwarz in der Hintergrundebene in den helleren Bereich der Schatten unter dem Model kopieren, um einen weichen Übergang zu schaffen und Auswahlkanten zu eliminieren.

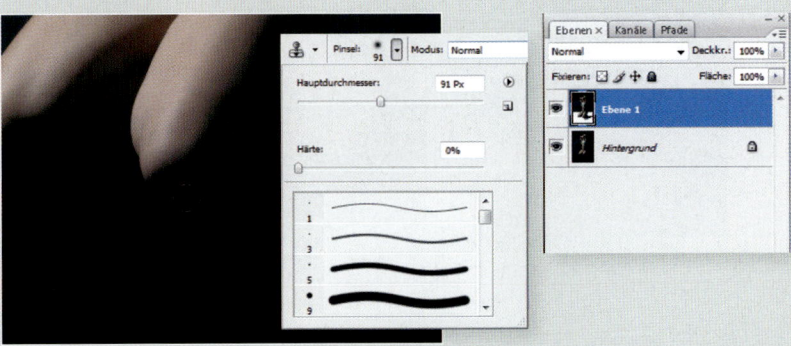

WORKSHOP 7

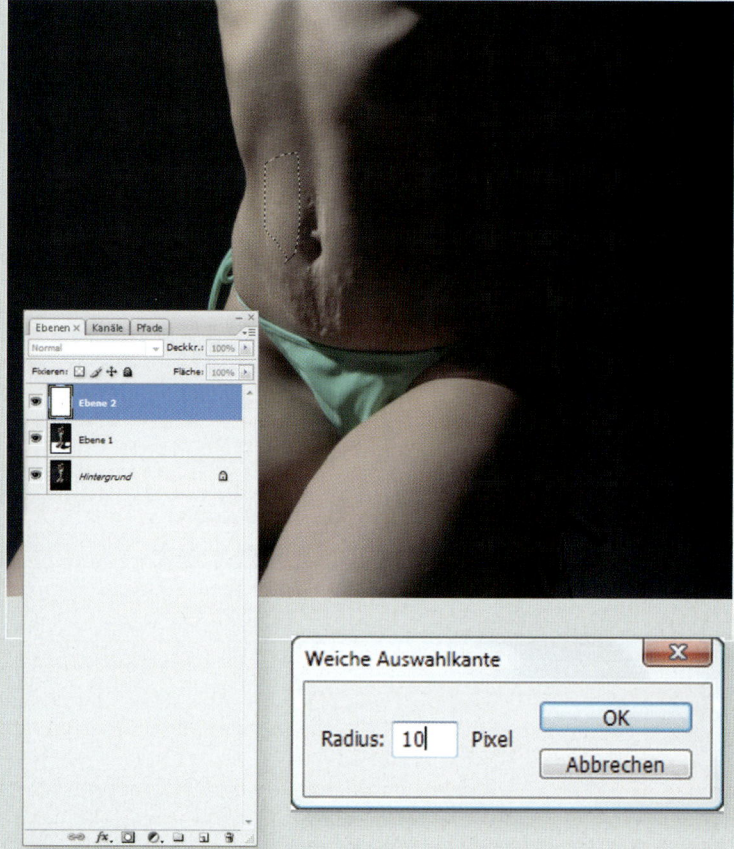

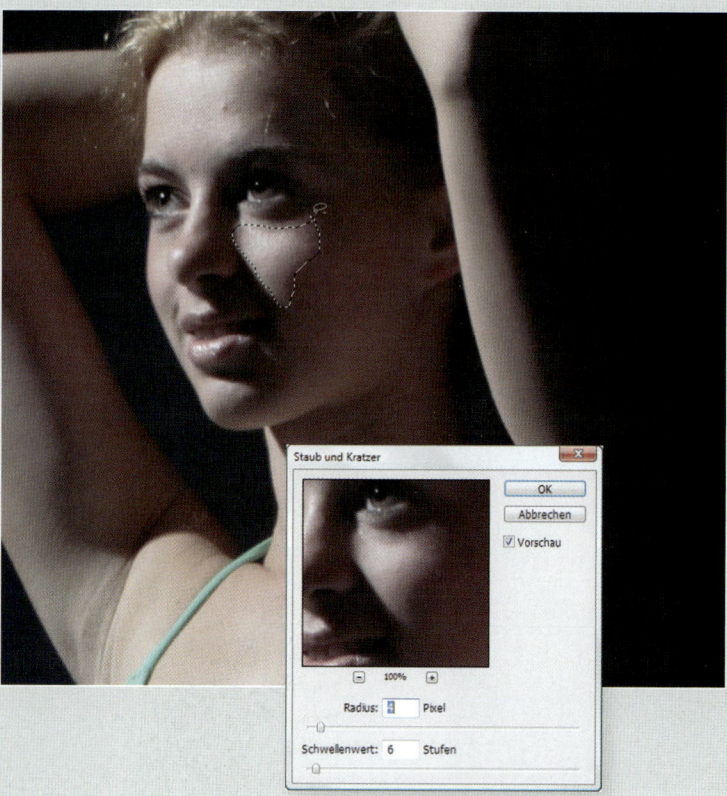

[4] Hautverpflanzung

Bildbearbeitung am Menschen hat immer etwas mit Anatomie zu tun. Sie müssen ein Gefühl dafür entwickeln, welche Maßnahmen zu einem Ergebnis führen, das biologisch glaubhaft bleibt. Auch Profis haben schon mal im Übereifer einen Bauchnabel entfernt oder Augen so hell strahlen lassen, dass der Kopf wie innen beleuchtet wirkt. Hier sehen Sie einen schweren Fall von Dehnungsstreifen nach einer Schwangerschaft. Machen Sie es wie der plastische Chirurg: Nehmen Sie sich die Haut von einer gesunden Stelle und fügen Sie sie dort ein, wo sie gebraucht wird. Mit einer weichen Auswahlkante kann man Hautbereiche von oberhalb des Bauchnabels kopieren und unterhalb einfügen. Im Einzelfall muss die Helligkeit angepasst oder wieder ein Stück der Kopie entfernt werden, was auf der jeweiligen Ebene ebenfalls mit einer weichen Auswahl gut möglich ist.
Mit zwei bis drei Kopien ist so der Großteil des unruhigen Gewebes überdeckt. Kleinere Stellen können mit Werkzeugen wie *Kopierstempel* oder *Pinsel* retuschiert werden, nachdem Sie alle Bereiche auf eine Ebene reduziert haben.

[5] Unruhige Hautpartien korrigieren

Die teilweise unruhige Haut im Gesicht kann mit Filtern korrigiert werden. Wählen Sie die Bereiche aus, die Sie „reinigen" wollen. Machen Sie eine weiche Auswahl. Gut geeignet für den Effekt weicher Haut ist der Rauschfilter *Staub und Kratzer*, wenn man diesen vorsichtig einsetzt, hier mit dem *Radius 4 Pixel*, *Schwellenwert 6* Stufen.
Machen Sie nicht den Fehler, gleich das ganze Gesicht zu glätten. Wählen Sie in mehreren Schritten nur die Bereiche aus, die es wirklich nötig haben, um das Leben im Gesicht zu erhalten. Die unruhigen Schatten auf der Nase lassen sich korrigieren, indem man entweder einen Bereich mit dem *Kopierstempel*-Werkzeug gerade durchzieht oder mit einem *Zeichen*-Werkzeug eine gerade Schattenlinie nachzeichnet.
Sie sehen, Retusche am Menschen besteht aus vielen kleinen, individuellen Schritten. Probieren Sie aus, machen Sie lieber viele kleine Schritte und beobachten Sie genau das Ergebnis.

KAPITEL 17
PORTRÄTRETUSCHE

[6] Abschließende Feinarbeiten

Jetzt geht es in den Endspurt. Das Bild sollte immer genau unter die Lupe genommen werden. Zoomen Sie sich Bereiche heran und machen Sie letzte Korrekturen. Danach kann das Bild noch „knackiger" eingestellt werden. Gehen Sie dabei mit Einstellmöglichkeiten wie Farben, Kontraste und Gradationen behutsam um. Nicht alles, was auf dem Bildschirm toll aussieht, lässt sich auch im Labor eins zu eins auf das Fotopapier belichten.

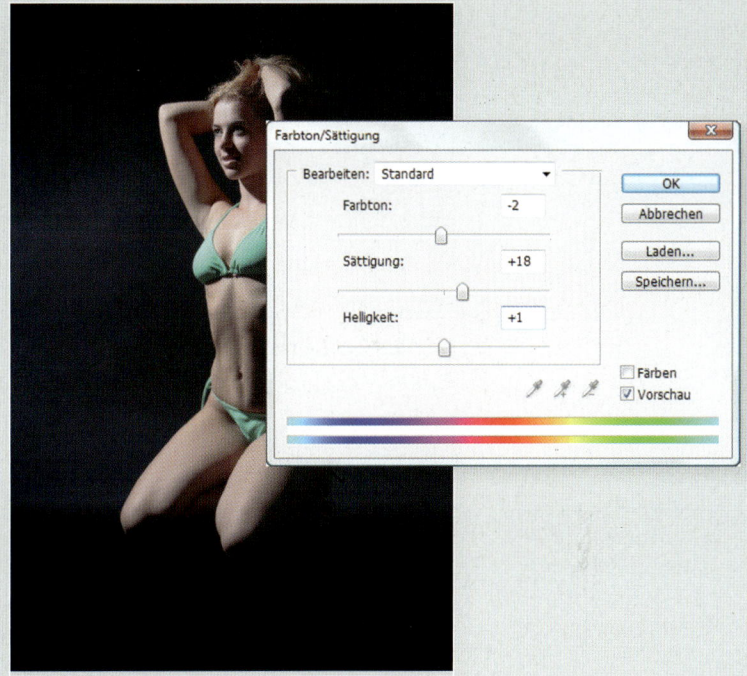

[7] Helligkeit und Kontrast einstellen

Bei der Einstellung von *Helligkeit* und *Kontrast* sollten Sie nur in Ausnahmefällen einen Wert von *10* nach oben oder nach unten überschreiten. Zu hohe Kontraste können Bildrauschen verursachen oder weiße Flächen erscheinen auf dem Papier ausgefressen.

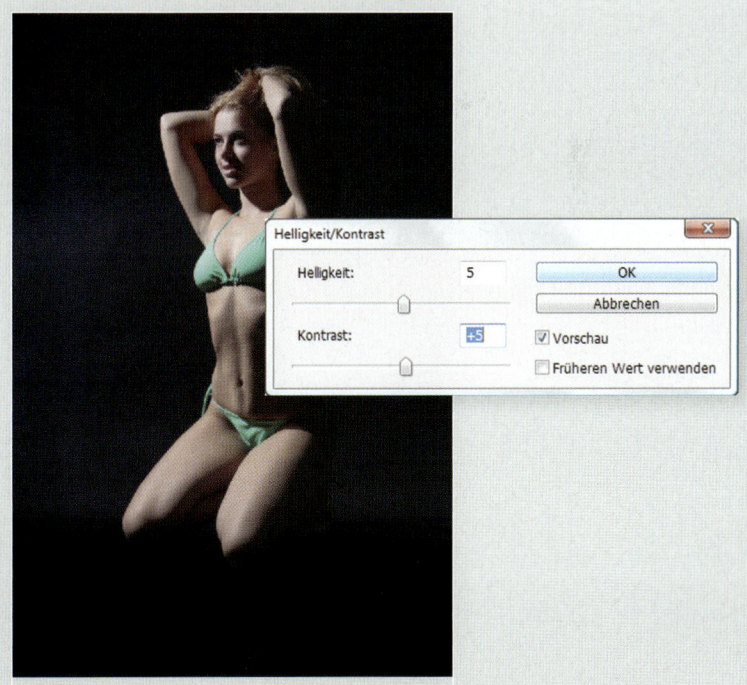

Ortswechsel-Montage

Wer schon einmal für eine Firma, die Häuser baut, fotografiert hat, weiß, wie schwer es ist, echte Bauherren oder Hausbesitzerinnen vor die Kamera zu bekommen. Viele zeigen zwar gerne und stolz ihre neue Hütte, scheuen sich aber davor, selbst vor die Kamera zu treten. Dabei ist es gerade in diesem Sektor wichtig, durch eine menschliche Person im Bild einen persönlichen Bezug zu einem Gebäude herzustellen. Bereits bei der Auswahl der Fotos, aus denen man eine Collage herstellen will, sollte man darauf achten, dass die Lichtverhältnisse auf beiden Fotos identisch oder zumindest halbwegs identisch sind. So sollte das Licht beispielsweise nicht aus zwei verschiedenen Richtungen kommen, denn solche Unstimmigkeiten können auch einem Laien auffallen.

VORHER
*Das Bild der Frau stammt aus einer Studioarbeit, die für andere Zwecke erstellt wurde. Durch das viele Weiß im Bild lässt sie sich leicht freistellen. Will man eine Person freistellen, empfiehlt es sich immer, ein Foto zu wählen, das einen ruhigen Hintergrund hat. Das Foto des Hauses ist eine gewöhnliche Tageslichtaufnahme am späten Nachmittag bei tief stehender Sonne.
(Fotos: Stefan Weis)*

NACHHER
Beide Bilder sollen so zusammengefügt werden, dass das Ergebnis den Eindruck erweckt, die Frau stehe stolz vor ihrem eigenen, neuen Haus und zeige es interessierten Häuslebauern.

KAPITEL 17
PORTRÄTRETUSCHE

[1] Auswählen und freistellen

Aller Bildbearbeitungsanfang ist das sorgfältige Auswählen und Freistellen. Beschneiden Sie zunächst mit dem *Freistellungs*-Werkzeug das Ausgangsbild so weit, das nur noch die Frau zu sehen ist. Danach greifen Sie zum *Zauberstab*-Werkzeug und stellen die Frau frei. Achten Sie darauf, für das *Zauberstab*-Werkzeug eine relativ hohe *Toleranz* von ca. 32 Pixeln festzulegen. Was durch den Zauberstab nicht ausgewählt wird, ergänzen Sie mit dem *Lasso*-Werkzeug. Wenn das totale Umfeld der Frau ausgewählt wurde, wird die Auswahl einfach umgekehrt, mit zwei Pixeln weich gemacht und um ein oder zwei Pixel verkleinert. Das verhindert beim späteren Einkopieren weiße Ränder.

[2] Freisteller einkopieren

Die ausgewählte Frau wird nun in das Bild des Hauses einkopiert. Jetzt gilt es, die richtige Position zu finden. Dabei taucht ein Problem auf: Die Lichtrichtungen stimmen nicht wirklich überein. Das Haus wird von links angestrahlt, während die Frau das meiste Licht rechts im Rücken hat. Aber auch das lässt sich durch einen einfachen Trick ändern.

[3] Hintergrund horizontal spiegeln

Jetzt wird die Ebene *Hintergrund*, das Foto des Hauses, ausgewählt und mit *Bild/Arbeitsfläche drehen/Arbeitsfläche horizontal spiegeln* gespiegelt. Die Dame wird weiter nach rechts gerückt, das Haus weiter nach links, um das Bildformat besser zu füllen. Der entstandene Freiraum wird im nächsten Schritt gefüllt.

WORKSHOP 8

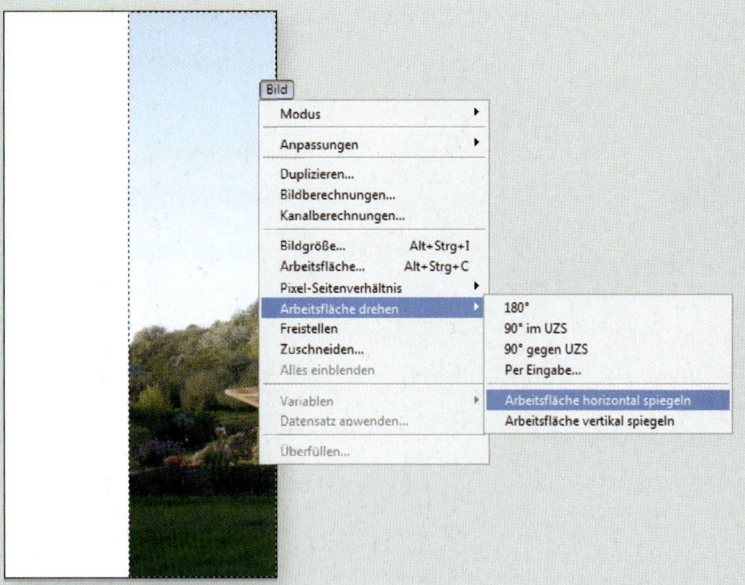

[4] **Leeren Bildbereich füllen**

Eine Kopie von einem Teil des Hintergrunds reicht, um das Bild wieder zu füllen. Die Auswahl sollte die gesamte Höhe des Bildes umfassen und etwa so viel Himmel und Grün erfassen, wie zur Schließung der Lücke benötigt wird. Diese Auswahl wird kopiert und vorübergehend in eine neue Datei eingefügt. Diese wird dann horizontal gespiegelt, wieder kopiert und in den Hintergrund des Frauenfotos eingefügt.

[5] **Eingefügtes Objekt ausrichten**

Den eingefügten Bildschnipsel kann man jetzt so weit nach rechts rücken, dass er mit dem Hintergrund perfekt abschließt. Teile, die ganz offensichtlich kopiert aussehen (Pergola, Vogelhaus) werden mit dem *Kopierstempel*-Werkzeug überdeckt und retuschiert.

KAPITEL 17
PORTRÄTRETUSCHE

[6] Gerade Linien

Wichtig bei Aufnahmen im Bereich Architektur sind gerade Linien. In diesem Fall stört die schräg zulaufende Rasenkante unten links im Bild. Diese wird schnell und diskret mit einer Kopie des Rasens darüber überdeckt. Eine Auswahl mit dem *Auswahlrechteck*-Werkzeug genügt. Stellen Sie auch diese Auswahl weich ein, kopieren sie und fügen sie als *Ebene 3* wieder ein. Nun wird das eingefügte Objekt so ausgerichtet, bis es das kleine Stück Mauer überdeckt und im Rasen keine Linien mehr zu erkennen sind.

[7] Störenden Kanten nachbearbeiten

Die Kante der Jeanshose ist im vorderen Bereich noch zu hell oder zu weiß. Das menschliche Bewusstsein nimmt das als Störung war, auch wenn es dem Menschen sonst nicht auffällt, dass sich hier eigentlich das Grün des Rasens reflektieren müsste. Darum wird die Kante mit dem *Zauberstab*-Werkzeug bei geringer Toleranz ausgewählt und weich gemacht. Jetzt wird mit dem *Pipette*-Werkzeug die Farbe des Rasens aufgenommen und mit 35 % Deckkraft in die weiche Auswahl eingefügt.

Für das Feintuning können noch leichte Korrekturen an der Person vorgenommen werden, wie z. B. die Aufhellung des Gesichts durch Abwedeln.

WORKSHOP 9

Rote Augen

Der Effekt der roten Augen entsteht meist bei Schnappschüssen im privaten Bereich mit einer Kamera, bei der das Blitzgerät beinahe achsengleich mit dem Objektiv montiert ist. Der Rote-Augen-Effekt wird durch die Reflexion des Blitzes in der roten Netzhaut des Auges verursacht. Oft blickt die fotografierte Person direkt in das Objektiv und damit auch in den direkt danebenliegenden Blitz einer handelsüblichen Kamera für den Hobbyanwender.

Bei der Studiofotografie tritt dieser Effekt nicht auf, weil die Blitzlampen im Raum verteilt stehen und nicht direkt ins Auge blitzen. Moderne Kameras vermeiden den Rote-Augen-Effekt durch einen Vorblitz. Dieser soll dazu führen, dass sich die Pupillen schließen, bevor das Foto mit dem Hauptblitz belichtet wird. Wahrnehmungspsychologisch kann dies aber zum Effekt der Stecknadelpupillen führen, die uns eher an einen Junkie erinnern als an das geliebte Kind, das sonst auf Fotos Omas, Opas und Tanten reihenweise verzaubert.

VORHER
Um den unerwünschten Effekt der roten Augen zu entfernen, stehen Ihnen in Photoshop unzählige Möglichkeiten zur Verfügung. Hier sehen Sie nur zwei Arbeitswege, dieses Problem in den Griff zubekommen. (Foto: Stefan Weis)

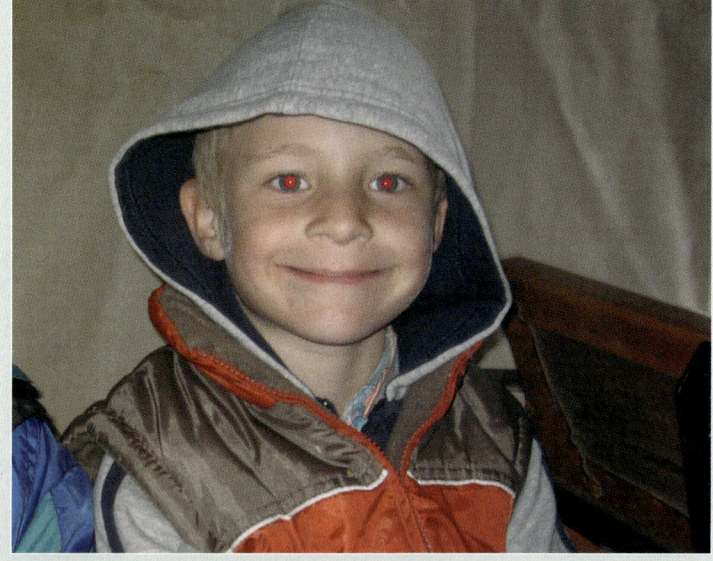

NACHHER
Man sollte bedenken, dass nach der Bearbeitung zwar der Effekt der roten Augen verschwunden ist, die Pupillen der abgelichteten Person aber trotzdem noch unnatürlich groß wirken. Darum wird im zweiten Weg gezeigt, wie man diese anpassen kann.

KAPITEL 17
PORTRÄTRETUSCHE

Rote Augen entfärben – Weg 1

[1] Auswahl exakt festlegen

Bei der Nachbearbeitung roter Augen kommt es in erster Linie auf die richtige Auswahl an. Oft sieht man eilig bearbeitete Rote-Augen-Fotos, bei denen der rote Bereich durch einen ausgefransten schwarzen Bereich ersetzt wurde, der so gar nicht ins Gesamtbild passt – dann doch besser rot lassen.
Das Geheimnis der behutsamen Bildbearbeitung ist in diesem Fall die weiche Auswahl. Doch bevor sie weich gemacht wird, muss sie erst einmal ordentlich getroffen werden. Im ersten Beispiel geschieht dies über *Auswahl/Farbbereich*.

Die aufgenommene Farbe wird als Vordergrundfarbe angezeigt. Zuviel ausgewählte Bildbereiche, wie zum Beispiel hier die roten Teile der Jacke, können mit dem *Zauberstab*-Werkzeug und gedrückter [Alt]-Taste wieder entfernt werden.

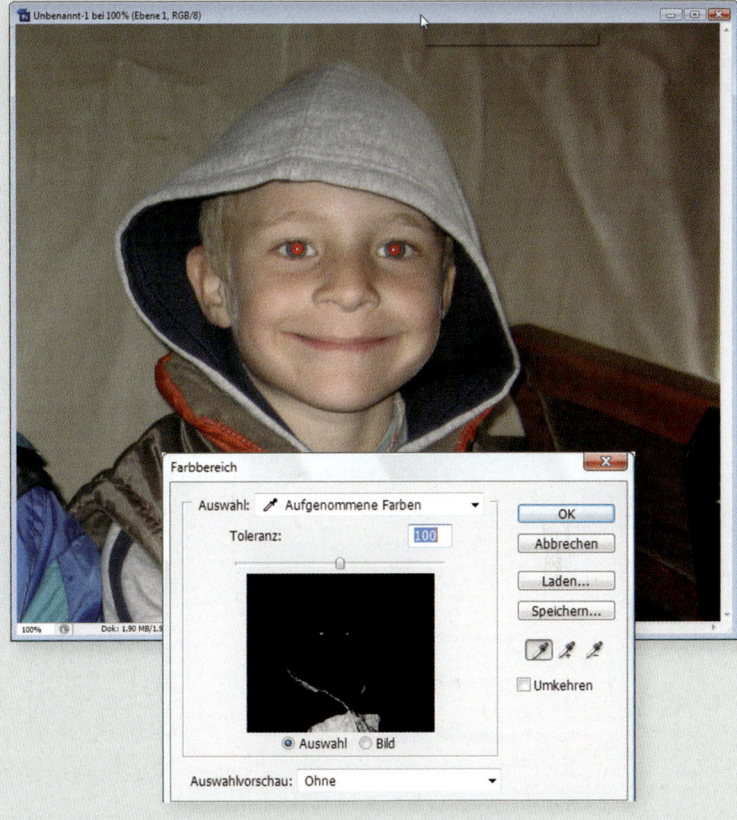

[2] Auswahl weich machen

Sind nun wirklich nur die roten Pupillen ausgewählt? Wenn ja, kann nun die Auswahl weich gemacht werden. Ein *Radius* von *2* Pixeln reicht für die weiche Auswahlkante völlig aus, da der Bereich der Pupillen im gesamten Bild sowieso recht klein ausfällt. Dann kann man den ausgewählten Bereich einfach entfernen.
Vorsicht! Nach dem Entfernen erscheint im ausgewählten Bereich die gewählte Hintergrundfarbe. Dies sollte in den seltensten Fällen wirklich ein reines Schwarz sein. Man wählt darum besser einen dunklen Grauton, der zum Gesamtbild passt.
Sollten noch rote Ränder stehen bleiben, wiederholen Sie einfach den Löschvorgang. Bei einer weichen Auswahl dehnt sich der gelöschte Bereich immer weiter aus.

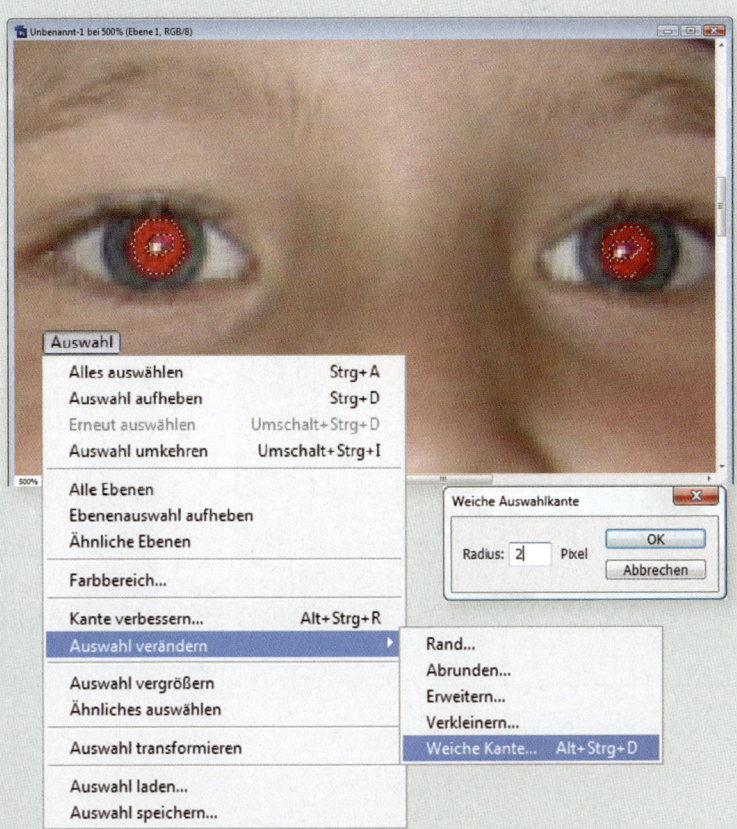

419

WORKSHOP 9

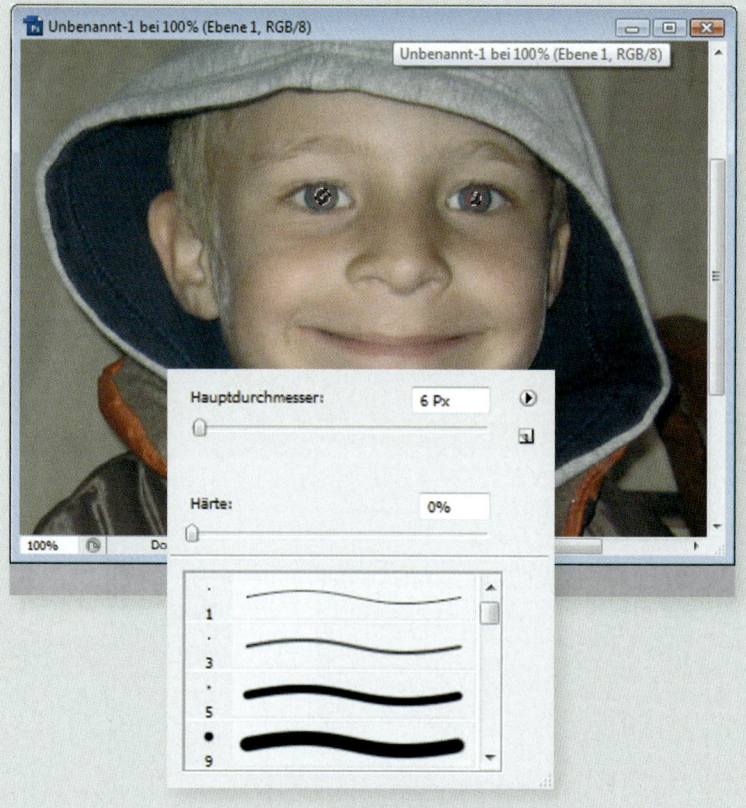

[3] Glanzpunkt nachmalen

Beim Löschen wurde den Augen nun leider mit dem Rot auch jedes Leben geraubt. Dieses holt man am leichtesten zurück, wenn man einen natürlichen Glanzpunkt mit einem der Malwerkzeuge nachmalt. Hier ist es das *Pinsel*-Werkzeug mit einem *Hauptdurchmesser* von *6 Px* und der *Härte 0 %*. Gewählt wurde als Farbe ein sehr helles Grau, denn reines Weiß wäre wie das reine Schwarz für die Pupillen zu unnatürlich.

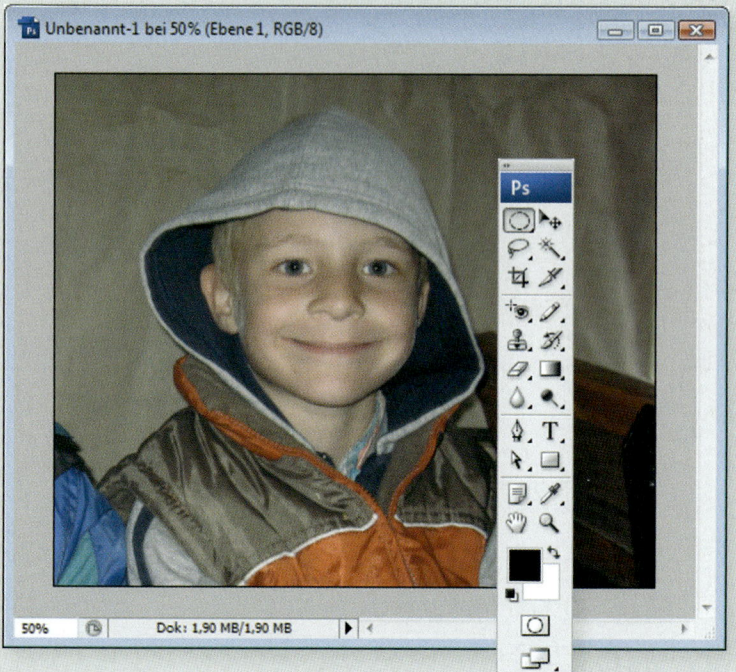

Rote Augen entfärben – Weg 2

[1] Pupillen manuell auswählen

Man kann die roten Pupillen auch manuell auswählen, im Vertrauen darauf, dass natürliche Rundungen in der Natur immer absolut rund sind. Wählen Sie in der Werkzeugleiste das *Auswahlellipse*-Werkzeug. Halten Sie beim Aufziehen der Ellipse die [Umschalt]-Taste gedrückt. Auf diese Weise zeichnen Sie eine kreisrunde Auswahl. Bei einer Pupille kann man davon ausgehen, dass eine kreisrunde Auswahl passt. Diese Auswahl kann wie in der oben beschriebenen Vorgehensweise eingefärbt werden.

KAPITEL 17
PORTRÄTRETUSCHE

[2] Erzeugen einer kreisrunden Kopie

Augen sind schon seltsame Dinger. Wirken die Pupillen zu klein, wird der Mensch unsympathisch. Sind die Pupillen zu groß, wirken sie wiederum unnatürlich und so, als ob der fotografierte Mensch sich gerade auf einem LSD-Trip befindet – bei einem wie dem hier abgebildeten Sechsjährigen ein befremdlicher Gedanke.
Um das Dunkle der Pupillen der Gesamtgröße der Augen anzupassen, wird eine weitere, kreisrunde Kopie angefertigt, die einen Teil der Iris miteinschließt. Diese Auswahl wird kopiert und wieder eingefügt, eine weiche Auswahlkante vorausgesetzt. Jetzt kann man die Iris so skalieren, dass die Pupille verkleinert wird.

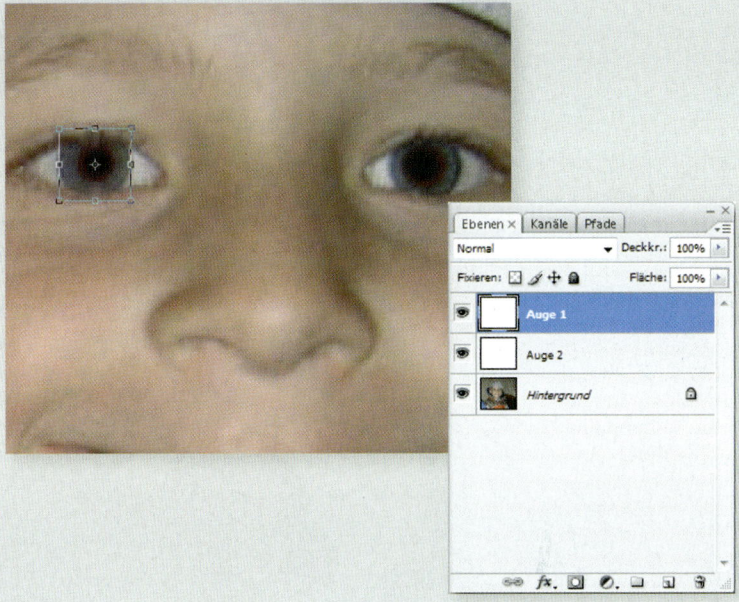

[3] Natürlicher lebhafter Glanz

Jeder dieser Vorgänge muss für jedes Auge einzeln durchgeführt werden. Zuletzt gilt es wieder, den Augen einen natürlichen, lebhaften Glanz zu verpassen. Man muss die hellen Glanzpunkte so einzeichnen, wie es die Anatomie und die Lehre vom Licht zulassen.

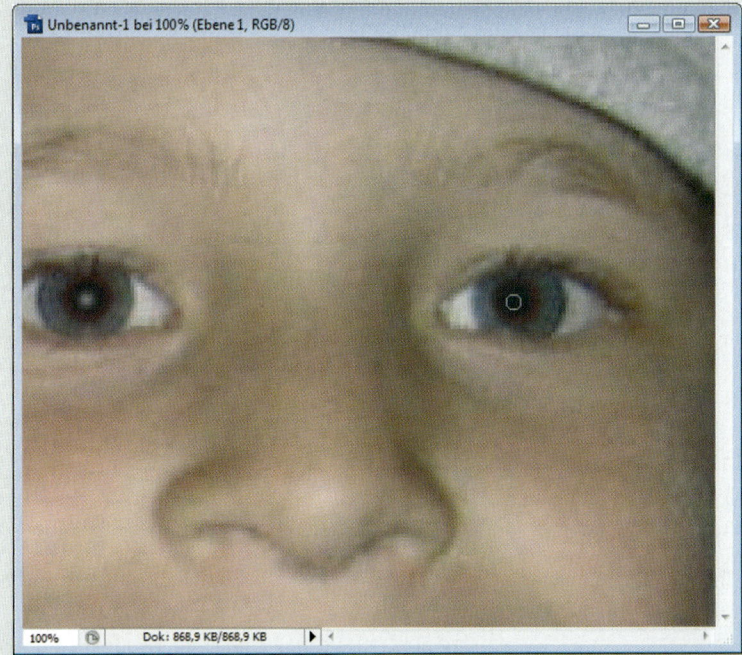

WORKSHOP 10

Weiße Zähne

Gelbe Zähne sind ein häufig auftretendes Problem, gerade in Zeiten der digitalen Fotografie. Durch automatischen Weißabgleich bei allerlei Mischlicht entsteht schnell ein Beleuchtungseffekt, der Zähne noch gelber wirken lässt, als sie ohnehin durch Rauchen oder Kaffeegenuss schon sind.

VORHER
Eine Möglichkeit, gelbe Zähne zu vermeiden, wäre, Menschen nur mit geschlossenem Mund zu fotografieren. Leider ist das nicht bei jedem Motiv möglich. Eine Frau, die wie hier gerade ins Mikrofon singt, kann kaum mit geschlossenem Mund dargestellt werden. Die untere Zahnreihe auf dem Foto wirkt durch allerlei Einflüsse nicht ganz frisch.
(Foto: Stefan Weis)

NACHHER
Mit wenigen Schritten lassen sich die Zähne auf einem digitalen Foto weiß machen. Schneller, bequemer und günstiger als beim Zahnarzt – und vor allem: absolut schmerzfrei!

KAPITEL 17
PORTRÄTRETUSCHE

[1] Treffende Auswahl

Am Anfang jeder Retusche steht wie immer die richtige Auswahl. Bei Zähnen ist diese meist leicht mit dem *Zauberstab*-Werkzeug bei niedriger Toleranz und mehrmaligem Klicken zu bewältigen. Die Auswahl muss auch nicht absolut genau sein und wird über *Auswahl/Auswahl verändern/Weiche Kante* mit einem *Radius* von *3* Pixeln weich gemacht.

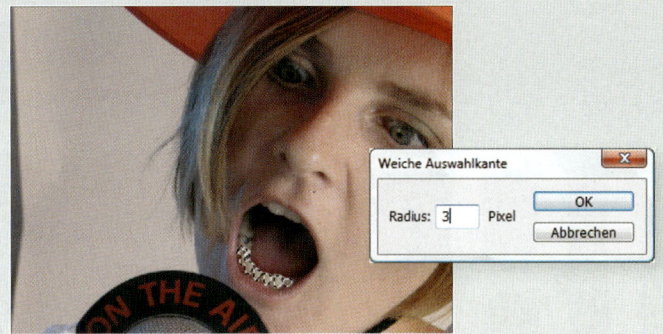

[2] Gelbtöne regulieren

Mit der Regulierung von *Farbton/Sättigung* kann der Gelbstich schon ganz gut ausgeblendet werden. Wählen Sie *Bild/Anpassungen/Farbton/Sättigung* und bearbeiten Sie nur die Gelbtöne. Verringern Sie die Sättigung und erhöhen Sie die Helligkeit.

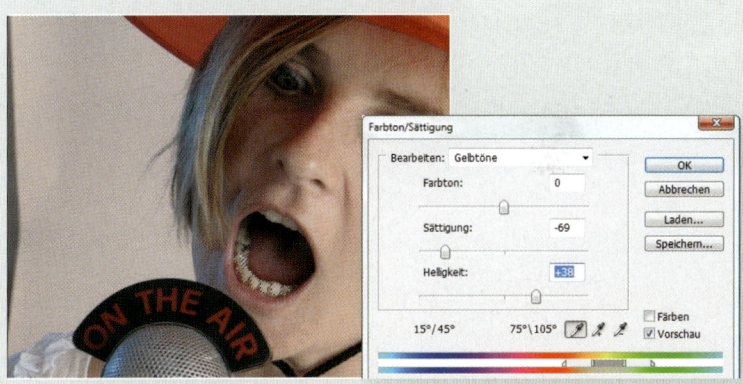

[3] Feintuning der Gelbtöne

Mit der selektiven Farbkorrektur können Sie die Gelbtöne weiter verringern, indem Sie Schwarz auf -100 % ziehen. Wählen Sie hier aus dem Menü *Bild/Anpassungen* die Funktion *Selektive Farbkorrektur*.

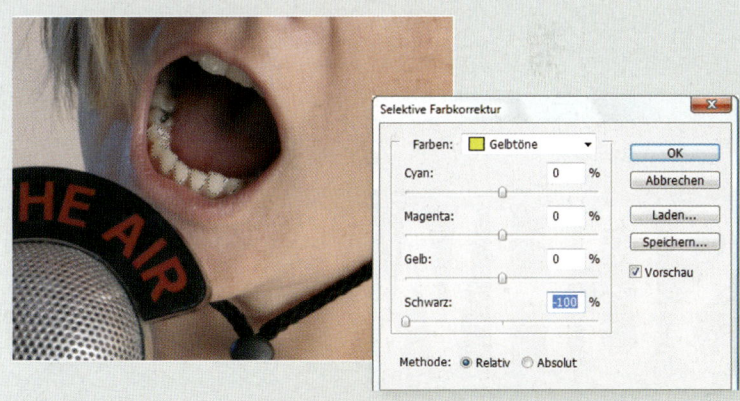

[4] Plomben und Pickel retuschieren

Jetzt haben die Zähne wieder ein natürliches, nicht übertrieben strahlendes Weiß. Bevor Sie das Bild speichern, können Sie noch kleine Fehlerchen retuschieren wie zum Beispiel alte Amalgamfüllungen, Pickel und Unregelmäßigkeiten im Bildhintergrund.

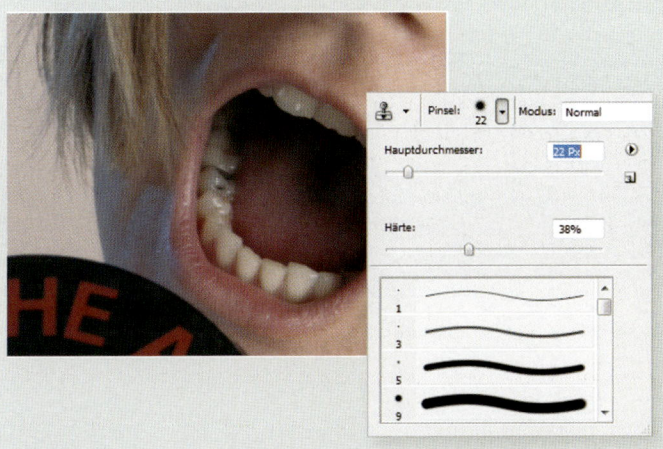

[18]

SCHWARZ UND WEISS

KAPITEL 18
SCHWARZ UND WEISS

18

KAPITEL 18
SCHWARZ UND WEISS

Schwarz und Weiß

Duplexbilder	428
Schwarzweiß-Filmkorn simulieren	434
Partielles Tonen	444
Sepia-Tonung	448
Schwarzweiß-Konvertierung	456

 **WORKSHOP I**

Duplexbilder

Bei Duplexbildern handelt es sich um Graustufenbilder, deren Tonwertumfang für die Druckausgabe um zwei Farben erweitert wurde. Als erste Farbe dient üblicherweise Schwarz, wobei beide zum Druckeinsatz verwendeten Farben frei gewählt werden können. Sie können also auch mit Sonderfarben jenseits der Industrienorm CMY arbeiten. Photoshop ist die einzige Software, die diese spezielle Aufarbeitung von Bilddokumenten anbietet. Die Besonderheit ist, dass die Tiefen und Lichter nicht von der zweiten Farbe beeinflusst werden. Mit ihr werden nur die Grauabstufungen eingefärbt.

VORHER
*Sie sehen das Ausgangsbild mit den standardisierten Druckfarben Cyan, Magenta, Yellow und Schwarz gedruckt.
(Foto: Jonathan Schule)*

NACHHER
Im Duplexdruck wird mit zwei Farben gearbeitet, in der Regel mit Schwarz plus einer bunten Sonderfarbe. Das verspricht im Ergebnis eine höhere Brillanz durch die pigmentreicheren Sonderfarben (drucktechnisch hier mit den üblichen CMYK-Farben simuliert).

KAPITEL 18
SCHWARZ UND WEISS

[1] Ausgangsbild wählen

Zum Vergleich wird dasselbe Ausgangsbild gewählt. Auch hier steht am Anfang die Umwandlung in ein Schwarzweiß-Foto.

[2] Schwarzweiß-Einstellebenen

Beim Vergleich der zuvor erstellten Schwarzweiß-Varianten fiel auf, dass auf dem einen Bild die Berge besser durchzeichnet sind und dass bei der Variante *Kanalmixer 1* die Tiefen im Wasser besser differenziert wurden. Beide Einstellungswerte wurden auf unterschiedlichen Einstellungsebenen geladen.

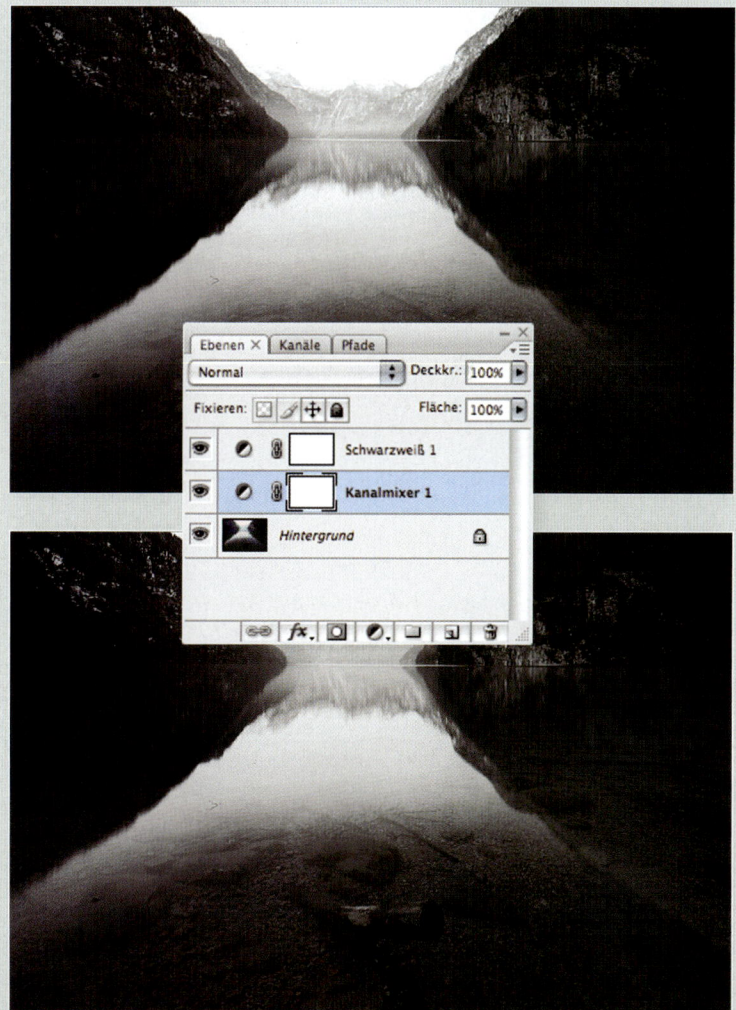

WORKSHOP I

[3] Nur das Beste ist gut genug

Um das Beste aus beiden Varianten zu vereinen, erstellen Sie mit dem *Verlaufs*-Werkzeug auf der Ebene *Kanalmixer 1* eine Verlaufsmaske.

[4] Bildmodus verändern

Das sichtbare Ergebnis wird nun in den Modus *Graustufen* umgewandelt. Den Modus verändern Sie über das Menü *Bild/Modus*. Hier wählen Sie die Funktion *Graustufen*.

[5] Einstellungsebenen reduzieren

Photoshop fragt jetzt nach, was mit den Einstellungsebenen geschehen soll. Diese können leider bei einen Moduswechsel nicht mitübernommen werden. Damit das vorliegende, sichtbare Ergebnis in Graustufen umgewandelt wird, wählen Sie unbedingt *Reduzieren* und nicht *OK*.

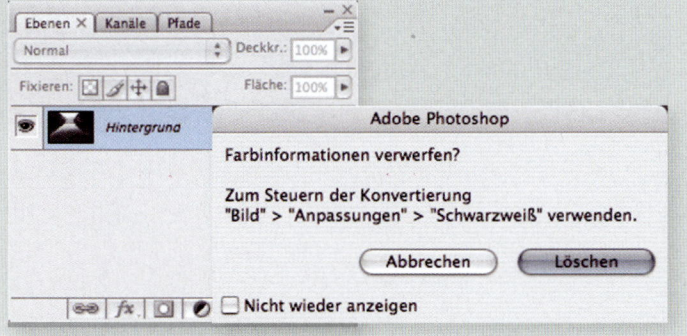

[6] Farbinfos verwerfen

Eine gute Kommunikation ist alles. Im Folgenden fragt Photoshop jetzt nochmals nach, ob auch wirklich alle Farbinformationen verworfen werden sollen. Bestätigen Sie die Meldung mit *Löschen*.

KAPITEL 18
SCHWARZ UND WEISS

[7] Bildmodus Duplex

Sie erinnern sich - dies sollte ein Workshop zum Thema Duplex werden und nicht zum Thema Schwarzweiß-Konvertierungen. Richtig, doch der Modus *Duplex* ist nur über eine Graustufendatei anwählbar. Solange Sie in einem Modus mit Farbkanälen arbeiten, wird dieser Modus nur abgeblendet dargestellt. Das heißt, Sie müssen wieder über das Menü *Bild/Modus* gehen und hier die Funktion *Duplex* wählen.

[8] Darf's ein bisschen mehr sein?

In den *Duplex*-Optionen wählen Sie als Erstes unter *Art,* mit wie vielen Farben Sie arbeiten wollen. *Duplex* mit zwei, *Triplex* mit drei und *Quadruplex* logischerweise mit vier Sonderfarben. Wir bleiben bei *Duplex*.
Die erste Druckfarbe ist automatisch auf *Black* gesetzt. Das ist gut so und auch der Name der Druckfarbe sollte nicht verändert werden. Klicken Sie in das Farbsymbol von *Druckfarbe 2*.

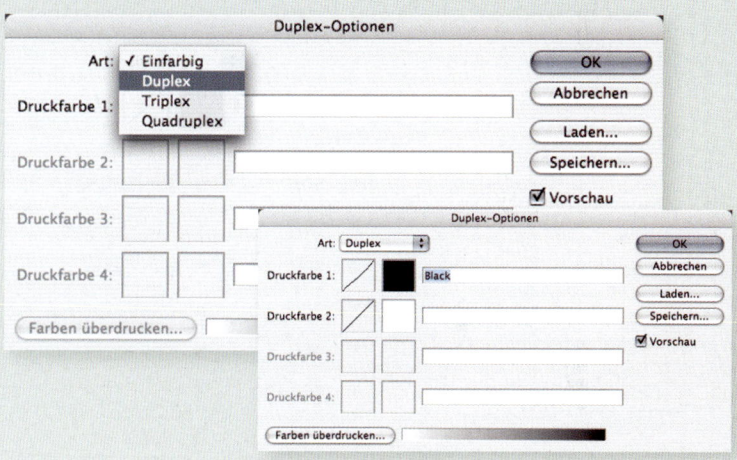

[9] Farbbibliothek festlegen

Das quadratische Farbsymbol eröffnet Ihnen die gesamte Wunderwelt der Farbkataloge. Unter dem Listenfeld *Buch* finden Sie die Kataloge der gängigsten Industriedruckfarben aufgelistet. Für den Duplexdruck auf gestrichenem Papier wählen Sie am besten eine Farbe aus der Bibliothek *Pantone solid coated* aus. Absprachen mit Ihrem Druckdienstleister sind durchaus hilfreich.

Hinweis: Die abgebildeten Farben sind Sonderfarben und liegen damit meist außerhalb des darstellbaren Spektrums des Monitors und dienen nur zur Orientierung.

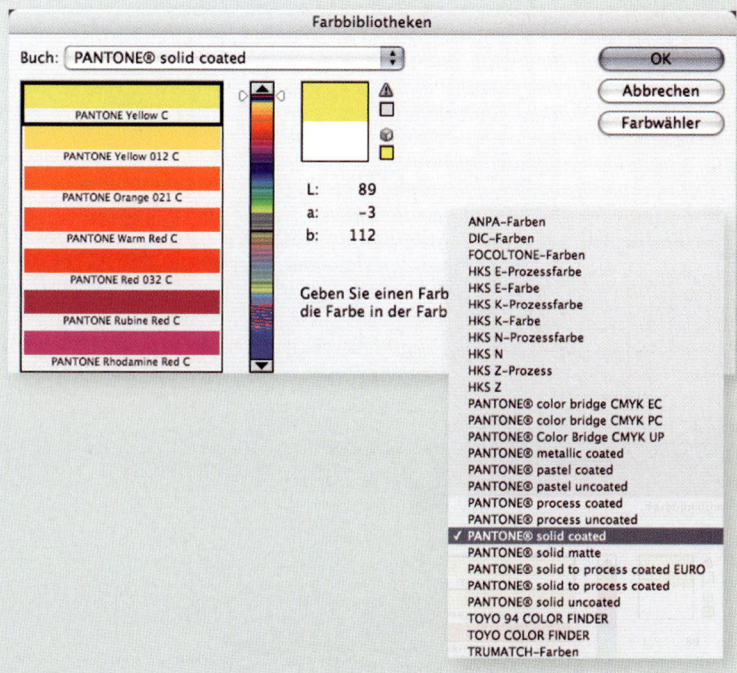

431

WORKSHOP I

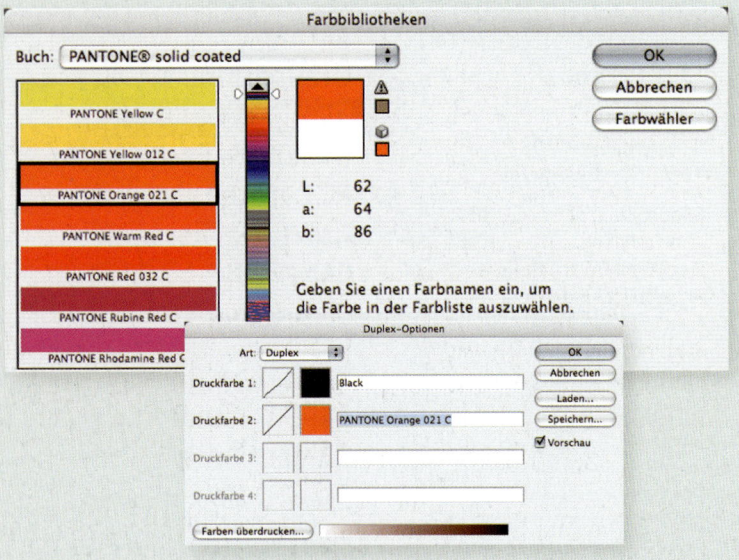

[10] Deckkraft

Links neben dem Farbsymbol befindet sich ein Symbol für die Gradationskurve der Farbe. Standard ist ein linearer Verlauf. Die Besonderheit von Duplex ist, dass Ihnen die Möglichkeit gegeben wird, diese Gradationskurve zu beeinflussen.

Der Balken unten neben der Schaltfläche *Farben überdrucken* zeigt Ihnen den Tonwertverlauf an. Stellen Sie in den Vierteltönen der Lichter für die dunklere Farbe (Schwarz) die Gradation heller ein. Hier soll im Druck später weniger Farbe aufgetragen werden.

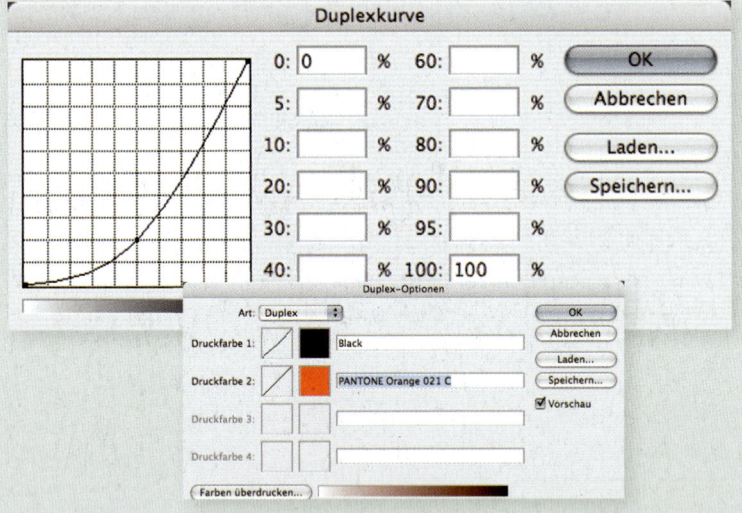

[11] Duplexkurve abschwächen

Gute Ergebnisse bekommen Sie, wenn Sie für die hellere der beiden Farben die Duplexkurve in den Tiefen deutlich abschwächen.

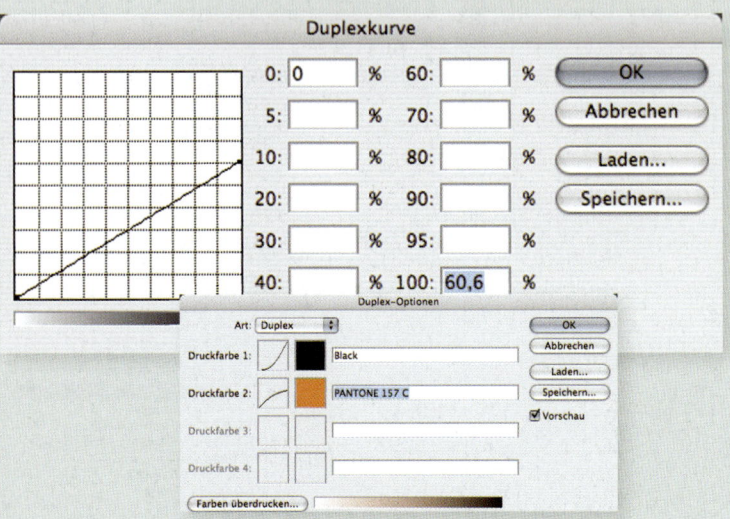

KAPITEL 18
SCHWARZ UND WEISS

[12] Jugend forscht ...

... und an dieser Stelle wird es spannend. Wenn Sie mehrere Ankerpunkte in der Duplexkurve setzen und diese mutig verschieben, werden Sie mit dezenten bis schrillbunten Resultaten belohnt. Und wie wirken sich diese Duplexkurven auf andere Farben aus?

[13] Duplex-Vorgaben

Wollen Sie sich lieber auf die sichere Seite begeben, dann wählen Sie eine der vielen tollen Varianten, die seit Jahren in den Photoshop-Vorgaben vor sich hin schlummern. Navigieren Sie über die Schaltfläche *Laden* zum Photoshop-Ordner *Vorgaben/Duplex*. Dort finden Sie für *Duplex*-, *Triplex*- und *Quadruplex*-Vorlagen in den besten Farb- und Intensitätsstufen vor.

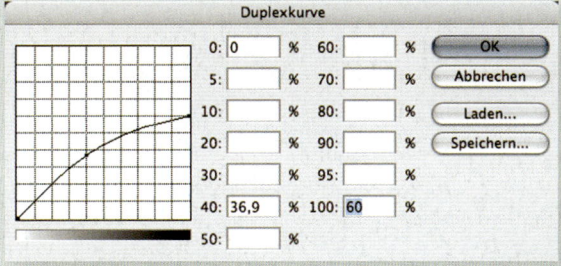

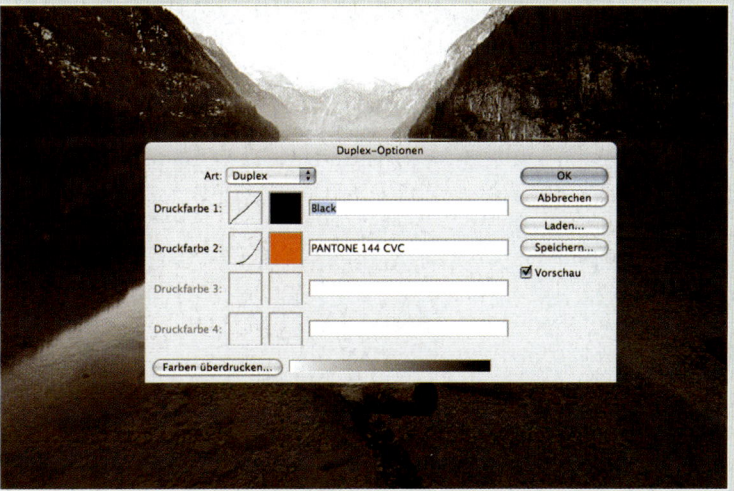

[14] Speichern als EPS-Datei

Wenn Sie sich aus den unendlichen Möglichkeiten für eine Variante entscheiden konnten, dann soll die Frage der Dokumentensicherung geklärt werden.
Viel Auswahl verbleibt nicht. Das Photoshop-eigene Format bietet sich für die Archivierung an, zur Weitergabe und zur Einbindung von Bilddokumenten in Layoutprogramme (Adobe InDesign, QuarkXPress) das EPS-Format.

Als PC-User haben Sie im Dialog *Speichern unter* nicht sehr viele Einstelloptionen. Unter *Vorschau* wählen Sie besser die *8 Bit/Pixel*-Möglichkeit. Damit haben die Vorschaubilder, die in einem Layoutprogramm sichtbar sind, zumindest eine 265-Farbendarstellung. 1-Bit-Bilder bestehen demnach nur aus schwarzen und weißen Pixeln. Mac-User können die kleiner verrechnende Binärvariante auswählen.

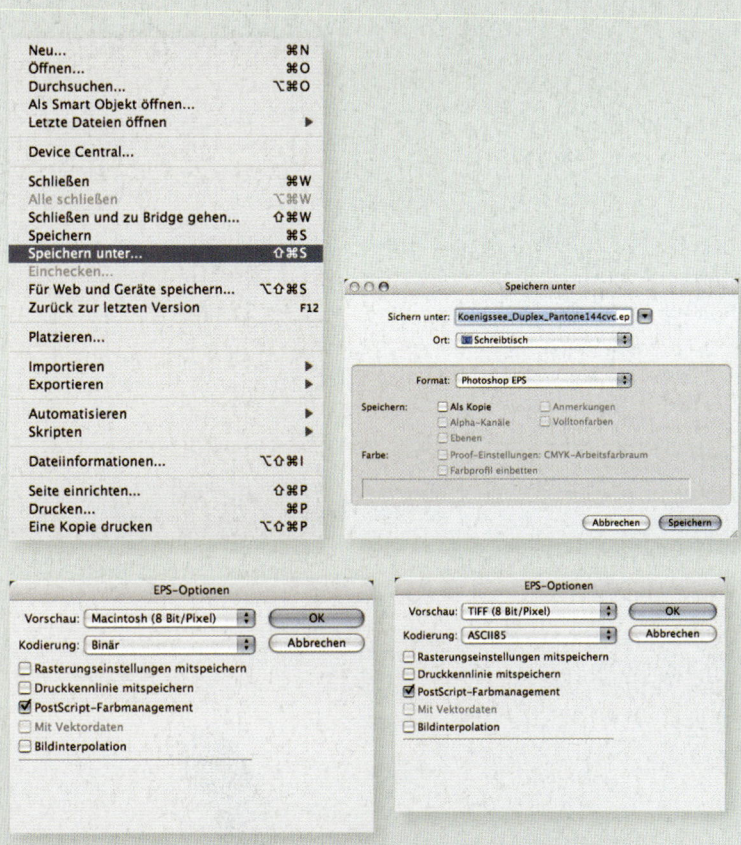

433

WORKSHOP 2

Schwarzweiß-Filmkorn simulieren

Auch Fotografen können sich dem Trend in der Bildästhetik nicht immer entziehen. Und so schufen Zeitgeist und technische Möglichkeiten einen unverwechselbaren Look. TRI-X-PAN hieß der Schwarzweiß-Film, der in den sechziger Jahren auf den Markt kam und bei der Entwicklung zu kontrastreichen, extrem körnigen Resultaten führte. Dieser Workshop zeigt einen Weg auf, wie Sie diesen Look aus einer normalen Farbaufnahme heraus entwickeln. Um ein annähernd realistisches Filmkorn zu simulieren, müssen Sie sich bewusst machen, wie Korn im Film verteilt ist: Filmkorn ist verstärkt in den Mitteltönen und weniger in den Tiefen und Lichtern zu erkennen. In den Bildtiefen erscheint das Filmkorn heller.

VORHER
*Sie sehen eine digitale Aufnahme, die in den Aufnahmekriterien den allgemein üblichen Anforderungen gerecht wird.
(Foto: Björn Gantert)*

NACHHER
Der Entzug der Farbigkeit und die Überlagerung der Aufnahme mit grobem Filmkorn geben dem Motiv einen speziellen Charakter, der die Atmosphäre unterstützt.

KAPITEL 18
SCHWARZ UND WEISS

[1] In Graustufen konvertieren

Ein absolutes Highlight in Photoshop CS3 ist das Dialogfeld für das Konvertieren von Farbbildern in Schwarzweiß-Bilder. Über die Funktion *Neue Einstellungsebene erstellen* legen Sie die neue Einstellungsebene *Schwarzweiß 1* an.
Es erscheint das Dialogfeld *Schwarzweiß*, mit dem Sie die volle Kontrolle über die Konvertierung der einzelnen Farben in Schwarzweiß behalten. Beginnen Sie mit Klick auf die Schaltfläche *Auto*.
Die automatische Mischung erzeugt oft hervorragende Ergebnisse. Doch ist sie zumindest ein guter Ausgangspunkt für das Anpassen der Grauwerte mit den Farbreglern. Wird ein Farbregler nach links verschoben, dann werden die Grautöne der ursprünglichen Farbe dunkler, nach rechts heller dargestellt.

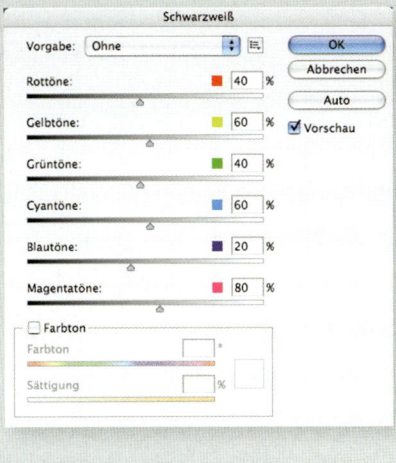

[2] Kontraste anheben

Um ein knackiges Schwarzweiß-Bild zu erhalten, heben Sie die Kontraste im Bild an. Das gelingt natürlich am besten mit einer Gradationskurve. Legen Sie auch für diese Aktion eine neue Einstellungsebene *Gradationskurven* an. Die neue Einstellebene wird automatisch *Kurven 1* benannt. Sie bewahren sich damit die volle Flexibilität für nachträgliche Anpassungen, ohne die Pixelwerte des Originals zu ändern.

[3] Starke S-Kurve

Für den TRI-X-Pan-Effekt benötigen Sie einen starken Bildkontrast. Nutzen Sie die Vorgaben von Photoshop und korrigieren Sie bei Bedarf an den Ankerpunkten des Kurvenverlaufs leicht nach. Je steiler die Diagonale verläuft, desto härter ist der Kontrast.
Doch Vorsicht: Sehr leicht übersteuert man die Diagonale und erhält Tiefen ohne Details oder Tonwertabrisse in den Verläufen. Nachdem das Schwarzweiß-Bild erstellt ist, legen Sie als Nächstes die Ebenen für das Bildkorn an. Als Basis dafür dient das Graustufenbild. In Wirklichkeit ist das Originalmotiv aber immer noch farbig und unverändert. Die Einstellebenen simulieren das sichtbare Ergebnis nur.

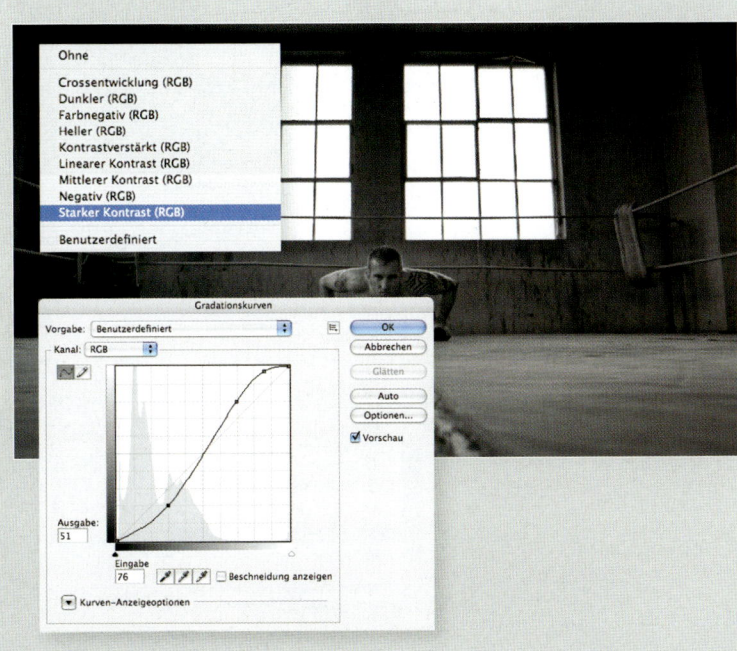

WORKSHOP 2

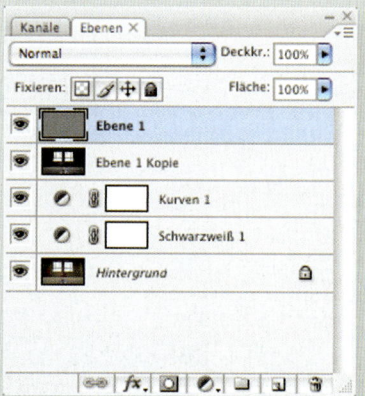

[4] **Sichtbares Kopieren**

Erstellen Sie eine neue, leere Ebene. Die Ebene wird automatisch *Ebene 1* genannt. Verschieben Sie die Ebene im Ebenenstapel ganz nach oben. Wichtig: Drücken Sie nun die [Alt]-Taste und wählen Sie im Kontextmenü der *Ebenen*-Palette (oben rechts) die Funktion *Sichtbare auf eine Ebene reduzieren*. Das Ergebnis der Einstellungsebenen wird in die neue Ebene als Pixelbild hineinkopiert, erkennbar an dem jetzt gefüllten Ebenensymbol von *Ebene 1*.

[5] **Unsichtbare Grauebene**

Erstellen Sie eine weitere, neue Ebene und füllen Sie diese über *Bearbeiten/Fläche füllen* mit *50 % Grau*. Danach stellen Sie die Füllmethode der Ebene von *Normal* auf *Ineinanderkopieren* um.

[6] **Auswahl der Mitteltöne**

Die erste Körnung soll in den Mitteltönen angelegt werden. Markieren Sie dazu die zuvor erstellte Bildebene und öffnen Sie über *Auswahl/Farbbereich* das Dialogfeld *Farbbereich*. Hier wählen Sie im Listenfeld *Auswahl* den Eintrag *Mitteltöne* und bestätigen die Auswahl mit *OK*.
Jetzt sehen Sie im Bildfenster eine Auswahl um die Mitteltöne des Bildes. Eine Auswahl ist nicht an eine Ebene gebunden. Sie können Ebenen frei auswählen und markieren, ohne dass dabei die Auswahl aufgehoben wird.

KAPITEL 18
SCHWARZ UND WEISS

[7] **Auswahl auf Ebene übertragen**

Markieren Sie die unsichtbare graue *Ebene 1*. Mit der aktiven Auswahl wird alles, was Sie jetzt auf dieser Ebene machen, nur innerhalb der Auswahl passieren.

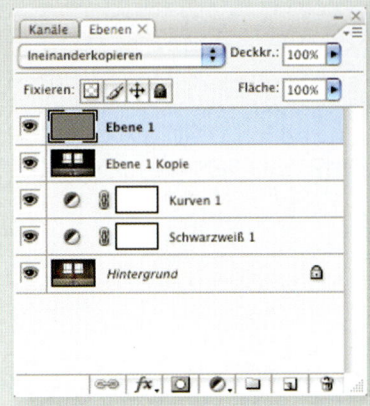

[8] **Rauschen hinzufügen**

Über das Menü *Filter* und die Funktion *Rauschfilter/Rauschen hinzufügen* füllen Sie nun den Auswahlbereich mit Störungen. Wählen Sie unter *Stärke* einen Wert von *20 %* und aktivieren Sie die Option *Gaußsche Normalverteilung* und *Monochromatisch*. Geben Sie der Ebene den Ebenennamen *Mitteltöne*.
Mit der Tastenkombination [Strg]+[D] heben Sie die Auswahl auf. Reduzieren Sie die Ebenendeckkraft auf ca. *10* bis *20 %*.
Mit der Option *Gleichmäßig* wird ein kaum erkennbarer Effekt erzielt. Mit der Einstellung *Gaußsche Normalverteilung* entsteht ein gesprenkelter Effekt. Mit *Monochromatisch* wird der Filter nur auf die Tonwerte des Bildes angewendet, ohne dass ein Farbrauschen entsteht.

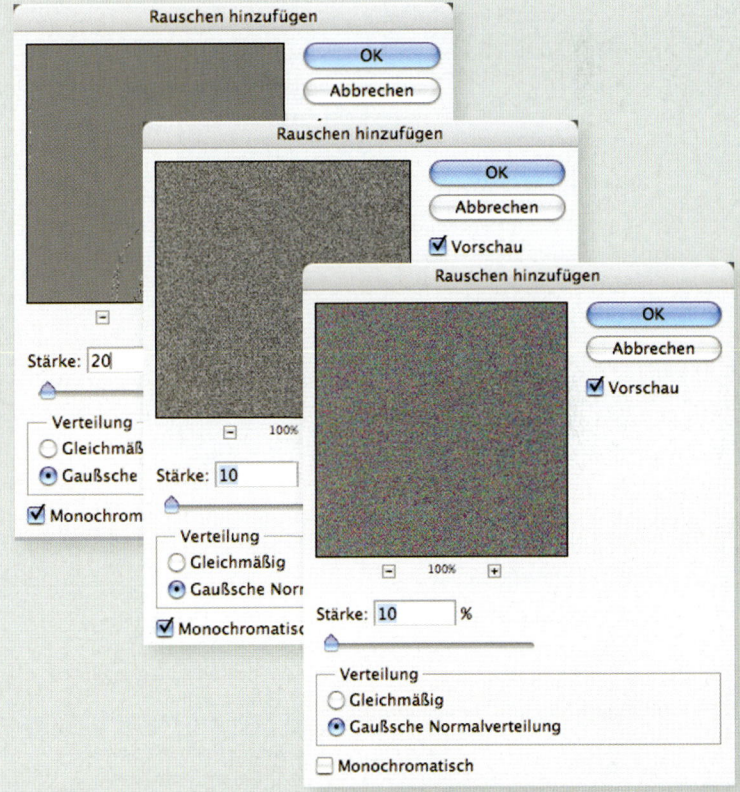

[9] **Ebene duplizieren**

Die so manipulierte unsichtbare Grauebene *Mitteltöne* wird nun dupliziert. Per Drag and Drop ziehen Sie die Grauebene auf das Symbol *Neue Ebene erstellen*. Die duplizierte Ebene erhält zunächst von Photoshop den Ebenennamen *Mitteltöne Kopie* zugewiesen. Benennen Sie den Ebenennamen in *Mitteltöne 20 %* um. Alle Werte der Ebene werden mit übernommen. Für den Mitteltonbereich wird das Korn der unteren Grauebene nochmals verändert.

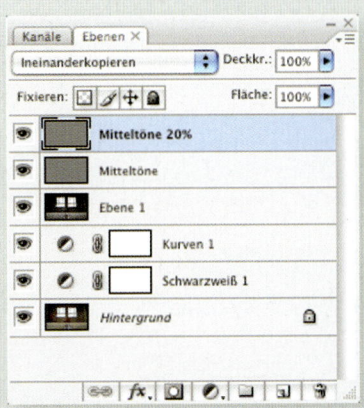

437

WORKSHOP 2

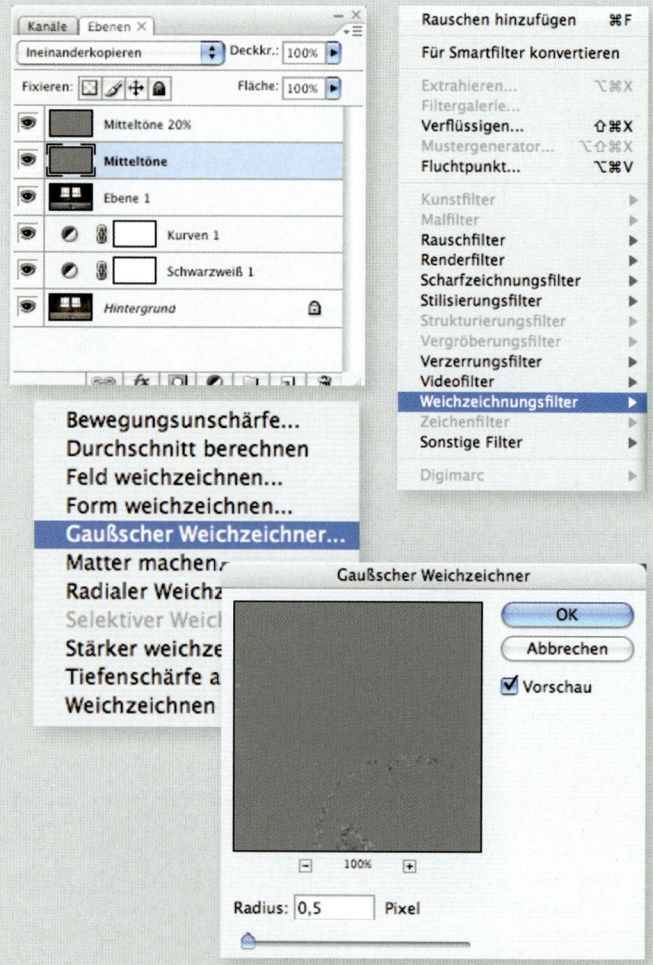

[10] Filmkorn weichzeichnen

Verglichen mit dem echten Filmkorn ist der Rauschen-Effekt in Photoshop zu schwach. Deshalb folgt jetzt eine zweite Nachbearbeitung des Rauschens auf der zweiten, unteren Grauebene.
Über *Filter/Weichzeichnungsfilter/Gaußscher Weichzeichner* zeichnen Sie die gesamte Ebene mit einem *Radius* von *0,5* Pixeln minimal weich.

[11] Korn nachschärfen

Um das Korn nachzuschärfen, wird die Ebene mit dem *Scharfzeichnungsfilter/Selektiver Scharfzeichner* nachgeschärft.

KAPITEL 18
SCHWARZ UND WEISS

[12] **Deckkraft regulieren**

Reduzieren Sie die *Deckkraft* der fertigen Kornebene auf *20 %* ein guter Ausgangswert.

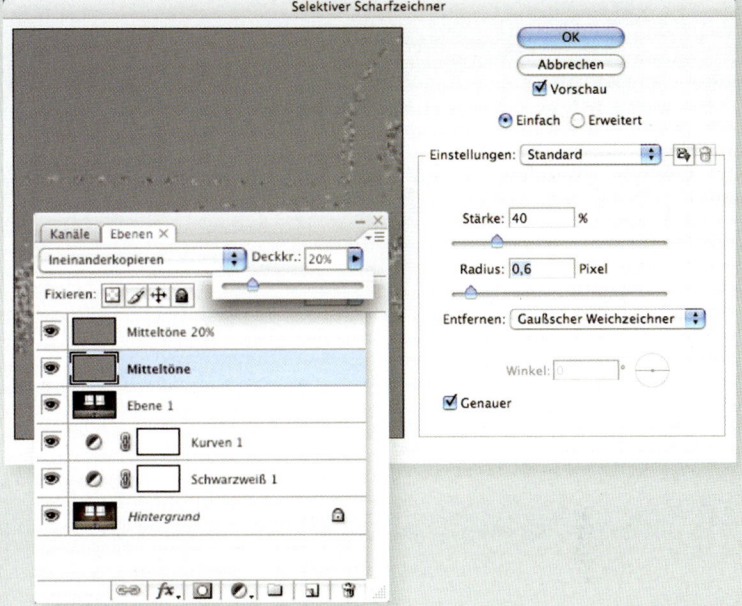

[13] **Lichter auswählen**

Für die Lichter und Tiefen soll in den folgenden Schritten ebenfalls ein Kornbereich definiert werden.
Gehen Sie in der *Ebenen*-Palette zurück auf die Ebene mit dem Graustufenbild. Hier die *Ebene 1 Kopie*. Erstellen Sie, wie bereits beschrieben, über *Auswahl/Farbbereich* eine Auswahl. Im Dialogfeld *Farbbereich* öffnen Sie das Listenfeld *Auswahl* und markieren hier die Funktion *Lichter*.
Damit die Tonwerte aus dem Bild gewählt werden, ist es wichtig, dass Sie sich auf der richtigen Ebene befinden.

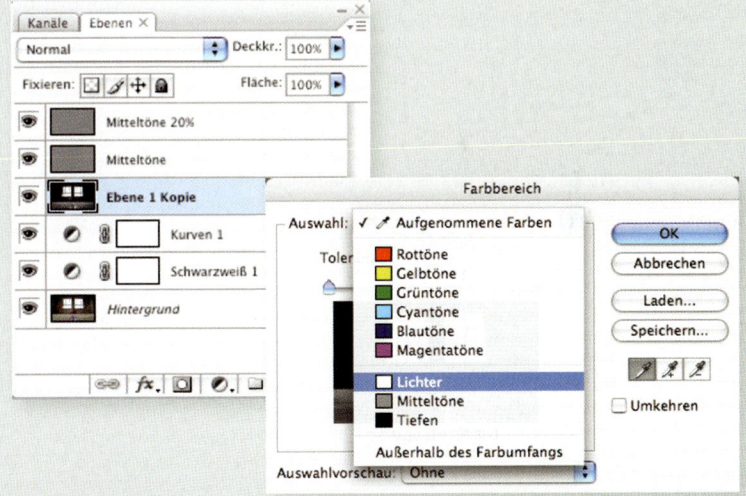

[14] **Lichtauswahl kopieren**

Kopieren Sie den ausgewählten Tonbereich von der Erstellungsebene mit der Tastenkombination [Strg]+[C] in den Zwischenspeicher. Anschließend erstellen Sie eine weitere neue, leere Ebene und kopieren den Inhalt aus dem Zwischenspeicher mit [Strg]+[V] in die Ebene hinein. Um den Überblick zu behalten, sollten Sie die Ebenen entsprechend benennen.

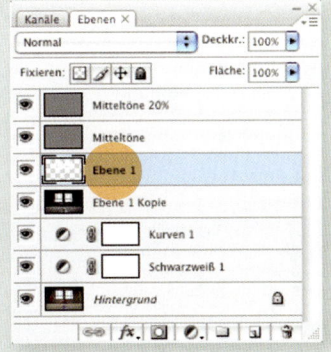 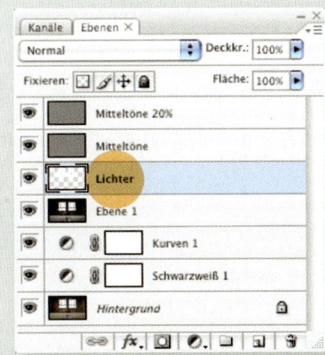

439

WORKSHOP 2

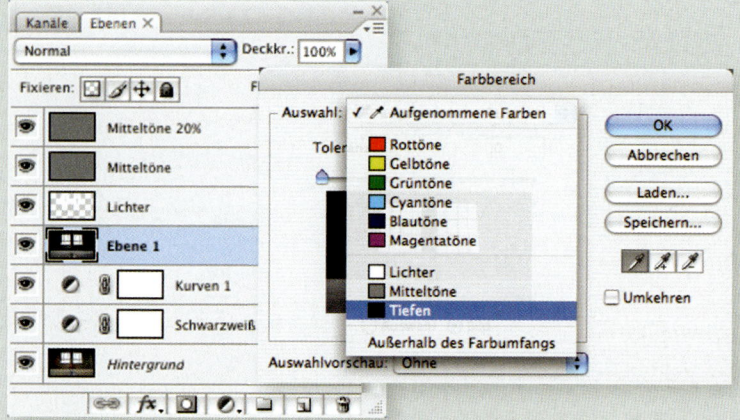

[15] Tiefen auswählen

Als Nächstes kopieren Sie mit *Auswahl/Farbbereich/Tiefen* den Tonbereich der Bildtiefen in eine Ebene. Bestätigen Sie mit *OK*. Mit [Strg]+[C] kopieren Sie den Ebeneninhalt wieder in den Zwischenspeicher. Heben Sie die Auswahl anschließend mit [Strg]+[D] wieder auf.

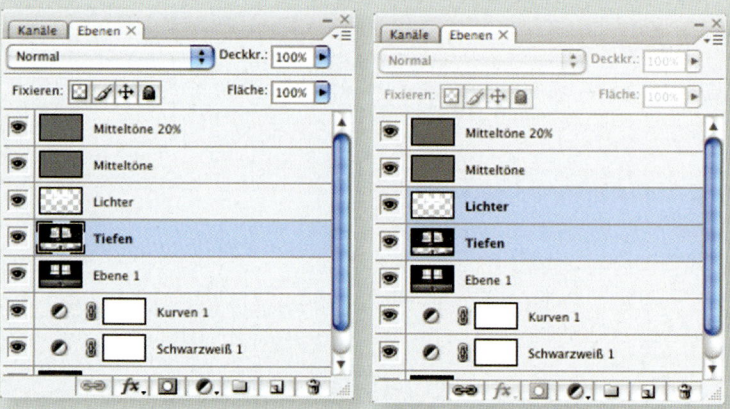

[16] Tiefen einfügen

Nun legen Sie wieder eine neue, leere Ebene an und fügen den Inhalt aus dem Zwischenspeicher mit [Strg]+[V] wieder ein.

[17] Ebenen zusammenfügen

Um die Pixel der Lichter und Tiefen auf eine Ebene zu bekommen, markieren Sie bei gedrückter [Strg]-Taste beide Ebenen und drücken danach die Tastenkombination [Strg]+[E], um beide Ebenen miteinander zu verschmelzen. Natürlich hätten Sie die Auswahl der Tiefen aus dem Zwischenspeicher auch direkt zu den Lichtern einfügen können. Doch dann wäre Ihnen dieser kleine Tipp entgangen.

[18] Neue Grauebene

Auch das Korn für die Tiefen und Lichter wird auf einer eigenen unsichtbaren grauen Ebene angelegt.

KAPITEL 18
SCHWARZ UND WEISS

[19] Inhalt übertragen

Um den Inhalt einer Ebene auszuwählen, reicht es, wenn Sie mit der Maus auf das Symbol der Ebene klicken und dabei die [Strg]-Taste gedrückt halten. Sie sehen die ausgewählte Ebene *Tiefen/Lichter*. Diese Ebene hat ihre Schuldigkeit getan und kann gelöscht werden. Wählen Sie anschließend die neue Grauebene an.

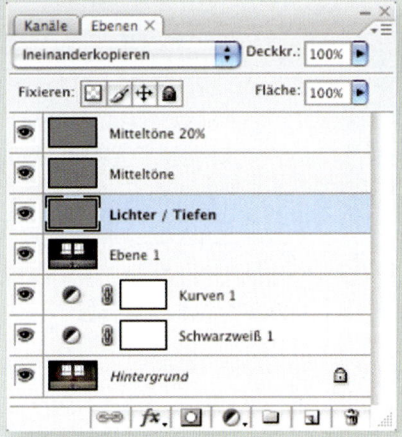

[20] Korn für Tiefen und Lichter

Über das Menü *Filter* wählen Sie die Funktion *Rauschen hinzufügen*. Im Bereich der Auswahl fügen Sie Störungen entsprechend der Werte wie abgebildet hinzu. Anschließend heben Sie die Auswahl wieder auf.

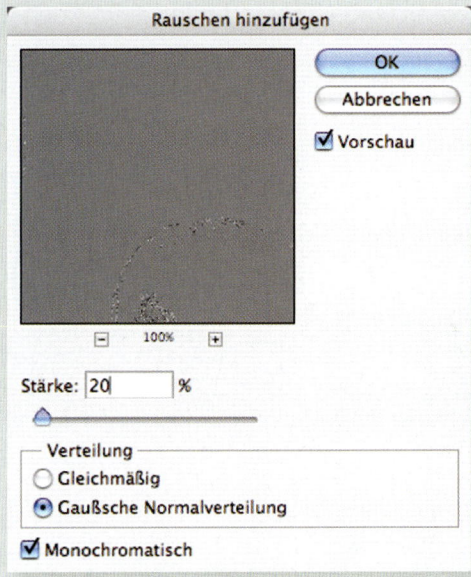

[21] Weichzeichnen

Auch diese Störungen zeichnen Sie, wie beschrieben, wieder ein wenig weich.

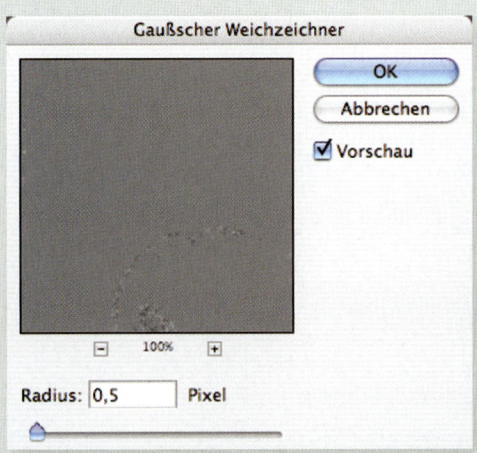

WORKSHOP 2

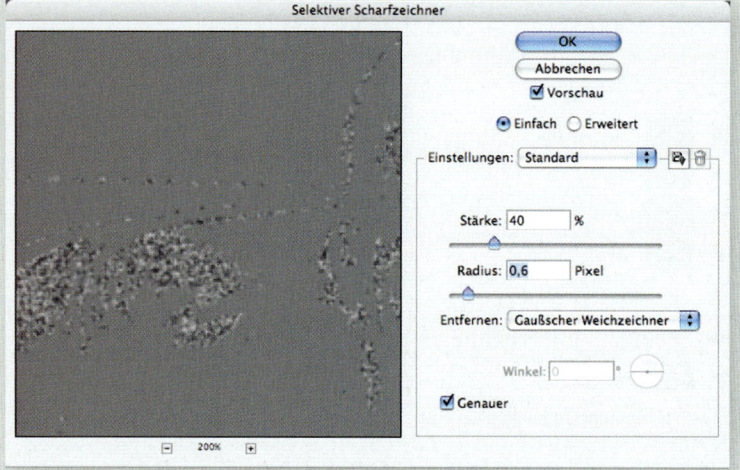

[22] Korn nachschärfen

Wie schon bei den Mitteltönen, wird auch hier bei *Tiefen/Lichter* mit denselben Einstellwerten das Korn nachgeschärft.

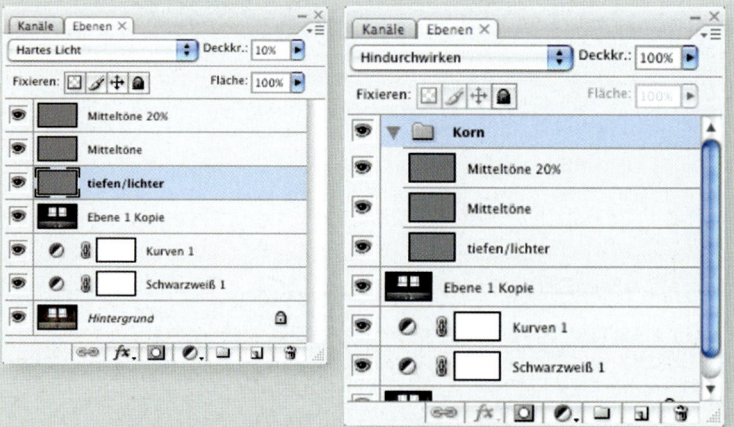

[23] Ebenenmodus umstellen

Den Ebenenverrechnungsmodus des Korns der Tiefen und Lichter stellen Sie auf *Hartes Licht* um. Damit erscheint das Korn in den Tiefen heller und in den Lichtern dunkel. Passen Sie die *Deckkraft* auf ca. *10 %* an.

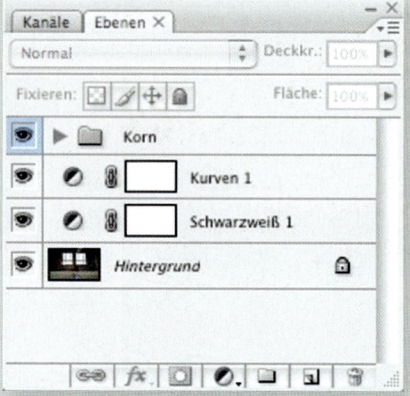

[24] Ordnung im Ebenenstapel

Damit Sie den Überblick behalten, können Sie die drei Kornebenen zu einer Ebenengruppe zusammenfassen. Auch die Bildebene hat ihren Dienst verrichtet und kann entfernt werden. So wächst Ihre Dateigröße nicht unnötig an und die *Ebenen*-Palette bleibt übersichtlich.

KAPITEL 18
SCHWARZ UND WEISS

[25] **Feintuning**

Über die *Deckkraft* der Ebenen können Sie das Korn sowohl in den Mitteltönen als auch in den Tiefen und Lichtern noch etwas regulieren. Auch über die eben erzeugte Gruppierungsebene kann die *Deckkraft* für alle darin befindlichen Ebenen gesteuert werden.

Mit Filmkorn

Ohne Filmkorn

 **WORKSHOP 3**

Partielles Tonen

Die Herangehensweise zur Teilkolorierung von Schwarzweiß-Bildern ist wirklich sehr einfach. Sie erfordert nur eine ruhige Hand beim Ausmalen der Details. Das Ergebnis hat einen eigenen Charme und dient zur Hervorhebung von einzelnen Bildinhalten.

VORHER
*Sie sehen die farbige Digitalaufnahme einer Bushaltestelle irgendwo in Havanna auf Kuba.
(Foto: Guido Sonnenberg)*

NACHHER
Bei der Absenkung der Bildfarben wurde nur das Motiv davon ausgenommen. Dies ist eine einfache Methode in der Produktplatzierung, um die Bildaussage in den Vordergrund zu rücken.

KAPITEL 18
SCHWARZ UND WEISS

[1] Einstellungsebene Kanalmixer

Wenn Sie mit einem Farbbild starten, müssen Sie dieses als Erstes in ein Graustufenbild umwandeln. Wählen Sie in der *Ebenen*-Palette die Einstellungsebene *Kanalmixer*.
Sie können ein farbiges Bild auch mit der Funktion *Farbton/Sättigung* in ein Schwarzweiß-Bild umwandeln. Hierzu setzen Sie den Sättigungsregler ganz nach links auf *-100*. Dann haben Sie die Wahl zwischen *Kanalmixer* und *Schwarzweiß*. Die Vorteile liegen hier bei der individuellen Schwarzweiß-Gestaltung.

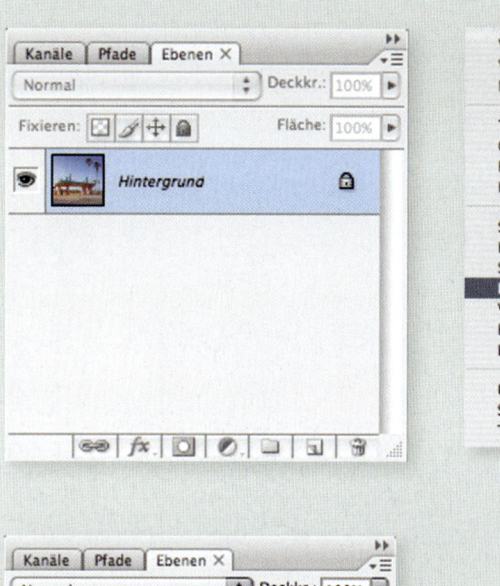
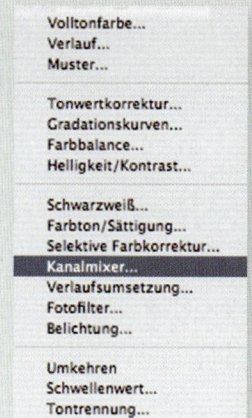

[2] In Schwarzweiß umwandeln

Im aktuellen Beispiel fällt die Entscheidung für die Einstellungsebene *Kanalmixer*. Tragen Sie im Dialogfeld *Kanalmixer* unter *Quellkanäle* die Werte für *Rot*, *Grün* und *Blau* gemäß der Abbildung ein. Aktivieren Sie unten links im Dialogfeld die Option *Monochrom* und Ihr Farbbild wandelt sich in ein Graustufenbild um.

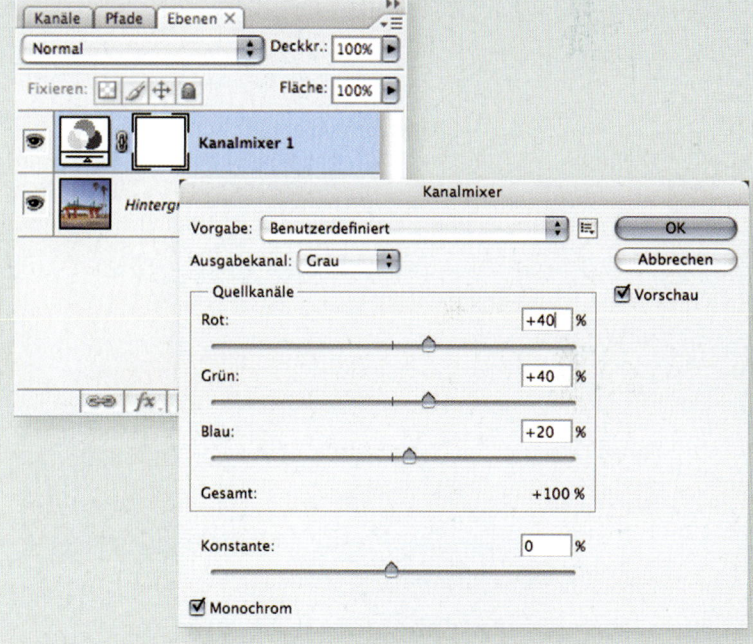

[3] Graustufenvarianten

Unter den Vorgaben finden Sie Voreinstellungen, die eine ausgezeichnete Basis bilden.

445

WORKSHOP 3

[4] **Farbe auftragen**

Wählen Sie aus der *Werkzeug*-Palette das *Pinsel*-Werkzeug und malen Sie mit der Vordergrundfarbe *Schwarz* die Bildstellen aus, die von der Graustufenumwandlung ausgenommen sein sollen. Sie maskieren damit die Graustufenumwandlung durch die Einstellungsebene.

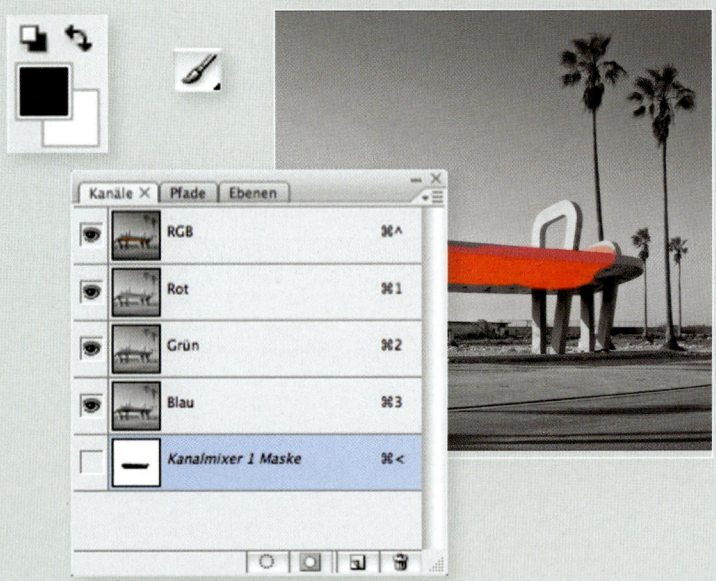

[5] **Abdeckmaske**

Die Abdeckmaske wird Ihnen in der *Kanal*-Palette angezeigt. Klicken Sie auf das *Augen*-Symbol dieser Kanalebene, dann wird die Maske als rote, halb transparente Fläche dargestellt.
Es ist vielleicht etwas verwirrend, dass Sie jetzt mit Schwarz malen und dass die betroffene Stelle im Bild rot dargestellt wird.

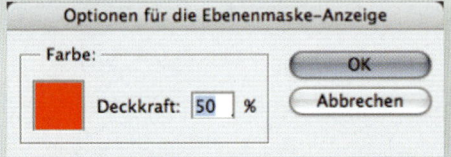

[6] **Maskenoptionen**

Mit einen Doppelklick auf die Kanalebene öffnen Sie das Dialogfeld *Optionen für die Ebenenmaske-Anzeige* für die Ebenenmaske. Hier können Sie die Deckkraft der Maske nach Ihrem Bedarf einstellen.
Die Standardfarbe *Rot* ist der Arbeit aus der Dunkelkammer entliehen, weil Fotopapier für rotwelliges Licht unempfindlich ist. Sie können die Maskenabdeckfarbe aber auch anpassen. Der Farbwähler öffnet sich mit einem Doppelklick auf die Farbflächendarstellung.

KAPITEL 18
SCHWARZ UND WEISS

[7] Farbstich hinzufügen

Damit der Aufmerksamkeitsfokus nicht zu hart ausfällt, wurde im Beispiel die Deckkraft der Einstellungsebene ein wenig zurückgenommen, um in den Graustufen einen zarten Farbstich zu bekommen: hier ein Wert von *80 %*.

[8] Selektiv nachkolorieren

Wenn Ihnen ein Schwarzweiß-Bild vorliegt, erstellen Sie eine neue Ebene und ändern Sie die Füllmethode auf *Farbe*. So erhalten Sie eine Basis, auf der Sie Ihr Graustufenbild selektiv nachkolorieren können.

[9] Malwerkzeug abstimmen

Passen Sie die Pinselspitze den auszumalenden Details an. Vergrößern Sie die Spitze mit der [Ö]-Taste, verkleinern Sie sie mit der [#]-Taste. Wenn Sie mit einer verringerten Deckkraft arbeiten, können Sie die Wirkung durch mehrfaches Übermalen verstärken. In den Werkzeugoptionen finden Sie auch die Airbrush-Malfunktion.

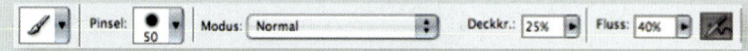

[10] Deckkraft nachregeln

Damit die Kolorierung dem natürlichen Aussehen angepasst wird, regeln Sie die Ebenendeckkraft nach.

WORKSHOP 4

Sepia-Tonung

Die Farbaufnahme eines königlichen Sees in Schwarzweiß zu wandeln, ist auf jeden Fall einfacher als umgekehrt. Deshalb der Tipp: Fotografieren Sie lieber in Farbe, auch wenn viele Digitalkameras ein entsprechendes Aufnahmeprogramm im Repertoire haben. Das Umwandeln in ein ansprechendes Schwarzweiß-Foto ist mit Photoshop CS3 ein Leichtes. Genauso leicht ist es, das Foto mit einem sanften Sepia-Stich zu veredeln, ohne ein Chemiestudium absolviert zu haben.

VORHER
*Sie sehen eine farbige Landschaftsaufnahme, die durch die Zentralperspektive eine bodenständige Ruhe und Stille ausstrahlt.
(Foto: Jonathan Schule)*

NACHHER
Durch die Reduzierung der Farben auf einen Sepia-Ton konnte der Eindruck von bereits Vergangenem der Bildinterpretation hinzugegeben werden.

KAPITEL 18
SCHWARZ UND WEISS

Methode 1

[1] Farbe entsättigen

Die einfachste Methode, einem Farbfoto die Farbe zu entziehen, ist die mit der Einstellebene *Farbton/Sättigung*. Im Dialogfeld *Farbton/Sättigung* ziehen Sie den Regler *Sättigung* ganz nach links bis der Wert auf *-100* steht. Bei diesem Verfahren wird die Farbe nach und nach aus dem Bild genommen.

[2] Fotofilter hinzufügen

Doch mit einem reinen Schwarzweiß-Bild sollten Sie sich nicht zufriedengeben. Veredeln Sie Ihre Aufnahme mit einem Sepia-Touch. Auch hier arbeiten Sie wieder, ohne die Originalinformationen zu zerstören, mit einer Einstellungsebene. Wählen Sie die Einstellungsebene *Fotofilter*.

Neben zahlreichen anderen Filtern, die den Schwarzweiß-Fotografen nicht ganz unbekannt vorkommen, bietet das Dialogfeld *Fotofilter* im Bereich *Verwenden* eine Liste unterschiedlicher Filter. So auch die Voreinstellung *Sepia*. Mit dem Regler *Dichte* brauchen Sie jetzt nur noch die gewünschte Farbintensität auf *30 %* einzuregeln. Die Option *Luminanz erhalten* bleibt aktiviert.

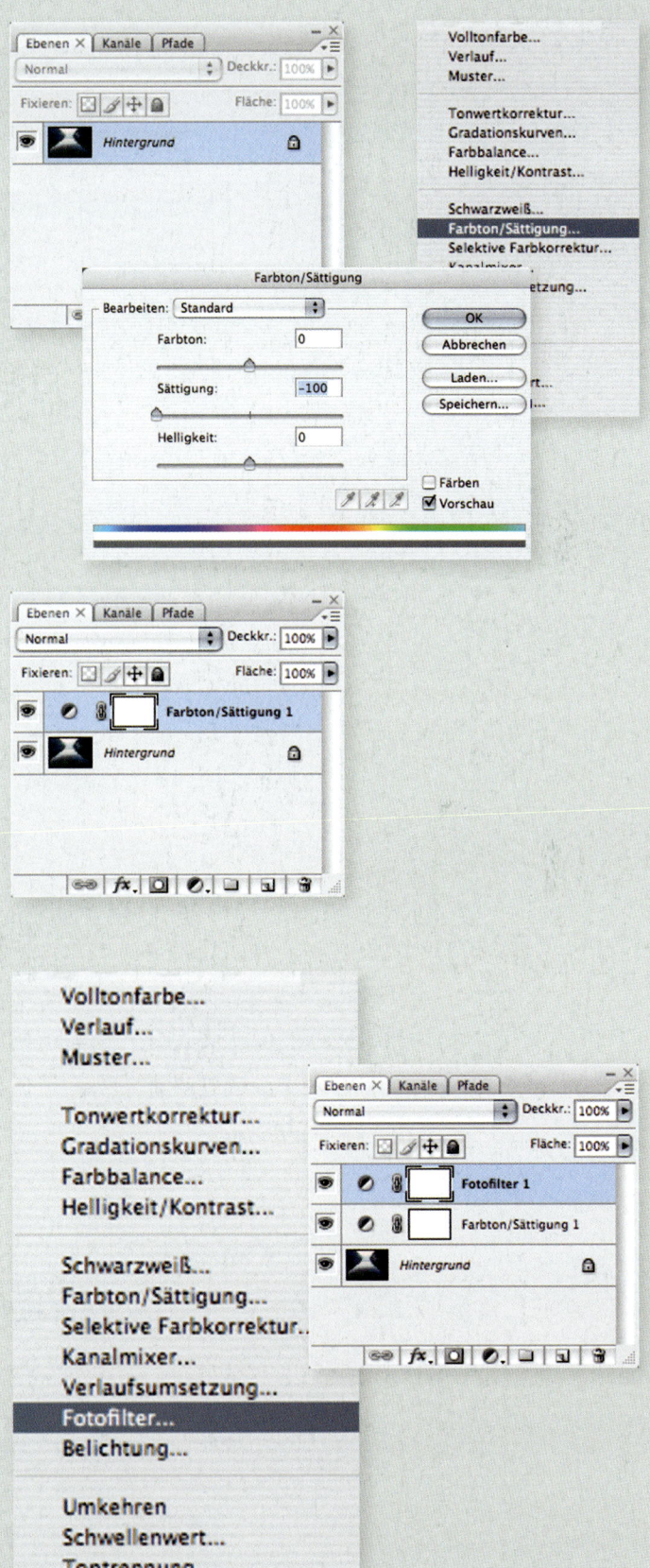

449

WORKSHOP 4

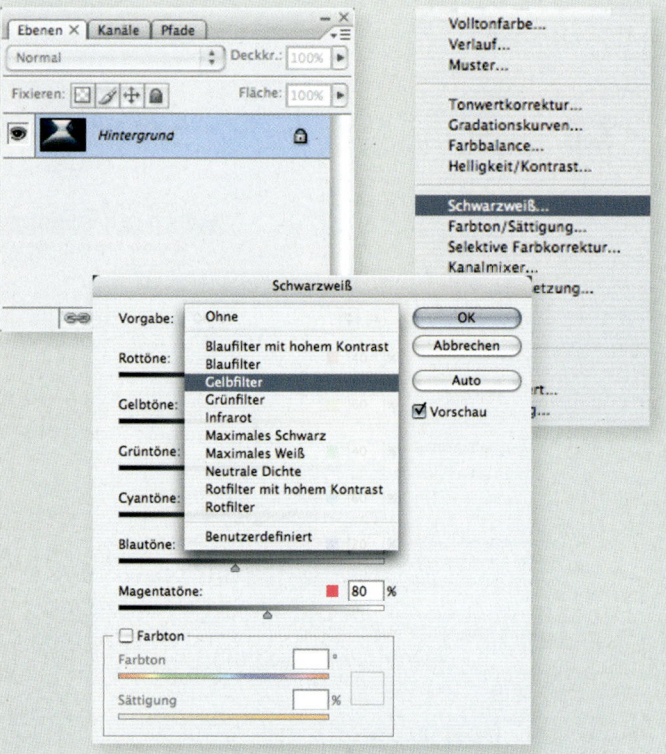

[3] Schnappschuss anlegen

Fotografieren Sie Ihr erstes Sepia-Ergebnis in der *Protokoll*-Palette. Mit einem dort erstellten Schnappschuss, können Sie jetzt weiterexperimentieren und zu einem späteren Zeitpunkt wieder auf dieses Arbeitsergebnis zurückgreifen. Wechseln Sie anschließend auf den Schnappschuss ganz oben in der *Protokoll*-Palette, um zum Ausgangsbild zurückzukehren.

Methode 2

Der zweite Möglichkeit, ein Sepia-Foto zu erstellen, ist genauso einfach.

[1] Ausgewogenes Schwarzweiß-Ergebnis

Ein ausgewogenes Schwarzweiß-Ergebnis Ihres Ausgangsfotos erhalten Sie über die Einstellungsebene *Schwarzweiß*. Versuchen Sie, mit den Voreinstellungen im Dialogfeld *Schwarzweiß* eine gute Basis zu finden, und nehmen Sie dann mit den Reglern der Farbbereiche die Feineinstellung vor. Orientieren Sie sich an den Werten der Abbildung.

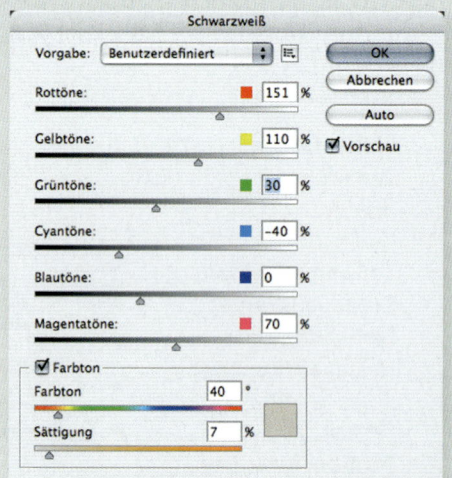

[2] Tonung hinzufügen

Im unteren Bereich des Dialogfeldes *Schwarzweiß* markieren Sie die Option *Farbton*. Daraufhin bekommt Ihr Bild einen leichten Braunstich, der ihm einen gewissen Nostalgielook verleiht. Lassen Sie den Effekt nicht zu kitschig aussehen und dämpfen Sie die Farbsättigung mit den unteren Reglern ab.

Methode 3

Erstellen Sie wieder einen Schnappschuss in der *Protokoll*-Palette und wählen danach das obere Symbol an. Wieder sind Sie am Ausgangspunkt.

[1] Back to the Roots

Um die Farbinformationen in Schwarzweiß umzurechen, gibt es natürlich auch die altbewährte Methode über die Einstellungsebene *Kanalmixer*. Legen Sie dafür in der *Ebenen*-Palette die Einstellebene *Kanalmixer* an.

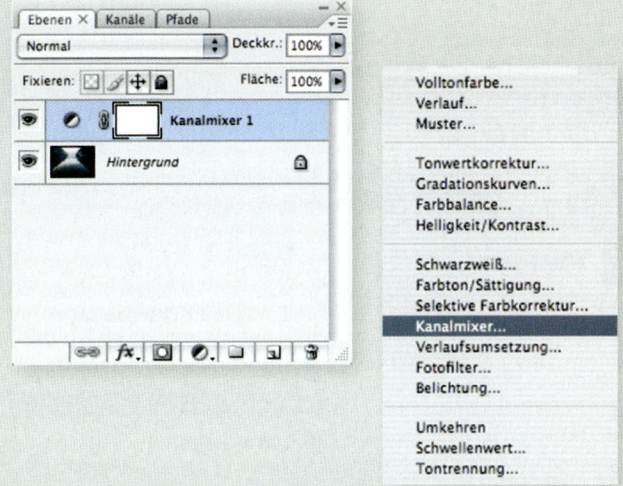

[2] Schwarzweiß-Umwandlung

Stellen den Regler *Rot* auf *+70 %*, den Regler *Grün* auf *+70 %* und den Regler *Blau* auf *-40 %*. Anschließend aktivieren Sie die Option *Monochrom*. Neu in Photoshop CS3 ist die Berechnung der Gesamtsumme aus den Kanalgewichtungen. Um keine Bilddetails zu verlieren, sollte die Gesamtsumme aller Kanäle im Idealfall bei +100 liegen.

Ihre bevorzugten Kanaleinstellungen können Sie auch abspeichern und bei nachfolgenden Bearbeitungen bequem unter dem Listenfeld *Vorgabe* wieder abrufen. Klicken Sie zum Speichern auf das kleine Symbol *Vorgabeoptionen* rechts neben dem Listenfeld *Vorgabe*.

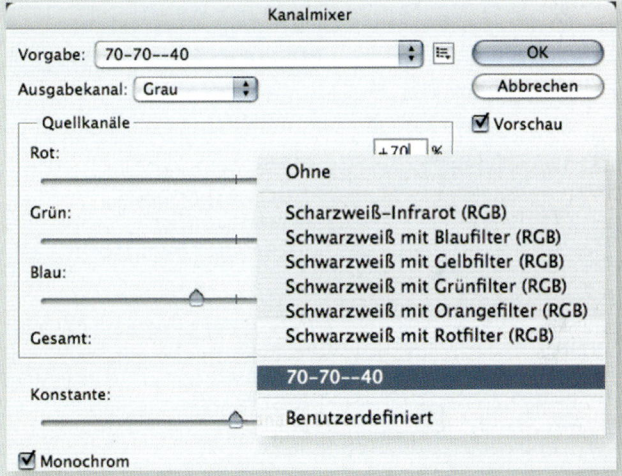

[3] Tonungsfarbe wählen

Eine zweite Einstellungsebene vom Typ *Farbton/Sättigung* bringt jetzt die Farbe wieder ins Spiel. Dieses Mal aktivieren Sie das kleine Kontrollfeld *Färben*. Die Funktion ist dann identisch mit der Funktion beim *Schwarzweißfilter*. Mit dem Regler *Farbton* definieren Sie den passenden Farbstich. Mit dem Regler *Sättigung* bestimmen Sie die Farbdichte.

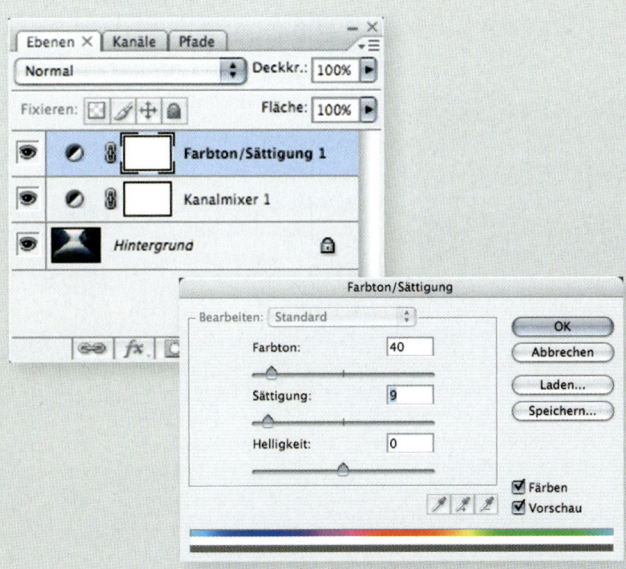

WORKSHOP 4

[4] **Fine-Art-Sepia-Tonung**

Für die Fine-Art der Sepia-Tonung starten Sie wieder mit einer Schwarzweiß-Reduzierung Ihres Originals. Jetzt ist im Vorteil, wer die Einstellungen, im Beispiel hier die des *Kanalmixers*, abgespeichert hat. So kann man schnell auf definierte Werte zurückgreifen.

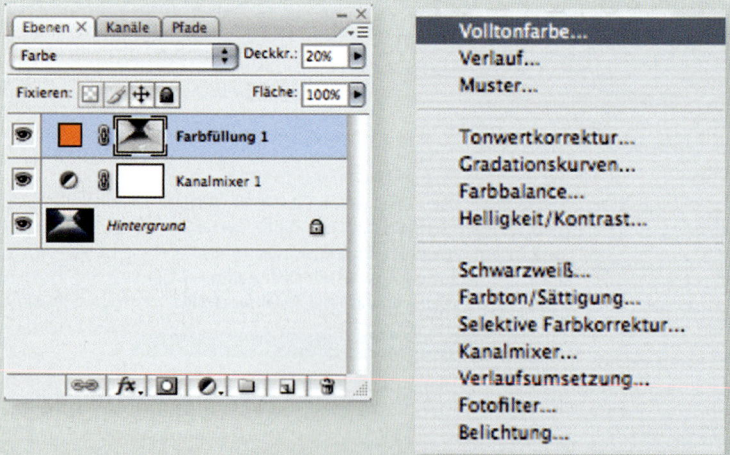

[5] **Farbe auswählen**

Die Farbtonung wird mit der Einstellungsebene *Volltonfarbe* angelegt. Es öffnet sich der Farbwähler, über den Sie die gewünschte Farbe anwählen. Um Ihnen als Zwischenergebnis ein Beispiel einer alten Drucktechnik zu geben, wählten wir hier ein saftiges Orange. Keine Panik, wenn Sie nach dem Bestätigen nur noch Rot sehen.

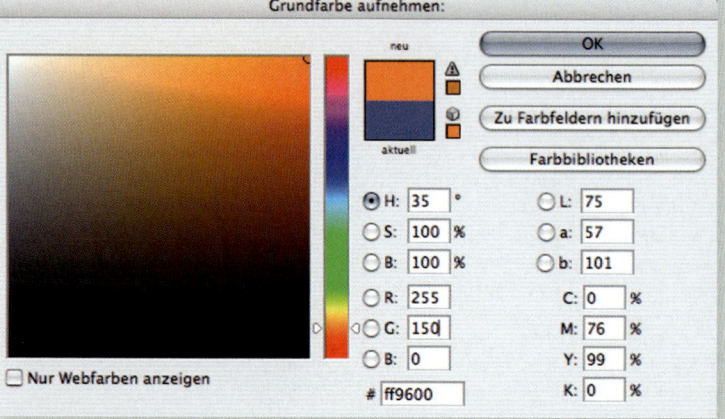

452

KAPITEL 18
SCHWARZ UND WEISS

[6] **Füllmethode Farbe**

Verändern Sie den Verrechnungsmodus der oberen Einstellungsebene von *Normal* auf *Farbe*. Das Ergebnis ist dem alten Lichtdruckverfahren (Sonnendruck) recht ähnlich.

[7] **Luminanzmaske**

Das jetzige Ergebnis ist noch ein wenig poppig. Durch das Abmaskieren der hellen Bildflächen erreicht man eine viel subtilere Kolorierung. Wechseln Sie in die *Kanal*-Palette und klicken Sie mit gehaltener [Strg]-Taste auf das *RGB*-Symbol. Sie erhalten eine den Helligkeitswerten entsprechende Auswahl im Bild.

[8] **Maske füllen**

Zurück in der *Ebenen*-Palette achten Sie auf die Anwahl des Maskensymbols der oberen Einstellungsebene und wählen über die Menüleiste *Bearbeiten/Fläche füllen*. Die Fläche innerhalb der Auswahl wird mit der unter *Verwenden* voreingestellten Standardfarbe *Schwarz* gefüllt. Die Auswahl können Sie danach mit der Tastenkombination [Strg]+[D] wieder aufheben.

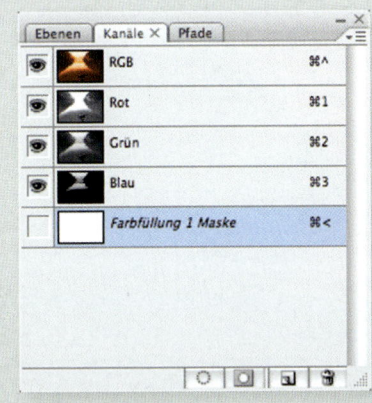

453

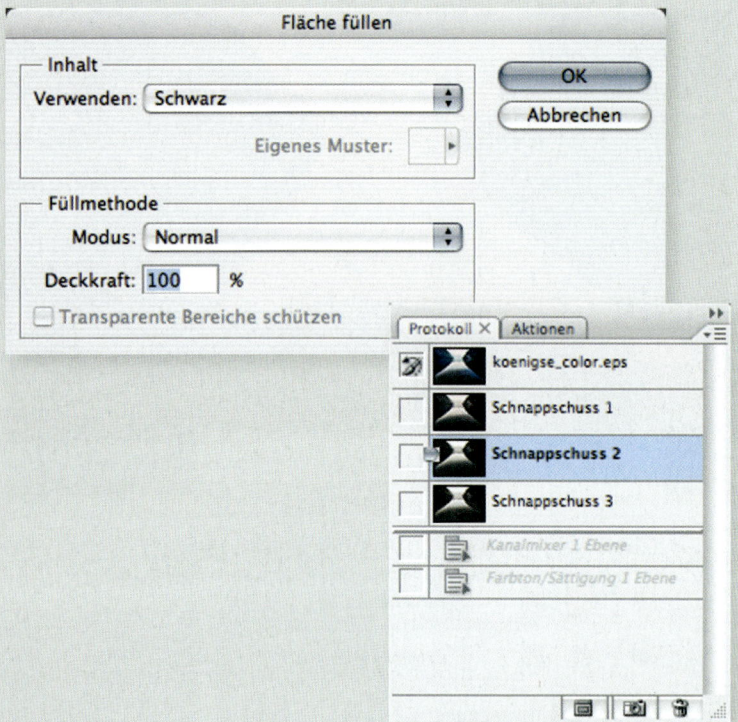

[9] **Deckkraft und Farben anpassen**

Passen Sie jetzt sowohl die Deckkraft der Einstellungsebene als auch die Farbwahl nachträglich an.

[10] **Vergleichen**

Wenn Sie von jedem Ergebnis in der *Protokoll*-Palette einen Schnappschuss erstellt haben, können Sie diese jetzt bequem durch Anwählen vergleichen und Ihren Favoriten küren.

Ergebnis von Kanalmixer und Volltoneinstellebene.

KAPITEL 18
SCHWARZ UND WEISS

Pseudo-Sepia-Ergebnis durch Einfärben des Schwarzweiß-Fotos.

Ergebnis des Sepia-Filters.

WORKSHOP 5

Schwarzweiß-Konvertierung

Eine der großartigen Neuerungen in Photoshop ist die Schwarzweiß-Funktion. So einfach war es noch nie, aus einem Farbfoto ein individuell, gut konvertiertes Graustufenbild zu zaubern.

VORHER
*Sie sehen ein farbiges Motiv vor dem Mercedes-Benz-Museum, wie es von einem CCD-Kamerachip interpretiert wird.
(Foto: Guido Sonnenberg)*

NACHHER
Hier sehen Sie das konvertierte Graustufenbild mit einer ausgewogenen Gewichtung der Tonwertabstufungen.

KAPITEL 18
SCHWARZ UND WEISS

[1] Schwarzweiß-Einstellungsebene anlegen

Die neuen Filter *Schwarzweiß* finden Sie nicht nur im Menü *Bild/Anpassungen/Schwarzweiß*, sondern auch als Einstellungsebene in der *Ebenen*-Palette.

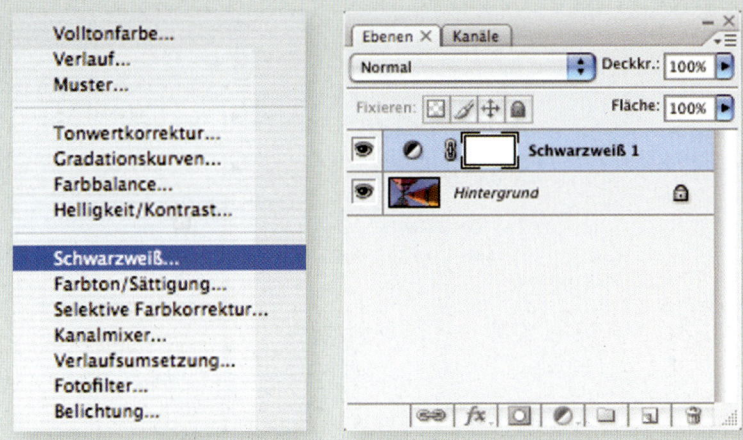

[2] Schwarzweiß-Basis

Mit Klick auf die Schaltfläche *Auto* im Dialogfeld *Schwarzweiß* wird das Motiv auf der Grundlage seiner Farbwerte als Graustufenbild neu berechnet. Die automatische Mischung erzeugt schon ganz gute Ergebnisse.
Die Möglichkeit, die Konvertierung mit den RGBCMY-Farbreglern anzupassen, liefert Ihnen jedoch ganz individuelle Ergebnisse. Wobei Ihnen der Balken an den Farbreglern anzeigt, wie hell oder dunkel die Farbe im Bild als Grauwert erscheinen wird.
Auch ganz gute Ausgangsvarianten sind die vordefinierten Graustufenmischungen, die im Listenfeld *Vorgabe* angeboten werden.

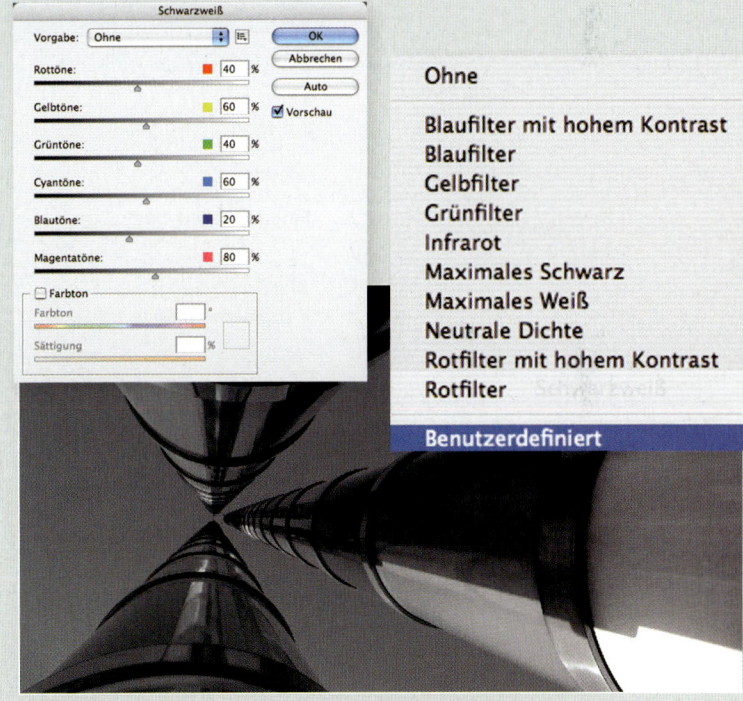

[3] Graustufen variieren

Eine recht attraktive Kontrolle der Graustufeneinstellung ist die Möglichkeit, bei geöffnetem *Schwarzweiß*-Dialogfeld die Maus in das Bilddokument zu bewegen. Der Zeiger verändert sich dabei in eine Pipette. Wenn Sie jetzt über dem zu verändernden Farbbereich die Maustaste gedrückt halten und dabei ziehen, können Sie diese Farbe direkt aufhellen oder abdunkeln.

WORKSHOP 5

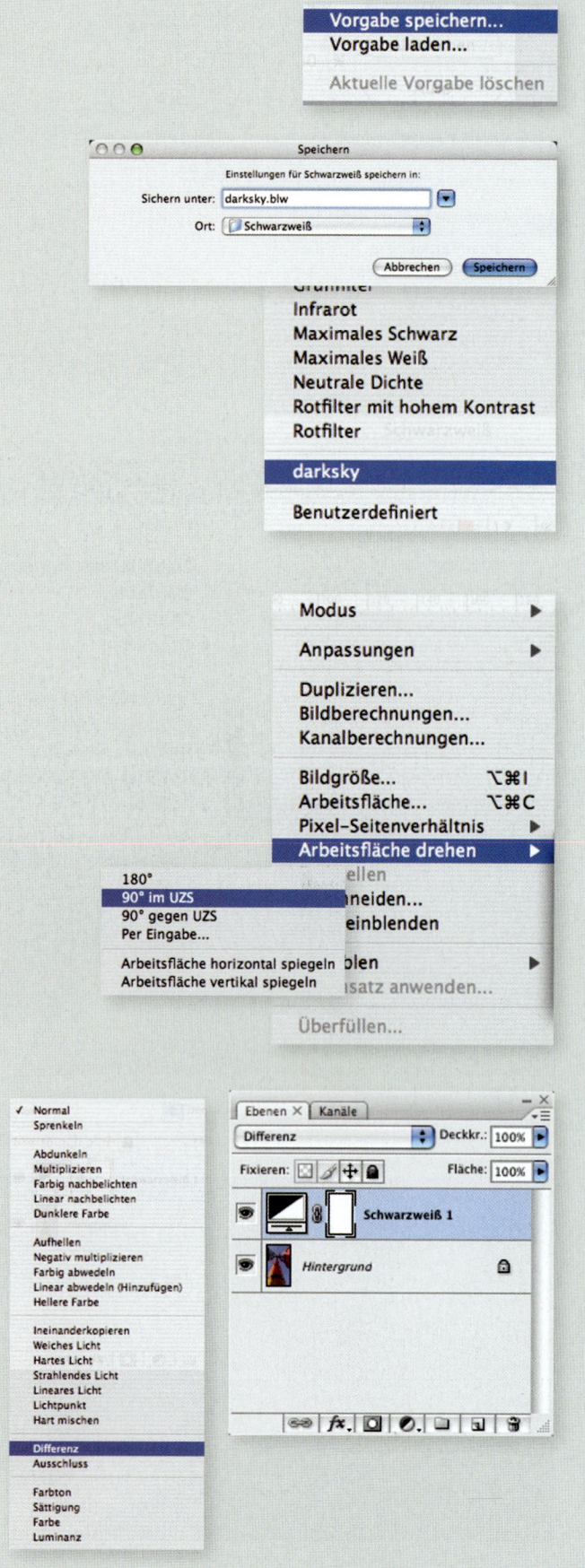

[4] **Graustufenwerte abspeichern**

Die Einstellungsebene *Schwarzweiß* ist wirklich eine wunderbare Hilfe, um ganz leicht die richtigen Graustufenwerte für Ihr Motiv zu finden. Diese ermittelten Werte können ebenso leicht abgespeichert werden, um sie später auf andere Motive zu übertragen.
Neben dem Listenfeld *Vorgaben* öffnen Sie über das kleine Symbol das Kontextmenü *Speichern*. Geben Sie Ihren Einstellwerten einen Namen und schließen Sie das Kontextmenü mit Klick auf die Schaltfläche *Speichern*. Ihre Werte finden Sie dann direkt im Listenfeld *Vorgaben* wieder.

[5] **Bild drehen**

Experimentieren Sie doch einmal mit Ihren Bildformaten. Wie würde Ihr Motiv gedreht oder gespiegelt wirken? Im Beispiel wird das Bild um 90° gedreht. *UZS* steht übrigens für Uhrzeigersinn.
Gehen Sie dazu ins Menü *Bild/Arbeitsfläche drehen* und probieren Sie die verschiedenen Möglichkeiten aus.

[6] **Füllmethode Differenz**

Ein weiteres Experiment: Wechseln Sie den Ebenenverrechnungsmodus resp. die Füllmethode von *Normal* auf *Differenz* – auch diese Farbvariante ist nicht ganz uninteressant.

KAPITEL 18
SCHWARZ UND WEISS

[7] Schwarzweiß versus Color

Veränderungen der Farbwerte im *Schwarzweiß*-Dialogfeld nehmen Sie direkt im Motiv wahr und können so einfach Ihre Lieblingsfarbvariation finden. Ein wunderbares Einstellfeld, um Ihren kreativen Farbfantasien freien Lauf zu lassen.

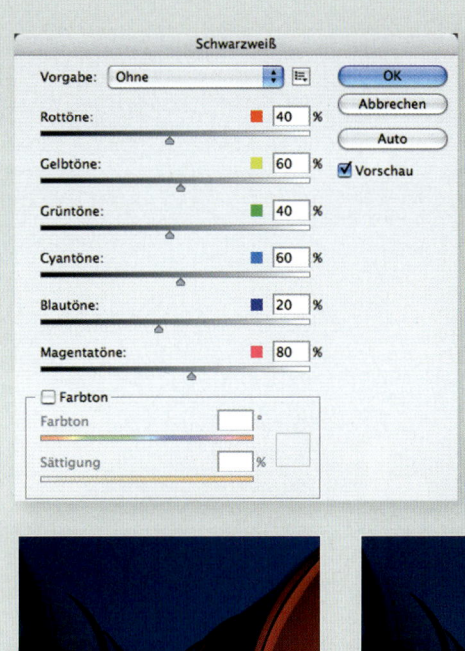

[19]
PERSPEKTIVE

KAPITEL 19
PERSPEKTIVE

19

KAPITEL 19
PERSPEKTIVE

Perspektive

Objektivfehler korrigieren	464
Stürzende Linien ausgleichen	468

WORKSHOP I

Objektivfehler korrigieren

Manchmal ist es erforderlich, einem Motiv einen neuen Hintergrund zu geben. Dieser Workshop zeigt Ihnen, wie Sie Motive mit feinen Strukturen schnell und sauber freistellen können.

VORHER
Hier ist die Vignettierung in den Bildecken gut zu erkennen. Linien verlaufen zudem nicht senkrecht durchs Foto und weisen eine kleine, kissenförmige Verzerrung auf.
(Foto: Guido Sonnenberg)

NACHHER
Das Bild ist gleichmäßig ausgeleuchtet und alle Linien verlaufen parallel zum Bildrand.

KAPITEL 19
PERSPEKTIVE

[1] Bildanalyse

Betrachten Sie Ihre Aufnahme zuerst genau und stellen Sie fest, welche Bildfehler sie beinhaltet. In dem hier abgebildeten Beispielbild finden sich Verzerrungen, Neigungsfehler und Vignettierungen in den Ecken. All diese Fehler können in einem Arbeitsschritt behoben werden.

[2] Filter Objektivkorrektur

Der Filter *Objektivkorrektur* ist ein Gewinn für die digitale Bildbearbeitung. Ein Schärfeverlust durch mehrfache Neuberechnungen kann so vermieden werden. Sie finden dieses Allroundtalent unter dem Menü *Filter/Verzerrungsfilter/Objektivkorrektur*. Nach Anwahl öffnet sich das Dialogfeld *Objektivkorrektur*.

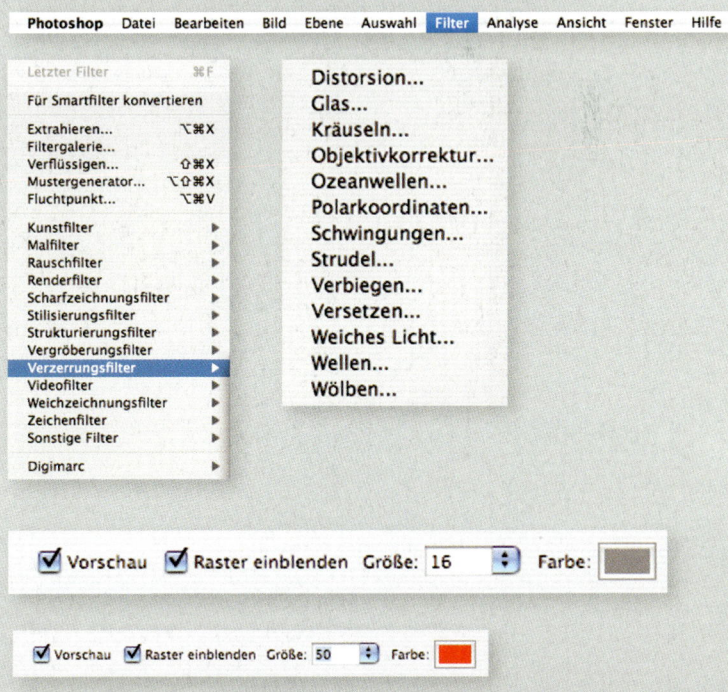

[3] Rasterweite anpassen

Vergrößern Sie das Raster auf eine Ihnen angenehme Größe. Im Eingabefeld *Größe* geben Sie den für Sie optimalen Wert ein, hier eine Größe von *50*. Die Gitterlinien können zur besseren Wahrnehmung mit dem Farbwähler verändert werden. Klicken Sie hierzu einfach auf die Farbfläche hinter *Farbe*.
Auch das Ausrichten wird Ihnen leichter fallen, wenn Sie mit dem *Gitterverschiebe*-Werkzeug das Gitterraster an eine Motivkante im Bild versetzen.

WORKSHOP 1

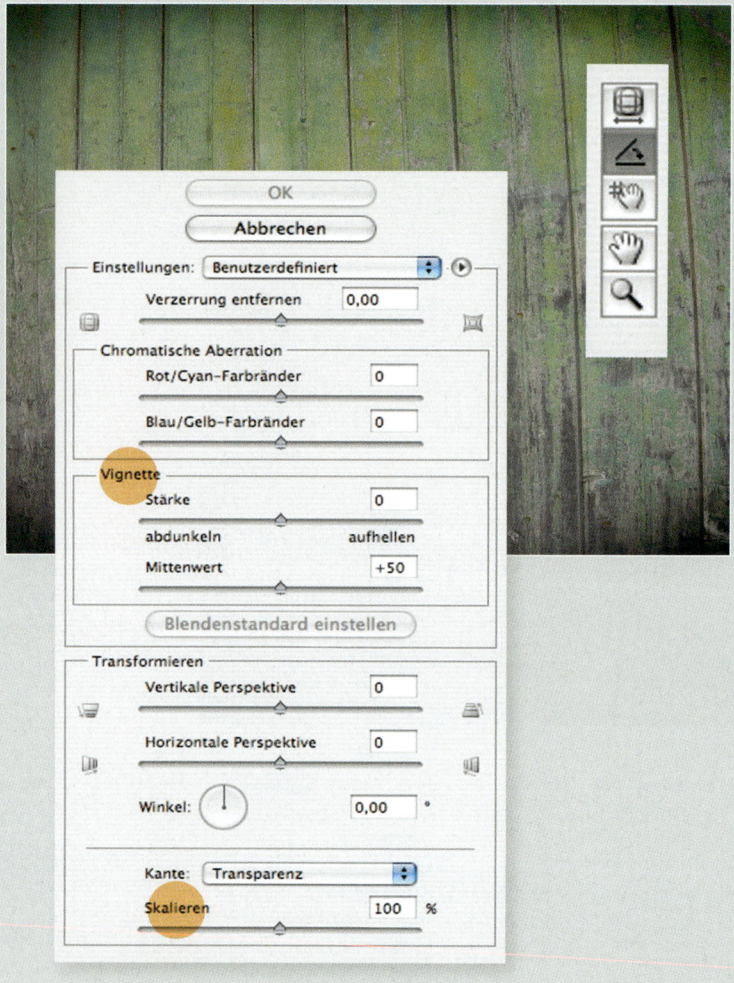

[4] **Verzerrungen entfernen**

Mit der Funktion *Verzerrung entfernen* korrigieren Sie die tonnen- oder kissenförmigen Verzeichnungen. Sie können diese auch durch das Werkzeug in der linken *Werkzeug*-Palette ausgleichen.

[5] **Vignettierung entfernen**

Mit den Reglern der Funktion *Vignette* entfernen Sie die dunklen Ränder in den Ecken von Bildern. Der Regler *Mittelwert* legt die Breite des Bereichs fest. Je höher der Wert ist, desto mehr wird der Effekt auf die Bildkanten beschränkt.

[6] **Bildneigung ausgleichen**

Die Perspektivenkorrektur gleicht stürzende Bildlinien durch geneigt gehaltene Kameras aus: typisch für Aufnahmen aus der Frosch- oder Vogelperspektive. In den korrigierten Randbereichen werden die fehlenden Pixel durch transparente ersetzt. Fehlende Bildteile können durch Zoomen in das Bild mit dem Regler *Skalieren* weggeschnitten werden.

[7] **Bildanschnitt**

Da das Zoomen aber von allen Seiten gleich erfolgt, werden auch intakte Bildflächen weggeschnitten. Deshalb ist es vorteilhafter, die Bildarbeitsfläche manuell anzupassen, entweder mit dem *Freistellungs*-Werkzeug oder mit dem Menü *Bild/Arbeitsfläche*.
Kleine transparente Bildblitzer können Sie leicht mit dem *Kopierstempel*-Werkzeug ausbessern.

KAPITEL 19
PERSPEKTIVE

[8] Bild drehen

Im Bereich *Transformieren* findet sich die Funktion *Winkel*, mit der Sie Ihr Bild drehen und so den schiefen Horizont ausgleichen können. Alternativ zu diesem Verfahren bietet sich auch der Weg über das *Gerade-ausrichten*-Werkzeug an. Greifen Sie zum *Gerade-ausrichten*-Werkzeug in der *Werkzeug*-Palette. Ziehen Sie dann mit der Maus eine Linie auf der Arbeitsfläche auf, am besten entlang der Bildmotivkante, die ausgerichtet werden soll. Das Bild verrückt dann automatisch um den ermittelten Winkelbetrag.

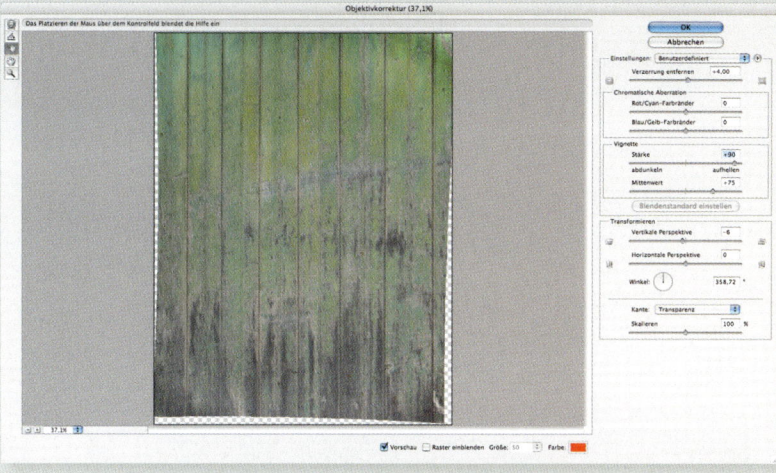

[9] Voreinstellungen

Wie Sie sehen, sind gleich fünf Arbeitsschritte mit diesem einen Korrekturfilter durchführbar. Und noch einen weiteren Arbeitsvorteil kann Ihnen dieser Filter bieten. Fotografieren Sie viele Bilder mit demselben Objektiv, können Sie die Fehlsichtigkeit des Objektivs als Blendenstandard festlegen. Voraussetzung ist, dass Ihre Kamera die Brennweite und den Blendenwert als EXIF-Metadaten aufzeichnen kann. Klicken Sie zur Aufzeichnung auf die Schaltfläche *Blendenstandard einstellen*.
Wenn Sie danach ein Bild korrigieren, bei dem die Einstellungen für Kamera, Objektiv, Brennweite und Blendenwert übereinstimmen, wird im Menü *Einstellungen* die Option *Blendenstandard* verfügbar.
Speichern und laden Sie individuelle Einstellungen manuell. So können Sie dieselben Korrektureinstellungen mehrmals anwenden.

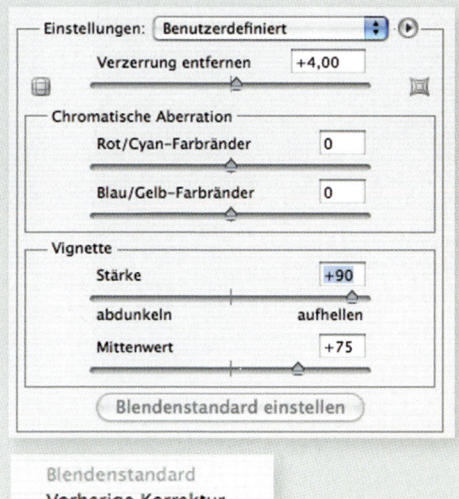

WORKSHOP 2

Stürzende Linien ausgleichen

Fotos aus der Frosch- oder Vogelperspektive haben naturgemäß stark fluchtende oder stürzende Linien. Bei Schnappschüssen aus der Hand sind diese nicht parallel verlaufenden Linien auch häufig anzutreffen. Man kann sich natürlich ein Shift-Objektiv zulegen, um diese Verzeichnungen auszugleichen, aber einfacher und billiger geht es mit dem Crop-Tool oder in Deutsch: dem Freistellungs-Werkzeug.

VORHER
Bei dieser verkanteten Aufnahmeperspektive verjüngen sich die senkrechten Linien nach oben hin und der Betrachter bekommt den Eindruck, dass das Motiv nach rechts wegkippt. (Foto: Guido Sonnenberg)

NACHHER
Das Bild wurde ein wenig gerade gedreht und alle Linien im Bild wurden angepasst und verlaufen jetzt waagerecht oder senkrecht zum Bildrand.

KAPITEL 19
PERSPEKTIVE

[1] Rahmen aufziehen

Wählen Sie in der Werkzeugleiste das *Freistellungswerkzeug* und ziehen Sie um die Eingangstür einen Rahmen auf. Achten Sie darauf, dass keine Werte in den Eingabefeldern der Optionsleiste eingetragen sind.

[2] Perspektivisch bearbeiten

Nachdem der Rahmen aufgezogen worden ist, verändert sich die Leiste der Werkzeugoptionen. Markieren Sie jetzt die Option *Perspektivisch bearbeiten*. Die Ankerpunkte an den Rahmenecken können Sie jetzt individuell versetzen. Passen Sie mit den Eckankerpunkten Ihren Rahmen an den Linien im Foto an, die später senkrecht und waagerecht verlaufen sollen. Vergrößern Sie den Bereich, um die Ankerpunkte so exakt wie möglich zu platzieren.

[3] Bildausschnitt festlegen

Verändern Sie die Eckpunkte nicht mehr und ziehen Sie mit den Ankerpunkten auf den Geraden den Rahmen zum neuen Bildausschnitt auf. Bleiben Sie mit den Freistellrahmen innerhalb der Bildbegrenzung. Bereiche, die über das Bild hinausreichen, werden mit der Hintergrundfarbe aufgefüllt.

[4] Rahmen bestätigen

Mit einem doppelten Anschlag der [Enter]-Taste oder Anklicken des Häkchens rechts außen in der Leiste der Werkzeugoptionen bestätigen Sie die Rahmeneingabe und Photoshop errechnet den neuen Bildausschnitt.

20
BILDMONTAGE

KAPITEL 20
BILDMONTAGE

20

Bildmontage

Auto-Masking	474
Bildebenen überblenden	482
Komplexe Freisteller	486
Werbung im iPod-Stil	492
Komplexe Objektretusche	500
Panoramamontage	506

WORKSHOP 1

Auto-Masking

In diesem Workshop wird ein Fotoausschnitt des Stuttgarter Mercedes-Benz-Museums verwendet und zu einem völlig neuen Fantasiemotiv arrangiert. Lernen Sie in diesem Workshop das Handling mit der Arbeitsfläche und der neuen **Ebene automatisch füllen**-Funktion in Photoshop CS3 kennen.

VORHER
*Sie sehen zwei Einzelaufnahmen, die zu einem neuen Gesamtbild arrangiert werden sollen.
(Foto: Guido Sonnenberg)*

NACHHER
Die sich aus dem Bildarrangement notwendigerweise ergebenen Überlappungen sind von Photoshop fast unsichtbar abmaskiert und auch farblich miteinander verschmolzen worden.

KAPITEL 20
BILDMONTAGE

[1] Ebene umbenennen

Ein Doppelklick in die blau markierte Fläche der Hintergrundebene öffnet automatisch das Dialogfenster *Neue Ebene*. Unter dem Texteingabefeld *Name* wird Ihnen als neuer Ebenenname *Ebene 0* vorgegeben, den Sie ohne Weiteres übernehmen können. Bei *Farbe* kann die Ebene optisch hervorgehoben werden. Bei umfangreichen Photoshop-Arbeiten mit sehr vielen Ebenen kann eine farbige Hervorhebung ganz hilfreich sein.

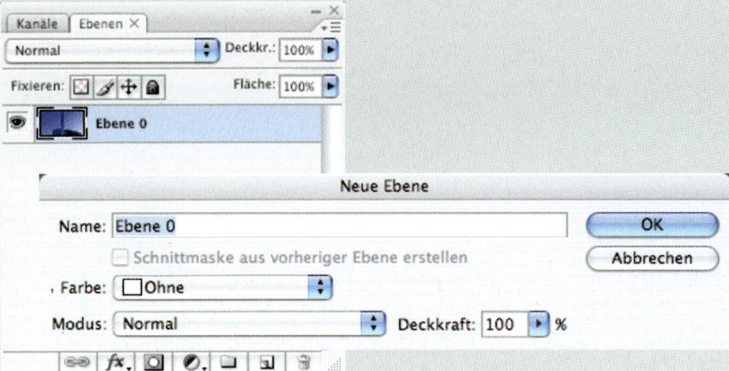

[2] Motiv ausloten

Leider ist die Säule im Motiv nicht senkrecht ausgerichtet, soll aber optisch vertikal durchs Bild verlaufen. In der *Werkzeug*-Palette finden Sie im Ausklappmenü des *Pipetten*-Werkzeugs auch das *Lineal*-Werkzeug.
Greifen Sie zum *Lineal*-Werkzeug und klicken Sie mit der Maus an einer gut sichtbaren Kante im Bildmotiv, die später vertikal oder horizontal verlaufen soll. Ziehen Sie mit gedrückter Maustaste eine Linie entlang dieser Kante auf. Den so ermittelten Winkel können Sie in der Leiste der Werkzeugoptionen ablesen.

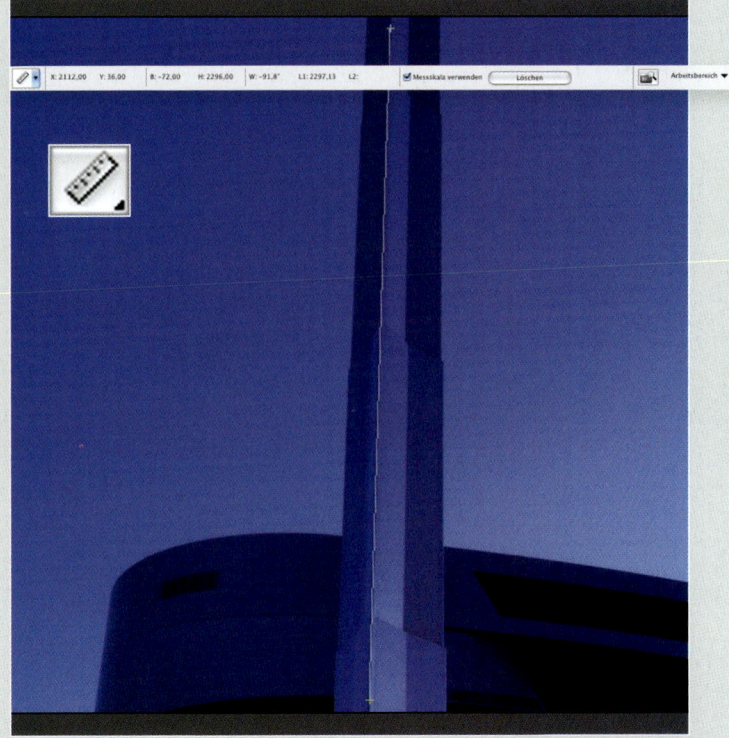

[3] Motiv drehen

Öffnen Sie als Nächstes in der Menüleiste unter *Bild/Arbeitsfläche drehen* die Funktion *Per Eingabe*. Der zuvor ermittelte Winkelwert wird automatisch in das Eingabefeld übernommen. Auch die Entscheidung, ob die Arbeitsfläche zur geraden Ausrichtung im oder gegen den **Uhrzeigersinn (UZS)** gedreht werden soll, nimmt Ihnen Photoshop ab. Sie brauchen lediglich mit *OK* zu bestätigen.

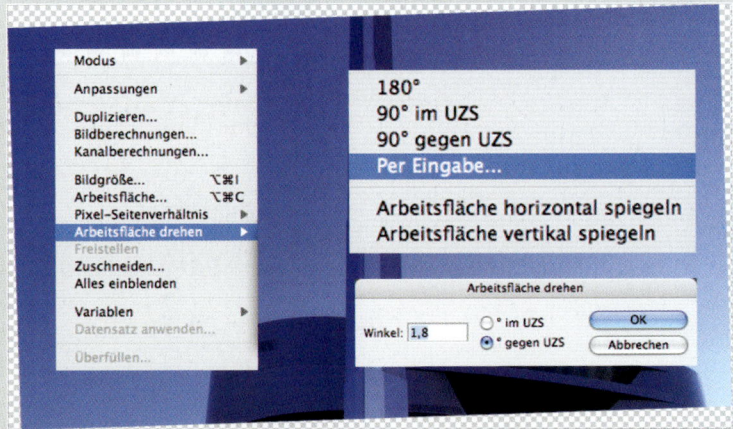

475

WORKSHOP I

[4] Neue Arbeitsfläche bestimmen

Das Motiv wird in der Arbeitsfläche neu ausgerichtet. Hierbei werden Sie an den Kanten transparente Flächen erkennen. Diese gilt es nun mit dem *Freistellungs*-Werkzeug zu entfernen. Achten Sie darauf, dass in den Werkzeugoptionen keine Werte eingegeben sind. Ziehen Sie einen Rahmen auf, der keine transparenten Pixel umfasst.

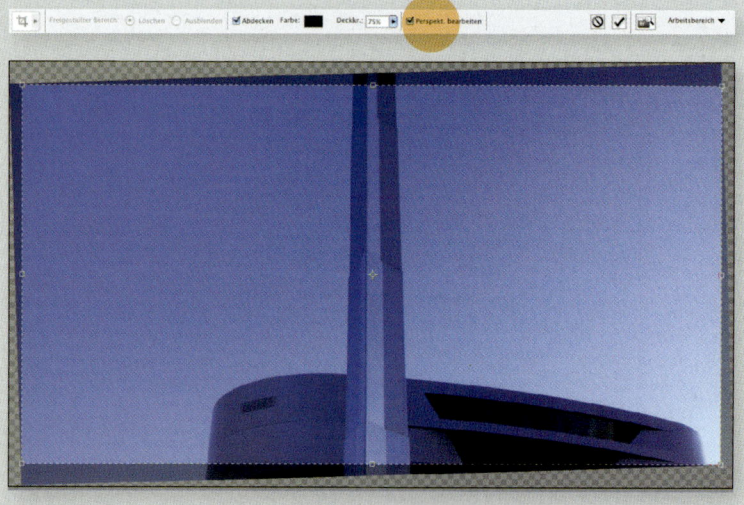

[5] Arbeitsfläche verzerren

Nach dem Aufziehen des Rahmens ändert sich die Leiste der Werkzeugoptionen und ein kleines Feature zur Rahmenausrichtung wird anwählbar.
Setzen Sie ein Häkchen in das Kontrollfeld *Perspektive bearbeiten.* Nun können die Eckankerpunkte des Freistellrahmens individuell platziert werden.
Damit bei dem Motiv nicht zu viel weggeschnitten wird, wurde hier etwas gemogelt und der Ankerpunkt unten links zur Bildkante verlängert. Mit der [Enter]-Taste stellen Sie das perspektivisch verzerrte Bild auf ein neues Format frei.

KAPITEL 20
BILDMONTAGE

[6] **Ebene duplizieren**

Wechseln Sie jetzt zur *Ebenen*-Palette und duplizieren Sie das Ergebnis der neuen Arbeitsfläche.

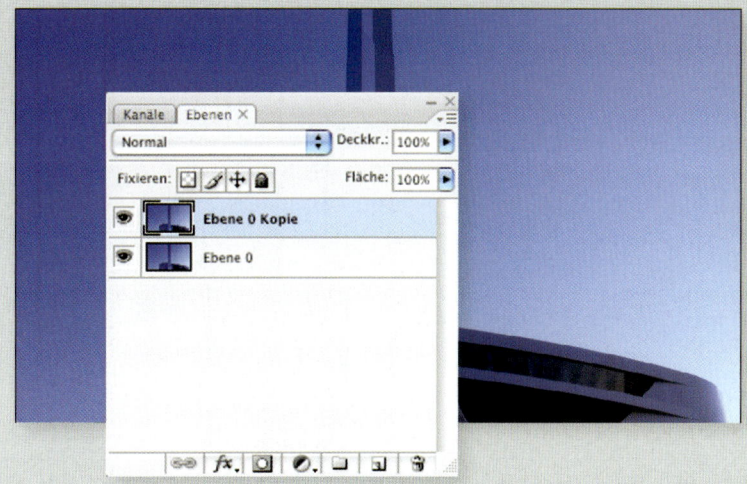

[7] **Neue Hintergrundebene**

Für ein besseres Handling der Ebenen benötigen Sie jetzt noch eine neue Hintergrundfläche. Erstellen Sie eine leere Ebene und verschieben Sie diese in der *Ebenen*-Palette an die unterste Stelle.

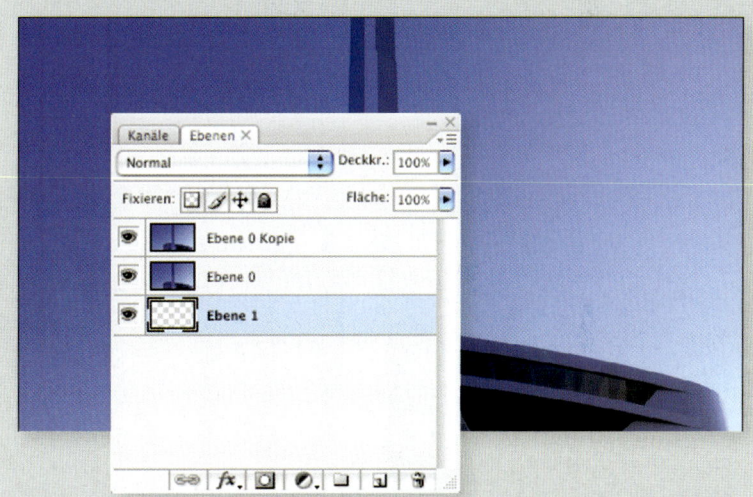

[8] **Arbeitsfläche drehen**

Für das Endresultat soll das Bild um *90°* gedreht werden. Wählen Sie dazu im Menü *Bild* die Funktion *Arbeitsfläche drehen/90° gegen UZS*.

WORKSHOP I

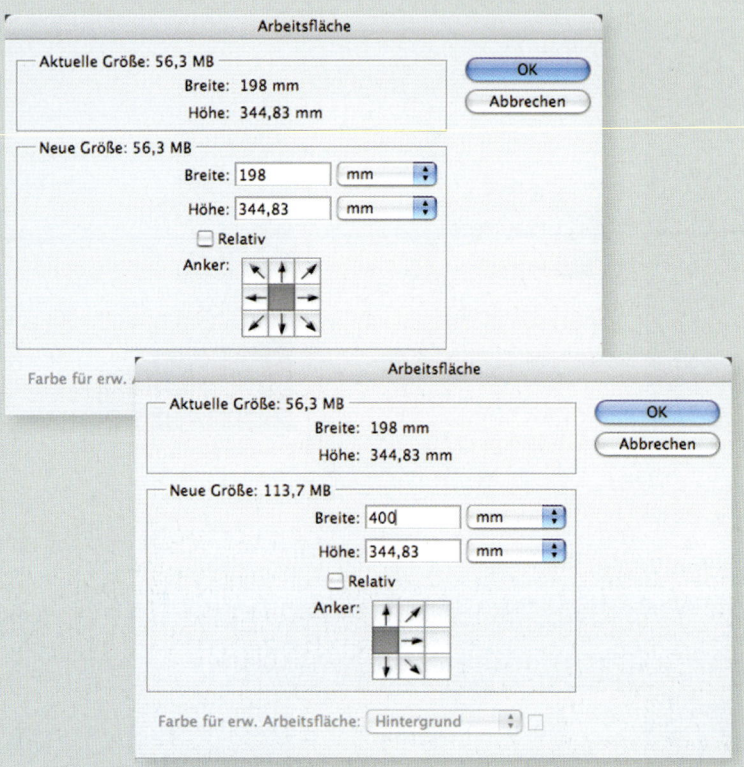

[9] Arbeitsfläche vergrößern

Damit Ihnen die Arbeitsfläche den nötigen Raum zur Platzierung der Ebenen bietet, wird diese verbreitert. Gehen Sie dazu in das Menü *Bild* und wählen Sie die Funktion *Arbeitsfläche*. Unter *Breite* und *Höhe* können Sie die neuen Maße angeben, im Pop-up-Menü daneben die gewünschte Maßeinheit. Im aktuellen Arbeitsbeispiel wird die Breite auf *400 mm* vergrößert. Klicken Sie unter *Anker* auf ein Quadrat, von dem aus die neue Größe der Arbeitsfläche berechnet werden soll, hier das linke Quadrat der mittleren Reihe.

[10] Ebene auswählen

Entscheiden Sie, welche der Ebenen Sie anschließend spiegeln und versetzen wollen. Markieren Sie diese in Ihrer *Ebenen*-Palette.

KAPITEL 20
BILDMONTAGE

[11] Motivebene spiegeln

Eine der duplizierten Ebenen soll jetzt genau spiegelverkehrt dargestellt werden. Mit *Bearbeiten/Transformieren/Horizontal spiegeln* wird der Ebeneninhalt gespiegelt.

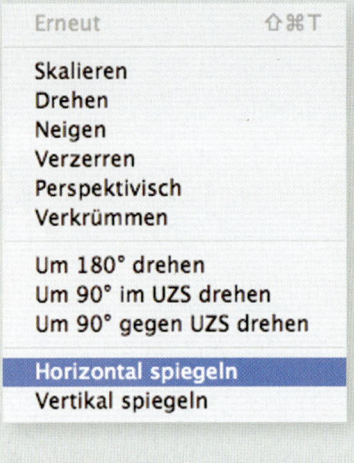

[12] Ebene versetzen

Mit dem *Verschieben*-Werkzeug versetzen Sie die gespiegelte Ebene an die andere Bildkante.

[13] Neue Hilfslinie

Zur folgenden Positionierung der Ebenen erstellen Sie eine Hilfslinie exakt in der Mitte der Arbeitsfläche.
Damit Sie nicht nur ungefähr die Mitte treffen, wählen Sie im Menü *Ansicht* die Funktion *Neue Hilfslinie*. Im Dialogfeld *Neue Hilfslinie* geben Sie unter *Position* als Maßangabe einen Prozentwert ein. Die Hälfte der Arbeitsfläche ist mit *50 %* exakt definiert.

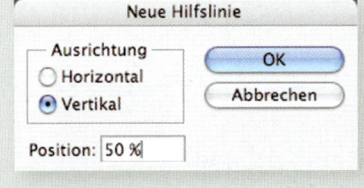

WORKSHOP I

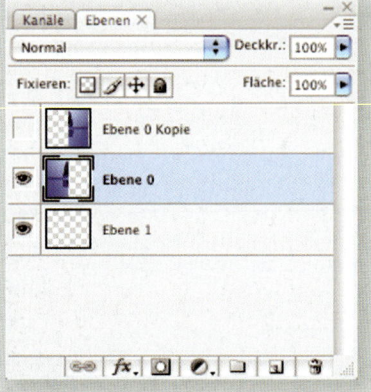

[14] **Ebenen ausrichten**

Beide Ebenen sollten sich um den gleichen Wert in der Mitte der Arbeitsfläche überlappen. Je mehr sich diese Flächen decken, desto besser kann im folgenden Arbeitsschritt *Ebenen automatisch füllen* die Überblendungsautomatik arbeiten. Positionieren Sie erst die obere Ebene, blenden diese dann aus und verschieben die untere dann um den gleichen Wert.

[15] **Mehrere Ebenen auswählen**

Markieren Sie die Motivebenen, die im Bereich der Überlappung miteinander verschmolzen werden sollen. Halten Sie dabei die [Strg]-Taste gedrückt und Sie können alle Ebenen, die Sie anklicken, markieren und auswählen.

[16] **Maskieren**

Unter dem Menüpunkt *Bearbeiten* finden Sie den neuen Befehl *Ebenen automatisch füllen*. Beiden Ebenen wird eine Ebenenmaske hinzugefügt und sie werden an den überdeckenden Stellen unsichtbar verschmolzen.

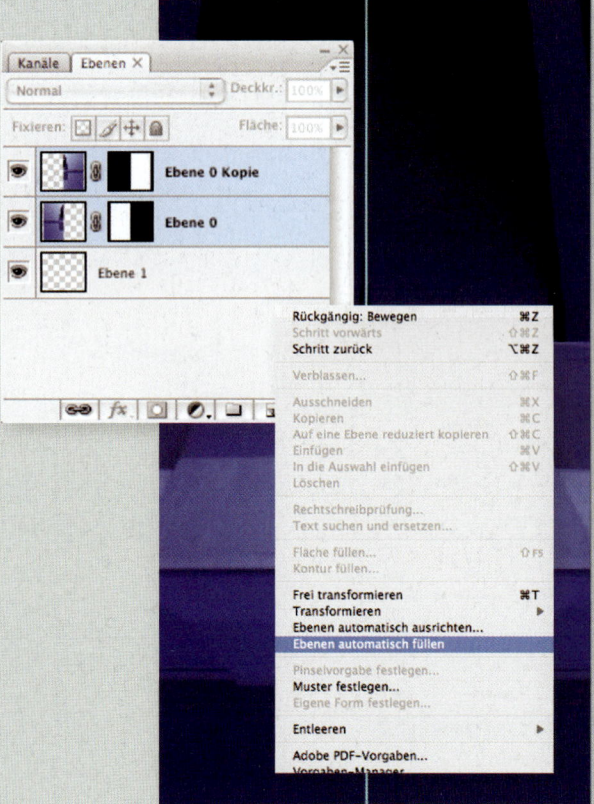

KAPITEL 20
BILDMONTAGE

[17] **Retuscheebene erstellen**

Feinheiten können jetzt anschließend auf einer eigenen Retuscheebene ausgebessert werden. Verschieben Sie die noch leere Ebene in die obere Position der *Ebenen*-Palette

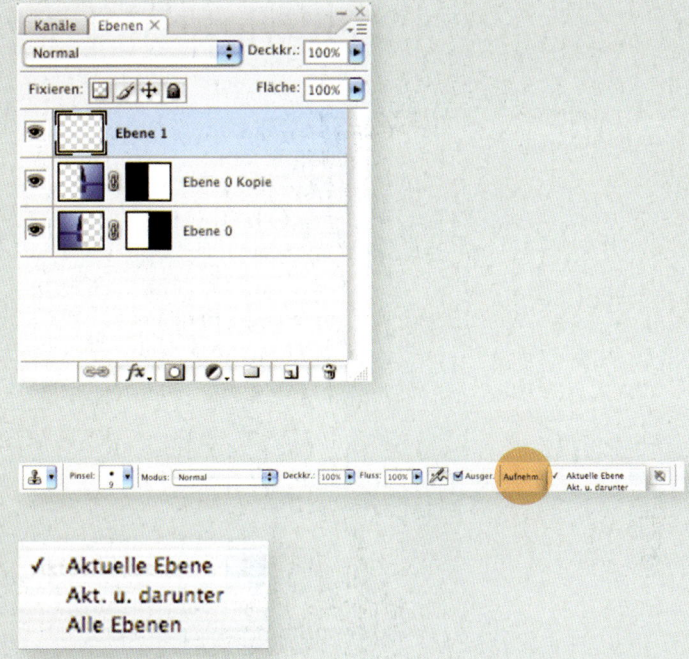

[18] **Bild-Komposing verfeinern**

Wählen Sie aus der Werkzeugleiste das *Kopierstempel*-Werkzeug und aktivieren Sie in den Werkzeugoptionen im Pop-up-Menü *Aufnehmen/Alle Ebenen*. Alle Retuschearbeiten, die mit dem *Kopierstempel*-Werkzeug ausgeführt wurden, werden so auf einer eigenen Ebene gespeichert und können jederzeit nachkorrigiert werden.

WORKSHOP 2

Bildebenen überblenden

Kennen Sie das Dilemma von Serienaufnahmen, in denen das eine Bild etwas hat, was im nächsten fehlt, und umgekehrt. Hier bietet Ihnen Photoshop CS3 eine fantastische, einfache Lösung.

VORHER
Sie sehen zwei ähnliche Einzelaufnahmen, die einen guten Ansatz zeigen aber dann den Auswahlkriterien nicht genügen. Zum einen wegen der Belichtung, zum anderen wegen der Pose. (Foto: Guido Sonnenberg)

NACHHER
Aus den Bildern wurden einzelne Elemente herausgenommen und zu einem Bild vereint.

KAPITEL 20
BILDMONTAGE

[1] Bilddateien zusammenfassen

Öffnen Sie zwei ähnliche Bilddokumente in Photoshop CS3 und ordnen Sie beide über *Fenster/Anordnen/Nebeneinander* an. Für diesen Workshop wurden zwei Bilder mit ähnlichem Hintergrund ausgewählt. In dem einen Bild ist die Belichtung in Ordnung, in der anderen Aufnahme ist aber der Ausdruck des Models ansprechender. Von jedem dieser zwei Bilder sollen nun die Sahnestückchen übernommen und in einem Bild kombiniert werden.

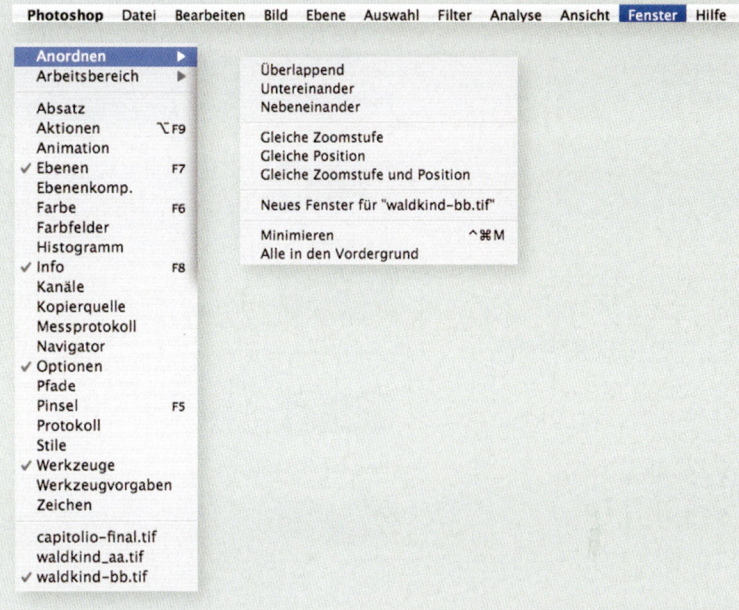

[2] Bilddokumente kombinieren

Die beiden einzelnen Bilddokumente werden nun in einer Datei zusammengefasst. Bei gedrückter [Umschalt]-Taste klicken Sie eines der Bilder mit dem *Verschieben*-Werkzeug an und ziehen dieses per Drag and Drop auf das andere Bild. Durch das gleichzeitige Halten der [Umschalt]-Taste fügt sich das Bild wunderbar an die Dokumentbegrenzungen an. Das Original des positionierten Bildes kann nun geschlossen werden.

[3] Ebenen auswählen

Beide Bilder sind jetzt in einem Dokument zusammengefasst, jeweils auf einer eigenen Ebene. Durch temporäres Ausblenden der oberen Ebene (klicken Sie auf das *Augen*-Symbol) werden Sie erkennen, dass die Motivelemente noch nicht exakt deckungsgleich übereinanderliegen. Wählen Sie in der *Ebenen*-Palette die Ebenen aus, die miteinander ausgerichtet werden sollen. Drücken Sie dabei die [Umschalt]-Taste und markieren Sie die Ebenen.

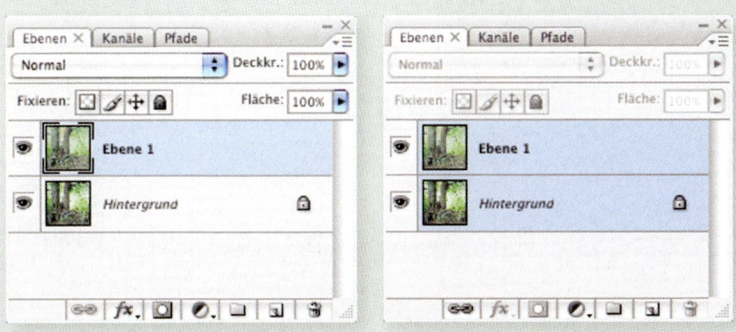

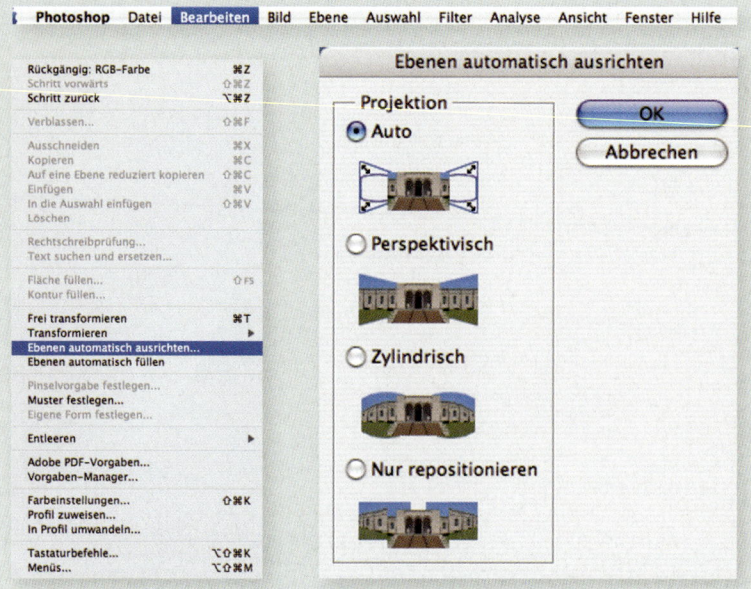

[4] Ebenen ausrichten

Im Menü *Bearbeiten* wählen Sie die Funktion *Ebenen automatisch ausrichten*. Das gleichnamige Dialogfeld bietet Ihnen mehrere Möglichkeiten an, wie die ausgewählten Bilder zueinander projektiert werden können. Machen Sie sich das Leben einfach und wählen Sie *Auto*. Bestätigen Sie dann mit *OK*.
Überprüfen Sie die Ausrichtung von Photoshop durch erneutes Ausblenden der oberen Ebene. Denken Sie an die Animationsmöglichkeiten, die sich hier ergeben. Den Hintergrund verschiedener Bilder ausrichten und die Objekte (Menschen) im Vordergrund scheinen sich in den Ebenen zu bewegen.

[5] Ebenenmaske hinzufügen

Da der Hintergrund perfekt ausgerichtet wurde, ist es kein Problem, den gewünschten Ebeneninhalt mit einer Ebenenmaske einzublenden. Weisen Sie die Ebenenmaske der oberen Ebene zu.
Da die Ebenenmaske standardmäßig in Weiß angelegt wird (also alles sichtbar), wird durch das Abdecken mit Schwarz der untere Ebeneninhalt eingeblendet.

[6] Ebenenmaske gegebenenfalls umkehren

Möchten Sie die untere Ebene als Hauptmotiv haben, füllen Sie die weiß gefüllte Maske komplett mit der Farbe Schwarz. Unter *Bild/Anpassungen/Umkehren* können Sie die Maske invertieren.
Tragen Sie jetzt weiße Farbe mit dem *Pinsel*-Werkzeug auf die Stellen auf, die von der oberen Ebene übernommen werden sollen.
Achten Sie beim Auftragen der Farbe darauf, dass der Ebenenrahmen um die Ebenenmaske liegt. Ansonsten würden Sie die Farbe unerwünschterweise auf Ihr Bild auftragen.

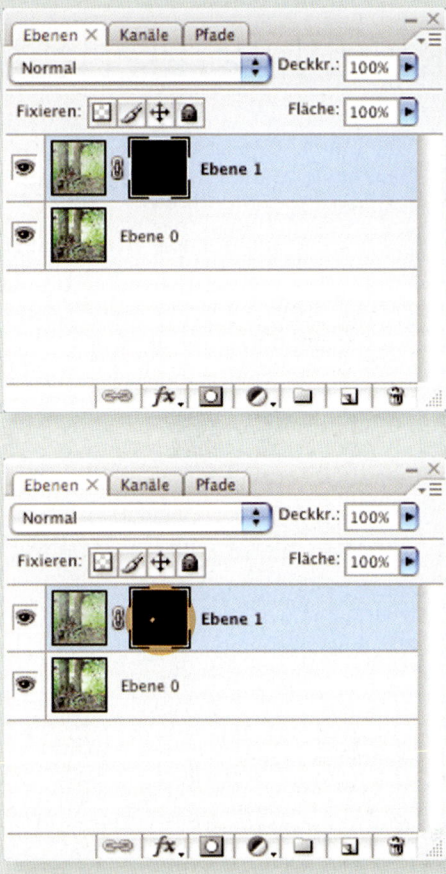

WORKSHOP 3

Komplexe Freisteller

*Ein Problem, das vielen „Photoshoppern" früher oder später einmal begegnen wird, ist das problematische Freistellen von strukturierten oder farblich ähnlichen Objekten. Doch gerade für die diffizileren Freistellaufgaben ist der Photoshop-Filter **Extrahieren** ein hilfreicher Assistent.*

VORHER
*In der Aufnahme findet sich ein strukturierter Hintergrund, der keine schnelle Freistellung von Objekten zulässt. Auch die Auswahl von Farbflächen würde zu keiner schnellen Objektisolierung führen.
(Foto: Guido Sonnenberg)*

NACHHER
*Die zwei Musikerinnen wurden mit dem **Extrahieren**-Assistenten freigestellt und anschließend verfremdet.*

KAPITEL 20
BILDMONTAGE

[1] Ebene duplizieren

Der Filter *Extrahieren* ist ein destruktives Werkzeug. Er löscht unwiederbringlich Pixel. Kopieren Sie deshalb, bevor Sie loslegen, die Hintergrundebene und blenden Sie das Original aus.

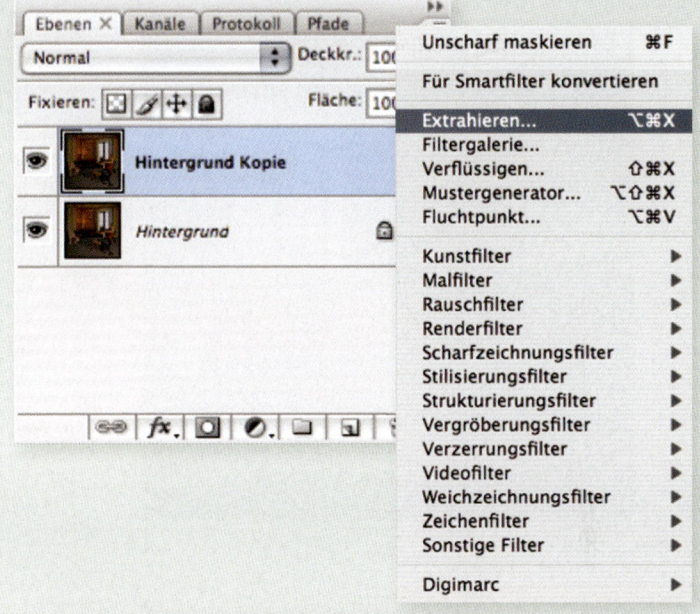

[2] Freistellfilter

Im Dialogfeld *Extrahieren* können Sie Ihre Objekte Schritt für Schritt vorbereiten. Als Erstes muss dem Filter gezeigt werden, wo die Grenze zwischen Freistellobjekt und zu löschendem Bereich zu suchen ist.
Aktivieren Sie zur Unterstützung im Bereich *Werkzeugoptionen* die Option *Hervorhebungshilfe*. Beim Nachzeichnen der Konturen werden die Kanten wie magnetisch sein.

[3] Konturen nachzeichnen

Aktivieren Sie in der Werkzeugleiste des Dialogfelds den *Kantenmarker*. Zeichnen Sie mit dem *Kantenmarker* eine Linie um die Freistellobjekte herum. Sie können dabei jederzeit absetzen und an anderer Stelle weitermalen. Aber achten Sie darauf, dass keine Lücken offen bleiben.
An klaren Kanten darf die Linie sehr dünn sein, an schlecht differenzierbaren etwas stärker. Je kleiner die Werkzeugspitze des *Kantenmarkers* ist, desto sauberer wird die Freistellung ausfallen. In haarigen Zonen setzen Sie den Marker großflächig ein, damit die Filterfunktion alle Details erfassen kann.

WORKSHOP 3

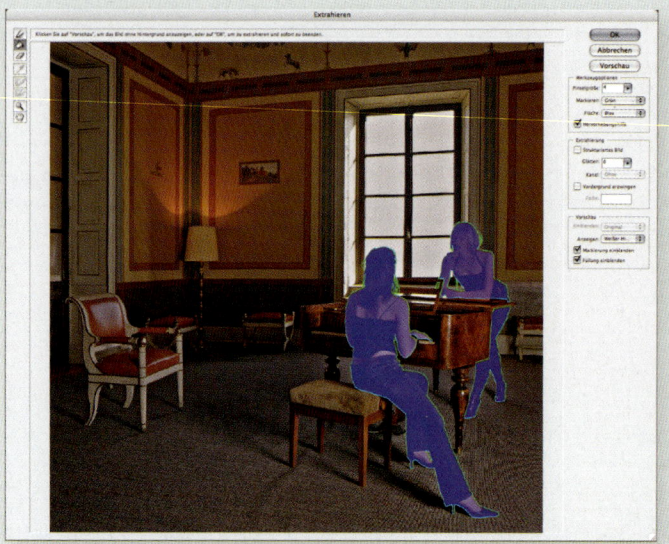

[4] Bereiche schützen

Wählen Sie anschließend in der Werkzeugleiste des Dialofeldes das *Füll*-Werkzeug und klicken damit in den geschlossenen Bildbereich. So erkennt der Freistellfilter, welcher Teil des Bildes erhalten bleiben soll.
Läuft die Farbe nicht über das ganze Bild aus, dann haben Sie sauber gearbeitet und keine Lücke offen gelassen. Ansonsten müssen Sie die offene Stelle suchen und mit dem Marker schließen.

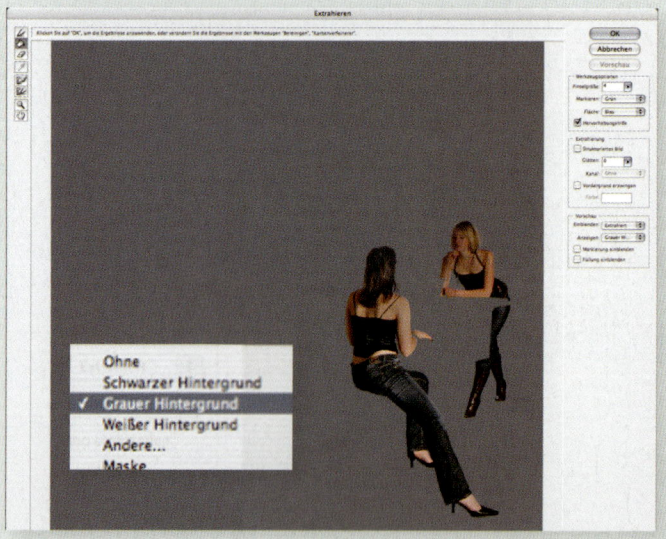

[5] Vorschau erstellen

Um die spätere Endversion der Freistellung zu überprüfen, klicken Sie die *Vorschau*-Schaltfläche an. Überprüfen Sie die Details auf verschiedenen Hintergrundfarben.

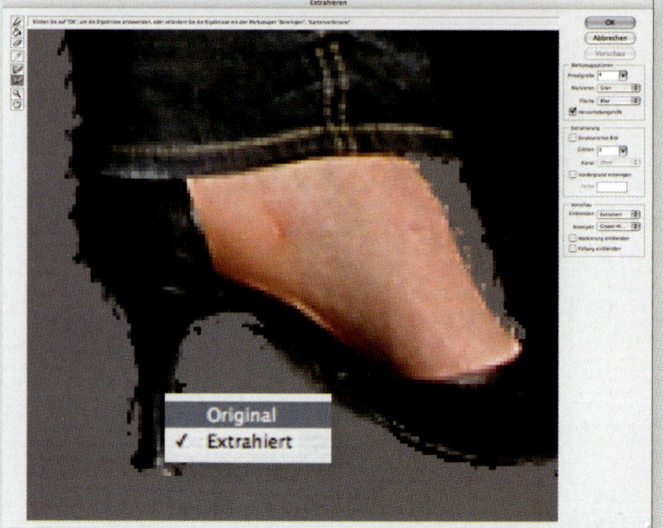

[6] Nacharbeit

Unsaubere Freistellkanten weisen auf einen schwachen Bildkontrast oder auf zu dicke Markierungskanten hin. Wählen Sie im Bereich *Vorschau* unter dem Pop-up-Menü *Einblenden* die Option *Original* aus und aktivieren Sie das eckige Kontrollfeld *Markierung einblenden*. Aktivieren Sie im Bereich *Extrahierung* das Kontrollfeld *Strukturiertes Bild*, wenn Sie ein Bild ohne klaren Hintergrund haben. Glattere Freistellkanten erhalten Sie auch, wenn Sie die Glättung hochsetzen. Bei besonders komplizierten Objekten, die keinen klaren Innenbereich besitzen, aktivieren Sie *Vordergrund erzwingen*. Beachten Sie, für die neue Freistellberechnung müssen Sie erst noch einmal das *Füllwerkzeug* einsetzen.

KAPITEL 20
BILDMONTAGE

[7] Kantendeckkraft

Freigestellte Kanten, die ungewünschte transparente Bereiche aufzeigen, können mit dem Werkzeug *Bereinigen* korrigiert werden. Damit können Sie die Deckkraft der Pixel verringern. Mit gedrückter [Alt]-Taste stellen Sie die volle Deckkraft wieder her.
Malen Sie über unsaubere Kanten mit dem *Kantenverfeinerer*, dann werden die Freistellungsübergänge kontrastreicher und deutlicher, bis daraus eine klare Kante resultiert. Drücken Sie dabei die [Alt]-Taste, erzielen Sie genau das Gegenteil.

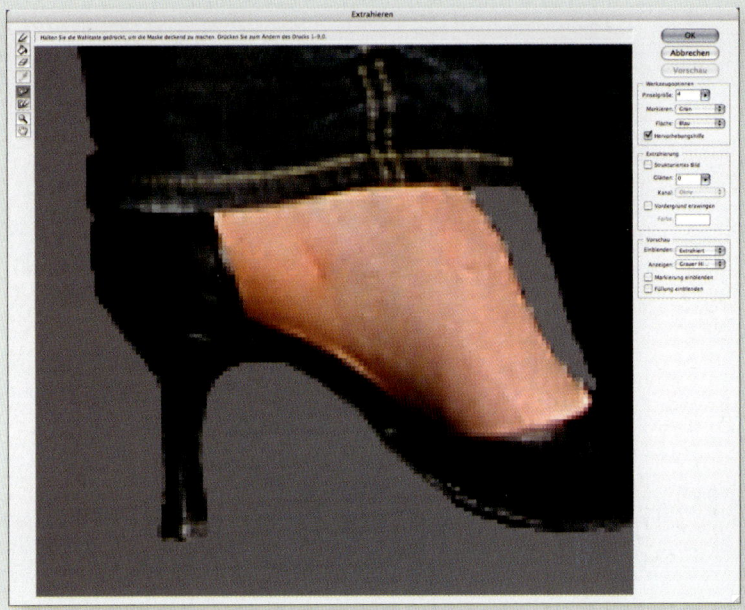

[8] Destruktives Freistellen

Bestätigen Sie die Filtereinstellungen mit *OK* und das Ergebnis wird auf transparentem Hintergrund angezeigt. Spätere Korrekturen sind jetzt leider ausgeschlossen, da alle übrigen Pixel gelöscht worden sind. Um nicht ganz von vorne anfangen zu müssen, hier ein kleiner Trick.

[9] Freistellmaske

Duplizieren Sie erneut die Ebene *Hintergrund*. Um den freigestellten Inhalt als Auswahl zu aktivieren, halten Sie die [Strg]-Taste gedrückt und klicken Sie auf das Ebenensymbol. Wechseln Sie auf die Motivebene und weisen Sie dieser eine Ebenenmaske zu.
Beide Freistellergebnisse sind identisch bis auf den gravierenden Unterschied, dass Sie jetzt jederzeit durch eine Korrektur der Maske die Freistellung nachträglich beeinflussen können.

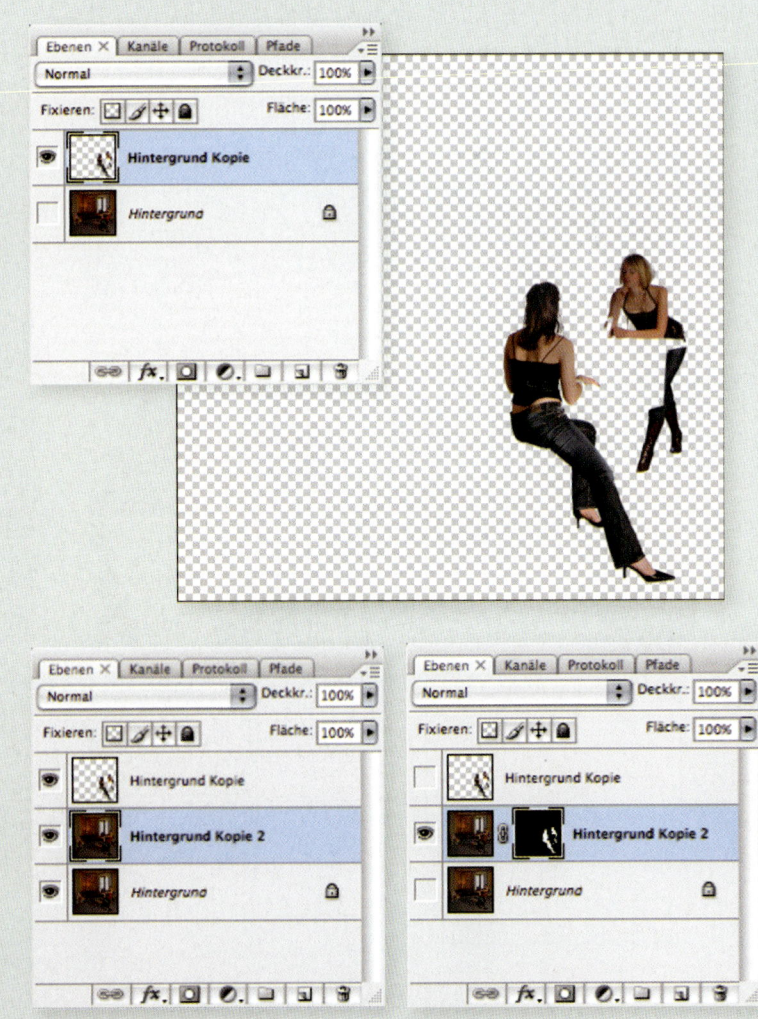

WORKSHOP 3

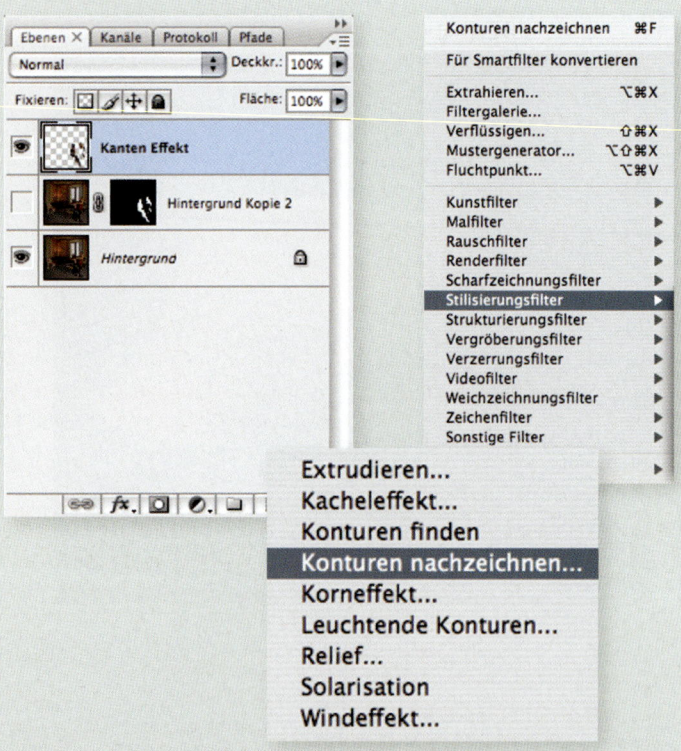

[10] Effektfilter

Bei der destruktiv freigestellten Ebene bietet es sich an, mit dem Filter *Konturen nachzeichnen* zu experimentieren.

[11] Konturen andeuten

Über das Menü *Filter/Stilisierungsfilter* wählen Sie die Funktion *Konturen nachzeichnen*. Experimentieren Sie, um herauszufinden, welche Werte Ihre Kanten im Bild am besten herausarbeiten. *Kante Obere* zeichnet die Konturen an Farbwerten heraus, die oberhalb des angegebenen Wertes liegen.

KAPITEL 20
BILDMONTAGE

[12] Farbe entziehen

Die bunten Konturen können Sie über *Bild/Anpassungen/Sättigung verringern* in Schwarzweiß umwandeln. Das identische Ergebnis erhalten Sie auch über *Farbton/Sättigung* mit dem Sättigungswert *-100*.

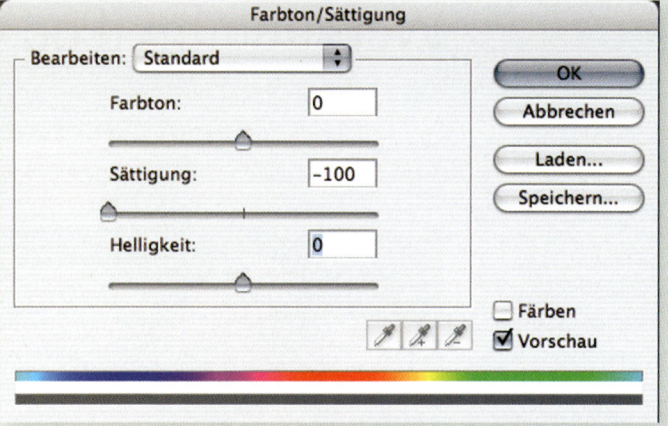

[13] Smart Objekt-Lösung

Wenn Sie die flexiblere Lösung bevorzugen, dann wandeln Sie die freigestellte Ebene erst in ein Smart Objekt um und wenden darauf den Filter an. Die Funktion *Sättigung verringern* steht dem Smart Objekt nicht zur Verfügung, so dass hier für eine Graustufenumsetzung nur der Weg über die Einstellungsebene *Farbton/Sättigung* oder *Schwarzweiß* führt.
Um die Konturen anzupassen, können Sie noch mit dem Gammaregler der *Tonwertkorrektur* die Intensität anpassen.

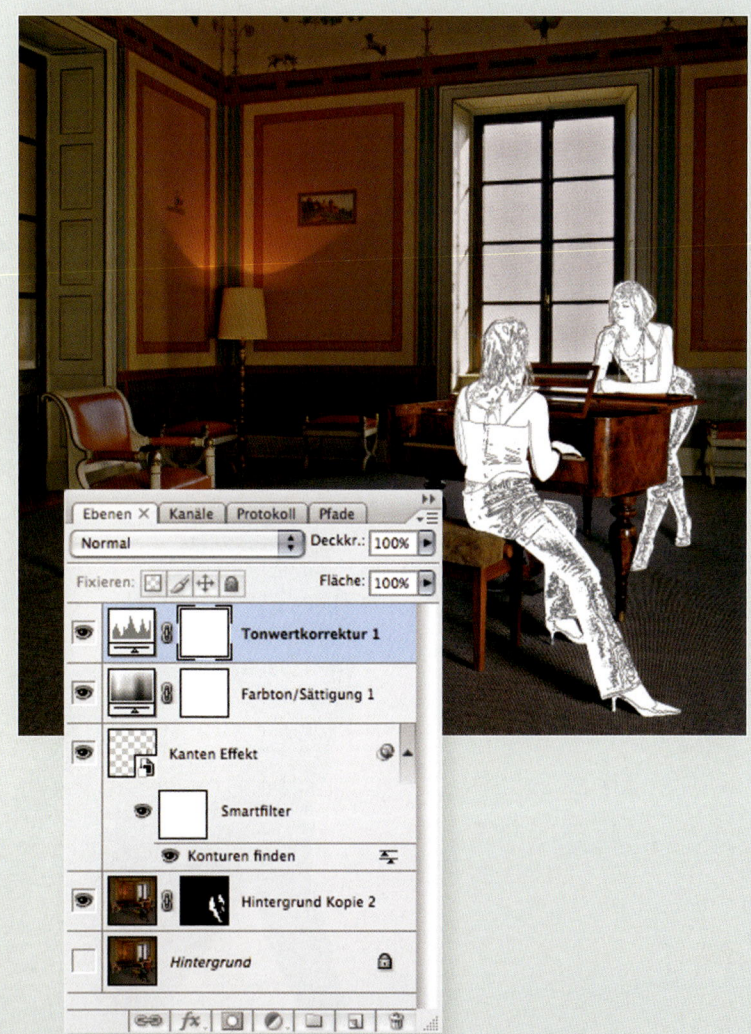

 **WORKSHOP 4**

Werbung im iPod-Stil

Die Medienindustrie macht mit beeindruckenden Plakaten und Bildern Werbung. Einige der dabei verwendeten Effekte können Sie mit relativ einfachen Photoshop-Techniken auch selbst nachbauen.

VORHER
Gute Bilder sind oft nicht gut genug beim alltäglichen Kampf um Aufmerksamkeit in der reizüberfluteten Medienlandschaft. (Foto: Guido Sonnenberg)

NACHHER
Neben ungewohnten Perspektiven sind es die grafischen Verfremdungen, die die Aufmerksamkeit des Betrachters auf sich ziehen.

KAPITEL 20
BILDMONTAGE

[1] **Die Ausgangsbasis**

Als vorbereitende Arbeit zu diesem Workshop sollten Sie Ihr Bildmotiv bereits als freigestellte Silhouette im Alphakanal abgespeichert haben.

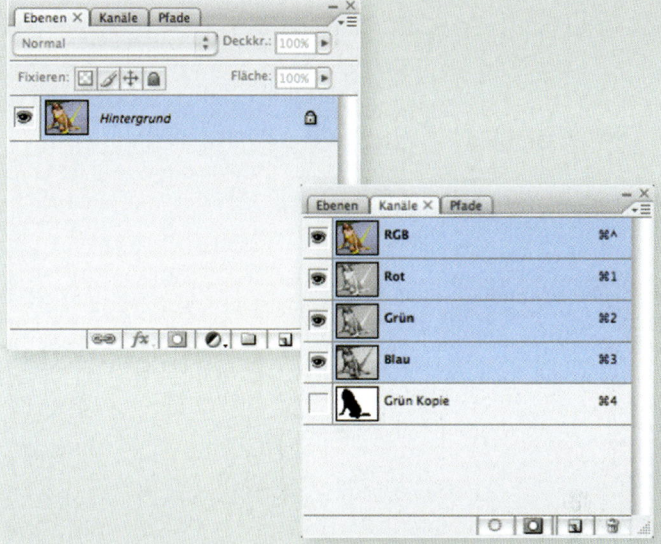

[2] **Motiv isolieren**

Zu Beginn duplizieren Sie die Ebene *Hintergrund* und isolieren das Motiv. Wandeln Sie dazu den Alphakanal in eine Auswahl um, indem Sie auf das gepunktete *Kreis*-Symbol in der Symbolleiste der *Kanäle*-Palette klicken. Aktivieren Sie dann bei der laufenden Auswahl in der *Ebenen*-Palette das Symbol *Maske hinzufügen*. Die Auswahl wird als Maskenfüllung verwendet.

493

WORKSHOP 4

[3] Auswahl umkehren

Schwarz symbolisiert „nicht sichtbar" in der Maske. So kann es durchaus sein, dass Sie Ihre Maskierung invertieren müssen, denn auf der Ebene soll das freigestellte Motiv erkennbar sein und nicht der Hintergrund.

KAPITEL 20
BILDMONTAGE

[4] Poppiger Hintergrund

Der iPod-Stil zeichnet sich durch poppige Hintergrundfarben aus. Legen Sie dafür eine neue, leere Ebene an und füllen Sie diese mit einer der typischen RGB-Farben.

Pink	235	82	150
Orange	245	145	16
Yellow	231	171	0
Green	64	201	60
Blue	0	148	224
Purple	164	106	168

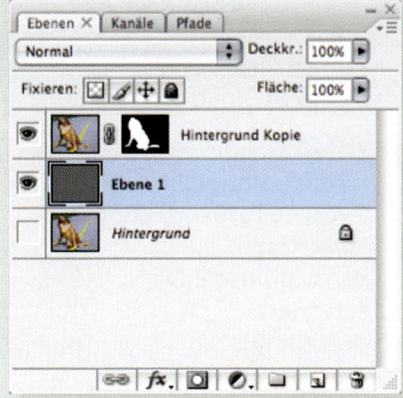

[5] Ebenenschichtung anpassen

Natürlich muss die neue Ebene mit dem Farbhintergrund noch unterhalb des Objektes positioniert werden.

[6] Flexibilität mit der Einstellungsebene

Gott muss ein Maler sein, hätte er uns sonst so viele Farben geschenkt? Welche Farbe wählen Sie? Probieren Sie alle aus.
Erstellen Sie oberhalb der Farbhintergrundebene eine Einstellungsebene vom Typ *Farbton/Sättigung*. Aktivieren Sie im Dialogfeld die Option *Färben* und spielen Sie mit den drei Reglern. Pastellene Farbnuancen, die in der Regel besser zum iPod-Stil passen, erreichen Sie, indem Sie die *Helligkeit* auf ca. *+75* setzen.

WORKSHOP 4

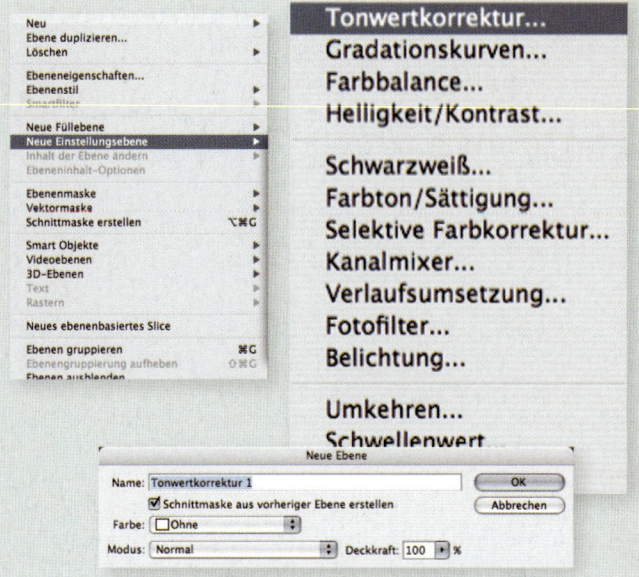

[7] **Schnittmaske erstellen**

Wenden Sie sich wieder der Motivebene zu. Für die Umwandlung des Motivs in die Schattentechnik benötigen Sie zwei weitere Einstellungsebenen, die aber nur die Motivebene beeinflussen dürfen.
Über *Ebenen/Neue Einstellungsebene* erstellen Sie eine *Tonwertkorrektur-* und eine *Schwarzweiß*-Ebene. In dem sich öffnenden Dialogfeld aktivieren Sie das Kästchen für *Schnittmaske aus vorheriger Ebene erstellen*.

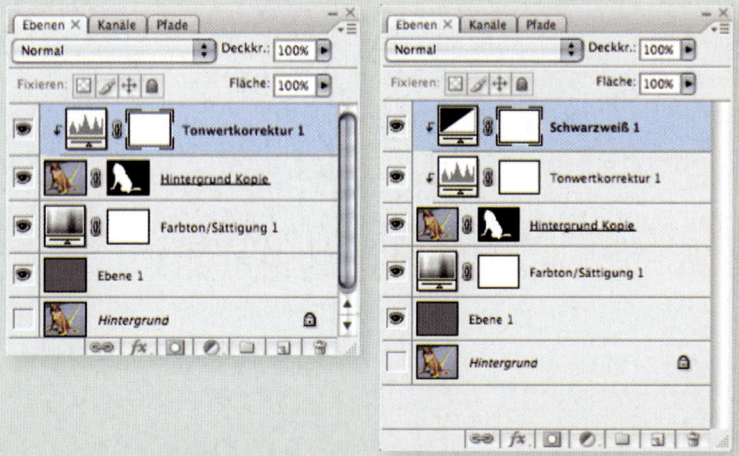

[8] **Schwarzweiß-Look**

Beginnen Sie mit der farblichen Reduzierung Ihres Bildmotivs nach schwarzweiß. Benutzen Sie hier die *Auto*-Schaltfläche für eine gute Graustufenbasis. Individuelle Anpassungen können Sie je nach Geschmack und Laune vornehmen.

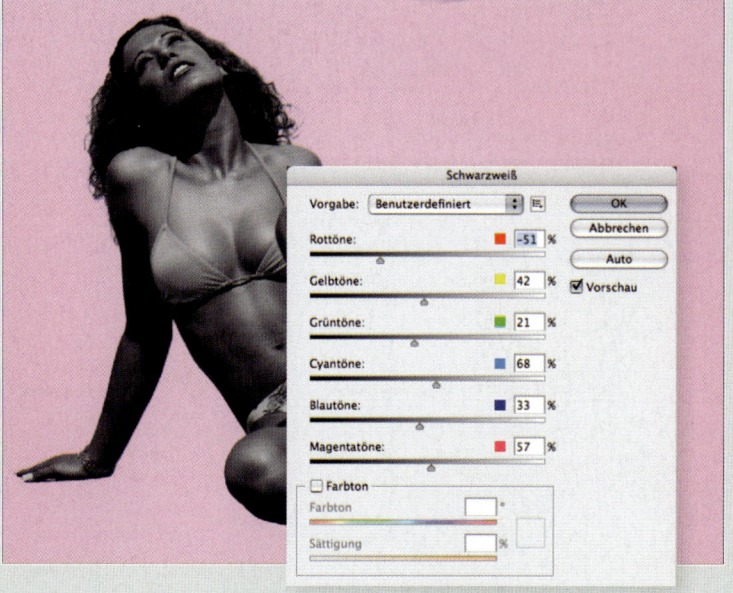

KAPITEL 20
BILDMONTAGE

[9] Tonwertzerstörung

Für den typischen Dunkel-Look werden die Regler der Tonwerte extrem nach rechts verschoben. Den richtigen Look finden Sie mit etwas „Forschergeist" im Zusammenspiel mit den schwarzen und grauen Reglerdreiecken. Das Motiv soll dunkel, aber nicht völlig schwarz zulaufen. Die Bildlichter sollen die Motivmodulation gerade noch erahnen lassen. Um diese zu akzentuieren, müssen Sie den weißen Dreiecksregler ein wenig nach links versetzen.

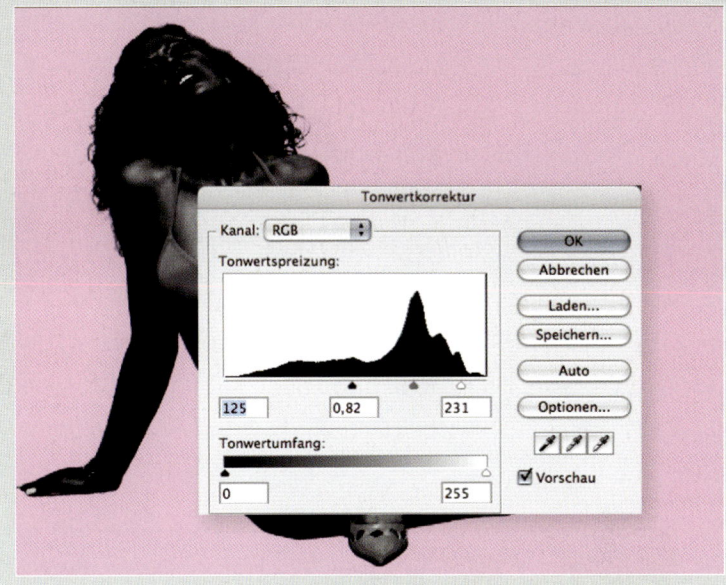

[10] Selektive Schwärzung

Für kleine Bereiche in Ihrem Motiv, die nicht mit der Tonwerteverzerrung abgedunkelt werden können und störend wirken, legen Sie eine eigene leere Ebene an. Auf dieser können Sie mit Schwarz die betroffenen Bereiche manuell übermalen.
Damit sich diese Ebene, genau wie die Einstellungsebenen, nur auf die Motivebene bezieht, können Sie diese ebenfalls als Schnittebene definieren, indem Sie mit gedrückter [Alt]-Taste auf die Trennlinie der Ebenen klicken.

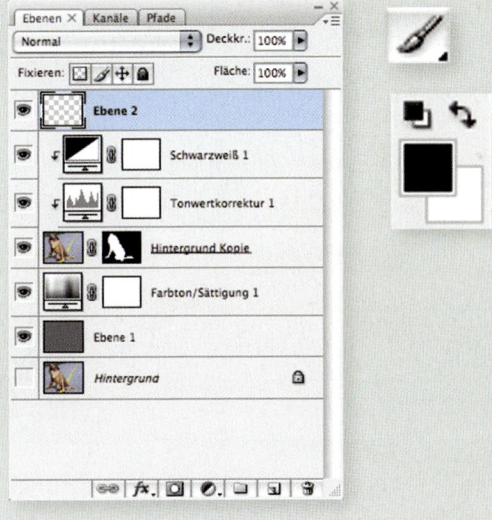

[11] Durchscheinende Farbe

Damit die Hintergrundfarbe an den helleren Flächen im Motiv durchscheint, stellen Sie den Ebenenmodus der Motivebene auf *Multiplizieren* um.

WORKSHOP 4

[12] Exkurs zum Original

Aktivieren Sie noch einmal die Ansicht der Original-Hintergrundebene. Die Schatten geben die optische Gewissheit, dass das Motiv nicht schwebt. In den nächsten Schritten wird auch dem iPod-Motiv ein Schatten hinzugefügt.

[13] Maskierungsmodus

Wechseln Sie in der Werkzeugleiste vom *Standardmodus* in den *Maskierungsmodus*. Drücken Sie die Taste [D], damit in Ihrem Farbwähler der Werkzeugleiste die Standardfarben Schwarz und Weiß repositioniert werden. Malen Sie mit Schwarz die Schattenflächen im Bild großzügig nach.

[14] Auswahl malen

Lassen Sie sich nicht verwirren, wenn die Farbe, die Sie auftragen, nicht Schwarz, sondern wahrscheinlich Rot ist. Sie befinden sich im *Maskierungsmodus* und die Maskenfarbe ist in Photoshop standardmäßig auf Rot eingestellt. Mit einen Doppelklick auf das Symbol können Sie ggf. eine andere Farbe zuweisen und die *Deckkraft* der Maskierungsfarbe verändern. Die gewählte Farbe Schwarz bedeutet für den Maskierungsmodus nichts anderes als „volle Deckkraft".
Wechseln Sie danach wieder in den *Standardmodus*, verwandeln sich die gemalten Flächen in Auswahlbereiche um. Ein genialer Trick, eine Auswahl mit einem Malwerkzeug zu erstellen. Kehren Sie die Auswahl für den nächsten Schritt noch um.

KAPITEL 20
BILDMONTAGE

[15] **Auswahl füllen**

Füllen Sie die Auswahl mit Schwarz auf einer eigenen, neuen Ebene. Damit die harten Kanten weicher werden, müssen Sie anschließend mit dem *Gaußschen Weichzeichner* die Ebenenfüllung bearbeiten.

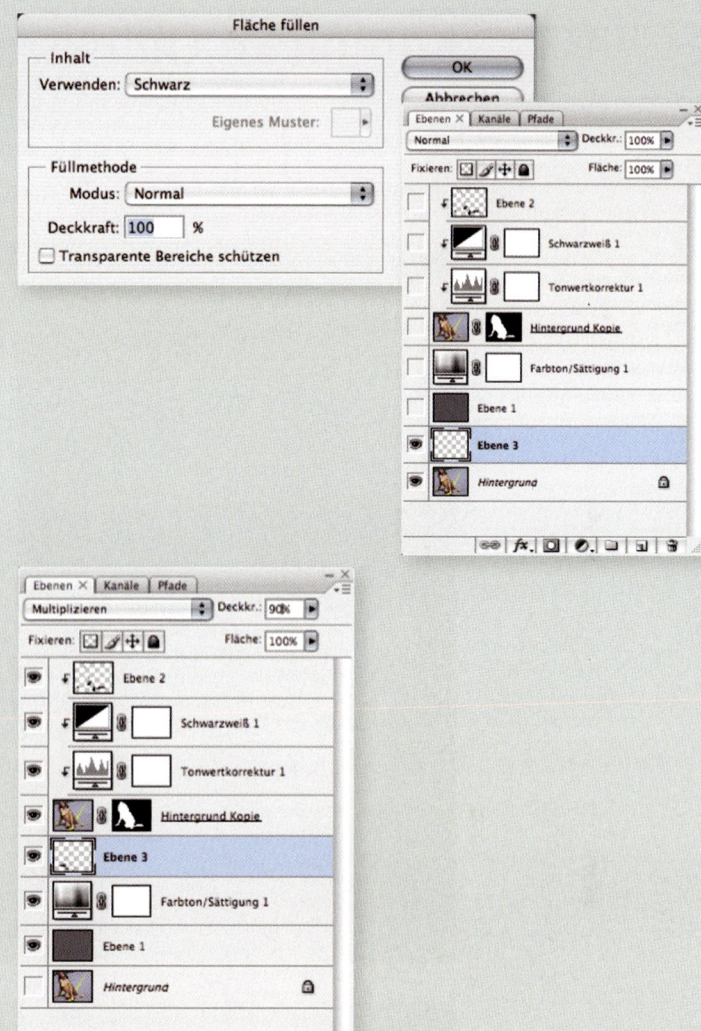

[16] **Schattenebene platzieren**

Ordnen Sie die Ebenen mit der Schattenfläche unterhalb der Motive an. Den Ebenenmodus stellen Sie auf *Multiplizieren* um und die *Deckkraft* passen Sie nach Geschmack an.

[17] **Feintuning der Schatten**

Schatten wirkt realistischer, wenn er mit zunehmender Entfernung zum Objekt heller wird und sich letztendlich ganz auflöst.
Bearbeiten Sie Ihren Schatten mit dem *Abwedler*-Werkzeug nach. In der Leiste der Werkzeugoptionen geben Sie einen geringen Wert von ca. *15 %* ein und hellen durch mehrmaliges Übermalen die einzelnen Schattenbereiche selektiv auf.

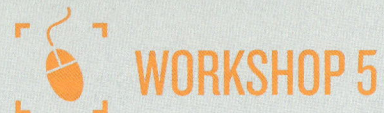

WORKSHOP 5

Komplexe Objektretusche

Wenn Bildbereiche durch andere Pixel zu ersetzen sind, ist man dankbar, wenn aus einem anderen Teilbereich oder gar einem anderen Foto deckungsgleiche Elemente dafür herhalten können.

VORHER
*Die dritte Protagonistin ist offensichtlich deplatziert und soll entfernt werden. Der Fokus soll eindeutig auf die zwei Musikerinnen zentriert werden.
(Foto: Guido Sonnenberg)*

NACHHER
Die betroffenen Bildbereiche wurden mithilfe ähnlicher Objekte aus einer anderen Aufnahme überdeckt und an die Lichtgegebenheiten angepasst.

KAPITEL 20
BILDMONTAGE

[1] **Fotobereich auswählen**

Rein zufällig fand sich bei einem weiteren Motiv der zu ersetzende Bildbereich. Erstellen Sie als Erstes eine großzügige Auswahl mit dem *Auswahlrechteck*-Werkzeug.

[2] **Auswahlkante weichzeichnen**

Schon bei der Auswahl können Sie eine harte Auswahlkante vermeiden. Hierzu wählen Sie im Menü *Auswahl/Auswahl verändern* die Funktion *Weiche Kante*. Geben Sie unter *Radius* einen Wert von *2* Pixeln ein und die Kante der aktiven Auswahl wird weicher.

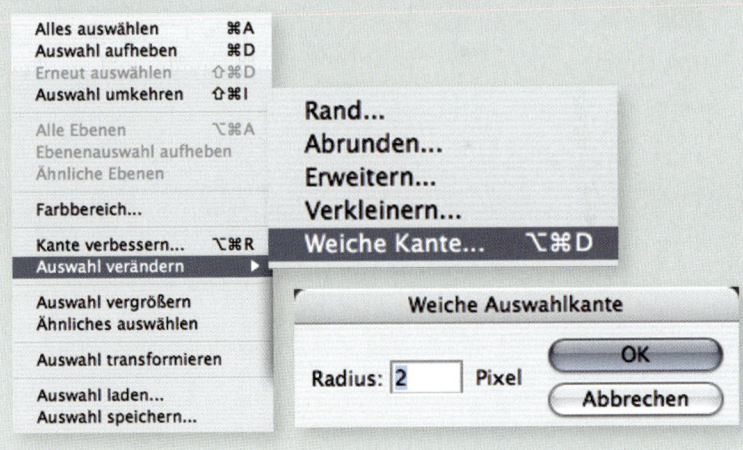

[3] **Pixelbereich klonen**

Isolieren Sie den Bereich innerhalb der Auswahl auf eine eigene Ebene. Drücken Sie die Tastenkombination [Strg]+[J] und der markierte Auswahlbereich wird in einer neuen Ebene abgelegt.

WORKSHOP 5

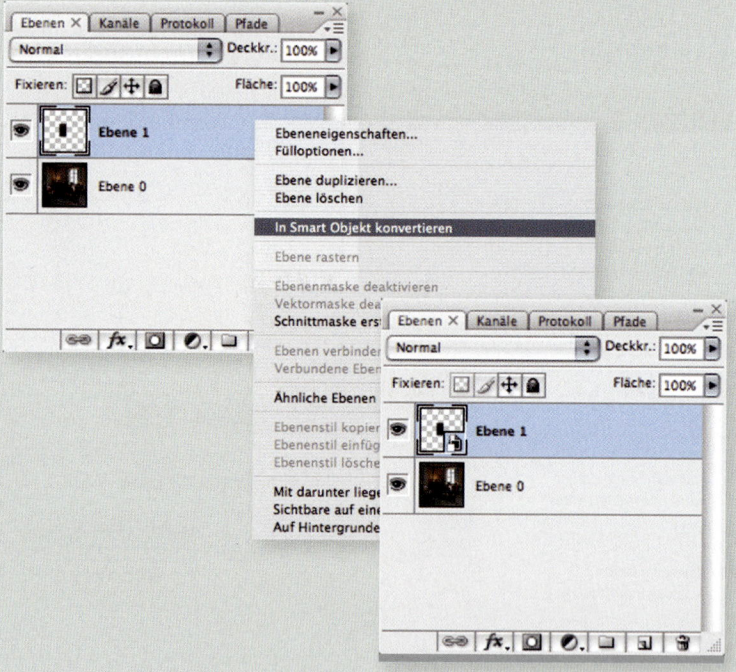

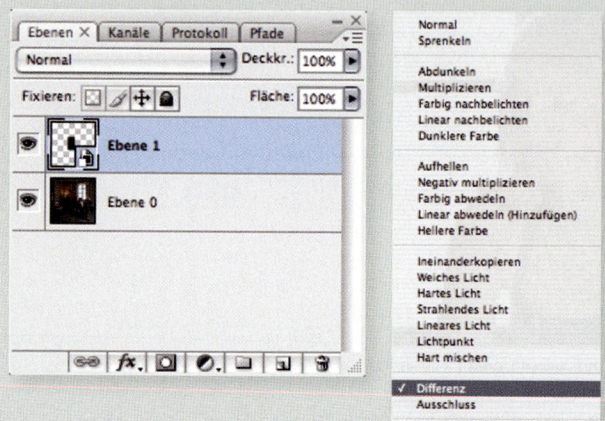

[4] **Pixelbereich verschieben**

Mit dem *Verschieben*-Werkzeug verschieben Sie den Inhalt der Ebene. Dabei ist es gleichgültig, ob Sie den Ebeneninhalt innerhalb des Dokumentes oder von einem zweiten Dokument in ein anderes verschieben möchten.

[5] **Smart Objekt erstellen**

Um die Qualität auch nach mehrfachem Anpassen in Form und Skalierung zu erhalten, wird die Ebene in eine Smart Objekt-Ebene konvertiert.

[6] **Bereichskopie platzieren**

Passen Sie Ihre Kopie dem abzudeckenden Bereich an. Vielleicht ist es leichter, wenn Sie den unteren Bereich dabei erkennen können. Hierzu wechseln Sie den Ebenenmodus von *Normal* auf *Differenz*.

KAPITEL 20
BILDMONTAGE

[7] Objekt anpassen

Wie Sie feststellen werden, ist bei einer Smart Objekt-Ebene die *Transformieren*-Funktion *Verzerren* ausgeblendet und steht nicht zur Verfügung.
Verwenden Sie für das genaue Ausrichten und Anpassen die Funktion *Verkrümmen*. Idealerweise können Sie damit auch einzelne Bildsegmente verzerren.

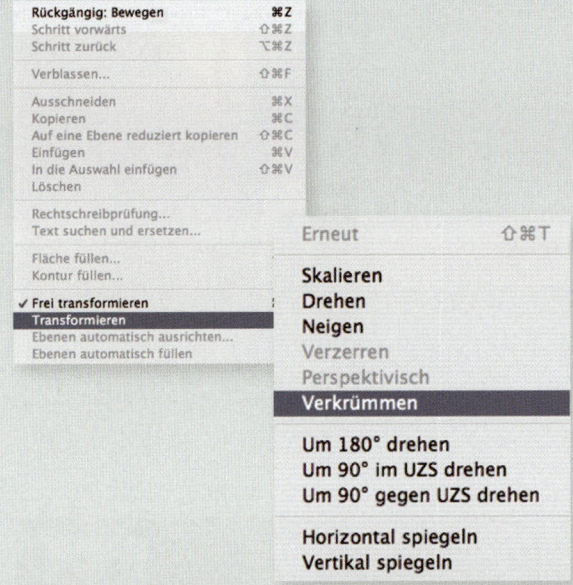

[8] Verkrümmen

Wenn Sie die Steuerpunkte zum Verzerren verwenden, können Sie über *Ansicht/Extras* das Gitter und die Steuerpunkte ein- und ausblenden.
Zum Ändern der Form ziehen Sie die Steuerpunkte, ein Segment des Begrenzungsrahmens oder einen Bereich im Gitter. Wenn Sie einen Kurvenbereich anpassen wollen, verstellen Sie die Grifflinien an den Steuerpunkten. Abschließend bestätigen Sie die Transformation mit Drücken der [Enter]-Taste.

503

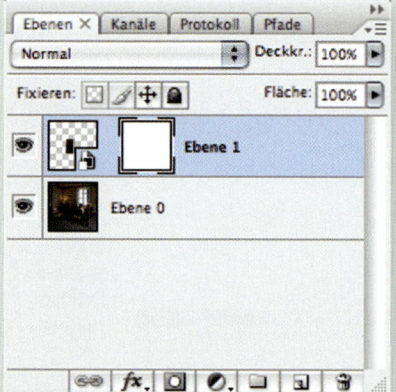

[9] Ebenenmaske hinzufügen

Um einen möglichst weichen Übergang zum Original zu erhalten, werden die nicht erforderlichen, abdeckenden Bereiche mit einer Ebenenmaske weich ausgeblendet. Den gleichen Effekt erhalten Sie auch mit dem *Radiergummi*-Werkzeug, können aber später keine Korrekturen mehr durchführen, da dabei alle Pixel gelöscht werden.

[10] Ebenenmaske bearbeiten

Malen Sie mit einem weichen und in der Deckkraft reduzierten *Pinsel*-Werkzeug die sichtbaren Bereiche weg. Fehler können Sie mit der Farbe Weiß wieder korrigieren. Durch mehrfaches Übermalen erreichen Sie den weichen Übergang. Auch hier können Sie der Einfachheit halber die Füllmethode der Ebene gegebenenfalls auf *Differenz* umstellen.

KAPITEL 20
BILDMONTAGE

[11] **Eingezogene Einstellungsebene**

Anschließende Änderungen von Helligkeit und Farbe sollen sich nur auf die Smart Objekt-Ebene auswirken und nicht auch noch auf die darunter liegende Motivebene. Wenn Sie die Einstellungsebene als *Schnittmaske* anlegen, wirken sich die Änderungen nur auf eine unterhalb liegende Ebene aus. Wählen Sie über das Menü *Ebene* eine *Neue Einstellungsebene* des Typs *Gradationskurven* aus.

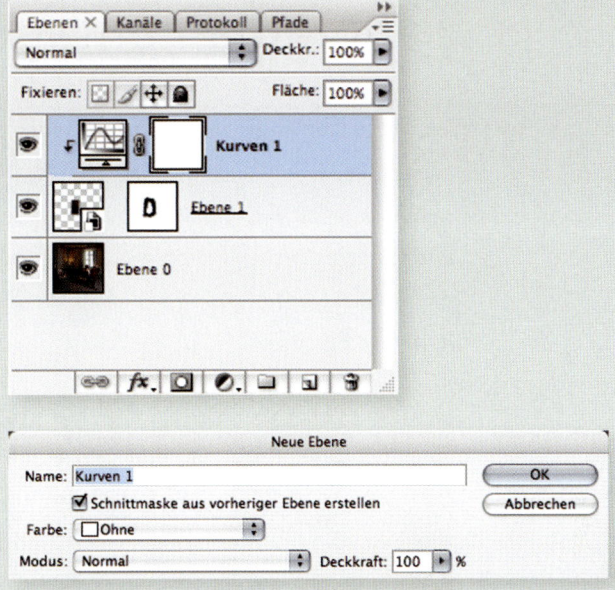

[12] **Helligkeit und Farbe anpassen**

Passen Sie dann wie gewohnt über die Gradationskurven die Helligkeit und die Farben an. Das sichtbare Ergebnis reduzieren Sie abschließend auf eine Ebene. Auf dieser neuen Ebene, die als Bearbeitungsbasis dient, können Sie dann alle weiteren Bearbeitungen durchführen.

505

WORKSHOP 6

Panoramamontage

Wenn das Weitwinkelobjektiv gerade mal nicht zur Hand oder vielleicht nicht weitwinkelig genug ist, dann können Sie in Photoshop mehrere Einzelaufnahmen miteinander verschmelzen lassen. Gute Ergebnisse erzielen Sie, wenn Sie schon bei der Aufnahme darauf achten, dass die Einzelaufnahmen identisch belichtet und mit dem gleichen Weißabgleich aufgenommen werden. Den Überlappungsbereich der Einzelaufnahmen sollten Sie mit 30 bis 50 % kalkulieren, aber nicht darüber hinaus. Verwenden Sie eine Brennweite im normalen Bereich.

VORHER
Verschiedene, überlappende Aufnahmen, die alle von einem Standort aufgenommen wurden, sollen allen perspektivischen Verzerrungen zum Trotz zu einem Bild verschmolzen werden. (Foto: Guido Sonnenberg)

NACHHER
Schon Aristoteles wusste: Das Ganze ist mehr als die Summe seiner Teile.

KAPITEL 20
BILDMONTAGE

[1] **Dateien auswählen**

Im virtuellen Leuchttisch der Bridge können Sie Ihre Bilder leicht sortieren und für das Verschmelzen auswählen. Es müssen nicht unbedingt RAW-Daten sein. Auch normale JPEG- und TIFF-Dateien werden akzeptiert.

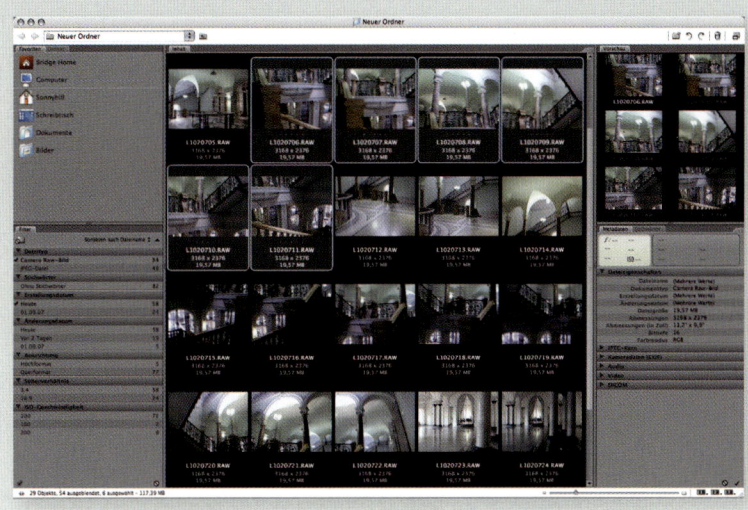

[2] **Photomerge**

In der Bridge wählen Sie im Menü *Werkzeuge/ Photoshop* die Funktion *Photomerge*.

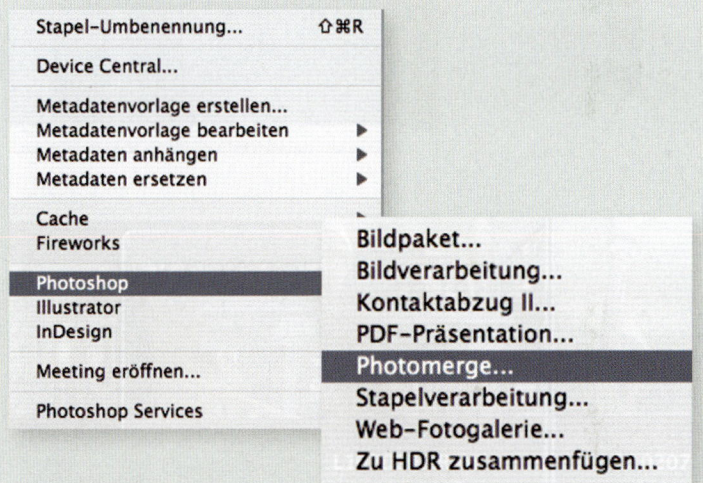

[3] **Quelldateien und Layoutoption**

Für belichtete Szenen von einem Standort aus wählen Sie im Bereich *Layout* die Option *Zylindrisch*. Aber auch die Option *Auto* führt meist zu guten Ergebnissen. Aktivieren Sie das Kontrollfeld *Füllbilder ergänzen*, damit die Ränder der Einzelbilder optimal abmaskiert und farblich ausgeglichen werden.

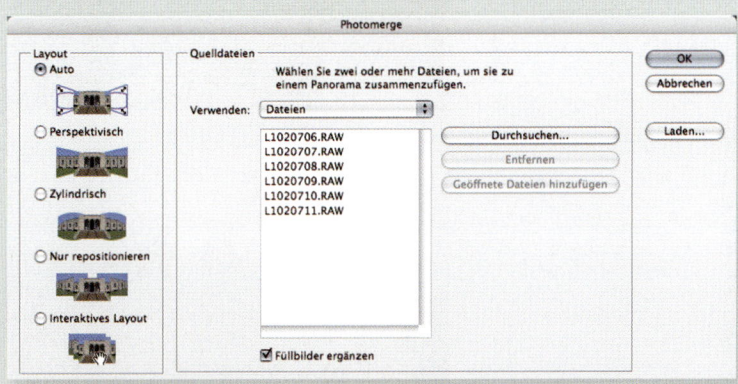

507

WORKSHOP 6

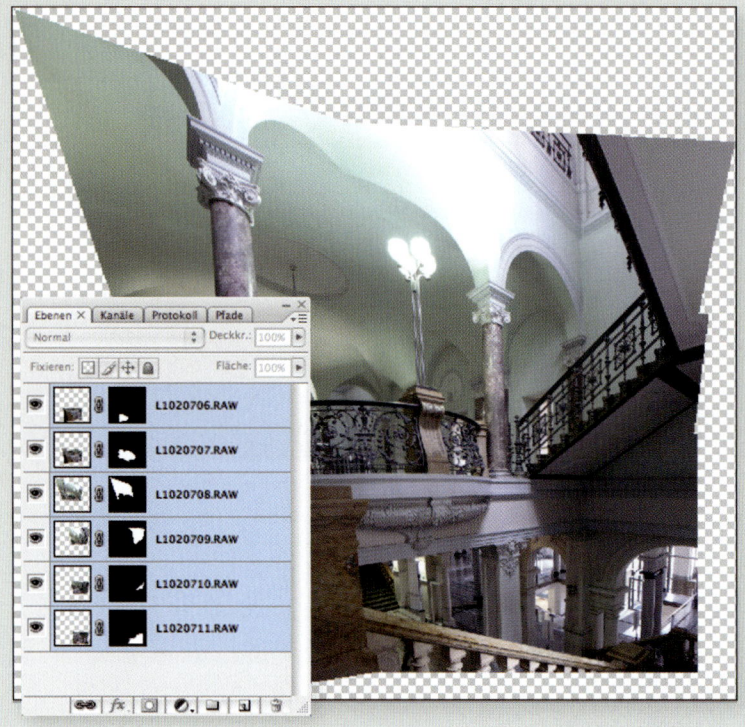

[4] **Ebenen deaktivieren**

Die Ausrichtung der Bilder lässt nichts zu wünschen übrig und die Abmaskierung ist von so hoher Qualität, dass auf eine manuelle Nachbearbeitung verzichtet werden kann.

[5] **Zuschneiden**

Mit dem *Freistellungs*-Werkzeug bestimmen Sie aus den zylindrisch geformten Bildelementen den optimalen Bildausschnitt. Leichte Verzerrungen können mit Aktivieren von *Perspektivisch bearbeiten* ausgeglichen werden.
Kleine Blitzer an den Bildrändern können später mit dem *Kopierstempel*-Werkzeug leicht ausgebessert werden. Zur Vorbereitung dafür aktivieren Sie die obere Ebene in der *Ebenen*-Palette.

KAPITEL 20
BILDMONTAGE

[6] **Neue Ebene**

Erstellen Sie eine neue, leere Ebene durch Anklicken des *Seiten*-Symbols in der Symbolleiste der *Ebenen*-Palette. In dieser Ebene sollen alle sichtbaren Ebenenelemente vereint werden.

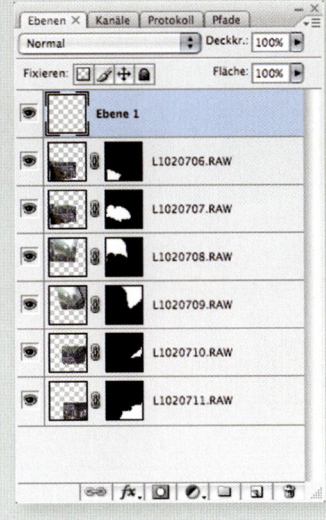

[7] **Sichtbares Zusammenfügen**

Öffnen Sie mit einem rechten Mausklick das Kontextmenü der markierten Ebene. Wählen Sie *Sichtbare auf eine Ebene reduzieren* und halten Sie dabei die [Alt]-Taste gedrückt. Dadurch bleiben Ihnen die bereits bestehenden Ebenen erhalten. Auf dieser neuen Motivebene können alle weiteren Retusche- und Bildbearbeitungen durchgeführt werden.

 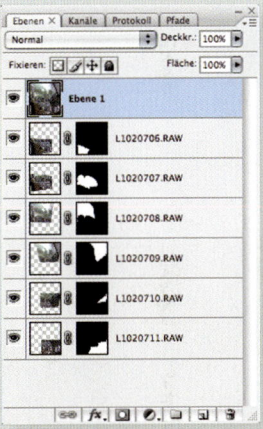

21
HDR UND TONE MAPPING

KAPITEL 21
HDR UND TONE MAPPING

21

HDR und Tone Mapping

Pseudo-HDR mit Camera Raw   514

Tonwertumfang extrem   522

 **WORKSHOP I**

Pseudo-HDR mit Camera Raw

Pseudo-HDR-Bilder entstehen nicht aus einer Belichtungsreihe, sondern aus einer einzigen RAW-Datei, die in einem RAW-Programm (Adobe Lightroom, Adobe Camera Raw etc.) ganz einfach unterschiedlich hell entwickelt wurde. Es wird also nicht wie im professionellen HDR-Workflow eine echte, sondern eine künstliche Belichtungsreihe verwendet. Die mit Camera Raw geschaffenen TIFF- oder JPEG-Dateien können dann wie eine echte Belichtungsreihe in Photoshop CS3 – mit CS2 war das nur sehr umständlich möglich – zu einer Pseudo-HDR-Aufnahme verrechnet werden. Zwar sind die Ergebnisse nicht so gut wie bei echten HDRs, der verwertbare Tonwertumfang einer Aufnahme lässt sich dennoch ein wenig steigern. Dazu dürfen die Kontraste im Ausgangsbild aber nicht zu extrem sein, helle und dunkle Stellen sollten noch Zeichnung haben.

VORHER
Das Originalbild ist ein wenig zu hell, die Tiefen sind fast in Ordnung und helle Bereiche sind zu dominant. Ein Pseudo-HDR aus zwei unterschiedlich hellen Versionen erzeugt ein wenig mehr Dynamikumfang und besseres Material zur weiteren Bildoptimierung. (Foto: Christian Haasz)

NACHHER
Ohne viel manuelles Zutun hat der HDR-Befehl von Photoshop den Tonwertumfang sanft erhöht. Das Ergebnis ist zwar nicht mit einer echten HDR-Aufnahme vergleichbar, einen Versuch sind Pseudo-HDRs aber durchaus wert. Im verrechneten Bild wurden zusätzlich die Kontraste und die Farbsättigung erhöht.

KAPITEL 21
HDR UND TONE MAPPING

[1] RAW-Datei öffnen

Öffnen Sie in Photoshop über *Datei/Öffnen* die RAW-Datei mit dem Foto, das Sie in eine Pseudo-HDR-Aufnahme verwandeln möchten. Für diesen Workshop wurde mit einer RAW-Datei gearbeitet, die mit einer Canon EOS 1D Mark II erzeugt wurde. Wird die Datei mit der Endung *.CR2* in Photoshop CS3 geöffnet, erscheint automatisch die Oberfläche von Camera Raw.

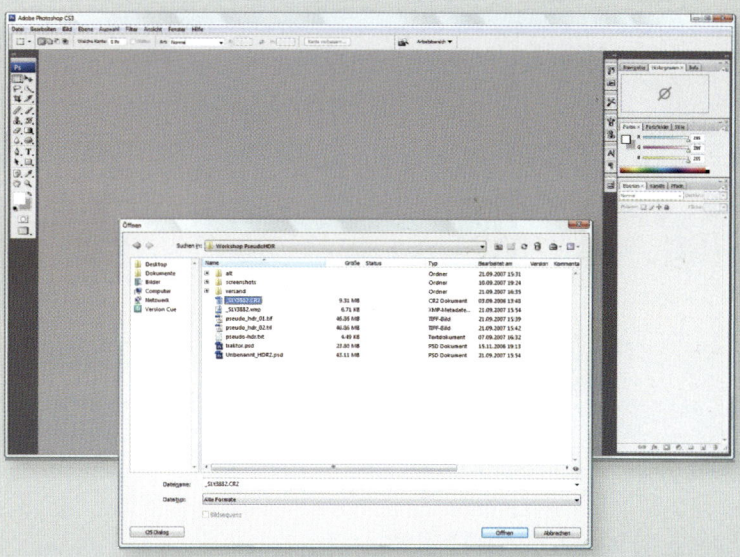

[2] Weißabgleich und andere Korrekturen

Korrigieren Sie die Aufnahme zunächst wie gewohnt. Stellen Sie den Weißabgleich (Temperatur, Farbton) richtig ein. Wenn nötig, können Sie die Datei gleich beschneiden. Auch Schärfe, Farbkorrekturen und Objektivfehler können Sie schon jetzt anpassen. Diese globalen Korrekturen, die nichts oder nur wenig mit dem Dynamikumfang des Bildes zu tun haben, bleiben bei den nächsten Schritten unverändert.

[3] Belichtungswert ändern

Aktivieren Sie, nachdem Sie alle anderen Korrekturen erledigt haben, nun wieder das Register *Grundeinstellungen*, um den Wert für die Belichtung zu verändern. Verschieben Sie den Regler so weit nach links, bis die hellsten Stellen im Bild gerade korrekt angezeigt werden. Ignorieren Sie zunächst die Bildpartien, die nun viel zu dunkel sind.

515

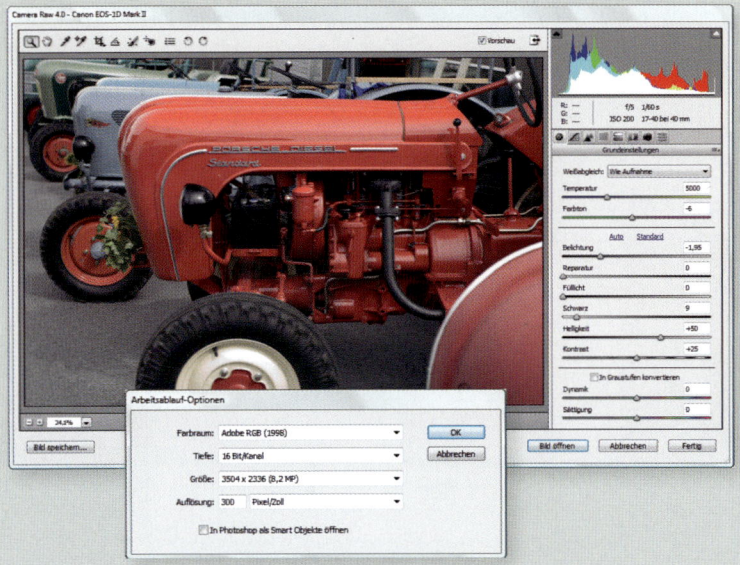

[4] Farbraum wählen

Zentral unterhalb des Vorschaubildes sehen Sie eine Zeile mit Angaben zum Dateiformat. Klicken Sie diese Anzeige an, worauf sich der Dialog *Arbeitsablauf-Optionen* öffnet. Wählen Sie hier als Farbraum *Adobe RGB (1998)*, für die Farbtiefe *16 Bit/Kanal* und als Auflösung *300 dpi*. So erhalten Sie Ausgangsmaterial in maximaler Qualität. Schließen Sie den Dialog mit einem Klick auf *OK*.

[5] Speicheroptionen festlegen

Klicken Sie nun auf *Bild speichern*. Legen Sie im Dialog *Speicheroptionen* einen Dateinamen wie z. B. *PseudoHDR_01* und einen Speicherordner fest. Wichtig! Verwenden Sie als Format nicht das vorgeschlagene *DNG*, sondern *TIFF* mit der Komprimierungsoption *LZW*. Klicken Sie im Anschluss auf *Speichern*, wodurch die erste Variante der Aufnahme auf der Festplatte abgelegt wird.

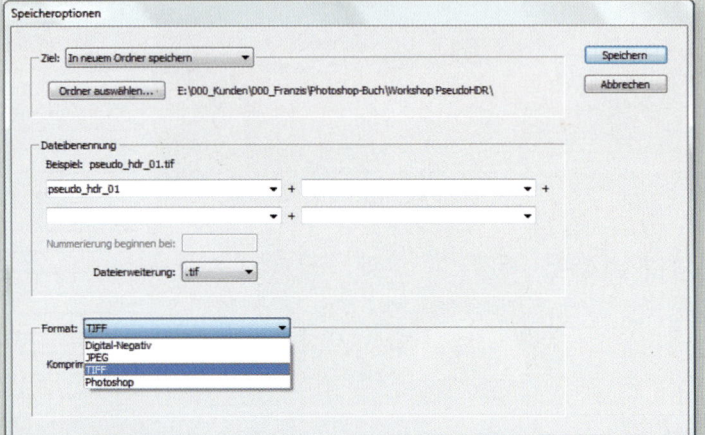

KAPITEL 21
HDR UND TONE MAPPING

[6] **Belichtung nachjustieren**

Verschieben Sie als Nächstes den Regler *Belichtung* so weit nach rechts, bis die dunklen Bildteile gut herausgearbeitet werden. Möglicherweise werden nun helle Partien überbelichtet, was Sie aber ignorieren können.

[7] **Datei speichern**

Speichern Sie mit einem Klick auf *Bild speichern* auch diese zweite Variante der Aufnahme und geben Sie einen eindeutigen Dateinamen an.

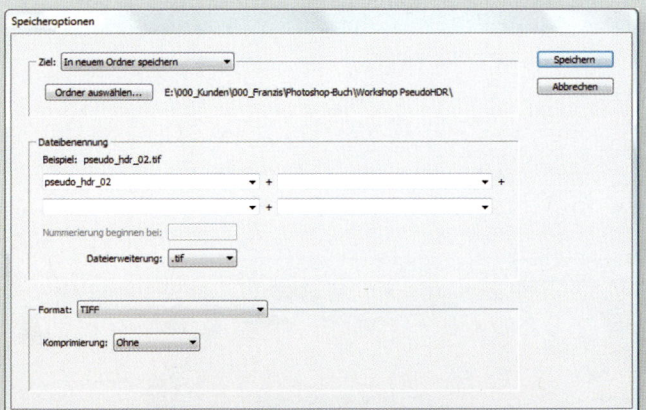

[8] **Camera Raw beenden**

Klicken Sie im Dialog *Camera Raw* auf die Schaltfläche *Fertig*, wodurch das Dialogfenster geschlossen und die Bilddatei nicht in Photoshop geöffnet wird.

517

 WORKSHOP I

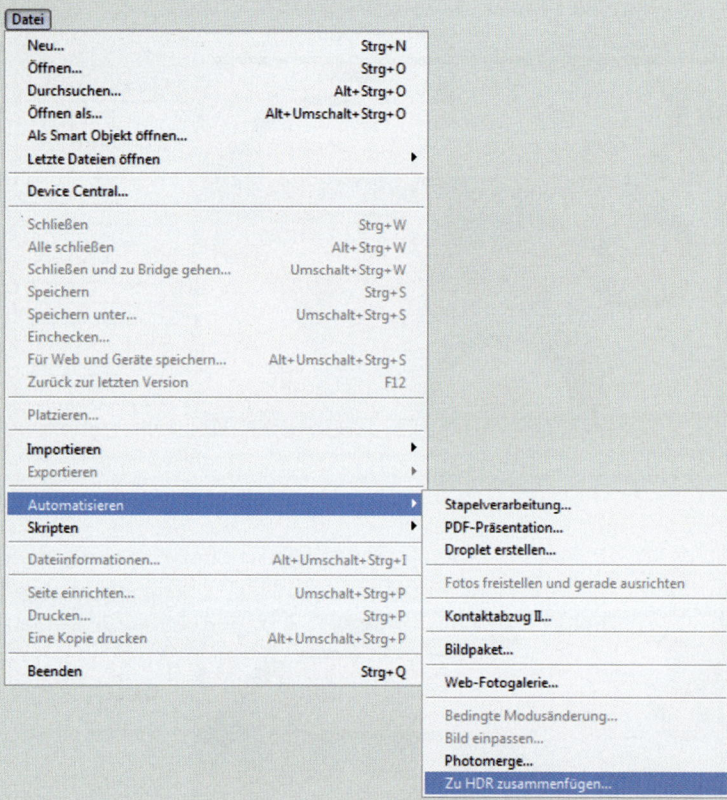

[9] Zu HDR zusammenfügen

Das weitere Vorgehen entspricht der in Photoshop üblichen Erzeugung von HDR-Dateien. Gestartet wird der Vorgang mit dem Befehl *Datei/Automatisieren/Zu HDR zusammenfügen*. Wählen Sie im *Öffnen*-Dialog als Vorlagen die beiden gerade erzeugten TIFF-Bilder aus.
Sind die beiden Ausgangsbilder ausgewählt, erscheint nach einem Klick auf *Öffnen* das Dialogfenster *Zu HDR zusammenfügen*.

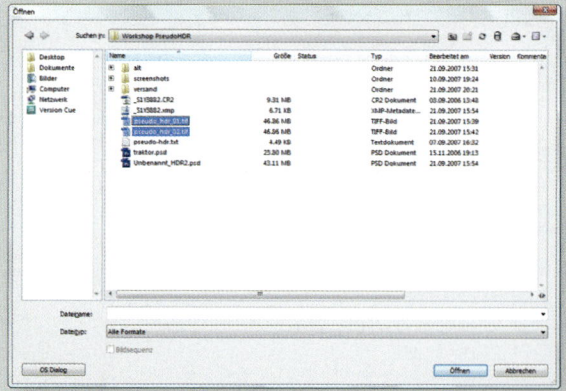

[10] Bittiefe definieren

Wählen Sie im Drop-down-Menü *Bittiefe* die Option *16-Bit-Kanal*. Dadurch erzeugt Photoshop später eine 16-Bit-Datei, mit der sich moderate Farb- und Tonwertkorrekturen praktisch ohne sichtbaren Qualitätsverlust bewerkstelligen lassen. Klicken Sie anschließend auf die Schaltfläche *OK*, um den Umrechnungsvorgang zu starten.

KAPITEL 21
HDR UND TONE MAPPING

[11] **Lokale Anpassung**

Wählen Sie im Dialogfenster *HDR-Konvertierung* im Drop-down-Menü *Methode* die Option *Lokale Anpassung* und blenden Sie die Toning-Kurve und das Histogramm mit einem Mausklick auf den kleinen Doppelpfeil ein.

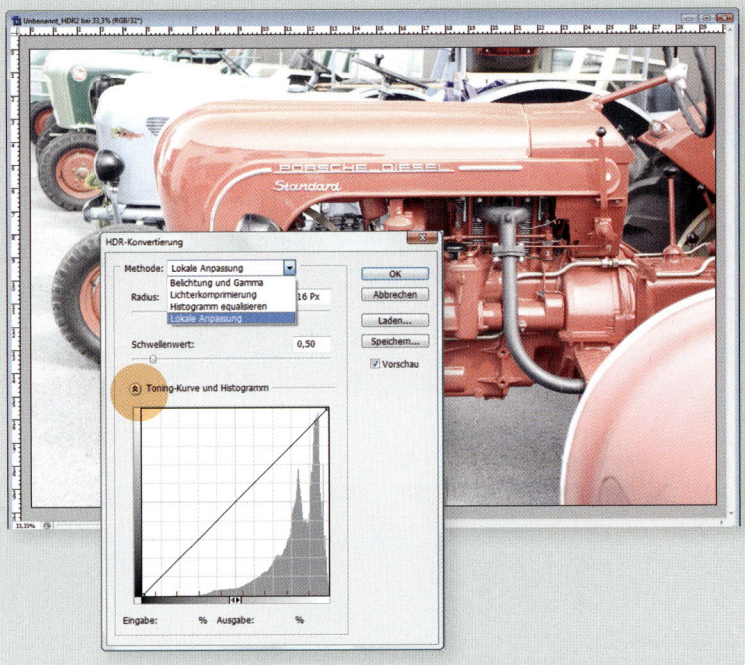

[12] **Tonwertverteilung korrigieren**

Korrigieren Sie nun die Tonwertverteilung im Bild, indem Sie mit Mausklicks auf der Kurve Anfasspunkte erzeugen und diese verschieben. Hier ist Ausprobieren gefragt.

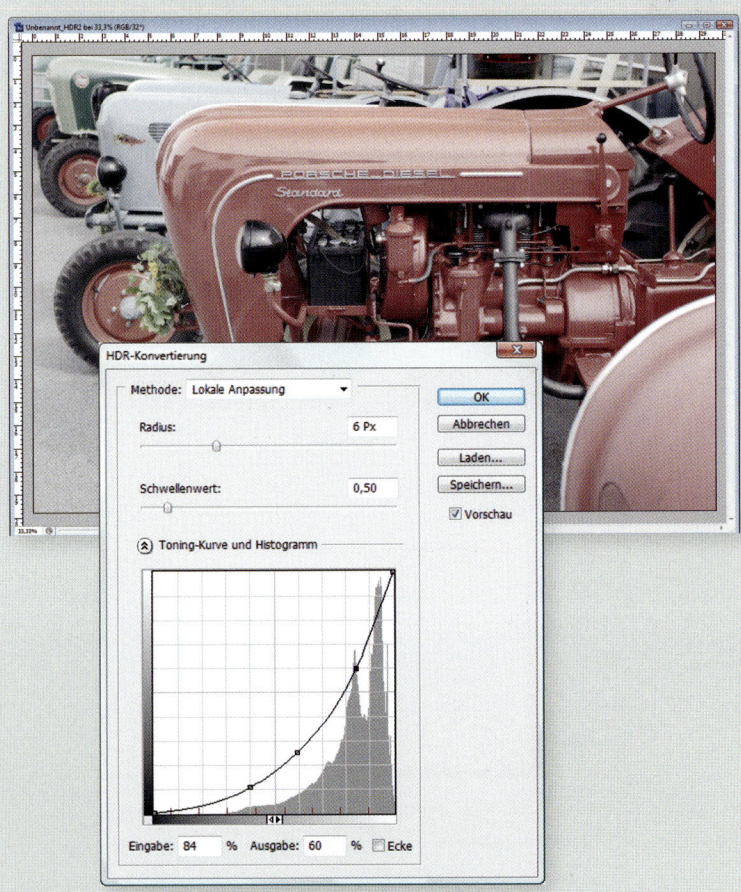

WORKSHOP I

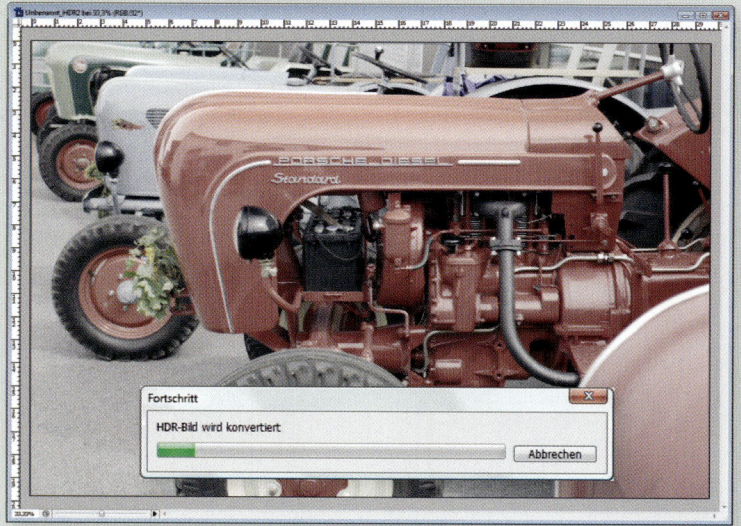

[13] Konvertierung starten

Klicken Sie im Dialog *HDR-Konvertierung* auf *OK*, wodurch der Konvertierungsvorgang gestartet wird. Die Konvertierung in ein 16-Bit-Bild kann einige Sekunden in Anspruch nehmen.

[14] Weitere Tonwertkorrekturen

Nun wird eine Einstellungsebene *Gradationskurven* angelegt, mit der weitere Tonwertkorrekturen vorgenommen und die Kontraste verbessert werden.

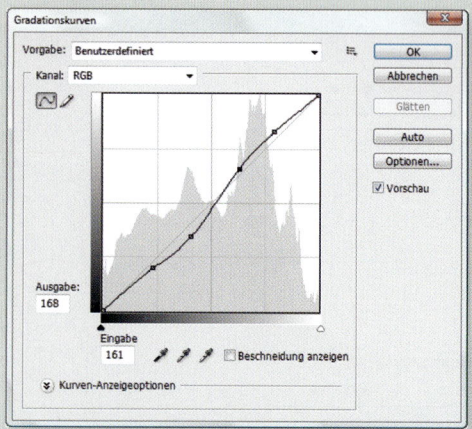

KAPITEL 21
HDR UND TONE MAPPING

[15] **Farbsättigung erhöhen**

Im vorletzten Arbeitsschritt wird eine weitere Einstellungsebene für *Farbton/Sättigung* angelegt, um die Farbsättigung deutlich zu erhöhen.

[16] **Farbtiefe reduzieren**

Bevor das Bild gedruckt oder weitergegeben werden kann, wird es noch auf eine Farbtiefe von 8 Bit pro Kanal reduziert. Der entsprechende Befehl befindet sich im Menü *Bild/Modus*.

Tonwertumfang extrem

Viele tolle Motive haben einen Tonwertumfang, der selbst für moderne Kamerasensoren zu groß ist. Landschaften, aber auch Innenraumaufnahmen sind von diesem Problem besonders betroffen. Hier helfen Belichtungsreihen, die mithilfe von Photoshop zu HDR-Bildern montiert werden.

VORHER
*Die Aufnahmen der Belichtungsreihe zeigen deutlich, dass selbst einer High-End-Digitalkamera – hier einer Canon EOS 1Ds Mark II mit 16,7 Megapixeln – Grenzen gesetzt sind, wenn die Kontraste zu hoch sind. Entweder fressen die Lichter aus oder die Schatten laufen zu. Eine optimale Belichtung gibt es hier nicht.
(Foto: Christian Haasz)*

Wenn aus einer Belichtungsreihe per HDR-Technik ein 32-Bit-HDR-Foto wird, kann man in der resultierenden 8- oder 16-Bit-Aufnahme praktisch den gesamten natürlichen Tonwertumfang sehen.

KAPITEL 21
HDR UND TONE MAPPING

[1] **Zu HDR zusammenfügen**

Beim Zusammensetzen einer Belichtungsreihe zu einem 32-Bit-HDR-Bild kann der Anwender sich fast vollständig auf Photoshop verlassen. Deshalb befindet sich der Befehl *Zu HDR zusammenfügen* im Menü *Datei/Automatisieren*. Den ersten Schritt zu einem HDR-Bild erledigt Photoshop automatisch.

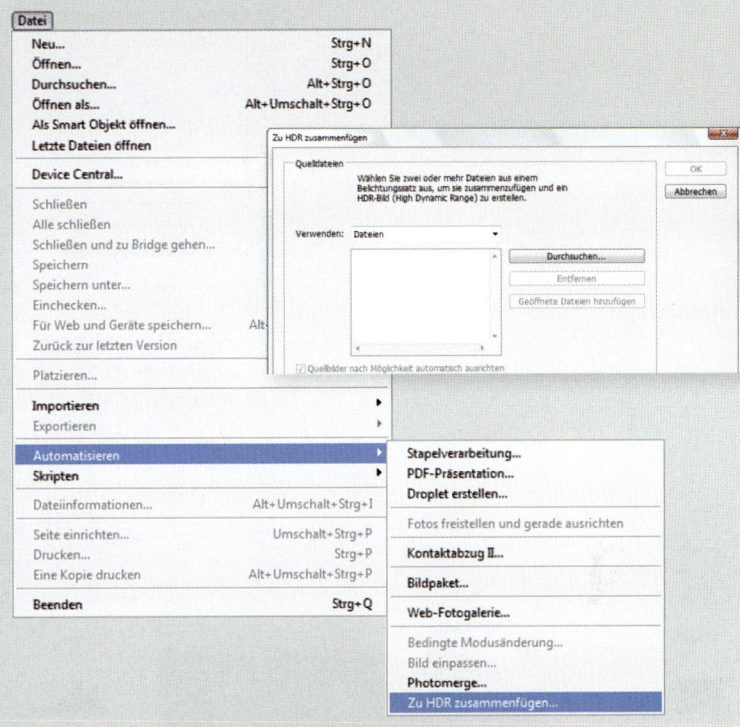

[2] **Bilder der Belichtungsreihe**

Nun werden im Dialogfeld *Zu HDR zusammenfügen* die Bilder der Belichtungsreihe ausgewählt. Wichtig! Wenn Sie mit Stativ fotografiert haben und die Einzelfotos perfekt ausgerichtet sind, sollten Sie die Option *Quellbilder nach Möglichkeit automatisch ausrichten* deaktivieren. Das unnötige Ausrichten dauert ziemlich lange.

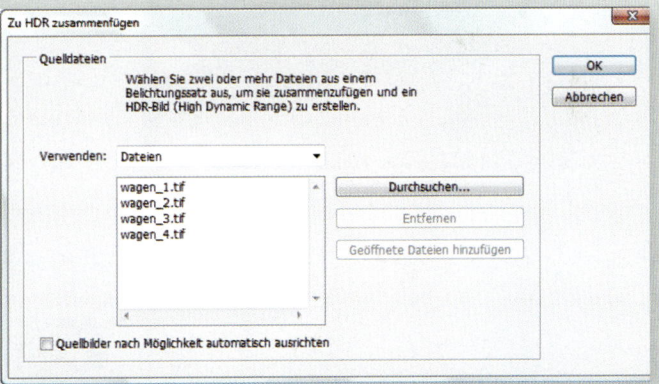

[3] **RAW-Dateien verwenden**

Falls Sie, wie in diesem Workshop geschehen, mit aus RAW-Fotos erstellten TIFF-Dateien (oder JPEGs) arbeiten, erscheint ein wichtiger Hinweis. Falls Sie die ursprünglichen RAW-Daten noch haben, sollten Sie diese als Ausgangsmaterial für das HDR-Bild verwenden. Denn bei der Konvertierung von RAW zu TIFF oder JPEG können bereits Verluste an Tonwerten auftreten, die auch per HDR nicht rückgängig zu machen sind.

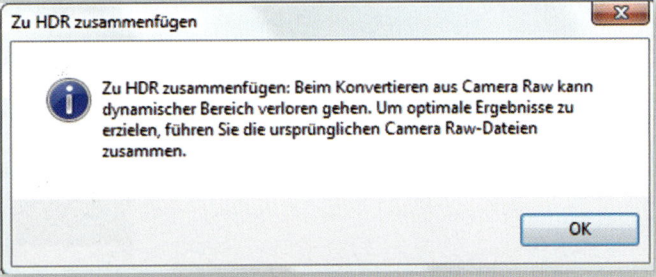

WORKSHOP 2

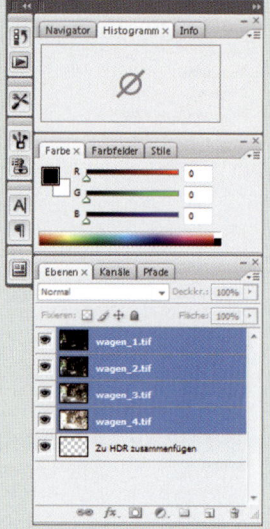

[4] Ausgangsfotos in Ebenen

Während der langwierigen automatischen Prozedur legt Photoshop eine neue Datei an, die für jedes der Ausgangsfotos eine eigene Ebene enthält. Diese Ebenen bleiben allerdings nicht erhalten. Je nach Rechenpower und Anzahl der Ausgangsbilder dauert der Kombinationsvorgang einige Zeit.

[5] Tonwertumfang nach Überlagerung

Sobald Photoshop mit der Überlagerung der Belichtungsreihe fertig ist, erscheint das nebenstehende Dialogfenster. Wichtig zu wissen: Da ein HDR-Bild einen Dynamikumfang hat, der die Fähigkeiten eines Monitors bei Weitem übersteigt, gibt die Vorschau nur Teile des vorhandenen Tonwertumfangs wieder.

[6] Quellbilder nochmals bestimmen

Im Dialog *Zu HDR zusammenfügen* können Sie nochmals auswählen, welche Quellbilder für das HDR-Foto verwendet werden sollen. Falls der Belichtungsunterschied zwischen zwei Einzelaufnahmen sehr gering war, sollten Sie eines der beiden Bilder deaktivieren und das Häkchen mit einem Mausklick entfernen.

KAPITEL 21
HDR UND TONE MAPPING

[7] Weißpunktvorschau regeln

Der Regler *Weißpunktvorschau* wirkt sich nicht auf das endgültige HDR-Bild, sondern nur auf das angezeigte Vorschaubild aus. Verschieben Sie ihn von links nach rechts, um zu sehen, wie groß der tatsächliche Tonwertumfang des Bildes ist. Stellen Sie den Regler dann auf eine Position, bei der das HDR-Bild am besten dargestellt wird.

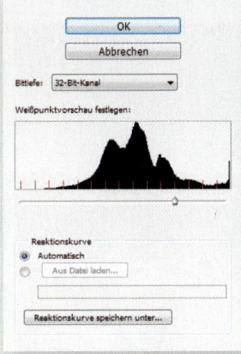

[8] Voller Tonwertumfang

Möchten Sie das HDR-Bild mit vollem Tonwertumfang speichern, wählen Sie im Drop-down-Menü *Bittiefe* den Eintrag *32-Bit-Kanal*. Wenn Sie eine der anderen Optionen auswählen, wird nach einem Klick auf *OK* sofort der Dialog *HDR-Konvertierung* geöffnet und das HDR-Bild, ohne gespeichert zu werden, umgewandelt. Mehr zum Dialog *HDR-Konvertierung* erfahren Sie weiter unten.

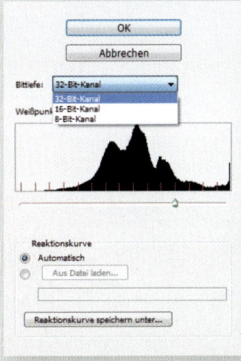

[9] Farbmodus und Bittiefe

Haben Sie sich für die Erzeugung eines 32-Bit-HDRs entschieden und im vorigen Dialog auf *OK* geklickt, erscheint nun die entsprechende Datei auf dem Bildschirm. Sie sehen allerdings nur das Vorschaubild (siehe Schritt 5). Die Kopfzeile des Bildes informiert über Farbmodus und Bit-Tiefe (RGB/32*).

525

WORKSHOP 2

[10] **HDR-Bild speichern**

Möchten Sie das HDR-Bild speichern, wäre jetzt der passende Zeitpunkt. Rufen Sie den Dialog *Datei/Speichern unter* auf und wählen Sie das für 32-Bit-Bilder übliche Format *Radiance* mit der Endung *.HDR* aus.

[11] **Farbtiefe reduzieren**

Falls Sie die Aufnahme für den weiteren Workflow benötigen und z. B. drucken möchten, muss zunächst die Farbtiefe auf 8 oder 16 Bit reduziert werden. Wählen Sie im Menü *Bild/Modus* den gewünschten Befehl aus. Falls Sie noch manuelle Tonwert- und Kontrastkorrekturen vornehmen möchten, ist *16-Bit-Kanal* sinnvoll, weil hierbei praktisch keine Verluste im Tonwertspektrum auftreten.

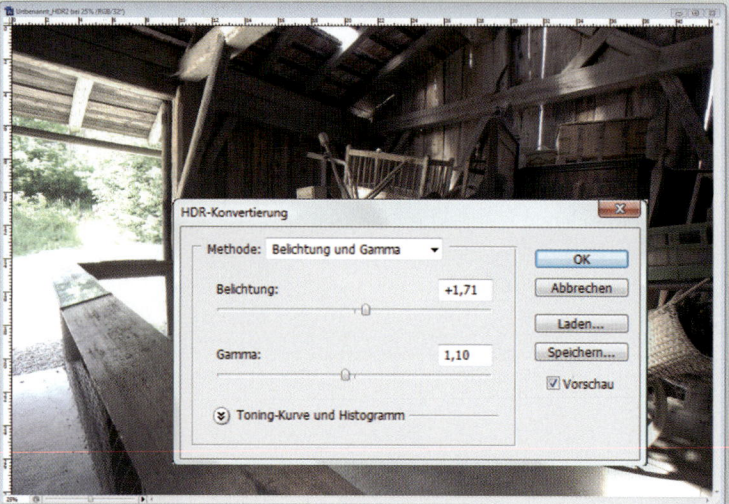

[12] **Globale Tonwertverteilung**

Nach der Auswahl des neuen Farbmodus erscheint ein Dialog mit vier Methoden zur Umwandlung des 32-Bit-Ausgangsmaterials. Die erste Methode entspricht dem Photoshop-Befehl *Belichtung* im Menü *Bild/Anpassungen*. Sie können hier über die beiden Schieberegler die Tonwertverteilung global beeinflussen.

KAPITEL 21
HDR UND TONE MAPPING

[13] Lichterkomprimierung & Co.

Probieren Sie auch die nächsten beiden Methoden *Lichterkomprimierung* und *Histogramm equalisieren* aus, es sind Automatismen, die manchmal gute Ergebnisse bringen. Falls Ihnen eines der Resultate gefällt, klicken Sie auf *OK*. In der Regel sollten Sie jedoch die Option *Lokale Anpassung* wählen, bei der Sie manuell Einfluss auf die Tonwertsteuerung nehmen können.

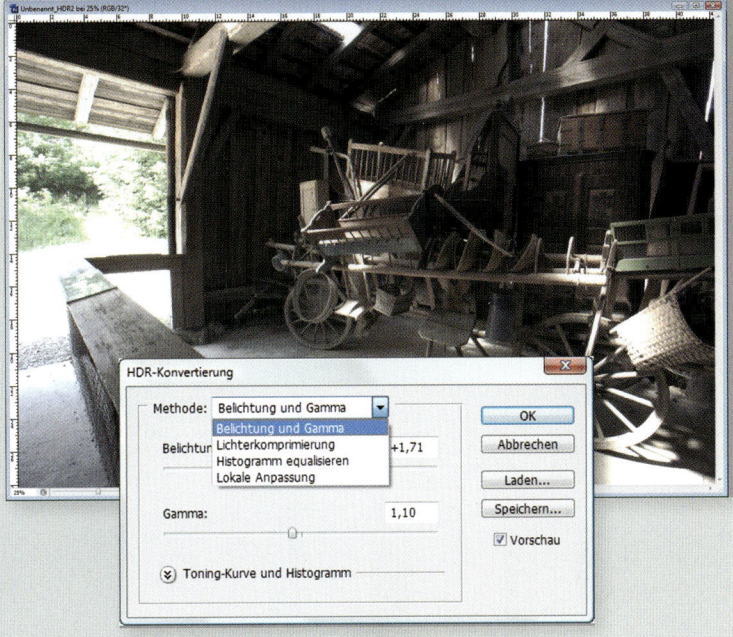

[14] Toning manuell ändern

Aktivieren Sie bei Verwendung der Methode *Lokale Anpassung* über den Doppelpfeil *Toning-Kurve und Histogramm*, um die Toning-Kurve und damit die Tonwertverteilung manuell zu verändern. Mit den Reglern *Radius* und *Schwellenwert* wird der Kontrast auf Pixelebene gesteuert, hier ist ein wenig Ausprobieren nötig.

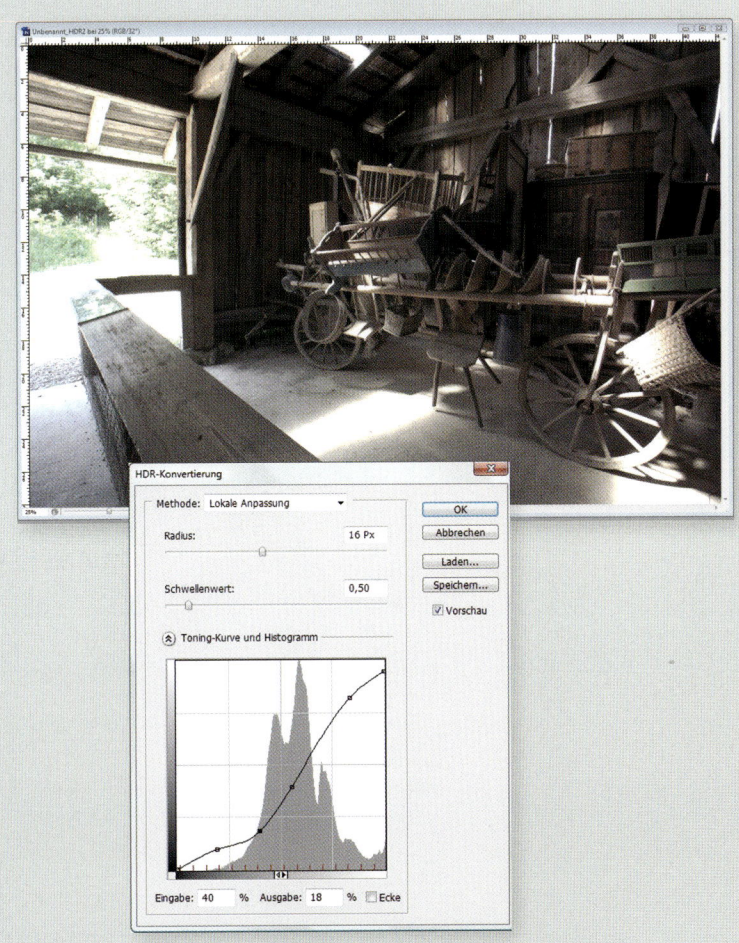

527

WORKSHOP 2

[15] Exakte Tonwertverteilung

Wer bereits Erfahrung mit dem Photoshop-Befehl *Gradationskurve* hat, kann die Tonwertverteilung sehr exakt steuern. Die Arbeit mit der Toning-Kurve funktioniert praktisch ebenso wie die mit der Gradationskurve. Das Originalbild wird im Hintergrund ständig aktualisiert, wenn das Häkchen bei *Vorschau* aktiviert ist.

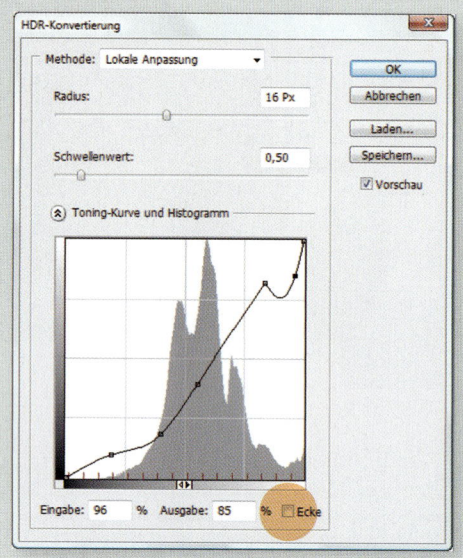

[16] Abgegrenzte Tonwertbereiche

Eine Besonderheit in der Toning-Kurve ist die Option *Ecke*. Ist ein Anfasspunkt auf der Kurve per Mausklick aktiv und Sie markieren die Option *Ecke* mit einem Häkchen, wird auf der Toning-Kurve ein harter Übergang zwischen den links und rechts befindlichen Kurventeilen erzeugt. Dadurch lassen sich abgegrenzte Tonwertbereiche unabhängig voneinander manipulieren.

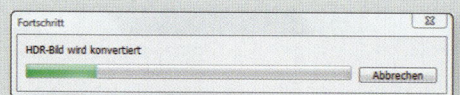

[17] HDR-Konvertierung starten

Sobald Sie im Dialog *HDR-Konvertierung* auf *OK* klicken, wird das Originalbild umgewandelt. Dieser Vorgang kann je nach Ausgangsmaterial und Rechenpower einige Zeit in Anspruch nehmen.

BILDNACHWEIS

[1]
- iStockphoto
- Klaus Kindermann

[2]
- MEV Verlag GmbH
- Stella Frerichs

[3]
- MEV Verlag GmbH

[4]
- Stella Frerichs
- Guido Sonnenberg
- Klaus Kindermann

[5]
- Stella Frerichs
- Guido Sonnenberg
- Klaus Kindermann
- Ulrich Dorn

[6]
- MEV Verlag GmbH
- Klaus Kindermann

[7]
- Stella Frerichs
- Guido Sonnenberg

[8]
- Klaus Kindermann

[9]
- Guido Sonnenberg
- Klaus Kindermann

[10]
- Klaus Kindermann

BILDNACHWEIS

[11]
- MEV Verlag GmbH
- Klaus Kindermann
- Peter Schmid-Meil

[12]
- Guido Sonnenberg
- Christian Haasz
- Björn Gantert
- Dirk Trachte

[13]
- Guido Sonnenberg
- Stella Frerichs
- Christine Anders

[14]
- Christine Anders
- Dirk Trachte
- Guido Sonnenberg

[15]
- Guido Sonnenberg
- Linda Blatzek
- Jonathan Schule

[16]
- Guido Sonnenberg

[17]
- Stefan Weis

[18]
- Björn Gantert
- Jonathan Schule
- Guido Sonnenberg

[19]
- Guido Sonnenberg
- MEV Verlag GmbH

[20]
- Guido Sonnenberg

[21]
- Christian Haasz

INDEX

Symbole

32-Bit-HDR-Foto *522*

A

Abgerundetes-Rechteck-Werkzeug *32*
Abwedler-Werkzeug *31, 367, 395, 499*
Adobe Bridge *16, 208, 507*
  Ansicht *19*
  Arbeitsbereich *19*
  Device Central *20*
  Kompaktmodus *20*
  Präsentation *20*
  Voreinstellungen *17*
  Vorschau *19*
  Werkzeuge *20*
  Wertung *20*
Adobe Camera Raw *514*
Adobe Creative Suite *16*
Adobe Device Central *20*
Adobe InDesign *433*
Adobe Lightroom *514*
Adobe Photoshop *39*
  Voreinstellungen *27*
Adobe RGB (1998) *47, 53, 516*
Aktionen *37, 144*
Alphakanal *132, 330*
Andy Warhol *358, 364*
Ankerpunkt-Werkzeug *31*
Anmerkungen-Werkzeug *32*
ANPA-Farben *431*
Arbeitsfarbraum *47, 273*

Arbeitsfläche *144, 184, 478*
  drehen *475*
Arbeitspfad *76*
Arbeitsschritte rückgängig *37*
Arbeitsvolumes *28*
Audio-Anmerkung-Werkzeug *32*
Aufhellen *343*
Auflösung *44*
Augen *399*
  bearbeiten *395*
  retuschieren *390*
Ausbessern-Werkzeug *30, 361*
Ausfleckretusche *130, 169*
Auswahl *74, 78, 411*
  abrunden *383*
  duplizieren *501*
  erstellen *383*
  in Auswahl einfügen *384*
  speichern *329*
  steuern *330*
  verkleinern *78*
  weich machen *419*
Auswahl-Pipette *101*
Auswahlellipse-Werkzeug *30, 420*
Auswahlkanten justieren *310*
Auswahlmodus *103*
Auswahlrechteck-Werkzeug *30, 417, 501*
Auto-Tonwertkorrektur *93, 297, 409*

B

Bedienfelder *29*
Beleuchtung *167*

INDEX

Belichtung ändern *199, 515*
Belichtung korrigieren *323*
Belichtungsreihen *91, 522*
Bemaßen *36*
Bereichsreparatur-Pinsel-Werkzeug *30, 361*
Bereinigen *489*
Bewegungsunschärfe *111, 255*
Bikubisch *46*
Bildanpassungen *90*
Bildbeurteilung *196*
Bildbewertung *20*
Bildflecken *354*
Bildgröße *44, 46*
Bild im Bild *382*
Bildinterpolation *27*
Bildmodi *120*
Bildmontage *65, 146, 382*
Bildneigung ausgleichen *466*
Bildpunkte *44*
Bildqualität *92*
Bildschirm *49*
Bildschirmauflösung *28, 45*
Bildschirmgröße *46*
Bildschirmkalibrierung *49, 50*
Bit-Tiefe *525*
Bitmaps *44, 349*
Blendenflecke *168*
Blendenstandard einstellen *467*
Blitzlampen *418*
Branding *348*
Bridge *208, 507*

Browser-Vorschau *377*
Buntstift-Werkzeug *30*
Botox *401*

C

Camera Raw *194, 210, 320*
  Arbeitsablauf-Optionen *322*
  Belichtung korrigieren *323*
  Chromatische Aberration *324*
  Clippingwarnung *322*
  Parametrische Gradationskurve *324*
  Plug-in *16*
  Rauschreduzierung *326*
  Teiltonung *325*
  Voreinstellungen *18, 321*
  Weißabgleich *323*
Chromatische Aberration *324*
Clippingbereich *300*
CMYK *47*
Coated FOGRA27 *47*
Collage *414*
Colorvision *50*
Copyright *348*
CR2 *515*
Crossing *276*

D

Dateien umbenennen *20, 208*
Dateiformat *44*
Dateikompatibilität *27*
Dateinamen *209*

Datenkonvertierung *156*
Deckkraft *173, 394*
Detailzeichnung *328*
Dias *174*
DIC-Farben *431*
Digitale Scharfzeichnung *132*
Digitales Negativ *39*
Digital Quality Tool *50*
Direktauswahl-Werkzeug *32, 76, 351*
DNG-Format *194, 516*
Dokumentfarben *48*
Dot Gain 15 % *48*
Drehen *404*
Druckauflösung *28, 45*
Druckformat *46*
DSL *372*
Duplex *428*
Duplexkurve *432*
Dynamikumfang *320*

E

Ebenen *37, 58*
  anlegen *60*
  anordnen *62*
  ausrichten *484*
  automatisch füllen *474*
  benennen *60*
  gruppieren *62*
  Kontextmenü *58*
  reduzieren *430*
  umbenennen *282, 475*
  verschieben *247*

Ebenen-Palette *393*
Ebenendeckkraft *104*
Ebeneneigenschaften *38, 61*
Ebenengruppen *38*
Ebenenkompositionen *63*
Ebenenmaske *64, 407*
Ebenenstile *38, 58, 68, 73*
Eigene-Form-Werkzeug *32, 34, 351*
Einfügen *393*
Eingebettetes Profil *48*
Einstellungsebene *58, 133*
  eingeschobene *278*
Einzelne Spalte-Werkzeug *30*
Einzelne Zeile-Werkzeug *30*
Ellipse-Werkzeug *32*
Entzerren *137*
Extrahieren *486*
Eye-One Match *50*

F

Farbartefakte *326*
Farbaufnahme-Werkzeug *32*
Farbausdehnung bestimmen *308*
Farbbalance *96*
Farbbereiche *74*
  anwählen *307*
Farbbibliothek *431*
Farbe-ersetzen-Werkzeug *30*
Farbe entsättigen *449*
Farbeinstellungen *273*
Farben *272*
  anpassen *94*

INDEX

verringern *332*
wechseln *286*
Färben *96*
Farbfelder *33*
Farbgewichtung optimieren *308*
Farbinfos verwerfen *430*
Farbkanal auswählen *243*
Farbmanagement *47, 48*
Farbraum *516*
Farbräume *47*
Farbraum konvertieren *275*
Farbrauschen *354*
Farbschemata *358*
Farbstreifen *299*
Farbtemperatur *49*
Farbton/Sättigung *96, 287, 306*
Farbverläufe *34, 265*
Farbwähler *27*
Fenster anordnen *483*
Filmkorn *434*
Filter
  Extrahieren *486*
  Hochpass *246*
  Konturen finden *243*
  Leuchtende Konturen *368*
  Mosaikeffekt *359*
  Objektivkorrektur *465*
  Rauschen hinzufügen *277, 437*
  Rauschen reduzieren *354*
  Selektiver Scharfzeichner *251, 254*
  Staub und Kratzer *389*
  Stilisierungsfilter *368, 490*
  Unscharf maskieren *250, 262, 375*
  Vergröberungsfilter *359*
Filtereffekte *157*
Filtergalerie *160*
Flecken entfernen *389*
Flecken retuschieren *360*
FOCOLTONE-Farben *431*
Formen *32*
  bearbeiten *350*
Fotofilter *100, 449*
Fotomontage *382*
Freiform-Zeichenstift-Werkzeug *31*
Freistellen *70, 75, 310, 400*
  Haare *79*
  Personen *414*
  unruhige Hintergründe *81*
  via extrahieren *84*
Freistellungs-Werkzeug *30, 374, 469, 476*
Füll-Werkzeug *31, 488*
Fülleffekte *170*
Füllmethode *38, 278, 343*
Fusseln *130*

G

Gaußscher Weichzeichner *385, 399*
Gegenlicht *98*
Gesicht *399*
Glanzpunkt *420*
Gradationskorrektur *307*
Gradationskurven *93, 94, 387*
Grau *47*
Grau-Pipette *101*

Graustufen *120*
Gray Gamma 2,2 *47*
GretagMacbeth *50*

H

Hand-Werkzeug *33*
Haut *410*
Hautflecken entfernen *394*
Hautreinigung *398*
Hautverpflanzung *412*
HDR *39, 154, 514, 522, 523*
  Anzeige anpassen *155*
  HDR-Datei erzeugen *154*
  Konvertierung *156, 528*
Helligkeit *94, 98*
Helligkeit/Kontrast *409*
Helligkeit anpassen *311*
Helligkeitsausgleich *198*
Helligkeitskanal *263*
Hervorhebungshilfe *487*
Highkey *238*
Highkey-Aufnahmen *290*
Highkeyoptimierung *290*
Hilfslinie *35, 479*
Hintergrundebene *37*
  entsperren *38*
Hintergrundfarbe *33*
Hintergrundradiergummi-Werkzeug *31*
Histogramm *90*
Histogramm equalisieren *527*
HKS E-Farbe *431*
HKS E-Prozessfarbe *431*

HKS K-Farbe *431*
HKS K-Prozessfarbe *431*
HKS N *431*
HKS N-Prozessfarbe *431*
HKS Z *431*
HKS Z-Prozess *431*
Hochpass *246*
Hochpass-Filter *112, 115*
Homepage *372*
Horizontales Text-Werkzeug *32*
Horizontal spiegeln *479*

I

ICC-Profile *49, 52*
Industriedruckfarben *431*
Iris *391*
ISO-Einstellung *354*

J

JPEG-Artefakte *354*
JPEG-Datei *320, 514*
JPEG-Format *39, 523*

K

Kalibrieren *49*
Kanal-Palette *243*
Kanal als Auswahl *38*
Kanalberechnungen *81*
Kanal duplizieren *243*
Kanäle *38*
Kanalmixer *445*

INDEX

Kante abdunkeln *240*
Kanten anpassen *411*
Kantenkontraste *246*
Kantenmarker *487*
Kanten schärfen *242*
Kantenverfeinerer *489*
Kolorieren *169, 174*
Kompaktmodus *20*
Kontextmenü *29*
Kontrast *94, 98, 283, 522*
  angleichen *328*
  anheben *244*
Kontrastmanipulation *304*
Konturen *34*
  nachzeichnen *487*
Konturenmaske *243*
Kopieren *393*
Kopierstempel-Werkzeug *31, 362, 387, 405*
Kratzer entfernen *394*
Kreis zeichnen *420*
Kunstprotokoll-Pinsel-Werkzeug *31*

L

Lab-Farbe *263, 303*
Lab-Modus *112, 115, 123*
Lasso-Werkzeug *30, 383*
LCD-Bildschirm *50*
Leuchtende Konturen *368*
Leuchtkasten *16*
Lichtdruckverfahren *453*
Lichter *96*
Lichterkomprimierung *527*
Lichtverhältnisse *414*
Lineal-Werkzeug *32, 36, 137, 475*
Lineale *35*
Linien, gerade *417*
Linienzeichner-Werkzeug *32*
Lippen *401*
  bearbeiten *395*
Lippenfarbe *390*
lpi *45*
Luminanz *328*
Luminanzmaske *198, 330*
Luminanzrauschen *356*

M

Magischer-Radiergummi-Werkzeug *31*
Magnetisches-Lasso-Werkzeug *30*
Malfilter *158*
Maske invertieren *245*
Masken *58, 63, 170*
  Ebenenmasken *64*
  Maskierungsmodus *63*
  Standardmodus *63*
Maskierungsmodus *102, 170*
Maßeinheiten *28*
Metadaten *16, 210*
Mitteltöne *96*
  aufhellen *291*
Mobiltelefon *20*
Modus
  ändern *430*
  Graustufen *120*

Lab-Farbe *263*
Lab-Modus *123*
RGB-Farbe *264*
Monitorpixel *251*
Mosaikeffekt *359*
Motivebene kopieren *239*
Motiv isolieren *493*
Mund *399*
  bearbeiten *408*
Muster *34*
Musterstempel-Werkzeug *31*

N

Nachbelichten *343*
Nachbelichter-Werkzeug *31, 67, 367*
Nachkolorieren, selektiv *447*
Nase *399*
  bearbeiten *407*
Neue Hilfslinie *479*

O

Objekte freistellen *70*
Objekte montieren *72*
Objektiv-Vignettierung *324*
Objektivfehler *515*
Objektivkorrektur *465*
Offsetdruck *45*

P

Paletten *29, 36*
  ausblenden *72*

Panorama *506*
Panoramabilder *184*
Pantone color bridge CMYK EC *431*
Pantone color bridge CMYK PC *431*
Pantone color bridge CMYK UP *431*
Pantone metallic coated *431*
Pantone metallic solid uncoated *431*
Pantone pastel coated *431*
Pantone pastel uncoated *431*
Pantone process coated *431*
Pantone process uncoated *431*
Pantone solid coated *431*
Pantone solid matte *431*
Pantone solid to process coated *431*
Parametrische Gradationskurve *324*
Partielle Farbanpassung *100*
Partielles Tonen *444*
Person freistellen *414*
Perspektive *142, 468, 476*
Perspektivisch bearbeiten *469*
Pfadauswahl-Werkzeug *32, 76*
Pfade in Auswahl *77*
Pfade transformieren *77*
Photomerge *184, 507*
Pickel *423*
  entfernen *394*
Pinsel *35*
Pinsel-Werkzeug *30, 67, 169, 395, 504*
Pinselspitzen *33, 35*
Pipette-Werkzeug *32, 417, 475*
Pipetten *94*
Pixel *44*

INDEX

Polygon-Lasso-Werkzeug *30*
Polygon-Werkzeug *32*
Pop-Art *364*
Poren *410*
ppi *44, 45*
Präsentation *20*
Profilfehler *48*
Profil zuweisen *49*
Protokoll-Palette *37*
Protokollpinsel-Werkzeug *31*
Protokollschnappschuss *297*
PSD-Format *39*
Pseudo-HDR *514*
Punkt-umwandeln-Werkzeug *31*
Pupille *391, 419*

Q

Quadruplex *431*

R

Radiergummi-Werkzeug *31, 405, 504*
Rahmen *144*
Raster *35*
Rasterweite *45*
Rauschen *354*
  hinzufügen *277, 437*
  reduzieren *326, 354*
RAW-Datei *514, 523*
RAW-Format *39, 194*
RAW-Fotos *523*
Rechteck-Werkzeug *32*

Reparatur-Pinsel-Werkzeug *30*
Restaurieren *130*
Retuschieren *131*
RGB *47*
RGB-Farbe *264*
RGB-Modus *169*
Rote-Augen-Effekt *418*
Rote-Augen-Werkzeug *30*
Rouge auftragen *390*
Russel Brown *339*

S

Sättigung *96, 125*
Scharfzeichnen *110*
Scharfzeichner-Werkzeug *31*
Scharfzeichnungsfilter *162*
Schatten *167, 342*
Schattenmatrix *343*
Schlagschatten *73*
Schnappschuss *299, 336*
Schnellauswahl-Werkzeug *30, 287, 373*
Schnittmaske *505*
Schwamm-Werkzeug *31*
Schwangerschaftsstreifen entfernen *410*
Schwarzweiß *456*
Schwarzweiß-Film *434*
Schwarzweiß-Fotos *169*
Schwarzweiß umwandeln *445*
Selektive Farbkorrektur *97, 99*
Selektiver Scharfzeichner *111, 251, 254*
selektive Unschärfe *262*
Sepia-Tonung *448*

Skalieren *384, 404, 407*
Skins *20*
Slice-Auswahlwerkzeug *30*
Slice-Werkzeug *30*
Smartfilterebene *238*
Smart Objekt *247*
Speichernutzung *28*
Spiegeln *415*
sRGB *47*
Standardfarben *33*
Stapel-Umbenennung *20, 208*
Stativ *154*
Staub *130*
Staub und Kratzer *389, 407*
Stempelwerkzeug *169*
Stile *34*
Stilisierungsfilter *243, 368, 490*
Studiofotografie *418*
Stürzende Linien *468*

T

Tatsächliche Pixel *45*
Teilaufnahmen *154*
Teilkolorierung *444*
Texteingabe beenden *349*
Text in Form umwandeln *350*
Text schreiben *349*
TFT-Bildschirm *50*
Tiefen *96*
Tiefen/Lichter *98, 282*
Tiefenschärfe abmildern *111, 255*
TIFF-Dateien *321, 514, 523*

TIFF-Format *39*
Titelbild *388*
Tontrennung *239*
Tonwerte spreizen *281*
Tonwertkorrektur *90, 91, 94, 101, 130, 142, 169, 281*
Tonwertumfang *92, 522, 524*
  voller *525*
Tonwertverteilung, global *526*
TOYO 94 COLOR FINDER *431*
TOYO COLOR FINDER *431*
Transformieren *135, 143, 384, 407*
  Perspektivisch *135*
  Verzerren *136*
TRI-X-PAN *434*
Triplex *431*
TRUMATCH-Farben *431*

U

Übergang, weich *244*
Umfärben *288*
Unscharf maskieren *110, 114, 162, 239, 250, 262, 283*

V

Variationen *95*
Vektoren *44, 349*
Vektorform bearbeiten *350*
Vektorgrafik *350*
Vergröberungsfilter *359*
Verläufe *33*

INDEX

Verlaufs-Werkzeug *31, 430*
Verlaufsprotokoll *27*
Verlaufswerkzeug *265, 293*
Verlauf und Cache *28*
Verschieben *143*
Verschieben-Werkzeug *29, 393, 483*
Version Cue *16, 27*
Vertikales Text-Werkzeug *32*
Vertikales Textmaskierungs-Werkzeug *32*
Verzerren *135, 136, 503*
Verzerrungen entfernen *466*
Vignettierungen entfernen *466*
Vollton *48*
Volltonfarbe *370*
Vordergrundfarbe *33*
Voreinstellungen *27, 36*
Vorgaben-Manager *33*

W

Wasserzeichen *348*
Web-Optimierung *372*
Weiche Auswahl *407*
Weichzeichner-Werkzeug *31*
Weißabgleich *95, 197*
Weißabgleichwerkzeug *323*
Weiße Zähne *422*
Weißpunktvorschau *525*
Werkzeug *29*
  Abwedler *31*
  Anmerkungen *32*
  Auswahlellipse *30, 71*
  Auswahlrechteck *30, 145, 185*
  Bereichsreparatur-Pinsel *30*
  Buntstift *30*
  Direktauswahl *76*
  Eigene Form *34*
  Einzelne Spalte *30*
  Einzelne Zeile *30*
  Formen *32*
  Freistellungs-Werkzeug *30, 74, 131*
  Kopierstempel *31, 131, 144*
  Lasso *30, 70, 185*
  Lineal-Werkzeug *36*
  Magnetisches Lasso *30, 170*
  Mess-Werkzeug *36*
  Musterstempel *31*
  Nachbelichter *31*
  Pfadauswahl *32, 76*
  Pfadwerkzeug *172*
  Pinsel *30, 35, 103, 169*
  Pipette *32, 101*
  Polygon-Lasso *30*
  Protokollpinsel *31*
  Radiergummi *31, 169, 185*
  Reparatur-Pinsel *30*
  Rote-Augen *30*
  Scharfzeichner *31*
  Schnellauswahl *30*
  Schwamm *31*
  Slice *30*
  Text *32*
  Verlaufs-Werkzeug *31, 34, 104*
  Verschieben *29, 73*
  Weichzeichner *31*

Zauberstab *30, 70, 75, 170*
Zeichenstift *31, 75*
Zoom *33*
Winkelmesser *36*
Wischfinger-Werkzeug *31*
Workflow *16*

Zeichenstift-Werkzeug *31, 75, 132*
Zieltiefenfarbe auswählen. *298*
Zoom *45*
Zoom-Werkzeug *33, 263*
Zu HDR zusammenfügen *518*
Zusatzmodule *28*
Zweifarbtonungen *325*

Z

Zähne, weiße *422*
Zauberstab-Werkzeug *30, 309, 396, 411*